Dietrich Schulze-Marmeling
DIE BAYERN
Vom Klub zum Konzern –
Die Geschichte eines Rekordmeisters

Für Jürgen Klinsmann und Giovanni Trapattoni.

Giovanni Trapattoni:
„Das Kollektiv besteht aus elf Mann. Wenn ich den Begriff 'Kollektiv' vor meinen Jungs verwende, gucken die mich ziemlich ungläubig an."

Süddeutsche Zeitung:
„...Meister Trapattoni und seine alte sozialistische Prägung..."

Dietrich Schulze-Marmeling

Die Bayern

Vom Klub zum Konzern –
Die Geschichte eines Rekordmeisters

Mit Fotos von Horst Müller

VERLAG DIE WERKSTATT

CIP-Titelaufnahme der Deutschen Bibliothek:

Schulze-Marmeling, Dietrich:
Die Bayern : vom Klub zum Konzern ; die Geschichte eines
Rekordmeisters / Dietrich Schulze-Marmeling. Mit Fotos von Horst
Müller. - Göttingen : Verl. Die Werkstatt, 1997
    ISBN 3-89533-203-8

Der Verlag dankt allen Freunden und Sponsoren des FC Bayern, die das
Erscheinen dieses Buches unterstützt haben:
Fan-Shop Horst Eberl, Fleißiges Lieschen, Götz Mode GmbH, Hattrick,
Hewlett Packard, Sport Hoffmann, Creationen Hümmerich, JETZT-
Magazin der Süddeutschen Zeitung, Uhren Nußstein/EBEL, Rough
Trade Records, RU-Freizeit Versand, Sheraton-Hotel München sowie dem
Verlag wero press.

1   2   3   4   1999   1998   1997

Gesamtherstellung: Verlag Die Werkstatt
ISBN 3-89533-203-8

Inhalt

Teil 2: Gesichter des Klubs

Teil 3: Das große Bayern-ABC

Teil 4: Statistisches zum FC Bayern

Der Kaiser und seine Trophäe: Viermal errang Franz Beckenbauer als Spieler die Deutsche Meisterschale mit dem FC Bayern. 1994 schaffte er diesen Erfolg als Trainer, 1997 als Präsident des Klubs.

Prolog

„Eine wunderliche Stadt." *Friedrich Hebbel*

„München leuchtet." *Thomas Mann*

„München ist sicherlich von allen deutschen Städten die provinzlerischste."
Oskar Maria Graf

„München ist die Diva unter den deutschen Metropolen. Keine andere Großstadt ist so selbstverliebt und setzt sich so gerne in Szene."
Joseph von Westfalen

„München ist nun mal die Weltstadt mit dem großen Flair."
Jürgen Klinsmann

„Je süden, desto Theater." *Gerhard Polt, Kabarettist*

„Bayern ist etwas Besonderes, ein Mythos." *Otto Rehhagel*

„Die Bayern sind das non plus ultra in Deutschland. Das Aushängeschild."
Raimond Aumann

„In Bremen genügt eine Vizemeisterschaft, um den Bus neu zu beschriften. In München muß man Meister werden." *Klaus Augenthaler*

„Die Dortmunder können noch fünfmal Meister werden und erreichen nicht die Bedeutung des FC Bayern."
Franz Beckenbauer

„Wir sind hier in München total abhängig vom Erfolg. Du sitzt hier auf einem Pulverfaß." *Jürgen Klinsmann*

„Nur die Härtesten überleben bei uns."
Franz Beckenbauer

„Alles war öffentlich, fast jeder hatte seine Zeitung, mit der er gut konnte. Man muß schon morgens mit angewinkelten Ellbogen aufstehen. Und wer mitreden will, muß irgend jemandem hinten reinkriechen."
Andreas Herzog

„Bayern, das muß man erlebt haben." *Oliver Kahn*

„Vor 25 Jahren hat so ein Zeitungsmensch einmal die Woche angerufen und gefragt: Is' was? Is' nix, hast du geantwortet, und alles war in Ordnung. Heute stehen jeden Tag die Fernsehkameras da draußen."
Franz Beckenbauer

„Der FC Bayern muß sich von dem wöchentlichen Siegen oder Verlieren abheben. Wir sind eine Marke wie Adidas, Boss, Coca-Cola oder Jil Sander." *Uli Hoeneß*

„Wir sind ein Unternehmen der Unterhaltungsbranche. Wir müssen uns davon lösen, die sportliche Qualität für entscheidend zu halten. Das Entscheidende ist der Unterhaltungswert, leider. Das ist die Entwicklung."
Uli Hoeneß

„Der Showbetrieb FC Bayern hat sich längst verselbständigt, bewegt unabhängig vom sportlichen Erfolg die Massen. (...) Der FC Bayern ist längst ein Hollywood-Produkt. Das ist kein Sportklub mehr, in dem es als Trainer reicht, die Taktik an die Kreidetafel zu malen."
Ronald Reng in der „Frankfurter Rundschau" vom 1. November 1995

„Der FC Bayern ist eine Firma, die 150 Millionen Mark oder so umsetzt. Da geht es auch um Show. Schwierig ist nur, hier den Fußball immer in den Vordergrund zu rücken. (...) Selbst Sat.1 erklärt, was wäre unsere Sportsendung ohne den FC Bayern? Die Show droht dauernd in den Vordergrund zu rücken, das ist das Problem."
Thomas Strunz

„Ich kam mir vor wie beim FC Bayern München."
Veronica Ferres (Schauspielerin) über die Dreharbeiten zur Gesellschaftskomödie „Rossini"

„Der FC Bayern hat das größte Potential, das ein Verein in Europa, ja in der ganzen Welt haben kann. Wir kriegen jede Türe auf."
Uli Hoeneß

„Die Bayern haben sich hochgepuscht zum Mythos, und jetzt sind sie hilflos." *Jürgen Klinsmann*

„Stolz wird nicht mit Worten gemacht, sondern auf dem Platz."
Giovanni Trapattoni

„Wir leben alle auf dieser Erde, aber eben auf verschiedenen Spielhälften."
Klaus Augenthaler

Vorwort

Der FC Bayern ist Deutschlands populärster und erfolgreichster Fußball-klub. Gleichzeitig wird aber auch kein Klub so gehaßt wie der FC Bayern. Kein anderer Klub bewegt sich derart zwischen zwei Extremen. Daß der Rekordmeister nicht nur mobilisiert, sondern auch polarisiert, gehört längst zu seinem Credo.

Der rote Faden der mittlerweile 97 Jahre alten Geschichte des FC Bayern besteht aus einem für deutsche Verhältnisse ungewöhnlichen Avantgardismus sowie einer erstaunlichen Fähigkeit zur Innovation. Für diese Fähigkeit stehen beispielsweise: das preußische Gründungsmitglied und erste Präsident Franz John; sein Nachfolger Kurt Landauer, der von 1922 bis zur Nazi-Machtergreifung die Geschicke des FC Bayern leitete und in dessen Amtszeit der Gewinn des ersten deutschen Meistertitels fiel; Roland Endler, der Ende der 50er mit der Professionalisierung des FC Bayern begann; Wilhelm Neudecker, der den hauptamtlichen Manager im Bundesligageschäft einführte und die großen europäischen Erfolge des Klubs erlebte; schließlich Manager Uli Hoeneß, der dem Klub mit dem Fernsehen und dem Merchandising neue Geldquellen erschloß; und natürlich Franz Beckenbauer – als Spieler, als Trainer und als Präsident. Der FC Bayern war mehr als einmal seiner Zeit (und damit auch der Konkurrenz) voraus. Dies ist auch das Geheimnis seiner Erfolge.

Seine überregionale Popularität erarbeitete sich der FC Bayern in mehreren Etappen: Mitte der 60er glänzte er mit einer jungen Mannschaft und herzerfrischendem Offensivspiel. Als Aufsteiger erreichte der FCB in der Saison 1965/66 auf Anhieb den 3. Platz und wurde zudem DFB-Pokalsieger. Eine Umfrage ergab seinerzeit, daß nicht Meister TSV 1860 München oder Europapokalsieger Borussia Dortmund, sondern der FC Bayern als sympathischster Klub der Saison galt. Ausgesprochene Hasser des FC Bayern gab es damals nur unter den Fans des Lokalrivalen TSV 1860. Der Bundesliga-Aufsteiger FC Bayern wurde mit ähnlich wohlmeinenden Attributen bedacht wie fast 30 Jahre später der SC Freiburg. Nur zwei Jahre nach dem Aufstieg gewann der FCB mit dem Europapokal der Pokalsieger auch seine erste europäische Trophäe. Die Bayern jener Jahre waren kein zusammengekauftes Starensemble, sondern rekrutierten sich überwiegend aus Eigengewächsen und ehemaligen Amateurspielern.

In den 70ern etablierte sich der FC Bayern als Repräsentant des deutschen Fußballs auf der europäischen Bühne. Als erster deutscher Klub gewann der FCB 1974 den Europacup der Landesmeister, die begehrteste und prestigeträchtigste der europäischen Trophäen. Auch 1975 und 1976 hieß der Sieger in diesem Wettbewerb FCB. Der Europacup sicherte dem FC Bayern eine TV-Präsenz, wie sie in diesen Jahren ansonsten nur einer Nationalmannschaft gebührte. In den deutschen Pantoffelkinos fieberten nicht nur die eingefleischten Bayernfans mit Franz Beckenbauer und Co. Durch eine permanente Europapokal- und TV-Präsenz konnte der Klub seine Gefolgschaft weit über München hinaus ausdehnen. Sicherlich spielten dabei auch einzelne geniale Spielerpersönlichkeiten – namentlich Beckenbauer, Müller und Maier – eine wichtige Rolle. Der überragende sportliche Status des FC Bayern, sein relativer Reichtum sowie die Existenz eines Antipoden, Borussia Mönchengladbach, bedingten allerdings auch, daß nun ein Lager von „Bayern-Hassern" entstand.

In den 80ern konnte der Klub seine Marktposition weiter ausbauen, auch weil ein mit den Gladbachern vergleichbarer Konkurrent fehlte. Die drei Herausforderer – Hamburger SV, Werder Bremen und 1.FC Köln – erlangten bei weitem nicht die Kontinuität der Bayern. Das scheinbare Abonnement der Bayern auf nationale Titel sorgte dafür, daß das Lager der Gegner dennoch weiter wuchs. Als sich in den 90ern das Privatfernsehen durchsetzte und den Fußball als „Erlebniswelt" präsentierte, gehörte der FC Bayern zu den Hauptprofiteuren. Da die Bayern wie kein anderer Bundesligist am Entstehen dieser „schönen, neuen Fußballwelt" mitgewirkt hatten, war dies nur logisch.

Kein anderer deutscher Fußballklub hat die Entwicklung des hiesigen Profifußballs in den letzten 30 Jahren so massiv beeinflußt. Es war der FC Bayern, der als erster Klub ein modernes Management einführte. Es war der FCB, der als erster seine Kicker als „Angestellte" betrachtete und entsprechend behandelte. Es war der FC Bayern, der systematisch auch die „bessere Gesellschaft" für den „Proletensport" Fußball zu erwärmen suchte. Es war der FC Bayern, der die Entwicklung bei den TV-Geldern forcierte, indem er höhere Honorare einklagte, das Monopol der Öffentlich-Rechtlichen angriff und die private Konkurrenz befürwortete. Es war der FCB, der als erster hierzulande die Marktbrücke Merchandising entdeckte. Es war der FC Bayern, der als erster Bundesligaklub den Fußball als Show zelebrierte und seine Akteure wie Popstars präsentierte. Es war der FC Bayern, der als erster das Thema „Kapitalgesellschaften" ins Gespräch brachte. Und auch was die elektronische Kommunikation anbetrifft, ist der Klub die Nummer 1. Im Januar 1997 ging der FC Bayern als erster deutscher Profiklub in den Netzdienst AOL (America Online). Schon zuvor verfügte kein anderer Klub über ein vergleichbares Niveau elektronischer Kommunikation. Eine Reihe von Fan-Klubs führen in ihren Briefköpfen E-Mail- und Internet-Adressen.

Der FC Bayern ist und bleibt ein besonderer Klub, auch wenn ihm mittlerweile mit Borussia Dortmund in sportlicher wie in ökonomischer Hinsicht ein ernstzunehmender Konkurrent erwachsen ist. Und der Klub bleibt weiter am Drücker: ob beim Pay TV/Pay per View, der Selbstvermarktung der Fernsehrechte durch die Klubs, bei der Umsetzung des „Bosman-Urteils" (bzw. der Abschaffung des alten, auf Ablösesummen beruhenden Transfersystems), bei der Reform der Champions League, bei der Entkoppelung von Bundesliga und DFB oder im Verhältnis der Liga zur Nationalmannschaft: Wie kein anderer seiner Branche fordert der FC Bayern die herkömmlichen Strukturen und das hergebrachte Denken heraus. Die Dynamik und Entwicklungsrichtung, die der deutsche Fußball einschlägt, werden zu einem erheblichen Maße vom FC Bayern bestimmt. Aus diesem Grunde ist die Beschäftigung mit der Politik des FC Bayern und deren Hintergründen auch für Nicht-Fans dieses Klubs von Interesse. Denn über die Zukunft des hiesigen Fußballs wird nicht zuletzt an der Säbener Straße entschieden.

Daneben gibt es noch weitere Besonderheiten. Der FC Bayern ist der einzige deutsche Profiklub, der fast komplett von ehemaligen Spielern geführt wird: Der Präsident (Franz Beckenbauer), der Vizepräsident und sportliche Leiter (Karl-Heinz Rummenigge) sowie der Manager (Uli Hoeneß) sind allesamt ehemalige Stars des FCB. Im Trainerstab befinden sich mit Björn Andersson, Gerd Müller und Sepp Maier ebenfalls ehemalige Bayern-Stars. Bis zum Sommer 1997 gehörte noch Klaus Augenthaler dazu. Auch der Fanartikel-Verkauf wird mit Hans Pflügler von einem ehemaligen Spieler organisiert. Als Talent-Späher fungiert Wolfgang Dremmler, für die Fan-Betreuung zeichnet Raimond Aumann verantwortlich. Und im Hintergrund mischt auch noch Paul Breitner mit. In keinem anderen deutschen Profiverein üben derartig viele ehemalige Spieler eine Funktion aus – wohl auch eine Langzeitfolge der ersten großen Spielerrevolte in der Geschichte der Bundesliga, die in der Saison 1978/79 nicht von ungefähr beim FC Bayern stattfand.

Auch der Verwaltungsbeirat des FC Bayern unterscheidet sich von ähnlichen Gremien anderer Klubs: sowohl durch seine hochkarätige Bestükkung, vor allem aber durch die starke Präsenz von Medienkonzernen, die mit dem Verein eigene kommerzielle Interessen verfolgen. Hier sitzen u.a. der Unternehmensberater Roland Berger, Opel-Vorstandsmitglied Christian Grupe, Dr. Peter Kahn vom Vorstand der Bayerischen Landesbank, Robert Louis-Dreyfus (Vorstandsvorsitzender Adidas AG), Helmut Markwort (Geschäftsführer Burda-Holding/Focus-Chefredakteur), Peter Boenisch (Springer-Journalist), Dr. Axel Meyer-Wölden (Sportrechtevermarktungsagentur ISPR, die sich im Besitz der Medienmogulen Kirch und Springer befindet) und Bernd Schiphorst (Vorstand der Geschäftsführung AOL Bertelsmann Online). Vorsitzender des Gremiums ist mit dem CSU-Politiker Edmund Stoiber der bayerische Landesvater.

Über die Bayern existieren eine Reihe von Klischees. Eines davon lautet, der Klub habe kaum „echte Fans". Die Wahrheit ist: Selbst wenn man die in der Tat zahlreichen „Erfolgsfans" abzieht, verfügt der Klub wohl noch immer über die meisten Anhänger in Deutschland. Für viele Bayern-Fans ist der FC Bayern nicht minder Religion als für viele Dortmund-Fans ihre Schwarz-Gelben. Und doch gibt es erhebliche Unterschiede zu vielen anderen Klubs, namentlich den sogenannten „Arbeitervereinen" Borussia Dortmund, FC Schalke 04 oder auch dem TSV 1860 München. München ist anders als die industriegeschichtlich geprägte Westfalenmetropole, so wie Schwabing ein anderes Pflaster ist als Giesing. Die Atmosphäre bei einem Bayern-Spiel im Olympiastadion unterscheidet sich deutlich von der bei einem Borussia-Spiel im Westfalenstadion – nicht nur aufgrund der unterschiedlichen Architektur der beiden Arenen. In München wird weniger gelitten und anders gefeiert als in Dortmund. In Dortmund ist (fast) alles auf den Fußball konzentriert, der Verein spielt im Seelenleben von Stadt und Region eine überragende Rolle. Der FC Bayern ist in München nur eines von vielen Angeboten, wenngleich sicherlich ein bedeutendes. Dennoch prägt er nur bedingt das Seelenleben von Stadt und Region. Wie auch, wo doch 70% seiner Fans aus einer Entfernung von 200 Kilometern und mehr angereist kommen. Die Zuneigung zu den Bayern ist viel gerin-

Verein mit Zukunft: Kinderjubel für den FC Bayern.

ger mit lokaler und regionaler Identität verknüpft als bei der Borussia. Hinzu kommt das andere Publikum. Auch wenn der FC Bayern und Borussia „Volksvereine" sind, so sind sie dies doch in unterschiedlicher Weise. Zwischen dem Einkommen eines Fans, seinen Möglichkeiten der Freizeitgestaltung und der Form seiner Unterstützung für „seinen" Klub gibt es einen Zusammenhang. Vereinfacht gesagt: Je mehr einer verdient und je vielfältigere Möglichkeiten kultureller Zerstreuung einer hat, desto „softer" fällt sein Fan-Dasein aus. Und umgekehrt: Je weniger Geld einer besitzt, umso größer ist der Raum, den der Fußball in seinem Leben einnimmt. Das Publikum der Bayern war in sozialer Hinsicht schon immer etwas anders als das der Dortmunder oder der Schalker.

Und das sogenannte „neue" Publikum ist beim FC Bayern stärker vertreten als anderswo. Auch dies ist nur logisch, hat der FC Bayern doch wie kein anderer Bundesligist an der Erschließung dieses neuen Publikums gearbeitet. Kein Wunder, daß vor einiger Zeit Uli Hoeneß konstatierte, er sehe bei den Bayern-Fans nach Niederlagen immer weniger Tränen.

Ein weiteres Klischee sieht einen Moloch FC Bayern, der mit seinem Reichtum die Bundesliga sportlich und finanziell auffrißt. Tatsächlich subventioniert der FC Bayern die Liga. Die Bayern bescheren 17 anderen Vereinen pro Saison ein ausverkauftes Haus und ein „Spiel des Jahres". Der FCB hat zwar immer wieder anderen Klubs deren beste Spieler und größte Talente abspenstig gemacht, aber dafür auch Summen gezahlt, zu denen andere Klubs weder verpflichtet noch in der Lage gewesen wären. Außerdem profitiert die gesamte Liga von den TV-Geldern, die ohne die Bayern in diesem Ausmaß nicht fließen würden. Der Vermarktungswert der Bundesliga wäre ohne den FC Bayern erheblich geringer. Die Bundesliga benötigt die Bayern, und sei es auch nur als Feindbild. Und wer sich auf die Logik des Profifußballs erst einmal einläßt, wird die Philosophie der Bayern ohnehin nicht kritisieren können. Im Grunde genommen denken alle Bundesligavereine gleich. Sofern sie sich anders artikulieren, dann nur deshalb, weil ihre aktuelle Situation dies verlangt.

Zugleich benötigt aber der FC Bayern auch die Bundesliga. Wären dem FC Bayern in den 90ern nicht ernsthafte Konkurrenten erwachsen, wäre die Liga so dröge geblieben wie in den 80ern, hätte es den Bayern-Boom zumindest in seinem gegenwärtigen Ausmaß kaum gegeben. Wenn auch noch der Zehnte den Ersten schlagen kann, bedeutet dies einen besonderen Reiz.

Gegenstand des vorliegenden Buches ist die Geschichte des FC Bayern sowie sein komplizierter Balanceakt zwischen Sport und Kommerz.

Der Autor dieses Buches ist kein Bayern-Fan, sondern fiebert seit über 30 Jahren mit dem gegenwärtig schärfsten Konkurrenten des Klubs. Aber er ist auch kein Bayern-Hasser. Vielmehr gab es eine Zeit, in der ich gewisse Sympathien für die Bayern hegte. Anfang der 70er nannte ich eine kleine Bayern-Fahne mein eigen, die allerdings nie zum Einsatz kam. Im Partykeller hing *auch* ein Bayern-Poster. Borussia Dortmund verschwand damals in der Versenkung, während sich die modernen Bayern anschickten, auch in fremden Gefilden zu wildern. Die Finalspiele der Bayern im Europapokal der Landesmeister verfolgte ich gemeinsam mit anderen BVB-Fans vor dem Fernseher. Und ich kann mich nicht daran erinnern, daß einer von uns den Bayern nicht die Daumen drückte. Erst Ende der 70er änderte sich diese Stimmungslage und wurde so manche Niederlage der Bayern bejubelt.

In die Jahre gewisser Sympathien mit dem FC Bayern fällt auch ein weiterer Bezug zu München, der mit dem Klub vordergründig nichts zu tun hat. Während der Olympiade 1972 in München weilte ich in einem olympischen Jugendlager. München war die erste „Weltstadt", die ich kennenlernte, und das olympische Gelände mit dem neuen Stadion hinterließen einen nachhaltigen Eindruck auf mich. Auch wenn das Westfalenstadion stimmungsvoller ist: Niemals zuvor und niemals danach hat mich eine Sportstätte spontan dermaßen beeindruckt wie das Olympiastadion. Seine Architektur war Ausdruck eines Zeitgeistes, der „mehr Demokratie wagen" lautete und mich nicht unberührt ließ. Und der FC Bayern, obwohl schon damals unter starkem CSU-Einfluß, paßte mit seinem eleganten „Libero" (!) Franz Beckenbauer (Walter Jens: „Sanssouci statt Vilshofen"), dem Karl-Valentin-Nachfolger Sepp Maier, den selbstbewußten Hoeneß und Breitner genau in diese Arena und zu dieser Zeit.

Wer sich über einen gewissen Zeitraum mit einem Fußballverein intensiver beschäftigt, kann sich ihm nur schwer entziehen – auch wenn es nicht der eigene ist. Es sei denn, man ist kein echter Fan des Spiels. So aber begann ich, Phasen der Geschichte des FC Bayern nachträglich mitzuleben. Ich lernte den Klub zwar nicht lieben, aber doch respektieren. Als ich mit dem Buch anfing, prognostizierte mir Volker Goll, Fan von Kickers Offenbach und einer der Macher des wohl besten Fanzines hierzulande („Erwin"): „Irgend etwas Liebenswertes wirst du auch an diesem Verein entdecken." Volker behielt recht, es erschloß sich so manches Sympathische. Zuerst ist die Ausdauer zu nennen, mit der sich der Klub während der NS-Zeit seiner Nazifizierung widersetzte. Der „Juden-Club" FC Bayern hat seine jüdischen Mitglieder anständiger behandelt als viele andere deutsche Fußballklubs. Selbst nachdem die Nazis im Verein die Führung übernommen hatten, blieb der FC Bayern der Partei weiterhin suspekt. Des weiteren kann man der durchgängigen Modernität des Klubs nicht ihre sympathischen Züge absprechen. Tradition hat nicht per se recht.

Und bei aller Kritik an der Politik der gegenwärtigen Bayern-Macher: Auch der moderne „Showbetrieb" FC Bayern fühlt sich immer wieder zur Rückbesinnung auf seine Wurzeln als Fußballverein und die traditionellen

Werte des Fußballspiels bemüßigt. Zuletzt geschehen in der Saison 1996/ 97, in der der Gewinn der Meisterschaft um ein Haar gescheitert wäre, weil die Balance zwischen kommerzieller Show und Fußball ins Rutschen zu geraten drohte. Auch unter den Fittichen des FC Bayern bleibt der Fußball ein soziales Spiel, wo elf mit unterschiedlichen Fähigkeiten ausgestattete, mitunter höchst unterschiedliche Charaktere zum Wohle des gemeinsamen Ganzen zu einem Kollektiv zusammenfinden müssen.

Bei folgenden Personen möchte ich mich ganz herzlich bedanken: Gerd Fischer, Hardy Grüne, Walter Becker & Heinz Hilse, Claus Melchior, Jens Renner (wg. Trapattoni), Klaus Ruege, Uri Siegel (wg. Landauer), den Altenberger Bayern-Fans Lui und Theo, ohne die ein Montagabend nur halb so schön wäre, und natürlich Lisa (BVB), Friederike (BVB), Kieran (FC Bayern) und Charlotte (FC Bayern).

Mein ganz besonderer Dank gebührt aber den Bayern-Fans Oliver Reitz, Armin Radtke und Horst Stiefel, die mir bei meinen Recherchen eine große Hilfe waren, sowie den geduldigen und engagierten Mitarbeitern vom Verlag Die Werkstatt.

Dietrich Schulze-Marmeling, Juli 1997

Teil 1

Geschichte
des Klubs

Der FC Bayern im Gründungsjahr. In Spielkluft stehend (v.l.n.r.): Zimmermann, Weber, Paperitz; knieend: Schmid, Schaudelius, Belle; sitzend: Lippl, Schilling, Friederich, Pollack, Francke, Nägele, Zöpfel.

„WIR BLEIBEN IMMER AM BALL"

Sheraton München

DAS HOSTHOTEL VIELER DEUTSCHER BUNDESLIGAMANNSCHAFTEN

1900 - 1919

Pioniere in Schwabing

Turnväter und Fußlümmel

Die Fußballer des FC Bayern begannen vor rund 100 Jahren als rebellische Minderheit eines Turnvereins. Im Gründungsjahr 1900 hatten die Bayern bereits drei Jahre unter dem Dach des Männerturnvereins München von 1879 (MTV 1879) gekickt. Schon damals waren sie Münchens erfolgreichste Fußballmannschaft, deren Spiel von Namen wie Keyl, Pässler, Prager und Reissner geprägt wurde. Der Notar Keyl wurde später sogar damit betraut, die Nationalmannschaft aufzustellen.

Der Konflikt, der sich zur Jahrhundertwende im MTV zwischen Turnern und Kickern anbahnte, war kein Einzelfall. Die Turner bildeten seinerzeit die dominierende Kraft im deutschen Sport und hatten sich vor dem Fußball als „nationale Disziplin" etabliert. Viele der in der Regel sehr national-konservativ und militaristisch gesinnten Turnväter der Deutschen Turnerschaft (DT) betrachteten den Fußball mit Argwohn. Nicht nur, weil sie in ihm eine Konkurrenz sahen, sondern auch aus sport-ideologischen Motiven. Fußball war für sie eine aus England importierte undeutsche Modetorheit, roh, ungesund und im Widerspruch zu ihrem Körperbild. Folglich war die Ausbreitung des Spiels unbedingt zu bekämpfen. Der prominente Turnführer Karl Planck widmete dem neuen Sportspiel gar eine eigene Kampfschrift mit dem Titel „Fußlümmelei – über Stauchballspiel und englische Krankheit". Als die Kickerei um die Jahrhundertwende immer beliebter wurde, versuchten die Turner, die Organisation des Spiels unter ihre Kontrolle zu bringen. Doch die Fußballer wurden ihrer Gängelung durch die Turnväter zusehends überdrüssig.

Am 27. Februar 1900 fand eine Versammlung des MTV 1879 im Altmünchener Gasthaus „Bäckerhöfl" an der Schäfflerstraße (unweit vom Marienplatz) statt. Die Versammelten hatten u.a. darüber zu befinden, ob die MTV-Fußballer, die im Gesamtverein lediglich eine kleine Minderheit darstellten, dem Verband Süddeutscher Fußballvereine beitreten sollten. Dieser war am 17. Oktober 1897 in dem Karlsruher Restaurant „Landsknecht" von Vertretern der süddeutschen Vereine Karlsruher FV, FC

Pforzheim, FC Fidelitas Karlsruhe, FC Heilbronn, FC Phönix Karlsruhe, Hanauer FK, Mannheimer Fußballgesellschaft und Frankfurt FC Germania gegründet worden. Ein Vorläufer des Verbandes, die Süddeutsche Fußball-Union, war nach zweijährigem Schattendasein 1895 aufgelöst worden. Die Neugründung war erfolgreicher. 1914 wurde auf dem Verbandstag in Nürnberg aus dem Verband Süddeutscher Fußballvereine der Süddeutsche Fußball-Verband (SFV). Schon 1898 wurde in Süddeutschland eine erste Landesmeisterschaft ausgespielt, die der FC Freiburg (2:0 gegen Karlsruher FV) gewann. Vier Jahre nach seiner Gründung zählte der süddeutsche Verband erst zwölf Mitglieder. Doch schon 1904 war der SFV mit 71 Vereinen und ca. 3.000 Mitgliedern der weitaus stärkste Verband im 1900 gegründeten Deutschen Fußball-Bund (DFB). Im SFV war bald fast die Hälfte aller Bundesvereine organisiert. Bis zum Ausbruch des 1. Weltkriegs traten dem SFV gar 574 Vereine mit 59.826 Mitgliedern bei. Berlin und Süddeutschland waren dem Rest des Reiches in organisatorischer Hinsicht weit voraus. Hier saß die Avantgarde des deutschen Fußballsports.

Elf Rebellen

Doch zurück zur historischen Sitzung bei „Bäckerhöfl". Als dort bekannt wurde, daß die Hauptversammlung sich gegen einen Beitritt zum Dachverband der Balltreter ausgesprochen hatte, verließen elf Fußballer aus Protest den Tagungsort. Ihr Anführer hieß Franz John. Die „Rebellen" zogen ins Gasthaus „Gisela" in der Frühlingsstraße um, wo noch am gleichen Abend die Gründung des FC Bayern München vollzogen wurde. Im Protokoll der Vereinsgründung ist über diese Sitzung zu lesen: „Als 1. Vorsitzender wird sodann Herr John, als 1. Beisitzer Herr Pollack gewählt, während die Besetzung anderer Chargen dem 'Geschäftsführenden Ausschuß' überlassen bleibt. Ein Antrag Johns, den Monatsbeitrag auf eine Mark, das Eintrittsgeld auf zwei Mark zu nominieren, erregt eine größere Debatte, wird jedoch angenommen. Als Clubfarben werden 'Weiß-Blau' erkoren. Der Vorsitzende teilt den Anwesenden mit, daß die Spielerlaubnis auf dem Schyrenplatz vom Magistrat erteilt sei. Hierauf wird ein Betrag von drei Mark für die Miete des Nebenzimmers von den Anwesenden zu gleichen Teilen gedeckt." Das Gründungsprotokoll des FCB trägt 17 Unterschriften, darunter die Herren John, Pollack, Schmid, Fritz und Karl Wamsler, Ringler, Focke, Francke, Friederich, Nägele und Zöpfel.
    Der Name des Klubs war für die damalige Zeit nicht ungewöhnlich. Mit dem Vereinsnamen den Bezug zur eigenen Region zu demonstrieren,

war vor dem 1. Weltkrieg äußerst populär. In München gab es auch noch einen Klub, der sich Bavaria nannte. Im Rheinland und Westfalen nannten sich viele Vereine Rhenania bzw. Westfalia. Im preußischen Raum gab es bald zahlreiche Klubs, die Preußen oder Borussia (lat. für Preußen) hießen. Andere gaben sich national-patriotisch, indem sie sich Germania oder Teutonia tauften.

Motor des Strebens nach fußballerischer Eigenständigkeit und wichtigstes Gründungsmitglied war mit dem Berliner Franz John ausgerechnet ein Preuße. Das war für den neuen Klub nicht untypisch.

Ein Preuße in München: Franz John.

Der FCB sollte sich schon recht bald den Vorwurf einhandeln, ein Sammelbecken für sogenannte „Zuagroaste" zu sein.

Am 7. März 1900 verabschiedete der FCB seine erste Satzung. Die ersten Vereinsfarben waren – wie bereits zitiert – echt bayerisch weiß und blau, aber später spielte die Mannschaft aus praktischen Erwägungen in weißen Blusen und schwarzen Hosen. Der erste Vorstand wurde am 4. April 1900 im Hotel Reichshof gewählt. Franz John wurde als 1. Vorsitzender bestätigt. Die anderen Ämter wurden wie folgt besetzt: 2. Vorsitzender: Wockert, 1. Schriftführer: Pollack, 2. Schriftführer: Bitzer, Kassierer: Ringler, 1. Kapitän: Francke, 2. Kassierer: Focke, 1. Zeugwart: Zöpfel, 2. Zeugwart: Nägele. Von den elf Gründungsmitgliedern wurden also nicht weniger als sieben mit Funktionärsämtern bedacht. Es war gewissermaßen die „demokratischste" Phase des deutschen Fußballs. Spieler und Funktionäre waren oft identisch, und die ersten Zuschauer waren in der Regel Vereinsmitglieder. Zum Zeitpunkt seiner ersten Vorstandswahlen hatte sich die Mitgliedschaft des Vereins allerdings bereits verdoppelt, und man hatte sogar begonnen, eine zweite Mannschaft aufzustellen. Der Pionier Franz John verließ nach nur drei Jahren den FC Bayern wieder und kehrte in seine Berliner Heimat zurück.

Terra Pila

Der FC Bayern war nicht der erste und einzige Fußballklub in München. Die erste rein fußballerische Vereinigung, die öffentlich in Erscheinung trat, gab sich den lateinischen Namen Terra Pila (Terra = Erde, Pila = Ball) und war in Sendling beheimatet. Ihre Mitglieder waren vor allem Studenten, aber auch Beamte und Angestellte im Banken- und Versicherungswesen. Lediglich zwei der zwölf namentlich bekannten Gründungsmitglieder gingen einer handwerklichen Tätigkeit nach. Der Fußball war damals noch ein Sport, der vorwiegend im bürgerlich-akademischen Milieu beheimatet war. Viele der ersten deutschen Klubs waren Oberschülervereine. Unter den heutigen Bundesligisten können u.a. der Hamburger SV und der 1. FC Kaiserslautern auf eine entsprechende Geschichte verweisen. Zur sozialen Ausbreitung des Fußballsports kam es erst nach dem 1. Weltkrieg, als sich der Fußball zum Arbeitersport Nr. 1 entwickelte. Die führenden Köpfe von Terra Pila waren der auch „Haxen-Toni" genannte Toni Hübel, der später sogar bei einer internationalen Städtebegegnung zwischen München und Wien das Tor hüten sollte, und der Deutschamerikaner Fred Dunn.

Der Fußballklub Terra Pila überlebte jedoch nicht lange. Die Mannschaft wurde auseinandergerissen, als ihre Mitglieder in verschiedenen Stadtvierteln siedelten und einige, die sich mittlerweile mehr im Bergsport engagierten, einen eigenen Verein mit dem Namen „Die Bergaffen" gründeten. Ein Teil der verbliebenen Kicker schloß sich dem FCB-Vorläufer MTV 79 an, andere gründeten den 1. Münchener Fußballclub von 1896. Dieser wurde zwar erst 1899 ins Leben gerufen, verstand sich jedoch als direkter Nachfolger von Terra Pila, weshalb man das Jahr 1896 im Vereinstitel führte. Zu seinen Mitgliedern gehörte auch der Maler und Schriftsteller Josef Mauder, der mit Zeichnungen und Versen die spießbürgerlichen Kritiker der Balltreterei aufs Korn nahm und das vom bayerischen Kultusminister verhängte Fußballverbot für Gymnasiasten angriff. Mauder wurde später ein Fan des FC Bayern.

In Schwabing wurde im gleichen Jahr wie Terra Pila der FC Nordstern gegründet, dessen Mitglieder ebenfalls vornehmlich Studenten waren. Der 1. Münchener Fußballclub und der FC Nordstern gehörten neben dem FC Bavaria München, der bis 1907 als eigenständiger Verein existierte, auch zu den 52 Vereinen, die im Gründungsprotokoll des am 28. Januar 1900 gegründeten Deutschen Fußball-Bundes (DFB) als erste Mitglieder des nationalen Verbands erwähnt werden. Viele der Klubs der ersten Stunde lösten sich bereits nach wenigen Jahren wieder auf. Der 1. Münchener Fußballclub stellte seinen Spielbetrieb 1910 ein.

Ein knappes Jahr vor dem FC Bayern, am 1.3.1899, war die Fußballabteilung des späteren Lokalrivalen TSV München 1860 gegründet worden, der damals noch Turnverein von 1860 hieß. Auch die Löwen begannen also bei den Turnern. Bei den Klubs, die reine fußballerische Zusammenschlüsse waren, hatten die MTV- und Sechziger-Kicker einen schweren Stand, da es sich aus deren Sicht lediglich um „Turner" handelte.

Platzprobleme

Nach seiner Gründung bestritt der FCB zunächst einige Trainingsspiele. Der erste offizielle Gegner war ausgerechnet der Stammverein MTV 1879. Am 1. April 1900 wurde der MTV auf der Theresienwiese mit 7:1 geschlagen. Die Bayern hatten eindrucksvoll die Vorzüge fußballerischer Unabhängigkeit bewiesen. Bis 1905 hieß *das* Münchener Derby nicht Bayern - Sechziger, sondern Bayern - MTV. Nur wenig später als der MTV mußte auch der FC Nordstern dran glauben, der gar 15:0 besiegt wurde. Der hoch eingeschätzte FC Bavaria bezog eine 12:1-Packung.

Nach nur einem halben Jahr war der FC Bayern bereits die Nr. 1 unter Münchens Fußballvereinen. Der Klub trat dem SFV bei und gründete noch vor Ablauf des Jahres eine eigene Jugendabteilung. Ebenfalls noch im Gründungsjahr erhielt der neue Klub eine Einladung vom DFC Prag. Die Gastgeber erwiesen sich als einige Nummern zu groß. Der DFC siegte 8:0, die erste Niederlage für die jungen Bayern. Die geringe Konkurrenz, die zu dieser Zeit existierte, machte es möglich, daß sich der FCB bereits in der Saison 1900/01 für das Halbfinale zur damals nicht sonderlich bedeutenden süddeutschen Meisterschaft qualifizieren konnte. Die Begegnung gegen den Karlsruher FV fiel allerdings aus. Im zweiten Halbfinale trennten sich Germania Frankfurt und der 1. FC Hanauer 93 unentschieden 3:3. Die Bayern verzichteten, während Hanau zum Wiederholungsspiel nicht antrat. So lautete das Finale Karlsruhe gegen Frankfurt, wobei die Badenser gewannen.

Das erste offizielle Spiel des etwas älteren Lokalrivalen 1860 fand hingegen erst am 27. Juli 1902 statt. Die Löwen verloren gegen den 1. Münchener Fußballclub 2:4. Am 21. September 1902 kam es schließlich zum ersten Derby zwischen dem FCB und den Sechzigern, das die Bayern an der Clemensstraße mit 2:0 gewannen. Bis zum 1. Weltkrieg waren die Bayern den Löwen klar überlegen.

Der FC Bayern begann seinen Trainingsbetrieb zunächst auf dem städtischen Schyrenplatz an der Wittelsbacherbrücke, der dem jungen Klub vom Magistrat der Stadt zur Verfügung gestellt worden war. Allerdings mußten sich die Spieler zur „äußersten Schonung" des Rasens verpflichten. Nach seiner Benutzung war der Platz wieder „ordnungsgemäß" an die städtische Aufsicht zu übergeben. Die Trainingsbedingungen waren somit alles andere als ideal. Bald warf die Stadtverwaltung den Kickern vor, die Rasenpflege zu vernachlässigen, und vertrieb sie von der Schyrenwiese.

Dank seines ersten Mäzens erhielt der FC Bayern jedoch bald seine erste echte Heimat. Der Vater der Spieler Fritz und Karl Wamsler, der Kochherd- und Ofenfabrikant Friedrich Wamsler sen., stellte dem FC Bayern 1901 ein eingezäuntes Grundstück an der Schwabinger Clemensstraße zur Verfügung und lieferte auch die ersten echten Tore. Das erste Stiftungsfest des FCB wurde im Hotel Reichshof veranstaltet, in einem sehr vornehmen Rahmen. 40 Mark waren hierfür genehmigt worden, doch die Summe wurde noch um 13 Mark überschritten. Die Bayern dürften schon damals der Münchener Klub gewesen sein, der sich der größten Unterstützung durch die Wirtschaft erfreute.

Akademiker, Künstler und Kaufleute

Der FC Bayern war ein Schwabinger Klub und somit in keinem Arbeiterviertel beheimatet, sondern in einem Künstler- und Intellektuellen-Zentrum. Seine Mitglieder waren hauptsächlich Studenten, Künstler, Kaufleute und andere Selbständige. Die Historikerin Elisabeth Angermair entdeckte in Archiven, daß in der ersten Mannschaft des FCB-Vorläufers MTV um die Jahrhundertwende ein angehender Notar, ein Apotheker, ein Filmregisseur, ein Opernsänger und der spätere Direktor des Nationalmuseums, Dr. Buchheit, kickten.

Der FC Bayern erwarb recht bald den Ruf, eine elitäre Adresse zu sein. Er verstand sich bewußt nicht als Sportverein, sondern eben als „Club". Die Spieler trugen aus Frankreich importierte ausgefallene, einheitliche Strohhüte, weshalb die Bayern auch „Kavaliersclub", ja sogar „Protzenclub" genannt wurden. Modisches, und dies war zuweilen auch „Fremdes", wurde begrüßt, und man pflegte die Boheme-Kultur. Bis zum 1. Weltkrieg durfte in der ersten Mannschaft gar nur kicken, wer mindestens die Mittelschule („Einjährig-Freiwilligen-Berechtigung") absolviert hatte. Auf Gerd Müller hätte der FCB somit damals verzichten müssen. Die Bayern wären wohl kaum zum deutschen Rekordmeister aufgestiegen, hätten sie ihre intellektuelle und soziale Exklusivität beibehalten. Trotzdem verfolgt das damalige soziale Milieu den Klub noch heute. Es war sicherlich kein Zufall, daß der FC Bayern in den 70er Jahren die Bundesligamannschaft mit den meisten Abiturienten stellte. Der FC Bayern mag heute ein „Volksverein" sein, trotzdem gibt es zwischen dem ehemaligen „Kavaliersclub" und den ehemaligen „Arbeiter-" oder „Kleinbürgervereinen" Borussia Dortmund, Schalke 04 und auch TSV 1860 unverändert Unterschiede.

Ausländer und Preußen rein!

Der erste herausragende Spieler des FC Bayern war kein Münchener oder zumindest Bayer, sondern ein Niederländer: Willem Hesselink, der auch Franz John als Vorsitzenden beerbte. Hesselink war, wie es in einer Vereinspublikation heißt, „ein ebenso gefürchteter Torjäger wie glänzender Spielgestalter und obendrein noch ein intelligenter Trainer. Sein Spielwitz kennzeichnete in den folgenden Jahren das schon damals ausgeprägte Kombinationsspiel der Bayern. Überdies war Hesselink ständig bemüht, junge Talente einzubauen."

Bayerns erster Ausländer: Dr. Willem Hesselink.

Ausländer und Preußen spielten bei den Bayern schon sehr früh eine wichtige Rolle. In der Mannschaft kickten zahlreiche „Nicht-Münchener" bzw. Zugereiste, die als Studenten oder beruflich nach München kamen. Daß die Spieler des FC Bayern unterschiedliche Dialekte sprachen, wurde

schon wenige Jahre nach der Gründung ein bedeutendes Erkennungs-merkmal der Bayern. Der Journalist Michael Steinbrecher in einer Ende der 60er erschienenen Zeitungsserie über den Münchener Fußball: „Wie bunt zusammengewürfelt die Mannschaft damals schon war, wird in einer alten Kneipenzeitung des MTV bekundet, die in Wort und Bild die Dar-stellung des Bayernplatzes an der Clemensstraße wiedergibt. Handelnde Personen: ein typischer Münchener 'Bierdimpfel' mit Stops. Dieser schaut dem Spiel zu und hört sich die vielsprachigen Zurufe der Spieler eine Zeit-lang an, wie sie von Falschlunger, dem Badener; Frenken, dem Schweizer; Hesselink, dem Holländer; Beyssel Hanne, dem Berliner; Greven, dem Kölner; Habersattler, dem Wiener und einigen wenigen waschechten Münchenern, wie Bermühler kommen. Schließlich fragt er einen Neben-stehenden: 'Sie, was san denn dös für Landsleut?' Der erwidert ihm ganz ruhig: 'Ja, hörns denn dös net an der Sprach? Dös san doch die Bayern.'"
Die Bayern waren zwar bürgerlich und elitär, zugleich aber kosmopolitan und (unpolitisch-)liberal. Mit übertriebener Bodenständigkeit und Provin-zialismus hatten sie nichts am Hut. Und im Gegensatz zu vielen anderen Vereinen hieß der FCB auch Bürger jüdischen Glaubens willkommen.

Erste Titelgewinne

In der Saison 1902/03 stieß der FCB bis ins Viertelfinale der süddeutschen Meisterschaft vor, wo er allerdings gegen die Stuttgarter Kickers 1:4 unter-lag. 1903/04 war erneut im Viertelfinale Endstation, und erneut scheiterte man an den Kickers (1:2).
Am 2.10.1904 wurde in München ein örtlicher Fußballverband mit dem Namen Münchener Fußball-Bund gegründet. Einer der hauptsächli-chen Initiatoren war Franz John. Zuvor waren derartige lokale Zusammen-hänge im süddeutschen Raum bereits in Frankfurt (Frankfurter Associa-tion-Bund, März 1900), in der Pfalz (Verband Pfälzer Vereine für Bewe-gungsspiele, März 1903) und Nürnberg (Nürnberg-Fürther Fußballver-band, April 1904) ins Leben gerufen worden. Allerdings stand der Mün-chener Fußball-Bund bald nicht allein. Da in ihm die Turnvereine domi-nierten, gab es auch noch einen Verband Münchener Fußballvereine, in dem sich die Sportvereine organisierten. Es dauerte bis 1907, bevor Mün-chens Fußballer unter einem Dach kickten.
Aufgrund der hohen Reisekosten mußte sich der FC Bayern zunächst vornehmlich mit lokalen Gegnern begnügen. Um ein Gastspiel des berühmten Karlsruher FV zu ermöglichen, damals ähnlich begehrt wie

heute der FC Bayern, entwickelte Dr. Angelo Knorr 1905 die folgende Idee: Der FC Bayern gab Gutscheine an wohlhabende Förderer aus. Auf diese Weise kam das Reisegeld für die Karlsruher zusammen, das vorab zu überweisen war. Am 16. Mai 1905 war es soweit. Der FC Bayern empfing an der Clemensstraße den Karlsruher FV und lief dabei mit folgenden Spielern auf: Hofmeister, Bermühler, Frenken, Habersattler, Weber, Beyssel, Greven, Hammelmair, Hecht, Bender, Hellweg. Obwohl die Karlsruher in stärkster Besetzung spielten, konnte ihnen der FC Bayern ein torloses Remis abtrotzen.

1902, 1903 und 1904 hatte der FC Bayern seine ersten Titel gewonnen – die inoffizielle Münchener Fußballmeisterschaft. Seine lokalen Rivalen hießen in diesen Jahren FC Bavaria, MTV München, 1. Münchener Fußballclub 1896, TV 1860 München (TSV hießen die Sechziger erst ab 1926, nachdem sich die Fußballabteilung selbständig gemacht hatte), Vereinigte Turnerschaft München und FC Wacker München. Als Münchener Meister spielte der FCB 1904/05 in der Südkreisgruppe gegen den Karlsruher FV, Stuttgarter Kickers und FC Mühlhausen/Elsaß 93 um den Einzug ins süddeutsche Finale. Die Konkurrenz erwies sich für den FCB als bei weitem zu stark. Mit 0:6 Punkten und 0:15 Toren endete der FCB auf dem letzten Platz. Weitere Gegner dieser Jahre waren der Süddeutsche Fußballclub Stuttgart, die Süddeutschen Kickers Ulm, 1. FC Nürnberg, FC Zürich und FC St. Gallen. Das erste Aufeinandertreffen mit dem 1.FC Nürnberg gewannen die Bayern bereits in der Saison 1901/02 an der heimischen Clemensstraße mit 8:1. Auch das Rückspiel in Nürnberg konnten die Bayern mit 6:0 klar für sich entscheiden. Schlechter gestaltete sich die Bilanz gegen die Stuttgarter Mannschaften: Die erste Begegnung gegen den Süddeutschen FC wurde 1901 in Stuttgart noch mit 1:0 gewonnen. Danach gab es zunächst nur noch Niederlagen: 1:2 1901/02 daheim gegen den Süddeutschen FC, 1:6 1902/03 auswärts bei den Kickers und 0:5 1903/04 auf eigener Anlage gegen die gleiche Elf.

In der Saison 1904/05 verlor der FC Bayern seine lokale Vorherrschaft vorübergehend an den MTV 1879. Auch in der folgenden Saison wurde es nichts mit der Stadtmeisterschaft. Doch der Klub zeigte Sinn für Humor. Zur abendlichen Stunde versammelte man sich mit Zylindern ausgerüstet zum feierlichen „Begräbnis" der Meisterschaftsträume. Für das verlorene Titelrennen lag der Spieler Hanne Beyssel auf der Tragbahre. Die schluchzende Trauergemeinde ging bald zum deftigen Leichenschmaus im Pschorrbräu über. Um Mitternacht versammelte man sich in der Neuhauser Straße und zog in geschlossener Ordnung noch lange in der Stadt umher.

Rothosen

Am 1. Januar 1906 schloß sich der FC Bayern dem Münchener Sport-Club (MSC) an, behielt aber unter dem Namen „Bayern, Fußballabteilung des M.S.C." seine Eigenständigkeit. Der MSC war ein Sammelbecken berühmter Leichtathleten. Sein prominentester Aktiver war Hanns Braun, deutscher und englischer Meister über 800 Meter und bei der Olympiade in Stockholm 1912 Silbermedaillengewinner über 400 Meter. Braun war neben dem Berliner Richard Rau der erste deutsche Leichtathlet von internationalem Format. Der Anschluß erfolgte aus finanziellen Gründen. Für eine sportliche Weiterentwicklung war die Finanzbasis der Bayern zu dünn. Der MSC stellte allerdings die Bedingung, daß der FCB seine Spielkleidung ändere. Anstelle der schwarzen Hosen hatten die Bayern fortan rote zu tragen. Vom Volksmund wurden die Spieler daher bald die „Roten" bzw. „Rothosen" getauft. Der MSC, der für damalige Verhältnisse über ausgesprochen großzügige Klubräume verfügte, war der größte Klub in der Stadt und galt außerdem als „gut situiert", womit der bürgerlich-elitäre Charakter des FCB noch verstärkt wurde.

Das Zusammengehen mit dem MSC sollte sich schon bald bewähren. Der FCB verzeichnete einen erheblichen Zulauf. Bereits 1907 zählte der Verein vier Seniorenmannschaften und über hundert Jugendliche. Die Betreuung der Jugendlichen übernahm Siegfried Herrmann, in den 30ern kurzzeitig Vereinsvorsitzender. Daneben gab es auch noch sogenannte Firmenmannschaften, beispielsweise der Bauunternehmung Heilmann und Littmann. Später sollten zeitweise 26 Firmen- und Privatmannschaften beim FCB kicken. Wie der FC Bayern war der MSC ein Schwabinger Verein. Seine Heimat war zunächst ein Platz an der Karl-Theodor-Straße, der jedoch einem Schulbau weichen mußte. Der Verein erhielt daraufhin an der äußeren Leopoldstraße ein Grundstück zur Verfügung gestellt. Der Umzug erfolgte im September 1907. Am 15. Oktober 1907 wurde der neue Bayern-Platz offiziell eingeweiht: Der FC Wacker wurde 8:1 geschlagen. Die Leopoldstraße war der erste Platz in München, der eine Tribüne hatte.

1907/08 wurde der FC Bayern wieder Münchener Meister. Vorsitzender des FC Bayern war mittlerweile der bereits erwähnte Dr. Angelo Knorr, der erheblich zum Aufblühen des Münchener Fußballsports beigetragen hatte. Trainiert wurde der Klub nun von einem Engländer namens Taylor, der seine Spieler zum Singen anhielt. Er war der unerschütterlichen Überzeugung, daß Gesang während der Konditionsarbeit die Kraft der Lungen stärke.

Bayerns Stolz: Münchens erste Tribüne auf dem Platz an der Leopoldstraße.

Taylor war der erste einer Reihe von britischen Übungsleitern beim FCB. Daß ambitionierte deutsche Klubs englische oder schottische Übungsleiter engagierten, war zu dieser Zeit nicht ungewöhnlich. Schließlich galten die Briten als die Pioniere des modernen Soccer. Von der britischen Insel aus hatte sich das Spiel nicht nur in den Ländern des britischen Empire verbreitet, sondern auch in anderen Winkeln der Erde, wo Engländer arbeiteten, studierten oder Handel trieben. Association Football bezog sich kaum auf lokale Traditionen, sondern erwies sich als Britanniens erfolgreichstes und dauerhaftestes Exportgut, das die kulturelle Hegemonie des Empire widerspiegelte. An einigen deutschen Gymnasien wurde das Spiel bereits vor 1880 betrieben, und die Pioniere waren auch hier entweder Deutsche, die englische Schulen besucht und englische Teams gesehen hatten, oder aber in Deutschland lebende englische Bürger. Bei manchen deutschen Klubs gehörten Bürger aus dem „Fußball-Mutterland" gar zu den Gründern. Auch der erste Vorsitzende der Süddeutschen Fußball-Union war mit dem Geistlichen Archibald S. White ein Engländer. Einige Klubs hatten zunächst englische Namen. Im Trainingsbereich übernahmen die Rolle der Engländer später Österreicher und im süddeutschen Raum auch Ungarn, denn der österreichische und ungarische Fußball war bis in die 30er hinein dem deutschen spieltechnisch weit überlegen.

Am 20.4.1908 empfing der FCB mit Cercle Athletik Paris erstmals eine französische Mannschaft. Der FCB verlor 0:3. Einige Tage später spielten die Bayern an der Leopoldstraße gegen die englische Amateurmannschaft The Pirates. Die Bayern wurden von den Kickern aus dem „Mutterland" regelrecht vorgeführt und verloren 0:8.

Zwischenzeitlich unterzog sich der FC Bayern einer strukturellen Reform, die belegt, wie modern der Verein bereits zu dieser Zeit war. Zum ersten Mal kam es zu einer strikten Trennung von Funktionärsapparat und Mannschaft. Zur Bewältigung der Verwaltungsaufgaben wurde ein eigener Sportausschuß gegründet, der den Spielern ermöglichen sollte, sich voll und ganz auf den Fußball zu konzentrieren.

1907 war der FCB Gaumeister geworden, 1908 folgte die südbayerische Meisterschaft. In der Qualifikation für die Endrunde zur süddeutschen Meisterschaft mußte sich der FCB in der Ostkreisgruppe mit dem 1.FC Nürnberg und dem MTV Augsburg messen. Die Nürnberger wurden mit drei Punkten Vorsprung vor dem FCB Gruppensieger.

Ostkreismeister

Seinen größten Erfolg vor dem 1. Weltkrieg landete der Klub in der Saison 1909/10, als er ungeschlagen die Ostkreismeisterschaft gewann, was identisch mit der bayerischen Meisterschaft war. Die SpVgg. Fürth wurde an der Leopoldstraße 12:0 geschlagen, gegen den 1.FC Nürnberg, der in den 20ern zum ersten Rekordmeister Deutschlands aufsteigen sollte, gab es auswärts und daheim jeweils einen 4:2-Sieg. In der Endrunde um die süddeutsche Fußballmeisterschaft präsentierte sich der FCB allerdings eher launisch. Nach zwei Niederlagen gegen den Karlsruher FV (2:3 an der Leopoldstraße, 0:1 in Karlsruhe) reichte es schließlich nur zum 2. Platz. Der Vorsprung der Karlsruher vor dem FCB betrug am Ende sieben Punkte (12:2 gegenüber 5:7).

Erwähnenswert ist aus dieser Saison auch noch die freundschaftliche Begegnung gegen die nordenglische Profimannschaft Blackburn Rovers. Der englische Meister von 1995 gewann auf dem Bayern-Platz mit 7:0. In England war das Berufsspielertum bereits 1885 legalisiert worden. Eine einheitliche nationale Liga existierte seit 1888, also schon 75 Jahre vor Einführung der hiesigen Bundesliga. Die Rovers gehörten zu den prominentesten und erfolgreichsten englischen Mannschaften. 1884-86 hatten sie dreimal in Folge den prestigeträchtigen FA-Cup gewonnen. Zwei Jahre nach ihrem Auftritt gewannen sie auch erstmals die englische Liga und wurden somit englischer Meister.

Am 16.5.1910 feierte mit Max Gablonsky erstmals ein Bayernspieler sein Debüt in der deutschen Nationalelf. Das Mitwirken des Rechtsaußen konnte aber nicht verhindern, daß Deutschland gegen Belgien 0:3 unterlag.

In der Saison 1910/11 wurde in einer neugeschaffenen Kreisliga gespielt, deren Geltungsbereich sich über den gesamten Kreis Bayern erstreckte und somit eine Leistungskonzentration bedeutete. Ihre zehn Vereine stan-

Ostkreismeister 1909/10 (v.l.n.r.): E. Hofmann, H. Hofmann, Gablonsky, Baumann, Seitz, L. Hofmeister, F. Fürst, Kroiss, Berz, Weik, Rinkenberger.

den sich nun unmittelbar in Hin- und Rückspiel gegenüber. Die neue Liga stellte aber nicht nur höhere sportliche Anforderungen, sondern sie mobilisierte auch mehr Zuschauer. Anders als in England, wo der Zuschauerschnitt der ersten Liga bereits um die 20.000 betrug und 1913 gar 120.000 das Cup-Finale sehen wollten, war der Fußball im Deutschland vor dem 1. Weltkrieg noch kein Zuschauermagnet. Ein wesentlicher Grund hierfür war seine noch immer beschränkte soziale Ausbreitung. Das erste Endspiel um die deutsche Meisterschaft mobilisierte 1903 lediglich 1.200 Zuschauer. Der beste Besuch, den die Bayern vor dem 1. Weltkrieg in einem offiziellen Wettspiel verzeichnen konnten, waren die ca. 4.000 Zuschauer, die am 9.4.1911 an der Leopoldstraße der 1:3-Niederlage gegen den Karlsruher FV beiwohnten.

Vor der Saison 1910/11 hatte sich der FCB gezielt verstärkt. Im Sturm standen nun Georg Schneider und Karl Storch vom FC Union; vom FC Wacker war der Torhüter Pekarna gekommen, der in seinem Fach als Weltbester galt. Pekarna soll bei seinem Wechsel von den Bayern Geld erhalten haben und handelte sich dafür einen vorübergehenden Ausschluß aus dem Verband ein.

Die Bayern verteidigten zwar den Titel des Ostkreismeisters mit drei Punkten Vorsprung vor dem 1.FC Nürnberg und verloren hier nur gegen den FC Wacker (1:2), scheiterten im Kampf um die süddeutsche Meisterschaft jedoch erneut an den Karlsruhern, die am Ende sechs Punkte vor dem FCB lagen und gegen die sie daheim mit 1:3 und auswärts mit 0:5 den Kürzeren zogen. Dem FC Bayern blieb wieder nur die Vizemeisterschaft. Im gleichen Jahr verpflichteten die Bayern den englischen Profitrainer Griffith.

Die Stadt München war 1911 erstmals Austragungsort eines Fußball-Länderspiels. Im 17. Länderspiel der DFB-Geschichte traf die deutsche Auswahl an der Marbachstraße in Sendling auf die ungarische Nationalelf. Die Deutschen unterlagen 1:4. Das deutsche Tor hütete der MTV-Spieler Walter Bork, ein gebürtiger Hamburger, der in München studierte. 6.000 Zuschauer sahen das Länderspiel, was für München einen neuen Zuschauerrekord bedeutete.

Bis zum Ausbruch des 1. Weltkriegs konnte der FCB keine weiteren Titel gewinnen. 1911/12 mußte man in der Ostkreismeisterschaft der SpVgg. Fürth den Vortritt lassen, die einen Punkt mehr verbuchen konnte. Vor dem letzten Spieltag lag der FCB noch in Front, und da er seinen folgenden Gegner FC Pfeil Nürnberg in der Hinrunde mit 11:0 deklassiert hatte, gab es keine Zweifel am Ausgang des Meisterschaftsrennens. Doch die haushoch favorisierten Münchener verloren sensationell 1:2. Auch 1912/13 reichte es nur zur Vizemeisterschaft. Erneut lagen die Fürther vorne, diesmal allerdings erheblich deutlicher. 1913/14 endete der FCB nur auf dem 5. Platz, hinter dem MTV München.

Erster Weltkrieg

Der letzte Bundestag des DFB vor Ausbruch des Krieges tagte Pfingsten 1913 in München. Am Pfingstsonntag fand eine öffentliche Festveranstaltung statt, die durch den Besuch von „Seiner Königlichen Hoheit des Prinzen Alfons von Bayern" beehrt wurde. Die Versammlung verabschiedete u.a. ein Telegramm an „Seine Majestät dem Deutschen Kaiser, Berlin", dessen peinlicher Text lautete: „Die zum 20. Bundestag in München versammelten Vertreter des deutschen Fußballsports entbieten des Reiches höchstem Schirmherrn in Treue ehrerbietigsten deutschen Gruß." „Seine Majestät" ließ durch den geheimen Kabinettsrat von Valentini antworten: „Seine Majestät der Kaiser und König lassen den dort vereinigten Vertretern des deutschen Fußballsports für den treuen Gruß danken."

Durch den Krieg wurde ein geregelter Spielbetrieb unmöglich, und die Zuschauerzahlen sanken drastisch. Vor dem Ausbruch des Krieges nahmen vom FC Bayern nicht weniger als zwölf Mannschaften an Punktrunden teil. Außerdem gab es noch zahlreiche Alte-Herren-Teams, einige Studentenvertretungen und 20 Jugendmannschaften. Doch der Krieg beendete die bis dahin stetige Aufwärtsentwicklung des Vereins. In den ersten Kriegsmonaten kam der Spielbetrieb des FCB komplett zum Erliegen. In der Saison 1914/15 bestritt der FCB nur drei Spiele. Fast die gesamte Vereinleitung und der Sportausschuß wurden „an die Front" beordert. Zwei Dritteln der Mitglieder erging es nicht anders. 17 in München verbliebenen Mitgliedern blieb nichts anderes übrig, als am 23. November 1914 einen Kriegsausschuß zu konstituieren. Vorsitzender wurde der ehemalige Terra-Pila-Akteur Fred Dunn, dem einige Monate später Hans Tusch in diesem Amt folgte. Im folgenden Spieljahr 1915/16 wurde der Klub Kriegsmeister in Südbayern. Der Kassenbestand war inzwischen auf 93 Pfennig gesunken. Durch die vom Schriftführer Julius Heckel erstellten „Kriegsnachrichten" wurden die Bayernmitglieder im Frontdienst über das sportliche Geschehen auf dem Laufenden gehalten.

1916/17 gewann der Klub folgende Titel: Gaumeister Oberbayern, Meister Südbayern, Frühjahrsmeister München und Frühjahrsmeister Südbayern. Im Finale um die Ostkreismeisterschaft scheiterte man allerdings an der SpVgg. Fürth (1:1 und 2:3). In dieser Saison trat der FCB auch erstmals wieder auswärts zu Privatspielen an. So gewann er am 8. April 1917 beim FC Schweinfurt mit 3:0. 1917/18 wurde der FCB erneut Münchener und südbayerischer Meister. Aber auch in dieser Saison reichte es nicht zur Ostkreismeisterschaft. Die drei Finalspiele gegen den 1.FC Nürnberg endeten 4:2, 0:1 und 0:3. Auf einer Mitgliederversammlung am 16. März 1918 wurde festgestellt, daß von 415 Mitgliedern des Klubs über 300 im Kriege waren. In der Saison 1918/19 wurden in Süddeutschland keine Endrunden ausgespielt. In den Bayern-Mannschaften dieser Jahre spielten u.a. Karl Storch, Lachermeier, Bubi Lindner, Zilch, Engel, Alex Gersdorf, Berz, Weiherer und Kistner (Spielführer). Als das patriotische Gemetzel endlich ein Ende hatte, waren 61 Mitglieder des FC Bayern gefallen.

Resümee

Der FC Bayern war eine Gründung des aufgeklärten Bürgertums. Spätestens nach seinem Anschluß an den MSC galt der Klub überdies als elitär. Seine Mitglieder zeichneten sich durch Bildung und Noblesse aus. Die im Klub vorherrschende weltanschauliche Haltung läßt sich wohl am besten als (unpolitisch-)liberal und weltoffen umschreiben. Der FCB war von Beginn an ein sehr moderner Klub, weshalb er sich bald eine führende Rolle in München erkämpfen konnte. Rasch knüpfte der Verein Verbindungen zur Wirtschaft, gab sich eine effiziente Struktur und verpflichtete ausnahmslos ausländische Übungsleiter, die den Klub um eine kosmopolitane Note bereicherten und seinen ambitionierten Charakter unterstrichen. Unter seinen Spielern gab es schon frühzeitig viele Zugereiste. Auch kam es bereits vor, daß Spieler mit finanziellen Zuwendungen gelockt wurden.

Die wesentlichen Elemente des heutigen Feindbildes von den Bayern wurden also schon vor dem 1. Weltkrieg geprägt: „Der FC Bayern ist reich, kennt keine Bodenhaftung und ist elitär."

Der Gewinn der Ostkreismeisterschaft bzw. bayerischen Meisterschaft 1910 und 1911 war vor dem 1. Weltkrieg das höchste, was der FCB sportlich erreichen konnte. In München und in Bayern hatte sich der FCB als Fußballmacht etabliert, wobei er in Bayern allerdings die Führungsrolle mit den Nürnbergern und Fürthern teilen mußte. München war damals noch keine Fußballmetropole. In anderen deutschen Großstädten war die Entwicklung schon wesentlich weiter gediehen.

Der TSV 1860 war vor dem 1. Weltkrieg noch kein ernsthafter Konkurrent. Von den 23 Begegnungen, die die beiden Klubs vor dem 1. Weltkrieg gegeneinander austrugen, gewann der FCB nicht weniger als 17. Bemerkenswert war dabei lediglich, daß die letzten drei Derbys mit einem Unentschieden endeten, was auf ein Aufholen der Löwen hindeutete. Immerhin stellte der FC Bayern mit Max Gablonsky, Fritz Fürst und Ludwig Hofmeister schon vor dem 1. Weltkrieg drei Nationalspieler.

Aber im gesamt-süddeutschen Raum dominierten in diesen Jahren andere Städte und deren Klubs. Insbesondere der Fußballpionier Karlsruher FV machte von sich reden. Die Karlsruher waren zeitweise der populärste Klub Deutschlands. Von den zwischen 1897 und 1914 ausgespielten 17 süddeutschen Meisterschaften gingen nicht weniger als neun an den Karlsruher FV. Des weiteren kamen zu Meisterehren: Freiburger FC (2), Kickers Stuttgart (2), 1. FC Pforzheim, FC Straßburg, FC Phönix Karlsruhe und – als einziger bayerischer Klub – die SpVgg. Fürth.

Karlsruhe war in diesen Jahren nicht nur in Süddeutschland eine Fußballmetropole. Phönix Karlsruhe wurde 1909 Deutscher Meister, der Lokalrivale FV nur ein Jahr später. Als die deutsche Nationalmannschaft im Frühjahr 1912 gegen Holland antrat, standen nicht weniger als acht Karlsruher auf dem Platz in Zwolle. Darunter auch die jüdischen Bürger Gottfried Fuchs und Julius Hirsch. Fuchs war damals der erfolgreichste Torschütze der Nationalelf. Seine zehn Tore beim 16:0-Sieg gegen Rußland bei der Olympiade 1912 sind bis heute unübertroffen. Während Fuchs emigrierte, wurde Hirsch 1943 von den Nazis ermordet.

Die süddeutschen Vereine waren vor dem 1. Weltkrieg im deutschen Fußball klar tonangebend, aber die Münchener Klubs spielten unter ihnen lediglich die zweite Geige.

Schwabing – Wiege des FC Bayern

Der FC Bayern war ursprünglich ein Schwabinger Verein. Die erste eigene Spielstätte des Klubs lag an der Schwabinger Clemensstraße, die sich unweit der Münchener Freiheit befindet. 1907 erfolgte dann der Umzug an die Leopoldstraße, heute Schwabings und Münchens Boulevard. In einer Nebenstraße der Leopoldstraße, in der Giselastraße Nr. 18, befand sich die Druckerei Hermes (Weeh & Birkner), die die „Club-Nachrichten" druckte. Der verantwortliche Schriftleiter des Blattes, Anton Ertl, wohnte in der Unertlstraße. Die Weinstraße 14/II, wo im Meisterschaftsjahr 1932 die Geschäftsstelle des Klubs untergebracht war, befand sich nur wenige Minuten außerhalb Schwabings, nämlich am Marienplatz, wo der FC Bayern traditionell seine Meisterschaften feiert. 1946 verließ der FC Bayern endgültig den Stadtteil Schwabing, um an die Säbener Straße in Harlaching zu ziehen. Seit dem Umzug von der Grünwalder Straße ins Olympiastadion (Saison 1971/72) trägt der FC Bayern seine Spiele wieder in der Nähe seiner alten Heimat aus.

Als Otto Rehhagel 1995 von der Weser an die Isar wechselte, erwarb er in der im Universitätsviertel gelegenen Schwabinger Schellingstraße, benannt nach dem Religionsphilosophen Friedrich Wilhelm Schelling (1775-1854), eine Eigentumswohnung. An dem Luxusneubau („Casa Schellissima") ist seit einigen Monaten eine Tafel angebracht, die aber nicht an den ehemaligen Bayern-Trainer, sondern an den am 12. August 1943 hingerichteten Widerstandskämpfer Hermann Frieb erinnert.

Für den Kaffeehausliebhaber Rehhagel (in Bremen saß er fast täglich im Café Jakobs, wo er die Presse studierte und fachsimpelte) war die Schellingstraße genau die richtige Adresse, denn dort gibt es eine Reihe von Cafés. Einer seiner ersten Gänge führte ihn in den historischen „Schellingsalon", einen etwas schmuddeligen, aber sympathischen Ort, wo sich bereits am frühen Morgen ein buntes Völkchen aus Billard-Freaks, Schachverrückten, Leseratten, notorischen Weltverbesserern und Abgebrannten tummelt. Hier trank u.a. Ringelnatz sein Bier. Insider empfehlen als Alternative das „Atzinger", wo es die beste Currywurst südlich des Mains, wenn nicht Europas geben soll.

Schwabing im 19. Jahrhundert.

Schwabing war zunächst ein „behäbiges Dorf mit einer netten Kirche" (Ludwig Thoma). Der dörfliche Vorort wurde 1890 zusammen mit Neuhausen nach München eingemeindet.

Der Adel entdeckte dieses Dorf schon früh als Sommersitz. Ende des 19. Jahrhunderts ließen sich dann zahlreiche Studenten, Künstler und Bohemiens zwischen Türkenstraße und Schwabinger Kirche nieder, denn die Mieten waren hier niedriger als anderswo. Außerdem wohnte man hier in Nachbarschaft zur Universität und Kunstakademie. Daß beim FC Bayern so viele Studenten mitwirkten, hatte also nicht nur soziale, sondern auch geografische Gründe.

Allein zwischen 1895 und 1900 erhöhte sich Schwabings Einwohnerzahl um 44,3 %. 1900 zählte der Bezirk 28.154 Einwohner. Für den Zuzug waren natürlich nicht nur die Akademiker und Künstler verantwortlich. In Schwabing wohnten viele Arbeiter, die bei den Maffei-Werken im benachbarten Neuhausen arbeiteten. Die Maffei-Werke waren einer der größten Betriebe Münchens.

Von 1890 bis 1914 war Schwabing das Zentrum der Münchener Künstlerszene schlechthin, vor allem jener bunten Boheme, die das gestandene Bürgertum durch ihren avantgardistischen Lebensstil und ihre eigenartigen, manchesmal gar revolutionären Ansichten verstörte und zuweilen die Obrigkeit auf den Plan rief. 1895 kassierte der

Schriftsteller Oscar Panizza ein Jahr Gefängnis wegen angeblicher Gotteslästerung in seinem Drama „Das Liebeskonzil". 1898 veröffentlichte die in Schwabing beheimatete und zwei Jahre zuvor gegründete Satirezeitschrift „Simplicissimus" ein Spottgedicht auf den Kaiser, das einen Skandal auslöste. Der Simplicissimus attackierte die Heuchelei, Borniertheit und Aggressivität der wilhelminischen Biederkeit wie auch die Verlogenheit der herrschenden Moral. Der Verleger Albert Langen mußte für drei Jahre in die Schweiz emigrieren, während Simplicissimus-Mitbegründer Th. Th. Heine und der Autor Frank Wedekind für drei Monate hinter Gitter wanderten. Für den Simplicissimus schrieben u.a. noch Thomas Mann, Karl Kraus, Rainer Maria Rilke, Hermann Hesse und Heinrich Mann. Mit Ausbruch des 1. Weltkriegs erfuhr die Zeitschrift einen politischen Kurswechsel. Der Simplicissimus betrieb nun annexionistische Propaganda. Während der Weimarer Republik lavierte die Zeitschrift zwischen einem kritisch-liberalen und rechts-konservativen Kurs, während der NS-Zeit ging sie auf Regierungslinie.

Bereits drei Monate vor dem Simplicissimus war in Schwabing eine andere Zeitschrift aus der Taufe gehoben worden: Die „Jugend", herausgegeben von Georg Hirth, warb für eine neue Kunstrichtung, den Jugendstil.

Trotz der Interventionen durch die Obrigkeit wurde Schwabing zum „Asyl für alle Outsider der Bürgerlichkeit", wie René Prévot später schrieb. Schwabing wurde zum Mekka all jener, die gegen den Zeitgeist rebellierten. Idealistische Weltverbesserer und reale Revolutionäre, Künstler aller denkbaren Sparten: Literaten und Kabarettisten, Bildhauer und Maler lebten Tür an Tür. Bereits 1886 war in der sozialkritischen Zeitschrift „Gesellschaft" zu lesen gewesen: „Nur von München aus läßt sich heute noch so schreiben, wie es bei uns geschieht." Nicht zuletzt wegen Schwabing avancierte München zum geistigen Gegenpol des wilhelminischen Berlin. Um die Jahrhundertwende galt München als Gegen-Hauptstadt für alle, die das wilhelmische Preußen als Inbegriff des Anti-Liberalen ablehnten. Thomas Mann charakterisierte die Atmosphäre im damaligen München als eine „der Menschlichkeit, des duldsamen Individualismus, der Maskenfreiheit". Mann zählte allerdings auch zu den ersten, die vor rechtsradikalen Tendenzen in der Schwabinger Schickeria warnten.

Im Jahr der Gründung des FC Bayern trafen in Schwabing vier russische Sozialrevolutionäre ein, die von der russischen Geheimpolizei verfolgt wurden. Einer von ihnen, Wladimir Iljitsch Uljanov, besser bekannt als Lenin, nistete sich unter dem Decknamen Meyer in der Kaiserstraße 46 ein, einer Nebenstraße der Leopoldstraße. Dort schrieb der spätere russische Revolutionsführer und Gründer der Sowjetunion u.a. seine Kampfschrift „Was tun?".

Weitere prominente Bürger Schwabings waren der Anarchist Erich Mühsam, Stalins späterer Gegenspieler Leo Trotzki und der steckbrieflich gesuchte Revolutionär Ernst Toller. Auch der Oberlandesgerichtspräsident Dr. Heinrich Becher war ein Schwabinger Bürger. Sein Sohn Johannes R. wurde in den 50ern Kultusminister der DDR und schrieb deren Nationalhymne „Auferstanden aus Ruinen".

Die Leopoldstraße, benannt nach Prinz Leopold von Bayern (1846-1930) und in der ersten Hälfte des 19. Jahrhunderts vom Hofarchitekten Friedrich von Gärtner als Verlängerung der Ludwigstraße geplant und gebaut, war zur Zeiten der Bayern-Gründung noch eine fast ländliche Straße mit schönen Villen und großen Vorgärten. Hier war auch die berühmt-berüchtigte „Skandalnudel" Franziska Gräfin zu Reventlow zu Hause. Die aus dem schleswig-holsteinischen Husum stammende Gräfin zählte zu den prominentesten Erscheinungen der Schwabinger Szene und galt als Vorreiterin der Frauenemanzipation. Ihr Credo lautete: „Ich will und muß frei sein, es liegt nun einmal in meiner Natur, dieses maßlose Sehnen und Streben nach Freiheit." Viele der Villen entlang der Leopoldstraße wurden während des 2. Weltkrieges zerstört und später durch häßliche Zweckbauten ersetzt.

Anfang der 60er geriet die Leopoldstraße als Schauplatz der sogenannten Schwabinger Krawalle noch einmal in die Schlagzeilen. Die versuchte Festnahme von drei Straßenmusikanten zu mitternächtlicher Stunde vor der Gaststätte Leopold, in der Karl Valentin 1908 zum ersten Mal auftrat und die später Erich Kästners Stammlokal wurde, löste bürgerkriegsähnliche Straßenschlachten aus, die drei Tage und drei Nächte währten. Einige Jahre später wurde Schwabing zum Zentrum der Münchener 68er-Bewegung. Im Umkreis der Leopoldstraße befanden sich zahlreiche Kommunen, die jedoch später dem Druck des Kommerzes und der Spekulanten weichen mußten.

Von seinem ursprünglichen Charme hat Schwabing viel verloren, weshalb der Kolumnist Siegfried Sommer vor einigen Jahren klagte: „Schwabing ist nicht länger das Herz Münchens, sondern sein Unterleib." Und der Dichter Peter Paul Althaus konstatierte verbittert:

**Spielstätten und
Geschäftsstellen
des FC Bayern
München**

1. Theresienwiese
(vor 1900, Münchens
erster Fußballplatz)

2. Schyrenwiese
(nach der Gründung
1900)

3. Clemensstraße
(1901-1907)

4. Leopoldstraße
(1907-1922)

5. Weinstraße
(Geschäftsstelle bis
zum 2. Weltkrieg)

6. Gärtnerplatz

7. Marienplatz
(Meisterfeier)

8. Landwehrstraße
(Geschäftsstelle zum
Zeitpunkt des
Bundesligaaufstiegs)

9. Grünwalder Straße
(1925-1972)

10. Säbener Straße
(Geschäftsstelle seit
1971, Trainings-
gelände seit 1949)

11. Olympiastadion
(seit 1972)

12. Marbachstraße
(MTV-Platz, 1922/23)

13. Teutonia-Platz
(1923/24, 1924/25)

14. Dante-Stadion
(1943/44)

15. Schlierseestraße
(1944/45)

„Schwabing hat kein Gesicht mehr, sondern eine Visage." Der Kabarettist Dieter Hildebrandt hielt dieser Einschätzung entgegen, Schwabing ginge es wie dem Kabarett: „Seitdem es totgesagt wurde, lebt es besonders intensiv." Wie dem auch sei: Sensiblere Künstler, die Schwabing nur noch als vermarktete Reminiszenz für Touristen betrachten, sind nach Giesing, nach Haidhausen, ein benachbartes ehemaliges Arbeiterviertel, oder ins Lehel übergewechselt.

Schwabing ist auch der Stoff, aus dem der Regisseur Helmut Dietl seine Filme macht. Hier entstand die Idee zu den „Münchener Geschichten", „Monaco Franze", „Kir Royal" und der brillanten ironisch-sarkastischen Gesellschaftskomödie „Rossini – oder die mörderische Frage, wer mit wem schlief", die Anfang 1997 in die deutschen Kinos kam. Schauplatz des Films ist ein „In-Restaurant" mit dem Namen „Rossini", ein großer, hell in die Nacht hinausleuchtender Glaspavillon, dessen Fußboden in Kniehöhe über Straßenniveau liegt. Dies erlaubt seinen Gästen, Münchens Film- und Literatenschickeria, Klatschkolumnen-Prominenten und anderen eitlen Selbstdarstellern, sich wie im Schaufenster oder auf der Bühne zu präsentieren. Als Vorbild diente Dietl sein Stammlokal „Romagna Antica" in der Schwabinger Elisabethstraße, ein Flachbau aus den 50ern mit großen Fenstern und einer Terrasse davor, über den „Die Woche" schrieb: „Es ist mehr als nur ein italienisches Restaurant der gehobenen Klasse. Es ist ein Überbleibsel einer Zeit, in der man in Schwabing noch wilde Partys feierte. Eine Legende." In einer Besprechung des Films im „Spiegel" hieß es u.a.: „Schwabing als Lebensform ist nicht nur ein glückliches Schicksal, sondern auch ein Fluch." Ein Satz, der auch auf den FC Bayern zutreffen könnte. Wohl nicht von ungefähr fühlte sich der Star des Films, die Schauspielerin und Dietl-Lebensgefährtin Veronica Ferres, bei den Dreharbeiten zu dieser melodramatischen Komödie an den FC Bayern erinnert. Ferres hatte auch gleich einen Tip für den FCB parat: Wenn jedem Akteur des FC Bayern gestattet würde, fünf Minuten pro Spiel ein Solo zu absolvieren, hätte der Verein womöglich weniger Probleme.

Der FC Bayern – auch ein Abbild des heutigen Schwabing? Obwohl er Schwabing längst verlassen hat, lebt der Stadtteil in diesem Klub immer noch fort. Nicht nur der TSV 1860, sondern auch der FC Bayern darf für sich reklamieren, ein „echt Münchener Verein" zu sein. Nur eben eines etwas anderen Münchens als die Sechziger – und nicht *nur* Münchens. ∎

1919 – 1933

Erstmals Deutscher Meister

Jugend mit Zukunft

Nach dem 1. Weltkrieg erfuhr der Fußball in Deutschland einen enormen Aufschwung. Durch den Krieg begünstigt, war die Hegemonie der Turner gebrochen worden. Während die Turnväter für „Kaiser und Vaterland" kämpften, nutzten ihre Zöglinge die aufsichtslose Zeit, um sich dem verpönten „Stauchballspiel" zu widmen. Der Aufschwung des Fußballs basierte allerdings vor allem auf seiner sozialen Ausbreitung, die sich nicht nur in der Zunahme der Aktiven, sondern auch in einem größeren Zuschauerzuspruch zeigte. Hierfür war vor allem die Einführung des Achtstundentags verantwortlich. Mehr Freizeit bedeutete mehr Zeit für Sport, und der Fußball war der Industriearbeiterschaft geradezu auf den Leib geschneidert. 1920 waren im SFV 1.005 Vereine organisiert, fast doppelt so viele wie vor dem 1. Weltkrieg. 1921 stieg ihre Zahl weiter auf 1.640.

Im Frühjahr 1919 hatte sich der FC Bayern wieder vom MSC getrennt, um mit dem Turnverein Jahn zum Turn- und Sportverein (TuSpV.) München zu fusionieren. Der MSC war im Kriege weitgehend zusammengebrochen. Außer den Fußballern traten auch noch die Leichtathleten dem TuSpV. bei. Die Balltreter suchten die Fusion hauptsächlich wegen ihrer Platzprobleme. Als Gegenleistung dafür, daß die Fußballer in den Schoß der Turnbewegung zurückkehrten, versprachen die Turner nämlich, einen zeitgemäßen, großen Sportplatz zu errichten. Der FCB trat nun als FA (Fußballabteilung) Bayern auf.

Die Bayern-Führung setzte nach dem Kriegsende auf die Jugend. Der größte Verfechter dieser Politik war der Vorsitzende Kurt Landauer, der im Januar 1919 an die Vereinsspitze gewählt worden war, nachdem er dem Verein schon für eine kurze Zeit vor dem Krieg vorgesessen hatte. Mit dem überaus ideenreichen und weitblickenden Landauer brach eine neue Ära für den FC Bayern an. Eine seiner frühen Reformen: 1920 schloß der Klub erstmals für alle Akteure der 1. Mannschaft eine Unfallversicherung ab.

Die erste Nachkriegsbegegnung des FCB fand am 23. Februar 1919 statt. Gegner war der SC Eldorado München, der mit 4:0 geschlagen

Die Mannschaft des FC Bayern kurz nach Kriegsende. Stehend (v.l.n.r.): Max Fürst, Storch, Hofmeister, Schneider, Fritz Fürst, Lindner, Kienzler, Pregler; sitzend: Feser, Lipp, Gerlach.

wurde. Für den FCB liefen folgende Spieler auf: Lipp, Lindner, Gerlach, Hofmeister, E. Hofmann, Storch, Kinzler, Schneider, Fürster, L. Hofmann und Eisenmann. Was sich bereits in den letzten Begegnungen vor dem 1. Weltkrieg angedeutet hatte, fand nun seine Fortsetzung. Die Löwen holten gegenüber dem FCB auf. Während des 1. Weltkrieges war bei den Löwen ein ambitioniertes Jugendtraining praktiziert worden, für das der ehemalige Mannschaftskapitän Josef Braunmüller verantwortlich zeichnete und das sich nun auszahlte.

Der FCB wurde in diesen Jahren zunächst von William Townley trainiert, der den Klub allerdings bereits im März 1921 in Richtung Hamburg verließ. Für Townley war es das zweite Engagement beim FCB, da er bereits in den letzten Monaten vor Ausbruch des 1. Weltkrieges die erste Mannschaft und die Jugend trainiert hatte. Angeblich importierte Townley als erster das schottische Flachpaßspiel nach Deutschland. Dieses „passing game" symbolisierte im britischen Fußball einen sozialen Machtwechsel. An den Public Schools, wo das einstmals wilde Volksspiel gezähmt und verregelt worden war, hatten die Zöglinge der Mittelklassen das individualistische „dribbling game" gepflegt. Das „passing game" entsprach mit seiner Zweckorientierung, strikten Arbeitsteilung und Betonung von Teamwork den Erfahrungen der industriellen Arbeitswelt. Der bürgerlich-elitäre FC Bayern verpflichtete mit Townley also einen Übungsleiter, der das Bayern-Spiel frühzeitig um Tugenden des englisch-schottischen Arbeiterfußballs bereicherte.

Bevor Townley bei den Bayern anheuerte, hatte der ehemalige Sturm-führer der Blackburn Rovers mit großem Erfolg den DFC Prag, den Karlsruher FV und die SpVgg. Fürth trainiert. Townley, der nicht nur die Kondition förderte, sondern besondere Aufmerksamkeit der Verbesserung der Ballbeherrschung widmete, war der erste Profitrainer der Bayern. In der Saison 1919/20 wurde der FCB Meister der südbayerischen Liga. Der TSV 1860 wurde mit vier Punkten Rückstand Vizemeister. In der Endrunde zur süddeutschen Meisterschaft scheiterte der FCB in der Südgruppe am Freiburger FC. Im Spieljahr 1920/21 lag der TSV 1860 erstmals vor dem FCB. Die Löwen wurden Vizemeister in Südbayern, der FCB mit vier Punkten dahinter Dritter. 1921/22 gelang dem TSV 1860 gar das Meisterstück, der FCB wurde Vizemeister. 1922/23 wurde dann wieder der FCB Meister, mit zwei Punkten Vorsprung vor den Löwen.

Für Furore sorgte in diesen Jahren aber ein anderer Münchener Fußballklub: Schon 1920/21 hatte sich der aus dem Stadtteil Laim stammende FC Wacker für die süddeutsche Endrunde qualifiziert, wo er jedoch in seiner Gruppe knapp am 1. FC Pforzheim scheiterte. 1921/22 war der FC Wacker der erste Münchener Klub nach dem Krieg, der die süddeutsche Meisterschaft gewann. Im Finale in Frankfurt wurde Borussia Neunkirchen 2:1 n.V. bezwungen. Anschließend drang die Überraschungsmannschaft als erster Münchener Verein bis ins Halbfinale zur Deutschen Meisterschaft vor. Dort scheiterte er aber am Hamburger SV.

Süddeutscher Meister

1920 zählte der FCB zwar bereits 700 Mitglieder und war damit der größte Fußballverein Münchens; dennoch plagten den Klub in diesen Jahren finanzielle Sorgen, nicht zuletzt wegen der Inflation. Kurt Landauer sah sich 1921 genötigt, sein Amt niederzulegen. Statt seiner übernahm Fred Dunn die Vereinsführung. Im Dezember 1922 mußte der Monatsbeitrag inflationsbedingt auf 200 RM erhöht werden. Ab März 1923 waren gar 600 RM zu zahlen. Der enge Zusammenhalt der Vereinsmitglieder und die gesellschaftlichen Verbindungen des FCB sorgten jedoch für das Überleben des Klubs. 1922 kehrte Landauer an die Vereinsspitze zurück. Des weiteren kam es zur Trennung vom TuSpV., da die Turner ihr Platz-

Versprechen nicht eingelöst hatten. Die Fußballer waren wieder auf sich allein gestellt, doch von nun an ging es bergauf.

Nach der Saison 1922/23 wurden nordbayerische und südbayerische Liga zusammengelegt. Für den FC Bayern bedeutete dies, daß er sich nun regelmäßig mit zwei Teams messen mußte, die in diesen Jahren zu den besten Deutschlands zählten: dem 1. FC Nürnberg, Deutscher Meister von 1920 und 1921 und Vizemeister von 1922, sowie der SpVgg. Fürth, bayerischer Meister von 1923. Die erste Saison in der neuen gesamtbayerischen Liga (1923/24) beendete der FCB mit dem 3. Platz. Meister wurde der 1. FC Nürnberg, Vizemeister die SpVgg. Fürth. Die Löwen belegten punktgleich mit dem FCB den 4. Platz.

In der Saison 1924/25 wurde der FCB Vierter, die Löwen endeten erneut einen Platz hinter ihrem Lokalrivalen.

Sein 25jähriges Jubiläum durfte der FC Bayern an keinem geringeren Ort als dem Deutschen Theater feiern, wohin sich bis dahin noch kein Münchener Fußballklub gewagt hatte. In einer Vereinschronik heißt es zu diesem historischen Ereignis: „Der Klub bekam verdientermaßen endlich die gesellschaftliche Anerkennung, die ihm zustand." Zu dem Festakt, für den der alte Bayernanhänger Franz Seitz eigens ein Festspiel verfaßt hatte, erschienen auch die Spitzen der Behörden. Der FCB spielte im Jubiläumsjahr mit folgender Mannschaft: Bernstein, Kutterer, Schneider, Hofmeister, Ziegler, Nagl, Kienzler, Dietl, Pöttinger, Schmid, Ludwig Hofmann.

In der Saison 1925/26 führte der schottische Trainer Jim McPherson den FCB erstmals zur süddeutschen Meisterschaft. Errungen wurde diese im Stadion des Lokalrivalen, das ab dieser Saison als Hauptspielstätte des FC Bayern fungierte. Zunächst aber mußte der FCB in der bayerischen Liga bestehen. Zu den spannendsten Begegnungen dieser Spielzeit zählte das zweite Derby mit den Löwen, das vor 8.000 Zuschauern an der Grünwalder Straße mit einem Remis endete. Vor der Pause ging der FCB zweimal durch Pöttinger in Führung, mußte jedoch jeweils den Ausgleich hinnehmen. Nach einem Torwartfehler hatte der TSV 1860 plötzlich mit 3:2 die Nase vorn, aber „Wiggerl" Hofmann gelang schließlich doch noch das 3:3. Einige Tage später mußte der FCB gegen den 1. FC Nürnberg spielen. Der FCB gewann mit 1:0 und wurde somit vor der SpVgg. Fürth bayerischer Ligameister. Erstmals konnten die Bayern die Fürther und Nürnberger Abonnementsmeister hinter sich lassen. Von seinen 14 Meisterschaftsspielen gewann der FCB neun. Niederlagen gab es beim 1.FC Nürnberg (2:3), bei der SpVgg. Fürth (0:1) und daheim gegen den ASN Nürnberg (1:3). Die Begegnungen des FCB gegen den FC Wacker endeten in dieser

Saison 3:3 und 5:0. Im süddeutschen Pokal behielten die „Blausterne" allerdings die Oberhand: Der FCB unterlag 1:2.

In der süddeutschen Meisterschaft mußte der FCB gegen den Karlsruher FV, FV Saarbrücken, VfR Mannheim, SpVgg. Fürth, FSV Frankfurt und Hanauer FC 1893 antreten. Der FCB gewann acht der zehn Begegnungen und hatte am Ende 18:2 Punkte auf seinem Konto. Lediglich bei den Auswärtsspielen in Fürth (3:3) und Mannheim (2:2) mußte man sich mit einem Unentschieden begnügen. Das Torverhältnis des FCB betrug 56:17, was fast sechs Tore pro Spiel bedeutete. Insgesamt schoß der FC Bayern in dieser Saison 176 Tore, von denen allein 57 auf das Konto von Josef Pöttinger gingen, dem im Sturm noch Kienzler, Dietl, Schmid II und Hofmann assistierten. Der Karlsruher FV wurde in München mit 8:0 und beim Rückspiel mit 6:3 abgekanzelt. Auch gegen Saarbrücken gab es mit 6:0 daheim und 8:0 auswärts klare Siege. Den höchsten Sieg erzielte man im Hinspiel gegen den VfR Mannheim: 10:0 besiegte der FCB den Vorjahresmeister, bei dem ein gewisser Sepp Herberger mitwirkte. Hingegen war das 4:3 gegen den ernsthaftesten Konkurrenten SpVgg. Fürth hart umkämpft. 30.000 Zuschauer sahen das Spitzenspiel an der Grünwalder Straße. Schon damals besaß der FCB einen Sinn für Show: Der Spielball wurde aus einem Flugzeug geworfen. Das Interesse war so groß, daß der Rundfunk das Spiel an verschiedene ausländische Radiostationen übertrug.

Als süddeutscher Meister war der FCB erstmals in seiner Geschichte für die Endrunde zur Deutschen Meisterschaft qualifiziert und galt gleich als hoher Favorit. Wer sollte diese mit traumwandlerischer Sicherheit und enormer technischer Gewandtheit agierende Mannschaft stoppen? Das Team der Saison 1925/26 wurde höher eingeschätzt als die spätere Meisterelf. Die Roten schieden jedoch nach einem 0:2 gegen den krassen Außenseiter Fortuna Leipzig bereits in der ersten Runde aus. 25.000 sahen das Spiel auf dem Leipziger Wacker-Platz. Die Nachricht von der Niederlage der Bayern war so unglaublich, daß der Rundfunk mit Anrufen überhäuft wurde. Immer wieder mußte der Sprecher die schlechte Nachricht bestätigen: „Nein, kein Hörfehler – verloren, verloren."

Ebenfalls 1926 feierte in der Nationalmannschaft erstmals ein „Bayern-Block" Premiere: Beim 4:2-Sieg über Holland stürmten die FCB-Akteure Kutterer, Nagelschmitz, Pöttinger und Hofmann im deutschen Trikot. Der Münchener Fußball machte national immer mehr von sich reden.

Launische Jahre

In der Saison 1926/27 landeten die Bayern lediglich auf dem 5. Platz, sieben Punkte hinter den Löwen, die Vizemeister wurden. Der bayerische Ligameister hieß in dieser Spielzeit 1. FC Nürnberg, gegen den der FCB daheim 3:5 und auswärts 1:2 unterlag. Den Löwen gelang es anschließend, sich für die Endrunde um die Deutsche Meisterschaft zu qualifizieren, wo sie nach Siegen über Schalke 04 (2:0) und VfB Leipzig (3:0) im Halbfinale standen. Nach dem FC Wacker war der TSV 1860 somit der zweite Münchener Verein, der sich für den erlauchten Kreis der besten Vier qualifizieren konnte. Dort unterlagen die Sechziger dem 1. FC Nürnberg 1:4, der anschließend auch noch das Finale gewann.

In dieser Saison kam es am 6. Januar 1927 beim Derby zwischen dem FCB und den Sechzigern zu einem Spielabbruch. Erstmals war ein Top-Zuschlag für das Derby erhoben worden. Trotzdem waren 12.000 Zuschauer ins Stadion an der Grünwalder Straße gekommen. Als sich das Gerücht verbreitete, die Begegnung sei lediglich ein „Privatspiel", verlangten die Zuschauer ihr Geld zurück, stoppten einen Flügellauf von „Wiggerl" Hofmann und stürmten das Spielfeld. Der Protest konnte erst beendet werden, nachdem über Megaphon verkündet wurde: „Das Spiel wird abgebrochen, die gelösten Eintrittskarten sind für das nächste Ligaspiel 1860 gegen Bayern gültig." Die offizielle Begründung für den Spielabbruch waren die katastrophalen Platzverhältnisse. Die Grünwalder Straße war völlig vereist, aber die Verantwortlichen hatten es versäumt, das Derby abzusagen. Die „regulären" Begegnungen zwischen den beiden Rivalen endeten mit einem torlosen Remis und einer 2:5-Niederlage für den FCB, die noch glimpflich ausfiel. So resümierte die Fachzeitschrift „Fußball": „Wann haben wir jemals erlebt, daß 1860 eine Elf von der Tradition der Bayern durch klassisches Ballservieren, durch kluges Sichfreistellen, kurz, durch alle Feinheiten guten Spiels zeitweise einfach ausschaltete. (...) Das 5:2 ist der knappste zahlenmäßige Ausdruck der klaren Torchancen von 1860. Bayern muß das Spiel vom Sonntag als flammendes Menetekel betrachten, es war eine Katastrophe für die Bayern." Das enttäuschende Abschneiden in der Saison 1926/27 führte zu einem Trainerwechsel. Anstelle von McPherson übernahm nun der Ungar Konrad Weiß das Training des FCB.

In der Saison 1927/28 gewann der FCB seinen zweiten süddeutschen Meistertitel. In Bayern war man wieder zu einem zweigleisigen Oberhaus zurückgekehrt. Der FCB gewann mit einem Punkt Vorsprung vor den

Süddeutscher Meister 1928. Stehend (v.l.n.r.): Trainer Weiß, Haringer, Hofmann, Pöttinger, Schmid II, Nagelschmitz, Hufsteiner, Pöttinger II; sitzend: Goldbrunner, Kutterer, Bernstein, Schmid I, Welker.

Löwen die südbayerische Meisterschaft. Im direkten Vergleich schnitten indes die Löwen besser ab. Die erste Begegnung endete 1:1, das Rückspiel gewannen die Sechziger vor 18.000 Zuschauern 5:4, obwohl der FCB vor der Pause dreimal in Führung gegangen war. Aber nachdem sich FCB-Mittelstürmer Pöttinger verletzt hatte, standen die Löwen mit einem Mann mehr auf dem Feld und wußten dies zu nutzen. Der „Fußball" sprach von „Münchens größtem Spiel seit fünf Jahren". Die süddeutsche Meisterschaft wurde für den FCB zu einer klaren Angelegenheit. Die Gegner hießen diesmal Wormatia Worms, FV Saarbrücken, SpVgg. Fürth, Stuttgarter Kickers, SV Waldhof Mannheim, KSV Karlsruhe und Eintracht Frankfurt. Nach 14 Spielen standen zehn Siege und vier Unentschieden zu Buche. Gegen den härtesten Rivalen Eintracht Frankfurt gewann man auswärts 2:0 und spielte daheim 2:2.

Die zweite Teilnahme an einer Endrunde zur Deutschen Meisterschaft gestaltete sich für den FCB schon erheblich erfolgreicher als die erste. In der Vorrunde wurde Wacker Halle vor 10.000 Zuschauern auf dem Hallen'schen VfL 96-Platz 3:0 besiegt. Auch in der Zwischenrunde bzw. im Viertelfinale behielt der FCB die Oberhand: Köln Sülz 07 wurde 5:2 geschlagen. 13.000 sahen die Begegnung an der Grünwalder Straße. Damit standen die Bayern – wie ein Jahr zuvor bereits die Löwen – im Halbfinale. Und nicht nur die Bayern. Mit dem FC Wacker stellte München sogar noch einen zweiten Halbfinalisten, so daß Münchens Fußballfans einem

„Münchener Endspiel" entgegenfieberten. Der FCB mußte gegen den Hamburger SV antreten, der sich jedoch an diesem Tag als übermächtig erwies. Das Duell der beiden Nationalmannschaftsstürmer Otto „Tull" Harder und Ludwig Pöttinger ging klar an den Hamburger, der drei Treffer erzielte und sich damit dafür rächte, daß der Bayern-Spieler ihm bei den Olympischen Spielen in Amsterdam vorgezogen wurde. Die Bayern waren allerdings arg gehandicapt, da sich ihr Keeper Bernstein die Finger brach, so daß Verteidiger Kutterer zwischen die Pfosten mußte. Am Ende stand es 8:2 für den HSV, der anschließend Deutscher Meister wurde. Auch der FC Wacker verpaßte das Endspiel: Gegen Hertha BSC Berlin verloren die „Blausterne" 1:2.

Die enorm gewachsene Bedeutung des Münchener Fußballs wurde in diesem Jahr aber nicht nur durch die doppelte Halbfinalteilnahme dokumentiert. Bei der Olympiade in Amsterdam standen mit Heidkamp, Hofmann, Kutterer, Nagelschmitz und – wie bereits erwähnt – Pöttinger fünf Bayern-Spieler im Kader der Nationalelf, die allerdings nach einem 1:4 gegen Uruguay bereits in der zweiten Runde ausschied. In der ersten Runde hatte man die Schweiz 4:0 geschlagen. Zum Einsatz kamen in den beiden Begegnungen nur Hofmann und Pöttinger.

1928/29 wurde der FCB zwar erneut südbayerischer Meister, aber in der süddeutschen Meisterschaftsrunde langte es nur zum 2. Platz. Zwei Heimniederlagen gegen die nicht gerade klangvollen Namen Germania Brötzingen (2:3) und VfL Neckarau (4:5) sowie eine Auswärtsniederlage beim späteren süddeutschen Meister 1. FC Nürnberg (1:4) waren einfach zu viele. Der 2. Rang berechtigte jedoch zur erneuten Teilnahme an der Endrunde um die Deutsche Meisterschaft. In der Vorrunde wurde der Dresdener SC vor 16.000 Zuschauern an der Grünwalder Straße mit 3:0 besiegt. In der folgenden Zwischenrunde scheiterte der FCB erneut an einem Außenseiter: Im Breslauer Sportpark Grüneiche unterlagen die Bayern Breslau 08 vor 12.000 Zuschauern 3:4 n.V.

Auch in den Spielzeiten 1929/30 und 1930/31 hieß der südbayerische Meister FC Bayern. 1929/30 ereignete sich die einzige Niederlage in Regensburg, wo der FCB dem SSV Jahn mit 2:3 unterlag. In der süddeutschen Meisterschaft langte es indes hinter Eintracht Frankfurt und der SpVgg. Fürth lediglich zum 3. Platz, womit die Endrunde um die Deutsche Meisterschaft verpaßt wurde. Das gleiche Bild in der Saison 1930/31: Der FCB wurde mit vier Punkten Vorsprung auf den Lokalrivalen TSV 1860 souverän südbayerischer Meister. Den Ausschlag gaben die direkten Aufeinandertreffen der beiden Rivalen. Im Hinspiel siegte der FCB vor

20.000 Zuschauern 4:2. Auch das Rückspiel ging vor 15.000 Zuschauern mit 3:1 an die Bayern. Schon damals war das Glück den Bayern hold. So hieß es im „Fußball": „Die Bayern können wohl als glücklicher Sieger bezeichnet werden, gewonnen haben sie jedoch durch ihre Stärke, die im Ausnützen gegebener Chancen liegt."

Der FCB scheiterte jedoch in der süddeutschen Meisterschaft, wo man hinter der SpVgg. Fürth und Eintracht Frankfurt erneut nur Dritter wurde. Anders die von Max Breunig trainierten Löwen, die über die Runde der Zweiten und Dritten den Sprung in die DM-Endrunde schafften. Nach Siegen gegen den Meidericher SV (4:1), Tennis Borussia Berlin (1:0) und Holstein Kiel (2:0) stand der südbayerische Vizemeister als erster Münchener Verein in einem Endspiel zur Deutschen Meisterschaft. Der Gegner hieß Hertha BSC Berlin. Die Berliner gewannen vor 60.000 Zuschauern im Köln-Müngersdorfer Stadion 3:2.

Endlich „Number One"

Auch in der Saison 1931/32 wurde die südbayerische Liga von der Konkurrenz zwischen dem FC Bayern und dem TSV 1860 dominiert. Am Ende hatte der FC Bayern mit 28:8 Punkten und 66:33 Toren erneut die Nase vorn, wobei der Abstand auf den Vizemeister TSV 1860 lediglich zwei Punkte betrug. Für den FCB war dies der fünfte südbayerische Meistertitel in Folge. Kurioserweise gingen beide Meisterschaftsspiele gegen die Löwen verloren. Die erste Begegnung gewann der TSV 1860 klar 2:0, die zweite vor 22.000 Zuschauern sogar 6:2. Die Löwen boten an diesem Tag Fußball vom Feinsten. Der „Fußball" verlieh ihnen das Prädikat „beste deutsche Kombinationself". Selbst der „rücksichtsloseste Nur-Bayernanhänger" habe an diesem Nachmittag „die überaus glänzende Leistung der 1860er anerkannt".

In der süddeutschen Meisterschaft wußte der FCB sich zu revanchieren. Zunächst schlug der FCB den TSV 1860 mit 3:1. 25.000 Zuschauer sahen die Begegnung, was Rekordbesuch bedeutete. Ermöglicht wurde die beeindruckende Kulisse durch eine mit Rücksicht auf die Wirtschaftskrise erfolgte Senkung der Eintrittspreise. Erheblich magerer fiel der Zuschauerzuspruch beim Rückspiel aus, das der FCB 3:0 gewann. Vier Derbys innerhalb von nur 20 Wochen hatten bei den Fans eine gewisse Müdigkeit bewirkt. Müde waren aber auch die Löwen, die bei der Vergabe des Meistertitels keine Rolle spielten. Mit 10:18-Punkten endete der südbayerische Vizemeister lediglich auf dem 6. und vorletzten Platz, während der FCB

**Nürnberg, 12.6.1932: Der FC Bay-
ern vor dem Anpfiff des Endspiels
um die Deutsche Meisterschaft.
V.l.n.r.: Haringer, Bergmaier, Welker,
Heidkamp, Lechler, Nagelschmitz,
Breindl, Krumm, Schmid II, Goldbrunner, Rohr.**

mit 21:7 Punkten und 37:17 Toren Sieger der Gruppe Südost wurde. Nach der Hinrunde sah es zunächst nicht nach einem Durchmarsch des erklärten Favoriten FC Bayern aus. Von sieben Begegnungen gingen immerhin drei verloren. Gegen den 1.FC Pforzheim unterlag man gar daheim mit 2:6. Doch in der Rückrunde blieb der FCB ohne Niederlage und gab nur einen Punkt ab.

Im Finale um die süddeutsche Meisterschaft traf der FCB am 1. Mai 1932 in Stuttgart auf Eintracht Frankfurt. Das Spiel mußte nach 80 Minuten beim Stand von 2:0 für die Eintracht abgebrochen werden, da erboste Bayern-Fans das Feld erstürmt hatten. Nach der Pause war die Begegnung in eine regelrechte Schlacht ausgeartet. Die Bayern-Fans beschuldigten den Schiedsrichter, ihrer Mannschaft zwei klare Handelfmeter verweigert zu haben. Da beide Teams für die Deutsche Meisterschaft automatisch qualifiziert waren, verzichtete der FCB auf eine Neuansetzung.

In der Vorrunde zur „Deutschen" wurde Minerva 93 Berlin vor 15.000 Zuschauern an der Grünwalder Straße mit 4:2 besiegt. In der Zwischen-

runde spielte der FC Bayern gegen Polizei SV Chemnitz. Austragungsort war der Leipziger Wacker-Platz, den die Münchener nicht gerade in guter Erinnerung hatten. Doch vor 30.000 Zuschauern unterlagen die Ordnungshüter dem FCB 2:3. Damit standen die Bayern im Halbfinale, wo sie in Mannheim gegen den bis dahin schon fünffachen Deutschen Meister 1. FC Nürnberg antreten mußten. Der FCB gewann das Spiel vor 35.000 Zuschauern 2:0. Die Tore schossen Rohr und Welker. Zum zweiten Male hintereinander konnte sich ein Münchener Verein für das Finale qualifizieren.

Wie schon beim Endspiel um den süddeutschen Meistertitel hieß der Gegner Eintracht Frankfurt. Die Frankfurter hatten im zweiten Halbfinale den FC Schalke 04 mit 2:1 besiegt. Das Spiel des Jahres sollte am 12.Juni in Nürnberg stattfinden. Der FCB galt als Favorit, ja als überreif für die Meisterschaft, wenngleich die Elf seit dem Scheitern von 1926 der Ruf verfolgte, eine launische Diva zu sein. Der Endspielort Nürnberg behagte dem FC Bayern überhaupt nicht. Man befürchtete, die Anhänger der im

Halbfinale besiegten Nürnberger würden sich auf die Seite der Frankfurter schlagen und damit den neutralen Charakter des Austragungsortes zunichte machen. Das Nürnberger Stadion war bereits 1929 Schauplatz eines Finales gewesen. Auch damals war der „Club" im Halbfinale gescheitert, während der Lokalrivale Fürth ins Endspiel einzog. Das für seinen Fanatismus berüchtigte Nürnberger Publikum hatte daraufhin den Endspielgegner Hertha BSC angefeuert – indes vergeblich. Die Begegnung mit Eintracht Frankfurt erhielt zusätzlichen Zündstoff durch den Spielabbruch im süddeutschen Finale. Deshalb entschloß sich der DFB, mit Alfred Birlem einen seiner erfahrensten Schiedsrichter zu nominieren.

Die Vorbereitung der Bayern erfolgte für damalige Verhältnisse ausgesprochen professionell. Der aus Wien stammende Trainer Richard „Little" Dombi, der von seinen Kompetenzen her einem heutigen englischen Manager glich, schirmte die Mannschaft von der Öffentlichkeit hermetisch ab. Als Geheimquartier fungierte das Nürnberger Hotel „Württemberger Hof". Nicht einmal dem 1. Vorsitzenden Kurt Landauer war der Aufenthaltsort der Mannschaft bekannt. Die Journalisten vermuteten das „Parkhotel" in Schwabach. Eine Zeitung kündigte ihren Lesern gar einen ausführlichen Bericht mit Bildern von dort an. Doch der FC Bayern der frühen 30er war noch kein Unternehmen der Unterhaltungsindustrie. Es gab keine Besuche, Interviews oder Reportagen – für den heutigen FC Bayern, auch „FC Hollywood" genannt, völlig undenkbar. Den Tagesablauf – von den Mahlzeiten über den Spaziergang im Nürnberger Stadtpark bis zum entspannenden Kartenspiel – bestimmte allein Dombi.

Das Endspiel lockte 58.000 Zuschauer ins Stadion, der größere Teil von ihnen waren Bayern-Fans. Bereits zwei Stunden vor dem Anpfiff war die Arena ziemlich überfüllt. 500 Bayern-Anhänger hatten die 200 km von München nach Nürnberg mit dem Fahrrad zurückgelegt. Bei den Radlern handelte es sich größtenteils um Erwerbslose, denen der FC Bayern Freikarten spendierte sowie Übernachtung und Verpflegung bezahlte.

Beim Anpfiff standen neun aktuelle Nationalspieler auf dem Platz. Im Bayern-Dress Haringer, Heidkamp, Bergmaier, Rohr und Welker, bei der Eintracht Schütz, Stubb, Mantel und der Schweizer Nationalstürmer Dietrich. Insgesamt wurden acht der elf Bayern-Akteure während ihrer Laufbahn in die Nationalmannschaft berufen: Goldbrunner kam auf 39 Einsätze, Haringer 15, Heidkamp neun, Bergmaier acht, Rohr vier, Krumm zwei, Nagelschmitz und Welker je einen.

Bei drückender Hitze (die Zuschauer hinterließen 43.000 Limonadeflaschen und 30.000 Maßkrüge, des weiteren wurden zehn Eisenbahnwag-

Kraftvoll verwandelt Oskar Rohr einen Elfmeter zur 1:0-Führung.

gons voll sonstiger Abfälle eingesammelt) präsentierte sich die Eintracht zwar feldüberlegen, wußte dies jedoch nicht in Tore umzumünzen. Mit der Zeit fanden die Bayern besser ins Spiel, konnten sich vom Druck der Frankfurter befreien und ihr mittlerweile berühmtes flüssig-flaches, geschmeidiges Zusammenspiel entwickeln.

Ein Handelfmeter führte schließlich in der 35. Minute zum 1:0. Bayerns Mittelstürmer Oskar „Ossi" Rohr drosch den Ball mit solcher Wucht ins Frankfurter Gehäuse, daß am Elfmeterpunkt dicke Kreidewolken aufwirbelten. Das Spiel wurde nun vor allem von Frankfurter Seite mit großer Härte geführt. Haringer setzte zwei Freistöße nur an die Querlatte. Noch vor dem Halbzeitpfiff mußte Nagelschmitz verletzt ausscheiden. Nach dem Wiederanpfiff bestürmte die Eintracht das Bayern-Tor, aber trotz Unterzahl behauptete sich die Abwehr um Haringer und den langen Mannschaftskapitän Conny Heidkamp. Als auch auf Frankfurter Seite ein Akteur (Möbs) verletzt ausschied, wurde das Spiel wieder ausgeglichener. In der 75. Minute fiel schließlich die Entscheidung: Auf der rechten Angriffsseite setzte sich Krumm gegen zwei Frankfurter durch, drehte nach innen und schoß den Ball an die Innenkante des rechten Torpfostens, von wo aus das Leder ins Netz sprang. Die Frankfurter setzen nun alles auf eine Karte, konnten aber die Bayern-Abwehr nicht mehr ernsthaft in Verlegenheit bringen. Als der Schlußpfiff ertönte, wurde das Spielfeld von Bayern-Fans überflutet, die ihre Helden auf ihre Schultern hievten. Der Berichterstatter des „Fußball": „Mit den Bayern ist die beste deutsche Mannschaft Meister geworden! Die im entscheidenden Augenblick beste deutsche Mannschaft. (...) Das Ende war ein Meer von Jubel, ein Beifall, wie er zuvor wohl nur einmal von einem unbeteiligten Publikum einem deutschen Meister dargeboten wurde: 1926 der Spielvereinigung Fürth gegen Hertha BSC Berlin im Frankfurter Stadion." Die bösen Befürchtungen, die die Bayern ob des Austragungsortes plagten, hatten sich als überflüssig erwiesen.

Die Meistermannschaft: Lechler, Haringer, Heidkamp, Breindl, Goldbrunner, Bergmaier, Nagelschmitz, Krumm, Rohr, H. Schmid, Welker. Mit Welker, Schmid, Rohr, Krumm und Bergmaier besaßen die Bayern in dieser Saison wohl den besten Sturm im deutschen Fußball.

Zum ersten Mal kam die „Viktoria" nach München, wo der Mannschaft ein triumphaler Empfang bereitet wurde. In Pferdedroschken wurden die Spieler vom Hauptbahnhof über den Stachus und den Marienplatz in das Münchener Stadtzentrum chauffiert. Entlang der Route standen Tausende mit rot-weißen Fähnchen Spalier. Die lokale Presse schrieb über den Empfang des Meisters: „München, jenes gemütliche München, dem man in aller Welt die ruhige, fast einer Großstadt fremde Lebensweise nachrühmt, das – konservativ in seiner Art – eigentlich lange braucht, bis es sich für irgend etwas begeistern kann, dieses München verschwand gestern im Fußballtaumel und in Siegerfreude."

In den „Club-Nachrichten des F.C. Bayern e.V. München" hieß es zum Titelgewinn: „Es hat seine Berechtigung, daß aus der Deutschen Fußballmeisterschaft mehr Wesens gemacht wird wie aus der Titeleroberung jeder anderen Sportart, nirgends ist der Kampf um die Krone so mühsam, langwierig und schwierig. Die Masse fühlt richtig, wenn sie in dem Deutschen Fußballmeister etwas ganz besonderes sieht, wenn sie ihm mit einer Begeisterung zujubelt wie kaum einem anderen sportlichen Heroes unserer Zeit. Lange Jahre haben wir auf diesen Tag gewartet, wir alte Bayern, von denen jeder irgendwie und irgendwann das Seinige getan, um seinen ruhmreichen Klub vorwärts zu bringen, der ihm mehr als Fußballspiel oder Verein, der ihm ein Stück seines Lebens bedeutet hat. Viele Tausende von Bayern sind im Laufe dieser drei Dezennien in der Phalanx der Streiter gestanden, die unserem Fußball den Weg gebahnt aus den Zeiten der Ver-

Meisterschaftsfeier mit „Viktoria". Hinten links Trainer Dombi, rechts Heidkamp und Rohr; vorne Haringer und Bader.

fehmung und des Verkanntseins in den Sonnenglanz der Volkstümlichkeit."

Die Meisterschaftsfeier, bei der auch namhafte Humoristen und Volkssänger wie Weiß Ferdl, Michl Ehbauer und Karl Steinacker auftraten, fand im völlig überfüllten „Löwenbräukeller" statt. Die Volkssänger waren ein lokalspezifisches Phänomen, deren Blütezeit in die 50 Jahre vor und nach der Jahrhundertwende fiel, als München sich zur Weltstadt mauserte und „sich die Handwerker- und Kleinbürgerseele in aller dumpfen Begrenztheit und geselligen Amüsiersucht breit machte, nur am Rande von der Schwabinger Boheme angegriffen. Die Bezeichnung Volkssänger rührt daher, daß ursprünglich bei den Auftritten die gesanglichen Darbietungen (Gstanz und Couplets) Vorrang vor den später sich entfaltenden komischen Theaterszenen hatten. Diese bayerische Kleinstkunstform – einen aufwendigen Theaterbetrieb verbot der § 33a der damaligen Reichsgewerbeordnung – bildet eine Wurzel der heutigen Unterhaltungsindustrie, vom

Kino bis zum Nachtklub, die folglich auch ihre Totengräber geworden sind. (...) Die komischen Vorträge, Parodien und Possen blieben immer ausgesprochen volkstümlich, ortsverbunden und stereotyp, kurz sie blieben auf dem Erwartungsniveau des Publikums und dienten dem einfachen Unterhaltungsbedürfnis" (Klaus Pemsel). Der Auftritt von Weiß Ferdl, dem damals bekanntesten Münchener Volkssänger, irritiert etwas. Denn Weiß Ferdls Erfolg basierte nicht zuletzt auf seinen antisemitischen Witzen. Wiederholt stellte er seine Popularität auch in die Dienste der NSDAP. Wie noch gezeigt wird, firmierte der FC Bayern damals aber auch als „Juden-Club".

Kurt Landauer überreichte Münchens Oberbürgermeister Dr. Scharnagl ein Fünfmarkstück mit den besten Grüßen vom Karlsruher Fußballpionier Walther Bensemann, dem Begründer des „Kicker". Bensemann hatte in einer Wette mit dem Münchener Stadtoberhaupt auf die Eintracht gesetzt.

Nach der Meisterschaftsfeier fuhr die Mannschaft mit Freunden und Verwandten per „Radl" auf eine Hütte, wo acht Tage weitergefeiert wurde. Die Verpflegung hatte man sich bei einigen Geschäftsinhabern besorgt, die für den Fall der Meisterschaft „milde Gaben" versprochen hatten.

Machtwechsel in Politik und Fußball

1932/33 wurde der FCB zunächst vor dem TSV 1860 mit deutlichem Vorsprung südbayerischer Meister. Gegen die Löwen spielte der FCB 1:0 und 2:2. Beim 1:0 verschoß Oskar Rohr zum ersten Mal in seiner Fußballerlaufbahn einen Elfmeter. Die südbayerische Meisterschaft sollte für lange Zeit der letzte Titel des FC Bayern sein, denn in der anschließenden Ostweststaffel der süddeutschen Meisterschaft hatten am Ende die Löwen die Nase vorn. Während der TSV 1860 den Gruppensieg errang und ins Endspiel um die süddeutsche Meisterschaft einzog, mußte sich der amtierende Deutsche Meister mit dem 4. Platz begnügen. Allerdings trennten die Bayern von den Löwen nur zwei Punkte. Entscheidend waren letztendlich die beiden direkten Aufeinandertreffen der Rivalen, aus denen der TSV 1860 vier Punkte holte. Das zweite (bzw. vierte) Derby fand am 12. März statt, dem Tag, an dem Hitler – seit 1912 in der bayerischen Metropole ansässig – per Flugzeug auf dem Oberwiesenfeld eintraf, um seine Parteigenossen zur Machtübernahme in Bayern und in München zu begrüßen. Nach Schätzungen der Polizei empfingen 150.000 Menschen den „Führer", während 18.000 dem Derby beiwohnten.

Bei den Reichstagswahlen vom 5. März hatte die NSDAP in München 176.490 Stimmen geholt. Die BVP verbuchte 102.497 Stimmen, die SPD 96.284 und die KPD 55.483. Das bayerische Ergebnis war allerdings für die Nazis das schlechteste im Deutschen Reich. Ein schwacher Trost für die Nazi-Gegner, denn am 9. März erfolgte die Absetzung der bayerischen Regierung und die Ernennung von General Epp zum Generalstaatskommissar. Epp war in München kein Unbekannter. 1919 war er als Freikorpsführer wesentlich an der Niederwerfung der Räteregierung beteiligt gewesen. Auf Münchens Straßen tobte nun der braune Terror. Zahlreiche Menschen wurden verhaftet und verprügelt. Einen Tag nach dem Münchener Derby stand in den Zeitungen eine Verlautbarung des neuen Polizeipräsidenten Heinrich Himmler, die an Zynismus nicht zu überbieten war: „Ich habe Schutzhaft in ziemlich erheblichem Maße verhängt. (...) Ich habe mich hierzu genötigt gesehen, da in der Stadt an vielen Stellen große Erregung herrscht und es mir daher unmöglich wäre, jede einzelne Persönlichkeit, die Anlaß zur Unruhe gibt, so zu schützen, daß ich die Sicherheit für Leben und Eigentum übernehmen könnte."

Der TSV 1860 verlor zwar das Finale um die süddeutsche Meisterschaft (0:1 gegen Eintracht Frankfurt), zog aber nach Siegen über VfL 1906 Benrath (2:0) und Beuthener SuSV 1909 (3:0) bereits zum dritten Mal ins Halbfinale der Deutschen Meisterschaft ein. Dort unterlagen die Löwen vor 30.000 Zuschauern im Leipziger VfB-Stadion dem FC Schalke 04 mit 0:4.

Der „Arbeiterverein" FC Schalke, bis heute der einzige deutsche Profiklub, der ein Arbeits- bzw. Berufssymbol in seinem Wappen führt, war ein aufsteigender Stern am deutschen Fußballhimmel. Da sich auch Fortuna Düsseldorf im Halbfinale durchgesetzt hatte, kam es erstmals in der Geschichte des deutschen Fußballs zu einem reinen West-Finale. Bis dahin war es überhaupt erst einem Westverein gelungen, ins Finale vorzudringen. 1913 unterlag der Duisburger SpV, im Gegensatz zu den Schalkern ein „bürgerlicher" Verein, dem VfB Leipzig 1:3. Die Fortuna, die ihren Namen nicht von der berühmten Glücksgöttin, sondern von einer Brotfabrik im Düsseldorfer Stadtteil Flingern erhielt, gewann das Finale 3:0. Der Westen hatte seinen ersten Deutschen Fußballmeister.

Nach der Saison 1932/33 verließ Oskar Rohr den FCB und schloß sich den Grashoppers Zürich an. Rohr wollte Profi werden, was der DFB, der einen von den Turnern abgeschauten, ideologisch überhöhten Amateurismus pflegte, in diesen Jahren jedoch noch nicht zuließ. 48 Jahre nach der Legalisierung des Profifußballs in England kickten in Deutschland offiziell immer noch ausschließlich Amateure. Die Machtergreifung der Nazis bedeutete einen weiteren Rückschlag für die Professionalisierung des deutschen Fußballs. Der halboffizielle „Zigarrenladen-Amateurismus" wurde sanktioniert, während die nationalsozialistische Ideologie zugleich verlangte, daß nach außen hin das Amateurideal aufrechterhalten blieb. Die Diskussion um den Professionalismus wurde erstickt, indem die Nazis ihn schlicht verboten. Ohne die Jahre der NS-Diktatur wäre die Angleichung an andere europäische Länder sicherlich eher erfolgt.

In Deutschland wurde der „Legionär" Oskar Rohr scharf angegriffen. Der „Fußball" beschuldigte Rohr, er habe sich „im Ausland als Gladiator verkauft". Ein romantisierender, spießiger Antikapitalismus von rechts, mit dem Dekaden später noch ein anderer Bayern-Akteur konfrontiert werden sollte: Paul Breitner.

Resümee

Mit der Halbfinalteilnahme 1928 und dem Gewinn der deutschen Meisterschaft 1932 war es dem FCB gelungen, sich in der Gruppe der leistungsstärksten und prominentesten deutschen Klubs zu etablieren. Der FCB war auch national eine Größe und ein Gesprächsthema. Akteure des FCB wurden nun fast regelmäßig für die Nationalmannschaft nominiert.

Die Dominanz der süddeutschen Klubs nahm nach dem 1. Weltkrieg weiter zu. Dabei verlagerte sich nun innerhalb Süddeutschlands das Zentrum vom badischen Karlsruhe ins bayerisch-fränkische Nürnberg/Fürth, was sich allerdings bereits vor dem 1. Weltkrieg angedeutet hatte, sowie nach München. Der 1. FC Nürnberg stellte einen Großteil der Nationalmannschaft. München bildete mit dem FC Bayern, dem TSV 1860 und dem FC Wacker das zweite Zentrum im süddeutschen Raum. Die Münchener Klubs gewannen immerhin fünf der zwischen 1919/20 und 1932/ 33 ausgespielten süddeutschen Meisterschaften, der Raum Nürnberg/ Fürth kam auf sieben. Nach dem fünffachen süddeutschen Meister 1. FC Nürnberg war der FC Bayern mit drei Titeln der erfolgreichste süddeutsche Verein. Nur zweimal ging die Meisterschaft nicht nach München oder Nürnberg/Fürth (1925 VfR Mannheim, 1930 Eintracht Frankfurt).

Von dem im Zeitraum 1920 bis 1933 14 ausgespielten nationalen Meistertiteln gingen fünf an den 1. FC Nürnberg und zwei an die benachbarte SpVgg. Fürth. Mit dem Titel der Bayern gewann der Süden nicht weniger als acht der insgesamt 14 deutschen Meisterschaftsfinale. Die Dominanz des Südens wurde auch in Bayerns Meisterjahr 1932 deutlich: Mit dem

FCB, dem „Club" und Eintracht Frankfurt stellte der Süden drei der vier Halbfinalisten. Der vierte Teilnehmer hieß Schalke 04 und signalisierte den bevorstehenden geografischen und sozialen Machtwechsel. Während sich in der Bilanz aller DM-Endrunden 1903-14 unter den 42 aufgeführten Vereinen keine Münchener Adresse befindet, sieht dies für die DM-Endrunden 1920-33 völlig anders aus. Unter den 20 erfolgreichsten Klubs tauchen gleich drei Münchener auf, und zwar auf den Plätzen 6 (TSV 1860), 9 (FC Bayern) und 14 (FC Wacker). Außer dem Titelgewinn des FC Bayern waren noch eine weitere Finalteilnahme (TSV 1860) sowie sieben (!) Halbfinalteilnahmen (TSV 1860: 3, FC Bayern: 2, FC Wacker 2) zu vermelden. Nur Berlin war mit fünf Klubs unter den besten 20 noch häufiger vertreten als München. Allerdings: während Hertha hinter dem 1. FC Nürnberg den 2. Rang und Tennis Borussia den 11. Rang belegten, kamen Union Oberschöneweide, BFC Vorwärts und Norden-Nordwest Berlin nur auf die Plätze 16, 18 und 19. Der gesamte Westen erreichte mit Schalke (8), Fortuna Düsseldorf (11), der SpVgg. Sülz 07 (17) und dem Duisburger SpV. nur vier Plazierungen unter den besten 20.

Der Aufstieg Münchens in den Kreis der deutschen Fußballmetropolen wurde auch durch die Städtespiele dokumentiert. Am 29. Dezember 1929 schlug die Münchener Stadtauswahl das Team Berlins mit 6:1. Anton Löffelmeier schreibt in dem Buch „München und der Fußball" (1997), daß die Münchener Auswahl „mit geringen Veränderungen jederzeit auch als Nationalelf" hätte auftreten können.

Der bereits vor dem 1. Weltkrieg beim FCB zu registrierende Hang zur Professionalität setzte sich in den 20ern fort – nicht nur in der Vereinsführung, sondern auch auf dem Platz. So war des öfteren zu lesen, daß der Gegner der Bayern zwar ebenbürtig gewesen sei, aber die größere Effektivität das Spiel letztendlich zugunsten des FCB entschied. Dies führte dazu, daß die fußballinteressierte Öffentlichkeit bei Derbys zuweilen mehr mit dem TSV 1860 fieberte. So schrieb der „Fußball" über das Heimspiel der Bayern gegen 1860 vom 7. Dezember 1930, daß viele der Zuschauer hofften, daß den Löwen „ein Sieg über die wieder mal im Glück schwimmenden Bayern gelingen werde". Den FCB umgab aber auch die Aura einer „launischen Diva". Seine damalige Spielweise wird mit Begriffen wie „flüssig" und „geschmeidig" charakterisiert, die Meistermannschaft von 1932 als die „am schönsten spielende deutsche Elf" gefeiert. Mit der Fußballphilosophie des Reichstrainers Otto Nerz hatten die von einem Wiener trainierten Bayern wenig im Sinn. Sigi Haringer: „Uns Bayern behagte damals das neue Nerzsche System gar nicht. Wir wollten spielen, stürmen, nicht Fußball-rackern oder arbeiten."

Bayern international

Der weltoffene, moderne und ambitionierte Charakter des FC Bayern vor 1933 zeigte sich nicht nur darin, daß die 1. Mannschaft ausschließlich von ausländischen Fußballehrern trainiert wurde. Bemerkenswert ist auch die große Zahl internationaler Begegnungen, die der FC Bayern in den 20ern und frühen 30ern bestritt und die sowohl der Völkerverständigung wie der Verbesserung der eigenen fußballerischen Qualität dienten. Wohl aus geografischen Gründen offenbarten die Bayern eine Vorliebe für Teams aus der Schweiz.

1919/20 spielte der FCB dreimal gegen den FC St. Gallen (4:3 an der Leopoldstraße, 4:3 in St.Gallen, 2:2 an der Grünwalder Straße), Rapid Wien (1:4) und MAC Budapest (7:1). Zu einem für den Münchener Fußball unvergeßlichen Erlebnis wurde das Gastspiel der Profis von MTK Budapest, gegen die der FC Bayern an der Marbachstraße antrat. Der FCB ging im Ballzauber der Ungarn um Alfred Schaffer mit 1:7 unter. 15.000 sahen die Begegnung. Da die Buchdrucker streikten, schickte der ideenreicher FCB-Präsident Landauer pferdebespannte Wagen mit handgeschriebenen Plakaten durch Münchens Straßen. 1920/21 wurden die niederländischen Klubs Be Quick Nymwegen (4:3) und Blau Wit Amsterdam (0:2) empfangen. Außerdem kickte der FCB erneut zweimal gegen den FC St. Gallen (2:2 und 3:3, jeweils auswärts). Mit Sport Lausanne (3:0) maß man sich mit einem weiteren Klub aus der Schweiz. 1922/23 wurden außer den nun schon obligatorischen Spielen gegen St. Gallen (4:0 und 2:1) auch noch gegen den FC Bern (6:3 in Bern) und FC Basel (1:3 in Basel) gespielt. Auch 1923/24 standen einige schweizerische Klubs auf dem Programm: Young Fellows Zürich (6:3 in Zürich), FC Basel (6:1 in Zürich), Sport Lausanne (3:1 in Lausane) und Servette Genf (1:1 in Genf). In München spielte man gegen den englischen Profiklub Bolton Wanderers und unterlag 1:3. 1924/25 ging es mal wieder gegen den FC St. Gallen (6:4 in St. Gallen). Mit dem FC Modena (1:1) wurde erstmals ein italienischer Klub empfangen. Eine Premiere bedeutete auch das Spiel gegen die argentinische Mannschaft von Boca Juniors, das ebenfalls 1:1 endete.

Freundschaftsspiel des FC Bayern gegen die argentinische Elf von Boca Junior im Mai 1925 auf dem Teutonia-Platz.

1925/26 wurde das englische Team von Northern Nomads Liverpool 6:3 besiegt. 1926/27 standen wieder einige Teams aus der Schweiz auf dem Spielplan: FC Basel (10:0), Grashoppers Zürich (1:2) und Servette Genf (3:1). Außerdem wurde gegen den FC Europa Barcelona (4:1) und gegen das Team von Pennarol Montevideo (2:1) gekickt. Die Begegnung gegen den uruguayischen Meister lockte die Rekordkulisse von 30.000 Zuschauer an die Grünwalder Straße. 1927/28 gastierte der englische Erstdivisionär West Ham United in München, jenes Team, gegen das Lokalrivale TSV 1860 später als erster deutscher Verein ein Finale im Europapokal der Pokalsieger bestreiten sollte. Die Profis wurde überraschend 3:2 geschlagen. 1928/29 trat man gegen den DFC Prag (4:1) und zweimal gegen WAC Wien (3:1 daheim, 5:5 auswärts) an. 1929/30 erneut gegen den WAC Wien (1:2) und gegen Slavia Prag (5:4). 1930/31 hießen die internationalen Gegner Racing Club Paris (5:2) und Birmingham FC (1:3), in der Meistersaison 1931/32 Vienna Wien (2:3), Chelsea FC London (1:2) und Boldklubben Kopenhagen (6:1). 1932/33 besuchte Ferencvaros Budapest (3:2) die Grünwalder Straße.

Die NS-Herrschaft sollte der Weltoffenheit und Internationalität des FCB zunächst ein Ende setzen. Die Zahl ausländischer Gäste wurde immer geringer, und es waren fast nur noch „deutschsprachige" Klubs, mit denen man sich nun maß. ■

1933 – 1945

Mit den Nazis in die Krise

Ende eines „Juden-Clubs"

Die Machtergreifung der Nazis bedeutete für den bürgerlichen FC Bayern einen härteren Schlag als für so manchen ehemals „roten" Arbeiterverein, da dem weltoffenen Klub zahlreiche jüdische Bürger angehörten, darunter viele Geschäftsleute. Der FC Bayern firmierte in Münchens Öffentlichkeit als „Juden-Club".

Das politische Klima verschlechterte sich für die Münchener Juden nicht erst ab 1933. Bereits seit 1921 durften an der Münchener Universität keine ausländischen Juden mehr studieren. Die zumeist jüdischen oder ausländischen Besitzer der Münchener Kaufhäuser befanden sich bereits seit längerem im Fadenkreuz der Nazi-Propaganda. Auf dem Kaufhaus Uhlfeld im Rosental, dem Einheitspreisgeschäft Epa, bei Woolworth und bei Hermann Tietz flatterte nun die Hakenkreuzfahne. Die Firmenmannschaft des am Bahnhofsplatz gelegenen „jüdischen" Kaufhauses Hermann Tietz kickte unter dem Dach des FCB.

Aber nicht nur Münchens Kaufhäuser wurden „arisiert", sondern auch der FC Bayern. In einer Vereinschronik von 1950 heißt es: „Die Parteipolitik und der wie Gift ausgestreute Rassenhaß machte auch vor der sportlichen Kameradschaft nicht halt. Immer schon hatte man im Klub die Anschauung vertreten, daß jeder anständige Mensch, gleich welcher Rasse oder Religion, Platz beim Sport finden könne. Dieser Grundsatz verlor plötzlich durch Regierungsbefehl seine Berechtigung. (...) Es kamen die Rassengesetze und mit ihnen der Arierparagraph. Damit aber auch das Ausscheiden vieler alter und treuer Bayern, die in unseren Reihen nichts anderes kannten, als gleich allen übrigen Mitgliedern am Aufbau des Klubs mitzuarbeiten, sich an seinen sportlichen Siegen und Erfolgen zu freuen und Rückschläge und Niederlagen mit tragen zu helfen." Der damalige Spieler Willy Simetsreiter über das Schicksal der jüdischen Funktionäre und Balltreter beim FC Bayern: „Plötzlich waren die verschwunden. Das war schade für diese Leute, das waren alles gute Leute." Über die Gründe für das Verschwinden der jüdischen Mitglieder sei unter den Fußballern nie geredet worden, bloß über „Fußball und Mädels. Mei, wir waren jung." Bereits am 22. März 1933 legte Bayerns jüdischer Vereinspräsident Kurt Landauer sein Amt nieder. Landauer war nicht der einzige prominente jüdische Bayern-Funktionär. Der Jugendleiter Otto Beer mußte ebenfalls gehen. Beer emigrierte in die Schweiz. Am gleichen Tag, an dem Landauer sein Amt niederlegte, wurde auch Dr. Karl Scharnagl vom Münchener Stadtrat „verabschiedet". Fast 19 Jahre lang hatte Scharnagl, der der Bayerischen Volkspartei (BVP) angehörte, die Geschicke der Stadt geleitet. Doch nun mußte auch er dem braunen Terror weichen. Der „Halbjude" Walther Bensemann, gegen den Scharnagl die Wette um die Deutsche Meisterschaft gewonnen hatte , floh in die Schweiz. Auch Meistertrainer Dombi kehrte München den Rücken. Sein Nachfolger wurde der Sportlehrer Heinz Tauchert.

Im Februar 1933 wohnten in München noch 10.737 Bürger jüdischen Glaubens. Zwischen dem 1. und 16. März 1933 verließen nicht weniger als 3.574 Juden die bayerische Metropole. In der „Reichskristallnacht" im November 1938 wurden rund 1.000 Juden festgenommen. Die alte Synagoge an der Herzog-Rudolf-Straße ging in Flammen auf, jüdische Geschäfte wurden demoliert. Einige Monate zuvor war bereits die Synagoge am Lenbachplatz abgerissen worden – aus „verkehrstechnischen

Abriß der Synagoge am Lenbachplatz.

Gründen", wie es hieß. In den folgenden Jahren wurden Tausende Münchener Juden in den Vernichtungslagern der Nazis ermordet. Als die US-Armee in München einmarschierte, wurden nur noch 84 Juden gezählt. Heute verfügt die Stadt immerhin wieder über die drittgrößte jüdische Gemeinde in Deutschland.

Auch Oskar Rohr, Schütze des 1:0 im DM-Finale von 1932, bekam es mit den Nazis zu tun. Rohr, der zur Saison 1934/35 von den Grashoppers Zürich zum französischen Profiklub Racing Straßburg gewechselt war, floh 1940 nach dem Einmarsch der Wehrmacht nach Sète im unbesetzten Südfrankreich. Im November 1942 wurde der ehemalige Nationalspieler von deutschen Soldaten arrestiert und in das KZ Karlsruhe-Kieslau verschleppt. Von dort wurde er an die „Ostfront" geschickt. Als Stürmer einer „Heeresflak-Auswahl" erzielte er in einem Spiel gegen die „Luftnachrichten" fünf Tore. Rohr überlebte NS-Herrschaft und Krieg und kickte anschließend noch einige Jahre in der Oberliga Süd.

Während die Sportorganisationen der sozialdemokratischen und kommunistischen Arbeiterbewegung bereits 1933 aufgelöst und viele ihrer Funktionäre verhaftet wurden, blieb der DFB unbehelligt. Schon vor der offiziellen Machtergreifung hatte die DFB-Spitze gegenüber der NS-Bewegung ihre Sympathien bekundet. Der DFB wurde nun lediglich „gleichgeschaltet" und war als „Fachamt Fußball" nur noch eine Unterabteilung des „Deutschen Reichsausschuß für Leibesübungen" (DRL). Die Organisation des Fußballs wurde weiter zentralisiert und der Süddeutsche Fußball- und Leichtathletikverband (SFLV) am 6. August 1933 in Suttgart aufgelöst. (Im November 1927 war es in Süddeutschland zur Fusion der Fußballer mit den Leichtathleten gekommen). An seine Stelle traten mit Südhessen/Pfalz/Saar, Baden, Württemberg und Bayern nun vier „Sport-Gaue". Bereits am 24. Mai 1933 war allen Vereinen eine Einheitssatzung verordnet worden, die die Durchsetzung des Führerprinzips (der Vereinsvorsitzende hieß nun „Vereinsführer") und den Ausschluß aller jüdischen Mitglieder forderte. Der DFB, der sich in einem Akt von vorauseilendem Gehorsam die Ideologie der Nationalsozialisten bereits vor deren Machtergreifung angeeignet hatte, ließ im „Kicker" verbreiten: „Der Vorstand des deutschen Fußball-Bundes und der Vorstand der Deutschen Sport-Behörde halten Angehörige der jüdischen Rasse, ebenso auch Personen, die sich als Mitglieder der marxistischen Bewegung herausgestellt haben, in führenden Stellungen der Landesverbände nicht für tragbar."

Kurt Landauer

Niemand hat die Geschichte des FC Bayern vor 1933 so geprägt wie sein langjähriger Präsident Landauer. Kurt Landauer wurde am 28. Juli 1884 in Planegg als Sohn der jüdischen Kaufmannseheleute Otto und Hulda Landauer geboren. Der Kommerzienrat Otto Landauer verfügte über Eigentum in Münchens Kaufingerstraße, wo es eine Reihe jüdischer Kaufleute und Hauseigentümer gab. 1938 wurden sie von den Nazis enteignet, viele von ihnen später auch ermordet. Das Eigentum ging an „Arier" deutscher oder auch US-amerikanischer Nationalität. Bis 1938 gehörte die Kaufingerstraße Nr. 26, die an die Woolworth AG Berlin vermietet war, den Brüdern Kurt und Franz Landauer. Woolworth übernahm am 9. November 1939 die Immobilie als Besitz.

Kurt Landauer gehörte dem FC Bayern seit 1901 an. Zunächst als aktiver Fußballer, später als Mitarbeiter des Klubs. 1913 wurde Landauer erstmals Präsident des FC Bayern. Der Ausbruch des 1. Weltkriegs setzte seiner Amtszeit ein frühes Ende, aber nach seiner Rückkehr aus dem Krieg übernahm Landauer erneut den FC Bayern. Die zweite Amtsperiode währte vom Frühjahr 1919 bis zum März 1933, mit einer einjährigen Unterbrechung (1922).

Landauer arbeitete in der Anzeigenabteilung der „Neuen Münchener Nachrichten" (heute „Süddeutsche Zeitung"), aber sein Hauptinteresse galt stets dem Fußball. Beruflich wie privat war der Kaufmann auf größtmögliche Korrektheit bedacht. In seiner Wohnung war das Rauchen strikt untersagt, und auch Fußball-Toto war verpönt.

Unter dem ideenreichen und unermüdlich arbeitenden Präsidenten Landauer erwarb der FC Bayern in den 20er und frühen 30er Jahren hohes Ansehen im In- und Ausland. Landauer war Verfechter einer Politik, die auf die Jugend setzte. Diese Strategie war ein wesentlicher Grund für den Aufschwung, den der FC Bayern nach dem 1. Weltkrieg erfuhr. Während seiner zweiten Amtszeit stieg der FC Bayern in die deutsche Fußball-Creme auf und holte 1932 mit der Deutschen Meisterschaft seinen ersten nationalen Titel.

Im März 1933 sah sich Landauer aufgrund der neuen politischen Verhältnisse zum Rücktritt genötigt. Anton Löffelmeier schreibt in dem Buch „München und der Fußball – Von den Anfängen 1896 bis zur Gegenwart": „Die Tatsache, daß der FC Bayern viele jüdische Mitglieder hatte, die teilweise in leitender Funktion mitarbeiteten, und daß noch dazu ein Jude jahrelang den Verein geleitet hatte und man sich im März 1933 nicht sofort von ihm getrennt hatte, sollte den Bayern das ganze 'Dritte Reich' hindurch als Makel anhängen."

Nach der „Reichskristallnacht" wurde Landauer für vier Wochen ins KZ Dachau eingesperrt, bevor er im Mai 1939 nach Genf in die Schweiz emigrieren konnte. Dort unterhielt er Kontakte zum Klub FC Servette, gegen den der FC Bayern vor 1933 wiederholt Freundschaftsspiele bestritten hatte. 1940 erhielt Landauer Besuch von der kompletten Bayern-Elf, wofür diese nach ihrer Rückkehr von den Nazis schwer gescholten wurde.

Kurt Landauers Geschwister Dr. Paul Gabriel, Franz und Leo wurden von den Nazis ermordet. Schwester Gabriele wurde zunächst deportiert und kam später ums Leben. Außer Kurt überlebte nur noch eine weitere Schwester namens Henny den Nazi-Terror.

Im Juni 1947 kehrte Kurt Landauer aus dem Exil nach München zurück. Die Jahreshauptversammlung des FC Bayern wählte ihn erneut zum Klubpräsidenten, der er nun bis 1951 blieb. Damit war er insgesamt 16 Jahre im Amt – nur Wilhelm Neudecker kann auf eine längere Tätigkeit verweisen.

Landauer starb am 21. Dezember 1961 im Alter von 77 Jahren. ∎

Nazifizierung und Widerstand

Als kommissarischen Nachfolger von Landauer wählte eine außerordentliche Mitgliederversammlung am 12. April 1933 zunächst dessen langjährigen Assistenten Siegfried Herrmann. Der gesamte interne Vereinsbetrieb des FC Bayern geriet für einige Jahre durcheinander. Die bereits zitierte Vereinschronik: „Viele Männer zogen sich von ihren Ämtern zurück. Andere wieder witterten Morgenluft und glaubten im Trüben fischen zu können. Auch begannen gewisse Kräfte jetzt schon mit einem Wettlauf um die Gunst der neuen Herrscher im Staate. Die Leitung versuchte, sich dem Neuen wenigstens im Sport entgegenzustellen, aber schließlich waren die Ereignisse stärker als der Wille eines einzelnen." Als Siegfried Herrmann 1934 aus beruflichen Gründen zurücktrat, wurde sein Nachfolger der Rechtsanwalt Dr. Karlheinz Oettinger, der jedoch bereits 1935 von Dr. Richard Amesmeier abgelöst wurde. Amesmeier war ein bewährtes Mitglied. Im Gegensatz zu vielen anderen Vereinen drückte sich der FC Bayern noch immer davor, eine Parteigröße an seine Spitze zu hieven. Innerhalb von nur zwei Jahren „verschliß" der FC Bayern drei Präsidenten. 1937 war auch die „Ära" Amesmeier vorüber. Der neue „Vereinsführer" war nun der Oberlehrer Franz Nußhardt. Auch Nußhardt trug kein Parteiabzeichen, und auch seine Ära währte nur kurz. 1938 wurde der Oberregierungsrat Dr. Kellner als sein Nachfolger bestellt. Erstmals stand nun ein Mann an der Vereinsspitze, der für die braunen Machthaber „tragbar" war. Nußhardt blieb dem Klub jedoch erhalten. Offiziell war er nur noch „zweiter Mann", aber tatsächlich war es Nußhardt, der das Gros der Vorstandsarbeit bewältigte.

Am 9. April 1943 wurde schließlich der Bankier Sauter vom Gausportwart zum „Kommissarischen Gemeinschaftsführer" ernannt und blieb dies auch bis zum Ende von Krieg und NS-Herrschaft, wenngleich von

Siegfried Herrmann

ihm schon bald nichts mehr zu hören und zu sehen war. Sauter war der Wunschkandidat der aktiven Nazis im Verein gewesen, und nach seiner Amtsübernahme änderte sich das Verhältnis des Klubs zur Partei und Stadtverwaltung gewaltig. In den Klubnachrichten des FC Bayern schrieb Sauter über seine Wahl die folgenden tiefbraunen Zeilen: „Ich habe dieses ehrenvolle Amt in einer Zeit übernommen, in der das deutsche Volk seinen schwersten Kampf um Sein oder Nichtsein führt, und ich freue mich, feststellen zu können, daß unser Klub den tiefen Sinn der Leibesübungen in höchstem Maße erfüllt hat, den Sinn nämlich, aus der ihm anvertrauten Jugend harte und entschlossene Kämpfer für Führer, Volk und Vaterland heranzuziehen. Viele unserer Mitglieder tragen das graue Ehrenkleid, und mancher brave Kamerad hat die Treue zu den hohen Idealen mit seinem Blut besiegelt und ist vor dem Feinde geblieben. Wir werden sie nie vergessen, und ihr Heldentum soll uns immer Vorbild und Ansporn sein. Auch wir in der Heimat haben in diesem Ringen um Deutschlands Zukunft Pflichten zu erfüllen, und nicht unsere kleinste soll es sein, den FC Bayern trotz aller zeitbedingten Schwierigkeiten auf seiner bisherigen stolzen Höhe weiterzuführen und ihm darüber hinaus eine dauernde Spitzenstellung unter den Großvereinen zu sichern." Eben dies gelang freilich erst nach dem Ende der Nazidiktatur.

Die Nazifizierung des FCB benötigte eine deutlich längere Anlaufzeit als die vieler anderer Münchener Sportvereine. Dabei gab es auch beim FCB bereits in den frühen 30ern bekennende Nazis, die allerdings zunächst nur eine kleine Minderheit bildeten. Die NSDAP war insbesondere in der Skiabteilung stark vertreten. Die Wintersportler stellten auch den sogenannten „Dietwart", der für die nationalsozialistische Umerziehung im Klub verantwortlich war. Außerdem übernahmen sie schon bald nach der Machtergreifung die Klubzeitung.

Daß der Klub zunächst sportlich und finanziell abfiel, hatte zumindest auch damit zu tun, daß ihm noch eine Zeitlang Mitglieder vorstanden, die nicht im ausreichenden Maße über die nun notwendigen politischen Verbindungen verfügten. Der FC Wacker und der TSV 1860 setzten viel früher Vereinsmitglieder an ihre Spitze, die zugleich in der NSDAP waren und die Weihe des Gausportführers besaßen. Im „Arbeiterverein" TSV 1860, bei dem im Sommer 1933 40% der Mitglieder ohne Arbeit waren, gelangten die Nazis bereits kurz nach der Machtergreifung in Amt und Würden. Von 1934 an wurde die Position des Vereinsvorsitzenden von SA-Mitgliedern bekleidet. Vom 7. April 1936 bis zum Ende von Naziherrschaft und Krieg hieß der Vereinsvorsitzende Dr. Emil Ketterer. Ketterer gehörte der NSDAP bereits seit 1923 an, war Mitbegründer des National-sozialistischen Ärztebundes München-Oberbayern, seit 1931 SA-Mitglied und Abgeordneter im von den Nazis gleichgeschalteten Münchener Stadt-rat. Gegenüber Oberbürgermeister Fiehler betonte Ketterer Anfang Februar 1941, daß das Führerprinzip im TSV 1860 immer stark ausgeprägt gewesen sei und „daß ein prozentual großer Teil der Mitgliedschaft sehr früh bei der Fahne Adolf Hitlers zu finden war" – im Gegensatz zu einem anderen Münchener Verein. Seit spätestens 1941 wurde die TSV-Fußball-abteilung vom SA-Obersturmführer Sebastian Gleixner geleitet, der der Partei seit 1928 angehörte und wie Ketterer im Stadtrat saß. Nach dem Krieg wurde Gleixner wegen seiner Naziaktivitäten zu fünf Jahren Arbeitslager, zehnjährigem Berufsverbot und Vermögensentzug bis auf 1.000 DM verurteilt.

Anders als der FC Bayern, an dem auch nach seiner „Arisierung" der Ruf des „Juden-Clubs" haften blieb, durfte sich der TSV 1860 der Protek-tion durch die braunen Machthaber erfreuen, weshalb er die Kriegsjahre besser bewältigen konnte. Dem FCB wurde nicht verziehen, daß er sich so lange seiner Nazifizierung widersetzt hatte. Wann immer die Löwen finanzielle Probleme plagten, und dies war ziemlich häufig, durften sie sich der Unterstützung durch die NSDAP-Stadtratsfraktion und des Amts für Leibesübungen sicher sein. So erwarb die Stadt u.a. das Stadion an der Grünwalder Straße. Sowohl nach dem Gewinn der bayerischen Fußball-meisterschaft 1941 wie der südbayerischen Fußballmeisterschaft 1943 wurden die Funktionäre und Spieler des TSV 1860 ins Haus des Oberbür-germeisters eingeladen. Als der FC Bayern 1944 die „Südbayerische" gewann, wurde ihm solche „Ehre" nicht zuteil. Der „SZ"-Journalist Ger-hard Fischer, der sich eingehender mit der Geschichte des Fußballs unterm Hakenkreuz beschäftigt: „Der FC Bayern wurde von der Obrigkeit stets weniger akzeptiert als der Lokalrivale 1860."

Sportlicher Abstieg und Finanzkrise

Bei der Olympiade 1936 in Berlin gehörten mit Simetsreiter, Goldbrunner und Moll drei Bayern-Akteure zum deutschen Aufgebot. Gegen Luxem-burg kamen „Schimmi" Simetsreiter und Goldbrunner auch zum Einsatz. Drei der Tore zum deutschen 9:0-Sieg gingen auf das Konto von Simetsrei-ter. Doch das Mitwirken der drei FCB-Spieler konnte nicht darüber hin-wegtäuschen, daß der Klub die schwerste Krise seit seiner Gründung erlebte. Die Kader der Bayern-Mannschaften wurden immer kleiner, schließlich konnten nur noch fünf Teams den Spielbetrieb aufrecht erhalten. Die Zahl der Mitglieder sank stetig, und die Jugendpolitik der Nazis hatte zur Folge, daß von der ehemals sehr großen Jugendabteilung des Vereins bald nur noch 170 Jugendliche aktiv waren. Seit 1936 befand sich die Sportjugend unter den Fittichen der Hitler-Jugend (HJ). Während bei den Zehn- bis Vierzehnjährigen die gesamte sportliche Betreuung einschließlich des Wettkampfwesens vom Jungvolk übernommen wurde, durften die Vierzehn- bis Achtzehnjährigen in ihren Vereinen bleiben, sofern sie der HJ und den HJ-Gruppen innerhalb der Sportvereine angehörten. Von den einstmals 26 Firmen- und Privatmannschaften waren bald nur noch 18 übrig, wofür allerdings vor allem ein Mangel an Disziplin verantwortlich war. Die Mitgliederzahl des Klubs sank unter 900. Auch in wirtschaftlicher Hinsicht plagten den Klub arge Probleme.

Mit Beginn der Saison 1933/34 hieß die oberste Liga in Deutschland „Gauliga". Die Einführung der Gauligen bedeutete, daß es nun immerhin erstmals eine reichsweit vergleichbare höchste Spielklasse gab, denn bis dahin wurde in den verschiedenen Regionen des deutschen Reiches in den unterschiedlichsten Systemen gespielt. Zunächst existierten 16 Gauligen (Ostpreußen, Pommern, Brandenburg-Berlin, Schlesien, Sachsen, Mitte, Nordmark, Niedersachsen, Westfalen, Niederrhein, Mittelrhein, Hessen, Südwest, Baden, Württemberg und Bayern). Ihre Meister ermittelten in vier Gruppen à vier Mannschaften die Teilnehmer des Halbfinales zur Deutschen Meisterschaft, die wiederum im K.o.-System die Endspielteilnehmer ausspielten. Mit Hitlers Eroberungspolitik veränderte sich die Zahl der Gauligen ständig.

In der Auftaktsaison 1933/34 wie im folgenden Spieljahr 1934/35 wurde der FC Bayern jeweils Vierter im „Gau 16". Der TSV 1860 wurde 1933/34 mit nur einem Punkt Rückstand auf den 1. FC Nürnberg Vizemeister und 1934/35 Fünfter. Beim 80. Aufeinandertreffen von „Roten" und „Blauen" kam es am 11. November 1934 zum Eklat. Der FCB führte 30 Sekunden vor dem Schlußpfiff durch Tore von Schneider und Krumm mit 2:1, als der Schiedsrichter ein angebliches Handspiel des Bayern-Verteidigers Bader im Strafraum mit einem Elfmeter ahndete. Der Sechziger Pledl ließ sich die Chance zum 2:2 nicht entgehen, woraufhin die Bayern-Anhänger das Spielfeld stürmten. Schiedsrichter Hauger kassierte einen Faustschlag und flüchtete in die Kabine, die nun von aufgebrachten Bayern-Anhängern belagert wurde. Erst der Einsatz berittener Polizei konnte die Situation klären.

Am 29. Januar 1939 bestritt Jakob „Jakl" Streitle gegen Belgien sein zweites Länderspiel und geriet auf das Titelblatt der „Fußball-Woche".

1935/36 und 1936/37 konnte sich der FCB auf den 3. Platz verbessern. 1936/37 wurde der FCB von Dr. Michalke trainiert, der zuvor den 1.FC Nürnberg betreut hatte. Als die Bayern auf eigenem Platz vom „Club" mit 1:7 vorgeführt wurden, kam es um Michalke zu einer schweren Krise. Die folgenden vier Spielzeiten waren für den FCB die schwierigsten. 1937/38 wurde man Fünfter, 1938/39 Siebter und 1939/40 gar nur Achter. In dieser Saison, der wohl schwächsten des FC Bayern seit seiner Gründung, konnte der Klassenerhalt erst am allerletzten Spieltag gesichert werden.

Der Ausbruch des Krieges hatte eine erhebliche Beeinträchtigung des Spielbetriebs bewirkt. Auch für den FCB, der in der Saison 1939/40 auf einen Schlag 243 Mitglieder an die Hitler-Armee abgeben mußte und vorübergehend mit dem im Norden Schwabings beheimateten FC Alte Haide zur Stadtbezirksmannschaft „Schwabing" fusionierte, während der TSV 1860 eine Spielgemeinschaft mit Post München bildete. Kurzzeitig kam es sogar zu einer Kombination FCB - TSV 1860, die sich jedoch ebenfalls als nicht stark genug erwies, um mit den fränkischen Vereinen Nürnberg und

Fürth konkurrieren zu können. Als der Reichssportführer diese Zweckbündnisse für unzulässig erklärte, wurden sie wieder aufgelöst.

Aber nicht nur die Zahl der Aktiven, auch der Zuschauerzuspruch ließ deutlich nach. Nur 5.000 sahen im März 1940 im Dantestadion das Derby zwischen den Bayern und den Sechzigern (0:1). 1940/41 wurde der FC Bayern erneut nur Siebter. Allerdings umfaßte die Bayern-Gruppe aufgrund einer Aufstockung der Liga nun 13 Vereine.

Der sportliche Abstieg des FC Bayern wird auch daraus ersichtlich, daß der FC Bayern in der Münchener Stadtauswahl dieser Zeit kaum vertreten war. In der Saison 1940/41 kam es zu zwei Städtespielen gegen Rom; in der italienischen Hauptstadt herrschten ebenfalls die Faschisten. Die beiden Begegnungen endeten jeweils mit Niederlagen. Beim 0:1 in München stellte der FCB mit Goldbrunner und Simetsreiter nur zwei Spieler. Der TSV 1860 war mit vier Akteuren vertreten, vom Post SV waren zwei Spieler dabei. Beim 2:5 in Rom war Simetsreiter erneut dabei, während Goldbrunner fehlte. Dafür stand mit Scheithe ein Bayern-Spieler im Tor. Die Sechziger stellten diesmal sogar sechs Akteure, der Post SV erneut zwei.

In der Saison 1940/41 gewann der FCB zwar beide Derbys gegen den TSV 1860 (4:1 und 1:0), von denen das zweite sogar von immerhin 12.000 Zuschauern besucht wurde. Aber während die Löwen Meister wurden, endete der FCB nur auf dem 8. Platz.

Als Meister spielten die Löwen in der Endrunde zur Deutschen Meisterschaft in einer Gruppe mit Rapid Wien, Kickers Stuttgart und VfL Neckarau. 1930 hatte Rapid den Mitropapokal gewonnen, den Vorläufer des heutigen Europapokals, an dem die Meister und Pokalsieger aus Österreich, Italien, Jugoslawien, Ungarn und der Tschechoslowakei teilnahmen. Gegen Rapid war der TSV 1860 chancenlos und mußte sich deshalb mit dem 2. Platz begnügen. Die Wiener wurden anschließend durch ein 4:3 über den FC Schalke 04 „Großdeutscher Meister".

Auch 1941/42 war für den FCB keine Besserung in Sicht. Die Bayern schienen ein Abonnement auf Platz 8 zu besitzen. Vor ihnen lagen nicht nur die Löwen, die Dritter wurden, sondern auch der FC Wacker, der in Bayerns „Katastrophensaison" 1939/40 in die Eliteklasse aufgestiegen war und nun den 5. Platz belegte. In dieser Saison wechselte der Klub auch sein Stammlokal: Vom „Domhof" zog man ins „Scholastika" um, dessen Wirt Xaver Heilmannseder den Klub unterstützte und ihm nach dem Krieg auch für eine kurze Zeit vorstehen sollte.

Kriegsspiele

In der folgenden Saison 1942/43 bewegte sich die Leistungskurve des FCB wieder stark in höhere Gefilde. Dabei kam ihm entgegen, daß die Gauliga Bayern vor der Saison zweigeteilt wurde. Die Münchener Klubs spielten in der Gruppe „Gau Südbayern". Zwar lagen die Löwen in der Endabrechnung als Meister erneut vor den Bayern, aber immerhin reichte es zum 3. Platz. Die Teilnahme an der Deutschen Meisterschaft mußte sich der TSV 1860 allerdings über ein Ausscheidungsspiel gegen den württembergischen Gauligameister erkämpfen. Nach einem 3:0-Sieg über den VfB Stuttgart schalteten die Löwen in der DM-Vorrunde auch Hessenmeister Kickers Offenbach (2:0) aus. Eine Runde später kam jedoch gegen Vienna Wien (0:2) das „Aus" für die Münchener. Im Juni 1943 standen sich der FCB und der TSV 1860 auch im Endspiel um die Meisterschaft des Sportgaus München-Oberbayern gegenüber. 15.000 pilgerten zur Grünwalder Straße, die größte Kulisse, die das Münchener Derby während der Kriegsjahre mobilisieren konnte. Der TSV 1860 siegte mit 2:0. Den Bayern blieb in dieser Saison noch der Gewinn des oberbayerischen Pokals. Nach Siegen gegen Teutonia (9:0), TSV 1860 (4:0) und FC Wacker (8:0) wurden im Endspiel auch noch die Münchener Bajuwaren 6:1 bezwungen. In der siegreichen Mannschaft spielten: Brückl, Wagner, Unger, Heidkamp, Streitle, Hofner, Simetsreiter, Seidl, Lindemann und Maschauer.

Es dauerte bis zur Saison 1943/44, bevor der FCB wieder eine südbayerische Meisterschaft feiern durfte. Bereits am 6. Februar 1944 stand der FCB als Meister fest, nachdem der FC Wacker mit 1:0 geschlagen wurde. 29:1 Punkte bedeuteten einen uneinholbaren Vorsprung. Anschließend schluderte man etwas, weshalb die Kluft zum Vizemeister KSG Post/BC Augsburg am Ende „nur" vier Punkte betrug. Am vorletzten Spieltag besiegte der FCB den TSV 1860 mit 7:1. Es war der höchste Derbysieg des FCB seit 25 Jahren.

Der Gewinn der südbayerischen Meisterschaft bedeutete, daß der FCB zum ersten Mal seit dem Triumph von 1932 wieder um die Deutsche Meisterschaft kämpfen durfte. Ein 6:0-Sieg in einem Freundschaftsspiel gegen den 1.FC Nürnberg ließ die Erwartungen in die Höhe schnellen. Doch Bayerns Meisterträume zerplatzten bereits im ersten Ausscheidungsspiel. Der FCB unterlag dem VfR Mannheim nach Verlängerung 1:2.

In der Saison 1944/45 brach der Spielbetrieb aufgrund des Krieges fast völlig zusammen. Im Gau Bayern konnte nur in München die Saison zu Ende gebracht werden, da man hier bereits im September begonnen hatte.

Der FC Bayern wurde mit 14 Siegen und einem Unentschieden überlegen Meister der Gruppe „München-Oberbayern", in der fast ausschließlich Münchener Klubs spielten. Die ehemalige „Gauliga Bayern" war weiter aufgelöst worden. Es gab nun sechs Gruppen, außer „München-Oberbayern" noch „Schwaben", „Unterfranken", „Mittelfranken" (u.a. 1. FC Nürnberg und SpVgg. Fürth), „Bayreuth Nord" und „Bayreuth Süd/Oberpfalz-Niederbayern". In den anderen Gruppen mußte der Spielbetrieb jedoch vorzeitig abgebrochen werden.

Der FC Bayern verlor in dieser Saison nur ein Spiel. Das letzte Spiel vor dem Ende des 2. Weltkrieges fand am 23. April 1945 statt. Der FC Bayern schlug in einem Freundschaftsspiel den TSV 1860 mit 3:2. Die Vereinsführung des FC Bayern bestand in den letzten Monaten des Krieges praktisch nur noch aus dem Geschäftsführer Willy Plank. Aufgrund der Bombenangriffe mußte der Verein wiederholt sein Klublokal wechseln. Vom „Bürgerbräu" zog man in den „Rheinhof", von dort zum „Excelsior". Alle drei Lokale gehörten dem Klubmitglied und Gönner Carl Geisel.

1935 war in Deutschland der Vereinspokal eingeführt worden. Als Vorbild diente der „FA-Cup" in England, der dort bereits seit 1872 existierte und die Fans in Massen anzog. Reichssportführer Hans von Tschammer und Osten war, gemeinsam mit dem DFB-Präsident Felix Linnemann, einem ebenfalls überzeugten Nazi, die treibende Kraft hinter der Pokal-Idee: „Das Cup-Finale im Wembley-Stadion ist alljährlich der größte Tag für die englischen Fußballer. Neben der Viktoria wird es für die deutschen Vereine nun eine zweite Trophäe geben, die eines sehr nahen Tages an Bedeutung den Kämpfen um die Deutsche Meisterschaft ebenbürtig sein wird."

Zwar gab es bereits seit längerem Stimmen, die den Vereinspokal forderten, aber möglich wurde dies erst durch die zentralistische Sportpolitik der Nazis, die dem ausgeprägten Regionalismus der Landesverbände ein Ende bereitete. Der Wettbewerb, zu dem alle 14.000 in der Fußballsparte des DLR registrierten Vereine zugelassen wurden (für die Gau- und Bezirksklassenvereine war die Teilnahme Pflicht), wurde nach seinem Stifter „Tschammer-Pokal" genannt.

Der FC Bayern hatte im Tschammer-Pokal wenig zu melden. Im Auftaktjahr 1935 unterlag man in der 1. Hauptrunde dem FV Ulm 94 (Gauliga Württemberg) nach Verlängerung mit 4:5. 1936 markierte erneut eine Ulmer Mannschaft das Aus für die Bayern. Diesmal war es der SSV Ulm (ebenfalls Gauliga Württemberg), der in der 1. Hauptrunde beim FC Bayern mit 4:3 die Oberhand behielt. 1938 wurde zwar zunächst Union Bökkingen mit 7:0 geschlagen, aber in der nächsten Runde unterlag der FCB beim VfR Mannheim 1:2. 1940 kam das Aus gegen den Wiener Sportklub (0:1), 1943 beim BC Augsburg (0:3).

Anders der TSV 1860, der 1942 mit dem Tschammer-Pokal seine erste nationale Trophäe gewann. In der 1. Hauptrunde besiegten die Löwen den „großdeutschen Meister" Rapid Wien mit 5:3. In der 2. Hauptrunde mußten die Münchener zu den Stuttgarter Kickers reisen, wo sie 3:1 gewannen. Im Achtelfinale wurde die SG SS Straßburg politisch hoch verdient mit 15:1 besiegt. (Die SG SS war erst 1940 gegründet worden. Alle der SS angehörigen Kicker hatten ihre Stammvereine zu verlassen, um sich dem neuen Klub anzuschließen.) Allein zehn Treffer gingen auf das Konto des Nationalspielers Ernst Willimowski, dessen Mitwirken die Löwen seiner Versetzung nach Bayern und ihren guten Nazi-Kontakten zu verdanken hatten. Im Viertelfinale behielt man mit 7:0 gegen den FV Stadt Düdelingen die Oberhand, und auch der Halbfinalgegner TuS Lipine, ein oberschlesischer Zweitligist, bereitete beim 6:0 keine Probleme. Im Finale mußten sich die Löwen vor 80.000 Zuschauern mit dem mittlerweile sechsfachen Deutschen Meister FC Schalke 04 auseinandersetzen. Gegen die zwar spielerisch und technisch besseren, aber in die Jahre gekommenen Schalker gewannen die vom Studienrat Dr. Max Schäfer trainierten Löwen 2:0 und holten somit ihren ersten nationalen Titel. Zehn Jahre nach dem Meisterschaftsgewinn des FC Bayern kam nun auch der Vereinspokal erstmals nach München.

Als der Krieg zu Ende war, wurde eine andere Bilanz gezogen: 60 Millionen Opfer hatte der von Hitler angezettelte Wahnsinn gefordert. Darunter befanden sich auch zwei prominente Bayern-Akteure: Josef Bergmaier und Franz Krumm.

Resümee

In den Jahren der Nazi-Herrschaft verlor der FC Bayern seine nationale Bedeutung. Selbst regional spielte er keine führende Rolle. Zwar gewann der FCB zwölf der 24 Gauliga-Derbys mit dem TSV 1860 (fünf Begegnungen gingen an die Löwen, sieben endeten unentschieden), aber trotzdem weist der TSV 1860 mit zwei Meisterschaften (eine bayerische und eine südbayerische) und drei Vizemeisterschaften die deutlich bessere Gauligabilanz auf. Erst gegen Ende der NS-Zeit schlug das Pendel wieder in Richtung der Bayern. So gab es in den letzten fünf Begegnungen vor dem 8. Mai 1945 vier Bayern-Siege bei einem Unentschieden.

Aber auch die Löwen waren in den Jahren der NS-Herrschaft keine nationale Größe mehr, trotz ihrer Protektion durch die Nazis und des Pokaltriumphs von 1942. Der Pokalsieg war der einzige nationale Titel, den ein Münchener Fußballklub in den Jahren der NS-Herrschaft erringen konnte. Aufgrund des Absackens von FC Bayern und TSV 1860 verlor München seinen Status als zweite süddeutsche Fußballmetropole.

Den Münchener Fußball kennzeichnete Stagnation, die Münchener Vereine gerieten aus den Schlagzeilen. Seine einstige Klasse flammte ein letztes Mal 1933 auf, als eine bayerische Auswahl, in der zahlreiche Münchener kickten, eine Auswahl Berlins im „Hitler-Pokalendspiel" mit 6:1 an die Wand spielte. Im gleichen Jahr schlug eine Münchener Stadtauswahl den schottischen Champion Glasgow Rangers mit 4:3. Für die schottischen Profis, die zu den besten Vereinsmannschaften der Welt gerechnet wurden, war dies die einzige Niederlage auf ihrer Kontinent-Tournee.

Der mit Abstand leistungsstärkste Klub der Gauliga Bayern war in diesen Jahren der 1. FC Nürnberg, der fünfmal die Gauliga Bayern und nach deren Zweiteilung zweimal die nordbayerische Meisterschaft gewann. Als bayerischer Meister durften sich außerdem der 1. FC Schweinfurt (2), der mit Albin Kitzinger und Andreas Kupfer in diesen Jahren zwei Nationalspieler in seinen Reihen hatte, die SpVgg. Fürth (1) und – wie bereits erwähnt – der TSV 1860 (1) feiern.

Der „Club" war im Zeitraum 1933-45 auch der einzige bayerische und süddeutsche Vertreter, der eine Deutsche Meisterschaft gewann (1936). Zweimal – 1934 und 1937 – wurden die Nürnberger Vizemeister. Der Bezwinger hieß jeweils Schalke 04. Der einzige weitere süddeutsche Klub, dem in dieser Zeit der Einzug ins Meisterschaftsfinale gelang, war der VfB Stuttgart. Der „Club" gewann außerdem noch 1935 das erste nationale Pokalfinale.

Die sportlichen Probleme des FC Bayern in der Zeit der Nazi-Herrschaft schlugen sich auch in der Bilanz der DFB-Endrundenteilnehmer nieder. In der Bilanz für die Jahre 1933-45 belegt der FC Bayern nur den 81. Platz. Der TSV 1860 kommt immerhin noch auf den 26. Platz. In der Gesamtbilanz aller DM-Endrunden seit 1903 verschlechterte sich der FCB von Platz 10 (1903-1933) auf Platz 32. Der Fall des TSV 1860 war deutlich geringer. Statt auf Platz 9 rangierten die Löwen nur noch auf Platz 16.

Das Absacken des FC Bayern hatten nicht nur politische Gründe. Darin drückte sich auch ein sozialer Machtwechsel im deutschen Fußball aus, dessen sichtbarster Ausdruck der kometenhafte Aufstieg des „Arbeitervereins" FC Schalke 04 war. Es dominierten nun bis zur Einführung der Bundesliga die Klubs aus dem Westen Deutschlands, die zumeist im proletari-schen/schwerindustriellen Milieu beheimatet waren. Sie genossen die Protektion durch die lokale Schwerindustrie, die sie mit Arbeitsplätzen und Sportanlagen versorgte. Im Ruhrgebiet breitete sich ein informeller Professionalismus aus. Die „Arbeitervereine" verfügten über einen Standortvorteil, der bis in die 50er Jahre hinein Bestand haben sollte. Auch die Nazis besaßen ein größeres Faible für diese Klubs, die in der Regel „judenfrei" waren und von denen sich einige für die NS-Ideologie vom „deutschen Arbeiter" instrumentalisieren ließen.

Zwischen 1933 und 1945 gingen sieben der zwölf Meistertitel in den Westen, sechs davon gewann der FC Schalke 04, mit dem sich der 1. FC Nürnberg nun den Status des Rekordmeisters teilen mußte.

1946 – 1963

Probleme in der Oberliga

Mannschaft ohne Klub

Das Ende der Nazi-Herrschaft bedeutete auch das Aus für die alte Führungsriege, die politisch diskreditiert war. So manche Funktionärskarriere wurde abgepfiffen. Nun übernahmen wieder Männer den Vorsitz, die während der NS-Zeit wenig zu bestellen hatten oder sogar emigrieren mußten. In den ersten Monaten nach Kriegsschluß wurde der Klub zunächst von Franz Xaver Heilmannseder und anschließend von Josef Bayer komissarisch geleitet. Bayer holte Siegfried Herrmann aus Wien zurück, dessen Amtszeit als Vorsitzender bis August 1947 dauerte. Im Sommer des gleichen Jahres kehrte Kurt Landauer aus seinem Schweizer Exil zurück. Am 19. August 1947 wurde Landauer zum Nachfolger Herrmanns gewählt. Seine vierte und letzte Präsidentschaft endete 1951, als Landauer abgewählt und von Julius Scheuring beerbt wurde.

Siegfried Herrmann zeichnete auch für die Nachkriegssatzung verantwortlich, die auf der ersten Mitgliederversammlung in den Katakomben des zerstörten Gärtnertheaters einstimmig angenommen wurde und die Lizenzerteilung durch die Alliierten ermöglichte.

Der FC Bayern war zunächst eine Mannschaft ohne Klub. Obwohl der Verein noch gar nicht wieder richtig existierte, bestritt der FC Bayern bereits am 24. Juni 1945 sein erstes Nachkriegsspiel. Gegner war der FC Wacker. Gespielt wurde auf dem Wacker-Platz an der Khidlerstraße, und das Ergebnis lautete 4:3 für die „Blausterne", die kurz vor dem Kriegsende noch einmal einen kleinen Aufschwung erlebt hatten. Die Begegnung war allerdings illegal, da der Vorsitzende Xaver Heilmannseder es versäumt hatte, das Spiel bei der amerikanischen Militärregierung anzumelden. Heilmannseder mußte sein Vergehen mit einer Haftstrafe bezahlen. Es bedurfte einer persönlichen Fürsprache des Polizeipräsidenten Seisser, um den Bayern-Boss nach 48 Stunden wieder freizubekommen.

Die Alliierten betrachteten den organisierten Sport zunächst mit großer Skepsis. So hieß es in den Ausführungsbestimmungen der alliierten Verordnungen 8 bis 13 vom September 1945, in denen es um die Wiedergründung von Sportvereinen ging: „Die Mil.-Reg.-Kommandanten werden (...) daran erinnert, daß die Geschichte von Sportvereinen unter dem Naziregime zeigt, daß sie ein mächtiges Werkzeug zur Verbreitung von Nazilehren und Einprägung von Militarismus bildeten. Es ist klar, daß die gegenwärtige Lockerung der Einschränkung ihrer Tätigkeit eine Gefahr enthält, daß sie wieder in dieser Weise mißbraucht werden." Die Organisationen des Sports durften zunächst nur „örtlichen Charakter haben" und „das Niveau des Kreises nicht übersteigen". Außerdem bedurften sie einer Genehmigung seitens der alliierten Behörden.

Eine Woche nach der ersten Begegnung mit Wacker traf der FC Bayern erneut auf die „Blausterne", diesmal auf dem in der Nähe der Säbener Straße gelegenen Platz der Bayerischen Wechsel- und Hypothekenbank. Der FC Bayern gewann mit 3:1.

Am 29. Juli 1945 spielte der FCB erstmals wieder gegen den TSV 1860. Erneut wurde auf dem Platz der Hypobank gekickt. Das erste Nachkriegsderby endete mit einem 2:2. Am 26. August 1945 kam es zu einer Neuauflage, diesmal an der Grünwalder Straße, wo man seit deren Beschädigung bei Bombenangriffen in der Nacht vom 2. zum 3. Oktober 1943 nicht mehr gespielt hatte. 12.000 Zuschauer sahen einen klaren 4:0-Sieg des FCB. Die Einnahme aus den Eintrittsgelder wurde Verfolgten des Nazi-Regimes gespendet. Für den FC Bayern bestritten diese historische Begegnung: Fink, Haringer, Streitle, Reiter, Moll, Mayer, Seidl, Heibach, Fritz, Steppberger und Simetsreiter.

Bei den Freundschaftsspielen dieser Zeit handelte es sich häufig um sogenannte Kalorien- und Kartoffelspiele. Attraktive Gastmannschaften wurden mit Naturalien bezahlt, denn Nahrungsmittel zählten mehr als das wertlos gewordene Geld. Der FC Bayern gehörte zu den „am besten verpflegten Mannschaften im Süden" (Herbert Moll), da an seiner Spitze mit Heilmannseder ein Gastwirt stand und einige Metzger und Bäcker als Mäzene wirkten. Aber auch politisch verfügte der FC Bayern nun über gute Karten. Während die Behörden dem TSV 1860 wegen dessen Kollaboration mit dem NS-Regime mit gewisser Reserviertheit begegneten, konnte der FC Bayern seine anfängliche Abneigung gegenüber der braunen Herrschaft und seine liberale Tradition geltend machen. Hier war dem Klub vor allem die Person Landauers behilflich. In einem vom 20. August 1947 datierten Schreiben Landauers an die alliierten Behörden, in dem er diesen mitteilt, er habe wieder die Leitung des FC Bayern übernommen, heißt es weiter: „Getreu den Traditionen unseres Clubs werden wir auch weiterhin Ihre Bestrebungen zu fördern helfen." Bereits im Mai 1945, eine

Woche nach der Kapitulation, hatte der FC Bayern gegenüber dem neuen Oberbürgermeister geltend gemacht, daß „wir bisher als 'Juden-Club', der es ablehnte, sich eine nationalsozialistische Vereinsführung aufzwingen zu lassen, mit allen Mitteln gedrückt wurden". Der FC Bayern erklärte gegenüber dem Oberbürgermeister seine Bereitschaft, „bedingungslos und treu Gefolgschaft zu leisten", da für den Klub „mit Ihrer Amtsübernahme ... eine Zeit neuen Aufbaus begonnen" habe.

Süddeutschland vorn

Am 22. September 1945 wurde im Gasthof „Krone" in Fellach bei Stuttgart die „Vereinigung der Süddeutschen Fußballklubs" aus der Taufe gehoben und die Oberliga Süd gegründet. Initiiert wurde die Versammlung von den drei Stuttgarter Funktionären Dr. Fritz Walter, der auch erster „Oberliga-Präsident" wurde, Gustav Sackmann und Ernst Schnaitmann. Der Süden setzte sich an die Spitze der Bewegung zur Reorganisation des (west-)deutschen Fußballsports. Doch das Treffen war noch in anderer Hinsicht „revolutionär": Die Anwesenden beschlossen einstimmig, „den Amateurstandpunkt fallen zu lassen". Sieben Tage später erhielt der junge Verband vom Stuttgarter Stadtkommandanten Jacklson die Lizenz zur Durchführung einer Oberligasaison.

Die Oberliga Süd war die erste und in der Saison 1945/46 auch die einzige der später insgesamt fünf Oberligen (Süd, Südwest, Nord, West und Stadtliga Berlin). Im Gründungsjahr gehörten ihr folgende Klubs an: FC Bayern, 1860 München, 1. FC Nürnberg, SpVgg. Fürth, VfB Stuttgart, Stuttgarter Kickers, Schwaben Augsburg, BC Augsburg, SV Waldhof Mannheim, VfR Mannheim, Schweinfurt 05, Eintracht Frankfurt, FSV Frankfurt, Kickers Offenbach, Phönix Karlsruhe und Karlsruher FV. Sechs Städte waren mit gleich zwei Klubs vertreten.

Trotz der teilweise chaotischen Umstände im Nachkriegsdeutschland konnte die Saison 1945/46 ohne Spielausfälle durchgeführt werden. Da aus der Kriegsgefangenschaft laufend neue Spieler zu den Mannschaften stießen, änderte sich deren Gesicht häufig. Sportlich regenerierte sich der nun von Richard Högg trainierte FC Bayern erstaunlich schnell. Die Säulen der ersten Nachkriegsmannschaften waren Moll, Simetsreiter, Streitle und der noch immer aktive Heidkamp. Der FCB belegte in der Auftaktsaison den 6. Platz. Die meisten Treffer erzielte mit 17 Hans Holzmüller. Das erste Nachkriegspunktspiel gegen die Sechziger gewann der FCB mit 1:0. Im Rückspiel gab es ein 2:2-Remis.

Oberliga-Fußball 1946: An der vom Krieg gezeichneten Grünwalder Straße schlägt der FC Bayern den BC Augsburg mit 5:1. In der Mitte der vierfache Torschütze „Schäberl" Holzmüller.

1946/47 endete der FCB lediglich auf dem 11. Platz. Vorübergehend zierte der Klub gar das Tabellenende. Trainiert wurde der FCB von seinem ehemaligen Stürmerstar Josef Pöttinger. Erst als Bertl Moll die Rolle des Spielführers übernahm, konnte die alte Harmonie wiederhergestellt und der Klassenerhalt gesichert werden. Obwohl sich der FC Bayern in den unteren Gefilden der Tabelle aufhielt, die Löwen hingegen von der Meisterschaft träumen durften, fiel die Derby-Bilanz mit einem 2:0-Sieg und einem 1:1 erneut zugunsten der Roten aus. In dieser Saison mußten mehrere Spiele wegen Zuschauerausschreitungen abgebrochen werden, und aufgrund der noch unklaren Transferbedingungen gab es ein reges Bäumchen-wechsel-dich-Spiel. Die entwickeltere Organisation des süddeutschen Fußballs zog auch Spieler aus anderen Regionen der späteren Bundesrepublik an. Der Interzonen-Fußballausschuß sah sich schließlich genötigt, bei Wechseln eine automatische dreimonatige Sperre zu verhängen.

Die Saison 1947/48 war von besonderer Brisanz, da aus dem Feld der 20 Mannschaften nicht weniger als sechs absteigen mußten. Der Verband wollte die Liga auf 16 Vereine reduzieren. Der FCB wurde Vierter. Da er punktgleich mit den Stuttgarter Kickers war, wurde ein Entscheidungsspiel um den 3. Platz anberaumt. Der FCB unterlag hier deutlich mit 1:5. Der TSV 1860 wurde in dieser Saison Vizemeister und qualifizierte sich somit für die erstmals wieder ausgespielte Endrunde zur Deutschen Meisterschaft. Dort unterlagen die Sechziger allerdings bereits in der Vorrunde dem 1.FC Kaiserslautern vor 30.000 Zuschauern in Worms mit 1:5. Beim Derby blieb alles beim alten. Im Hinspiel besiegte der FCB den TSV 1860 vor der Rekordkulisse von 42.000 Zuschauern mit 3:2. Das Rückspiel endete 1:1.

Im Dezember 1947 hatte in der Fellacher „Krone" die „erste deutsche Fußball-Profi-Tagung" stattgefunden, auf der die Funktionäre der Oberliga Süd die Einführung des Berufsspielertums für die Zeit nach der Währungsreform ankündigten. Die treibenden Kräfte waren Gustav Sackmann und Albert Bauer. Am 30. Juli 1948 wurde schließlich ein Vertragsspielerstatut angenommen, das sich am Schweizer Vorbild orientierte. Das Statut war allerdings nicht mehr als ein Kompromiß zwischen Amateurismus und Professionalismus. Spesen und Prämien durften monatlich 320 DM nicht überschreiten. Transfers waren nur nach Saisonende gestattet. Werner Skrentny in seiner Geschichte der Oberliga Süd: „Das Unternehmen Profifußball, für das Militärbehörden und Landesregierungen bereits Lizenzen ausgegeben hatten, war gescheitert und Gustav Sackmann nunmehr eine Unperson im Süd-Fußball." 62 Jahre nach Einführung des Profifußballs in England kamen entsprechende Gedanken für den deutschen Fußball immer noch zu früh.

Der FC Bayern wurde in der ersten Vertragsligasaison 1948/49 mit einem Punkt Vorsprung auf den Lokalrivalen Dritter. Die Derbys endeten mit zwei Siegen (2:0 und 1:0) für den FCB. Als Dritter erhielt der FCB die Chance, über ein Qualifikationsspiel die Endrunde um die Deutsche Meisterschaft zu erreichen. Der Gegner hieß hier FC St. Pauli. Die Begegnung endete vor 18.000 Zuschauern in Hannover 1:1 n.V., so daß ein zweites Entscheidungsspiel notwendig wurde. Zum Entsetzen von Trainer Alv Riemke ließ sich Präsident Landauer überreden, dies bereits am folgenden Tag und an gleicher Stelle auszutragen, anstatt nun in den Süden umzuziehen. Der FC St.Pauli behielt vor erneut 18.000 Zuschauern mit 2:0 die Oberhand.

Magere Jahre

Es folgten die magersten Jahre in der Nachkriegsgeschichte des FCB. 1949/50 belegte der FC Bayern in der Endabrechnung nur den 13. Platz. Nur drei Punkte trennten den FCB vom Abstieg. Das erste Derby gegen den TSV 1860 gewann der FCB nach einem schwachen Spiel beider Mannschaften mit 1:0. Im Rückspiel gab es nach 16 Spielen und fast sieben Jahren erstmals wieder einen Sieg (3:2) für die Löwen.

Der Münchener Sportjournalist Michael Steinbrecher nahm in jener Saison das Ritual aufs Korn, sich nach dem Abpfiff noch einmal am Mittelkreis zu versammeln. Dieses sei „eine überflüssige Einrichtung der Nazizeit". Außerdem habe es bei brisanten Begegnungen Tumulte provoziert. Ein Spieler des Lokalrivalen wurde während der Spielzeit 1949/50 Deutschlands erster Italien-Legionär. Ludwig Janda wechselte im November 1949 vom TSV 1860 zum AC Fiorentina Firenze. Die Sechziger kassierten 30.000 DM Ablöse für den Münchener, der seinen ehemaligen Mitspielern bald zu berichten wußte: „Für ein gewonnenes Spiel gibt es hier soviel wie bei 1860 den ganzen Monat."

1950/51 langte es für den FC Bayern nur zum 9. Platz. Die Distanz zum ersten Abstiegsplatz betrug lediglich sieben Punkte. Trotzdem machte der FCB von sich reden: Mit David Davidson verpflichtete er als erster süddeutscher Klub nach dem Krieg einen englischen Übungsleiter. Der FCB schien sich seiner alten Tugenden zu besinnen. Aufgrund des ausbleibenden Erfolges mußte Davidson allerdings vorzeitig die Koffer pakken und erneut Alv Riemke Platz machen. Für Riemke war es bereits der dritte Feuerwehreinsatz beim FC Bayern. 1947/48 hatte er den glücklosen Josef Pöttinger abgelöst, 1948/49 Dietl.

1951/52 schnitt man um eine Position besser ab, aber erneut mit einem negativen Punktekonto. 1952/53 verbesserte man sich um einen weiteren Platz nach oben, diesmal sogar mit ausgeglichenem Punktekonto. Der TSV 1860 mußte den Weg in die 2. Liga antreten. Obwohl das letzte Spiel der Löwen nur noch von statistischem Wert war, kamen 12.000 Zuschauer ins Stadion Grünwalder Straße, um noch einmal ein Münchener Oberligaderby zu erleben. Voller Wehmut hieß es in einer Vorschau der „SZ": „Ja, die Alten waren doch besser. Die Schönheit des Fußballs hat allgemein und insbesondere bei den Münchener Lokalspielen arg gelitten."

Das erste Derby in dieser Saison hatte der FC Bayern 2:1 gewonnen. Vor dem Rückspiel kursierte in München das Gerücht, der FC Bayern wolle dem Lokalrivalen Nachbarschaftshilfe leisten. Ein Abstieg der Sechziger bedeutete für den FCB nämlich, auf eine lukrative Einnahme verzichten zu müssen. In den vergangenen Jahren mobilisierte das Derby im Schnitt 25.000 Zuschauer. Mit Besuchen von „nur" 17.000 bzw. 12.000 war die Saison 1952/53 eine Ausnahme. Schiedsrichter der Begegnung war ausgerechnet ein Nürnberger, obwohl der „Club" ebenfalls im Abstiegskampf steckte. Entsprechend miserabel soll seine Leistung ausgefallen sein. Das letzte Derby endete mit einem Remis. Die Löwen gingen zunächst mit 2:0 in Führung, kassierten dann aber noch zwei Bayern-Treffer und außerdem einen (unberechtigten) Platzverweis.

1953/54 tummelte sich der FC Bayern die vierte Saison hintereinander im Tabellenmittelfeld. Diesmal sprang dabei Platz 9 heraus. Als im Juni 1954 die Fußballweltmeisterschaft in der Schweiz angepfiffen wurde, war von Bayern-Seite lediglich Hans Bauer dabei, der allerdings auf nur zwei Einsätze kam: als Herberger im ersten Aufeinandertreffen mit den Ungarn aus taktischen Erwägungen eine zweite Garnitur auflaufen ließ, die dann auch prompt mit 3:8 unterlag, sowie beim 7:2-Sieg gegen die Türkei. Der mittlerweile 37jährige Jakl Streitle, der wichtigste FCB-Akteur der Nachkriegsjahre, fand indes keine Berücksichtigung. Die Deutschen gewannen den Titel auch ohne nennenswerte Unterstützung aus München – 20 Jahre später wäre das undenkbar gewesen. Mit Erich Hahn verpaßte ein weiterer Bayern-Spieler die WM-Teilnahme allerdings aus eigenem Verschulden. Er hatte die Einladung Herbergers zu einem Lehrgang nicht wahrgenommen, um statt dessen die Trabrennbahn zu besuchen.

Mit dem Endspiel von Bern wurde eine technische Erfindung populär, die zwei Jahrzehnte später erheblich zum Aufstieg des FC Bayern zum nationalen Repräsentationsverein beitragen sollte: das Fernsehen. 1955 waren in westdeutschen Haushalten und Kneipen ca. 170.000 Geräte registriert, 1958 bereits über eine Million und 1963 sieben Millionen.

1954/55 endete der FC Bayern auf dem 16. und letzten Platz. Es blieb der einzige echte Abstieg der Bayern in ihrer heute fast 100jährigen Geschichte. Nur 15 Punkte wußte das Team zu verbuchen. Die Distanz zum rettenden Ufer betrug nicht weniger als elf Zähler. Die Bilanz der letzten zehn Spiele lautete 2:18 Punkte. Das Training leitete zunächst Georg (Schorsch) Knöpfle, der allerdings kurz vor dem Jahreswechsel geschaßt wurde. Knöpfle, dem ein hervorragender Ruf vorauseilte, war bereits der achte FCB-Trainer in zehn Jahren, und seine Verpflichtung war mit hohen Erwartungen verknüpft. Doch der Bayern-Kader war für eine erfolgreiche Arbeit viel zu mittelmäßig. In der Endphase der Saison wurde die Mannschaft von Jakl Streitle trainiert. Erstaunlicherweise verzeichnete

Mit einem Freundschaftsspiel gegen Manchester City verabschiedete sich Jakl Streitle (links) am 9. Mai 1954 aus der 1. Mannschaft. Rechts Manchesters Torwartlegende Bernd Trautmann.

der Klub trotz seines miserablen sportlichen Abschneidens den besten Zuschauerschnitt der Liga (15.600). In der gleichen Saison wurden die Löwen wieder erstklassig.

In der 2. Oberliga Süd mußten sich die Großstädter in der Saison 1955/56 u.a. mit dem ASV Cham, dem TSV Straubing und dem FC Penzberg messen. Der FCB wurde hinter dem FC Freiburg Vizemeister, was für den

Wiederaufstieg in die Oberliga und damit die Erstklassigkeit reichte. Beide Begegnungen gegen den FC gingen verloren (0:2 in Freiburg und 1:2 daheim). Zwar erzielte der FCB mit 89 Toren mit Abstand die meisten Treffer, trotzdem war der Aufstieg eine knappe Angelegenheit. Der Drittplazierte FC Singen 04 lag nur zwei Punkte hinter dem FCB. Entscheidend waren letztlich die direkten Aufeinandertreffen mit den Singenern, die der FCB beide Male klar für sich entscheiden konnte (4:0 daheim, 4:1 in Singen). Erneut gaben sich Rote und Blaue die Klinke in die Hand, denn während die Bayern wieder erstklassig waren, mußte der TSV 1860 nach nur einjährigem Gastspiel zum zweiten Male in die 2. Liga Süd. Obwohl die Löwen Letzter wurden, durften sie bei einem Schnitt von 19.000 die zweitmeisten Zuschauer in ihrem Stadion begrüßen – mehr noch als die Bayern in ähnlicher Lage ein Jahr zuvor.

Und wir holen den Pokal

1956/57 wurde der seit Saisonbeginn vom Österreicher Willibald Hahn trainierte Aufsteiger FC Bayern Zehnter. Bei den Zuschauern belegte er allerdings mit einem Schnitt von 20.867 (der drittbeste, der bis dahin von einem Klub der Oberliga Süd erzielt worden war) den 1. Platz. Der Zuschauerzuspruch bedeutete einen neuen Vereinsrekord für den FCB. Die Distanz zum ersten Abstiegsplatz betrug nur vier Punkte, weshalb der FC Bayern nicht gerade zu den Top-Teams der Bundesrepublik zählte. Trotzdem errang er in dieser Saison seine erste nationale Trophäe seit der Meisterschaft von 1932: den DFB-Pokal, der zu diesem Zeitpunkt allerdings noch ein eher stiefmütterliches Dasein fristete und bei weitem nicht die Bedeutung hatte wie sein englisches Vorbild.

Der FC Bayern besaß bis dahin nicht das Image einer Pokalmannschaft. Kämpferische Tugenden rechnete man nicht gerade zu seinen Stärken. Eher war die Mannschaft dafür bekannt, in Schönheit zu sterben. Der Auftakt im Pokalwettbewerb verlief auch nicht gerade verheißungsvoll. Bei der zweitklassigen SpVgg. Neu-Isenburg kam der FC Bayern über ein 2:2 nach Verlängerung nicht hinaus. Das Wiederholungsspiel in München konnte der FCB dann allerdings mit 4:0 klar für sich entscheiden. Auch in der zweiten Runde mußte sich der FCB nur mit Zweitklassigkeit messen. Der TSV Straubing wurde 3:1 besiegt. In der dritten Runde wurde es erstmals ernst, als die Bayern mit Kickers Offenbach den späteren Vizemeister ihrer Oberliga empfingen, der es in der DM-Endrunde hinter dem späteren Deutschen Meister Borussia Dortmund ebenfalls zum 2. Platz bringen sollte. Der FC Bayern gewann nach hartem Kampf mit 3:2. Die nächste Hürde hieß Hessen Kassel, wieder nur eine zweitklassige Adresse. Wie schon gegen Neu-Isenburg, mußte der FCB nach einem 1:1 n.V. in Kassel in die Wiederholung, die er 3:1 gewann. Damit stand der FC Bayern im süddeutschen Pokalendspiel. Gegner war mit Schweinfurt 05 eine Mannschaft aus dem unteren Mittelfeld der Oberliga Süd. Der FC Bayern gewann 4:1 und durfte nun erstmals den süddeutschen Raum verlassen. In der Qualifikationsrunde mußten die Münchener nach Berlin reisen, wo sie den Spandauer SV vor 10.000 Zuschauern mit 4:1 besiegten. Im Halbfinale empfing der FCB mit dem 1.FC Saarbrücken den Vizemeister der Oberliga Südwest. Vor 24.000 Zuschauern stand es nach 90 Minuten 1:1, so daß die Teams in die Verlängerung mußten. Bereits unmittelbar nach dem Wiederanpfiff erzwangen Jobst und Siedl mit einem Doppelschlag die Entscheidung für die Münchener. Der FC Bayern hatte zum ersten Mal in seiner Vereinsgeschichte das Finale um den deutschen Vereinspokal erreicht. Hier galt er allerdings als krasser Außenseiter. Der Gegner hieß immerhin Fortuna Düsseldorf und hatte im Halbfinale beim Nordmeister Hamburger SV mit 1:0 gewonnen.

Das Finale fand am 27. Dezember 1957 statt, und sein Austragungsort befand sich mit dem Augsburger Rosenaustadion vor Münchens Haustür. Folglich gab sich die Mehrheit der über 40.000 Zuschauer als Anhänger des FC Bayern zu erkennen. Petrus meinte es gut mit den Bayern. In der

Der FC Bayern vor dem Anpfiff im Rosenaustadion. V.l.n.r.: Bauer, Fazekas, Manthey, Knauer, Mayer, Siedl, Sommerlatt, Jobst, Landerer, Velhorn, Huber.

Nacht zuvor war es zu schweren Schneefällen gekommen, was die Süddeutschen bevorteilen sollte. Die Düsseldorfer kamen mit dem rutschigen Boden nicht zurecht, während die Bayern von Beginn an aufs Fortunen-Tor drückten, jedoch immer wieder am Amateur-Nationaltorhüter Görtz scheiterten. Die Fans der Bayern staunten nicht schlecht über die ungewohnten kämpferischen Tugenden, die ihre Elf an den Tag legte. In der 80. Minute erzielte Bayerns Spielmacher Rudi Jobst das Tor des Tages. Drei Anläufe benötigte Jobst, bevor die Lederkugel endlich im Fortunen-Netz zappelte. Für Kurt Sommerlatt war es der dritte Pokalsieg in Folge, da er den „Pott" bereits 1955 und 1956 mit dem Karlsruher SC gewonnen hatte. Im „Sportmagazin" schrieb Chefredakteur Fiederer anschließend: „Ich kann mich kaum erinnern, jemals eine solche einseitige Begegnung eines Endspiels miterlebt zu haben. Schon vom Anstoß weg ließen die Bayern keinen Zweifel daran aufkommen, wer sich den Pokal holen würde. Dieser Angriffs-Elan, dieser stürmische Schwung, dieses Pokalfeuer, das in der ganzen Mannschaft wild brannte, warf die Fortuna aussichtslos in die Verliererbahn."

Auch bei den Löwen durfte man in dieser Saison jubeln. Der TSV 1860 stieg wieder in die Oberliga auf und beendete sein Fahrstuhldasein.

Die kurze Ära Endler

Wer gehofft hatte, der überraschende Pokalsieg würde beim FC Bayern einen deutlichen Leistungsschub bewirken, sah sich bald getäuscht. 1957/58 endete der Klub mit einem ausgeglichenen Punktekonto auf Platz 7, eine Position hinter Aufsteiger TSV 1860, der sechs Punkte mehr aufweisen konnte. Beim ersten Oberligaderby seit vier Jahren platzte die Grünwalder Straße mit über 40.000 Zuschauern aus allen Nähten. Selbst die Lichtmasten wurden erklommen, und über Lautsprecher wurde die Menge immer wieder angewiesen, noch etwas enger zusammenzurücken. Das Spiel geriet zum Thriller. In der 69. Minute ging der TSV 1860 mit 2:1 in Führung, doch innerhalb von nur vier Minuten verwandelte der FCB den Rückstand in eine 3:2 Führung. Wenige Minuten später gelang den Löwen dann noch der Ausgleich zum 3:3. Das Rückspiel gewannen die Löwen 4:3. Erneut drängelten sich 40.000 im Stadion.

Noch mehr als die sportliche Stagnation plagten den FCB finanzielle Probleme. Auch in dieser Hinsicht hatte der Klub aus dem Pokalsieg kein Kapital schlagen können. Ein finanzkräftiger Fachmann war gefordert, und der Klub entdeckte ihn im Fabrikanten Roland Endler, der im niederrheinischen Neuß Schweißstäbe herstellen ließ, seinen Wohnsitz aber in München hatte. Schon vor seiner Wahl zum FCB-Präsidenten, bei der der Kandidat im übrigen nicht anwesend war, hatte Endler dem Verein wiederholt Geld zugesteckt. Dem neuen Mann gelang es, die FCB-Finanzen wieder in Ordnung zu bringen. Der FC Bayern gab sich nun wieder ambitioniert.

Anstelle von Willibald Hahn übernahm mit der Saison 1958/59 ein anderer Österreicher das Training: Adolf Patek. In seinem Gefolge stießen einige hochkarätigere Akteure zum FCB, wie der Ungar Josef Zsamboki und später der Jugoslawe Milos Milotinovic. In der Saison 1958/59 gab auch das Talent Peter Grosser sein Debüt im Dress der Roten. Der FC Bayern wurde Vierter, die beste Plazierung seit einer Dekade. Auch die Zuschauer honorierten die Aufbruchstimmung: 22.800 pilgerten im Schnitt zur Grünwalder Straße, der beste Zuschauerschnitt des FC Bayern in seinen 17 Jahren Oberligazugehörigkeit, der erst in der Bundesliga übertroffen werden sollte.

Zur Saison 1959/60 stieß der spätere Nationalspieler Willi Giesemann zum FC Bayern. Das „neue Geld" des FC Bayern wurde zum Problem für den DFB. Beim Versuch, professionellere Verhältnisse einzuführen, war der FCB mit den Statuten in Konflikt geraten. Der Verband ermittelte, daß der Verein in der Saison 1957/58 seinen Kickern Urlaubsgeld in Höhe von insgesamt 16.000 DM und weitere 6.000 DM „Überbezahlung" gewährt hatte. Der DFB verurteilte den Klub zu acht Punkten Abzug in der Saison 1959/60 und 10.000 DM Geldstrafe. Die betroffenen Spieler mußten jeweils 150 DM blechen und die „illegalen" Gelder zurückzahlen. Ganz Fußball-München – einschließlich des TSV 1860 und dessen Präsidenten Adalbert Wetzel – solidarisierte sich mit dem FC Bayern gegen das DFB-Urteil. Bei der Berufungsverhandlung erhielt der Klub Unterstützung durch den städtischen Rechtsreferenten und SPD-Oberbürgermeister-Kandidaten Dr. Hans-Jochen Vogel. Der DFB reduzierte die Strafe schließlich auf einen Abzug von vier Punkten – aufgrund der „großen Verdienste" des Klubs und mit Rücksicht auf sein bevorstehendes 60jähriges Jubiläum. Vier Punkte weniger bedeuteten, daß der FC Bayern in der Endabrechnung vom 5. auf den 8. Platz abrutschte. Der TSV 1860 wurde Vierter. Bester Torschütze des FC Bayern war in dieser Saison der junge Peter Grosser, der auf 18 Treffer kam.

Das erste Derby dieser Saison war das torreichste seit Dekaden und weckte bei einigen Beobachtern Erinnerungen an die „goldenen" frühen 30er. Vor 32.000 Zuschauern besiegte der FCB den TSV 1860 mit 6:4. Die

euphorische „SZ" schlug dem Bundestrainer vor, anstatt der Nationalmannschaft eine Münchener Stadtauswahl zu den kommenden Länderspielen zu entsenden. Im Rückspiel revanchierten sich die Löwen mit
einem 3:1-Sieg.

1960/61 war der FC Bayern zurück im Mittelmaß. Ein ausgeglichenes
Punktekonto und Platz 8 standen am Ende zu Buche. Auch für die Löwen
gab es nicht viel zu holen. Mit zwei Punkten Vorsprung auf den FCB wurden sie Sechster. 1961/62 spielte der FCB dann zum ersten Mal in seiner
Oberligageschichte ernsthaft um die Meisterschaft mit. Trainiert wurde
der FCB nun von Helmut Schneider. Die Bayern begannen schwach und
bewegten sich anfangs gar in der Abstiegszone. Trainer Schneider benötigte einige Zeit, um seine Idealformation zu finden. Doch am Ende wurde
der FCB mit drei Punkten Abstand auf Meister 1.FC Nürnberg und Vizemeister Eintracht Frankfurt Dritter. Gegen den „Club" gab es in München
vor über 50.000 Zuschauern ein 1:1. Beim Rückspiel in Nürnberg behielt
der FCB gar nach zwei Ohlhauser-Treffern mit 2:1 die Oberhand. Auch
gegen die Eintracht verbuchte der FCB eine positive Bilanz: 2:0 in München und 2:2 in Frankfurt. Die Löwen wurden nur Siebter, gewannen aber
das erste Derby mit 4:0. Im Rückspiel siegte der FCB 3:2. Rainer Ohlhauser belegte in dieser Saison mit 23 Treffern den 3. Platz in der Torschützenliste der Oberliga Süd.

Während der Fußballweltmeisterschaft in Chile war mit Willi Giesemann auch ein Bayern-Akteur im bundesdeutschen Kader. Der Abwehrspieler wußte zu gefallen, konnte aber auch nicht verhindern, daß das Her-
berger-Team im Viertelfinale ausschied.

Bundesliga

Im Juli 1962 beschloß der Bundestag des DFB endlich die Einführung einer
eingleisigen nationalen Liga, die Bundesliga getauft wurde. Der Verband
hatte sich gegen diese Neuerung lange gesträubt, da sie zwangsläufig die
Einführung des Vollprofis bedeutete. Zu den vehementesten Befürwortern
der neuen Liga gehörten Bundestrainer Sepp Herberger und Franz Kre-
mer, Präsident des 1. FC Köln. Der Fusionsklub aus der rheinischen
Dienstleistungsmetropole war zu diesem Zeitpunkt wohl der modernste
Verein im deutschen Fußball und erfüllte damit eine Rolle, die nur wenige
Jahre später der FC Bayern übernehmen sollte. Folgerichtig wurden die
Kölner 1964 auch erster Meister der neuen Liga.

Die revolutionären Veränderungen im bundesdeutschen Ligafußball waren eine Reaktion auf die geringe Konkurrenzfähigkeit der hiesigen Klubs im internationalen Vergleich. Im Europapokal der Landesmeister bestand der größte Erfolg in Eintracht Frankfurts Einzug in das Finale von 1960, wo die Hessen allerdings Real Madrid klar mit 3:7 unterlagen. Es dominierte in diesem Wettbewerb der spanische, portugiesische und italienische Fußball. In den anderen europäischen Fußballnationen wurde bereits seit vielen Jahren in zentralen Ligen und unter professionellen Bedingungen gekickt. Selbst im Nachbarland Österreich war der Profibetrieb bereits 1924 legalisiert worden. Der bundesdeutsche Vereinsfußball drohte zudem auszubluten. Zwischen 1960 und 1963 emigrierten mit Brülls, Geiger, Haller, Rahn, Schnellinger, Schütz, Stürmer, Szymaniak und Waldner nicht weniger als neun Nationalspieler, vornehmlich ins Lira-Paradies.

Ein uneingeschränktes Ja zum Profifußball bedeuteten die Beschlüsse des DFB-Bundestags allerdings immer noch nicht. Der alte Amateurgedanke schimmerte noch an allen Ecken und Enden des ersten Bundesligastatuts durch. Die Spieler wurden zwar als „bezahlte Angestellte eines lizensierten Vereins" beschrieben, denen aber gestattet war, „neben ihrer fußballsportlichen Betätigung einen weiteren Beruf auszuüben, soweit dadurch ihre vertraglichen Verpflichtungen gegenüber ihrem Verein nicht beeinträchtigt werden". An anderer Stelle hieß es recht idealistisch und puritanisch: „Der Spieler muß einen guten Leumund haben", oder: „Spieler dürfen ihren Namen für Reklamezwecke nicht zur Verfügung stellen." Gehälter, Handgelder, Prämien und Ablösesummen wurden vom Statut exakt limitiert. Die monatlichen Grundbezüge (Grundgehalt plus Leistungsprämie) durften im Regelfall 1.200 DM nicht überschreiten. Eine Höherdotierung „besonders qualifizierter Spieler" war zwar nach dem Statut möglich, doch mußte der Verein dafür zuvor eine gutachterliche Stellungnahme bzw. Genehmigung des Spielausschusses einholen. Die Sonderprämien für Meistertitel und Pokalsieg durften 2.000 DM bzw. 1.500 DM nicht überschreiten. Die Höchstprämie betrug 5.000 DM, vorgesehen für Spieler, die 700 Spiele für ihren Klub absolviert hatten. Ablösesummen durften nur bis zu einer Höchstsumme von 50.000 DM frei vereinbart werden. Im Falle der Freigabeverweigerung durch den alten Verein drohte eine Sperre von zwölf Monaten. Vereinswechsel waren überhaupt nur nach Ablauf der Saison möglich.

Die Entscheidung für das Vollprofitum war deshalb für die Spieler mit einem nicht unerheblichen Risiko behaftet. Denn größere Rücklagen ließen sich aus den Gehältern und Prämien nicht bilden. Nicht von ungefähr machten im ersten Jahr der Bundesliga (1963/64) lediglich 34 Spieler den Fußball offiziell zu ihrem Beruf. Von größerer Bedeutung als die Monatsgehälter und Prämien war die Hilfe der Vereine bei der Jobsuche und beim Aufbau einer bürgerlichen Existenz. Helmut Sohre resümierte einige Jahre später in seinem Buch „Bundesliga intim": „Die Bundesliga ist weder eine Zufallsschöpfung noch eine willkürliche Maßnahme. Sie ist ein Kind ihrer Zeit, logisch gewachsen. Doch das damit verbundene Lizenzspielertum ist in unserer Epoche der Halbheiten – auch eine Halbheit. Weder Fisch noch Fleisch! Es entstand, weil man aus vielerlei Gründen – nicht zuletzt auch aus steuerlichen – das offene Bekenntnis zum Profitum scheute. Ein Sportverein, der eine Abteilung seines Unternehmens als Berufssport deklariert, verliert die Gemeinnützigkeit. Das heißt, er bekommt keine Steuervergünstigungen und keine Staatszuschüsse für die Jugendabteilung mehr. (...) Es wäre falsch, aus der Gehalts- und Prämienliste für Bundesligaspieler auf deren tatsächliches Einkommen zu schließen. Die Vereine zahlen, was ihnen ein Spieler wert erscheint, zahlen mehr und geben die Erhöhung hintenrum: in Form besonderer Vergünstigungen, oder indem man den Spielern Geschäfte oder Arbeitsplätze beschafft, wo sie zwar bezahlt werden, aber nicht zu arbeiten brauchen. Wie weiland schon in Zeiten der Vertragsliga!"

Erst der Bestechungsskandal von 1970/71 bewirkte schließlich die Reinigung des Bundesligastatuts von den letzten Resten des Amateurgedankens. Der DFB gab alle Geldbeschränkungen auf; Ablösesummen, Spielergehälter und Prämien konnten fortan frei ausgehandelt werden, was zur Folge hatte, daß sie in astronomische Höhen schnellten und sich die Kluft zwischen den wohlhabenderen und ärmeren Vereinen weiter vergrößerte. Die heutige Fassung des Bundesligastatuts hat mit dessen Originalausgabe kaum mehr etwas zu tun.

Bevor sich das bundesdeutsche Fußballpublikum an der neuen Liga ergötzen durfte, galt es noch eine letzte Oberligasaison zu absolvieren. In der Saison 1962/63 wurde der FC Bayern erneut Dritter, konnte aber den Abstand zum Titelgewinner auf nur einen Punkt verkürzen. Meister wurde der aufstrebende Lokalrivale TSV 1860. Die beiden Derbys endeten jeweils mit einem 3:1 – einmal für die Roten und einmal für die Blauen. Rainer Ohlhauser wurde mit 22 Treffern erneut Dritter in der Torschützenliste, die mit Rudi Brunnenmeier von einem Löwen angeführt wurde. Noch vor Ablauf der Saison verließ Helmut Schneider den Klub unter unrühmlichen Umständen. Erst wenige Monate zuvor war Schneiders Vertrag vorzeitig verlängert worden.

Auch Willi Giesemann beendete seine Dienste für den FC Bayern. Der elfmalige Nationalspieler wechselte von der Isar an die Alster, um in der neuen Eliteklasse für den Hamburger SV zu spielen.

Resümee

Nach dem Kriege dominierte zunächst der Süden. Mit dem 1.FC Nürnberg stellte er 1948 den ersten deutschen Nachkriegsmeister. Der Süden besaß einen organisatorischen Vorsprung, wohl auch bedingt durch das laxere und kooperativere Agieren der dortigen alliierten Institutionen. So durfte in Bayern bereits am 18.Juli 1945 der Landessportbund gegründet werden. Im November desselben Jahres wurde außerdem die „Arbeitsgemeinschaft der Süddeutschen Landesverbände" ins Leben gerufen. Auch begann der Süden als erster mit der Bezahlung von Spielern. Insbesondere der Westen hinkte dem Süden zunächst hinterher.

Als der Westen organisatorisch den Anschluß gefunden hatte, holte er auch wieder sportlich auf. Von den 16 Deutschen Meistertiteln, die von 1948 bis 1963 ausgespielt wurden, gewann der Westen sechs. Fünf gingen ins Ruhrgebiet. Borussia Dortmund wurde dreimal Meister, Rot-Weiß Essen, Schalke 04 und der 1.FC Kön jeweils einmal. Der Süden kam ebenfalls auf sechs Titel – jeweils zwei Meisterschaften gewannen der 1.FC Nürnberg und der VfB Stuttgart, jeweils einmal waren VfR Mannheim und Eintracht Frankfurt erfolgreich. Die Münchener Vereine gingen leer aus und stiegen erst Anfang der 60er wieder in den Kreis den besseren Adressen im deutschen Fußballs auf.

In der ewigen Tabelle der Oberliga Süd (1945/46 – 1962/63) belegt der FC Bayern Rang 5, der TSV 1860 Rang 9. Vor den Bayern liegen der 1. FC Nürnberg, Kickers Offenbach, VfB Stuttgart und Eintracht Frankfurt. Zwischen den viertplazierten Frankfurtern und dem FCB besteht eine Kluft von 107 Punkten. Die Differenz zu den erstplazierten Nürnbergern beträgt gar 185 Zähler. In der ewigen Tabelle aller bundesdeutschen Oberligen kommt der FC Bayern auf den 15. Platz, der TSV 1860 gar nur auf Rang 24. Dem Münchener Fußball war es immer noch nicht gelungen, seine ursprüngliche Bedeutung zurückzuerobern. Münchens Fußballchronist Michael Steinbrecher konstatierte, daß FC Bayern und TSV 1860 „in diesen Jahren der Stagnation nicht nur das Glück" fehlte, sondern „vielmehr noch Kaltblütigkeit, 'Biß' und jene roboterhafte Sachlichkeit, die dem modernen Fußball anhaftet. Noch immer waren sie zu sehr in den Barockstil, in den Schnörkelkurs vergangener Jahre ihrer 'Schönheitstänze'

verliebt. Zwar fehlte es in den Nachkriegsjahren nicht an Spielerpersönlichkeiten, aber über lange Zeiträume waren sie doch zu dünn gesät."
Viele Probleme des FC Bayern waren hausgemacht. Dazu zählte ein
eklatanter Mangel an Geduld und Kontinuität. Im Zeitraum 1945-62 verschliß der FC Bayern nicht weniger als 13 Trainer. Bald sprach man davon,
der Trainer, der zu den Bayern passe, müsse erst noch geschaffen werden.
Der Trainer war das schwächste Glied in der Bayern-Hierarchie. Oft
wurde den Auffassungen der Spieler mehr Gehör geschenkt als denen
ihres Übungsleiters. Das Gesicht der Mannschaft veränderte sich ständig,
und nach dem Rücktritt von Kurt Landauer begann sich das Personalka-
russell auch auf der Vorstandsebene zu drehen. Erst gegen Ende der Ober-
ligaära wurde es für beide Münchener Klubs besser, wobei sich der Aufstieg des TSV 1860 zwar rasanter, aber keineswegs solider vollzog.

1963 – 1976

Vom Regionalligisten zum Europapokalsieger

Ein Mann baut seinen Verein

Noch vor der Saison 1962/63 hatte Roland Endler sein Präsidentenamt aufgegeben. Zum Nachfolger wurde in dieser für die Bundesligaqualifikation so wichtigen Zeit Wilhelm Neudecker bestellt. Der autoritäre Unternehmer, der sich in einer typischen Nachkriegskarriere vom Maurer zum Baulöwen hochgearbeitet hatte, war anfangs keineswegs unumstritten. Neudecker war zunächst nur als Interimslösung und Platzhalter vorgesehen, da sein Vorgänger lediglich eine einjährige Pause einlegen wollte. Doch Endler hatte seine Rechnung ohne den arbeitswütigen und ehrgeizigen Neudecker gemacht, der den Klub nun bis 1979 führen sollte, die längste Amtszeit eines Bayern-Präsidenten überhaupt. Neudecker: „Erst Monate später erfuhr ich, daß ich nur ein Lückenbüßer für ein Jahr sein sollte. Da habe ich gearbeitet wie ein Verrückter. Ich wollte allen beweisen, daß ich sehr wohl der richtige Mann war."

Was unter Endler begonnen hatte, fand unter Neudecker eine konsequente Fortsetzung: Der Klub wurde mit unternehmerischer Philosophie geführt, was allerdings einen demokratischen Führungsstil ausschloß. In einer Hinsicht unterschied sich Neudeckers Philosophie von der Endlers: Neudecker war der Auffassung, daß „nur durch harte Arbeit ein solider Dauererfolg möglich ist. Ein mit hohen Krediten arbeitender Betrieb ist nicht krisenfest." Auf den Lizenzspielerkader übertragen bedeutete dies zunächst, daß Neudecker auf spektakuläre Verpflichtungen verzichtete. Statt dessen setzte er „auf die Jugend, die in unserem Verein hervorragende Lehrmeister besitzt und auf vielleicht noch ungeschliffene, aber lernbegierige Provinz-Fußballer, deren Talente mehr versprechen als große Namen". Der FC Bayern der ersten Neudecker-Jahre war eine Kopie der Biographie seines Präsidenten. Neudecker übertrug seine persönlichen Erfahrungen umstandslos auf den Verein. Der Klub und seine kickenden Angestellten hatten dem leuchtenden Beispiel ihres Präsidenten zu folgen.

Nachdem der FC Bayern in die nationale Spitze vorgestoßen war, mußte Neudecker allerdings seine Prinzipien relativieren. Die einstigen Nachwuchsspieler wurden mit ihrem Aufstieg zu Schlüsselspielern der Nationalelf immer teurer. Neudecker später: „Die Achse Maier-Beckenbauer-Müller wurde von keinem Trainer geschaffen, sondern von mir, durch ein immer wieder erneuertes, besonderes finanzielles Engagement." Neudecker zahlte Schwarzgelder, die schließlich Strafbefehle und eine existenzbedrohende Steuernachzahlung zur Folge hatten.

Neudeckers revolutionärste Maßnahme war die Abschaffung des ehrenamtlichen Spielausschußvorsitzenden (oder Obmanns) zugunsten eines dotierten Technischen Direktors bzw. Managers. Diese Position bekleidete ab 1966 Robert Schwan, der zwar nach eigenem Bekunden vom Fußball „keine Ahnung" hatte, aber mit Geschäftssinn und großem Organisationstalent ausgestattet war. Das hauptamtliche Management ermöglichte eine professionellere Suche nach neuen Angestellten. Die Personalpolitik, die Schwan betrieb, ähnelte der eines modernen Industriebetriebs. Aber der FC Bayern war auch der erste Klub, der sich um die berufliche Zukunft seiner Akteure sorgte.

Schwans Hauptaugenmerk galt jedoch dem Gewinn an gesellschaftlicher Hoffähigkeit. Für die Spieler wurde ein Englischlehrer engagiert, der sie in der Sportschule Grünwald unterrichtete. Die Mannschaft stieg bei Reisen in den besten Hotels ab, um zu lernen, „wie man sich benimmt". Die Fußballer sollten so geformt werden, daß sie auch die Anerkennung der „besseren Gesellschaft" erfuhren. Dies sollte wiederum die „bessere Gesellschaft" (und wohl auch deren Geld) in die Nähe des Klubs und in seine Arena bringen. Als Modell für den neuen Spielertyp galt Franz Beckenbauer, dem sich Schwan mit besonderer Intensität widmete. Auf dem gesellschaftlichen Parkett war der Kaiser eine Kreation seines Managers, mit dem er noch heute Tür an Tür lebt.

Aufgrund seiner Sozialgeschichte und seines Standorts München eignete sich der FC Bayern für ein derartiges Experiment besser als die meisten anderen deutschen Profiklubs. München war keine Proletarierstadt, und der FCB genoß bereits seit seiner Gründung nicht zu Unrecht einen bürgerlich-elitären Ruf. Aufgrund dieses historischen Vorsprungs mußte sich der FC Bayern nicht verstellen. Als treibende Kräfte bei der Modernisierung des Profifußballs kamen zu dieser Zeit wohl nur noch der Hamburger SV, der 1.FC Köln und Eintracht Frankfurt in Betracht.

Bayern muß draußen bleiben

Da der FC Bayern 1961/62 und 1962/63 in der Oberliga Süd jeweils den 3. Platz belegt hatte, ging die Vereinsführung wie selbstverständlich davon aus, zu den 16 Gründungsmitgliedern der Bundesliga zu gehören. Aber als am 24. August 1963 der erste Spieltag der neuen Liga angepfiffen wurde, war zwar der TSV 1860, nicht aber der FC Bayern am Start. Am 11. Mai 1963 hatte der Klub vom DFB folgenden Brief erhalten: „Liebe Sportkameraden! Wir bedauern, Ihnen mitteilen zu müssen, daß der Bundesliga-Ausschuß des DFB Ihrem Gesuch um Aufnahme in die Bundesliga nicht stattgeben konnte. Nach der schon vorab erfolgten Benennung der Vereine 1. FC Nürnberg und Eintracht Frankfurt standen für die Bewerber aus dem Bereich des Süddeutschen Fußball-Verbandes nach dem Beschluß des DFB-Beirats noch drei Plätze zur Verfügung. Einer dieser drei Plätze wurde dem TSV 1860, als dem süddeutschen Meister dieses Jahres, zugesprochen. Überdies war das Gremium der Auffassung, daß es wenigstens im Jahre der Einführung der Bundesliga im allgemeinen Interesse des gesamten Fußballs nicht ratsam erscheint, zwei Vereinen am gleichen Ort eine Lizenz für die Bundesliga zu erteilen." Die verbleibenden zwei Süd-Plätze gingen an den VfB Stuttgart und den Karlsruher SC, die beide in den Spielzeiten 1961/62 und 1962/63 schlechter abgeschnitten hatten als der FCB. In der „ewigen Tabelle" der Oberliga Süd belegte der KSC lediglich den 11. Platz.

Neudecker tobte, sprach von „fadenscheinigen Begründungen" und klagte auf „Gerechtigkeit für den FC Bayern". Der Präsident verfaßte ein 13seitiges Protestschreiben. In diesen Tagen wurden die Grundlagen für einen gewissen Verfolgungs- und Verschwörungswahn des FC Bayern gelegt, der sich trotz des Aufstiegs des Klubs zum deutschen Rekordmeister bis heute gehalten hat. Ein Opfergefühl, das motivierte und mobilisierte.

Im nachhinein betrachtet war die Ablehnung des Antrags ein ausgesprochener Glücksfall für den Verein. Wäre der Klub zur neuen Eliteklasse zugelassen worden, hätte er das Gesicht seiner Mannschaft einschneidend verändern müssen. Dies hätte nicht nur erhebliche finanzielle Belastungen bedeutet, sondern auch den Reifeprozeß einer jungen Mannschaft torpediert, die einige Jahre später bundesdeutsche und europäische Fußballgeschichte schreiben sollte. Die große Bayern-Elf wäre vielleicht gar nicht zustandegekommen, sondern frühzeitig auseinandergerissen worden. Der FC Bayern geriet nicht in die Versuchung, die gleichen Fehler zu begehen wie der TSV 1860, der im großen Stile einkaufte und sich dabei schließlich übernahm. Als 1972 das Olympiastadion mit seinen immensen Einnahmemöglichkeiten fertiggestellt war, verfügte der FC Bayern über die stärkste Mannschaft in seiner Geschichte, während der Lokalrivale mit der Zweitklassigkeit und geringeren Zuschauerzahlen vorlieb nehmen mußte.

Noch zu Oberligazeiten durfte der FC Bayern erstmals in einem europäischen Pokalwettbewerb mitspielen. Im April 1955 war in Basel der Internationale Messepokal ins Leben gerufen worden. Der Vorläufer des UEFA-Cups war ein Kräftemessen europäischer Messestädte (Barcelona, Basel, Frankfurt/M., Köln, Kopenhagen, Lausanne, Leipzig, London, Mailand, Wien, Zagreb). Zunächst wurden die beteiligten Städte durch Auswahlmannschaften vertreten. Bei der zweiten Ausrichtung des Wettbewerbs wurden auch Klubmannschaften zugelassen, die aber aus einer Messestadt stammen mußten. Der FC Bayern stieß in der Saison 1962/63 in diesem Wettbewerb bis in die dritten Runde vor. In der ersten Runde wurde der FC Basel (3:0) ausgeschaltet, in der zweiten Drumcondra Dublin (6:0 und 0:1). In der dritten Runde erwies sich Dynamo Zagreb als eine Nummer zu groß. In München verlor der FC Bayern mit 1:4, in Zagreb erreichte er immerhin ein torloses Remis. Dynamo qualifizierte sich anschließend noch für das Endspiel, unterlag hier aber dem FC Valencia. Der Zuschauerzuspruch war eher mager. Drumcondra Dublin wollten nur 2.500 sehen, zur Begegnung mit Dynamo Zagreb fanden sich auch nicht mehr als 8.000 ein.

1963 verpflichtete der Zweitligist FC Bayern mit dem Jugoslawen Zlatko Cajkovski einen Trainer, der erst ein Jahr zuvor den 1.FC Köln zur Deutschen Meisterschaft geführt hatte. Unter der Regie des ehemaligen Weltklassespielers (Außenläufer) begann nun der kometenhafte Aufstieg des Klubs. Cajkovski verstand es, bei einer jungen Truppe, die eine bemerkenswerte Ansammlung von Talenten darstellte, Begeisterung und Spielfreude zu wecken. Der Jugoslawe ließ einen nahezu hemmungslosen Offensivfußball spielen.

Die Aufsteiger der späten 60er, Gladbach und Bayern, werden oft als krasse Gegensätze betrachtet. Tatsächlich sind die Parallelen zwischen den beiden Teams verblüffend. Beide bedienten sich eines Managers; beide Teams waren jung und von Offensivdrang geprägt; und beide Teams hatten mit Beckenbauer und Netzer zwei überragende Spielerpersönlichkeiten, die von ihrem Charakter her allerdings sehr unterschiedliche Typen waren.

„Tschik" Cajkovski (rechts) mit seinem Kollegen vom Lokalrivalen, Max Merkel.

Regionalliga

Unterhalb des neuen Oberhauses wurden fünf Regionalligen gebildet, deren Einzugsbereiche denen der alten Oberligen entsprachen. Der FC Bayern spielte in der Regionalliga Süd. Vor der Saison 1963/64 mußte der Klub seinen Spielmacher Peter Grosser an den nun klassenhöheren Lokalrivalen abtreten – ein Wechsel, der hohe Wellen schlug. Trotzdem wurde der FCB hinter Hessen Kassel Vizemeister und qualifizierte sich somit für die Aufstiegsrunde der Regionalligameister und -vizemeister. Es hätte auch der Meistertitel sein können, aber am vorletzten Spieltag unterlag der FCB nach einem fröhlichen Scheibenschießen daheim gegen die TSG Ulm 46 mit 4:6. Eine Niederlage, die vollauf beabsichtigt war, wovon allerdings der dreifache Torschütze Jaworski nichts wußte. Jaworski war lediglich Ersatzspieler, der nur auflaufen durfte, weil die halbe Stammelf an diesem Tag die Bank drücken mußte. Zunächst waren nur Kapitän Kunstwadl und zwei weitere Spieler eingeweiht, aber Jaworskis unerwarteter Torhunger erforderte eine offenere Informationspolitik. Nachdem Jaworski in der 73. Minute das 4:3 erzielt hatte, wurden auch die anderen Bayernspieler unterrichtet, so daß die Gäste in den verbleibenden Minuten noch dreimal zulangen konnten. Denn als Meister wäre der FC Bayern in eine vermeintlich stärkere Aufstiegsrundengruppe gekommen, in der man vor allem den Westmeister Alemannia Aachen fürchtete. Jaworski, der in dieser Saison nur drei Regionalligaspiele für den FCB bestritt, durfte auch noch einmal am letzten Spieltag ran. Beim 3:3 in Neu-Isenburg schoß der offensichtlich unterschätzte Stürmer alle drei Bayern-Treffer.

Im ersten Aufstiegsrundenspiel siegte der FCB beim FC St. Pauli mit 4:0. In diesem Spiel gab ein 18jähriger mit dem Namen Franz Beckenbauer sein Debüt. Als „Giesinger Junge" wäre Beckenbauer, ein Fan der Sechziger, beinahe ein Blauer geworden – wäre da nicht die berühmte Ohrfeige gewesen. Als der 13jährige Beckenbauer 1958 mit dem SC 1906 München gegen die Löwen spielte, erhielt er von einem Gegenspieler eine schallende Watsch'n, die sein Verhältnis zu den Blauen arg beeinträchtigen sollte. Noch auf dem Spielfeld entschied Beckenbauer, sich nicht dem TSV 1860 anzuschließen. Gemeinsam mit vier Mitspielern namens Heigl, Neudekker, Steiner und Vogel wechselte Beckenbauer statt dessen zum FC Bayern. Pfingsten 1964 hatte Beckenbauer bei einem Turnier des FCB seine letzten Spiele in der Jugendmannschaft bestritten. Um in der Aufstiegsrunde mitzuwirken, benötigte er eine Sondergenehmigung des Süddeutschen Fußballverbands, da er nach dem Stichtag geboren war. „Tschik" Cajkovski war zunächst wenig begeistert, als Neudecker Beckenbauer zum Training der 1. Mannschaft beorderte, und begrüßte den Nachwuchsspieler mit den Worten: „Haben schon gehört, Sie sind kein Kämpfer." Beim gemeinsamen Abendessen der Mannschaft im Salvatorkeller am Nockherberg verdonnerte der kugelrunde Jugoslawe das Leichtgewicht zu einer regelrechten Freßkur. Beckenbauer: „'Essen Sie', forderte mich der Trainer immer wieder auf und schleppte eigenhändig doppelte Portionen an meinen Tisch. Die kräftigen Mahlzeiten taten mir gut. Ich merkte von Woche zu Woche, wie ich den Anforderungen, die an mich gestellt wurden, körperlich besser gewachsen war."

Cajkovskis Aufstiegsrundenkalkül ging nicht auf. Zwei Niederlagen in sechs Spielen – daheim gegen Borussia Neunkirchen (0:2) und auswärts gegen Tasmania Berlin (0:3) vor über 50.000 im Berliner Poststadion – bedeuteten das Scheitern. Borussia Neunkirchen wurde mit einem Punkt Vorsprung Gruppensieger und Bundesligist. Der FC Bayern mußte einen neuen Anlauf nehmen.

In der Saison 1964/65 stürmte erstmals der junge Gerd Müller für den FCB. Wie Beckenbauer wäre auch Müller beinahe bei den Blauen gelandet. 1964 hatten sich Bayern-Geschäftsführer Walter Fembeck und sein

**Die jungen
Nationalspieler
Franz Becken-
bauer und
Gerd Müller
beim Training
der DFB-Aus-
wahl.**

Löwen-Kollege „Wiggerl" Maierböck fast gleichzeitig nach Nördlingen aufgemacht, allerdings traf Bayerns Mann eher bei Müller ein. Müller erwartete eigentlich einen Löwen-Emissär und wurde erst mit der Zeit gewahr, daß er mit den Bayern verhandelte. Müller: „Plötzlich, im Verlaufe des Gespräches, dämmerte mir aber doch, daß hier irgend etwas nicht stimmte. Das konnten keine Herren vom TSV 1860 München sein – und das waren sie wirklich nicht: Ihre Namen lauteten Fembeck und Sorg, und sie kamen vom FC Bayern München! (...) Wir redeten und redeten. Inzwischen war es schon halb drei Uhr geworden. Und ungefähr zu dieser Zeit kamen auch noch die Herren vom TSV 1860 München! Wir wußten im Moment nicht, was wir machen sollten. Schließlich gelang es aber doch, Herrn Fembeck und Herrn Sorg hinten zum Hofeingang hinauszubringen, während vorne Herr Maierböck vom TSV 1860 hereinmarschierte." Gemäß dem Sprichwort, „wer zuerst kommt, mahlt zuerst", unterzeichnete Müller für den FCB. Auschlaggebender war allerdings, daß die Bayern dem stämmigen Stürmer einen Profivertrag anboten, während die Löwen ihn zunächst für ein Jahr als Amateur verpflichten wollten. In jenen Jahren waren die Starspieler in München nicht bei den Bayern versammelt, sondern beim TSV 1860. Gerd Müller: „Mir war klar, daß ich in diesem großen Klub überhaupt keine Chance gehabt hätte, da in der 1. Mannschaft zu dieser Zeit ja lauter Stars spielten. Wer hätte da ausgerechnet auf mich zurückgreifen sollen?" Nicht auszuschließen, daß die Geschichte der beiden Klubs völlig anders verlaufen wäre, wären Müller und Beckenbauer nicht bei den Roten, sondern den Blauen untergekommen. Auch Müller war bei Cajkovski zunächst nicht wohl gelitten. Beim ersten Anblick des Stürmers entfuhr es dem Trainer: „Was soll isch mit dieses Junge, diese Figur, unmöglich." Müllers Einsatz in der Regionalligamannschaft erfolgte auf Befehl von Neudecker.

In seiner ersten kompletten Saison in der 1. Mannschaft kam Beckenbauer, der nun den Nationalspieler Erhard auf dem Stopperposten endgültig ablöste, auf 31 Regionalligaeinsätze, in denen er 16 Tore schoß. Müller absolvierte 26 Spiele und schoß 32 Tore. Nur Torschützenkönig Rainer Ohlhauser erzielte mit 42 (in allerdings 36 Spielen) mehr. Am Ende hatte der FC Bayern als Meister zwar „nur" drei Punkte Vorsprung vor dem SSV Reutlingen, aber eine sagenhafte Torbilanz. 146mal versenkten die Bayern den Ball ins gegnerische Netz, was im Schnitt vier Treffer pro Spiel bedeutete. Außer Ohlhauser und Müller spielten noch Rudolf Nafziger (13 Tore), Jakob Drescher (7 Tore) und Dieter Brenninger (11 Tore) in Bayerns Wundersturm. Im Tor der Bayern stand wie bereits im Vorjahr der junge Sepp Maier, der nur 32mal hinter sich greifen mußten. Die höchsten Siege wurden gegen Emmendingen und Darmstadt 98 (jeweils 10:0), den Freiburger FC (11:2) und Ulm 46 (9:1) erzielt. Gegen Vizemeister Reutlingen gewann der FCB jeweils deutlich mit 5:0 und 3:0. Der FC Bayern schien nun überreif für die Bundesliga zu sein, obwohl das Durchschnittsalter der Truppe lediglich 21,8 Jahre betrug und im 25köpfigen Kader nicht weniger als 14 Eigengewächse standen.

In der Aufstiegsrunde leistete sich der FCB nur einen Ausrutscher. Nachdem zum Auftakt Tennis Borussia Berlin durch zwei Müller-Tore 2:0 besiegt worden war, verlor man einen Spieltag später in Saarbrücken 0:1. Aber in den verbleibenden vier Spielen gab man nur noch einen Punkt ab. Am 3. Spieltag gewann der FCB daheim vor 42.000 Zuschauern gegen Alemannia Aachen 2:1, wobei die Entscheidung durch Ohlhauser erst sieben Minuten vor Schluß fiel. Das Rückspiel am Aachener Tivoli endete 1:1, für die Bayern traf erneut Ohlhauser. Am vorletzten Spieltag mußt die Begegnung gegen den 1.FC Saarbrücken die Vorentscheidung bringen. Vor 45.000 Zuschauern im Stadion Grünwalder Straße gewann der FC Bayern durch Tore von Ohlhauser, Nafziger, Beckenbauer und Müller (2) 5:0. Saarbrückens Trainer Jupp Derwall nach dem Abpfiff: „Selbst mit zwei Torhütern hätten wir die Schlappe nicht verhindern können. Diese Bayern spielen einen bezaubernden Fußball, sie wären zweifellos eine Bereicherung für die Bundesliga." Das 8:0 am letzten Spieltag bei Tennis Borussia war nur noch das Sahnehäubchen. Der FC Bayern wurde mit drei Punkten Vorsprung vor den Teams aus Saarbrücken und Aachen Gruppensieger und somit endlich wieder erstklassig. Auf dem Münchener Flughafen Riem wurde die Mannschaft am Samstagabend von über 6.000 Fans empfangen. Hunderte stürmten das Rollfeld. Zu den ersten Gratulanten zählte Adalbert Wetzel, der Präsident des TSV 1860: „München hat Platz für zwei erstklassige Vereine, wir wünschen dem FC Bayern viel Erfolg."

Der FC Bayern erkämpfte den Bundesligaaufstieg mit folgender Mannschaft: Maier, Olk, Kunstwadl, R.Grosser, Beckenbauer, Borutta, Nafziger, Müller, Ohlhauser, Drescher, Brenninger.

Rainer Ohlhauser schoß in der Regionalliga die meisten Tore für den FC Bayern.

1965/66: Das Freiburg der 60er Jahre

Während der Aufstiegsrunde hatte Neudecker verkündet: „Wenn wir in die Bundesliga kommen, marschiere ich rund um den Tegernsee." Als Neudecker seinen Marsch antrat, wurde er auf der 27,5 Kilometer langen Strecke von über 500 Anhängern begleitet, die eine Fußballprozession veranstalteten. Sogar eine inoffizielle Abordnung der Löwen war dabei. Der Marsch um den Tegernsee hatte Symbolwert: Während die Löwen ihre Basis im Münchener Stadtgebiet hatten, begann der FC Bayern nun das Bundesland Bayern zu erobern.

In der Aufstiegssaison verfügte der Klub über keine eigene Anlage (die Säbener Straße war noch eine städtische Bezirkssportanlage), geschweige denn ein Klubheim. Die Geschäftsstelle befand sich noch in der Landwehrstraße und wurde von lediglich vier Personen betrieben. Der Lokalrivale besaß eine deutlich bessere Infrastruktur. Aber während sich andere Bundesligaklubs, namentlich der TSV 1860, in finanzielle Abenteuer stürzten und wenig Weitsicht zeigten, wurde beim FC Bayern mit Bedacht kalkuliert. Nach Abschluß der Aufstiegsrunde wies das Vereinskonto ein Plus von 250.000 DM auf. Neu verpflichtet wurden lediglich der Nationalverteidiger Hans Nowak (Schalke 04), Stopper Dietmar Danzberg (Meidericher SV) und der Jugoslawe Vuckov. Neudecker später: „Wir wären auch ohne diese Einkäufe ausgekommen, aber wir wollten auf Nummer sicher gehen."

Als 1965 der erste Bundesligaskandal seine Kreise zog, waren auch die Bayern mit von der Partie. Allerdings nur am Rande: Bei seinem Wechsel hatte Nowak von den Bayern ein Handgeld von 40.000 DM erhalten, was damals noch nicht zulässig war. Tatsächlich spielten die drei Neuerwerbungen kaum eine Rolle: Vuckov kam in dieser Bundesligasaison nur einmal zum Einsatz, Danzberg zweimal, und selbst Nowak bestritt nur sechs Spiele. Im Prinzip spielte die gleiche Mannschaft, die noch in der Vorsaison in der Regionalliga gekickt hatte.

„Tschik" Cajkovski war von Neudeckers Einkaufspolitik wenig angetan: „Der Präsident hat mir keine fertigen Spieler gekauft." Aber in der Vereinsführung hielt man zunächst nichts von Primadonnen. Neudecker und Schwan vertraten die Auffassung, daß zu einem „vorbildlichen" Fußballer auch ein „vorbildliches" Privatleben gehöre. Der FC Bayern benötige Spieler, die gewillt seien, für ihr Geld etwas zu leisten. Hier sprach erneut Neudeckers eigene Biographie. Während der Regionalligazeit hatte Schwan jeden Spieler an seinem Arbeitsplatz besucht und sich bei dessen Chef nach der Arbeitsmoral erkundigt. Schwan gelangte dabei zu der Ansicht, daß die besten Spieler auf dem Platze auch die fleißigsten Arbeiter waren.

Nicht wenige Fans zweifelten vor dem Anpfiff der dritten Bundesligasaison an der Bundesligafähigkeit der jungen und nur geringfügig verstärkten Bayern-Truppe. Auch Trainer Cajkovski gab sich bescheiden: „Wir sind zufrieden, wenn wir uns in der Bundesliga halten." Bereits am ersten Spieltag der Saison 1965/66 kam es zum Münchener Derby, das der TSV 1860 vor 44.000 Zuschauern 1:0 gewann. Das „Tor des Tages" fiel bereits in der 1. Minute durch Konietzka. Der Torjäger hatte zunächst Danzberg K.o. geschossen. Als sich Sepp Maier um seinen Mannschaftskameraden kümmerte, nutzte Konietzka die Gelegenheit, den Ball im Bayern-Tor zu versenken. Die niveaulose Begegnung wurde mit äußerster Härte geführt. Was zu diesem Zeitpunkt noch niemand ahnen konnte: Das 150. Derby war bereits eine Vorentscheidung im Kampf um die Meisterschaft. Der kommende Meister hatte den späteren Tabellendritten besiegt...

Der FC Bayern avancierte zur Überraschungsmannschaft der Saison. Der Niederlage zum Auftakt folgten sechs Siege in Folge. Der Neuling eroberte sogar zwischenzeitlich die Tabellenspitze. Im September besiegte der FC Bayern den Karlsruher SC mit 5:1. Franz Beckenbauer war der überragende Mann auf dem Platz. Cajkovski nach dem Schlußpfiff: „Ich sage Euch, Franz Beckenbauer ist Sonderklasse. Er ist Superklasse! 25 Jahre lang habe ich Fußball gespielt, und ich habe die Besten der Welt kennengelernt. Ich spiele länger Fußball, als der Junge hier alt ist. Aber ich habe nie einen besseren Spieler gesehen."

Cajkovskis Kollegen sollten dieses Urteil bald bestätigen. Alt-Bundestrainer Sepp Herberger über den Ausnahmespieler: „Was andere nicht mit den Händen können, macht er am Ball mit den Füßen." Hennes Weisweiler erklärte Beckenbauers oft aufreizend ökonomische Spielweise mit dessen Spielintelligenz: „Beckenbauer denkt nach, erst dann läuft er. Deswegen macht er auch so viele Schritte weniger als seine Arbeitskollegen." Insbesondere auf die Beobachter, die mit dem kämpferischen Ruhrpott-Fußball sympathisierten, wirkte Beckenbauers Spielökonomie allerdings pomadig, nachlässig und arrogant. Die in Essen beheimatete „Westdeutsche Allgemeine Zeitung" rügte einige Zeit später einen Auftritt des jungen Libero: „Man muß schon ein eingefleischter Bayern-Fan sein, um seine Staralüren und seine Überheblichkeit ohne Kopfschütteln zu verkraften."

Bereits am 26. September 1965 gab Franz Beckenbauer in Stockholm sein Nationalmannschaftsdebüt. Durch einen 2:1-Sieg über Schweden löste die Schön-Elf die Fahrkarte zum WM-Turnier in England. Becken-

bauers Einstand wurde zum Auftakt einer neuen Bayern-Ära der Nationalelf. In den Monaten und Jahren zuvor war es allein der TSV 1860, der die
Nationalmannschaft verstärkte. In Stockholm waren außer Beckenbauer
noch zwei weitere Münchener mit von der Partie: Peter Grosser und Rudi
Brunnenmeier, beide Sechziger. Im ersten Länderspiel des Jahres 1965 (1:1
gegen Italien in Hamburg) standen gar fünf Löwen (Patzke, Heiß, Küp-
pers, Brunnenmeier, Konietzka) auf dem Platz. Gegen die Schweiz in
Basel kam auch noch Rebele zum Einsatz, so daß 1965 insgesamt sieben
Löwen den Nationaldress trugen. Der einzige weitere Bayern-Akteur, der
in diesem Jahr zu Nationalmannschaftsehren kam, war Rudolf Nafziger.

In der Rückrunde besiegte der FCB den Lokalrivalen glatt mit 3:0. Im
Gegensatz zum Hinspiel sahen die 40.000 Zuschauern eine äußerst faire
Partie. Als Zeichen der Versöhnung hatte Sechziger-Kapitän Peter Grosser
rote Nelken mit aufs Spielfeld gebracht. Erst am vorletzten Spieltag schied
der FC Bayern aus dem Titelrennen aus, als er daheim dem 1.FC Köln mit
1:4 unterlag, während der TSV 1860 beim frischgebackenen Europapokalsieger Borussia Dortmund 2:0 gewann. In der Endabrechnung belegte der
Neuling FC Bayern den 3. Platz, punktgleich mit Vizemeister Borussia
Dortmund und nur drei Punkte hinter Meister 1860 München, dessen
Abstieg nun aber begann. Der Modernität und Dynamik der Bayern sollten die Löwen bald nicht mehr gewachsen sein.

Auch bei den Zuschauern mauserte sich der FC Bayern schon in seiner
ersten Saison zur Attraktion der Liga. Insgesamt sahen 1.140.000
Zuschauer die Spiele des Aufsteigers, davon etwa 60% bei auswärtigen
Auftritten. Noch hatten allerdings die Blauen auch beim Zuschauerzuspruch die Nase vorn: 29.316 besuchten im Schnitt die Heimspiele der
Sechziger, 24.843 waren es beim FC Bayern. In der Zuschauergunst rangierte der FCB damit an 9. Stelle.

Im DFB-Pokal empfingen die Bayern in der ersten Runde den Vorjah-
ressieger Borussia Dortmund. Vor 30.000 Zuschauern an der Grünwalder
Straße behielt der FCB mit 2:0 die Oberhand. Auch in den folgenden beiden Runden durfte der FCB zu Hause spielen. Eintracht Braunschweig
wurde 1:0 besiegt, der 1. FC Köln mit einem 2:0 ausgeschaltet, wobei
38.000 anwesend waren. Im Viertelfinale mußten die Bayern zum Hamburger SV reisen und gewannen dort 2:1. Im Halbfinale kam es zum bayerischen Derby mit dem alten Rivalen 1. FC Nürnberg, der Heimvorteil
genoß. 58.000 Zuschauer sahen eine packende Partie, in der Ohlhauser
den FC Bayern nach 29 Minuten in Führung brachte, aber Brungs eine
halbe Stunde später ausgleichen konnte. Nach 90 Minuten mußte die

Begegnung in die Verlängerung. In der 98. Minute erzielte Nowak den Siegtreffer für die Bayern, womit sich die Investition für den Neuzugang amortisiert hatte. Um seine Stammspieler für das schwere Finale zu schonen, ließ Cajkovski am letzten Bundesligaspieltag in Bremen seine zweite Garnitur auflaufen. Trotzdem reichte es zu einem Remis (1:1).

Das Finale fand in Frankfurt statt, und der Gegner hieß Meidericher SV, in der ersten Bundesligasaison 1963/64 überraschend Vizemeister. Aufgrund seines sensationellen Abschneidens in der Liga galten die Bayern gegenüber dem Tabellenachten als leicht favorisiert. Vor dem Finale bezog der FCB Quartier in „Ritters Parkhotel" in Bad Homburg. Als die Spieler bei drückender Hitze ohne Krawatte zum Mittagessen erschienen, intervenierten die Hotelleitung und einige Gäste. Manager Robert Schwan ließ die Hotelleitung wissen: „Gut, dann frühstücken wir nur hier und essen anderswo." Da 15 Spieler plus umfangreiches Begleitpersonal eine erkleckliche Einnahme bedeuteten, lenkte das Parkhotel ein. Der Kompromiß lautete: beim Mittagessen ohne Schlips und abends mit Krawatte.

Als die Partie am 4. Juni 1966 um 16.00 Uhr angepfiffen wurde, füllten 60.000 Zuschauer das weite Rund des Waldstadions. Wie schon neun Jahre zuvor in Augsburg, waren auch diesmal die Bayern-Anhänger in der Mehrheit. Die Duisburger begannen unerwartet offensiv und gingen in der 28. Minute durch Mielke 1:0 in Führung. Doch nur drei Minuten später gelang Ohlhauser per Kopf der Ausgleich. In der 60. Minute knallte Brenniger, der beste Bayern-Akteur an diesem Nachmittag, nach brillanter Vorarbeit von Nafziger zum 2:1 ins Duisburger Netz. Ein Elfmetergeschenk ermöglichte den Meiderichern in der 72. Minute durch Heidemann den Ausgleich. Doch der Schiedsrichter ließ Gerechtigkeit walten: In der 77. Minute durfte auch Brenninger zum Elfmeterpunkt schreiten. Er verwandelte sicher zur erneuten Bayern-Führung. Die endgültige Entscheidung fiel fünf Minuten später. Zunächst wehrte Beckenbauer einen Meidericher Angriff ab. Ohlhauser nahm den Ball auf und marschierte mit dem Leder über das halbe Spielfeld. Derweil spurtete Beckenbauer an der weit aufgerückten Meidericher Verteidigung vorbei, um sich den von Ohlhauser in den freien Raum gespielten Ball zu erlaufen und zielgenau im langen Toreck zu versenken. Für den anwesenden Bundestrainer Schön war Beckenbauers Tor zum 4:2 „die Krönung" eines Spiels, das er als „das beste Cupfinale zweier erstklassiger Mannschaften nach dem Krieg" charakterisierte. „Tschik" Cajkovski dachte in der Stunde des Triumphes auch an den Lokalrivalen: „Jetzt 1860 in München kann nicht zu groß werden", diagnostizierte er erleichtert und sollte damit recht behalten. Beim anschließenden bayerischen Volksfest vor dem Waldstadion und auf dem Rückweg nach München sah man aber auch zahlreiche Sechziger-Fahnen.

Der TSV 1860 Meister, der FC Bayern Pokalsieger. Die heimliche Hauptstadt, die seit dem Meisterschaftsgewinn der Bayern von 1932 keine bedeutende Rolle mehr im deutschen Fußball gespielt hatte, war nun plötzlich tatsächlich Hauptstadt der Bundesrepublik, wenn auch „nur" fußballerisch besehen. Gleich zwei Münchener Klubs würden in der nächsten Saison den bundesdeutschen Fußball auf der europäischen Bühne vertreten.

Auf dem Marienplatz wurden die Roten von 20.000 Menschen begeistert begrüßt. An den Straßenseiten standen lebensgroße Pappbilder von Franz Beckenbauer, als habe er das Spiel allein entschieden. Anders als beim Empfang des Meisters TSV 1860 regnete es an diesem Tag nicht. Sepp Maier über die Rückkehr des Pokalsiegers: „Der Empfang unserer siegreichen Mannschaft stellte alles in den Schatten, was wir kannten. Unser Wagen-Konvoi mußte sich buchstäblich bis zum Marienplatz durchkämpfen. Wir wurden von den Einwohnern der bayerischen Landeshauptstadt mindestens so gefeiert wie acht Tage zuvor der Deutsche Fußballmeister TSV 1860 München."

Die damalige Situation war eine Umkehrung der heutigen Verhältnisse. Nicht der TSV 1860, sondern der FC Bayern war der Underdog. Nicht die Bayern, sondern die Sechziger waren „die Reichen". Daß die Löwen in dieser Saison um einen Titel spielen würden, hatten man angesichts ihres teuren Teams und ihres sportlichen Abschneidens in den Vorjahren nicht anders erwartet. Bei aller Freude über die Meisterschaft für die Sechziger: Es war der kometenhafte Aufstieg der Nobodys vom FC Bayern, der den Stoff lieferte, aus dem die Fußballträume sind.

Die offizielle Pokalfeier des FC Bayern fand im Löwenbräukeller statt, wo zuvor schon die Sechziger ihre Meisterschaft begossen hatten. Spontaner Kommentar von Oberbürgermeister Dr. Joachim Vogel nach dem Pokaltriumph der Bayern: „Was wollen die Bürger unserer Stadt noch mehr: München erhielt die Olympischen Spiele 1972 zugesprochen, 1860 wurde Deutscher Fußballmeister, und nun dieser tolle 4:2-Sieg der jungen Elf von Bayern gegen Meiderich."

Eine Umfrage am Ende der Saison ergab, daß nicht der Deutsche Meister TSV 1860 oder Borussia Dortmund, in dieser Saison erster Europapokalsieger des deutschen Fußballs, die sympathischste Bundesligamannschaft der Saison 1965/66 stellten, sondern der FC Bayern. Und dies mit

Neudecker, Cajkovski und Kapitän Werner Olk präsentieren Münchens Bürgern den DFB-Pokal.

deutlichem Vorsprung. Das Image des FC Bayern unterschied sich fundamental vom heutigen. Der FC Bayern machte durch Offensivfußball und junge Talente auf sich aufmerksam. Das Team wurde damals ähnlich charakterisiert wie drei Jahrzehnte später eine andere Überraschungsmannschaft: der SC Freiburg.

Auch in der ersten Bundesligasaison kamen noch 60% der Akteure aus dem eigenen Verein: Beckenbauer, Nafziger, Maier, Kosar, Kunstwadl, Brenninger, Kupferschmidt, Rigotti. Bereits einige Jahre spielten beim FCB: Olk (zuvor Hannover), Borutta (zuvor Schalke) und die ehemaligen Amateure Ohlhauser, Drescher, Koulmann und Müller. Und der Trainer kostete den Verein „nur" ca. 5.000 DM, weniger als die Hälfte, die der Lokalrivale für seinen „Meistermacher" berappen mußte.

Bei der WM in England waren vom FC Bayern Franz Beckenbauer und Sepp Maier dabei. Zum Einsatz kam allerdings nur Franz Beckenbauer, der vier Treffer erzielte, eine der überragenden Spielerpersönlichkeiten des Turnieres wurde und erheblichen Anteil daran hatte, daß das bundesdeutsche Team bis ins Finale vordrang. Der Kaiser wurde 1966 von der Fachpresse als erster Bayern-Spieler zum „Fußballer des Jahres" gewählt, eine Auszeichnung, auf die Bayern-Akteure in den nächsten Jahren fast ein Abonnement besitzen sollten.

1966/67: Und wieder Nürnberg

In ihrer zweiten Saison in der Bundesliga wurde der FC Bayern Sechster, sechs Punkte hinter dem Überraschungs- und Übergangsmeister Eintracht Braunschweig. Die Löwen wurden Vizemeister. Die Bayern waren nicht ganz schuldlos daran, daß der Lokalrivale das Meisterschaftsrennen verlor. Nicht nur, weil sie das erste Derby gegen die Sechziger 3:0 gewonnen hatten. (Im Rückspiel behielt der TSV 1860 mit 1:0 die Oberhand.) In Braunschweig waren die Bayern mit 2:5 untergegangen, was wohl auch am fehlenden Einsatzwillen lag.

Im DFB-Pokal mußte der Cupverteidiger zunächst zur zweitklassigen Berliner Hertha reisen. Erst in der Verlängerung siegten die Bayern mit 3:2. Dabei war man sogar zunächst in der 94. Minute mit 1:2 in Rückstand geraten, aber zwei Müller-Tore bewahrten den Favoriten noch vor einer Blamage. In der folgenden Runde ging es ins Ruhrgebiet, zum drittklassigen Bergbauverein SpVgg. Erkenschwick. Der Underdog wehrte sich tapfer und konnte bis zur 69. Minute ein 1:1 halten, bevor es erneut Müller war, der den FCB auf die Siegerstraße brachte. Am Ende hieß es 3:1 für die Rothosen. Auch in der dritten Runde mußten die Bayern reisen. Beim Ligakonkurrenten Schalke 04 gab es einen knappen 3:2-Sieg, womit der FCB im Halbfinale stand. Dort wurde dem FC Bayern ausgerechnet der Lokalrivale zugelost. Viele Experten sprachen angesichts dieser Paarung vom „vorweggenommenen Endspiel". Drei Tage vor dem großen Spiel ereilte den FC Bayern eine Hiobsbotschaft. Beim Länderspiel gegen Jugoslawien hatte sich Gerd Müller nach einem unglücklichen Zusammenprall mit Torhüter Pantelic den rechten Unterarm gebrochen und fiel deshalb aus. „Tschik" Cajkovski war deprimiert: „Ein Jahr arbeitet man auf das große Ziel zu, und dann passiert so etwas." Aber trotz dieses Handicaps besiegten die Bayern den Rivalen vor 44.000 Zuschauern mit 3:1. „Elf Bayern kämpften sich für Müller ins Finale", schrieb die Presse anschließend. Für die Löwen wurde diese Saison zum Wendepunkt in ihrer Bundesligageschichte. Seit den frühen 60ern Jahren waren sie die Nummer 1 in München gewesen. Nun hatten die Bayern ihnen nicht nur das Meisterstück vermasselt, sondern sie auch noch höchstpersönlich aus dem Pokal geworfen. Der Wandel im Kräfteverhältnis der beiden Rivalen nahm immer deutlichere Konturen an.

Im Finale traf der FC Bayern am 10. Juni im Stuttgarter Neckarstadion auf den Hamburger SV. Gerd Müller war inzwischen wieder in die Mannschaft zurückgekehrt. Ein Orthopäde hatte ihm eine Ledermanschette angefertigt. Hans Nowak fiel hingegen verletzt aus, für ihn durfte der junge Hans-Georg „Katsche" Schwarzenbeck debütieren. Der kantige Abwehrspieler erledigte seine Aufgabe hervorragend. Sein Gegenspieler Uwe Seeler war bei ihm völlig abgemeldet. Jeweils zwei Tore von Müller und Brenninger bedeuteten einen klaren 4:0-Sieg. 72 Minuten lang sah es allerdings nicht danach aus. Zwar waren die Bayern in der 23. Minute in Führung gegangen, aber danach bekamen die 70.000 Zuschauer von den Rothosen wenig zu sehen. Der Mannschaft war deutlich anzusehen, welche Strapazen der Tanz auf drei Hochzeiten – Meisterschaft, DFB- und Europapokal – bedeutet hatte. Die Bayern taten nicht mehr, als die Hamburger von ihnen forderten, und dies war nicht gerade viel. Erst in der Schlußphase bewies die Mannschaft ihre wahre Klasse. Der FCB gewann das Finale mit folgenden Spielern: Maier, Schwarzenbeck, Kupferschmidt, Roth, Beckenbauer, Olk, Nafziger, Ohlhauser, Müller, Koulmann, Brenninger. In München bereiteten einen Tag später 50.000 Menschen der Mannschaft einen begeisternden Empfang.

Zehn Tage zuvor hatte man in der Isarmetropole einen noch größeren Erfolg feiern dürfen: den Gewinn des Europapokals der Pokalsieger, was dem Lokalrivalen zwei Jahre zuvor verwehrt geblieben war. Der Weg ins Finale gestaltete sich zunächst äußerst mühselig. Aufgrund der Regelung, daß Auswärtstore doppelt zählen, hätte bereits in den ersten Runden das „Aus" kommen können. Gegen Tatran Presov und Shamrock Rovers Dublin erzielte der FCB auswärts jeweils ein 1:1 und gewann daheim mit 3:2. Gegen die Rovers gelang Gerd Müller der Siegtreffer erst wenige Minuten vor Schluß. Im Viertelfinale kassierte der FCB zunächst bei Rapid Wien eine 0:1-Niederlage. Auch beim Rückspiel in München stand es nach 90 Minuten 1:0 – diesmal allerdings für den FCB. In der Verlängerung gelang Müller dann noch das 2:0. Eine klare Angelegenheit wurde hingegen das Halbfinale. In München besiegte der FC Bayern Standard Lüttich 2:0, in Lüttich 3:1. Im Rückspiel demonstrierten die Rothosen phantastischen Fußball, der auch den belgischen Zuschauern tosenden Beifall abnötigte. Dreifacher Torschütze war Gerd Müller.

Im Finale hieß der Gegner Glasgow Rangers, die in der ersten Runde den bundesdeutschen Cupverteidiger Borussia Dortmund ausgeschaltet hatten. Erst vier Tage vor dem Finale hatte sich Gerd Müller zum Training zurückgemeldet. Austragungsort war Nürnberg, was den Bayern einen gewissen Heimvorteil verlieh. Nicht nur wegen der geografischen Nähe, sondern auch, weil man hier 35 Jahre zuvor den bis dahin größten Erfolg der Vereinsgeschichte errungen hatte.

In der Mannschaft, die am 31. Mai im Nürnberger Stadion auflief, standen nicht weniger als neun Spieler, die noch zwei Jahre zuvor in der Regionalligamannschaft des FC Bayern gekickt hatten. Neu dabei waren lediglich der Ex-Schalker Hans Nowak und Franz „Bulle" Roth, der zwei Jahre zuvor noch für den C-Klassenverein TSV Bertelshofen gespielt hatte. Zwei glänzend aufgelegte Torhüter machten es den Offensivkräften nahezu unmöglich, den Ball im Netz unterzubringen. Nach 90 torlosen Minuten ging es in die Verlängerung, in der „Bulle" Roth zum Helden des Abends avancierte. In der 109. Minute erzielte der Allgäuer nach einem Paß von Ohlhauser das entscheidende Tor zum 1:0-Sieg der Bayern. Resümee der „Times": „Die Bayern verstanden sich auf die Deckung, und sie hatten in Beckenbauer einen Spieler, der noch stärker war als der Beste in der Abwehr der Rangers."

Brenninger (links) und Maier mit der ersten europäischen Trophäe.

Der FC Bayern bestritt sein erstes Europapokalfinale mit folgender Aufstellung: Maier, Nowak, Kupferschmidt, Roth, Beckenbauer, Ohlhauser, Olk, Nafziger, Müller Koulmann und Brenninger.

Durch den doppelten Pokalgewinn waren die Bayern wieder „Number One" in München – und nicht nur dort. Die Saison 1966/67 war die bis dahin erfolgreichste in der Geschichte des Klubs. Die bundesdeutsche Sportjournaille honorierte dies, indem sie die Bayern zur „Mannschaft des Jahres 1967" wählte. Gerd Müller wurde nicht nur Torschützenkönig, sondern auch Nachfolger des Kaisers als „Fußballer des Jahres".

1967/68: Reifeprozesse

Im Jahr darauf blieb der FC Bayern trophäenlos. Meister wurde der von Max Merkel trainierte 1. FC Nürnberg, der damit seine Rekordmeisterbilanz auf neun Titel ausbauen konnte. Den absoluten Höhepunkt der Vorrunde bildete das 7:3 der Nürnberger gegen die Bayern. Das 2:0 des „Clubs" beim Rückspiel an der Grünwalder Straße war zugleich sein Meisterstück. In der Endabrechnung landete der FC Bayern auf Rang 7, neun Punkte hinter dem Deutschen Meister. Obwohl die dritte Saison in der Bundesliga die bis dahin schwächste der Bayern war, konnten sie mit dem für heutige Verhältnisse bescheidenen Schnitt von 21.924 den Lokalrivalen in der Zuschauergunst erstmals überflügeln. Die Bayern hatten sich als Top-Adresse etabliert. Die DFB-Pokalsiege und der Europacupsieg bewirkten eine stärkere Mobilisierung des Umlands. Vor allem aber befanden sich die Löwen auf dem absteigenden Ast. Für die Sechziger reichte es in dieser Saison nur zum 12. Platz – ihre schlechteste Plazierung seit Einführung der Bundesliga.

Im DFB-Pokal drangen die Bayern zwar bis ins Halbfinale vor, scheiterten dort jedoch mit 1:2 sensationell am Regionalligisten VfL Bochum. Im Europapokal überstand der Klub die ersten beiden Runden problemlos. In der ersten Runde gewann der Pokalverteidiger gegen Panathinaikos Athen 5:0 und 2:1. Beim Hinspiel in München wurden die Athener von 10.000 griechischen Arbeitsimmigranten angefeuert, die fast die Hälfte der Zuschauer an der Grünwalder Straße ausmachten. Die zweite Runde gegen Vitoria Setubal wurde mit 6:2 und 1:1 genommen. In der dritten Runde wurde es schwieriger. Beim FC Valencia erreichte man dank eines Eigentores der Spanier ein 1:1. Beim Rückspiel erzielte Müller bereits in der 3. Minute die 1:0-Führung, aber der FC Bayern hatte Mühe, den knappen Vorsprung über die Zeit zu bringen. Im Viertelfinale traf der FC Bayern auf den AC Mailand, bei dem neben Rivera und dem deutschen Nationalspieler Schnellinger auch ein gewisser Trapattoni mitwirkte. Vor 90.000 Zuschauern im Hexenkessel des San Siro Stadions versuchten die Mailänder ihren Gast zu überrennen, aber die Bayern hielten überraschend gut mit und gestalteten die Partie bis zum Halbzeitpfiff offen. In der 49. Minute fiel dann der Mailänder Führungstreffer durch Sormani. Als Maier beim Abschlag den Ball aus der Hand fallen ließ, war der Mailänder mit gestrecktem Bein dazwischen gesprungen. Von Sormanis Bein prallte der Ball ins Tor der Münchener. Die Szene erregte die Gemüter. Ein zorniger Sepp Maier wollte dem Schiedsrichter an den Kragen, was Müller und

Ohlhauser nur mit Mühe verhindern konnten. In der 73. Minute gelang Prati auch noch das 2:0. Beim Rückspiel vor über 50.000 im überfüllten Grünwalder Stadion ließ der FC Bayern zwar nichts unversucht, doch die Abwehrmauer der Mailänder erwies sich als unüberwindbar. Das 0:0 bedeutete das Aus für den FC Bayern, was mitnichten eine Schande war. Denn der AC Mailand marschierte weiter bis ins Finale, wo er den Hamburger SV mit 2:0 bezwang.

Die Bayern waren in den Cajkovski-Jahren eine erfolgreiche Pokalmannschaft, die überdies in der Meisterschaft immer wieder mit spektakulären Resultaten aufwartete. Aber meisterlich wurden die Rothosen erst nach dem Weggang des lustigen Jugoslawen und einigen zusätzlichen Investitionen. Franz Beckenbauer, der 1968 zum zweiten Mal zum „Fußballer des Jahres" gewählt wurde, über die Ära Cajkovski: „Die Zeit mit dem Individualisten Tschik, der junge Talente wie kaum ein anderer fördern konnte, wird keiner von uns vergessen. Er hat schließlich die Mannschaft aufgebaut. Aber nach fünf Jahren war 'seine Platte' ziemlich abgelaufen. Eigentlich ganz natürlich. Zum Meister der Bundesliga hätte es mit seiner Spielweise des Sturm und Drang wohl nicht gereicht."

1968/69: Das erste Double

Cajkovskis Nachfolger wurde mit Branco Zebec erneut ein Jugoslawe, der aber exakt das Gegenteil seines Vorgängers war, sowohl in der Führung der Mannschaft wie bei deren taktischer Einstellung. Der strenge Übungsleiter verstärkte die Abwehr. Denn um eine 34 Spieltage während Saison erfolgreich zu bestehen, benötigte man nicht nur eine Tormaschine, sondern auch eine gute Verteidigung und taktische Souveränität. Das Spiel der Münchener war zwar nun weniger spektakulär und unbeschwert, aber dafür organisierter und disziplinierter, gemäß der Devise des genialen Taktikers: „Es zählt nur der Erfolg."

Vor der Saison hatte der FC Bayern zwei österreichische Nationalspieler geholt. Vom Meister 1. FC Nürnberg kam der Mittelfeldspieler Gustl Starek, von Wacker Innsbruck der Abwehrspieler Peter Pumm. Beide begannen ihre Karriere beim Wiener Vorortverein SC Simmering.

Wohin die Reise unter Zebec ging, wurde bereits am 1. Spieltag deutlich. Die Bayern gewannen gegen den 1. FC Kaiserslautern 2:0, wobei das Ergebnis bereits nach 18 Minuten feststand. In der 7. Minute erzielte Rainer Ohlhauser das 1:0, nur elf Minuten später traf ein gewisser Otto Rehhagel ins eigene Netz. Anschließend beschränkten sich die Bayern gegen die schwachen Lauterer darauf, das Spiel nach Hause zu schaukeln. Die Experten waren zunächst verunsichert: Formkrise oder gewiefte Taktik, lautete die Frage. Eine derartige Spielweise war man aus der Cajkovski-Zeit nicht gewohnt. Doch am 2. Spieltag bestätigten die Bayern ihre neue taktische Identität. Im Derby behielt der FCB mit 3:0 die Oberhand, wobei es erneut ungewohnt unspektakulär zuging.

Kurz vor dem Ende der Hinrunde geriet die Bayern-Maschine ins Stokken. Zwei torlosen Unentschieden gegen Kickers Offenbach und Borussia Mönchengladbach folgte eine 0:1-Niederlage bei Hannover 96, das von einem alten Bekannten trainiert wurde: „Tschik" Cajkovski. Schwerwiegender als die Niederlage war, daß Gerd Müller in der äußerst hektischen Partie nach einer Tätlichkeit gegen Jupp Heynckes vom Platz gestellt wurde. Franz Beckenbauer erhielt eine Geldstrafe wegen Zuschauerbeleidigung, und als ein Fan Sepp Maier attackierte und beleidigte, bekam er vom Keeper eine „gedonnert" (Beckenbauer). Gerd Müller erhielt eine achtwöchige Sperre, fehlte aber nur in vier Spielen. In dieser Zeit blieb der FC Bayern sieglos und konnte nur zwei Punkte holen. Gegen Kaiserslautern und den TSV 1860 setzte es Niederlagen (1:3 bzw. 0:2), gegen den Hamburger SV und Schalke 04 erreichte man jeweils nur ein Unentschieden (2:2 bzw. 0:0). Doch die Mannschaft behielt die Nerven, und als Müller aufs Spielfeld zurückkehrte, fand die Krise ein Ende. Bei Hertha BSC gewann der FC Bayern durch zwei Müller-Tore 2:1.

Seine erste Bundesligameisterschaft holte der FC Bayern im Dortmunder Stadion „Rote Erde", denn bereits am 29. Spieltag fiel die Vorentscheidung. Bei der Borussia, wie die Sechziger auf dem absteigenden Ast, gewann der FC Bayern durch ein Tor von Helmut Schmidt in der vorletzten Minute 1:0. Daß man am 31. Spieltag beim amtierenden Meister und späteren Absteiger 1. FC Nürnberg mit 0:2 unterlag, tat der Freude keinen Abbruch mehr. Der Abstand zum Zweiten Alemannia Aachen maß am Ende acht Punkte. So souverän hatte noch keine Mannschaft die Liga gewonnen. Mit 61 Toren hatten die Bayern (gemeinsam mit Gladbach) die meisten Tore geschossen, und mit 30 Treffern ging fast die Hälfte davon auf das Konto von Gerd Müller, der erneut Torschützenkönig wurde. Wäre da nicht die Sperre gewesen, es wären wohl noch einige Tore mehr geworden. Viel entscheidender war jedoch, daß der FCB auch die wenigsten Gegentore kassiert hatte. 31 Gegentreffer waren 20 weniger, als Vizemeister Aachen hinnehmen mußte.

Das letzte Saisonspiel bestritt der FC Bayern daheim gegen Hannover 96. Vor dem Spiel kam „Tschik" Cajkovski in die Bayern-Kabine, um „seine

Leiden für den FC Bayern: Branco Zebec (rechts) und Manager Robert Schwan.

Franz Beckenbauer (rechts) im Dortmunder Stadion „Rote Erde", einer Zitadelle lokaler Arbeiterkultur. Während der Kaiser leichtfüßig und schweißlos durch die gegnerischen Reihen läuft, blickt sein Dortmunder Gegenspieler schon arg verschwitzt und zerzaust drein.

Jungs" zu beglückwünschen. Obwohl es zur Meisterschaft laut Beckenbauer des „kühlen Mathematikers Zebec" bedurfte, „unter dem alles viel professioneller ablief, der einen neuen Stil mit mehr Systematik und Disziplin prägte", hatte auch Cajkovski seinen Beitrag zum Titelgewinn geleistet. Beckenbauer: „Die gute Kameradschaft, die in den Jahren mit Tschik gewachsen war, bildete die wichtigste Voraussetzung für den Erfolg, an den keiner von uns zu Beginn der Saison gedacht hat. Schließlich gehörten wir keineswegs zu den Favoriten." Im Meisterschaftsrennen kamen nur 13 Spieler zum Einsatz.

Mit 25.177 mobilisierte der FC Bayern seinen bis dahin besten Zuschauerschnitt. Die Löwen, die in dieser Saison Zehnter wurden, kamen nur auf 16.012. In der Zuschauertabelle belegte der Meister aus der Isarmetropole den 3. Platz, hinter Hertha BSC Berlin (42.843) und dem bayerisch-fränkischen Rivalen 1. FC Nürnberg (25.884). Dieser stieg als 17. und Vorletzter ab, wodurch die neue Führungsposition der Bayern im Süden der Republik weiter untermauert wurde. Für einen Meister aus einer Metropole war der Zuschauerzuspruch noch immer gering. In Stuttgart, Hamburg, Frankfurt oder Köln wären sicherlich mehr gekommen. Der FC Bayern mobilisierte auswärts deutlich mehr als daheim, was nur teilweise am zu kleinen Stadion lag. Als der FC Bayern am 28. Spieltag beim damaligen Tabellenzweiten VfB antrat (0:3), waren 74.000 im Neckarstadion. In Frankfurt (1:1) wollten 60.000 die Bayern sehen, in Hamburg 50.000 und in Köln 43.000. Nur sieben Heimspiele des FC Bayern wurden von 30.000 und mehr Zuschauern besucht, nämlich die gegen Hertha BSC, VfB Stuttgart, Borussia Dortmund, 1.FC Nürnberg, Eintracht Braunschweig und natürlich das Stadtderby. Nur 17.000 sahen am 27. Spieltag die Partie gegen den späteren „Vize" Alemannia Aachen (1:1), und als der FC Bayern am 30. Spieltag durch ein 1:0 über den 1.FC Köln auch statistisch alles klar machte, waren nicht mehr als 27.000 anwesend. Auch zur Meisterschaftsfeier am letzten Spieltag fanden sich nur 20.000 ein. Allerdings verzeichnete die Liga in dieser Saison insgesamt keinen guten Schnitt. 21.407 bedeuteten den bis dahin zweitschlechtesten Zuschauerzuspruch in ihrer noch immer jungen Geschichte.

Nach der Meisterschaft gewannen die Bayern auch noch den DFB-Pokal und damit das erste „Double" ihrer Vereinsgeschichte. Als einzigem Verein war dies bis dahin 1937 Schalke 04 gelungen. In der ersten Runde tat sich der FC Bayern wie gehabt sehr schwer. Erst im Wiederholungsspiel wurde Kickers Offenbach mit 1:0 besiegt. Das Tor des Tages köpfte Gerd Müller, dessen Sperre glücklicherweise rechtzeitig abgelaufen war.

In der zweiten Runde empfing der FC Bayern den Regionalligisten Arminia Bielefeld. Die Bayern waren zwar drückend überlegen, aber erlöst wurden sie erst in der 84. Minute, als Ohlhauser das 1:0 erzielte. Das Viertelfinale gegen den Hamburger SV war für viele das vorweggenommene Endspiel. 64.000 kamen ins Volksparkstadion, um die Neuauflage des Finales von 1967 zu sehen. Zwei Treffer von Müller sorgten für einen 2:0-Endstand. Im Halbfinale gegen den 1. FC Nürnberg genoß der FC Bayern Heimrecht. 25.000 sahen an der Grünwalder Straße einen 2:0-Sieg. Erneut hieß der zweifache Torschütze Gerd Müller. Der Weg des FC Bayern ins Finale war bezeichnend für den neuen Stil der Mannschaft. In fünf Spielen hatte man nur sechs Treffer erzielt, aber auch kein Gegentor zugelassen.

Das Finale fand vor 64.000 Zuschauer in Frankfurt statt, und der Gegner hieß Schalke 04, die beste Mannschaft der Bundesliga-Rückrunde. Bereits nach 13 Minuten gingen die Bayern durch Müller in Führung, nur sechs Minuten später gelang den Schalkern durch einen Gewaltschuß von Pohlschmidt der Ausgleich. In der 35. Minute schoß Müller das 2:1, was zugleich auch der Siegtreffer war. Die Schalker bemühten sich redlich, aber gegen die Souveränität der Bayern, die den Anschein erweckten, als täten sie nicht mehr als unbedingt notwendig, war kein Kraut gewachsen. Sieben der acht Pokaltreffer gingen auf das Konto von Gerd Müller.

Schalkes Trainer Rudi Gutendorf nach dem Schlußpfiff: „Ich gratuliere meinem Kollegen Branco Zebec, daß er das große Glück hat, einen Gerd Müller zu besitzen." „Dieser Müller ist ein Phänomen", schilderte die Ruhrgebietszeitung „Westdeutsche Allgemeine" den Auftritt des Mannes, der Schalkes Pokalträume zerstörte. „Wie ein Gummibaum federt Müller auf seinen dicken Beinen unberechenbar vor dem Tor herum, so daß kein Gegenspieler weiß, was er in den nächsten Zehntelsekunden tun wird, und wenn die Chance da ist, so nimmt Müller sie wahr – und dies ergab die beiden Tore, die Bayern München den Pokal bescherten."

Vor dem Spiel war Müller als „Fußballer des Jahres" geehrt worden. Die Konkurrenten um die Auszeichnung waren fast nur Bayern, denn drei der vier meistgenannten Spieler trugen das gleiche Trikot wie der „Bomber". Der FC Bayern gewann in Frankfurt mit folgender Mannschaft: Maier, Beckenbauer, Olk, Schwarzenbeck, Pumm, Ohlhauser, Roth, Starek, Müller, H. Schmidt, Brenninger.

Der DFB-Pokalsieg von 1969 war der dritte für den FC Bayern innerhalb von vier Jahren und der vierte insgesamt, womit der Klub sich nun „Rekord-Pokalsieger" nennen durfte. Der Aufstieg zum Rekordmeister hatte indes erst begonnen.

Nach dem Pokalsieg über Schalke lassen Müller, Brenninger und Schwarzenbeck (v.l.n.r.) in der Kabine den „Pott" kreisen.

1969-71: Ein Lehrer und viele Abiturienten

1969/70 hieß der Meister Borussia Mönchengladbach. Die Borussen hatten von den Bayern gelernt und ebenfalls ihre Abwehr verstärkt. Der FC Bayern wurde mit vier Punkten Rückstand Vizemeister. In der Hinrunde besiegten die Borussen die Bayern mit 2:1, wobei Müller eine Viertelstunde vor Schluß aus drei Metern Entfernung nur die Lattenunterkante traf. In der Rückrunde revanchierten sich die Bayern daheim mit einem 1:0-Sieg. Der TSV 1860 mußte nach dieser Saison die Bundesliga als Siebzehnter verlassen, obwohl die Löwen am 7. März 1970 im vorerst letzten Derby vor 40.000 Zuschauern mit 2:1 die Oberhand behielten.

Im DFB-Pokal qualifizierte sich der FC Bayern durch klare Siege gegen die unterklassigen Klubs Wattenscheid 09 (6:1) und Jahn Regensburg (4:0) für das Viertelfinale, wo er beim alten Rivalen 1. FC Nürnberg antreten mußte, der nach seinem Bundesligaabstieg nur noch Regionalligist war. 70.000 Zuschauer waren ins Nürnberger Stadion gekommen und sahen einen Sieg des Außenseiters. Nach 31 Minuten führte der „Club" bereits mit 2:0. In der zweiten Halbzeit bliesen die Bayern zwar zur Großoffensive, aber mehr als der Anschlußtreffer durch Roth sprang nicht heraus. Ab der 70. Minute mußte der FCB mit zehn Mann auskommen, nachdem Schwarzenbeck des Feldes verwiesen worden war.

Mit Gerd Müller wurde 1970 erstmals ein deutscher Kicker zum „Europäischen Fußballer des Jahres" gewählt, obwohl diese Auszeichnung, initiiert und organisiert vom französischen Fachblatt „France Football", bereits seit 1956 verliehen wurde. Ihr erster Träger war der legendäre Stanley Matthew gewesen.

Wie sehr die Bayern und Gladbacher nun den Bundesligafußball dominierten, zeigt ein Blick auf den vorläufigen 40-Mann-Kader des Bundestrainers für das WM-Turnier in Mexiko. 13 der Spieler waren Akteure des Meisters oder des Vizemeisters. Die Gladbacher stellten Luggi Müller, Sieloff, Vogts, Netzer, Dietrich, Laumen, Köppel und Wimmer, die Bayern Maier, Gerd Müller, Beckenbauer, Roth und Brenninger.

Im Europapokal spielte der FC Bayern 1969/70 erstmals im Meisterwettbewerb. Zwar kam das „Aus" im prestigeträchtigsten aller europäischen Wettbewerbe bereits in der ersten Runde, aber trotzdem hinterließen die Bayern einen guten Eindruck. Im Hinspiel gegen den französischen Meister AS St. Etienne stand es nach 90 großartigen Minuten durch Tore von Brenninger und Roth 2:0. Doch im Rückspiel ließ ein ganz auf Offensive eingestelltes und blendend aufgelegtes französisches Team dem Deutschen Meister keine Chance. Am Ende hieß es 3:0 für St. Etienne.

Im März 1970 hatte Udo Lattek das Zepter bei den Bayern übernommen, nachdem Neudecker Zebec wegen „Eigensinns" entlassen hatte. Der bis dahin ziemlich unbekannte Lattek hatte sein Engagement Franz Bekkenbauer zu verdanken, der ihn als Assistenten von Bundestrainer Helmut Schön kennen und schätzen gelernt hatte. Beckenbauer: „Er war freundlich, souverän, nicht anbiedernd, was bei Assistenten nicht selbstverständlich ist. Viele holen sich ihre Bestätigung durch eine verschwörerische Kumpelhaftigkeit, versuchen, sich durch Gefälligkeiten eine gewisse Wertschätzung zu erwerben. Lattek hatte nichts davon an sich, er war geradlinig, ehrlich, selbstbewußt. Als Fußballer entwickelt man – und ich weiß, es geht nicht nur mir so – ein Gespür für Siegertypen, die vieles dem Willen zum Erfolg unterordnen, manche sogar alles. Bei Udo Lattek hatte ich das Gefühl." Lattek war weniger als Übungsleiter gefragt, denn als Motivator. Beckenbauer: „Wir Bayern waren damals eine Supertruppe, aber irgendwer mußte sie schließlich bei Laune halten." Unter Lattek sollte der FCB die bis heute erfolgreichste Ära seiner Vereinsgeschichte einläuten. Bekkenbauer und Co avancierten zu einer europäischen Spitzenmannschaft.

Eine der ersten Aufgaben des neuen Trainers bestand in der drastischen Verjüngung der Bayern-Elf. Mit Rainer Ohlhauser und Kapitän Werner Olk hatten sich zwei langjährige Leistungsträger am Ende der Saison 1969/70 vom FC Bayern verabschiedet. Zur Saison 1970/71 holte Lattek die beiden Jugendnationalspieler Uli Hoeneß (TSG Ulm) und Paul Breitner (ESV Freilassing) nach München, die er noch aus seiner Zeit als DFB-

Präsident Neudecker (links) und sein neuer Trainer Udo Lattek.

Jung Siegfried: Der neue Bayern-Profi Uli Hoeneß.

Der „rote Paul": Neuling Breitner.

Jugendtrainer kannte. Zum Zeitpunkt ihrer Verpflichtung waren Hoeneß und Breitner erst 18 Jahre alt. Beide sollten einen neuen Typus von Fußballer repräsentieren, der die gesellschaftliche Fortentwicklung des Fußballs dokumentierte, aber auch Ausdruck eines allgemeineren Zeitgeistes war. Ein Typus, der nicht von ungefähr bei den bürgerlichen Klubs Bayern München und Borussia Mönchengladbach seinen Einstand feierte und nicht bei den „proletarischen" Klubs aus dem Ruhrgebiet. Da spielte es auch keine Rolle, daß die Vereinsspitzen von Bayern und Gladbachern mit Konservativen besetzt waren, die der Ruhrgebietsklubs indes mehr mit Sozialdemokraten. Der gesellschaftliche Fortschritt des Fußballs vollzog sich unter bürgerlicher Ägide und im bürgerlichen Milieu. Der deutsche Vereinsfußball erfuhr einen neuerlichen sozialen Machtwechsel.

Breitner und Hoeneß besaßen, für die damalige Zeit noch immer eher ungewöhnlich, das Abitur und verfügten über ein enormes Selbstbewußtsein, das fast an Arroganz grenzte. Insbesondere Breitner avancierte zum Kronzeugen für die Vereinbarkeit von Intelligenz und Balltreterei. Einen erheblich größeren Einfluß auf die weitere Entwicklung des Profifußballs sollte allerdings der politisch konservativere der beiden nehmen: Uli Hoeneß. Eine weitere Neuerwerbung mit Abitur war der 21jährige Rainer Zobel, der von Hannover 96 kam, und vom VfR Pforzheim wurde der gleichaltrige Edgar Schneider geholt. Bereits ein Jahr zuvor hatte beim FC Bayern ein anderer Abiturient unterschrieben: der langmähnige Karl-Heinz „Charly" Mrosko, zuvor für die Stuttgarter Kickers am Ball. Kein anderer Bundesligist konnte sich Anfang der 70er so vieler Abiturienten rühmen wie der FC Bayern.

In der ersten kompletten Lattek-Saison 1970/71 mußte der FC Bayern bei der Titelvergabe erneut den Gladbachern den Vortritt lassen, obwohl sie zunächst Herbstmeister wurden. Die Entscheidung fiel erst am 34. Spieltag. Vor dem letzten Spieltag hatten Gladbacher und Bayern mit jeweils 48:18 ein identisches Punktekonto. Da das Torverhältnis des FC Bayern um einen Treffer besser ausfiel (74:34 gegenüber 73:34), waren die Münchener Tabellenführer. Zum Saisonfinale mußten beide Klubs reisen, die Gladbacher nach Frankfurt, die Bayern zum MSV Duisburg. Zur Halbzeit hieß der Meister FC Bayern: In Duisburg stand es 0:0, in Frankfurt 1:1. Doch in der 55. Minute ging der MSV durch Budde in Führung. Zehn Minuten später erhöhte der gleiche Spieler auf 2:0, während zeitgleich Köppel für Gladbach traf, das am Ende mit 4:1 gewann. Damit war der Borussia als erstem Verein seit Gründung der Bundesliga die Titelverteidigung gelungen.

Die Saison 1970/71 ging aber vor allem wegen des Bestechungsskandals in die Bundesligageschichte ein. In den Skandal waren Spieler und/oder Funktionäre der Vereine Hertha BSC Berlin, VfB Stuttgart, Schalke 04, Arminia Bielefeld, MSV Duisburg, Rot-Weiß Oberhausen, Eintracht Braunschweig, Kickers Offenbach und 1. FC Köln verwickelt. Auch der FC Bayern wurde kurzzeitig mit Bestechungsvorwürfen in Verbindung gebracht. Denn einer der Hauptakteure war Kölns Torhüter Manfred Manglitz gewesen. Am 31. Spieltag hatte der FCB die Kölner 7:0 besiegt und damit auch etwas für das Torverhältnis getan.

Trost für die entgangene Meisterschaft spendete erneut der DFB-Pokal. Traditionsgemäß tat sich der FC Bayern zunächst schwer, was fast schon als gutes Zeichen gewertet werden konnte. In der ersten Runde mußte der FCB gegen den Regionalligisten Hessen Kassel nachsitzen. Beim 2:2 in Kassel rannten die Bayern zweimal einem Rückstand hinterher. Das Wiederholungsspiel in München gewann der FCB vor nur 8.500 Zuschauern klar 3:0. Auch in der zweiten Runde mußten die Bayern eine Sonderschicht einlegen. Einem 1:1 beim 1. FC Kaiserslautern folgte ein fulminantes 5:0 an der Grünwalder Straße, bei dem Gerd Müller alle fünf Treffer erzielte. Der Zuschauerzuspruch war mit 11.500 erneut mager. Im Viertelfinale wurde der MSV Duisburg 4:0 besiegt, im Halbfinale gewann man durch ein Müller-Tor bei Fortuna Düsseldorf 1:0. Im Finale wartete der 1. FC Köln auf die Bayern.

Zuvor hatte der FC Bayern aber noch einen Strauß mit dem DFB auszufechten. Gerd Müller war in einem Länderspiel gegen Peru vom Platz gestellt worden. Einige Tage vor dem Pokalfinale in Stuttgart sprach der DFB gegen Müller eine Strafe aus. Daß Müller dann trotzdem im Finale auflaufen durfte, hatte er seinem Kollegen Beckenbauer und dem russischen Torwartidol Lew Jaschin zu verdanken. Jaschin hatte Beckenbauer zu seinem Abschiedsspiel eingeladen, doch der Münchener mußte verletzungsbedingt absagen. Als der DFB Gerd Müller bat einzuspringen, antwortete dieser: „Das geht doch nicht, ihr habt mich doch gesperrt." Erst als die DFB-Funktionäre eine Begnadigung des Torjägers in Aussicht stellten, erklärte sich Müller spielbereit. Drei Tage vor dem Finale erhielten Müller und der FC Bayern grünes Licht aus Frankfurt.

Die 71.000 im Stuttgarter Neckarstadion sahen ein dramatisches Finale, das außerdem als eines der besten in die Geschichte des Wettbewerbs einging. Die Kölner waren in diesen Jahren nach den Bayern und Gladbachern mit Spielern wie Soskic, Thielen, Weber, Flohe, Overath, Rupp und Löhr das dritte „Star-Team" der Bundesliga. In der 14. Minute gingen die

Domstädter durch Rupp 1:0 in Führung. In der 52. Minute sorgte Beckenbauer, der beste Mann auf dem Platz, für den Ausgleich zum 1:1. Gute zehn Minuten später mußten die Bayern mit nur zehn Mann auskommen, nachdem Koppenhöfer wegen einer Catcheinlage gegen Löhr des Platzes verwiesen worden war. Doch die Kölner wußten diesen Vorteil weder in der regulären Spielzeit noch in der Verlängerung zu nutzen. Als nur noch zwei Minuten zu spielen waren und sich die Zuschauer bereits mit einem Wiederholungsspiel abgefunden hatten, hämmerte der Pforzheimer Edgar Schneider, der in der 68. Minute für „Bulle" Roth hereingekommen war, den Ball aus gut zwanzig Metern in den rechten Winkel des Kölner Tores.

Der FC Bayern feierte seinen fünften Sieg in einem DFB-Pokalfinale mit folgender Mannschaft: Maier, Koppenhöfer, Breitner, Roth (68. Schneider), Beckenbauer, Schwarzenbeck, Zobel, Mrosko, Müller, Hoeneß (87. Hansen), Brenninger.

1972-74: Titel-Hattrick

In der Saison 1971/72 holte Udo Lattek seinen ersten Meistertitel mit den Bayern. Die ersten 14 Meisterschaftsspiele blieb der FCB ohne Niederlage. Am 15. Spieltag verloren die Bayern bei Eintracht Frankfurt mit 2:3, aber nur einen Spieltag später wurde Borussia Dortmund mit 11:1 überfahren, dem bis heute höchsten Bundesligasieg des FC Bayern. Der ärgste Konkurrent der Bayern war in dieser Saison nicht Gladbach, sondern der FC Schalke 04, und der Spielplan wollte es, daß die beiden Teams ausgerechnet am letzten Spieltag der Hin- und Rückrunde aufeinandertrafen. Am 17. Spieltag verlor der FC Bayern „auf Schalke" mit 0:1, wodurch die Königsblauen mit drei Punkten Vorsprung Herbstmeister wurden. Die Entscheidung fiel auch in dieser Saison erst am letzten Spieltag. Nach 33 Spieltagen führten die Bayern die Tabelle mit einem Punkt Vorsprung an, so daß ihnen beim direkten Aufeinandertreffen bereits ein Remis zur Meisterschaft gereicht hätte. Erstmals durfte der FCB im Olympiastadion kicken, das mit 80.000 Zuschauern ausverkauft war. Vor dem Anpfiff wurden sieben Spieler geehrt, die kurz zuvor mit der deutschen Nationalelf erstmals die Europameisterschaft errungen hatten. Vom FC Bayern waren beim 3:0-Sieg über die UdSSR im Brüsseler Heysel-Stadion Maier, Beckenbauer, Schwarzenbeck, Breitner, Hoeneß und der zweifache Torschütze Müller dabeigewesen, vom FC Schalke 04 Erwin Kremers. Der FC Bayern gewann das Bundesliga-„Endspiel" 5:1. Die Bayern stellten in dieser Saison außerdem mit 101 Treffern einen Tore-Rekord auf, der noch heute Bestand hat. Allein 40 dieser Treffer gingen auf das Konto von Gerd Müller, was ebenfalls einen bis heute gültigen Rekord bedeutete.

Im DFB-Pokal gab es in dieser Saison erstmals Hin- und Rückspiele, eine Unsitte, die sich nicht bewährte und nur zwei Jahre später wieder abgeschafft wurde. Der Pokal verlor dadurch deutlich an Brisanz, jedenfalls wenn es zum Duell David gegen Goliath kam. Denn nach dem Motto „Man sieht sich immer zweimal im Leben" bestand für Goliath nun die Chance, eine Schlappe auf Davids Platz wieder wettzumachen. Den Underdogs blieben nur noch Achtungserfolge. Regionalligist Fortuna Köln besiegte den FC Bayern im Hinspiel der ersten Runde zwar mit 2:1, aber im Rückspiel hatte der Pokalverteidiger keine Probleme, die Verhältnisse wieder geradezurücken. Die Fortunen wurden mit 6:0 abgefertigt. In der zweiten Runde mußte Eintracht Braunschweig die Segel streichen. In Braunschweig gab es ein 0:0, in München siegte der FCB nach Verlängerung 3:1, wobei der Braunschweiger Spieler Grzyb so freundlich war, nicht nur die Führung seiner Mannschaft zu besorgen, sondern zur Entschädigung auch den Ausgleich der Bayern. Im Viertelfinale kam es zur Neuauflage des Finales vom Vorjahr. Der FC Bayern besiegte den 1. FC Köln in München glatt mit 3:0, womit die Angelegenheit bereits geklärt zu sein schien. Doch im Rückspiel gelang den Kölnern ein 5:1-Sieg.

Im Europapokal der Pokalsieger nahm der FC Bayern die erste Hürde ohne Probleme. Bei Skoda Pilsen siegten die Münchener 1:0, im Rückspiel gab es gar einen 6:1-Sieg. In der zweiten Runde mußte der FCB zum Shankly-Team FC Liverpool reisen. Eine Saison zuvor hatte man noch in der vierten Runde des Messe-Cups gegen die „Reds" den Kürzeren gezogen, 0:3 und 1:1 lauteten damals die Resultate. Bei der Neuauflage ermauerten sich die Münchener an der Liverpooler Anfield Road ein 0:0. Im Rückspiel an der Grünwalder Straße lieferten die Bayern vor über 40.000 Zuschauern ihre wohl beste Saisonleistung ab. Bereits nach 27 Minuten lag der FCB durch zwei Müller-Tore mit 2:0 in Front. In der 37. Minute verkürzte Roy Evans, heute Manager der „Reds", auf 1:2. Doch die Bayern ließen sich nicht beirren. In der 57. Minute hämmerte Hoeneß aus spitzem Winkel und vollem Lauf zum 3:1-Endstand ins Liverpooler Netz. Eine überragende Vorstellung bot an diesem Abend vor allem das Bayern-Mittelfeld mit den „Lattek-Küken" Breitner, Hoeneß und Zobel.

Viel schwerer als gegen die Liverpooler taten sich die Münchener gegen den nächsten Gegner Steaua Bukarest. In Bukarest erreichten die Münchener ein 1:1. Das Rückspiel endete torlos, aber da bei Gleichstand die erzielten Auswärtstreffer doppelt zählten, zog der FC Bayern ins Halbfinale ein. Dort ging es gegen die Glasgower Rangers, die sich für das verlorene Finale von 1967 revanchieren wollten. Im Hinspiel in München kam der FCB vor 40.000 Zuschauern über ein 1:1 nicht hinaus. Breitner brachte seine Farben zwar nach 21 Minuten in Führung, doch kurz nach Wiederanpfiff unterlief Zobel ein Eigentor. Die rauhe Gangart der Schotten behagte den Bayern nicht. Das Rückspiel verlor der FC Bayern vor 80.000 Zuschauern im Ibrox-Park 0:2.

In die Saison 1972/73 ging der FC Bayern als klarer Favorit und wurde dieser Rolle auch vollends gerecht. Es war die bis heute souveränste Meisterschaftskampagne eines Bundesligaklubs. Am Ende betrug der Vorsprung des FC Bayern auf den „Vize" 1. FC Köln elf Punkte. Das Torverhältnis der Bayern war gegenüber den Kölnern gleich um 49 (!!!) Treffer besser. Nur einmal geriet der Bayern-Express ins Stocken. Im Dezember/ Januar laborierte die Mannschaft an ihrer schon traditionellen Winterkrise, als sie die Auswärtsspiele in Köln und Bremen knapp verlor, wodurch Fortuna Düsseldorf nach Minuspunkten kurzzeitig gleichziehen konnte. Sepp Maier erklärte dies mit den in München herrschenden Witterungsverhältnissen, die einen Standortnachteil bedeuteten, denn über einen beheizten Trainingsplatz verfügten die Bayern damals noch nicht. „Wenn draußen Eis, Matsch und Schnee lagen, mußten wir immer in der Halle trainieren und waren dann im Ernstfall diese Verhältnisse nicht mehr gewöhnt."

Ihr Meisterstück lieferten die Bayern bereits am 30. Spieltag mit einem 6:0-Heimsieg über den 1. FC Kaiserslautern, bei dem Gerd Müller fünf Tore erzielte. Als am letzten Spieltag „Verfolger" Köln in München gastierte, war die Begegnung nur noch von statistischem Wert. 50.000 kamen zur Meisterschaftsfeier und sahen ein 1:1. Für die Boulevardpresse war der frischgebackene Meister schon damals ein Objekt der Begierde. Die Mannschaft ließ die Journalisten in ihre Umkleideräume, was sich rächen sollte. Eine lokale Boulevardzeitung veröffentlichte Fotos der nackten Spieler, wie sie ausgelassen im Entmüdungsbecken feierten. Die Fotos wurden zwar zum Auflagenhit, sorgten aber nicht nur in der Öffentlichkeit, sondern auch innerhalb des Klubs für Ärger. Paul Breitner sah sich zu der Frage genötigt: „Kann denn in diesem Scheiß-Verein niemand gescheit feiern?"

Im DFB-Pokal kam für den FC Bayern in der dritten Runde überraschend das „Aus". Im Olympiastadion unterlag der FCB den Kickers aus Offenbach, die in dieser Saison allerdings auch in der Bundesliga eine posi-

Konzentriert und selbstbewußt: Paul Breitner.

tive Rolle spielten, sensationell mit 2:4, nachdem man sich im Hinspiel auf dem Bieberer Berg 2:2 getrennt hatte. Bereits nach 59 Minuten lag der FCB 0:3 zurück. Für die Bayern war das Pokal-Aus die erste Niederlage überhaupt im Olympiastadion.

Nach dem Gewinn der Meisterschaft 1972 hatte Neudecker das nächste Ziel ausgegeben: „Der Europacup der Landesmeister fehlt uns noch in unserer Sammlung." Aber auch in der Saison 1972/73 blieb die begehrteste der europäischen Trophäen für den FC Bayern noch unerreichbar. Die Mannschaft agierte auf der europäischen Bühne noch nicht souverän genug. In den ersten beiden Runden schalteten die Bayern die relativ schwachen Mannschaften von Galatasaray Istanbul und Omonia Nikosia problemlos aus. Gegen Istanbul spielte man auswärts 1:1 und gewann daheim 6:0. Nikosia wurde in München 9:0 und auf der Insel 4:0 geschlagen. Doch in der dritten Runde erwies sich Ajax Amsterdam, das den Wettbewerb bereits 1971 und 1972 gewonnen hatte und außerdem amtierender Weltcup-Sieger war, als noch zu stark. Dabei sah es im Amsterdamer Olympiastadion für die Münchener zunächst gar nicht schlecht aus. Bis zur Halbzeit gelang es den Bayern, die Cruyff-Elf durch eine geschickte Drosselung des Tempos in Schach zu halten. Doch in der 52. Minute ging Ajax durch Ari Haan 1:0 in Führung. Die Niederländer ließen noch drei weitere Tore folgen, während die Bayern selbst klarste Chancen vergaben. Im Rückspiel gelang ihnen vor 74.000 Zuschauern im Olympiastadion immerhin ein 2:1-Achtungserfolg. Die Münchener konnten sich damit trösten, daß sie gegen den späteren Sieger des Wettbewerbs ausgeschieden waren. Der Triumph der Amsterdamer markierte zugleich Höhepunkt und Ende der niederländischen Ära in diesem Wettbewerb. Für Ajax war es nach 1971 und 1972 der dritte Sieg im Landesmeistercup, und 1970 hatte Feyenoord Rotterdam diesen Wettbewerb gewonnen.

In Amsterdam war Sepp Maier über die vier Gegentreffer so frustriert gewesen, daß er nächtens seine Torwart-Utensilien aus dem Hotelfenster warf. Maier später: „Die Holländer hatten besonders glatte Bälle. Deshalb habe ich die Innenseite meiner Handschuhe mit Schaumstoff verklebt. Es hat aber nicht geholfen, weil es an jenem Abend geregnet hat." Maier war jedoch ein überaus zuverlässiger, auf der Linie katzengewandter Torhüter. In diesen Jahren avancierte er zur unumstrittenen Nr. 1 in der Bundesliga. Zudem wurde Maier auch deren Unterhaltungsstar. Der Karl Valentin des bundesdeutschen Fußballs sprang beispielsweise minutenlang in Torwartmontur einer verwirrten Taube hinterher, und als er einmal in Dublin von gegnerischen Fans mit Obst beworfen wurde, wich er einem heranfliegen-

Sepp Maier, die „Katze von Anzing", bei Flugübungen (gemeinsam mit Ersatztorhüter Seifert, links).

den Apfel geschickt aus, um ihn dann vom Rasen aufzuheben, zu putzen und genüßlich zu verspeisen.

Zur Saison 1973/74 durfte der FC Bayern mit Jupp Kapellmann und Bernd Gersdorff zwei weitere Abiturienten begrüßen. Paul Breitner war trotzdem nicht begeistert: „Den brauchen wir nicht", lautete sein erster Kommentar zur Kapellmann-Verpflichtung. Die Ablöse, die der FC Bayern für den Mittelfeldmotor an den 1. FC Köln zu entrichten hatte, raubte der Konkurrenz den Atem. 800.000 DM bedeuteten damals eine Rekordsumme. Die restriktive Verpflichtungspolitik, die Cajkovski noch beklagt hatte, galt für seine Nachfolger zusehends weniger. Während Kapellmann zu einem Leistungsträger avancierte, hielt es Gersdorff in München nicht lange. Noch während der Saison kehrte er wieder zur damals nur zweitklassigen Braunschweiger Eintracht zurück.

Bevor der FC Bayern seine dritte Meisterschaft in Folge feiern durfte, mußte er sich lange Zeit ein Kopf-an-Kopf-Rennen mit den Gladbachern liefern. Nach fünf Spieltagen stand der FC Bayern mit 9:1-Punkten an der Tabellenspitze. Am sechsten Spieltag reiste der FCB nach Schalke. Müller und Co. schossen hier zwar fünf Tore, kassierten aber auch fünf, was für die

Bayern höchst ungewöhnlich war. Der Meister wirkte müde. Aus den folgenden drei Begegnungen holte der FCB nur einen Punkt und mußte neun Treffer hinnehmen. Ein 4:2 gegen den MSV Duisburg verschaffte den Bayern zwar wieder etwas Luft, aber im nächsten Spiel erlebten sie ein Debakel, das noch heute für Gesprächsstoff sorgt. Beim 1. FC Kaiserslautern führten die Münchener zur Pause bereits mit 4:1, aber am Ende gewannen die „Roten Teufel" mit 7:4. Es war das Spiel des Flügelflitzers Seppl Pirrung, dem die Bayern nach dem Schlußpfiff spontan ein Angebot unterbreiteten. (Der Umworbene lehnte jedoch mit Rücksicht auf seine Frau ab.) Pirrung: „Wenn es zehn Minuten länger gegangen wäre, dann hätten wir denen zehn Stück reingemacht. Der Beckenbauer wußte gar nicht mehr, wo die Mittellinie ist." Der Kaiser selbst machte für die Krise vor allem einige Jungstars verantwortlich, namentlich Breitner und Hoeneß. Letzterer später: „Ja, wir haben schon mal abgehoben. Herrje, wir waren damals noch blutjung und hatten doch schon fast alles erreicht, was sich ein Fußballer erträumen kann. Unsere Freunde und Gegner haben uns aber immer wieder auf den Boden zurückgeholt..." Sätze, die des heutigen Managers Verständnis für seine jungen Angestellten erklären.

Die einst so stabile Bayern-Abwehr geriet in der Hinrunde dieser Saison immer wieder völlig aus den Fugen. 34 Treffer kassierten die Bayern in den 17 Spielen. Nach dem Debakel auf dem Betzenberg sprach Neudecker ein Machtwort: „Wer glaubt, nicht mehr die volle Leistung bringen zu können, soll die Hand heben. Er bekommt von mir sofort die Freigabe." Die Drohung verfehlte ihre Wirkung nicht. Aus den folgenden fünf Begegnungen holte der FC Bayern neun Punkte. Am letzten Spieltag der Hinrunde wurde Borussia Mönchengladbach vor 70.000 Zuschauern im Olympiastadion mit 4:3 besiegt. Nach einem Ausrutscher zum Rückrundenstart (2:4 in Düsseldorf) gab es bis zum 34. Spieltag keine Niederlage mehr. Als am 33. Spieltag Borussia Mönchengladbach in Düsseldorf 0:1 verlor, bedeutete dies vorzeitig den Meistertitel für die Bayern. Das Saisonfinale eine Woche später am Bökelberg war somit ohne Bedeutung. Zwischenzeitlich hatten die Bayern noch einen größeren Triumph zu feiern (s.u.), was man ihnen bei ihrem Auftritt auf dem Bökelberg deutlich anmerkte. Elf großzügige Münchener schenkten den Gladbachern einen 5:0-Sieg.

Abgesehen von diesen fünf Gegentreffern, die vermutlich in nicht ganz nüchternem Zustand kassiert wurden, hatte die Abwehr in der Rückrunde zur alten Stabilität zurückgefunden und vor dem letzten Spieltag ganze 14 Treffer zugelassen. Trotzdem hatte der FC Bayern in dieser Saison die Mei-

Ein Mann, drei Tore. Gerd Müller freut sich beim 4:1 gegen den HSV über seinen Hattrick.

sterschaft nicht in erster Linie seiner Abwehr, sondern seiner Offensive zu verdanken, die es auf 95 Tore brachte.

Als erstem Klub seit Einführung der Bundesliga war es dem FC Bayern gelungen, den Titel dreimal in Folge zu gewinnen; ein Kunststück, das außer ihm später nur noch Borussia Mönchengladbach schaffte. Einen Hattrick feierte in dieser Saison auch Franz Beckenbauer, der zum dritten Mal zum „Fußballer des Jahres" gewählt wurde.

Im DFB-Pokal qualifizierte sich der FC Bayern nach Siegen gegen MSV Duisburg (3:1), Werder Bremen (2:1) und Hannover 96 (3:2) für das Halbfinale, wo Eintracht Frankfurt auf die Münchener wartete. 62.000 Zuschauer im Frankfurter Waldstadion sahen ein dramatisches Spiel. Nach einer torlosen ersten Halbzeit schoß Hölzenbein in der 49. Minute die Frankfurter Führung. In der 60. Minute gelang Hoeneß der Ausgleich, nur zwei Minuten später Breitner per Elfmeter sogar das 2:1. Drei Minuten nach der Bayern-Führung konnte Sepp Maier einen Elfmeter von Grabowski parieren. Doch in der 68. Minute erzielte der Frankfurter Rohrbach den erneuten Gleichstand. Die Entscheidung fiel in der letzten Spielminute, als der Schiedsrichter ein zweites Mal im Bayern-Strafraum auf den Elfmeterpunkt zeigte. Diesmal lief Kalb an und verwandelte den Strafstoß zum 3:2-Siegtreffer für die Eintracht.

Endlich europäische Spitze

Im Europapokal der Landesmeister war der erste Gegner der schwedische Vertreter Atvidaberg FF. Im Hinspiel siegte der FC Bayern mit 3:1, wobei zwei der vier Treffer Eigentore waren. Zunächst war Dürnberger für die Schweden erfolgreich, dann traf deren Spieler Olsson für die Bayern. Im Rückspiel drehten die Schweden voll auf und schossen unerwartet ebenfalls einen 3:1-Sieg heraus. Auffälligster Atvidaberg-Akteur war der zweifache Torschütze Torstensson, von dem Präsident Neudecker so beeindruckt war, daß er ihn zur Bundesliga-Rückrunde nach München holen ließ. Als der FC Bayern im Dezember das Pokalspiel bei Werder Bremen 2:1 gewann, erzielte der Schweden-Import das Siegtor. Doch zurück nach Atvidaberg, wo sich in der Verlängerung nichts mehr tat, so daß ein Elfmeterschießen entscheiden mußte. Kapellmann verwandelte den ersten Strafstoß, doch Torstensson konnte ausgleichen. Dann vergab Gersdorff, und Atvidaberg ging in Führung. Da die Schweden ihre letzten beiden Elfmeter verschossen, Hoeneß und Beckenbauer indes verwandelten, zog der FC Bayern doch noch in die nächste Runde ein.

Als Achtelfinalgegner wurde dem FC Bayern DDR-Meister Dynamo Dresden zugelost. Somit kam es erstmals in einem Europapokalwettbewerb zu einem deutsch-deutschen Duell. Die Dresdener hatten in der Vorrunde immerhin Juventus Turin ausgeschaltet. Die beiden Begegnungen gegen Dynamo wurden zu einem unvergeßlichen Erlebnis in der Europapokalgeschichte des FCB, nicht nur aufgrund ihrer politischen Brisanz. Am 24. Oktober 1973 wurde vor 55.000 Zuschauern im Olympiastadion das Hinspiel angepfiffen. Der FCB lief mit folgender Formation auf: Maier, Dürnberger, Roth, Zobel, Hansen, Beckenbauer, Schwarzenbeck, Müller, Hoeneß, Hoffmann, Schneider. Die Mannschaft von Dynamo Dresden: Boden, Dörner, Helm, Wätzlich, Geyer, Häfner, Schade, Ganzera, Heidler, Rau (ab 84. Schmuck), Sachse (ab 75. Riedel).

Bereits nach 13 Minuten gingen die Gäste durch einen von Sachse verwandelten Elfmeter in Führung. Doch die Bayern zeigten sich wenig beeindruckt. In der 17. Minute glich Hoffmann aus, in der 26. Minute sorgte Dürnberger für die 2:1-Führung. In der 34. Minute gelang erneut Sachse der Ausgleich. Durch ein Tor von Heidler in der 42. Minute lag Dynamo zur Halbzeit gar 3:2 in Führung. Im Olympiastadion ging die Angst vor einer Blamage um. Das Bayern-Publikum durfte erst in der 71. Minute etwas aufatmen, als „Bulle" Roth den Ausgleich erzielte. Zwölf Minuten später schoß Müller dann auch noch den Siegtreffer zum 4:3-Endstand. Ein knapper Sieg bei drei Gegentoren – die Bayern waren noch einmal mit einem ziemlich blauen Auge davongekommen, während sich Dynamo einer guten Ausgangsposition erfreuen durfte. Denn das 3:4 bedeutete, daß im Rückspiel bereits ein 1:0 zum Weiterkommen reichen würde.

Vor der Begegnung in Dresden kam es zu einem peinlichen Eklat, als der von einem antikommunistischen Verfolgungswahn geplagte Neudekker anordnete: „Wir fahren nur bis Hof, bleiben dort bis zum Spieltag und reisen erst dann nach Dresden weiter!" Als offizielle Begründung nannte der Bayern-Präsident „den Höhenunterschied" zwischen Dresden und München. Tatsächlich fürchteten sein Trainer und sein Manager, man würde den Bayern-Spielern im Hotel leistungshemmende Mittel ins Essen schmuggeln, weshalb der FCB seine Verpflegung selber mitnahm. Uli Hoeneß 14 Jahre später: „Damals habe ich die Maßnahme verstanden. Heute räume ich ein, daß wir überreagiert haben und selbst schuld waren, wenn uns Abneigung entgegenschlug!" Am meisten enttäuscht ob dieser arroganten Haltung waren vermutlich die zahllosen heimlichen Bayern-Fans in der DDR.

Am 7. November war das Dresdener Rudolf Harbig-Stadion mit 36.000 Zuschauern bis auf den letzten Platz gefüllt. Das Gastspiel des BRD-Meisters war eines der größten Ereignisse in der Geschichte des DDR-Fußballs. Da Lattek davon ausgehen durfte, daß sich die Dresdener Abwehr voll auf Gerd Müller konzentrieren würde, postierte er den schnellen Hoeneß auf Höhe der Mittellinie in Lauerposition. Für Hoeneß' Gegenspieler Eduard Geyer, der später als letzter Auswahltrainer der DDR in die Sportgeschichte eingehen sollte und 1997 den Drittligisten Energie Cottbus ins DFB-Pokal-Finale sowie in die 2. Bundesliga führte, wurde der Abend zum Alptraum. Zwei Alleingänge des Bayern-Stürmers bedeuteten nach nur 13 Minuten die 2:0-Führung für den FCB. Als Hoeneß auf dem Weg zum zweiten Tor mit dem Ball am Fuß im Dynamo-Strafraum auftauchte, schrie Radioreporter Oskar Klose aufgeregt: „Jetzt legen sie ihn um!" Aber Hoeneß ließ sich nicht umlegen. Wenige Minuten vor der Pause gelang Dynamo durch Wätzlich der Anschlußtreffer, sieben Minuten nach dem Wiederanpfiff Schade mit einem herrlichen Kopfball sogar der Ausgleich. Und es kam noch ärger: In der 56. Minute erzielt Häfner sogar die 3:2-Führung. Aufgrund der größeren Zahl auswärts erzielter Treffer stand Dynamo plötzlich im Viertelfinale. Doch die Freude währte nur zwei Minuten, denn in der 58. Minute besorgte Müller den Ausgleich, der zugleich Endstand war.

Im Viertelfinale besiegte der FC Bayern vor 70.000 Zuschauern im Olympiastadion den Ajax-Bezwinger ZSKA Sofia mit 4:1. Zweifacher Torschütze war die Neuerwerbung Torstensson. Im Rückspiel wurde es noch einmal spannend, als die Bulgaren kurz nach der Halbzeit 2:1 in Führung gingen. Doch die Münchener schaukelten ihren Vorsprung aus dem Hinspiel über die Zeit.

Der Halbfinalgegner hieß Ujpest Dosza Budapest, und das erste Spiel fand in der ungarischen Hauptstadt statt. Vor 82.000 Zuschauern gingen die Bayern in der 62. Minute durch Torstensson in Führung. In der 82. Minute konnte Fazekas zwar ausgleichen, dennoch hatte der FC Bayern sich eine ausgezeichnete Ausgangsposition erarbeitet. Im Rückspiel vor 74.000 Zuschauern im Olympiastadion war es erneut Torstensson, der seine Farben in der 35. Minute in Führung brachte. Für den Schweden war es bereits sein sechster Treffer im laufenden Wettbewerb. In der 70. Minute unterlief dem Ungarn Horvath ein Eigentor. Zehn Minuten später erzielte Müller den 3:0-Endstand. Zum ersten Mal seit 1960 stand wieder eine deutsche Elf im Finale des Meisterwettbewerbs. Damals war Eintracht Frankfurt der Übermannschaft von Real Madrid mit 3:7 unterlegen gewesen.

Auch 1974 kam der Endspielgegner aus Madrid, allerdings vom Lokal-konkurrenten Atletico. Präsident Neudecker lobte für das Finale eine Sieg-prämie von 30.000 DM aus, die Chefetage der Madrilenen versprach ihren Angestellten 22.000 DM. Das Finale fand im Brüsseler Heysel-Stadion statt, und die Bayern gingen als Favorit in das Spiel. Die Bayern-Mann-schaft an diesem Abend: Maier, Hansen, Beckenbauer, Breitner, Roth, Zobel, Schwarzenbeck, Müller, Torstensson (46. Dürnberger), Hoeneß, Kapellmann. Die erste Halbzeit spielten die Münchener zielstrebiger und geradliniger, aber nach dem Wiederanpfiff nahm Atletico das Heft mehr und mehr in die Hand. Nur die Schußschwäche der Spanier rettete den FC Bayern in die Verlängerung. Als noch ganze sechs Minuten zu spielen waren, gelang Atletico durch einen Freistoß von Luis die verdiente 1:0-Führung. Die Partie schien gelaufen, aber ein Mann mit dem für Spa-nier unaussprechlichen Namen Schwarzenbeck riß die Spieler und Fans Atleticos aus ihren schönsten Europapokal-Träumen. In der vorletzten

Der FC Bayern gewinnt erstmals den europäischen Meistercup. Hintere Rei-he (v.l.n.r.): Schwarzenbeck, Roth, Breitner, Zobel, Hansen, Müller, Becken-bauer, Hoeneß. Vorn: Maier, Kapellmann, Torstensson.

Minute traf er aus rund 30 Metern flach und plaziert zum 1:1, so daß das Finale zum ersten Mal in der Geschichte des Wettbewerbs wiederholt werden mußte. Des Kaisers Putzer, dessen Hauptaufgabe eigentlich war, für Beckenbauer die „Drecksarbeit" zu erledigen und ihm bei seinen Vorstößen den Rücken freizuhalten, kommentierte seinen Gewaltschuß: „Do hätt' net amoi da Pelé zielen kenna." Atletico Madrid, der Arbeiterverein aus dem Süden der spanischen Hauptstadt, sollte mehr als zwei Jahrzehnte benötigen, um sich von Schwarzenbecks Granate zu erholen.

Im Wiederholungsspiel zwei Tage später und an gleicher Stätte boten die Bayern ihre wohl bis heute brillanteste Europapokal-Vorstellung. Die gleiche Formation wie bei der ersten Begegnung ließ den Madrilenen diesmal nicht den Hauch einer Chance und gewann durch jeweils zwei Tore von Müller und Hoeneß mit 4:0. Es war der Abend des Uli Hoeneß, der eine unglaubliche Partie ablieferte. In Erinnerung bleibt vor allem sein zweiter Treffer zum 4:0, der von vielen als „Tor des Jahres" betrachtet wurde. Aus der eigenen Hälfte stürmte Hoeneß mit dem Ball am Fuß in Richtung Atletico-Tor, umspielte Adelardo und Eusebio, als wären diese überhaupt nicht existent, ließ auch noch Keeper Reina aussteigen und kickte den Ball lässig über die Linie. Die italienische „Corriera dello sport" prognostizierte anschließend: „Er wird bald zu den besten Fußballern der Welt gehören." Der 22jährige selbst hielt es für das beste Spiel seines Lebens: „Wenn man Glück festhalten könnte, dann wäre jetzt der richtige Moment."

Shooting Star Hoeneß hatte sich seit seiner Ankunft in München mehr und mehr zum Motor des Bayern-Spiels entwickelt. Hoeneß spielte intelligent und technisch versiert. Die Gegner fürchteten insbesondere seine schnellen Konter, die allerdings auch sehr kraftraubend waren und zum frühen Ende seiner Karriere beitragen sollten.

Uli Hoeneß auf dem Weg zu einem Weltklassetor.

Der FC Bayern und Europa

Die Jahre 1974-76 waren die bis heute erfolgreichsten in der Geschichte des FC Bayern. Neun Jahre nach dem Aufstieg in die Bundesliga gewann er erstmals die Krone der europäischen Pokalwettbewerbe, den Meistercup. Die Titelverteidigung 1975 und 1976 bedeutete, daß der FCB zu einer der renommiertesten Adressen im europäischen Fußball aufstieg. Zuvor war nur Real Madrid, das den Wettbewerb sogar fünfmal in Folge gewann, und Ajax Amsterdam der Hattrick gelungen.

Mit den Europacup-Siegen 1974, 1975 und 1976 avancierte der Klub zum internationalen Repräsentanten des deutschen Fußballs. In diesen Jahren verließ der FCB auch den bayerischen Raum und mobilisierte Anhänger im gesamten damaligen Bundesgebiet und zudem in der DDR. Zugleich bedeutete der Titel-Hattrick eine enorme Bürde: Als Beckenbauer 20 Jahre nach dem ersten Titelgewinn den UEFA-Cup als einen Wettbewerb für „Enttäuschte" denunzierte, war klar, woran der FC Bayern sich seither mißt – und gemessen wird: Die Krone muß es sein, alles andere sind nur Trostpreise.

Als Vater der europäischen Wettbewerbe gilt der Franzose Gabriel Hanot, ein ehemaliger Nationalspieler, der Chefredakteur Fußball bei der Sportzeitung „L'Equipe" war. Am 16.12.1954 veröffentlichte Hanot in seiner Zeitung den Vorschlag, eine Europameisterschaft der besten Klubs durchzuführen. Nur zehn Monate später erfolgte der Startschuß zum ersten Landesmeisterwettbewerb. Das erste Finale fand 1956 in Paris statt und wurde von Real Madrid gewonnen.

Ursprünglich wollte Hanot eine europäische Liga statt eines Wettbewerbs mit K.o.-System. Auch manche Klubpräsidenten, darunter Real Madrids Santiago Bernabeu, favorisierten diese Struktur. Doch unter dem Druck einiger nationaler Verbände, die um ihren Einfluß fürchteten, verwarf die UEFA die Euroliga-Idee. Statt dessen einigte man sich auf einen Pokalwettbewerb. Allerdings sollte es Rückspiele geben. Damit war für die Großen eine gewisse Kalkulierbarkeit garantiert. Bedeutete im nationalen Pokal ein Ausrutscher gegen einen Kleinen bereits das Aus, so gab es im europäischen Wettbewerb noch die Möglichkeit, die Scharte auszuwetzen.

Damals ahnten nur wenige, welche kommerziellen Möglichkeiten der Europacup bot. Um einen derartigen Wettbewerb zu etablieren, bedurfte es einiger technischer Voraussetzungen, die erst in den 50ern gegeben waren: die Ausweitung des zivilen Luftverkehrs, um Mannschaften und eine große Zahl von Fans über große Entfernungen zu transportieren; die Installierung von Flutlichtanlagen, so daß internationale Begegnungen auch unter der Woche möglich wurden; vor allem aber die Verbreitung des Fernsehens, das Europacup-Begegnungen aus weit entfernten Stadien in Millionen von Haushalten strahlte. Der Europacup war immer schon vor allem Fernseh-Fußball; heute wird ein Champions League-Spieltag durchschnittlich von 340 Mio. TV-Zuschauern allein in Europa konsumiert und weiteren 140 Mio. in anderen Kontinenten. Die Ehe Fußball und Fernsehen als Herzstück des Europapokals bewirkte nicht nur die Popularisierung des Wettbewerbs und einiger „großer Teams", sondern forcierte auch die Kommerzialisierung des Spiels. Durch die Fernsehübertragungen gewannen Banden- und später Trikotwerbung einen immensen Stellenwert.

Kaiserliche Trophäe: Europapokal der Landesmeister. Nach dem dritten Gewinn durften die Bayern die Amphore behalten.

Ende der 80er Jahre drängte vor allem der AC Mailand-Besitzer Berlusconi auf eine Reform des Europacups. Er störte sich daran, daß sein teures Team durch sportliche Unwägbarkeiten frühzeitig ausscheiden könnte: schlechte Tagesform, miserable Bodenverhältnisse, Fehlentscheidungen des Schiedsrichters oder einen überraschend starken Gegner. Dies hätte die Refinanzierung der gewaltigen Investitionen in sein Team und sein TV-Imperium gefährdet. Der rechtslastige Unternehmer und Medienmogul verkörperte zugleich die nun einsetzende Deregulierung der Fernsehlandschaft, die bis dahin öffentlich-rechtlich organisiert war. Nun drängten private TV-Gesellschaften auf den Markt und konkurrierten um Senderechte von Fußballveranstaltungen, was deren Preise in die Höhe trieb. Dabei deckten sich die Interessen der TV-Anstalten und der großen europäischen Klubs. Die um die Refinanzierung ihrer enormen Investitionen fürchtenden TV-Anstalten benötigten eine gewisse Garantie dafür, daß die attraktiveren Adressen des europäischen Fußballs möglichst lange im Wettbewerb überlebten, um hohe Einschaltquoten und damit verbunden hohe Werbeeinnahmen zu sichern. Eine deutsche oder italienische Anstalt, die für ihr Land die Rechte erworben hatte, mußte ein Interesse daran haben, daß der nationale Vertreter nicht gleich in den ersten Runden ausschied. Auch die Sponsoren des Wettbewerbs waren daran interessiert, daß nicht dänische oder norwegische Klubs, sondern deutsche, englische, italienische, spanische oder französische die Endphase des Wettbewerbs dominierten, da ihre Länder einen großen und kaufkräftigen Markt darstellten. Deshalb galt es, das Risiko für „die Großen" zu vermindern.

Seit der Saison 1992/93 heißt der ehemalige Europapokal der Landesmeister Champions League. Sie ist ein Kompromiß zwischen dem alten Pokalmodus und einer Euroliga. Seither wurde der Modus wiederholt reformiert, mit dem Ergebnis, daß er die großen Fußballnationen und deren Repräsentanten bzw. die fünf Länder, die für 90 % der TV-Gelder aufkommen, immer stärker bevorteilt.

Der FC Bayern betrachtet sich als „natürlichen Kandidaten" der Champions League. Das große Interesse an der Meisterliga hat nicht nur finanzielle Gründe, sondern auch psychologische. Wenn Borussia Dortmund oder ein anderer deutscher Verein in der Champions League spielt, der FC Bayern indes „nur" im UEFA-Cup, wird die Philosophie vom Münchener Branchenführer schwerer vermittelbar. Vor diesem Hintergrund erhält man zuweilen den Eindruck, daß die Frage Meisterschaft oder Vizemeisterschaft für den FC Bayern gar nicht so wichtig ist. Hauptsache, man kickt in der Champions League, und hierzu ist von der Saison 1997/98 an auch der Bundesliga-Vizemeister berechtigt. Für diese jüngste Reform der Champions League hatte sich nicht zuletzt der FC Bayern stark gemacht. Uli Hoeneß: „Wenn ein zweiter deutscher Vertreter in der Champions League mitspielen darf, sind Borussia Dortmund und wir auf Jahre dabei. (...) Jeder noch so starre Traditionalist muß begreifen, daß das Fernsehen eine gewisse Sicherheit der Refinanzierung braucht, wenn es 60 Millionen Mark im Jahr investiert."

Wohl nicht nur das Fernsehen, sondern auch der FC Bayern. Mit der jüngsten Reform wurde die Champions League noch deutlicher zu einem Exklusivzirkel der Großen. Vorbei die Zeiten, wo der FC Bayern München im Europacup an einem Klub wie Shamrock Rovers Dublin zu scheitern drohte, wovon man in Irland noch heute erzählt. Die neu strukturierte Champions League ist ein riesiger Schritt zur Europaliga. Hierzu trägt auch ihre finanzielle Aufpäppelung bei. Für 1996/97 wurden die Brutto-Gesamteinnahmen der Champions League auf 293 Mio. DM beziffert. Während im UEFA- und Pokalsieger-wettbewerb die große Kasse nur der macht, der mehrere Runden übersteht, gibt es in der Champions League eine Mindestgarantie für sechs Spiele. Wer das Halbfinale erreicht, verzeichnet Einnahmen, von denen der Rest der nationalen Liga nur träumen kann.

Über eine echte Euroliga existieren beim FC Bayern offensichtlich gewisse Meinungsdifferenzen. Uli Hoeneß war mit der Neustruktu-rierung zufrieden: „Der FC Bayern hat immer klar die Meinung ver-treten, daß wir mit der bisherigen Regelung voll einverstanden sind. Bundesliga am Samstag und Europapokal während der Woche. Wir müssen die nationalen Ligen hochhalten." Im Februar 1997 erteilte der Manager der Euroliga erneut eine Absage: „Ich bin total gegen eine Europaliga, denn dann wäre die nationale Liga tot. Das kann nicht im Interesse der Bayern sein." Sein Präsident geht hingegen davon aus, daß die Liga unweigerlich kommt, und will dann unbe-dingt dabei sein. Beckenbauer: „Europa wächst zusammen, die Wäh-rungen verschwinden, es wird den Euro geben. Und die Europaliga, ob wir wollen oder nicht."

Der Manager agiert da weitsichtiger. Die Bundesliga ist für den FC Bayern von enormer Bedeutung und bleibt die Basis seiner Identität. Über eine komplette Saison besehen mobilisiert er hier erheblich mehr Fans als in den europäischen Wettbewerben, zumal wenn man nicht nur die Heim- sondern auch die Auswärtsspiele berücksichtigt. Finanziell macht das zwar weniger her als die in der Champions Lea-gue zu erzielenden Einnahmen. Aber der FC Bayern benötigt den direkten Kontakt zu seinen Fans. Allein von Fernseh-Auftritten wird nicht nur der Fußballklub, sondern auch das Unternehmen FC Bay-ern nicht leben können. Die Bundesliga ist ohne den FC Bayern genauso wenig vorstellbar wie der FC Bayern ohne die Bundesliga. Auch mit Blick auf ein Vereins-TV (siehe hierzu an anderer Stelle im Buch) muß der FC Bayern die Bundesliga am Blühen halten. ∎

Bayern contra DFB

Die deutsche Nationalmannschaft bestritt die Fußballweltmeisterschaft 1974 mit sechs Bayern in der Stammformation: Maier, Beckenbauer, Schwarzenbeck, Breitner, Hoeneß, Müller. Das „Bayern-Prinzip" hatte sich in der Nationalelf endgültig durchgesetzt.

Beim WM-Turnier präsentierte sich ein neuer Spielertyp im Nationaltrikot, der selbstbewußt die Gängelung durch die selbstherrlichen DFB-Funktionäre in Frage stellte und den Verteilungskampf um die Einnahmen aus dem Spiel aufnahm. Nicht von ungefähr waren es vor allem Bayern-Akteure, die diesen neuen Spielertyp repräsentierten, der nicht mehr länger allein für die „nationale Ehre" seine Knochen hinhalten wollte, sondern als kühl kalkulierender Geschäftsmann daherkam. Vor Beginn des Turnieres war den Spielern zu Ohren gekommen, daß der brasilianische Fußballverband für den Titelgewinn über 100.000 DM pro Spieler ausgelobt hatte. Das DFB-Team sollte indes nur 30.000 DM pro Nase erhalten. Als die Spieler und deren Wortführer (Beckenbauer, Breitner, Overath, Grabowski) mehr Geld verlangten, drohte der DFB, notfalls mit einer zweiten Mannschaft anzutreten. Einige Spieler, allen voran Paul Breitner, waren bereits abreisebereit, als der DFB einlenkte. Der Kompromiß bestand in einer Erhöhung der Prämie auf 70.000 DM.

Nach der 0:1-Schlappe im deutsch-deutschen Duell nahm die Macht der Spieler weiter zu. Beckenbauer wurde heimlicher Bundestrainer, indem er Helmut Schön die Aufstellung der Mannschaft soufflierte. Der liberale Schön zeigte sich in dieser Situation als der richtige Mann zur rich-

Mißmutige Bayern-Gesichter im Kreis der Nationalmannschaft. V.l.n.r.: Beckenbauer, die Rebellen Hoeneß und Breitner, Schwarzenbeck.

tigen Zeit am richtigen Platz. Ausgerechnet ein Bayern-Spieler wurde Opfer dieses Wechsels in der sportlichen Leitung. Weil Hoeneß seine Dekkungsaufgaben vernachlässigt hatte, wurde er von Beckenbauer vorübergehend aus dem Team bugsiert. Im ersten Finalgruppenspiel gegen Jugoslawien durfte „Jung Siegfried" erst ab der 70. Minute mitwirken. Beckenbauers Maßnahme sollte für das Bayern-interne Klima noch Folgen haben.

Das Finale der Weltmeisterschaft fand sinnigerweise im Münchener Olympiastadion statt und war somit für mehr als die Hälfte der DFB-Spieler ein Heimspiel. Beide Tore zum glücklichen 2:1-Sieg gegen die spielerisch besseren Niederländer erzielten mit Breitner und Müller Bayern-Akteure. Unvergessen bleibt der Moment, in dem sich der junge Breitner keß den Ball schnappte, um den Elfmeter zum 1:1-Ausgleich zu verwandeln. Eine Szene, die typisch war für den damaligen Zeitgeist. Für die linke Zeitschrift „Konkret" war der Elfmeter die größte Provokation, die sich Breitner je geleistet habe. Er habe damit die „gesamte Hierarchie im WM-Team, inklusive Herrn Helmut Schön, zur Seite geschoben. Es gab 'ne Hackordnung innerhalb der Mannschaft. Da gab es den Kaiser, Franz Beckenbauer, Elfmeter schießen sollte entweder Gerd Müller oder Uli Hoeneß – und ohne jede Absprache greift einer den Ball, nimmt allen die Verantwortung ab, sprengt jede Hierarchie..."

Breitner selbst betrachtete den Vorgang acht Jahre später weniger pathetisch: „Verantwortung abzunehmen, hat nichts mit Sprengen einer Hierarchie zu tun. (...) Wissen'S was, ich bin am Tag danach morgens um zehn, Schichtarbeiterprogramm, hingegangen und hab' gesagt: so, jetzt schaust du dir die Show an. Ich hab' das gesehen. Die Szene, als ich hinter dem Bernd Hölzenbein herlauf, der geht in den Strafraum rein, Foul, Elfmeter, ich nehm mir den Ball, geh hin, leg ihn hin. Als ich das im Fernsehen gesehen hab': ich war weg. Ich hab' geschwitzt, mir war schlecht, ich war fix und fertig. Das hat vielleicht eine halbe Minute gedauert. In dieser halben Minute, wie ich diese Szene gesehen hab', ist mir bewußt geworden, was ich gemacht hatte. Und vor allem für den Fall, daß das in die Hose gegangen wär'. Was ich damit angestellt hätte. Nur, in der Situation, wo sich das abgespielt hat, hat das nichts mit dem Sprengen einer Hierarchie zu tun. Ich wußte, daß der Uli nicht wollte – er hatte im Halbfinale einen verschossen. Und der Gerd wollte von Haus aus nicht. Ich hab' genau gewußt, wenn's jetzt nicht geht, in diesem Endspiel, dann bricht sowohl der Uli zusammen als auch der Gerd."

Beim anschließenden Festbankett im Hilton-Hotel kam es zum Eklat, als die hoffnungslos verstaubte DFB-Männerriege den Spielerfrauen den

Zutritt verwehrte. Erneut wurde die Rebellion von einem Bayern-Akteur angeführt: Uli Hoeneß, dessen tiefe Vorbehalte gegenüber dem DFB wohl auch von dieser Weltmeisterschaft herrühren.

In seinem Buch „Einer wie ich" schilderte Beckenbauer den Vorfall: „Die offizielle Feier war bereits im Gange. Niemand wußte, wo unsere Frauen waren. Nur Susi Hoeneß war auf einmal unter uns. Wir gingen in den Bankettsaal und nahmen an unseren Tischen Platz; die Speisen wurden aufgetragen. Da trat ein Ober an unseren Tisch und sagte zu Frau Hoeneß: 'Ich muß Sie leider bitten, den Saal zu verlassen.' 'Wer hat das gesagt?' brauste Uli Hoeneß auf. 'Der Herr Deckert hat angeordnet, daß die Spielerfrauen, pardon die Damen, nicht hier plaziert werden dürfen.' 'Dann soll er zu mir kommen.' Die Taktlosigkeit unseren Frauen gegenüber verschlug uns den Atem, und wir weigerten uns, der Aufforderung nachzukommen. Plötzlich stand Deckert an unserem Tisch. Er blickte auf Susi und befahl: 'Keine Frauen. Sie haben doch die Einladung gelesen!' 'Aber da sind ja auch andere Frauen', sagte Uli Hoeneß. Er wies auf die Mädchen am Pressetisch und auf einige ältere Damen im Nerz und mit gefährlich schaukelnden Perücken an der Funktionärstafel. Deckert legte die Hände flach auf den Tisch und erwiderte wütend: 'Das sind die Damen der Offiziellen, das ist etwas ganz anderes. Hier herrscht noch Zucht und Ordnung. Maßen Sie sich nicht Rechte an, die Ihnen nicht zustehen.' 'Halten Sie doch die Luft an', sagte Hoeneß, stand auf und ging mit seiner Frau aus dem Saal. Ich folgte ihm. Auch die Holländer, die bislang unlustig mit ihren Servietten gespielt hatten, erhoben sich. Immer wieder drängte sich einer der geladenen Funktionäre mit seiner Gattin zu ihnen, achtete darauf, daß die Fernsehkameras auf ihn gerichtet waren, und sprach möglichst jovial mit Cruyff und Neeskens. Es war peinlich. (...) Im Zorn verließ ich den Saal, diesen Jahrmarkt der Eitelkeit. Noch nie hatte mich die Inhaltslosigkeit und Unaufrichtigkeit der üblichen Festansprachen mit ihrem Gerede von Kameradschaft, Einigkeit und Fairneß derart angewidert. Draußen im Foyer herrschte keine offizielle Regie mehr, die Luft war sauber, das Fest festlicher. Zufällig begegnete ich Joch (Anmerk.: DFB-Funktionär), der mich begrüßte, als sei er mein Vormund. 'Na, Franz, alles in Ordnung?' 'Nichts ist in Ordnung, das wissen Sie doch, wenn unsere Frauen nicht ebenso wie Ihre...' 'Hör endlich damit auf', unterbrach er mich ärgerlich. 'Du als Kapitän der Mannschaft müßtest doch einen Funken Sinn für Disziplin haben.' Joch bekam meinen ganzen Zorn zu spüren: 'Ihr seid durch und durch Feierabendfunktionäre. Bei uns, beim FC Bayern, hätten euch die Leute längst zum Teufel gejagt.' (...)

Zwei Modernisierer auf dem Bankett der Verstaubten: Die Nationalmannschaftskapitäne Franz Beckenbauer und Johan Cruyff.

Die Taktlosigkeit und Unhöflichkeit Frauen gegenüber, wie ich sie bei uns erlebt habe, scheint mir etwas typisch Deutsches zu sein. Man kann dieses Verhalten nicht damit entschuldigen, daß Fußball eben Männersache sei und Frauen nichts dabei zu sagen hätten: das Weib schweige in der Gemeinde, wie einst beim heiligen Paulus. Die Fußballer – der ganze Weltverband, der DFB – sind in der Tat eine Gesellschaft von Männern, verrannt und vernarrt in ihren Fußball wie kleine Kinder, denen man die Murmeln weggenommen hat. Abgesehen davon, daß solche Banketts – meines Erachtens eine überholte Tradition – auch nicht für die Spieler, sondern die Funktionäre geschaffen sind, damit sie sich mit uns, den 'Negern', wie es mitunter den Anschein hat, zur Schau stellen können, eines hätte man zumindest tun müssen, als man wußte, daß unsere Frauen anwesend waren: wenigstens einen Nebenraum für sie besorgen oder eine kleine Nachfeier organisieren, auf der sie mit uns zusammen sein konnten. Beim FC Bayern wäre das selbstverständlich gewesen. Das ist einfach eine Frage des Taktes. Männergesellschaft hin, Männergesellschaft her, was wären wir Spieler ohne die Frauen? (...) Mit seiner geschlossenen Gesellschaft hatte sich der DFB selbst an den Pranger gestellt. Gerd Müller erklärte noch in der gleichen Nacht seinen Rücktritt aus der Nationalmannschaft. Andere schlossen sich an. (...) Die skandalösen Ereignisse auf der mißratenen Weltmeisterschaftsfeier füllten tagelang die Presseberichte in aller Welt. Das Nachspiel hatte das Hauptspiel überschattet."

Die Spieler sahen sich nicht länger als Spielball der Funktionäre. Sie wußten, daß sie es waren, die die Zuschauer mobilisierten, die Kassen der Vereine und Verbände klingeln ließen und die Funktionärswelt mit Glanz versorgten. Sie waren zu selbstbewußten Profis aufgestiegen, die mehr Geld verdienten als so mancher Funktionär und die ihren Marktwert korrekt einzuschätzen vermochten. Und auch über die Rolle ihrer Frauen dachte diese Generation anders als die Funktionäre, die noch heute Probleme bekommen, wenn sich eine Frau ins Fußballgeschäft einmischt. Der Eklat im Hilton war eine typische Zeiterscheinung: Eine ähnliche Szene hätte sich in jenen 70er Jahren auch anderswo und zu einem anderen Anlaß ereignen können.

1974-76: National ein Flop, europäisch top

Nach dem ersten Sieg im Landesmeisterwettbewerb und dem bayerischen Beitrag zum bundesdeutschen WM-Gewinn stand der FC Bayern auf dem Gipfel seiner Geschichte. Und trotzdem knisterte es in Verein und Mannschaft gewaltig. Eine Achse Lattek-Hoeneß-Breitner führte einen versteckten Machtkampf gegen ihren Kapitän und dessen Manager. Beckenbauer später: „Bei Hoeneß hatte sich wohl die Idee festgesetzt, ich würde ihm seine Karriere nicht gönnen, ihn nicht zu groß werden lassen wollen beim FC Bayern und in der Nationalelf. Er fand einen Verbündeten in Udo Lattek." Den Trainer habe das Gefühl geplagt, „seine Bilanz würde nicht genügend gewürdigt. Hoeneß, Breitner und Lattek bildeten eine verschwörerische Allianz. Eine spöttische Bemerkung beim Essen, eine kleine Bösartigkeit beim Training, die Luft hatte plötzlich einen giftigen Geruch. Manches bekamen wir nicht gleich mit. So hatte sich ein Damenkränzchen gebildet, Udo Latteks Frau führte Regie. In diesem Kreis wurde dann besprochen, wie ungerecht es doch bei den Bayern zuginge, alles drehe sich nur um Beckenbauer, Müller und Maier. Wieviel mehr Geld die drei verdienen würden, viel mehr als ihre Männer. Und dann erst dieser Robert Schwan, ein Tyrann und Diktator, der nur im Sinn hätte, sich und Beckenbauer die Taschen zu füllen." Der Kapitän verdächtigte seinerseits den Trainer, er bevorzuge Abiturienten und Studenten.

Zum Saisonauftakt ging eine mit fünf Weltmeistern bestückte Bayern-Elf im Frankfurter Waldstadion gegen Kickers Offenbach mit 0:6 unter und begann die Saison als Tabellenletzter. Mit dabei war ein junger Spieler namens Karl-Heinz Rummenigge, der vom westfälischen Landesligisten Borussia Lippstadt zum FC Bayern gestoßen war. Rummenigge später:

„Ich hatte das Glück, 1974 zum FC Bayern zu kommen, da waren Männer wie Franz Beckenbauer, Paul Breitner, Gerd Müller, Uli Hoeneß und Sepp Maier. Man brauchte nur Augen und Ohren offen zu halten, man hat so viel gelernt – nicht nur auf dem Platz, sondern auch außerhalb des Platzes –, daß man da unheimlich von profitieren konnte."

Doch zunächst einmal plagte die Weltmeister Verschleiß. Beckenbauer, der einschließlich des WM-Turniers bereits über 100 Spiele absolviert hatte, fühlte sich „hundemüde". Die Vielfachbelastung der letzten Jahre – Meisterschaft, DFB-Pokal, europäische Wettbewerbe sowie die Turniere der Nationalmannschaft mit den dazugehörenden Qualifikationsspielen – hatten nicht nur beim Kaiser ihren Tribut gefordert. Doch Übungsleiter Lattek diagnostizierte beim Libero lediglich einen vorübergehenden Muskelkater. Beckenbauer: „Ich hörte den Spott heraus, ich sah die Blicke, die er mit Uli Hoeneß und Paul Breitner wechselte. Ich wußte: Es gibt Ärger. Ich fühlte mich wie in einem Rudel von Wölfen. Ich stellte mir vor, daß es dort so sein müßte: Die Jungen sind es leid, die Führung des Leittiers zu akzeptieren, auch wenn es für alle nur ein Vorteil war, die Erfahrung, die Stärke des Alten, die den Erfolg bei der Jagd garantierten." Präsident Neudecker ließ die Rebellen auflaufen. Die Achse Lattek-Breitner-Hoeneß wurde auseinandergerissen, als Neudecker Breitner an Real Madrid verkaufte. In ihrer Abneigung gegen Intellektuelle waren sich der ehemalige Maurer und Beckenbauer einig.

Der FC Bayern näherte sich der Abstiegszone. Am 28. September 1974 war eine beispiellose Serie zu Ende gegangen. Nach 73 Heimspielen ohne Niederlage, in denen man 135:11 Punkte geholt und 257:72 Tore geschossen hatte, verlor der FC Bayern auf eigenem Platz gegen Schalke 04 mit 0:2. Udo Lattek wußte die Mannschaft immer weniger zu motivieren, „oder wollte das nicht mehr" (Beckenbauer). Dies war umso schwieriger geworden, da einige Spieler nach dem gigantischen Jahr 1974, das ihnen mit Meisterschaft, Europapokal und Weltmeisterschaft gleich drei Trophäen eingebracht hatte, offenkundig satt waren. Typisch hierfür war eine Äußerung von Uli Hoeneß vor dem Anpfiff des WM-Turnieres: „Wenn wir Weltmeister werden, haben wir für unser Leben ausgesorgt!" Hinzu kamen Latteks Alkoholeskapaden. In Liechtenstein warf der Trainer die Hotelbesitzerin in den Swimmingpool, in einem Hotel bei Düsseldorf bombardierte er ein in der Empfangshalle angebrachtes Relief mit allerlei Obstsorten. Der auch in den besseren Kreisen gute Ruf des FC Bayern, auf den Neudecker und vor allem Schwan penibel bedacht waren, drohte Schaden zu nehmen. Im Dezember 1974 einigten sich Vorstand und Trainer auf eine Auflösung des Vertrags zum Saisonende. Doch nur wenig später, am 2. Januar 1975, flatterte Lattek die fristlose Kündigung ins Haus. Beckenbauers Abschiedsgruß an den Trainer, mit dem er bis heute eine Intimfeindschaft pflegt: „Lattek war bei uns nur der Kofferträger, der hat doch nie den Mund aufgemacht beim Vorstand." Der Kaiser hatte Lattek zum FC Bayern gebracht, und der Kaiser sorgte auch für seine Entlassung.

Als Nachfolger Latteks kam erneut ein DFB-Mann und Beckenbauer-Kandidat: Dettmar Cramer, unter dem Beckenbauer Jugendnationalspieler gewesen war und der dem Kaiser als Trauzeuge gedient hatte. In der Bundesliga brachte der Trainerwechsel zunächst nicht den gewünschten Erfolg, trotz Cramers geduldiger Fehleranalyse und der Verstärkung der desolaten Abwehr durch den schwedischen Nationalverteidiger Björn Andersson. Zum Cramer-Einstand gab es gegen Kickers Offenbach eine 2:3-Heimniederlage, die Cramer anschließend mit einer Ausführlichkeit und analytischen Tiefe sezierte, daß die Journalisten bis 19 Uhr im Olympiastadion ausharren mußten. Am Ende sprang für den FC Bayern nur der 10. Platz heraus, die schlechteste Plazierung seit dem Bundesliga-Aufstieg. Die Abwehr der Bayern hatte trotz eines wiederholt glänzend aufgelegten Sepp Maier – nicht von ungefähr wurde die Nr. 1 zum „Torwart des Jahres" gewählt – 63 Treffer kassiert. Cramers brutale Diagnose: „Ihr seid eine sterbende Mannschaft." Der Trainer sollte recht behalten. Kaschiert wurde diese Entwicklung allerdings durch die erfolgreiche Verteidigung des Europapokals, wodurch „manches wieder gerade gebogen" (Neudecker) wurde.

In der ersten Runde des Europapokals kam es wie im Vorjahr zum deutsch-deutschen Duell, diesmal mit dem 1. FC Magdeburg. In dessen Reihen stand jener Jürgen Sparwasser, der bei der WM 1974 das DDR-Team zum Sieg über den großen Bruder BRD geschossen hatte. Sparwasser schlug auch gegen die Bayern zu. Beim Hinspiel vor 70.000 im Olympiastadion lag der FCB zur Halbzeit durch ein Eigentor von Jansen und einen Sparwasser-Treffer 0:2 zurück. Zwei Müller-Tore sorgten nach Wiederanpfiff zunächst für den Ausgleich, bevor der Magdeburger Enge mit einem Eigentor den 3:2-Siegtreffer für den FC Bayern erzielte. Wie schon ein Jahr zuvor Dynamo Dresden, hatten sich die Magdeburger für das Rückspiel eine gute Ausgangsposition erarbeitet.

Auch der zweite Auftritt des FC Bayern bei den „Brüdern und Schwestern" verlief nicht ohne Peinlichkeiten. Vermeintlichen DDR-Spionen schlug man ein Schnippchen, indem die Mannschaftsbesprechung in die freie Natur verlegt wurde. Erneut befürchteten die Bayern-Bosse, daß

ihnen die Stasi etwas ins Essen täte. Folglich fuhr der Bayern-Tross gleich mit
zwei Bussen nach Magdeburg, einer
davon ein Speisebus, in den man zum
Essen aus dem Hotel umzog. Sepp Maier
über die makabren Szenen, die sich vor
Hotel und Bus abspielten: „Die Ober
taten uns wirklich leid. Die haben beinahe geweint, als wir im Bus blieben. Sie
hatten sich so darauf gefreut, uns bedienen zu können, mit uns zu sprechen und
zu diskutieren. (...) Hunderte von Leuten
standen um die Busse herum, sahen uns
beim Essen zu. (...) Stell dir vor, da stehst
du morgens auf, bist geduscht und rasiert,
dann gehst runter zum Bus, um zu frühstücken. Vopos drängen die Leute
zurück. Platz für die Herren Stars aus
dem Westen – und zwar ein bißchen
plötzlich. Der Kaffee wird kalt. Du
glaubst, du träumst..." Der „Bomber" rettete die Bayern auch bei ihrem zweiten
deutsch-deutschen Duell. Nach 54
Minuten lagen die Bayern in Magdeburg
durch zwei Müller-Tore 2:0 in Front.
Sparwasser – natürlich – gelang nur noch
der Anschlußtreffer.

Erst im März 1975 bestritt der FC
Bayern die nächste Europapokalrunde.
Gegen Ararat Eriwan gewann man
daheim mit 2:0. Im Rückspiel erkämpften sich die Bayern ein torloses Remis,
womit sie im Halbfinale standen. Gegner
war der französische Meister St. Etienne, den man noch von der ersten Teilnahme am Landesmeisterwettbewerb in schlechter Erinnerung hatte. Das
Hinspiel in Frankreich endete 0:0. Im Rückspiel erzielte Beckenbauer
bereits nach zwei Minuten die 1:0-Führung. Die Franzosen berannten nun
das Münchener Tor, aber in der 69. Minute erlöste Dürnberger die 74.000
Zuschauer mit dem 2:0. Im Finale mußte der FC Bayern in Paris gegen

Die Sieger von Paris. Hinten (v.l.): Roth, Dürnberger, Beckenbauer, Wunder, Weiß, Müller, Torstensson. **Vorne:** Kapellmann, Maier, Zobel, Schwarzenbeck.

Leeds United antreten. Die Engländer galten als Favorit und bestimmten auch das Spiel, aber die Tore erzielten die Bayern. In der 72. Minute traf „Bulle" Roth zur 1:0-Führung, nur sechs Minuten später machte Müller mit dem 2:0 alles klar. Die Akteure der Bayern im Finale: Maier, Schwarzenbeck, Beckenbauer, Zobel, Dürnberger, Kapellmann, Roth, Andersson (5. Weiß), Hoeneß (42. Wunder), Torstensson, Müller.

Während der 90 Minuten hatten die Bayern mit einigen Schicksalsschlägen zu kämpfen. Zunächst schied Verteidiger Andersson nach einem brutalen Foul des späteren walisischen Nationaltrainers Terry Yorath aus. Die Folge sollte eine eineinhalbjährige Zwangspause für den Schweden sein. Kurz vor dem Halbzeitpfiff mußte auch Uli Hoeneß nach einer Attacke von Grey vom Platz humpeln. Hoeneß, ein Jahr zuvor noch der strahlende Held, zog sich eine schwere Knieverletzung zu, die das frühe Ende seiner Karriere einläutete. Beckenbauer nannte die Engländer anschließend „die schmutzigste Mannschaft, die ich je kennenlernte". Sie und ihre „unmöglichen Fans" – nach dem Schlußpfiff hatten Leeds-Anhänger schwere Ausschreitungen provoziert – würden zusammenpassen. „Die sollen künftig auf ihrer Insel bleiben und uns nicht mehr belästigen." Allerdings kam auch Beckenbauer nicht umhin, den Sieg der Bayern als glücklich zu bezeichnen. Vom Glanz des Vorjahresfinales war nichts mehr übriggeblieben. Die Experten waren sich einig, eines der schwächsten Europacup-Endspiele gesehen zu haben. Der französische Schiedsrichter Kitabjan versagte den Engländern ein klares Tor und einen nicht minder klaren Elfmeter und wurde anschließend von der UEFA aufgrund seiner schwachen Vorstellung für zukünftige europäische Cup-Spiele gesperrt. Beim FC Bayern fielen an diesem Abend neben den Torschützen noch zwei weitere Spieler auf: Sepp Maier, der zwischen den Pfosten eine Weltklasseleistung bot, und ein Nobody namens Sepp Weiß, der für den verletzten Andersson ins Spiel gekommen war und den gegnerischen Spielmacher Billy Bremner weitgehend zur Bedeutungslosigkeit verurteilte. Die Mannschaft des FC Bayern spielte in Paris auch gegen ein Damoklesschwert namens Max Merkel, den Präsident Neudecker als möglichen Nachfolger für den in der Bundesliga erfolglosen Dettmar Cramer ins Gespräch gebracht hatte.

In der Bundesliga zeigte sich der FC Bayern 1975/76 zwar deutlich verbessert, aber zu mehr als einem 3. Rang reichte es trotzdem nicht. Realistisch war als Saisonvorgabe lediglich „oben mitspielen" formuliert worden. Auffallend war erneut die hohe Zahl der Gegentore, die die Bayern kassierten. Meister wurden die nun von Udo Lattek trainierten Gladbacher, deren Spielweise unter der Leitung des ehemaligen Bayern-Trainers eine weitere Defensivierung erfuhr. In der Hinrunde verlor eine ersatzgeschwächte Bayern-Elf auf dem Bökelberg mit 1:4. Im Rückspiel revanchierte sich der FCB eindrucksvoll. Die Bayern boten vor 75.000 Zuschauern Fußball vom Feinsten, spielten so gut wie schon lange nicht mehr. Der Lohn war ein glatter 4:0-Sieg, aber die Gladbacher hätten sich auch über eine zweistellige Packung nicht beklagen können. Der überragende Mann auf dem Platz war der zweifache Torschütze Uli Hoeneß. Im letzten Meisterschaftsspiel wurde Hertha BSC Berlin 7:4 besiegt. Das Spiel war Balsam auf die wunde Seele Gerd Müllers, der bereits seit drei Spielen auf sein 300. Bundesligator wartete. Gegen die Hertha schlug Müller gleich fünfmal zu.

Im DFB-Pokal mußte sich der FC Bayern in den ersten vier Runden nur mit unterklassigen Gegnern messen. Erst im Viertelfinale erwartete den FCB mit dem 1. FC Köln ein Klassenkollege. 50.000 Zuschauer im Müngerdorfer Stadion wurden Zeugen der besten Saisonleistung der Bayern, die nach phantastischem Spiel 5:2 gewannen. Die 90 Minuten gerieten zu einem einzigen Müller-Festival. Während Gerd Müller für den FC Bayern dreimal traf, schoß Namensvetter Dieter Müller die beiden Kölner Treffer. Im Halbfinale mußte der FC Bayern zum Hamburger SV reisen. Nach 120 Minuten stand es 2:2, so daß es zur Neuauflage in München kam. Die Bayern konnten den Heimvorteil nicht nutzen. Acht Minuten vor dem Abpfiff scheiterte Müller mit einem Elfmeter an HSV-Keeper Rudi Kargus. Als die 52.000 sich bereits auf eine erneute Verlängerung einstellten, gelang dem Hamburger Eigl mit dem Schlußpfiff der 1:0-Siegtreffer für die Gäste.

Während der FC Bayern in der Bundesliga seine Spitzenposition an Borussia Mönchengladbach abtreten mußte, blieb er in Europa weiterhin die Nr.1. In der ersten Runde des Europapokals hatte der FC Bayern mit dem luxemburgischen Vertreter Jeunesse Esch keine Probleme. Der FCB gewann auswärts 5:0 und daheim 3:1. Erneut schwierig gestaltete sich in der zweiten Runde das Aufeinandertreffen mit dem schwedischen Meister. Bei Malmö FF unterlagen die Bayern 0:1. Im Rückspiel dauerte es bis zur 59. Minute, bevor Dürnberger per Elfmeter die Führung erzielen konnte. Ein Schwede versetzte den Schweden dann den K.o.-Schlag: Conny Torstensson erzielte in der 77. Minute den 2:0-Endstand. Im Viertelfinale erreichte der FC Bayern bei Benfica Lissabon zunächst ein 0:0. Im Rückspiel war Geduld gefragt. Beim Halbzeitpfiff war zwischen den beiden Teams noch immer kein Tor gefallen, aber Dettmar Cramer ließ keinen Zweifel daran, daß sich dies ändern würde. „So wie ihr heute spielt, fallen bald Tore." Der Trainer sollte recht behalten. Je zweimal Dürnberger und Müller sowie einmal Rummenigge sorgten bei einem Gegentreffer der Portugiesen für einen klaren 5:1-Sieg.

Im Halbfinale stand ein Wiedersehen mit Paul Breitner und Günter Netzer auf dem Programm, die mit Real Madrid ebenfalls unter die letzten Vier vorgedrungen waren. Vor 111.000 Zuschauern im Bernabeu-Stadion erkämpften sich die Bayern dank eines herrlichen Müller-Tores ein 1:1. Einem jungen Fan der Madrilenen ging das Ergebnis so stark an die Nieren, daß er nach dem Schlußpfiff Müller und den Schiedsrichter niederschlug. Im Rückspiel sollte es für den jungen Mann noch schlimmer kommen. Vor 78.000 Zuschauern gewann der FC Bayern durch zwei Müller-Tore mit 2:0. Müllers Treffer zum 1:0 war sein 50. Europacup-Tor. Neben dem Torschützen hieß der überragende Bayern-Akteur an diesem Abend Jupp Kapellmann, der seine Mannschaft immer wieder nach vorne trieb.

Das Finale fand im Glasgower Hampden Park statt, und der Gegner war Frankreichs Meister AS St. Etienne. Die Bayern vertrauten ihren Routiniers, neu dabei waren nur der Linksverteidiger Horsmann und das Riesentalent Karl-Heinz Rummenigge. Letzterem flatterten allerdings vor dem großen Show down arg die Nerven. Der Manager zum Trainer: „Der Rummenigge, der dreht gleich durch." Cramer ordnete an, dem Benjamin einen Cognac zu verabreichen. Rummenigge trank gleich zwei und lieferte eine grandiose Vorstellung. „Nach diesem Spiel waren alle Hemmungen vorbei. Ich machte plötzlich Sachen wie noch nie in meinem Leben. Wie ich auch dribbelte und trickste, es gelang mir alles", erzählte der Jungstürmer hinterher.

Wie schon ein Jahr zuvor waren die Münchener mit dem Glück im Bunde. Die erste Halbzeit gehörte eindeutig den Franzosen, die zweimal nur Latte respektive Pfosten trafen. Durch ein Freistoßtor von „Bulle" Roth in der 56. Minute gewann der FC Bayern mit 1:0. Der Allgäuer entschied damit nach 1967 bereits zum zweiten Mal in seiner Karriere ein europäisches Finale. Für den FC Bayern spielten an diesem Abend: Maier, Hansen, Schwarzenbeck, Beckenbauer, Kapellmann, Roth, Dürnberger, Rummenigge, Müller, Hoeneß, Horsmann.

1974 wurden die Bayern noch europaweit gefeiert, zwei Jahre später waren sie ein ungeliebter Sieger. Zu kühl und leidenschaftslos hatten sie nach Auffassung vieler Beobachter ihr Pensum abgespult. Die Sympathien galten dem Verlierer. Die „Times" schrieb, Beckenbauer sei über den Rasen gewandert wie ein Boulevardflaneur, der auf seinen Morgenaperitif warte. „Er zeigte kaum Schweiß, war aber Dreh- und Angelpunkt." Die „Sun" behauptete, der FC Bayern habe den Europapokal „wie ein Dieb geangelt", und die „Daily Mail" trauerte: „Jetzt gehört der höchste Preis dem Fußballparasiten." Den Bayern konnte es egal sein. Nach dem Hattrick in der Bundesliga war ihnen dieses Kunststück nun auch in Europa gelungen. Ihr Erfolg schien den Bayern selbst unheimlich zu werden. Jedenfalls äußerte Neudecker beim Festbankett die Befürchtung, daß sein

Alle guten Dinge sind drei. Maier und Hansen mit dem Pokal auf Ehrenrunde.

Klub „sich noch zu Tode siegen werde". Des Präsidenten Befürchtungen erwiesen sich jedoch als unbegründet: Der Sieg von Glasgow markierte das Ende der europäischen Ära des FC Bayern. Die nächsten Jahre im europäischen Meisterwettbewerb sollten dem englischen Fußball gehören.

Zunächst aber gewann der FCB noch als bis heute einziger deutscher Verein den Weltpokal. 1974 und 1975 hatten die Bayern auf die Finalspiele gegen den Südamerika-Vertreter verzichtet, da es sich dabei jeweils um einen argentinischen Klub gehandelt hätte. Der argentinischen Liga hing zu dieser Zeit ein miserabler Ruf an. Auf dem Feld ging es zumeist äußerst ruppig zu, und von den Rängen hagelte es zuweilen Steine und Rauchbomben. Aber 1976 war der Gegner mit Cruzeiro Belo Horizonte eine brasilianische Adresse. Zum ersten Finale am 21. November 1976 fanden nur 18.000 den Weg ins Olympiastadion. Am Nachmittag hatte es in München plötzlich heftig geschneit. Das Wetter bevorteilte zwar die Bayern, aber ein großes Spiel gestattete es nicht. Durch Tore von Gerd Müller und Jupp Kapellmann gewann der FCB 2:0. Einen Monat später fand in Belo Horizonte das Rückspiel statt. Vor 117.000 Zuschauern entfachte der Gastgeber zwar ein regelrechtes Feuerwerk, doch die Abwehrschlacht der Bayern wurde mit einem torlosen Remis belohnt. Held des Abends war Sepp Maier, der eine Reihe von Großchancen der Brasilianer phantastisch parierte. Folgende Spieler durften sich anschließend Weltpokalsieger nennen: Maier, Andersson, Beckenbauer, Schwarzenbeck, Horsmann, Weiß, Torstensson, Kapellmann, Rummenigge (85. Arbinger), Hoeneß und Müller. Im Hinspiel wirkte auch noch Dürnberger mit.

Bei der EM-Endrunde in Jugoslawien waren in der DFB-Auswahl vom FC Bayern mit Maier, Beckenbauer, Schwarzenbeck und Hoeneß „nur noch" vier Akteure dabei. Der FC Bayern stellte noch immer den größten Block. Im Finale gegen die CSSR kam es zum Elfmeterschießen. Uli Hoeneß setzte seinen Elfmeter in die Wolken, und die CSSR wurde Europameister. Eine Szene mit Symbolwert: Auch in der Nationalelf war die große Ära der Bayern nun vorbei.

Resümee

Die elf Spielzeiten 1965/66 bis 1975/76 sind bis heute die erfolgreichsten in der Geschichte des FC Bayern. Zwischen dem Aufstieg in die Bundesliga und dem Gewinn der ersten europäischen Trophäe lagen nur zwei Jahre. Der FC Bayern gewann viermal die Deutsche Meisterschaft, viermal den DFB-Pokal, einmal den Europokal der Pokalsieger und dreimal den Europapokal der Landesmeister. Außerdem gewann er 1976 den Weltcup. Der Klub sammelte innerhalb von elf Jahren nicht weniger als 13 nationale und internationale Titel. Welch große Rolle der FC Bayern in den 70ern international spielte, wird aber nicht nur aus der Zahl gewonnener Trophäen ersichtlich. Im Zeitraum 1970-76 wurden dreimal Bayern-Akteure zum „Europäischen Fußballer des Jahres" gekürt: 1970 Gerd Müller, 1972 und 1976 Franz Beckenbauer.

Die Erfolge, die die deutsche Nationalmannschaft in diesen Jahren mit dem dritten Platz beim WM-Turnier 1970, dem Gewinn der Europameisterschaft 1972, dem WM-Sieg 1974 und der Vize-Europameisterschaft 1976 feierte, wären ohne den Beitrag des FC Bayern nicht möglich gewesen. Die Bayern bildeten das Gerüst der Nationalmannschaften dieser Zeit.

Die Bayern waren in den 70ern neben Liverpool und Ajax Amsterdam die europäische Mannschaft schlechthin. Aber die Bayern waren nicht die einzige deutsche Mannschaft, die auf der europäischen Bühne Akzente setzte. Der Hamburger SV gewann 1977 den Europapokal der Pokalsieger, Borussia Mönchengladbach 1975 und 1979 den UEFA-Cup. Und außer den bereits erwähnten Bayern-Akteuren wurden mit Kevin Keegan (Hamburger SV, 1978 und 1979) und Alan Simonsen (Borussia Mönchengladbach, 1977) auch noch zwei Legionäre als beste europäische Fußballer ausgezeichnet. 1980 und 1981 ging diese Auszeichnung dann mit Karl-Heinz Rummenigge wieder an einen Bayern-Spieler. Von 1970 bis 1981 wurden somit achtmal Bundesligaspieler „Europas Fußballer des Jahres". Erst 1996 sollte mit Matthias Sammer erstmals ein deutscher Bundesligaspieler diese Auszeichnung erhalten, der nicht beim FC Bayern war.

Modernität und Professionalität waren die wichtigsten Gründe für den Erfolg des FC Bayern, aber sicherlich spielte auch der Zufall mit. Der FC Bayern hatte in den 60ern das Glück, mit Beckenbauer, Maier und Müller drei der außergewöhnlichsten Talente des deutschen Fußballs bei sich zu versammeln. Später kamen mit Breitner und Hoeneß noch zwei weitere Weltklassespieler hinzu. Die späten 60er und frühen 70er wurden von Spielern geprägt, die technisch perfekter waren als die Generation davor und die Generationen danach. Dieses Phänomen sah man nicht nur in der Bundesliga, sondern beispielsweise auch in England.

Der FC Bayern hatte mit Maier, Beckenbauer, Breitner, Schwarzenbeck, Roth, Hoeneß und Müller die sieben wichtigsten Spieler der Europapokalmannschaft von 1974 kostenlos oder zu Spottpreisen erworben, und es war ihm gelungen, fast alle diese Akteure über einen langen Zeitraum an sich zu binden. Franz Beckenbauer kickte fast 13 Jahre in der 1. Mannschaft des FC Bayern, Gerd Müller und Sepp Maier brachten es sogar auf fast 15 bzw. fast 17 Jahre. Auch Georg Schwarzenbeck diente dem FC Bayern 17 Jahre. Franz Roth, Bayerns „Mister Europacup", blieb dem Klub elf Jahre erhalten, und Uli Hoeneß kam kam auf immerhin acht Jahre. Da der FC Bayern bald das höchste Gehaltsniveau der Liga besaß, mußte er keine Spieler an heimische Konkurrenten abtreten.

Der einzige spektakuläre Abgang war der von Paul Breitner 1974 zu Real Madrid, der aber nur bedingt finanzielle Gründe hatte. 1966 bezog „uns Uwe", damals der beste Stürmer in der Bundesrepublik, jährlich 49.500 DM – inklusive Treue- und Punktprämien. Wenn man bedenkt, daß das Durchschnittseinkommen der Bundesbürger damals bei monatlich 824 DM lag, war dies bereits viel Geld. Zehn Jahre später verdiente Gerd Müller, der neue „Bomber der Nation", beim FC Bayern ca. eine halbe Million DM jährlich – weniger als Franz Beckenbauer, der sein Salär durch erhebliche Werbeeinnahmen weiter aufbessern konnte, aber immerhin zehnmal soviel wie einst Uwe Seeler.

Leisten konnte sich der FC Bayern sein hohes Gehaltsniveau vor allem dank des Olympiastadions, das er genau zur rechten Zeit beziehen konnte. Als das „Billig-Team" der Bayern teurer wurde, besaß der Verein das Geld, um es zusammenzuhalten. Borussia Mönchengladbach sollte später nicht zuletzt an einer zu kleinen Arena scheitern. Vor den Gladbachern hatte bereits Borussia Dortmund, der erste Europapokalsieger der Bundesrepublik, dieses Schicksal erlitten. Der BVB konnte aus dem Triumph von 1966 kein Kapital schlagen. Der Fußball wurde immer teurer, während die Einnahmen der Borussen sich nicht weiterentwickelten.

Mit den Triumphen im Europapokal wurde der FC Bayern ein „deutscher Verein". Nun gab es nicht mehr nur in München und in Bayern Fans der Roten, sondern auch im Ruhrgebiet oder im Norden der Bundesrepublik, ergo in den Einzugsbereichen anderer Konkurrenten. Das Fernsehen spielte hierbei eine zentrale Rolle. Bayern-Spiele waren nun in voller Länge auch im hintersten Dorf der Republik zu verfolgen. Somit war auch ein permanenter Vergleich mit den Qualitäten des eigenen lokalen und regionalen Fußballs möglich.

Die Jahre 1974-76 schufen einen Mythos. Noch 20 Jahre später hielt sich – nicht nur bei Bayern-Fans – hartnäckig die Auffassung, der FCB gehöre allein schon deshalb in den (ehemaligen) europäischen Landesmeisterwettbewerb, weil nur er dazu in der Lage sei, den ganz Großen in Europa Paroli zu bieten. Der Sieg Borussia Dortmunds in der Champions League 1997, der erste Erfolg eines deutschen Vereins im reformierten Landesmeisterwettbewerb, hat diesen Mythos allerdings untergraben.

Ohne die internationalen Erfolge der 70er Jahre wären auch die heutigen Merchandising-Umsätze nicht denkbar. Uli Hoeneß 20 Jahre nach dem letzten Sieg im Europapokal der Landesmeister: „Wenn ich in Uerdingen, bei einem Auswärtsspiel sehe, daß die Hälfte der Zuschauer bei Toren des FC Bayern jubelt, dann steht für mich fest: Die Basis dafür wurde mit den Europacupsiegen in den 70ern gelegt. Ohne internationale Erfolge und ohne Tradition kein aktuelles Merchandising."

Bayern und Gladbach, Beckenbauer und Netzer

Als der FC Bayern und Borussia Mönchengladbach 1965 gemeinsam in die Bundesliga aufstiegen, war dies der Beginn einer langjährigen Konkurrenz. Beide Teams waren anfangs von einem nahezu ungezähmten Offensivgeist beseelt (wobei die Gladbacher genau betrachtet „Konterfußball" praktizierten), gemäß der Philosophie ihrer beiden Trainer „Tschik" Cajkovski und Hennes Weisweiler. Die Bayern wirkten allerdings später berechnender, taktisch intelligenter, abgebrühter sowie effektiver. Außerdem schien ihnen das Glück öfter hold zu sein als den Gladbachern.

Offensivgeist contra Sicherheit?

Die Behauptung, die Gladbacher hätten einen atemberaubenden torreichen Offensivfußball praktiziert, der das Scheitern bewußt in Kauf nahm, die Bayern indes einen aus Quergeschiebe bestehenden Ergebnisfußball, widerspricht allerdings den Tatsachen. „Der 7:1-Sieg Gladbachs gegen Inter Mailand im Europapokal wäre Bayern nie passiert", schreibt Netzer-Biograph Helmut Böttiger. Aber den Gladbachern passierte er auch nur einmal, und Bayerns 4:0 1974 gegen Atletico Madrid war kaum weniger beeindruckend. „Bayern gewann nicht hoch und verlor nicht hoch. Gladbach dagegen tat beides", schreibt Böttiger weiter. Auch diese Behauptung stimmt nur arg eingeschränkt.

Als die Bayern in der Saison 1968/69 erstmals Bundesligameister wurden, erzielten sie in 34 Begegnungen 61 Tore, fürwahr keine sensationelle Ausbeute. Gladbach kam als Dritter auf die gleiche Zahl, kassierte aber 15 Treffer mehr (46 statt 31). Für den Titelgewinn des FCB war somit nicht eine höhere Zahl geschossener Tore, sondern die bessere Abwehrarbeit verantwortlich. Tatsächlich hatte das Bayern-Spiel unter Zebec eine gewisse Defensivierung erfahren, und die Mannschaft agierte nun taktisch überlegter. In der folgenden Saison 1969/70 wurde Gladbach erstmals Meister, der FC Bayern Vizemeister. Die meisten Tore erzielte allerdings nicht der Meister, der auf 71 Treffer kam, sondern mit 88 Treffern der Vizemeister. Auch der 1. FC Köln schoß mehr Tore als die Weisweiler-Schützlinge, nämlich 83. Dafür ließ Gladbach mit 29 die wenigsten Gegentreffer zu, acht weniger als der FC Bayern.

In Gladbach war also zwischenzeitlich nichts anderes passiert als bereits zuvor in München: Die Gladbacher hatten ihren Hurra-Stil gezähmt und ihre Abwehr verstärkt – und zwar auf Geheiß von Spielmacher Günter Netzer. Helmut Böttiger: „Es ging in den Konflikten zwischen Weisweiler und Netzer immer um dasselbe Thema: das Angriffsspiel. Denn Netzer war nicht der Mann, der Weisweilers Ideal entsprach: angreifen, Flügelspiel, den Gegner hetzen, bis er fällt. Weisweiler wollte die bedingungslose Offensive, er ließ sich davontragen von Kombinationsspiel und Sturmwirbel. Netzer hingegen war kein Enthusiast. Er war sachlich, kalkuliert. (...) Netzer wollte Weisweiler früh davon überzeugen, daß er auch den Erfolg zu sehen hatte: 'Ich glaube, das war der größte Kampf: daß ich gesagt habe, ich kann's nicht mehr hören, wie sie uns alle loben, wie toll wir spielen und wie großartig wir sind, aber wir gewinnen nie. Diese Bayern spielen langweiligen Fußball, aber die holen eine Meisterschaft nach der anderen. Das muß sich ändern. Wir müssen etwas für die Abwehr tun.“

Vor der Meisterschaftssaison verpflichtete Weisweiler die bewährten Abwehrkräfte Ludwig Müller (1. FC Nürnberg) und Klaus-Dieter Sieloff (VfB Stuttgart). Erst mit ihnen erlangte die Borussia die für den Titelgewinn notwendige Reife. 1970/71 lautete der Zieleinlauf erneut Gladbach vor Bayern. Gladbach schoß mit 77 Treffern die meisten Tore, allerdings nur drei mehr als der FC Bayern. Außerdem verfügten die Gladbacher über die beste Abwehr. Vogts und Co. ließen nur 35 Gegentreffer zu, einen weniger als der FC Bayern.

1971/72 waren dann wieder die Bayern an der Reihe. Die 101 Treffer, die Müller und Co. in dieser Saison erzielten, sind bis heute Bundesligarekord. Die zweitmeisten Treffer schoß mit 82 der Tabellendritte Gladbach. Über die beste Abwehr verfügte Vizemeister Schalke, der 35 Gegentore kassierte, drei weniger als der FC Bayern.

Auch 1972/73 lief die Toremaschine des FC Bayern auf Volltouren. Der FC Bayern schoß 93 Tore. Mit 29 mußte er die mit Abstand wenigsten Gegentore hinnehmen. Die zweitmeisten Tore schoß mit 82 der Tabellenfünfte Gladbach, dessen Abwehr in dieser Saison allerdings einem Torso glich: 61mal mußte ihr Keeper den Ball aus dem eigenen Netz holen.

1973/74 wurde viel geschossen und viel kassiert. Bayern wurde Meister und schoß dabei mit 95 erneut die meisten Tore, kassierte aber auch 53 Gegentore. Vizemeister Gladbachs 93 Tore bedeuteten die zweitmeisten Treffer. Bei den Gegentoren sahen die Gladbacher mit 52 sogar geringfügig besser als die Bayern aus.

Dem Titel-Hattrick des FC Bayern folgte ein Titel-Hattrick der Gladbacher: 1974/75 wurden die Gladbacher mit dem zweitbesten Sturm (86 Tore, der Dritte Frankfurt schoß drei mehr) und der besten Abwehr (40 Gegentore) Meister. Die Bayern landeten in dieser Saison nur auf Platz 10.

1975/76 gelang den Gladbachern das Meisterstück mit dem lediglich viertbesten Sturm (66 Tore). Trainer am Bökelberg war allerdings nun einer, der zuvor den FC Bayern trainiert und eingestellt hatte: Udo Lattek. Mehr Tore als der bescheidene Meister schossen der Dritte FC Bayern (72), der Sechste Schalke 04 (76) und der Neunte Frankfurt (79), während der Siebente Kaiserslautern auf die gleiche Trefferzahl wie der Meister kam. Die Abwehr der Gladbacher schnitt mit nur 37 Gegentreffern besser als die Angriffskräfte ab.

1976/77 reichten den Gladbachern sogar nur 58 Tore zur Verteidigung der „Salatschüssel". Gleich sieben Teams schossen mehr: Vizemeister Schalke (77), der Vierte Frankfurt (86), der Fünfte Köln (83), der Sechste Hamburg (67), der Siebente Bayern München (74), der Achte Dortmund (73) und selbst noch der Neunte Duisburg (60). Von den neun Teams der oberen Hälfte der Tabelle erzielte also nur eine Mannschaft – nämlich der Dritte Eintracht Braunschweig – weniger Tore als der Meister. Das Prunkstück der Gladbacher war erneut die Abwehr, mit 34 Gegentreffern (Vizemeister Schalke kassierte 52) in dieser Saison die beste der Liga.

Gladbacher wie Bayern errangen ihre Meistertitel nicht durch ungezähmten Offensivgeist, sondern auch und gerade durch kontrolliertes Spiel und gute Abwehrarbeit. Addiert man die von Bayern und Gladbach im Zeitraum 1968/69 bis 1976/77 geschossenen Tore, dann liegt der FCB mit 715 : 676 Toren vorn. Bei der Abwehrarbeit sieht es umgekehrt aus: Gladbach kassierte 374 Treffer, Bayern hingegen 402. Die Statistik widerspricht somit der These von den offensiven Gladbachern und defensiven Bayern.

Die Spielgestalter

In den Spielgestaltern Netzer und Beckenbauer „personalisierte (sich) der prinzipielle Gegensatz Bayern-Gladbach" (Böttiger). Daß die Spieler beider Mannschaften fußballerisch durchaus miteinander konnten, wenn sie dies nur wollten und zudem auch noch mußten, beweist das legendäre 3:1 der bundesdeutschen Elf gegen England vom 29. April 1972 in Wembley, als es zum „historischen Kompromiß" zwischen den beiden Antipoden kam. Vom FC Bayern waren Maier, Beckenbauer, Schwarzenbeck, Breitner, Hoeneß und Müller dabei, von der Borussia lediglich Netzer und Wimmer. Netzer traf vom Elfmeterpunkt, die anderen beiden Treffer markierten Hoeneß und Müller. Auch der Gewinn der Europameisterschaft 1972 durch die vielleicht beste Nationalmannschaft in der deutschen Fußballgeschichte war eine Bayern-Gladbach-Koproduktion. Im Finale in Brüssel (3:0 gegen die UdSSR) war außer den genannten Akteuren noch Heynckes dabei. Beim Gewinn der Weltmeisterschaft 1974 spielten im Finale sechs Bayern, jedoch nur zwei Gladbacher: Rainer Bonhof und Berti Vogts. Das „Prinzip Bayern" hatte sich durchgesetzt, und im Mittelfeld führte statt Netzer Overath Regie, der sich als der beständigere Nationalmannschaftsakteur erwiesen hatte. Netzer war bei diesem Turnier – von seiner Einwechslung beim Spiel gegen die DDR (0:1) abgesehen – nur Zuschauer.

Nicht nur Netzer, sondern auch Beckenbauer war mit Offensivgeist ausgestattet. Auf dem Spielfeld bestand der hauptsächliche Unterschied darin, daß Beckenbauer eine andere Position besetzte, die Verantwortung für die Defensive beinhaltete. Wenngleich er die Rolle des Liberos sehr frei und nach Möglichkeit offensiv interpretierte. Beckenbauer liebte es, sich nach vorne zu orientieren, um mit Gerd Müller Doppelpaß zu spielen. Für seine Absicherung sorgte dann vornehmlich Schwarzenbeck. Auch Netzer hatte mit Wimmer, Vogts und Bleidick seine Wasserträger. Die größte Stärke von Beckenbauer und Netzer war ihre Spielintelligenz. Beide veränderten das Image des deutschen Fußballs im Ausland, der dort bis dahin zwar als kampfstark, aber technisch bieder und wenig intelligent galt. Netzer, vor allem aber der leichtfüßigere Beckenbauer arbeiteten nicht Fußball, sie spielten ihn.

Der größte Unterschied zwischen den beiden Spielgestaltern war kein fußballerischer, sondern außerhalb des Spielfelds angesiedelt. Er

Die Kapitäne und Spielgestalter: Beckenbauer und Netzer.

bestand in ihrer unterschiedlich Wirkung auf und Wahrnehmung durch die Öffentlichkeit. Beide waren von zentraler Bedeutung für die Mobilisierung eines neuen Publikums. Betraf dies im Falle Bekkenbauers mehr die Münchener Society und ihre Schicki-Mickis, so fühlten sich durch den introvertierten Netzer Kulturschaffende und Intellektuelle, einschließlich der linken Intelligenz, sowie die Frauen angesprochen. Netzer „schien auf der Suche zu sein nach einem Glück, das irgendwo in der Ferne lag und das ihn nie erreichte. Dieses Image ist haarscharf auf jene Gruppen der Gesellschaft zugeschnitten, die bisher noch nie von einem Fußball-Star emotionell berührt wurden: auf die Intellektuellen und die Frauen. Deshalb erschienen im Lichtkreis Netzers Künstler, Fotografen, Fernseh-Regisseure und junge Leute, die nie ein Fußballstadion besuchen würden. (...) Er strebte nicht nach dem sogenannten 'Besseren' wie Beckenbauer, und das bewahrte ihn vor den Pfiffen. Er ist aber auch kein Kumpel wie Müller, und das machte ihn suspekt" (Ulfert Schröder).

Während Netzer und sein Fußball in die Feuilletons der seriösen Zeitungen Einzug hielten, blieb Beckenbauer in erster Linie ein Kandidat der Boulevardblätter. Der Münchener entsprach deren Bild vom Star erheblich besser als der Gladbacher. Beckenbauer war distanziert und leutselig zugleich. Das Haus Burda verlieh Beckenbauer 1995 einen Bambi. Eine Auszeichnung, die nur zu Beckenbauer paßt, nicht aber zu seinem alten Widersacher. Wie sehr den intelligenten Beckenbauer die Skepsis der Intellektuellen verletzt, dokumentiert sein Buch „Ich. Wie es wirklich war". Ein Aufsatz des Tübinger Rhetorikprofessors Walter Jens aus dem Jahre 1976, in dem er sich kritisch mit dem damaligen Kapitän der Nationalmannschaft auseinandersetzte, beschäftigte Beckenbauer auch noch 16 Jahre danach.

Rebellen?

Die Auseinandersetzung zwischen Bayern und Gladbachern wurde von außen politisiert. Für Norbert Seitz lieferte „'swinging Gladbach' die Begleitmusik zur frühen Reformphase der sozialliberalen Koalition". Und Holger Jenrich schreibt: „Borussia gegen Bayern..., das hieß für viele Schönheit gegen Erfolg, Links gegen Rechts, Progressivität gegen Pragmatismus."

Netzer selbst hat eine derartige politische Etikettierung stets abgelehnt. Der Spieler Netzer war unpolitisch, wenngleich er durch die Aura, die ihn umgab, wie kein anderer Akteur einen Zeitgeist zu repräsentieren schien, der einen Bruch mit dem dumpfen, spießigen Konservativismus der Adenauer-Ära suchte und kreative Kräfte freisetzte. Netzer fuhr nicht Opel oder Mercedes, sondern einen Ferrari; er kleidete sich gern schwarz und trug lange Haare; er betrieb eine Disco, was damals noch etwas völlig anderes bedeutete als heute; seine Freundin Hannelore paßte so gar nicht in das damalige Milieu der Fußballerbräute; und außerdem hieß es, er lese Hesse – für einen Fußballer leider fürwahr ungewöhnlich. Aber Netzer zählte auch zu den ersten Bundesligakickern, die mit dem Mythos von den „elf Freunden" brachen und ihr Verhältnis zu Verein und Mitspielern als vornehmlich geschäftliche Beziehung definierten. Netzer war nicht mehr als ein „bürgerlicher Modernisierer", was seine Bedeutung und seine Verdienste keineswegs schmälert.

Waren die Gladbacher „linker" und „rebellischer" als die Bayern? Die meisten und auffälligsten Langhaarigen hatten nicht die Gladbacher, sondern die Bayern. Allen voran Paul Breitner mit seinem Afro-Look, der ihm schon als Jugendnationalspieler den Ärger der DFB-Funktionäre einbrachte. Gladbach hatte nur Netzer, die Bayern hingegen hatten die selbstbewußten Pädagogikstudenten Breitner und Hoeneß, die mit den konservativen Fußballautoritäten immer wieder aneckten, sie hatten den unkonventionellen Sepp Maier, später noch die bekennenden „68er" Rainer Zobel und Charly Mrosko. Beim FC Bayern war damals sicherlich mehr Modernität, Intelligenz und Aufmüpfigkeit versammelt als bei Borussia Mönchengladbach.

Netzer war im übrigen einem Wechsel zum FC Bayern nicht abgeneigt. Doch die Bayern kamen zu spät, und außerdem war es Politik des Gladbacher Managers Grasshoff, seine Stars, wenn man sie schon gehen lassen mußte, nach Möglichkeit ins Ausland zu verscherbeln, um nicht die heimische Konkurrenz zu stärken. Als Netzer bereits bei Real Madrid unterschrieben hatte, eilte Schwan in die spanische Hauptstadt, um dem Spielmacher ein Angebot zu machen. Als Gehalt schwebte Schwan „die Beckenbauerebene" vor. Ausgelöst wurde die Schwan-Expedition allerdings erst durch die Weigerung des DFB, Netzer die Freigabe zu erteilen. Real hatte sich gesperrt, die Neuerwerbung ohne Einschränkung für die Nationalmannschaft abzustellen. Wäre es dem Bayern-Manager gelungen, Netzer aus Madrid loszueisen, hätte sich der FCB als „Retter des deutschen Fußballs" präsentieren können. Doch Netzer lehnte die Bayern-Offerte ab. Netzer zu Schwan: „Aber Robert, warum bist du denn nicht vier Wochen früher gekommen? Du hast doch gewußt, daß ich wechsle. Ich will das jetzt hier unter allen Umständen durchziehen, ich bleibe in Madrid." Netzer konnte sich durchaus vorstellen, für den FC Bayern zu spielen, obwohl er einschränkt, „daß der Neudecker mit mir immer absolute Schwierigkeiten gehabt hat, schon wegen meiner langen Haare und so weiter. Für den war es ja nie denkbar gewesen, daß ich da spiele." ■

1977 - 1991

Forever Number One

1976/77: Der Kaiser auf der Flucht

Nach dem Gewinn des Weltcups 1976 begann für die Bayern eine Zeit des Umbruchs. Leistungsträger wie Franz Beckenbauer, Gerd Müller und Uli Hoeneß sollten bald ihren Abschied nehmen, der spielerische Glanz vergangener Jahre war dahin, und neue Erfolge blieben zunächst aus. Lediglich als Siebter beendete der FC Bayern die Bundesligasaison 1976/77; Meister wurden die weiterhin von Udo Lattek trainierten Gladbacher, denen damit als zweitem Klub nach den Bayern der Titel-Hattrick in der Bundesliga gelang. Es sollte allerdings die bis heute letzte Meisterschaft für die Borussen sein.

Vor dem Anpfiff des ersten Meisterschaftsspiels gegen Fortuna Düsseldorf (2:1) nahm Franz Beckenbauer zum zweiten Mal die Auszeichnung „Europäischer Fußballer des Jahres" entgegen. Im gleichen Spiel mußte Verteidiger Björn Andersson, der sich gerade erst von seiner im Europapokalfinale 1975 erlittenen schweren Verletzung erholt hatte, erneut lädiert den Platz verlassen. Das Verletzungspech sollte den Bayern auch im weiteren Verlauf der Saison treu bleiben.

Die Mannschaft präsentierte sich äußerst unberechenbar. Nach mäßigem Auftakt gelang am 5. Spieltag ein 9:0-Sieg gegen Tennis Borussia Berlin, bei dem Gerd Müller bereits zum fünften Mal in seiner Profikarriere fünf Treffer in einem Spiel erzielte. Dies war der Auftakt einer kleinen Serie von drei Siegen, in denen man insgesamt nicht weniger als 19 Tore schoß. Wer geglaubt hatte, der FCB hätte sich nun konsolidiert, sah sich nur vierzehn Tage später getäuscht. In der eigenen Arena verlor der FC Bayern gegen Schalke 04 sage und schreibe 0:7, bis heute die höchste Heimniederlage der Bayern in der Bundesliga. Die Wiedergutmachung erfolgte nur weitere zwei Spieltage später, als der FCB daheim den Hamburger SV mit 6:2 abfertigte. Ein ähnliches Bild bot sich auch gegen Ende der Saison. Beim Aufsteiger 1. FC Saarbrücken unterlag der FC Bayern mit 1:6. Prominenter Augenzeuge des Debakels war der Saarbrücker Oberbürgermeister Oskar Lafontaine. Die folgenden beiden Spiele gegen Rot-Weiß Essen und den Karlsruher SC gewannen die Bayern dann 5:1 und 5:0. Die denkwürdigste Partie in dieser Saison war das Auswärtsspiel am 6. Spieltag in Bochum. An der Castroper Straße führten die Gastgeber zur Halbzeit bereits 3:0. Kurz nach Wiederanpfiff konnte der VfL gar auf 4:0 erhöhen, so daß die Partie gelaufen schien. Rummenigges Tor zum 1:4 hakten die Bochumer Fans als „Ehrentreffer" ab. Doch Dettmar Cramer peitschte seine Mannschaft unverdrossen nach vorn. Am Ende gewannen die Bayern zum schieren Entsetzen der Bochumer Zuschauer durch weitere Treffer von Schwarzenbeck und je zweimal Müller und Hoeneß 6:5.

Mit 65 Gegentreffern kassierte der FC Bayern so viele wie noch nie zuvor seit seinem Aufstieg in die Bundesliga und fast doppelt so viele wie Meister Mönchengladbach. Da der fünftplazierte 1.FC Köln Pokalsieger wurde, konnte sich der FC Bayern mit seinem 7. Platz für den UEFA-Cup qualifizieren. Torschützenkönig wurde in dieser Saison erneut ein Müller, allerdings nicht Gerd. Der Kölner Dieter Müller schoß 34 Tore, sechs mehr als sein zweitplazierter Namensvetter vom FC Bayern.

Im DFB-Pokal schoß der FC Bayern in den ersten vier Runden immerhin 30 Tore. Vom Hamburger SV abgesehen, hatte er es allerdings auch nur mit Amateurvereinen zu tun. In der ersten Runde siegte man bei den Amateuren von Hannover 96 10:0. In der zweiten Runde empfingen die Bayern den Hamburger SV und gewannen 5:1. Der HSV war in dieser Saison der Lieblingsgegner der Bayern. In drei Aufeinandertreffen gelangen den Bayern insgesamt 16 Tore gegen die Hansestädter, denn auch im Bundesligarückspiel in Hamburg sollten die Bayern die Oberhand behalten. 5:0 lautete hier das Ergebnis. Weiter ging es im Pokal gegen den TV Unterboihingen, der mit 10:1 aus dem Wettbewerb geworfen wurde.

In der vierten Runde kam es dann zum vereinsinternen Duell von Profis und Amateuren. Die 6.500 Zuschauer sahen eine torreiche Begegnung, in der sich die FCB-Amateure gut verkauften. Für die Profis spielten: Licht, Weiß, Beckenbauer, Schwarzenbeck, Horsmann, Kapellmann, Roth, Torstensson, Hoeneß, Müller (82. Seneca), Rummenigge (24. Künkel). Und für die Amateure: Schrobenhauser, Gruber, Grosser, Leidecker, Önal, Kirschner, Augenthaler, Schenk, Summerer (75. Radlmeyer), Ehrensberger, Reisinger. Nach 13 Minuten stand es durch einen Treffer von Reisinger 1:0 für die Amateure. Doch zwischen der 18. und 27. Minute schoß Müller mit einem Hattrick eine 3:1-Führung für die Profis heraus. In der 29. Minute verkürzte Kirschner auf 3:2, aber Künkel stellte mit dem Halbzeitpfiff den alten Abstand wieder her. Gegen Ende wurde es noch einmal kurzzeitig spannend, als Önal in der 76. Minute das 3:4 erzielte. Doch vier Minuten später sicherte Müller mit seinem vierten Treffer den Profis die Vereinsmeisterschaft und den Einzug ins Viertelfinale. Dort kam es zum Duell zwischen der heimlichen Hauptstadt und der verhinderten Hauptstadt. Der FC Bayern ging bei Hertha BSC Berlin zwar bereits nach sechs Minuten durch Kapellmann in Führung, aber Granitza konnte in der 31. Minute per Strafstoß ausgleichen. In der Verlängerung schoß Weiß die Bayern ein zweites Mal in Führung, aber auch diesmal reichte es nicht. Die Berliner erzielten in den verbleibenden 25 Minuten noch drei Treffer, wobei der letzte auf das Konto eines Ex-Bayern ging: Bernd Gersdorff.

Im Europapokal zeigte sich recht bald, daß die Bayern kein europäisches Spitzenteam mehr waren. In den ersten beiden Runden schaltete man Köge BK (5:0 und 2:1) sowie Banik Ostrau (1:2 und 5:0) aus. Drei der sieben Treffer gegen die Dänen schoß mit Torstensson ausgerechnet ein Skandinavier im Bayern-Dress. In der dritten Runde kam dann gegen Dynamo Kiew das Aus. Im Hinspiel in München gab es vor 75.000 Zuschauern durch ein Tor von Künkel einen knappen 1:0-Sieg. Im Rückspiel hielten die Bayern vor 110.000 Zuschauern lange Zeit gut mit. In der 41. Minute verschoß Oleg Blochin für die Gastgeber einen Elfmeter. In der 83.Minute zeigte der österreichische Schiedsrichter Linemayr erneut für Dynamo auf den Elfmeterpunkt. Diesmal konnte Burjak zum 1:0 verwandeln. Nur vier Minuten später gelang Kiew durch Slobodjan auch noch das 2:0.

Am Ende der Saison verabschiedete sich Franz Beckenbauer vom FC Bayern, um in der neuen, aus dem Boden gestampften US-Profiliga für Cosmos New York zu kicken, sportliches Aushängeschild und Abschreibungsobjekt des Medien-Riesen „Warner Communications“. Nach Beckenbauer verließ auch Robert Schwan, der den Cosmos-Deal ausgehandelt hatte, den Verein. Ausschlaggebend für den spektakulären Wechsel waren wohl weniger die sportliche Krise des FC Bayern als private Probleme, genauer: Schwierigkeiten in der Ehe und Steuerrückstände in Höhe von 1,8 Mio. DM. Beckenbauers Steuerprobleme wurden von der „Bild-Zeitung“ breitgewalzt, und einige Monate später wußte ein weiteres Springer-Blatt, „Die Welt“, auch noch zu berichten, der Kaiser habe sich in eine Münchener Fotografin verliebt. Die Boulevardpresse sezierte die Person Beckenbauer so gnadenlos, daß ihm eigentlich gar nichts anderes übrig blieb, als zu flüchten.

Von Neudecker besaß Beckenbauer die Zusicherung, den FC Bayern für eine Ablösesumme von einer Mio. DM verlassen zu dürfen. Cosmos New York war bereit, diese Summe zu akzeptieren, aber plötzlich erhöhte der FCB-Präsident seine Forderung auf 1,75 Mio. DM. Neudecker wollte gegenüber den Mitgliedern unbedingt den Eindruck vermeiden, er verkaufe die Galionsfigur zum Schleuderpreis. Da Cosmos nicht bereit war, mehr als 1,4 Mio. zu zahlen, mußte Beckenbauer den Differenzbetrag von 350.000 selbst tragen. „Bloß weg hier", dachte der Kaiser wohl. „Beckenbauer ist vergessen", lautete der Nachruf des selbstherrlichen DFB-Präsidenten Hermann Neuberger („Spieler sind zu ersetzen, Funktionäre nicht") auf den bis heute genialsten deutschen Balltreter. Da der Kaiser nun lediglich in einer Operettenliga kicke, genüge er nicht mehr länger den Ansprüchen der Nationalelf.

Sein letztes Bundesligaspiel für den FC Bayern bestritt Franz Beckenbauer am 21. Mai 1977 beim Saisonausklang gegen Borussia Mönchengladbach. Mit Beckenbauers Weggang brach das Dreigestirn Beckenbauer-Müller-Maier, das gemeinsam mit dem FC Bayern vier Meistertitel, vier DFB-Pokale und vier Europapokale sowie mit der Nationalmannschaft je einen Europameister- und Weltmeistertitel gewonnen hatte, auseinander. Eine glorreiche Ära ging zu Ende, aber zugleich bot dies auch die Möglichkeit zum Neuanfang, der allerdings seine Zeit benötigen sollte. Außer Beckenbauer verließen auch die beiden Schweden Andersson und Torstensson den Verein.

Während sich Beckenbauer nach zwölf Jahren von der Bundesliga verabschiedete, kehrte ein anderer Aktiver der großen Bayern-Jahre zurück. Paul Breitner zog es jedoch zunächst nicht in die Isarmetropole, sondern ins Zonenrandgebiet, wo er sich Eintracht Braunschweig anschloß. Braunschweigs Mäzen „Jägermeister" Günter Mast erhoffte sich von dem Enfant terrible mehr Glanz für seine graue Provinztruppe.

1977/78: Sportlicher Tiefpunkt und Trainertausch

In der Saison 1977/78 sah die Bundesliga das schlechteste Abschneiden des FC Bayern seit dem Aufstieg 1965. Der FCB wurde nur Zwölfter. Die Meisterschaft gewann der 1.FC Köln aufgrund des besseren Torverhältnisses vor Borussia Mönchengladbach. Aus den vier Begegnungen gegen die beiden Spitzenteams konnte der FC Bayern nur einen Punkt holen, beim 1:1 im Heimspiel gegen Borussia Mönchengladbach. Müllers Tor zum 1:0 war auch der einzige Treffer, der den Bayern gegen die beiden Klubs gelang. Da der FC Bayern bereits die vierte Saison in Folge den Gladbachern nicht das Wasser reichen konnte, wollten „nur" 48.000 das Spiel sehen.

Zum ersten Mal beendete der FCB eine Bundesligasaison mit einem negativen Punktekonto (32:36). Auch das Torverhältnis fiel mit 62:64 negativ aus. Erneut hatte die Abwehr kräftig Gegentreffer kassiert. Nur die beiden Absteiger FC St. Pauli und 1. FC Saarbrücken sowie Borussia Dortmund und der Hamburger SV mußten mehr Gegentore hinnehmen.

Durch den Wiederaufstieg des TSV 1860 kam es am 15. Spieltag nach über sieben Jahren Pause endlich wieder zum Münchener Stadtderby in der Bundesliga. Die Zeit dazwischen hatten Rote und Blaue mit Freundschaftsspielen überbrückt, von denen einige erstaunliche Zuschauermassen mobilisierten. Im Juli 1973 sahen 46.000 einen 3:0-Sieg der Bayern gegen den Regionalligisten. 1975 kamen sogar 57.000 zum Freundschafts-Derby, das die Bayern erneut 3:0 gewannen. Als ein Jahr darauf wieder über 40.000 ins Olympiastadion strömten, schrieb die „SZ": „Die Trainer bekunden ungeniert ihr Desinteresse am Lokalkampf und legen Wert auf die Feststellung, daß sie deshalb den Trainingsstreß nicht mindern werden. Das Fußballvolk eilt herbei mit Fahnen und Transparenten, vollführt einen Höllenlärm, als ginge es um die Weltmeisterschaft, und zeigt sich in der Tat nur mäßig enttäuscht über die erwartungsgemäß bescheidene Vorstellung." Das vorletzte Freundschaftsderby gewann der FC Bayern 1:0. Wie sehr München einem „echten" Stadtderby entgegenfieberte, dokumentierte ein Testspiel der beiden Klubs vor dem Saisonstart. 67.000 kamen ins Olympiastadion und sahen einen 2:1-Sieg des frischgebackenen Aufsteigers. Uli Hoeneß nörgelte anschließend, die Löwen hätten sich auf das Freundschaftsderby wohl gewissenhafter vorbereitet als auf ihr Pokalspiel drei Tage später in Bielefeld.

Als es dann endlich ernst wurde, behielten die Löwen zunächst erneut die Oberhand. Am 12. November 1977 erlebten 78.000 Zuschauer die bislang letzte Niederlage des FC Bayern gegen die Sechziger. Durch Tore von Scheller (2) und Kohlhäufl bei einem Gegentreffer von Karl-Heinz Rummenigge verlor der FCB 1:3, obwohl die Löwen zu diesem Zeitpunkt bereits abgeschlagen auf Rang 18 lagen. Aber auch die Bayern waren zu diesem Zeitpunkt als Vierzehnter in Abstiegsgefahr. Der FC Bayern verlor nicht nur zwei Punkte, sondern auch Karl-Heinz Rummenigge, den Schiedsrichter Biwersie wegen einer Ohrfeige gegen Hofeditz des Platzes verwies. Hofeditz hatte gegenüber dem Bayern-Stürmer eine – so Rummenigge – „unglückliche Aussage" gemacht. Es blieb der einzige Platzverweis in der Karriere des Lippstädters.

Zum Rückspiel am 32. Spieltag kamen „nur" 63.000 ins Olympiastadion. Der Abstieg des TSV 1860 war längst besiegelt, und der FC Bayern nicht mehr als unteres Mittelmaß. Die Partie endete 1:1, und den Löwen, die am Ende neun Punkte vom rettenden Ufer trennte, blieb der schwache Trost, daß sie in dieser Saison wenigstens die Bilanz gegen den Lokalrivalen positiv gestalten konnten.

Am 2. Dezember 1977 war es zu einem sensationellen Trainerwechsel zwischen München und Frankfurt gekommen. Während der Ungar Gyula Lorant, der bei der Eintracht die moderne Raumdeckung eingeführt hatte, an die Isar wechselte, zog Dettmar Cramer an den Main um. Trotz erheblicher Sprachprobleme (Klaus Augenthaler 1997: „Im Vergleich zu Gyula Lorant spricht Trapattoni perfekt deutsch") kehrte der neue Besen zunächst recht ordentlich. Aus den ersten vier Spielen unter Lorants Regie holte der FCB sechs Punkte, aber anschließend stellte sich wieder das alte Bild ein. Am letzten Spieltag setzte es für den FC Bayern in Kaiserslautern eine 0:5-Niederlage.

Trotz des schlechten Abschneidens in der Meisterschaft wurde Gerd Müller – gemeinsam mit seinem Kölner Namensvetter Dieter – mit 24 Treffern zum siebten und letzten Male Torschützenkönig. Und der tapfere Sepp Maier, der in den letzten vier Bundesligaspielzeiten nicht weniger als 242mal hatte hinter sich greifen müssen, was einem Schnitt von fast 1,8 Gegentoren pro Spiel entsprach, wurde zum „Fußballer des Jahres" gewählt.

Im DFB-Pokal erlebte der FC Bayern seine erste dicke Blamage. Nach mühsamen Siegen gegen den 1. FC Saarbrücken (2:1) und Eintracht Trier (3:1) unterlag der FC Bayern beim Zweitligisten FC Homburg 1:3. Es war nicht der letzte Reinfall des FC Bayern in diesem Wettbewerb. Fortan verfolgte das Fußballvolk – sofern es nicht mit den Bayern sympathisierte – die Auftritte der Münchener bei DFB-Pokalspielen in der frohen Erwartung, daß der Goliath gegen David scheitern würde.

Im UEFA-Cup, an dem der FC Bayern erstmals teilnahm, überstand die Mannschaft die ersten beiden Runden nur deshalb problemlos, weil sie sich mit zweit- und drittklassigen Gegnern auseinandersetzen mußte. Gegen Mjøndalen IF siegte man 8:0 und 4:0, gegen Marek Stanke Dimitrov 3:0 und 2:0. In der dritten Runde traf der FC Bayern mit Eintracht Frankfurt auf einen Bundesligisten. Obwohl die Frankfurter in der Liga nur oberes Mittelmaß waren, setzte es zwei Niederlagen. In Frankfurt verlor der FCB 0:4, in München vor nur 13.000 Zuschauern 1:2.

Das Ausscheiden aus UEFA- und DFB-Pokal sowie die schlechte Plazierung in der Bundesliga bedeuteten, daß der FC Bayern in der Saison 1978/79 in keinem europäischen Wettbewerb vertreten sein würde. Die letzte europalose Saison des FC Bayern lag mit 1968/69 bereits acht Jahre zurück.

Bei der WM 1978 in Argentinien spielte von den sechs Bayern-Akteuren, die vier Jahre zuvor Weltmeister geworden waren, nur noch Sepp Maier mit. Neu dabei war vom FC Bayern Karl-Heinz Rummenigge. Die Bayern-Ära der Nationalmannschaft war nun Vergangenheit.

1978/79: Ein Autokrat und 16 Revoluzzer

Zur Saison 1978/79 durfte der FC Bayern die Heimkehr eines „verlorenen Sohnes" feiern. Von Eintracht Braunschweig wurde Paul Breitner verpflichtet. 1,96 Mio. DM kostete den FC Bayern seine Rückkehr. In Braunschweig hatte Breitner eine enttäuschende Saison verlebt. Seinem Führungsanspruch mochte niemand folgen, und alleine konnte er es auch nicht richten. Breitner schoß zwar in 30 Spielen zehn Tore, aber mehr als der 13. Platz war für die „Jägermeister" nicht herausgesprungen.

Der „Leithammel" Breitner sollte nun die Krise der Bayern beheben helfen. Neudecker mochte den „Revoluzzer" zwar noch immer nicht, wußte aber dessen Qualitäten als Fußballer und Antreiber zu schätzen und sprang deshalb über seinen schwarzen Schatten. Für Verein und Mannschaft sollte sich die Investition lohnen, nicht indes für den Präsidenten. Das Team benötigte nach Beckenbauers Weggang dringend einen neuen Häuptling. Der zweite Coup Neudeckers bestand in einer Vertragsverlängerung für Karl-Heinz Rummenigge. Eine neue Achse nahm Gestalt an, die bald „Breitnigge" getauft wurde.

In der Hinserie präsentierten sich die Bayern zunächst nicht anders als ein Jahr zuvor: Zum Auftakt verlor man bei Borussia Dortmund 0:1, um im folgenden Spiel den MSV Duisburg mit 6:2 aus dem Olympiastadion zu fegen. Eine Woche später gab es „auf Schalke" eine 0:1-Niederlage, aber am 5. Spieltag konnten die Bayern mit einem 2:0-Sieg auf der Bielefelder „Alm" nach 22 Monaten erstmals wieder auswärts einen doppelten Punktgewinn verbuchen.

In den folgenden Wochen eskalierte die Auseinandersetzung zwischen Trainer Lorant und Breitner, der auch während seiner zweiten Karricre beim FC Bayern die Konfrontation nicht scheute. Unterstützt wurde Breitner vor allem von Uli Hoeneß. Das sensationelle Ausscheiden in der zweiten Runde des DFB-Pokals daheim gegen den Zweitligisten VfL Osnabrück (4:5) bedeutete zusätzliches Öl im Feuer. Der immer noch am Knie lädierte Hoeneß sollte eigentlich längst beim Hamburger SV spielen, doch dessen Manager Günter Netzer forderte eine Arthroskopie, die der Spieler entschieden ablehnte. Daraufhin nahm ihn Neudecker wieder auf, aber der Trainer wollte Hoeneß keinen Stammplatz garantieren. Als die Differenzen mit dem Trainer nicht mehr zu kitten waren, wechselte Hoeneß zum 1. FC Nürnberg. Am 16. Spieltag verlor eine lustlos agierende Bayern-Elf bei Fortuna Düsseldorf mit 1:7. Man konnte sich nicht des Eindrucks erwehren, daß einige Bayern-Akteure bewußt ins Fortunen-Messer gelaufen waren. Gyula Lorant nach dem Spiel: „Ich habe meinen Spielern ausdrücklich verboten, daß sie alle auf Abseits spielen. Das geschah entgegen allen Abmachungen." Und an die Adresse von Breitner und Rummenigge gewandt: „Sie haben sich hängen lassen." Als Lorant eine Woche später im Krankenhaus lag, tönte Breitner: „Wir werden beweisen, daß wir Herrn Lorant ohne weiteres entbehren können." Woraus jedoch zunächst nichts wurde, denn die Hinrunde endete mit einer 0:1-Pleite gegen den HSV.

Im Februar gab Lorant schließlich auf. Nachfolger wurde sein Co-Trainer und Landsmann Pal Csernai. Bei den Spielern war Csernai außerordentlich beliebt, da er sie in seine Entscheidungen mit einbezog. Aber Neudecker betrachtete Csernai lediglich als Interimslösung. Als neuer Cheftrainer schwebte ihm mal wieder sein Bruder im autoritären Geiste vor:

Das 5:1 für die Fortuna. Ein (beabsichtigtes?) Debakel nimmt seinen Lauf.

Max Merkel. Geschäftsführer Fembeck und Manager Schwan zeigten sich wenig begeistert, aber Neudecker „war halt immer ein bißchen für Zucht und Ordnung" (Fembeck).

Die Mannschaft lehnte Merkel entschieden ab. Für sie hatte Neudecker mit seinem Autoritätsfimmel überdreht. Der Präsident hatte den Emanzipationsdrang seiner Spieler offenbar unterschätzt. Das Rad der Geschichte war seit dem Aufstieg in die Bundesliga nicht stehengeblieben – dank des FC Bayern. Das Verhältnis der Spieler zu ihren Vorständen und Arbeitgebern hatte sich erheblich gewandelt, was dem Bayern-Boss offenbar entgangen war. Neudeckers Angestellte waren intelligente und selbstbewußte Großverdiener. Ihr Selbstbewußtsein war nicht zuletzt durch die Politik des FC Bayern stimuliert worden, der für seine balltretenden Angestellten die gesellschaftliche Anerkennung suchte. Der Präsident mußte schließlich in einen Kompromiß einwilligen: Sollte Csernai aus den folgenden beiden schweren Auswärtsspielen in Braunschweig und Mönchengladbach zwei Punkte holen, „dann kann er Cheftrainer bleiben". In Braunschweig erreichten die Bayern ein torloses Remis, doch auf dem Rückflug nach München erfuhr die Mannschaft aus dem Fernseher von der Verpflichtung Max Merkels. Noch im Flugzeug ließ Sepp Maier über den Neuen abstimmen. Die Spieler sprachen sich mit 16:0-Stimmen gegen Merkel und für Csernai aus. Allein schon die Durchführung einer solchen Abstimmung muß für Neudecker unerträglich gewesen sein; heute ist ein solches Procedere längst gang und gäbe. Welch enorme Bedeutung die „Bayern-Revolution" hatte, wird auch daraus ersichtlich, daß Sepp Maier zu den Vorgängen in der „Tagesschau" befragt wurde. Der Aufstand der Bayern-Spieler wurde fast wie eine Staatsaffäre behandelt, und tatsächlich nahmen nicht nur Fußballfans daran Anteil.

Einen Tag nach dem Spieler-Votum, am 19. März 1979, trat Neudecker nach 17 Jahren auf der Kommandobrücke des FC Bayern zurück: „Die Mannschaft hat sich gegen Merkel und damit auch gegen meine Person ausgesprochen. Der Vereinsführung auf diese Weise das Handeln einzuschränken, kann von mir nicht geduldet werden. Deshalb ziehe ich meine Konsequenzen." Neudecker weiter: „Mit einem solchen Kapitän und dieser Mannschaft kann ich nicht mehr weiterarbeiten." Zuvor hatte Neudecker Csernai noch mit einem neuen Zwei-Jahres-Vertrag ausgestattet. Die Geschäftsführung übernahmen bis zum Ende der Saison Schatzmeister Willi O. Hoffmann und Vizepräsident Karl Pfab. Wenig später wurde Hoffmann dann offiziell zum Nachfolger von Wilhelm Neudecker als Bayern-Präsident gewählt. Neuer Schatzmeister wurde Fritz Scherer.

Der volkstümliche Bayern-Präsident Willi O. Hoffmann (rechts) und sein Schatzmeister Fritz Scherer (links). Eingerahmt: Udo Lattek.

Auch wenn der Präsident die Rädelsführer als „Anarchisten" denunzierte: Der Konflikt Breitner/Maier contra Neudecker war nicht in erster Linie politisch motiviert, sondern Ausdruck des Wandels, den der Fußball erfahren hatte. Mit Breitner siegten nicht die „Roten", sondern die Modernisierer. Es war alles andere als ein Zufall, daß sich die vielleicht bedeutendste Spielerrevolte in der Geschichte des deutschen Profifußballs beim FC Bayern ereignete. Und es ist sicherlich auch kein Zufall, daß der FC Bayern heute der einzige Klub der Bundesliga ist, der fast komplett von ehemaligen Spielern geführt wird.

Professionalisierung und Rundumversorgung

Noch vor seinem Abgang hatte Neudecker mit Uli Hoeneß einen Nachfolger für Robert Schwan bestellt, was bei den Spielern nicht nur auf Gegenliebe traf. Im Juli 1979 nahm Hoeneß seine Tätigkeit auf. Mit 27 Jahren wurde er zum jüngsten Manager der Bundesligageschichte. Neben dem Aufbau einer schlagkräftigen Mannschaft, die auch in Europa wieder nach den Sternen greifen sollte, galt sein Hauptaugenmerk dem Ziel, den FC Bayern von seinen Zuschauereinnahmen unabhängiger zu halten. Da der Zuschauerzuspruch stark vom Wetter, vom aktuellen Tabellenstand und vom Spannungsgehalt der Liga bestimmt wurde, erschwerte er eine mittelfristige Finanzpolitik. Deshalb mußten neue Einnahmequellen erschlossen werden. Um an umfangreichere Sponsorengelder heranzukommen, mußte sich der Klub mehr als bisher verkaufen. Denn anders als die aussterbende Spezies des klassischen Mäzens, forderte der Sponsor eine Gegenleistung. Eine noch viel größere und schwierigere Aufgabe war es, die Einnahmen aus den TV-Übertragungsrechten zu erhöhen. Denn dies erforderte eine völlig neue Medienlandschaft und geriet somit auch zum politischen Projekt. Wie sein Vorgänger Schwan erwies sich Hoeneß als ein Mann mit Visionen, der dem Rest der Branche weit voraus war.

Die „Revolution" beim FC Bayern bewirkte einen Modernisierungs- und Professionalisierungsschub, der dem FC Bayern seine Avantgarderolle zurückgab. Paul Breitner beschrieb die Folgen der „Revolution": „Ich habe in diesem Verein eine Rolle übernommen, die viel Verantwortung bedeutet. Wir haben jetzt einen Manager, mit dem ich jahrelang selbst gespielt habe. Wir haben den Spielbetrieb um die Mannschaft herum fast perfekt auf die Bedürfnisse der Spieler abgestimmt. Wir haben einen neuen Präsidenten und einen neuen Trainer bekommen. In dieser Phase habe ich die Möglichkeit gehabt, gewisse Erfahrungen einzubringen, die ich bei Real Madrid gemacht hab': Was es heißt, eine Mannschaft zu führen, was es heißt, eine Mannschaft zu betreuen, und was es heißt, auf alle Bedürfnisse einzugehen, die eine Mannschaft während des Spielbetriebs und auch außerhalb des Spielbetriebs hat."

Mit der „Revolution" wurde das Umfeld der Mannschaft weiter perfektioniert. Hierzu gehörte auch die medizinische Abteilung. Breitner: „Damals, als ich vom FC Bayern zu Real Madrid ging, war in der Bundesliga überhaupt nichts von dem Bewußtsein zu spüren, daß wir das Kapital der Vereine sind, daß wir wie hochgezüchtete Traber oder Galopper eben sehr vorsichtig und auch sehr bewußt von der medizinischen Seite her betreut werden müssen. Als ich 1974 wegging, haben wir nicht einmal eine Unterwasserwanne gehabt, wir haben überhaupt nichts gehabt, kein Gerät, gar nichts. Ich hab' in Madrid gesehen, daß man es auch anders machen kann. (...) Wir haben nun versucht, einen optimalen Physiotherapeuten, sprich Masseur, zu bekommen, der mehr kann, als nur die Muskeln zu lokkern, sondern der auch ein bißchen was weiß von Verletzungen, Zerrungen, Muskelfaseranrissen. Wir haben versucht, einen Vereinsarzt für uns zu gewinnen, der wirklich rund um die Uhr für die Mannschaft da ist, den man auch mitten in der Nacht anrufen kann. Wir haben es in Verbindung mit diesen Leuten geschafft, daß wir in unserer Geschäftsstelle, das heißt, bei den Umkleidekabinen, bei den Duschen, dort, wo wir uns umziehen und auf das Training vorbereiten, eine medizinische Abteilung haben, die wirklich den Anforderungen der Bundesliga gerecht wird."

Das erste Post-Neudecker-Spiel fand am 24. März 1979 in Mönchen-gladbach statt. Der FC Bayern spielte wie befreit auf, demonstrierte Fußball allererster Güte und gewann 7:1. Die Gladbacher waren mit diesem Ergebnis sogar noch gut bedient. Denn hätten die Bayern nicht wiederholt Pfosten und Latte getroffen und einige hochkarätige Chancen vergeben, wäre auch eine zweistellige Niederlage möglich gewesen. Dreifacher Torschütze war Karl-Heinz Rummenigge, neben Breitner der überragende Mann auf dem Platz. In den verbleibenden zehn Meisterschaftsspielen kassierten die Bayern nur noch eine Niederlage, beim 2:4 in Nürnberg. Am letzten Spieltag gewann der FCB beim neuen Meister Hamburger SV mit 2:1, ein Sieg mit Symbolgehalt. In der Endabrechnung belegte der FCB den 4. Platz und zählte damit nach zwei Jahren des Übergangs und der Abstinenz wieder zu den Top-Teams der Liga, und mit der kommenden Saison war er sogar wieder meisterschaftsreif.

Neben Wilhelm Neudecker gab es in der Saison 1978/79 beim FC Bayern noch einen weiteren Verlierer: Gerd Müller. Am 3. Februar 1979 war der „Bomber" im Frankfurter Waldstadion zum ersten Mal überhaupt in seiner Bundesligaufbahn ausgewechselt worden. Acht Minuten vor dem Abpfiff nahm Trainer Csernai Müller wegen „Formschwäche" aus dem Spiel. Das erzürnte Denkmal: „Das lasse ich mir nicht gefallen." Bereits damals kursierte das Gerücht, Müller leide an einem Alkoholproblem. Zehn Tage nach der Auswechslung von Frankfurt wechselte der Torjäger ablösefrei nach Fort Lauderdale in die USA. Paul Breitner, der neue „Leithammel", war auch am Weggang des Bombers nicht ganz schuldlos. Karl-Heinz Rummenigge: „Mit Bomber Gerd Müller (...) ging's rapide bergab. Er verfiel wie ein Denkmal aus bröselndem Sandstein. Breitner hetzte gegen ihn. So sehr, daß Müller einem Freund gestand: 'Ich habe schon Angst, wenn ich ihn nur sehe.'"

1979/80: „Breitnigge"

Die neue Saison begann für den FC Bayern alles andere als berauschend. Zunächst wurde Sepp Maier, das letzte verbliebene Glied der genialen Bayern-Achse der 70er, bei einem Autounfall lebensgefährlich verletzt. Maier wollte seine Karriere unbedingt fortsetzen, aber Pal Csernai erteilte derartigen Plänen eine Absage, um die neue Hierarchie mit Paul Breitner an der Spitze nicht zu gefährden. Für Maier kam der junge Walter Junghans zwischen die Pfosten, der es kurzzeitig sogar zum B-Nationalspieler brachte. Nach zehn Spieltagen hatte der FC Bayern erst 11:9 Punkte auf seinem Konto. Gegen Meister Hamburger SV, der sich als härtester Titel-konkurrent entpuppen sollte, hatte man am 3. Spieltag daheim vor 78.000 Zuschauern 1:1 gespielt. In Mönchengladbach hatte der FC Bayern 1:2 ver-loren, in Frankfurt (2:3), und zu Hause gegen den 1. FC Köln (1:2) war man ebenfalls leer ausgegangen. Insbesondere Karl-Heinz Rummenigge steckte in einer Krise. Doch die Bayern gerieten nicht in Panik, und dem Psychologen Csernai gelang es, Rummenigge wieder aufzurichten, indem er ihm eine Sonderrolle gestattete und von sämtlichen Deckungsaufgaben entband.

Am 11. Spieltag gewann der FCB bei Werder Bremen 4:1, bis heute der höchste und zugleich auch letzte Bayern-Sieg an der Weser. Bis zum Ende der Hinserie gab der FC Bayern nur noch einen Punkt ab, nämlich beim 1:1 am 17. Spieltag in Braunschweig. Der Rückrundenstart verlief zunächst wenig verheißungsvoll. Der FCB unterlag am 18. Spieltag in Leverkusen 0:1, und 14 Tage später ging auch das Spitzenspiel in Hamburg verloren. Vor 61.000 Zuschauern gewann der HSV im Volksparkstadion 3:1. Doch Pal Csernai blieb ruhig und ließ sich in seinem Optimismus nicht beirren: „Die Meisterschaft liegt im Bereich unserer Möglichkeiten." Der Trainer sollte recht behalten, denn der FC Bayern blieb in den folgenden zehn Spielen ungeschlagen und holte 18:2 Punkte. Gegen Werder Bremen gewannen die Bayern 7:0, wobei Rummenigge, Breitner und Dieter Hoe-neß jeweils zwei Tore erzielten.

Der jüngere Bruder des Bayern-Managers war dessen erste Verpflich-tung gewesen. Nur läppische 175.000 DM mußten die Bayern für ihn an den VfB Stuttgart überweisen, da seine Ablöse festgeschrieben war. Obwohl der große Blonde mit dem etwas verschlafenen Blick in der Vor-saison für den VfB immerhin 16 Treffer markiert hatte, fragte sich so man-cher damals, was ein Klub mit dem Renomee und den Ambitionen eines FC Bayern mit diesem doch oft recht unbeholfen wirkenden Spieler anzu-fangen gedachte und ob es sich bei seiner Verpflichtung nicht eher um einen klassischen Fall von „Familienwirtschaft" handeln würde. Bruder Uli: „Es war zwar ein Super-Transfer, aber für mich ganz schwierig. Mir wurde noch Jahre später vorgeworfen, daß ich meinen Bruder immer bevorzugt behandeln würde. Dabei war ich strenger zu ihm als zu ande-ren." In der Öffentlichkeit wurde gemunkelt, Hoeneß sei der Spitzenver-diener im Team. Nachdem Hoeneß in der Vorbereitungsphase wiederholt zu glänzen wußte, jubelte ihn die Boulevardpresse vorschnell zum Super-star hoch, was den Neid einiger Kollegen provozierte. Die ersten Meister-schaftsspiele verbrachte die Neuerwerbung häufig auf der Bank, weshalb der Stürmer sich schon bald mit Abwanderungsgedanken trug. Doch der sympathische „Lange" sollte sich als ausgesprochener Glücksfall erweisen und wurde für den FC Bayern der richtige Mann zum richtigen Zeitpunkt. In seiner ersten Saison beim FC Bayern erzielte er wie im Vorjahr 16 Treffer. Vor allem aber langte Hoeneß in Europapokalbegegnungen zu, was ihm den Spitznamen „Mister Europacup" einbrachte.

Das letzte Spiel der Siegesserie war das Derby gegen den TSV 1860. Vor 78.000 Zuschauern gewann der FCB nach meisterlichem Spiel 6:0. Eine Gala-Vorstellung bot erneut die Achse „Breitnigge", die sich zum Hirn und Herz des neuen Bayern-Spiels entwickelt hatte und fast blind verstand. Rummenigge später: „Paul war mein bester Partner, dabei haben wir nie über einen Spielzug oder Taktik geredet, die Laufwege und das Zuspiel wurden nie trainiert. Alles geschah intuitiv. Als Paul aus Braunschweig zurückkam, sagte er nur das zu mir: Geh' nie über die Mittellinie zurück! Den eigenen Strafraum sah ich dann nie mehr." Breitner, der vom dynamischen Außenverteidiger zum Spielgestalter mutiert war, und Rummenigge erzielten in dieser Saison 39 der insgesamt 84 Bayern-Tore. Breitner pflegte bald besonders wichtige Tore seines Partners in folgender Weise zu zelebrieren: Er stürmte auf Rummenigge zu, nahm dessen Haupt in beide Hände, rieb seinen Bart an dessen Wangen und drückte ihm anschließend einen Kuß ins Gesicht. Die prüde FIFA nahm diese Szene zum Anlaß, sich mit den Gefühlsausbrüchen bei Fußballspielen zu beschäftigen. Im Oktober 1981 veröffentlichte sie ihr Verdikt: „Das ist unmännlich, übertrieben gefühlsbetont und deshalb (!) unangebracht." Sogar über Sanktionen wurde diskutiert, allerdings ohne Ergebnis.

Am 31. Spieltag verlor der FC Bayern bei Borussia Dortmund zwar 0:1, aber drei Siege in den verbleibenden drei Spielen brachten am Ende einen Vorsprung von zwei Punkten auf den Hamburger SV. Mit 84 Toren erzielte der FCB die zweitmeisten Treffer (nur der HSV kam auf zwei mehr), und 33 Gegentore bedeuteten die beste Abwehr. Zum ersten Mal seit sechs Jahren hieß der Deutsche Meister wieder FC Bayern München, obwohl die Neuerwerbungen vor der Saison mit Wolfgang Dremmler, Hans Weiner, Wolfgang Kraus und Dieter Hoeneß relativ namenlos waren. Die Meisterschaftsfeier geriet zu einer der größten und ausgelassensten in der Geschichte des Vereins, so daß Paul Breitner ein altes Urteil revidieren durfte: „Mensch, kann dieser Scheißverein jetzt feiern", bemerkte der Kapitän zufrieden. Karl-Heinz Rummenigge wurde mit 26 Treffern nicht nur Torschützenkönig, sondern gewann auch die Wahl zum „Fußballer des Jahres".

Erfolgsgaranten: Das Duo „Breitnigge" durfte auf dem Marienplatz so manche Trophäe feiern. Zwischen Rummenigge und Breitner: ein dem FC Bayern ergebener Nachwuchsreporter namens Waldemar Hartmann.

Im DFB-Pokal „gelang" dem FC Bayern in dieser Saison allerdings der Blamagen-Hattrick. Nach Homburg 1977/78 und Osnabrück 1978/79 war es nun die SpVgg. Bayreuth, die die Bayern in der dritten Runde stolpern ließ. Die Bayreuther schlugen den FCB 1:0.

Besser lief es zunächst im UEFA-Cup. Der FC Bayern startete mit einem 2:0-Auswärtssieg bei Bohemians Prag. Beim Rückspiel in München mußte der FC Bayern zwar mit dem letzten Aufgebot auflaufen, ließ jedoch beim 2:2 nichts mehr anbrennen. Auch der nächste Gegner stellte den FC Bayern vor keine größeren Probleme. Beim dänischen Vertreter AGF Aarhus gewann der FCB durch zwei Rummenigge-Treffer 2:1. Die Atmosphäre beim Rückspiel war grausam. Während in Aarhus die Arena mit 23.000 Zuschauern ausverkauft war, verloren sich in München nur etwas mehr als 4.000 Zuschauer im weiten Rund des Olympiastadions. Die Teilnahme am europäischen Wettbewerb und die Aufeinandertreffen mit großen Namen waren beim Bayern-Anhang längst eine Selbstverständlichkeit, weshalb Teams wie Aarhus nur die Hartgesottensten der Hartgesottenen mobilisieren konnten. Die Bayern-Führung ließ erstmals wissen, daß die europäischen Wettbewerbe in ihrer hergebrachten Form die sportlichen und finanziellen Bedürfnisse des Vereins nicht mehr befriedigen könnten. Präsident Hoffmann: „Bei den Spielen der ersten Runden kann man nichts gewinnen, weder sportlich noch finanziell." Der FC Bayern besiegte die dänischen Gäste 3:1 und durfte sich nun auf einen attraktiveren Gegner freuen.

Gegen Roter Stern Belgrad war dann erstmals etwas Stimmung in der Bude. 37.000 Zuschauer – fast ein Drittel von ihnen Arbeitsimmigranten aus Jugoslawien – sahen einen 2:0-Sieg der Bayern, die bereits alles hätten klar machen können. Doch kurz vor Schluß vergab Breitner die große Chance zum 3:0, indem er einen Strafstoß verschoß. So mußte der FC Bayern im Rückspiel noch einmal kräftig zittern. Nach 50 Minuten führten die Belgrader 3:0, und die Bayern schienen schon so gut wie ausgeschieden. Doch Breitner und Co. gaben nicht auf. Zwei Tore von Dieter Hoeneß sicherten dem FCB doch noch den Einzug ins Viertelfinale. Mit dem FC Bayern, Borussia Mönchengladbach, VfB Stuttgart, Eintracht Frankfurt und dem 1. FC Kaiserslautern waren nicht weniger als fünf der acht verbliebenen Vereine Bundesligisten. Den Bayern wurden die Lauterer zugelost. Auf dem Betzenberg verlor der FCB 0:1. Auch im Rückspiel gingen zunächst die Lauterer in Führung. Doch wie bereits gegen Roter Stern Belgrad gelang es den Bayern auch dieses Mal, durch enormen Einsatzwillen den Spieß noch einmal umzudrehen. Am Ende gewann der FC Bayern 4:1. Zweifacher Torschütze war erneut Dieter Hoeneß.

Im Halbfinale kam es zu einem weiteren bundesligainternen Duell, was den Bayern-Anhang aber offensichtlich langweilte. Jedenfalls wollten nur 14.000 das Hinspiel gegen Eintracht Frankfurt sehen, das der FCB mit 2:0 gewann. In Hessen war das Interesse am Wettbewerb und am Gegner ungleich größer. 50.000 kamen ins Waldstadion. Durch zwei Treffer des österreichischen Nationalspielers Bruno Pezzey konnten die Gastgeber den Vorsprung der Bayern aus dem Hinspiel egalisieren. In der Verlängerung erhöhten die Frankfurter zunächst auf 3:0, aber 14 Minuten vor Schluß gelang den Bayern durch Dremmler der Anschlußtreffer, was zum Finaleinzug gereicht hätte. Doch die Frankfurter spielten sich nun in einen wahren Angriffsrausch. Zwei weitere Treffer, darunter ein vom heutigen Löwen-Trainer Lorant verwandelter Elfmeter, sorgten für einen 5:1-Sieg der Eintracht, die sich anschließend auch noch in den Endspielen gegen Borussia Mönchengladbach durchsetzen konnte.

Als die deutsche Nationalmannschaft im Juni in Rom Europameister wurde, stand mit Karl-Heinz Rummenigge, der zum besten Spieler der EM gewählt wurde, nur ein Bayern-Akteur in der Endspielformation. Kein

Wunder, daß Paul Breitner kein gutes Haar an der Derwall-Elf ließ und einen fundamentalen Wandel im Nationalmannschaftskick ausmachte: „Nichts gegen die Sieger von Rom, sie sind immer noch die Besten, aber – mit Verlaub gesagt: ein Cullmann, ein Dietz, ein Zehnkämpfer Briegel, ein Allofs in seiner Italienform hätten 1972 gerade vorm Fernseher ihren Stammplatz gehabt... Vom Weltklasse-Fußball zur Kraftmeierei...“

1980/81: Seriensieger

In der Saison 1980/81 konnte der FC Bayern die Meisterschaft erfolgreich verteidigen. Einer 0:3-Niederlage am 3. Spieltag in Düsseldorf folgte eine Serie von 18:0 Punkten. Darunter auch ein 2:1-Sieg vor 78.000 Zuschauern im Olympiastadion gegen den Hamburger SV, der erneut der härteste Widersacher im Titelkampf war. Wenige Wochen später verstärkte sich der HSV durch einen alten Bekannten: Im November 1980 kehrte der mittlerweile 35jährige Franz Beckenbauer aus den USA in die Bundesrepublik zurück und feierte an der Alster ein Wiedersehen mit Branco Zebec.

Die Serie der Bayern riß am 13. Spieltag beim Angstgegner Kaiserslautern, der gegen den Spitzenreiter 4:2 gewann. Anstatt eines Alleingangs an der Spitze folgte eine wenig meisterliche Talfahrt von lediglich 15 Punkten aus 13 Spielen. Ein Grund hierfür war der häufige Ausfall von Paul Breitner, bei dem sich Verschleißerscheinungen bemerkbar machten. Karl-Heinz Rummenigge fehlte dadurch der geniale Vorbereiter. Acht Spiele hintereinander, vom 13. bis zum 21. Spieltag, blieb Rummenigge ohne Treffer. Den Endpunkt der Mittelmäßigkeit bildete ein 1:1 im Derby gegen die Löwen, das nun für 13 Jahre das letzte sein sollte, da der Lokalrivale erneut den Weg in die Zweitklassigkeit antreten mußte. Das Remis blieb bis zur Saison 1996/97 der letzte Punktverlust des FC Bayern in einem Meisterschaftsspiel gegen den Lokalrivalen. Das Hinspiel hatte der FC Bayern 3:1 gewonnen, aber mehr als der Sieg sorgte ein Top-Zuschlag von 100 Prozent für Gesprächsstoff. Obwohl es sich um ein Heimspiel der Löwen handelte, schob deren Schatzmeister Müller dem Bayern-Manager die Schuld zu: „Diese Idee ist nicht auf meinem Mist gewachsen, doch Manager Uli Hoeneß hat gesagt, der FC Bayern sei eben eine Topmannschaft, und er sehe den Zuschlag so auch für das Derby als gerechtfertigt an.“ Viele Fans quittierten dies mit Wegbleiben. „Nur“ 53.000 kamen ins Olympiastadion, ca. 25.000 weniger als bei den beiden vorausgegangenen Derbys. Allerdings war wohl auch der ungewohnte Dienstagabend dafür verantwortlich.

Nach dem 1:1 am 26. Spieltag gegen den TSV 1860 ging der FC Bayern in der Bundesliga nur noch als Sieger vom Platz – 16:0 Punkte und 30:5 Tore lautete die Bilanz aus den verbleibenden acht Partien. Gegen Eintracht Frankfurt gewann der FCB 7:2 (zur Pause stand es noch 0:0!), bei Borussia Mönchengladbach mit 4:1. Die eigentliche Wende war bereits kurz vor dem Derby erfolgt. Am 25. Spieltag sah es beim Spiel der Bayern im Hamburger Volksparkstadion zunächst nach einer Vorentscheidung für den HSV aus. Die Hanseaten hatten zu diesem Zeitpunkt einen Vorsprung von drei Punkten vor den Bayern, und nach 54 Minuten führte der Gastgeber und Tabellenführer mit 2:0. Doch die Achse „Breitnigge" krempelte mal wieder die Ärmel hoch, packte erfolgreich die Brechstange aus und schaffte noch den Ausgleich. Die Treffer erzielten Rummenigge und Breitner, wobei das 2:2 erst in der letzten Minute fiel. Dieter Hoeneß: „Wir hatten damals die Kerle, die ein Spiel noch herumreißen konnten." Wie tief der Schock bei den Hamburgern saß, wurde einen Spieltag später deutlich. Bei Borussia Dortmund ging der HSV mit 2:6 unter, und der Kaiser wurde von einem jungen türkischen Spieler namens Erdal Keser getunnelt.

Am Ende betrug der Vorsprung des Meisters Bayern München auf Vizemeister Hamburg vier Punkte. Auch das Torverhältnis der Münchener war deutlich besser. Mit 89 Toren erzielten die Bayern mit Abstand die meisten Treffer, und 41 Gegentore bedeuteten die zweitbeste Abwehr. Trotz seiner zwischenzeitlichen Flaute kam Karl-Heinz Rummenigge in dieser Saison auf 29 Treffer, eine Zahl, die seither nicht mehr erreicht wurde. Dabei war ihm Paul Breitner nicht nur mit Vorlagen behilflich. Gegen Ende der Saison verzichtete der etatmäßige Strafstoßschütze zweimal zugunsten von Rummenigge und leistete somit seinem Kollegen Schützenhilfe im Zweikampf mit Dortmunds Manfred Burgsmüller. Breitner wurde in diesem Jahr als bis heute letzter Bayern-Akteur zum „Fußballer des Jahres" gekürt. Für Karl-Heinz Rummenigge war die Saison 1980/81 die schönste seiner zehnjährigen Bayern-Zeit. „Die große Bayern-Elf aus den 70er Jahren erlebte damals eine Wiedergeburt, wir hatten eine perfekte Mannschaft. Taktisch spielten wir die totale Raumdeckung; die Pärchen paßten optimal zusammen; die Mischung zwischen Häuptlingen und Indianern stimmte; und mental waren wir unheimlich stark. Weil es auch menschlich hundertprozentig stimmte. Nach den Spielen gingen wir meist essen und zogen durch die Diskotheken."

Die „Frankfurter Rundschau" schrieb Jahre später über diese Meisterschaft: „Von den vielen Meisterschaftsfotos, die in der Geschichte der Bundesliga bislang entstanden sind, kann die Momentaufnahme im Münchener Olympiastadion mit am wenigsten überzeugen. Bis auf Karl-Heinz Rummenigge, der mit entblößter Brust und triumphierender Geste die Schüssel in die Höhe reckt, vermittelt das Bild eher verhaltene Freude. Die Mienen der schwitzenden Kicker, die gerade ihre Arbeit gegen Absteiger Bayer Uerdingen erledigt haben (4:0), verraten die Gelassenheit von Seriensiegern." Allerdings gab es im Bayern-Team einen großen Verlierer: Flügelflitzer Kalle Del'Haye, der zu Saisonbeginn von Borussia Mönchengladbach gekommen war, absolvierte lediglich 13 Spiele für seinen neuen Klub. Böse Zungen behaupteten, man habe Del'Haye ohnehin nur geholt, um die Gladbacher zu schwächen.

Im DFB-Pokal schlug der FC Bayern zunächst den Klassenkollegen Arminia Bielefeld 2:0. In der zweiten Runde erwartete der FCB das unterklassige Team von Waldhof Mannheim und tat sich mal wieder furchtbar schwer. Vor nur 5.000 Zuschauern gewannen die Bayern zwar 4:2, aber bis zur 78. Minute lagen sie mit 1:2 im Rückstand. In der folgenden Runde mußte der FC Bayern auf den Lauterer Betzenberg, der seinen Ruf als „Bastion" erneut bestätigte. Der 1. FC Kaiserslautern gewann 2:1.

Im Europapokal der Landesmeister übersprang der FC Bayern die erste Hürde problemlos. Olympiakos Piräus wurde auswärts 4:2 und in München 3:0 geschlagen. Im Achtelfinale erlebte die Landeshauptstadt endlich mal wieder ein europäisches Fußballfest. Gegen Ajax Amsterdam gewann der FC Bayern vor 50.000 Zuschauern 5:1, wobei Rummenigge und Dieter Hoeneß jeweils zwei Tore erzielten. Das Ajax-Publikum war so frustriert, daß zum Rückspiel nur noch 11.000 kamen. Zwar führte Ajax bereits nach 18 Minuten 2:0, doch die Sensation blieb aus. Neun Minuten vor dem Abpfiff konnte Rummenigge auf 2:1 verkürzen. Auch Banik Ostrau konnte die Bayern nicht ernsthaft fordern. Im Hinspiel bedurfte es zwar eines von Breitner in der vorletzten Minute verwandelten Elfmeters, um mit einem beruhigenden 2:0-Vorsprung zum Rückspiel zu fahren. Dieses gewannen die Bayern dann allerdings 4:2.

Im Halbfinale mußte der FC Bayern an die gefürchtete Liverpooler Anfield Road reisen. Der Landesmeistercup wurde in diesen Jahren von den englischen Teams dominiert. Seit dem letzten Triumph der Bayern war der Cup jedes Jahr auf die Insel gegangen. 1976/77 und 1977/78 hieß der Sieger FC Liverpool, 1978/79 und 1979/80 Nottingham Forest. Auch die wiedererstarkten Bayern konnten die Serie nicht brechen. Zwar ertrotzte man an der Anfield Road nach einem großartigen Kampfspiel ein torloses Remis, aber ein 1:1 im Rückspiel in München bedeutete, daß der FC Bayern ungeschlagen ausschied. Das Remis beendete eine Serie von 21

Siegen in 21 Europapokalbegegnungen im Olympiastadion. Im Finale gewannen die Engländer gegen Real Madrid mit 1:0. Für Karl-Heinz Rummenigge war das Ausscheiden eine verpaßte Chance. Der Stürmer Anfang der 90er: „Ich ärgere mich heute noch darüber, daß wir nicht den Europapokal holten. Es wäre viel leichter gewesen als heute, denn mit Liverpool und Real Madrid zählten wir zu den besten Mannschaften Europas."

1981/82: Der Mann mit dem Turban

Vor der Saison 1981/82 wurde der FC Bayern als Top-Favorit gehandelt. Der zweite Titel-Hattrick galt so gut wie sicher, zumal nachdem die Bayern einen Start von 10:0 Punkten hingelegt hatten. Außerdem mußte Konkurrent Hamburg auf seinen Star Kevin Keegan verzichten, der nach England zurückgekehrt war. Aber dem Österreicher Ernst Happel gelang es, dem HSV einen neuen Stil einzutrichtern, der an Modernität nichts zu wünschen übrig ließ. Der HSV spielte offensiv und aggressiv, praktizierte das sogenannte Pressing und verstand sich auch im Aufstellen der Abseitsfalle. Eine wahre Torlawine überrollte die Bundesliga. Der HSV erzielte 95 Treffer, die zweitbeste Marke seit den legendären 101 Toren der Bayern aus der Saison 1971/72. Aber nicht nur der HSV liebte in dieser Saison die Offensive. Mit 1.079 Toren wurden nach 34 Spieltagen die zu diesem Zeitpunkt drittmeisten in der Geschichte der Bundesliga notiert.

Ihre erste Niederlage kassierten die Bayern am 6. Spieltag beim 1:3 in Braunschweig. Auch die folgenden beiden Auswärtsspiele gingen verloren, in Dortmund mit 0:2, beim 1. FC Köln, der ebenfalls um den Titel mitspielte, gar mit 0:4. Die vierte Auswärtsniederlage in Folge ereignete sich am 12. Spieltag ausgerechnet im Hamburger Volksparkstadion. Der FC Bayern unterlag dem HSV 1:4. Aus Münchener Sicht war die Niederlage etwas unglücklich, denn bis zur Halbzeit kontrollierte man die Partie und lag auch 1:0 in Führung. Die HSV-Treffer drei und vier fielen erst in den letzten sechs Minuten. Auch das Rückspiel konnten die Hamburger gewinnen. Vor 78.000 Zuschauern im Olympiastadion lagen die Bayern zur Halbzeit erneut in Front. In der 64. Minute konnte Dieter Hoeneß gar auf 3:1 erhöhen. Doch die Meisterschaftsträume währten nur kurz. Über die Münchener ergoß sich eine ähnlich kalte Dusche wie eine Saison zuvor über den HSV. Zunächst konnten von Heesen und Hrubesch ausgleichen. In der Schlußminute gelang Hrubesch dann sogar noch der 4:3-Siegtreffer. Franz Beckenbauer mußte bei diesem Spiel zuschauen. Nur noch zehnmal wurde der Kaiser in dieser Saison eingesetzt, denn Ernst Happel hatte in dem erst 20jährigen Holger Hieronymus einen talentierten Nachfolger gefunden.

Der HSV-Sieg bedeutete nicht nur einen empfindlichen Bodenverlust im Kampf um die Meisterschaft, sondern auch das Ende einer Serie von 43 Heimspielen ohne Niederlage. In der Endabrechnung belegten die Bayern fünf Punkte hinter Meister HSV und zwei hinter Vizemeister 1.FC Köln den 3. Platz. Bester Torschütze des FC Bayern war in dieser Bundesligasaison Dieter Hoeneß, der 21 Tore erzielte und damit beim Kampf um die Torjägerkanone ebenfalls den 3. Platz belegte. Für den „Langen" war dies zugleich seine beste Torausbeute in zwölf Jahren Bundesliga.

Obwohl im Titelkampf unterlegen, beendete der FC Bayern auch diese Saison nicht trophäenlos. Im DFB-Pokal wurden zunächst die Amateurvereine SC Jülich (8:0) und SC Neckargerach (5:1) ausgeschaltet. Auch Borussia Dortmund (4:0) und der Freiburger FC (3:0) stellten die Bayern vor keine Probleme. Im Viertelfinale mußte der FCB zum SV Werder reisen. In der 25. Minute gingen die Bremer durch einen von Reinders verwandelten, aber fragwürdigen Elfmeter 1:0 in Führung. Aber wieder einmal drehten Breitner und seine Mitstreiter ein scheinbar verlorenes Spiel noch um. In der 78. Minute besorgte der Häuptling höchstpersönlich den Ausgleich. 16 Minuten später, das Spiel war mittlerweile in der Verlängerung, erzielte Breitner auch noch den 2:1-Siegtreffer. Nur wenige Tage zuvor war Uli Hoeneß bei einem Flugzeugabsturz als einziger Insasse mit dem Leben davongekommen. Breitner, der eine Nacht lang an Hoeneß' Krankenbett gewacht hatte, wollte deshalb zunächst nicht spielen. Nach dem Abpfiff widmete der Kapitän seine beiden Treffer dem Freund: „Ich will nicht sentimental sein. Aber wenn ich jemals für jemanden Tore geschossen habe, dann diesmal für Uli."

Nach einem 2:1 im Halbfinale gegen VfL Bochum kam es beim Endspiel in Frankfurt zum bayerischen Derby mit dem 1. FC Nürnberg, der in der Bundesliga zu diesem Zeitpunkt noch im Abstiegskampf steckte. Zur Halbzeit führte der Außenseiter vor 61.000 Zuschauern sensationell, aber völlig verdient mit 2:0. Zu allem Überfluß drohte den Bayern auch noch das Aus von Dieter Hoeneß, der sich bereits in der 13. Minute bei einem Zusammenprall mit dem Nürnberger Vorstopper Reinhardt eine klaffende und stark blutende Platzwunde an der Stirn zugezogen hatte und nur noch mit einem „Turban" weiterspielen konnte. „Dieter, komm, beiß die Zähne zusammen, wir brauchen dich", beschwor Pal Csernai seinen kopfballstarken Sturmtank. Hoeneß wurde in der Kabine genäht. In der 54. Minute gelang Rummenigge der Anschlußtreffer, elf Minuten später Kraus der

Ausgleich. In der 72. Minute verwandelte Breitner einen Foulelfmeter zur 3:2-Führung. Den Schlußpunkt setzte aber „der Mann mit dem Turban", der in der 89. Minute mit seinem Schädel (!) den 4:2-Endstand besorgte. Zuvor hatte Hoeneß bereits per Kopf zwei Tore vorbereitet. Eine elfjährige Abstinenz, in der der FC Bayern wiederholt bereits in den ersten Runden über unterklassige Gegner stolperte, war beendet. Der FC Bayern gewann seinen sechsten DFB-Pokal mit folgenden Spielern: Müller, Weiner, Beierlorzer (25. Niedermayer), Augenthaler, Horsmann, Kraus, Dürnberger, Breitner, Dremmler, D. Hoeneß, Rummenigge.

Im Europapokal der Landesmeister gewann der FC Bayern in der ersten Runde gegen Östes Växjö auswärts 1:0 und daheim 5:0. In der zweiten Runde wurde Benfica Lissabon ausgeschaltet. Im Hinspiel in der portugiesischen Hauptstadt trennte man sich 0:0. Beim Rückspiel in München gelang Dieter Hoeneß ein Hattrick, und die Bayern gewannen 4:0. Im Viertelfinale traf der FCB auf Universitatea Craiova. Die Achse „Breitnigge" schoß auswärts einen 2:0-Sieg heraus, so daß im Rückspiel bereits ein 1:1-Unentschieden zum Weiterkommen reichte. Im Halbfinale mußten die Bayern zunächst zum Armeeklub ZSKA Sofia reisen. Bereits nach 18 Minuten schien die Bayern-Mission hoffnungslos gescheitert zu sein, denn die Bulgaren führten mit 3:0. Aber noch vor dem Halbzeitpfiff konnten Dürnberger und Dieter Hoeneß auf 3:2 verkürzen. Die Bulgaren erzielten zwar kurz nach Wiederanpfiff ein viertes Tor, aber in der 82. Minute besorgte Breitner den 4:3-Endstand. Drei auswärts erzielte Tore bedeuteten eine hervorragende Ausgangsposition für das Rückspiel, das zum Abend des Duos „Breitnigge" wurde. Zweimal Breitner, zweimal Rummenigge hießen die Torschützen beim klaren 4:0-Sieg.

Mit dem Birminghamer Klub Aston Villa hatte sich bereits zum sechsten Mal hintereinander ein englisches Team für das Meistercupfinale qualifiziert, das in Rotterdam stattfand. Vor dem DFB-Pokal-Finale hatte Paul Breitner orakelt: „ Dieses Finale in Frankfurt ist für uns viel schwieriger als das in Rotterdam. Weil es das erste ist. Gewinnen wir, fahren wir ganz locker und cool nach Holland und werden gewiß auch das zweite Finale gewinnen. Bei einer Niederlage liegt in Rotterdam ein solcher Druck auf uns, daß wir uns dann dieses Finale selbst schwerer machen, als es eigentlich ist. Haben wir vor dem Finale gegen Aston Villa bereits Meisterschaft und Pokal verspielt, bietet Rotterdam die allerletzte Chance, statt der erträumten drei und der geplanten zwei Titel gerade noch mal einen Titel zu gewinnen." Doch auch aus den geplanten zwei wurde nichts. Vor 45.000 Zuschauern dominierten die Bayern zwar das Spiel über weite

Aston Villa – FC Bayern 1:0. Dieter Hoeneß und Paul Breitner können ihr Pech noch nicht fassen.

Strecken und verzeichneten auch eine Reihe von Einschußmöglichkeiten, doch das Tor des Tages erzielte in der 67.Minute der Gegner. Einen der seltenen Konter der Engländer verwandelte White zum 1:0. Der „Guardian" schrieb: „Die Deutschen sahen bis zum Gegentreffer wie der sichere Sieger aus." Aber auch nach dem Führungstreffer der Engländer hatten die Bayern noch ihre Chancen. Drei Minuten vor dem Abpfiff versetzte Dieter Hoeneß den Villa-Keeper Spink, aber Schiedsrichter Konrath entschied auf Abseits. „Diese Saison hätte ein bösartiger Regisseur gegen uns nicht schlimmer gestalten können", resümierte ein enttäuschter Pal Csernai.

Die anschließende Fußballweltmeisterschaft in Spanien verlief für das DFB-Team nicht gerade glorreich, obwohl die Nationalelf erst im Finale an Italien scheiterte. An dem wenig begeisternden Spielstil der deutschen Kicker waren die Bayern – Karl-Heinz Rummenigge, Wolfgang Dremmler und vor allem Paul Breitner – nicht unbeteiligt. Breitners Rückkehr in die Nationalmannschaft, die auch von der Boulevardpresse betrieben wurde, war bei einigen Funktionären und Spielern, namentlich Bernard Dietz, dem Kapitän der EM-Elf von 1980, auf Bedenken gestoßen. Doch Derwall setzte sich durch, kürte Breitner gar zum Kapitän, während Dietz aus dem Kader verbannt wurde und zu Hause bleiben mußte. Dietz schrieb später über die Ankunft Breitners im Kreis der Nationalmannschaft: „Es läßt sich nicht leugnen, daß sich damit die Atmosphäre in unserem Kreis abrupt änderte. Wo wir vorher ungezwungen locker miteinander umgingen, spürte man plötzlich Verkrampfung. Cliquen bildeten sich plötzlich wieder. Was über 2 1/2 Jahre an kameradschaftlichem Miteinander funktionierte, war von heute auf morgen vorbei. (...) Jeder ist, wie er ist, und er ist nun mal sicherlich nicht ein Mann, der sich ein- und unterordnet, wie wir alle es bis dahin im für mich richtigen Verständnis von Teamgeist praktizierten."

1982/83: Verletzungspech und finanzielle Probleme

Mit dem Belgier Jean-Marie Pfaff konnte der FC Bayern einen neuen Mann zwischen den Pfosten begrüßen. Die Premiere der neuen Nummer eins ging allerdings gehörig in die Hose: Beim Saisonauftakt in Bremen lenkte der spätere Weltklassekeeper einen Einwurf von Uwe Reinders ins eigene Netz, und Werder gewann mit 1:0. Nach dem Abschied von Sepp Maier war die Torhüterposition zum wunden Punkt des Bayern-Spiels geworden. Walter Junghans, der stark begonnen hatte, und Manfred Müller erwiesen sich als zuwenig konstant und letztlich für einen Klub mit den

Ansprüchen des FC Bayern nicht gut genug. Pfaff nahm seinen Lapsus aus dem Bremen-Spiel gelassen: „Dieses Tor war positiv für mich. Ich war sofort überall bekannt; vom Fernsehen wurde es zehnmal wiederholt." Die restlichen 33 Spieltage machte der Belgier vor allem durch phantastische Paraden von sich reden. Die Vorstandsetage gelangte zu der Erkenntnis, daß Pfaff „der beste Einkauf seit Jahren" sei. Während Junghans und Müller im Vorjahr noch 56 Treffer kassiert hatten, mußte Pfaff in seiner ersten Saison nur 33mal hinter sich greifen. Gemeinsam mit dem Hamburger SV verzeichneten die Bayern die wenigsten Gegentore. Das Meisterschaftsrennen machten allerdings erneut allein die Hanseaten, und dies mit acht Punkten Vorsprung auf den FC Bayern, der Vierter wurde. Hauptsächlicher Widersacher der Hamburger war der Nachbar Werder Bremen, der erst im Vorjahr wieder aufgestiegen war und lediglich aufgrund des schlechteren Torverhältnisses scheiterte. Der HSV gewann in dieser Saison im übrigen auch als letzte deutsche Mannschaft bis zum Champions League-Sieg von Borussia Dortmund 1997 den Europapokal der Landesmeister.

Die Bayern spielten gegen den späteren Meister zweimal unentschieden – 2:2 daheim und 1:1 in Hamburg. Beim Spiel im Olympiastadion, vor der Saisonrekordkulisse von 72.000, kam es zu tumultartigen Szenen, als Schiedsrichter Eschweiler in der 91. Minute im Strafraum der Bayern auf den Elfmeterpunkt zeigte. Bayern-Verteidiger Horsmann war nach einer Magath-Flanke gehechtet und hatte im Fallen den Ball versehentlich mit dem Arm gestreift. Fans des FCB machten Anstalten, den Platz zu stürmen, so daß ein Spielabbruch drohte. Erst nach einer fünfminütigen Unterbrechung konnte der längste Strafstoß der Bundesligageschichte ausgeführt werden. Alle Aufregung erwies sich als überflüssig: Nationalspieler „Manni" Kaltz scheiterte an Jean-Marie Pfaff.

Ein wesentlicher Grund, warum die Bayern in den Titelkampf nicht ernsthaft eingreifen konnten, war das große Verletzungspech. Insbesondere in der Rückrunde mußte Pal Csernai immer wieder improvisieren. Der Pechvogel schlechthin war Paul Breitner, der in dieser Saison so ziemlich alle Fußballerverletzungen erlitt: Oberschenkelzerrung, Kapselriß, Bänderriß, Absplitterung im Sprunggelenk. Die Kette der Verletzungen veranlaßten Breitner, schon frühzeitig das Ende seiner Karriere anzukündigen.

Zwei Spieltage vor Saisonende trennte sich der FC Bayern von Pal Csernai. Dem Ungarn mit dem Seidenschal wurde u.a. vorgeworfen, die Arroganz auf die Spitze getrieben zu haben. Hauptsponsor „Iveco" sah in Csernai einen „schlechten Werbeträger". Interimstrainer wurde bis zum Saisonende Reinhard Saftig.

Im DFB-Pokal scheiterte der Pokalverteidiger bereits in der zweiten Runde. Schon die erste Hürde gestaltete sich unerwartet mühevoll. Beim Amateurligisten ASV Bergedorf lag der FC Bayern bis zur Schlußminute mit 0:1 zurück, bevor Dieter Hoeneß noch der Ausgleich gelang. In der Verlängerung ließ Hoeneß drei weitere Treffer folgen. Den Schlußpunkt zum 5:1-Sieg setzte Paul Breitner. Die in den unteren Gefilden der Erstklassigkeit angesiedelte Braunschweiger Eintracht war dann allerdings Endstation. In Braunschweig verloren die Bayern mit 0:2.

Im Europapokal der Pokalsieger überstand der FC Bayern die erste Runde nur dank seines glänzend aufgelegten Keepers und des auswärts erzielten Tores. Bei Torpedo Moskau spielten die Bayern 1:1, im Rückspiel genügte ihnen ein 0:0. In der nächsten Runde mußte der FC Bayern nach London zu Tottenham Hotspur reisen. Erneut war es Pfaff, der den Münchenern ein Remis rettete. Wie in Moskau hieß es nach 90 Minuten 1:1. Beim Rückspiel lag ein dichter Nebel über dem Rasen des Olympiastadions. Wenn Tore fielen, bemerkten dies viele Zuschauer nur dank der Durchsagen des Stadionsprechers. Trotz der vertrauten Edgar-Wallace-Atmosphäre hatten die Londoner die größeren Probleme. Der FC Bayern behielt die Orientierung und gewann mit 4:1. In der dritten Runde wartete auf den FC Bayern erneut ein britischer Gegner. Gegen den schottischen Vertreter FC Aberdeen kam der FC Bayern daheim über ein 0:0 nicht hinaus. Im Rückspiel dominierten die Bayern zwar die Partie und gingen zweimal durch Augenthaler und Pflügler in Führung, aber 13 Minuten vor Schluß verwandelten die Schotten innerhalb von nur 40 Sekunden einen 1:2-Rückstand in eine 3:2-Führung. Aberdeen gewann später auch das Endspiel gegen Real Madrid.

Zum ersten Mal seit drei Jahren war der FC Bayern wieder trophäenlos geblieben. Vor allem aber plagten den Klub finanzielle Probleme, obwohl Schatzmeister Scherer nach der Hinrunde vermelden konnte: „Vom Finanziellen her können wir auf die erfolgreichste Vorrunde seit Vereinsbestehen zurückblicken und unsere Schulden auf 1,5 Millionen Mark reduzieren." Hierzu hatte vor allem der erfreuliche Zuschauerzuspruch beigetragen. Dennoch blieb die Situation angespannt. Als Pal Csernai seine Fühler nach seinem für Ajax Amsterdam spielenden Wunschkandidaten Sören Lerby ausstreckte, mahnte ihn Präsident Willi O. Hoffmann: „Das ist unser letztes Geld, überlegen Sie gut." Schatzmeister Scherer gab später zu: „Wir hatten Angst, von oben zu verschwinden."

1983/84: Lattek, die Zweite

Csernais Nachfolger wurde Udo Lattek, dessen zweite Ära nun beim FC Bayern begann. In der Saison 1983/84 mußten die Bayern auf Paul Breitner verzichten. Sören Lerby, der im Mittelfeld sein Nachfolger werden sollte, konnte die von Breitner hinterlassene Lücke nicht auf Anhieb schließen. Aber die Favoritenrolle besaßen die Münchener ohnehin nicht. Klarer Favorit war Titelverteidiger Hamburger SV, dessen Trainer Happel kurz beschied: „Wenn wir nicht Meister werden, ist es ein verlorenes Jahr." Es wurde ein verlorenes, denn dank des besseren Torverhältnisses wurde der HSV vom VfB Stuttgart noch abgefangen. Bis zum vorletzten Spieltag hatten sich noch fünf Teams Chancen auf die Meisterschaft ausrechnen können: Hamburg, Stuttgart, Mönchengladbach, Bremen und der FC Bayern. Die Bayern erreichten in Dortmund nur ein 1:1. Der HSV verlor gegen Frankfurt 0:2, und Stuttgart siegte in Bremen 2:1. Der FC Bayern wurde Vierter, allerdings mit nur einem Punkt Abstand zum Meister. 1.097 Tore fielen in dieser Saison, ein neuer Bundesligarekord. Die Bayern hatten hierzu nicht unerheblich beigetragen, denn mit 84 Toren waren sie die torhungrigste Mannschaft der Liga. Karl-Heinz Rummenigge wurde mit 26 Treffern zum dritten und letzten Male Torschützenkönig.

Daneben gab es noch eine Erfolgsmeldung: Am 15. Spieltag gewann der FC Bayern beim 1. FC Kaiserslautern durch ein Tor von Klaus Augenthaler 1:0. Held des Tages war aber Jean-Marie Pfaff, der einen Elfmeter von Brehme parierte. Der Sieg auf dem Betzenberg war der erste seit acht Jahren. Zuvor hatte es sechs Niederlagen und zwei Unentschieden gegeben. Ein frustrierter Paul Breitner hatte zwischenzeitlich vorgeschlagen, lieber zu Hause zu bleiben und die Punkte „gleich per Post" auf den „Betze" zu schicken. Daß am 23. November 1983 der Bann endlich brach, lag vielleicht an der neuen Kluft, mit der die Bayern aufliefen. Der um psychologische Tricks nicht verlegene Manager Hoeneß ließ die Mannschaft für die Reise an den verfluchten Ort in den Farben der brasilianischen Nationalmannschaft einkleiden.

Im DFB-Pokal mußte der FC Bayern zunächst beim Zweitligisten Hessen Kassel antreten. Lerby und zweimal Michael Rummenigge schossen bereits in den ersten 18 Minuten einen glatten 3:0-Sieg heraus. Der jüngere der beiden Rummenigge-Brüder stand auch schon in der Saison 1982/83 im FCB-Kader, kam jedoch nur auf einen Bundesligaeinsatz. Ein Jahr später war er die Entdeckung der Saison. Rummenigge wirkte in 33 Bundesligabegegnungen mit und erzielte mit zwölf Toren so viele wie später nie

Weltklassekeeper Jean-Marie Pfaff.

wieder. In der zweiten Runde kam es zum Nachbarschaftsduell mit dem in der Bayernliga kickenden FC Augsburg. Vor 25.000 Zuschauern im Augsburger Rosenaustadion gewann der FC Bayern 6:0. Beim Bundesligakollegen Bayer Uerdingen stand es nach 120 Minuten noch immer 0:0, so daß ein Wiederholungsspiel notwendig wurde. Dies gewann der FC Bayern vor nur 7.500 Zuschauern im Olympiastadion durch einen Treffer von Pflügler 1:0. Auf dem Weg ins Finale sollte Uerdingen der einzige Erstligist bleiben. Im Viertelfinale wurde der FC Bayern erneut von einem Drittligisten empfangen. Beim 1. FC Bocholt taten sich die Bayern äußerst schwer. Am Ende stand ein knappes 2:1 zu Buche.

Das Halbfinale gegen den Zweitligisten Schalke 04 sollte dann als eines der größten Spiele in die Geschichte des DFB-Pokals eingehen, das erst mit dem 17. Tor entschieden wurde. Über 70.000 Zuschauer warteten im Gelsenkirchener Parkstadion auf die Bayern. Die Begegnung begann zunächst ganz nach dem Geschmack des Favoriten. Nach zwölf Minuten führte der FCB durch Tore von Karl-Heinz Rummenigge und Reinhold Mathy bereits 2:0. Doch nur eine Minute später gelang Kruse der Anschlußtreffer. In der 19. Minute besorgte das 18jährige Nachwuchstalent Olaf Thon sogar den Ausgleich. Michael Rummenigge gelang im Gegenzug die erneute Bayern-Führung. 3:2 lautete auch der Pausenstand. Nach dem Wiederanpfiff ging es mit dem Toreschießen munter weiter. Wieder war es der junge Thon, der in der 61. Minute den Ausgleich für die Gastgeber schoß. In der 72. Minute brachte Stichler die Schalker zum ersten und einzigen Mal in diesem Spiel in Führung, aber Michael Rummenigge konnte acht Minuten vor dem Abpfiff zum 4:4 egalisieren. In der Verlängerung wurde dann das Dutzend voll gemacht. Zweimal gingen die Bayern durch Dieter Hoeneß in der 112. und 118. Minute in Führung, aber beide Male gelang den Schalkern der Ausgleich – zunächst in der 115. Minute durch Ex-Nationalspieler Dietz, dann in der Schlußminute durch Thon. Der dreifache Torschütze Thon, zweifellos der Spieler des Abends, hatte die Bayern so nachhaltig beeindruckt und geärgert, daß seine Verpflichtung durch den FCB nur noch eine Frage der Zeit war. Zumal das Talent nach dem Schlußpfiff bekannte: „Eigentlich bin ich ja Bayernfan, ich schlafe sogar in deren rot-weißer Bettwäsche." Auch im Wiederholungsspiel boten die Schalker den Bayern lange Zeit erfolgreich Paroli. Vor 40.000 Zuschauern im Olympiastadion lag der FCB durch Tore von Karl-Heinz Rummenigge und Dieter Hoeneß zur Halbzeit mit 2:0 in Führung. Doch erneut konnten die Schalker einen Zwei-Tore-Vorsprung der Bayern ausgleichen. In der 79. Minute erzielte Karl-Heinz Rummenigge schließlich den Siegtreffer zum 3:2.

Wie schon bei den Pokalsiegen der Bayern 1966, 1969 und 1982 fand das Finale in Frankfurt statt. Gegner war Borussia Mönchengladbach. Die von Jupp Heynckes trainierten Gladbacher waren die Überraschungsmannschaft der Saison. In der Bundesliga hatten die Borussen mit dem dritten Platz so gut abgeschnitten wie seit der Vizemeisterschaft 1978 nicht mehr. Bereits vor dem Finale hatte sich der FC Bayern für die kommende Saison der Dienste des besten Borussen Lothar Matthäus versichert. 2,4 Mio. DM mußten die Bayern für Matthäus berappen. Der Wechsel wurde auch als Methode gewertet, den Endspielgegner zu demoralisieren und eine Gladbacher Renaissance im Keime zu ersticken. Jupp Heynckes: „Das ist ein herber Rückschlag. Schließlich wollte ich um Lothar Matthäus eine neue, große Mannschaft aufbauen." „Typisch Bayern", dachten nicht wenige Fußballfans. Zweifeln an seiner Loyalität gegenüber seinem Noch-Arbeitgeber begegnete Matthäus, indem er sich selbst öffentlich in die Pflicht nahm. Er wolle sich „unbedingt mit dem Pokalsieg im Gepäck nach München" verabschieden.

Im Finale bestimmte der FC Bayern zunächst das Geschehen und entwickelte mächtig Druck in Richtung gegnerisches Gehäuse. Aber das erste

Während die Ge-
brüder Rummenigge
den Pokalsieg feiern,
verdrückt der Noch-
Gladbacher Matthäus
einige Tränen.

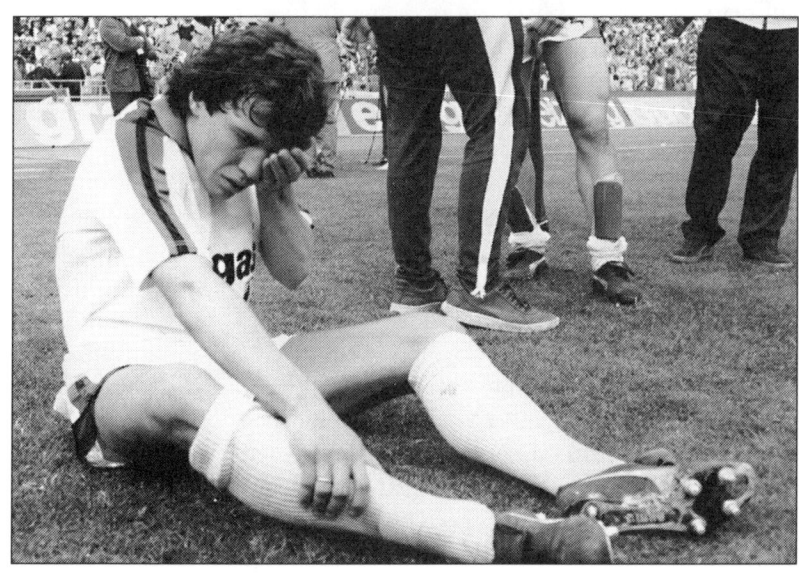

Tor erzielten in der 31. Minute die Gladbacher. Nach einer Ecke von Matthäus verwandelte Mill per Kopf zum 1:0. Auch nach dem Wiederanpfiff berannten die Bayern unentwegt das Gladbacher Tor, scheiterten aber zunächst wiederholt an Torwart Sude, der an diesem Tag wohl das beste Spiel seiner Karriere absolvierte. Der lediglich durchschnittliche Keeper galt ansonsten eher als Achillesferse der Gladbacher Mannschaft. Erst in der 82. Minute konnte Dremmler nach einem Pfostenschuß von Mathy zum 1:1 abstauben. Die Verlängerung blieb torlos, so daß erstmals in der Geschichte des DFB-Pokals ein Finale per ein Elfmeterschießen entschieden werden mußte. Für die Gladbacher trat als erster Matthäus an, der den Ball jedoch völlig verzog und in den Frankfurter Abendhimmel schoß. Da Augenthaler den vierten Bayern-Elfer vergab, mußte auch das Elfmeterschießen verlängert werden. Beim achten Elfmeter fiel dann die Entscheidung. Während der Gladbacher Ringels verschoß, konnte Michael Rummenigge verwandeln und krönte damit seine erfolgreiche Saison. Lothar Matthäus sprach anschließend von der „bittersten Stunde in meiner Laufbahn". Daß nicht nur Matthäus, sondern auch Ringels seinen Elfmeter nicht genutzt hatte, war kein Thema. Geredet wurde nur über Matthäus. Gladbach-Anhänger und Bayern-Hasser behaupteten unisono, der Neu-Bayer sei manipuliert worden und habe seinen Elfmeter bewußt verschossen. Als „Beweis" diente die Tatsache, daß Matthäus nicht gerade knapp und unglücklich gescheitert war. In den folgenden Jahren wurde Matthäus auf dem Gladbacher Bökelberg stets mit „Judas-raus"-Rufen empfangen. Der FC Bayern gewann seinen siebten DFB-Pokal mit folgender Aufstellung: Pfaff, Augenthaler, Martin, Grobe, Dürnberger (58. Hoeneß), Nachtweih, Dremmler, Kraus (46. Mathy), Lerby, K.-H. Rummenigge, M. Rummenigge.

Im UEFA-Pokal bekam der FC Bayern in der ersten Runde lediglich einen schwachen Sparringspartner zugelost, auch wenn man sich im Hinspiel bei Anorthosis Larnaca zunächst schwer tat. Ein Tor von Mathy sicherte einen 1:0-Sieg. Nur 8.000 sahen dann im Rückspiel ein 10:0 der Bayern, bei dem Klaus Augenthaler drei Tore schoß. In der zweiten Runde gab es ein Wiedersehen mit Pal Csernai, der nun das Team von PAOK Saloniki trainierte. Csernai wußte, daß sich seine alte Mannschaft gegen defensiv eingestellte Teams äußerst schwer tat. Entsprechend ließ er spielen. Nach insgesamt 210 Minuten war zwischen den beiden Teams noch immer kein Tor gefallen. Beim anschließenden Elfmeterschießen entschied erst die zehnte Runde über das Weiterkommen. Nachdem der Grieche Maloufas an Jean-Marie Pfaff gescheitert war, schritt der Bayern-Keeper selbst zum Elfmeterpunkt. Pfaff verwandelte gegen seinen griechischen Kollegen, und die Bayern siegten 9:8. In der dritten Runde empfingen die Bayern Tottenham Hotspur. In einem großartigen Spiel traf nur Michael Rummenigge vier Minuten vor dem Abpfiff ins Netz. Das knappe 1:0 sollte sich als zuwenig erweisen. An der Londoner White Hart Lane konnten die Bayern zwar bis zur Halbzeit ein 0:0 halten, aber am Ende hatte Hotspur mit 2:0 die Nase vorn.

Am Ende der Saison wurde Karl-Heinz Rummenigge für 10,5 Mio. DM an Inter Mailand verkauft, bis dahin die höchste Summe, die ein ausländischer Klub jemals für einen Bundesligaspieler auf den Tisch geblättert hatte. Für den FC Bayern ein Glücksfall, denn Rummenigges Karriere hatte ihren Zenit überschritten. Ein oder zwei Spielzeiten später hätte man diesen Preis nicht mehr bekommen. Der Transfererlös trug erheblich zur Sanierung des verschuldeten Klubs bei.

Bei der Europameisterschaft in Frankreich spielten in der Stammformation ein scheidender und ein werdender Bayern-Spieler: Karl-Heinz Rummenigge und Lothar Matthäus. Die enttäuschende DFB-Auswahl schied bereits nach der Vorrunde aus. Franz Beckenbauer unterzog den deutschen Fußball einer längst überfälligen Fundamentalkritik: „Wir büßen für alte Fehler. Auf deutschen Fußballplätzen wurden Leichtathleten herangezogen, keine Fußballer." Einige Tage später trat Jupp Derwall als Bundestrainer zurück. Sein Nachfolger wurde Beckenbauer, der jedoch wegen fehlender Trainerlizenz „Teamchef" genannt wurde. Die „Lichtgestalt" sollte das arg ramponierte Ansehen des deutschen Fußballs aufpolieren helfen. In einer Umfrage des Bielefelder Emnid-Instituts, die sich mit dem Ansehen von Berufsständen beschäftigte, waren die Profi-Fußballer noch hinter Grundstücksmaklern und Finanzbeamten auf dem letzten Platz gelandet.

1984/85: Eine neue Ära

In die Saison 1984/85 ging der FC Bayern ohne große Ambitionen. Nach dem Verkauf von Rummenigge wähnte sich Lattek „auf dem Nullpunkt, mal wieder vor dem Neuanfang". Manager Hoeneß prognostizierte ein „Aufbau- oder Zwischenjahr". Lattek verfügte zwar über einen 26köpfigen Mammut-Kader mit viel Talent, aber große Namen und klare hierarchische Strukturen waren hierin nicht zu erkennen. Erst im Laufe der Saison entwickelte sich der Antreiber Sören Lerby zum neuen Chef auf dem Platz. Neben Matthäus durfte der Trainer an Neuzugängen noch den Zweitligatorjäger Roland Wohlfarth, der vom MSV Duisburg kam, den

Abwehrspieler Norbert Eder vom Absteiger 1. FC Nürnberg und das zuvor beim TSV 1860 kickende Talent Ludwig „Wiggerl" Kögl begrüßen. Aus der eigenen Jugend stieß noch der kleine Manfred Schwabl zum Kader. Latteks Neue schlugen sich prächtig, wie allein schon die Zahl der Bundesligaeinsätze in ihrer ersten Saison dokumentiert. Norbert Eder bestritt sämtliche 34 Spiele, Matthäus war 33mal dabei, Wohlfarth, der in seiner ersten Saison immerhin 12 Tore schoß, 32mal und der dribbelstarke kleine „Wiggerl" Kögl, der bald zum Joker und Publikumsliebling avancierte, 27mal. Lediglich Manfred Schwabl, der später eine Zwischenetappe beim 1. FC Nürnberg einlegte, kam noch nicht zum Zuge. Die Mannschaft ohne Stars legte einen Rekordstart von 12:0-Punkten hin. Erstmals entwickelte sich ein Zweikampf FC Bayern - SV Werder, bei dem der Überraschungssieger – so mußte man in dieser Saison sagen – am Ende die Münchener waren. Die endgültige Entscheidung fiel erst am letzten Spieltag. Die Bayern, die zu diesem Zeitpunkt mit zwei Punkten Vorsprung führten, reisten zur Braunschweiger Eintracht, die Bremer ins Dortmunder Westfalenstadion. Während Borussia Dortmund noch um den Klassenerhalt bangen mußte, waren die Braunschweiger bereits abgestiegen. In der 48. Minute erzielte Dieter Hoeneß nach Vorarbeit von Kögl das goldene Tor im Eintracht-Stadion. Werder verlor bei der Borussia 0:2, und der FC Bayern wurde mit vier Punkten Vorsprung zum achten Male Deutscher Meister. Für Lothar Matthäus war die Ursache des Erfolgs die zunächst fehlende Hierarchie: „Weil viele Spieler Macht haben und ausüben wollten, entwickelte sich ein fruchtbarer Konkurrenzkampf, der das Team nach vorne trieb." „Völlig neu" war für Matthäus „die Medienlandschaft in München, der ständige Rummel selbst beim Training. Nie hatte man Ruhe. Daran mußte ich mich erst gewöhnen." Er tat es, indem er selbst Teil dieser Landschaft wurde.

Die Meisterschaft von 1985 bildete die Basis für eine in der Bundesliga bis heute beispiellose Dominanz eines einzelnen Vereins. In den folgenden fünf Jahren sollte der FC Bayern vier weitere Meisterschaften einfahren. In der Montagsausgabe der alternativen „taz" wurde bald die Bundesligatabelle erst ab Rang zwei abgedruckt.

Im DFB-Pokal schaltete der FC Bayern zunächst die Amateurligisten BV Lüttringhausen (1:0) und TSV Friesen Hänigsen (8:0) aus. Während bei diesen Auswärtsspielen 15.000 bzw. 16.000 Zuschauer den FC Bayern sehen wollten, kamen zum Heimspiel in der dritten Runde gegen den Klassenkollegen Waldhof Mannheim nur 12.500. Der FC Bayern gewann 1:0. Im Viertelfinale siegte der FCB bei Bayer Leverkusen 3:1, wobei sich

Pflügler, Wohlfarth und Kögl (v.l.n.r.) feiern in Braunschweig eine nicht geplante Meisterschaft.

Jean-Marie Pfaff einmal mehr als Elfmetertöter bewährte. Das Halbfinale sah eine Neuauflage des Vorjahrsfinales. Auch diesmal behielt der FC Bayern gegenüber Borussia Mönchengladbach die Oberhand, mußte sich allerdings für den knappen Sieg bei seinem erneut überragenden Keeper Pfaff und Schiedsrichter Heitmann bedanken. Dieser wertete in der Verlängerung einen Sturz von Dieter Hoeneß im Gladbacher Strafraum zur Überraschung der Spieler und der 52.000 auf den Rängen des Olympiastadions als elfmeterreif. Hoeneß, den Gladbachs Keeper Sude anschließend als einen „zwei Meter langen Tolpatsch" bezeichnete, hatte seit seiner Einwechslung wiederholt versucht, Strafstöße zu provozieren. Lerby ließ sich die Chance nicht entgehen und verwandelte in der 100. Minute zum 1:0, bei dem es dann auch blieb. Das DFB-Pokalfinale fand erstmals in Berlin statt und endete mit einer Sensation. Bei ihrer bereits achten Finalteilnahme gingen die Bayern erstmals nicht als Sieger vom Platz. Anstelle der favorisierten Münchener holte Außenseiter Bayer Uerdingen den Pokal. Sehr zur Freude der Mehrheit der 70.000 Zuschauer, die zwar beileibe keine Fans der Krefelder waren, aber schon gar nicht den Bayern den Triumph gönnten. Der FCB erzielte zwar in der achten Minute durch seine

Nummer neun (Dieter Hoeneß) die Führung, aber bereits in der neunten Minute konnte Uerdingens Nummer acht (Horst Feilzer) ausgleichen. Das Uerdinger Siegtor zum 2:1-Endstand fiel in der 66.Minute durch Schäfer.

Im Europapokal der Pokalsieger spielte der FC Bayern in den ersten beiden Runden gegen die international zweitklassigen Teams von FK Moss und Trakia Plovdiv. Im ersten Spiel gegen Moss lag der FCB vor nur 5.000 Zuschauern zwar bereits nach zwei Minuten durch ein Tor des Spielers Kollsberg mit 0:1 zurück, erholte sich jedoch von dem Schreck und gewann 4:1. Das Rückspiel in Moss endete 2:1 für den FCB. Erneut wußte nur Kollsberg die Bayern zu ärgern. Gekauft wurde er trotzdem nicht. Erheblich enger wurde es gegen Plovdiv. Im Hinspiel gewann der FC Bayern zwar vor einer erneut enttäuschenden Kulisse von nur 9.500 Zuschauern 4:1, aber im Rückspiel führten die Gastgeber nach 51 Minuten mit 2:0. Die Bayern brachten das Ergebnis über die Zeit und durften sich nun auf attraktivere Gegner freuen.

Gegen den AS Rom fand sich im Olympiastadion mit 60.000 Zuschauern endlich wieder eine Kulisse ein, die an die großen Europapokalereignisse der 70er erinnerte. Der FC Bayern gewann durch Tore von Augenthaler und Hoeneß 2:0 und durfte sich somit gute Chancen auf ein Weiterkommen ausrechnen. Im Rückspiel in Rom konnten die Bayern durch einen von Matthäus verwandelten Elfmeter noch vor der Halbzeit ihre Führung ausbauen. In der 79. Minute fiel zwar der Ausgleich, doch nur eine Minute später erzielte Kögl den 2:1-Endstand. Für „Wiggerl" war es der erste Treffer in einem Pflichtspiel für die Bayern. Die nächste Station war Latteks Wunschgegner FC Everton. Vor 67.000 Zuschauern kam der FCB daheim über ein 0:0 nicht hinaus. Beim Rückspiel im mit 50.000 Zuschauern gut gefüllten Goodison Park brachte Dieter Hoeneß seine Farben zwar nach 38 Minuten 1:0 in Führung, aber am Ende siegten die Gastgeber 3:1. Der FC Bayern war wieder mal am späteren Sieger eines europäischen Wettbewerbs gescheitert, denn mit dem gleichen Ergebnis gewann der FC Everton auch das Finale gegen Rapid Wien.

1985/86: Hoeneß kontra Lemke

Die Saison 1985/86 gilt noch heute als eine der denkwürdigsten der Bundesligageschichte. Für den FC Bayern begann sie allerdings mit einem wunderschönen Eigentor. Beim Saisonauftakt in Uerdingen knallte Helmut Winklhofer den Ball aus 25 Metern in den Winkel des eigenen Gehäuses. Die Bayern verloren mit 0:1, und die Nation wählte Winklhofers Treffer zum „Tor des Monats". Uli Hoeneß war empört: „Eine bodenlose Frechheit, ihn auch noch einzuladen. Wir dürfen uns nicht mehr gefallen lassen, daß die uns vom Fernsehen verarschen. Wir müssen wieder arroganter werden."

Taten folgten auf dem Fuß. Die Saison entwickelte sich bald erneut zum Zweikampf zwischen dem SV Werder und den Bayern. Als die Bremer am vorletzten Spieltag der Hinrunde in München gastierten, verletzte sich Rudi Völler bei einem Foul von Augenthaler so schwer, daß er erst wieder im Rückspiel gegen die Bayern mitwirken konnte – und auch dies nur für zwölf Minuten. Völler war von der Mittellinie aus aufs Bayern-Tor gestürmt, als ihm der Bayern-Libero von der Seite in die Beine trat. Fast noch schlimmer als das Foul war dessen Rechtfertigung durch Udo Lattek: „Spielen Sie mal gegen einen Rudi Völler. Gegen so einen Mann den Ball zu spielen, das ist unmöglich; der ist zu schnell." Man erinnerte sich an einen Aufsatz von Ewald Lienen mit dem Titel „Ellenbogengesellschaft – Gewalt im Sport", geschrieben im Jahre 1983. Dort stand u.a. zu lesen: „Die ständig vorhandene Brutalität in der Bundesliga ist Ausdruck des für unsere Ellenbogengesellschaft typischen Existenzkampfes, den jeder einzelne für sich allein führen soll und muß. Sie ist gleichzeitig Ausdruck des perversen Materialismus unserer Gesellschaft, der dazu führt, daß Spieler ihren eigenen finanziellen Erfolg höher einstufen als solidarisches Verhalten und Gesundheit ihrer Spielerkollegen. (...) Der Bundesligafußball ist (...) zu einem brutalen Existenzkampf heruntergekommen, weil sportlicher Ehrgeiz durch teilweise rücksichtslosen finanziellen Ehrgeiz ersetzt worden ist." Aber man durfte sich auch an eine Aussage von Paul Breitner erinnern: „Ich behaupte: wir müssen die Jugendlichen lehren, foul zu spielen! Das klingt jetzt vielleicht brutal, aber was hilft es, ständig um den heißen Brei herumzureden... Denn eines ist klar, und das gilt für Schüler genauso wie für Bundesligaprofis: Bevor ich dem Gegenspieler erlaube, ein Tor zu schießen, muß ich ihn mit allen Mitteln daran hindern – und wenn ich das nicht mit fairen Mitteln tun kann, dann muß ich es eben mit einem Foul tun. Lieber einen Freistoß als ein Tor. Wer das nicht offen zugibt, der lügt sich was vor – oder er ist kein Fußballer."

Obwohl Augenthaler einige Entlastungszeugen hatte (so meinte Bremens „Manni" Burgsmüller, er „glaube nicht, daß einer versucht, dem Berufskollegen die Knochen einzutreten"), nährte die fatale Mentalität seines Trainers den Verdacht, bei dem Foul habe es sich um einen wohl kalkulierten Akt von Körperverletzung gehandelt, um die Meisterschaftschancen des Konkurrenten zu schmälern. Denn das Opfer war nicht irgendwer, sondern die Seele und größte Trumpfkarte des Bremer Spiels. Völler später: „Eins ist sicher: Mit mir wäre Werder in dieser Saison Meister geworden." Die Bayern gewannen das Duell dank zweier Treffer des eingewechselten Dieter Hoeneß mit 3:1 und konnten so den Abstand zu den Grün-Weißen auf einen Punkt verringern. Dabei spielte der Sieger eine Halbzeit lang in Unterzahl, denn auch die Bayern hatten einen kleinen Verlust zu beklagen: Ein genervter Lothar Matthäus trat gegen Bruno Pezzey nach und wurde des Feldes verwiesen.

Klaus Augenthaler wurde für den Rest der Saison zum Buhmann der Liga. Als der FC Bayern eine Woche später auf dem Mönchengladbacher Bökelberg auflief, begleitete Augenthaler bei jedem Ballkontakt ein gellendes Pfeifkonzert. Seine Gegenspieler attackierten ihn so gnadenlos, als wollten sie ihren Berufskollegen Völler rächen. Augenthaler anschließend: „Heute bin ich Freiwild gewesen. Die haben versucht, mich umzuhauen." Der FC Bayern verlor in Mönchengladbach 2:4, während die Bremer den VfB Stuttgart mit 6:0 abfertigten und mit drei Punkten Vorsprung Herbstmeister wurden.

Trotz des Ausfalls von Rudi Völler schienen die Meisterschaftschancen der Bremer größer zu sein als im Vorjahr. Und nach zwei Vizemeisterschaften 1983 und 1985 war es ohnehin für viele nur rechtens, wenn die Grün-Weißen endlich den Titel holen würden. „Ganz Deutschland steht hinter uns!" verkündete Bremens Trainer Otto Rehhagel, und mit dieser Einschätzung lag er nicht einmal so falsch.

Die ersten acht Spiele der Rückrunde blieb der FCB ungeschlagen. Gegen Uerdingen, Hannover und Saarbrücken schossen die Bayern jeweils fünf Tore. Nach dem Sieg in Hannover prophezeite Udo Lattek: „Wir schnappen Werder noch den Titel weg." Franz Beckenbauer war skeptischer: „Ich glaube schon, daß Werder Bremen es diesmal schafft." Am 26. Spieltag gab es eine eiskalte Dusche: Beim Heimspiel gegen Fortuna Düsseldorf lagen die Bayern nach 50 Minuten 0:3 zurück. Am Ende stand es 2:3, und Sören Lerby erklärte das Meisterschaftsrennen für gelaufen. Doch aus den folgenden sechs Spielen holten die Bayern zehn Punkte. Als der FC Bayern am 33. Spieltag zum Rückspiel an die Weser reiste, war der Vorsprung der Grün-Weißen mittlerweile auf zwei Punkte geschrumpft. Die Bremer spürten wieder den Atem der Bayern im Nacken und wankten. Aus den letzten beiden Spielen hatte Werder nur noch einen Punkt geholt. Und trotzdem: Ein Sieg über die Bayern, und die Meisterschaft wäre perfekt gewesen. Am Abend des 22. April 1986 war Werder im Weserstadion die überlegene Mannschaft, und der FC Bayern mußte sich wiederholt bei

Jean-Marie Pfaff bedanken, daß er nicht in Rückstand geriet. Drei Minuten vor Schluß der Begegnung machte sich Bremen fertig zum Jubeln. Als der eingewechselte Völler erstmals versuchte, in den Strafraum der Bayern einzudringen, prallte der Ball gegen Lerbys Schulter. Schiedsrichter Volker Roth sprach den Gastgebern einen mehr als zweifelhaften Strafstoß zu. Ausgleichende Gerechtigkeit für das Augenthaler-Foul im Hinspiel, dachten nicht nur Werder-Fans. Auf dem Rasen und am Spielfeldrand spielten sich tumultartige Szenen ab. Bayerns Co-Trainer Coordes schoß den Ball auf die Tribüne, was seinen Spielern Zeit gab, Bremens Elfmeterschützen Kutzop zu verunsichern. Kutzop: „Pflügler zog mich am Ohr, ein anderer Bayer bespuckte mich." Dem Bremer, bis dahin der sicherste Elfmetertreter der Liga, versagten prompt die Nerven. Sein Schuß, bis heute der berühmteste, weil tragischste Strafstoß in der Bundesligageschichte, touchierte nur den rechten Pfosten. Jean-Marie Pfaff erinnerte sich Jahre später: „Unser Trainer Lattek hatte mich gut vorbereitet auf Kutzop. 'Bleib' so lange wie möglich stehen, beweg' dich nicht', hatte er mir geraten. Ich hab' mich nicht bewegt, als Kutzop anlief, mich erst ganz spät für die rechte Ecke entschieden. Der Ball flog nach links, und das Geräusch, das dann folgte, höre ich noch heute: Das Klatschen von Leder gegen einen Aluminiumpfosten. Herrlich."

Obwohl es beim Zwei-Punkte-Abstand blieb und den Bremern somit bereits ein Unentschieden am letzten Spieltag in Stuttgart zur Meisterschaft reichte, schien sich das Blatt unaufhaltsam zugunsten der Bayern zu wenden. Die Werderaner wirkten nach dem Spiel blaß, ja fast mutlos, die Bayern indes putzmunter. Es kam, wie es kommen mußte. Am letzten Spieltag siegte der FC Bayern daheim gegen Borussia Mönchengladbach mit 6:0, während eine müde Bremer Mannschaft in Stuttgart mit 1:2 unterlag. Stuttgarts rabenschwarzer Präsident Mayer-Vorfelder ließ die Gesinnungsfreunde von der Isar in ihrem Kampf gegen den SPD-Verein von der Weser nicht in Stich, wobei allerdings auf dem Feld mit Karl Allgöwer ein eher links gepolter Spieler federführend war. „Das war die Hölle", kommentierte Lattek die 90 Minuten von München und Stuttgart. „Das ist ein Traum", korrigierte ihn Sören Lerby. Aufgrund des besseren Torverhältnisses (FCB: 82:31, SV Werder: 83:41) wurde der FC Bayern Deutscher Meister. Die Bayern standen in dieser Saison nur einmal auf Platz eins, und dies am letzten Spieltag. In der Endphase der Saison hatten sich die Bayern als die deutlich nervenstärkere Elf erwiesen, während die Bremer offenbar Angst vor der eigenen Courage bekamen. Die Münchener Niederlage gegen Düsseldorf blieb die einzige in der Rückrunde, und in den letzten

Nach dem Sieg gegen
Mönchengladbach
lassen sich Dieter
Hoeneß (mit Schale)
und Pflügler von den
Fans feiern.

acht Spielen kassierte man nur drei Gegentreffer. Werder drohte das Schicksal eines „ewigen Zweiten". Innerhalb von vier Jahren war man dreimal „Vize" geworden, zweimal nur aufgrund des schlechteren Torverhältnisses.

Das Duell der Bayern mit dem SV Werder war von den beiden Managern während der Saison zum Politkampf hochstilisiert worden. Viele Linke hielten es mit dem SV Werder, allerdings nicht wegen der Bremer Spielästhetik. Das Daumendrücken für Werder war Pragmatismus pur. Die Bayern standen für Geld, Macht und Arroganz. Ihre Nähe zur CSU und ihre Sympathien für die von den Linken immer noch nicht verwundene Wende von 1982 waren weithin bekannt. Als Bremens Keeper Dieter Burdenski vor laufender Kamera erklärte, „die Bayern sind die arroganteste Mannschaft der Bundesliga. Für den deutschen Fußball wäre es besser gewesen, wir hätten den Titel geholt", nickten allerdings nicht nur die Anhänger der Bonner Oppositionsparteien. Selten wurde ein Deutscher Meister so gehaßt wie der von 1985/86. Was der Freude bei den Bayern jedoch keinen Abbruch tat – im Gegenteil.

Wie sehr der Bayern-Manager und einige seiner Mitstreiter den Titelkampf auch als politisches Ereignis begriffen, dokumentierte die Meisterschaftsfeier, die fast schon einem Wahlabend in einer Parteizentrale glich. Als das Bayern-Team in der St.-Emmerans-Mühle bei Oberföhring eintraf, saß Ministerpräsident Franz-Josef Strauß mit Tochter und Sohn bereits am gedeckten Tisch. Strauß: „Ich freue mich wie ein Kind über die Meisterschaft." Daraufhin Uli Hoeneß: „Daß Herr Strauß heute abend da ist, das ist für mich die größte Freude." Anschließend rechnete Hoeneß mit seinem Bremer Widersacher ab: Willi Lemke sei „ein Volksverhetzer. Der hat uns als Feindbild aufgebaut. Das war Klassenkampf, reine Ideologie: Wir die arroganten Millionarios, sie die Underdogs der Bundesliga." Lemke müsse lernen, „daß er nicht mehr bei der SPD ist, die leider an zweiter Stelle steht, aber hoffentlich dort noch lange stehen wird".

Nur eine Woche später durften die Bayern erneut feiern. Nach der Meisterschaft holten sie auch den DFB-Pokal, das nach 1969 zweite „Double" in der Geschichte des Klubs. Der Weg ins Finale erfolgte fast ausschließlich über Auswärtsspiele. In der ersten Runde siegte man bei Kickers Offenbach 3:1, und in der zweiten Runde wurde mit dem gleichen Ergebnis beim 1. FC Saarbrücken gewonnen. In der dritten Runde hieß es beim VfL Bochum auch nach 120 Minuten noch 1:1, so daß die Bayern in den Genuß ihres einzigen Heimspiels kamen. Sören Lerby wurde zu diesem Spiel aus Dublin eingeflogen, wo er für Dänemark gegen die Republik Irland um die WM-Qualifikation gespielt hatte. Als die Dänen nach 58 Minuten 3:1 führten, durfte Lerby das Spielfeld verlassen, um zum Flughafen zu hasten, wo ein gecharterter Jet auf ihn wartete. Vom Düsseldorfer Flughafen ging es dann im Porsche zum Ruhrstadion, wo Lerby noch 75 Minuten mitwirkte. Der Däne spielte innerhalb von sechs Stunden in zwei verschiedenen Ländern 133 Minuten Fußball.

Das Wiederholungsspiel sicherte sich der FCB vor nur 6.500 Zuschauern mit 2:0. Im Viertelfinale siegte man auf dem Kaiserslauterner Betzenberg souverän 3:0. Die Lauterer Fans sangen „Brehme raus!", denn kurz vor dem Spiel war der Wechsel des Abwehrspielers zum FC Bayern bekannt geworden. Nach dem 2:0-Halbfinalsieg bei Waldhof Mannheim traf der FC Bayern im Endspiel ausgerechnet auf seinen „Meistermacher" VfB Stuttgart, und nicht wenige Fans der Bayern dachten unmittelbar nach dem Meisterschaftsgewinn wie Dieter Hoeneß: „Die haben so toll gekämpft, von mir aus kann der VfB jetzt ruhig Pokalsieger werden." Doch rechtzeitig zum Anpfiff packte den FC Bayern wieder der Ehrgeiz. Gegen eine schwache Stuttgarter Elf, die zudem noch durch den Ausfall ihres etatmäßigen Keepers Roleder gehandicapt war, gewann der FCB durch drei Tore von Wohlfarth und zwei von Michael Rummenigge 5:2. Für Lothar Matthäus war es in seinem dritten Pokalfinale in Folge endlich der erste Sieg. Dieter Hoeneß nach dem Schlußpfiff: „Irgendwie bedauere ich ja doch, daß wir gewonnen haben." Was damals wohl keiner ahnte: Der DFB-Pokalsieg von 1986 sollte vorläufig der letzte des FC Bayern sein.

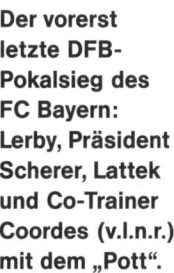

Der vorerst letzte DFB-Pokalsieg des FC Bayern: Lerby, Präsident Scherer, Lattek und Co-Trainer Coordes (v.l.n.r.) mit dem „Pott".

Seither muß der FC Bayern in diesem Wettbewerb fast regelmäßig durch sensationelle Niederlagen den Nachweis liefern, daß der DFB-Pokal seinen besonderen Reiz hat.

Vor dem ersten Spiel im Europapokal der Landesmeister verkündete Lattek: „Jetzt wollen wir endlich den Pokal." Die Herausforderung schien leichter geworden zu sein, da die englischen Teams aufgrund der Katastrophe beim Finale 1985 vom Wettbewerb ausgeschlossen waren. Zunächst schaltete der FC Bayern durch ein 2:1 auswärts und ein 4:1 daheim Gornik Zabrze aus. In der zweiten Runde kam es zum deutsch-österreichischen Duell mit Austria Wien. Im Hinspiel siegte der FC Bayern vor 64.000 Zuschauern im Olympiastadion mit 4:2. Drei der vier Bayern-Treffer gingen auf das Konto von Mathy. Auch das Rückspiel verlief torreich und spannend. In der 71. Minute ging die Austria durch einen gewissen Toni Polster 2:1 in Führung. Ein weiterer Treffer der Wiener hätte für den FC Bayern das Aus bedeutet, doch in der 80. Minute gelang Nachtweih der Ausgleich. Nur zwei Minuten später schoß Michael Rummenigge die Bayern gar in Führung. Der Ausgleich in der 88. Minute durch einen von Polster verwandelten Strafstoß war nur noch von statistischer Bedeutung. Endstation im Europapokal war für die Bayern in der dritten Runde das Brüsseler Team RSC Anderlecht. Der FCB führte zur Halbzeit im Olympiastadion bereits 2:0, aber 18 Minuten vor dem Abpfiff gelang den Belgiern der Anschlußtreffer, die sich damit eine gute Ausgangsposition erarbeiteten. Auch beim Rückspiel hieß es nach 45 Minuten 2:0 für die Heimmannschaft, aber im Gegensatz zu den Bayern brachten die Belgier den Vorsprung über die Zeit.

Nachzutragen bleibt noch ein kleiner Eklat aus der Winterpause, der die zwischenzeitlich fast in Vergessenheit geratene Rivalität zwischen dem FC Bayern und dem nur noch drittklassig kickenden TSV 1860 in Erinnerung rief. Beim Festbankett des FC Bayern zum Münchener Hallenturnier ergriff der angetrunkene Löwen-Präsident Karl Heckl, zugleich auch Mitglied beim FCB, das Mikrophon, um die Anwesenden lautstark mit einem selbst gedichteten Verslein zu malträtieren: „Alle Löwen lachen, wenn die Bayern pleite machen." Hoeneß-Gattin Susi sah sich genötigt, den Mikro-Stecker aus der Dose zu ziehen. Heckl einige Tage später: „Ich hab' halt seit Wochen keinen Champagner mehr getrunken, hätte die Frau Hoeneß den Stecker bloß früher rausgezogen."

Bei der Weltmeisterschaft 1986 in Mexiko wurde das von Franz Beckenbauer trainierte DFB-Team erneut Vizeweltmeister. Vom FC Bayern kamen Klaus Augenthaler, Norbert Eder, Dieter Hoeneß und Lothar Matthäus zum Einsatz, aber nur Eder und Matthäus hatten einen Stammplatz. Als weiterer Bayern-Spieler wirkte bei der WM Jean-Marie Pfaff mit, der mit Belgien Vierter wurde. Im deutschen Lager kam es zum Eklat, als die vier Nationalspieler Augenthaler, Jakobs, Dieter Hoeneß und Uli Stein die DFB-Kaserne verließen, um Land und Leute zu erkunden. Im Hotel durften zwar nicht die Spielerfrauen wohnen, wohl aber die bundesdeutschen Klatschkolumnisten, die öffentlich petzten, daß die vier „Ausbrecher" erst weit nach Mitternacht in die Unterkunft zurückgekehrt waren. Beckenbauer schalt die „Viererbande" „Idioten", woraufhin deren Sprecher Dieter Hoeneß den Teamchef unterbrach: „Stop, du darfst alles zu mir sagen, aber nicht Idiot. Ich weiß, was ich im Kopf hab' und weiß, was du im Kopf hast, und deshalb sagst du nicht Idiot zu mir." Beckenbauer moderater: „So war es ja nicht gemeint, aber was müßt ihr euch auch erwischen lassen!" Daraufhin Hoeneß: „Wir konnten gar nicht anders. Das Camp ist doch hermetisch abgeriegelt. Das war doch generalstabsmäßig vorbereitet von den Kettenhunden der Presse." Der Teamchef verdonnerte die Vier zu Geldstrafen: „Jakobs 5.000 Mark, Hoeneß 5.000 Mark, Augenthaler 5.000 Mark und Stein 10.000 Mark." Die höhere Geldstrafe für Stein begründete Beckenbauer mit den angeblichen Erwartungen einer von der Boulevardpresse manipulierten Öffentlichkeit. Als Stein daraufhin mit dem Rückflug drohte, solidarisierten sich Hoeneß und Augenthaler mit ihm, indem sie ebenfalls um ihr Rückflugticket baten. Dem Kaiser blieb nichts anderes übrig, als alle Geldstrafen zu suspendieren.

1986/87: Rekorde und Pleiten

In der Saison 1986/87 mußten die Bayern auf die Dienste ihres Mittelfeldrackerers Sören Lerby verzichten, der sich dem AS Monaco anschloß. Spektakulärste Neuverpflichtung war Abwehrspieler Andreas Brehme, der auch am WM-Turnier teilgenommen hatte. Vom 1. FC Nürnberg schloß sich der junge und mit großer Spielintelligenz ausgestattete Hans Dorfner den Bayern an. Zum Saisonauftakt kam Borussia Dortmund ins Olympiastadion und verkaufte sich erstaunlich gut. Die Begegnung endete 2:2, und daß die Dortmunder nicht beide Punkte mit nach Hause nahmen, hatten die Bayern Frank Mill zu verdanken. Der umspielte zwar die komplette Bayern-Abwehr einschließlich Keeper Pfaff, brachte dann aber das Kunststück fertig, den Ball vor dem leeren Tor stehend an den Pfosten zu schieben. Obwohl der FC Bayern in der Hinrunde nur eine einzige Niederlage hinnehmen mußte, nämlich am 12. Spieltag daheim beim 0:3

gegen Bayer Leverkusen, quälte er sich mehr durch das Programm, als daß er spielte. Daß die Pleite gegen die Chemie-Truppe der einzige doppelte Punktverlust in der gesamten Saison sein sollte, ahnten zu diesem Zeitpunkt selbst die kühnsten Optimisten nicht. Denn die Souveränität vergangener Jahre schien verflogen zu sein. Den Nationalspielern waren die Strapazen der WM in Mexiko anzumerken, die Mannschaft wirkte erschöpft und ausgelaugt. Nur Pfaff und Augenthaler waren Ausnahmen. Während der Belgier seinen Kasten sauber hielt, erzielte der Libero in Nürnberg, Berlin und „auf Schalke" wichtige Auswärtstreffer. In der Rückrunde konnte Augenthaler allerdings verletzungsbedingt nur viermal über die volle Distanz mitwirken. In der Winterpause, die in dieser Saison so lang war wie noch niemals zuvor, schickte Manager Hoeneß die Mannschaft ins Trainingslager nach Bahrein. Der Betriebsausflug zeitigte die gewünschte Wirkung. In der Rückrunde präsentierte sich ein völlig anderer FC Bayern, der nicht ein Spiel verlor und aus den 17 Begegnungen 29 von 34 möglichen Punkten holte.

Das Titelrennen wurde zu einer langweiligen Angelegenheit. Am 22. Spieltag spielte der FC Bayern beim hartnäckigsten Widersacher Hamburger SV. Vor 61.000 Zuschauern im Volksparkstadion gingen die Münchener durch das erste Bundesligator des Dänen Lars Lunde 1:0 in Führung. In der 81. Minute gelang dem HSV der Ausgleich, aber anstatt den einen Punkt zu verteidigen, bliesen die Bayern zur allgemeinen Verblüffung erneut zum Angriff. Zwei Minuten vor dem Abpfiff nutzte Michael Rummenigge einen kapitalen Fehler von HSV-Keeper Uli Stein zum 2:1-Siegtreffer. Am Ende schafften die Bayern ihren zweiten Titel-Hattrick mit sechs Punkten Vorsprung vor dem HSV. Der dritte Meistertitel in Folge war in der Gesamtwertung der zehnte, womit der FC Bayern den 1. FC Nürnberg als Rekordmeister ablöste.

Im DFB-Pokal gewann der FC Bayern in der ersten Runde bei der nur noch drittklassigen Berliner Hertha 2:1. Der Siegtreffer durch Wohlfarth fiel erst in der 89. Minute. In der zweiten Runde siegte der FCB beim Bundesligaaufsteiger FC Homburg 3:1. Eine Runde später kam dann jedoch das Aus. Erneut mußten die Bayern auswärts antreten. Vor 43.000 Zuschauern im Düsseldorfer Rheinstadion gewann Gastgeber Fortuna, einige Monate später nur noch Zweitligist, klar mit 3:0. Die Entscheidung fiel allerdings erst in den letzten Minuten.

Zu einer der größten Enttäuschungen in der Vereinsgeschichte geriet Bayerns Kampagne im Europapokal der Landesmeister. Die Bayern fühlten sich überreif, den Landesmeistercup endlich wieder nach München zu holen. Vor allem Trainer Udo Lattek wünschte sich dies als Abschiedsgeschenk. Im Hinspiel der ersten Runde gewann der FC Bayern durch zwei Tore von Mathy beim PSV Eindhoven 2:0. Im Rückspiel begnügte man sich mit einem torlosen Remis. In der zweiten Runde gab es ein Wiedersehen mit Austria Wien und Toni Polster. In München gewann der FC Bayern 2:0, in Wien endete die Partie 1:1, wobei Polster erneut ein Tor gegen die Bayern schoß. Die dritte Runde brachte eine weitere Wiedersehensfeier, diesmal mit dem RSC Anderlecht. Der FC Bayern revanchierte sich eindrucksvoll für sein Ausscheiden gegen den gleichen Gegner im Pokalsiegerwettbewerb des Vorjahres. Bereits im Hinspiel in München machten die Bayern alles klar: 5:0 hieß es nach 90 Minuten. Das Rückspiel geriet so zur bloßen Formsache. Trotzdem fanden sich hier deutlich mehr Zuschauer ein als zwei Wochen zuvor in München. Vor 35.000 Zuschauern endete die Partie 2:2, und der FC Bayern stand im Halbfinale. Dort hieß der Gegner Real Madrid. Die Experten bezeichneten die Auslosung als vorweggenommenes Endspiel. 75.000 kamen zum Hinspiel ins Olympiastadion und sahen eine brutal harte Partie, die die Heimmannschaft aber mit 4:1 für sich entscheiden konnte. Die Madrilenen mußten zwei Elfmeter, die Matthäus beide verwandelte, und zwei Platzverweise hinnehmen. Eine der beiden roten Karten traf den kleinen Juanito, der dem am Boden liegenden Matthäus mit beiden Beinen ins Gesicht sprang. Das Opfer: „Ich dachte, der will mich umbringen." Die UEFA verhängte anschließend eine mehrjährige Sperre gegen Juanito.

Für das Rückspiel mußten die Bayern einen heißen Tanz befürchten. DFB-Teamchef Franz Beckenbauer schwante Böses: „In Madrid gibt es Kleinholz." 103.000 Zuschauer erwarteten im Bernabeu-Stadion die Bayern, die auf Matthäus, Dorfner und Michael Rummenigge verzichten mußten. Rauchbomben und bengalische Feuer hüllten das Spielfeld anfangs in einen dichten Nebel. Am Spielfeldrand versetzte Madrids ehemaliger Nationalspieler del Bosque Manager Hoeneß einen Kinnhaken, während sich Jean-Marie Pfaff in seinem Strafraum nicht nur eines Steinhagels erwehren mußte. Auch zwei Messer und eine lange Eisenstange flogen in Richtung des Keepers. Nach einer Viertelstunde drohte ein Spielabbruch. Doch Pfaff ließ sich nicht einschüchtern, sondern avancierte mit schier unglaublichen Reflexen und Paraden zum Held des Abends. Die Madrilenen gingen zwar in der 27. Minute durch ein Eigentor von Wohlfarth 1:0 in Führung, und nur drei Minuten später verloren die Bayern Klaus Augenthaler durch einen Platzverweis, doch letzterer Vorfall wirkte eher noch als Motivationsschub. Die Bayern überstanden Reals Sturmlauf schadlos und durften somit Wien buchen, wo das Finale stattfinden sollte. Gegner war der FC Porto, der als Außenseiter galt.

Die Bayern gaben sich siegessicher. Uli Hoeneß sah sich „am Anfang einer neuen großen Ära", und Fritz Scherer, der im Vorjahr vom Schatzmeister zum Präsidenten aufgestiegen war, hatte bereits seine Sieger-Rede vorbereitet. Obwohl der FC Bayern auf Klaus Augenthaler verzichten mußte, der neun Tage zuvor wegen eines komplizierten Bandscheibenvorfalls operiert worden war und wegen seines Platzverweises von Madrid ohnehin nicht hätte spielen können, lief im Praterstadion zunächst alles wie geplant. Die Masse der 58.000 Zuschauer feuerte die Bayern an, und in der 25. Minute brachte Kögl seine Farben per Kopf 1:0 in Führung. Dies war auch der vollauf verdiente Halbzeitstand. Die Bayern hatten das Spiel klar dominiert und waren immer wieder gefährlich vor des Gegners Tor aufgetaucht. Doch nach dem Wiederanpfiff brach das Bayern-Spiel immer mehr zusammen. Die technisch versierteren Portugiesen erhielten Oberwasser, und in der 78. Minute erzielte der Algerier Madjer mit der Hacke den Ausgleich. Ein Tor, das bis heute in keiner Geschichte des Europapokals fehlen darf. Nur zwei Minuten später gelang dem eingewechselten Brasilianer Juary nach Vorarbeit von Madjer auch noch der Siegtreffer.

Die unerwartete Niederlage wurde für die Bayern-Macher zum Knackpunkt und Alptraum. Noch zehn Jahre später bezeichnete Uli Hoeneß das 1:2 von Wien als größte Enttäuschung seines Lebens. Udo Lattek äußerte nach dem Abpfiff: „Dies ist die bitterste Niederlage meines Lebens. Ich muß mir gratulieren, daß ich aufhöre. Ich bin nicht mehr dazu in der Lage, die Verantwortung dafür zu tragen, daß Spieler nicht das bringen, was sie eigentlich können." Gemeint war vor allem der restlos enttäuschende Lothar Matthäus. Beim anschließenden Bankett wurde Matthäus von Mitspielern, Trainer und Vorstand völlig isoliert. Auch Uli Hoeneß erblickte in Matthäus den Hauptschuldigen: Die Niederlage sei lediglich den „nervlichen Problemen des Lothar Matthäus, nicht aber unserer Auffassung vom Fußball" geschuldet gewesen. Die europäische Presse ergoß sich in Schadenfreude über die Bayern. Die schwedische Zeitung „Expressen": „Endlich hat die Feigheit in einem Europapokalspiel verloren." Mit dem FC Porto habe „das Gute die Oberhand behalten über ein destruktives Profil".

Der schwarze Abend von Wien trübte die Feier des zehnten Meistertitels und den Abschied von Udo Lattek. Nach dem letzten Spieltag floß zwar in der Kabine der Champagner, aber Stimmung wollte nicht aufkommen. Statt dessen schwiegen sich die Spieler betreten an. Hans Dorfner

FC Porto – FC Bayern 2:1. „Wiggerl" Kögl wird auf dem Weg zum gegnerischen Tor angegriffen.

über die Auswirkungen von Wien auf die Moral der Mannschaft: „Die Truppe war nachher völlig am Boden. Die Endphase der Meisterschaft lief fast wie in Trance ab. Der Titel wurde von den meisten nur noch registriert, aber nicht mehr bejubelt. Selbst bei der Meisterfeier ging kaum einer aus sich heraus." Statt eines Europapokalsiegers hinterließ Lattek eine zerstrittene Mannschaft ohne Rückgrad, in der sein Nachfolger viel Aufräumarbeit leisten mußte.

Bei der Verabschiedung von Udo Lattek bemühte man sich, die Fassade zu wahren. Lattek war beleidigt, weil die Bayern ihm eine zweijährige Verlängerung seines Vertrags verweigert hatten. Enttäuscht entschied er sich für eine Offerte des 1. FC Köln, der ihn als Sportdirektor verpflichtete. Udo Jürgens sang zu Latteks Abschied im Olympiastadion „Merci Cherie". Der Trainer zog sich auf dem Rasen bis auf die Unterhose aus und warf seine Kleider in die Südkurve. Immerhin: die Fans wollten bei der Trauerstimmung nicht mitmachen. Einen Tag nach dem letzten Meisterschaftsspiel wurden die Mannschaft und ihr scheidender Trainer auf dem Marienplatz von Zehntausenden Menschen gefeiert. Präsident Scherer verabschiedete Lattek mit den Worten: „Du kamst als Angestellter und gingst als Freund."

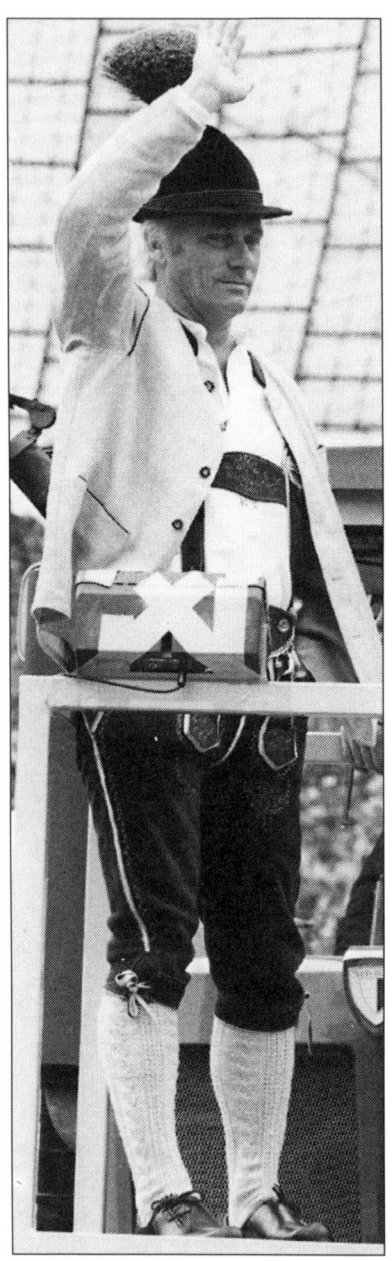

Der FC Bayern verabschiedet seinen erfolgreichsten Trainer.

Im Pausenfüller Supercup traf Meister FC Bayern auf Pokalsieger Hamburger SV. Ein vernachlässigenswertes Ereignis, wäre da nicht der berühmte Faustschlag von Uli Stein gewesen. Der „Stein"-Schlag gegen Bayerns Neuerwerbung Jürgen Wegmann bedeutete für den Keeper das Ende seines siebenjährigen Gastspiels an der Alster. Nachdem Wegmann in der 87. Minute den 2:1-Siegtreffer für die Bayern markiert hatte, fiel er über Stein ins Hamburger Tornetz. Stein bemühte sich später um eine etwas theatralische Darstellung: „Außer sich vor Freude, stößt er (gemeint ist Wegmann, Anm. dsm) einen Schrei aus, der in einem unartikulierten 'Tooaua' endet. (...) Der Zeitraffer rast. Hundertstelsekunden liegen zwischen Reiz und Reaktion. Wir sitzen uns gegenüber wie Kinder im Sandkasten. Unsere Blicke treffen sich. Ich fühle den Blackout kommen. Der Kopf bäumt sich vergebens gegen den Körper auf. Meine Hand ballt sich zur Faust. Ich ergebe mich dem Reflex. Meine Faust schnellt hoch an sein Kinn." Bayern-Manager Uli Hoeneß versuchte vergeblich, zugunsten des gegnerischen Keepers zu intervenieren: „Ich wollte den Schiedsrichter noch vom Platzverweis abhalten, weil's doch nicht so schlimm war." Auch Jürgen Wegmann nahm Stein in Schutz: „Das war keine Absicht. Ich glaube, das war ein Reflex."

1987/88: Ein Rheinländer in München

Zum Nachfolger von Udo Lattek bestellte der FC Bayern Josef „Jupp" Heynckes, was von einigen Beobachtern als Seitenhieb des Managers gegen seinen alten Weggefährten interpretiert wurde. Denn Lattek und Heynckes waren tief verfeindet. Lattek später: „In der Branche muß man mit Neid und Mißgunst leben. Gerade Otto Rehhagel und Jupp Heynckes haben mich immer gehaßt, weil ich sie immer locker weggefegt habe." Doch die Aversion war gegenseitig. Als sich Borussia Mönchengladbach 1979 von Lattek trennte, verdächtigte der Geschaßte die Spieler Heynckes und Vogts als Drahtzieher. Der neue Bayern-Trainer hatte zwar noch keinen Titel auf seinem Konto, besaß aber dennoch einen exzellenten Ruf. Acht Jahre hatte Heynckes die Gladbacher trainiert und sich in dieser Zeit redlich bemüht, den Großen der Branche Paroli zu bieten. In den Spielzeiten 1983/84 bis 1986/87 war seine Mannschaft stets unter den besten Vier zu finden gewesen, was angesichts der geringen finanziellen Mittel, über die der Klub verfügte, als Erfolg gewertet wurde.

Das Titelrennen 1987/88 wurde zum Dreikampf zwischen Bremen, München und Köln. In Köln sorgte der Sportdirektor Lattek anfangs für viel Show und Wirbel, u.a. indem er sich aus Aberglauben weigerte, seinen blauen Pullover zu wechseln und Publikumsliebling Pierre Littbarski aus Paris zurück an den Rhein holte. Doch am 20. Februar 1988 wechselte Lattek als bestens dotierter Chefkolumnist zur neuen Zeitschrift „Sport-Bild". In der Domstadt hinterließ er mit Trainer Christoph Daum einen gelehrigen Schüler.

Heynckes (links) und Lattek noch zu Gladbacher Zeiten.

Die Erwartungshaltung an Heynckes und die Mannschaft war immens groß und wurde zunächst auch bestätigt. Nach drei Spielen hatte der FC Bayern sechs Punkte auf seinem Konto und bereits elf Tore erzielt. Sieben davon gingen auf sein Sturmduo Wohlfarth-Wegmann. Am 2. Spieltag hatte man den Hamburger SV mit 6:0 deklassiert. ARD-Sportmoderator Klaus Schwarze nahm dies zum Anlaß, den Bayern vorzeitig zum Titel zu gratulieren. Uli Hoeneß gab sich realistischer: „Wir spielen jetzt beängstigend gut, fast perfekten Fußball. Aber wir werden aufgrund der kurzen Sommerpause noch in ein Loch fallen." Des Managers Prognose sollte sich früher bestätigen, als ihm recht war. Bereits am 4.Spieltag gab es beim späteren Absteiger FC Homburg eine 2:3-Niederlage. Die Schlappe im Saarland bedeutete das Ende einer beeindruckenden Serie: 25 Spiele in Folge waren die Bayern in der Bundesliga ungeschlagen geblieben. Auch an Heynckes' alter Wirkungsstätte verlor der FCB am 6. Spieltag 0:2. Der Trainer hatte vor der Reise nach Mönchengladbach Mißfallensbekundungen auf dem Bökelberg erwartet, doch das Gegenteil war der Fall. Der Gladbacher Anhang feierte den Neu-Bayern mit frenetischem Beifall und „Heynckes!"-Rufen.

Der Rest der Saison blieb durchwachsen. Meister wurde mit Werder Bremen eine Mannschaft, über die der „Stern" noch vor der Saison getitelt hatte: „Antreten zum Abtakeln". „Wir haben die Vorherrschaft der Bayern gebrochen", jubelte Bremens Kapitän Mirko Votava. Rehhagels Mannen gelang das Meisterstück dank einer starken Defensivleistung. Nur 22 Gegentore waren Bundesligarekord. Die zweitbeste Abwehr hatten die Bayern, die vier Punkte hinter Bremen und punktgleich mit Vizemeister 1. FC Köln Dritter wurden. Die Spiele des FCB gegen den Meister endeten daheim 2:1 und auswärts 1:3. Erfolgreichster Torschütze der Bayern war in dieser Saison Lothar Matthäus, der auf 17 Treffer kam – zwei weniger als der neue Torschützenkönig. Der spielte beim VfB Stuttgart und hieß Jürgen Klinsmann.

In der ersten Runde des DFB-Pokals gewann der FC Bayern dank drei Treffern von Roland Wohlfahrt beim Zweitligisten Rot-Weiß Essen 3:1. Danach stand zum dritten Mal innerhalb von drei Jahren ein Duell mit Borussia Mönchengladbach an. Die Bayern gingen zweimal in Führung, doch nach 120 Minuten stand es 2:2, so daß es zur Neuauflage in München kam. Da es auch in München nach 90 Minuten 1:1 stand, mußte das Spiel erneut in die Verlängerung. Zwei Tore von Michael Rummenigge sicherten den Bayern einen 3:2-Sieg und den Einzug in die dritte Runde. Um 21.34 Uhr wurden die 42.000 Zuschauer im Olympiastadion Zeuge, wie

zum zweiten Mal in der Bayern-Geschichte ein Spieler nachträglich eingeflogen wurde: Heynckes wechselte die walisische Neuerwerbung Mark
Hughes ein, der noch zwei Stunden zuvor in Prag beim EM-Qualifikati-
onsspiel CSSR-Wales mitgewirkt hatte. Unmittelbar nach Spielschluß
hatte Manager Hoeneß Hughes in einem gecharterten Lear-Jet ins Olympiastadion geholt. Die Gladbacher reagierten mit Entsetzen und Unglau-
ben. Von ihrer Bank schallte es „Da kommt doch der Hughes", woraufhin
auf dem Spielfeld Michael Frontzeck ohne hinzusehen antwortete: „Das
geht nicht, der spielt in Prag." Der Manager hätte sich seine spektakuläre
Aktion allerdings sparen können, denn der offensichtlich müde Waliser
wußte keine Akzente mehr zu setzen. In der dritten Runde schlug der FC
Bayern im bayerischen Derby den 1. FC Nürnberg 3:1. Diesmal sahen die
61.000 Zuschauer im Olympiastadion einen frischeren Mark Hughes, der
auch ein Tor erzielte. Im Viertelfinale mußte der FCB beim Pokalverteidiger Hamburger SV antreten und verlor 1:2.

Auch im Europapokal der Landesmeister gab es für den FC Bayern in
dieser Saison nichts zu holen. In der ersten Runde wurde die Hürde Sredec
Sofia mit 4:0 in München und 1:0 in der bulgarischen Hauptstadt problemlos genommen. Gegen den schweizerischen Vertreter Xamax Neuchatel
war allerdings bereits das große Zittern angesagt. Im Burgenland verlor der
FCB zunächst 1:2. Im Rückspiel hätte den Bayern bereits ein 1:0 genügt,
aber um ein Haar wäre selbst daraus nichts geworden. In der 59. Minute
verschoß Matthäus einen Elfmeter. Viele der 28.000 Zuschauer im Olympiastadion hatten bereits die Hoffnung aufgegeben, als Pflügler in der
88. Minute doch noch das 1:0 gelang. In der Schlußminute konnte Wegmann sogar noch auf 2:0 erhöhen. Im Viertelfinale gab es ein Wiedersehen
mit Real Madrid, dem Halbfinalgegner vom Vorjahr. Vor 70.000 Zuschauern stand es in München nach 47 Minuten durch Tore von Pflügler, Eder
und Wohlfarth bereits 3:0. Auch anschließend dominierten die Bayern das
Spiel, aber in der 88. und 90. Minute gelangen den Spaniern durch Butra-
geno und Sanchez doch noch zwei Treffer, die ihre Ausgangsposition fürs
Rückspiel entscheidend verbesserten. In Madrid führte Real vor 90.000
Zuschauern zur Halbzeit mit 2:0. Die Bayern warfen zwar anschließend
alles nach vorne, aber die zweiten 45 Minuten blieben torlos.

Zum ersten Mal seit der Saison 1982/83 war der FC Bayern wieder trophäenlos geblieben. Jupp Heynckes betrachtete die Mischung der Man-
schaft als „überholungsbedürftig" und vollzog einen scharfen Schnitt. Der
Trainer ließ nicht weniger als sechs Nationalspieler ziehen: Matthäus und
Brehme wechselten zu Inter Mailand und füllten die Kasse des FC Bayern.

Mark Hughes kehrte zu seinem Stammverein Manchester United zurück, Norbert Eder wechselte zum FC Zürich in die Schweiz, und Michael Rummenigge wurde der erste spektakuläre Einkauf der aufstrebenden Dortmunder Borussia. Auch Keeper Jean-Marie Pfaff wurde verabschiedet, obwohl sein Vertrag noch bis 1989 lief. Heynckes, einst ein großer Bewunderer des Keepers, mochte nicht mehr länger mit ihm planen und setzte statt seiner auf den jüngeren Raimond Aumann. Zwischen Pfaff und Aumann herrschte eine unerbittliche Rivalität, die sich zuweilen sogar in Handgreiflichkeiten entlud. Pfaffs letzter Auftritt im Olympiastadion erfolgte am 33.Spieltag, als der FC Bayern den VfB Stuttgart mit 2:1 schlug. Während des Spiels wurde der Keeper mit Sprechchören gefeiert, nach dem Abpfiff trugen ihn Fans auf den Schultern vom Platz.

Heynckes Neue waren zum Saisonstart 1988/89 der Schalker Junge Olaf Thon, die Nürnberger Stefan Reuter und Roland Grahamer sowie der Schwede Johnny Ekström, zuletzt in Diensten des italienischen Erstligaabsteigers FC Empoli. Der Wechsel von Reuter und Grahammer verursachte eine nachhaltige Schwächung der Nürnberger. 1987/88 hatte der „Club" noch den 5. Platz und damit den UEFA-Cup erreicht, nun sollte er bis zum letzten Spieltag um den Klassenerhalt zittern müssen.

Viel Geld gab Heynckes für seine neue Mannschaft nicht aus, und Klaus Augenthaler wettete mit Uli Hoeneß um 2.000 DM, daß diese umgebaute Truppe „nie und nimmer" die Meisterschaft erringen würde. Doch der „neue" FC Bayern sollte alle Skeptiker eines Besseren belehren. Die Neuen ersetzten die Abgänge fast problemlos.

Doch bevor das Meisterschaftsrennen angepfiffen wurde, fand in der Bundesrepublik die Europameisterschaft statt. Das Beckenbauer-Team scheiterte im Halbfinale an den Niederlanden, die auch Europameister wurden. Vom FC Bayern spielten Lothar Matthäus, Hans Pflügler und Andy Brehme mit.

Privatfernsehen

Mit Neuem wartete in dieser Saison aber nicht nur der FC Bayern auf. Erstmals waren die Fernsehrechte für die Bundesliga mit RTL an einen Privatsender gegangen. Ufa-Manager Bernd Schiphorst hatte dem DFB ein Angebot unterbreitet, dem dieser nicht widerstehen konnte. Anstatt der 18 Mio. DM, die ARD und ZDF in der Saison 1987/88 gemeinsam bezahlt hatten, war Schiphorst bereit, 40 Mio. DM auf den Tisch zu legen. Die Ufa mußte schließlich insgesamt 190 Mio. DM für die vier Spielzeiten 1988/89

Die Fans des FC Bayern verabschieden Jean-Marie Pfaff.

bis 1991/92 berappen, also zwischen 40 und 55 Mio. pro Saison. Das Publikum, sofern es damals schon die Privaten empfangen konnte, erhielt dafür eine von der Ufa-Tochter „RTLplus" ausgestrahlte über dreistündige Fußballsendung namens „Anpfiff", die von Uli Potofski moderiert wurde und zeitweilig ziemlich nervend ausfiel. „Anpfiff" gelang es zwar noch nicht, die traditionsreiche ARD-„Sportschau" zu verdrängen, „aber ohne uns wäre die Sportschau noch heute konkurrenzlos" (Potofski).

Mit dem Aufstieg der Privaten bot sich für die Bundesliga erstmals die Möglichkeit des Pokerns. Die Öffentlich-Rechtlichen wollten die Rechte nicht abgeben, während die Privaten die Übertragung von Fußballspielen als Mittel zur Imagepflege sahen. RTL-Sportchef Uli Potofski später: „Durch die Fußball-Übertragungen haben wir den Sender hoffähig gemacht." Die Folge war eine bis heute anhaltende Preisexplosion. Als die ARD für die Spielzeit 1964/65 den ersten Globalvertrag mit dem DFB über die TV-Rechte an der Bundesliga abschloß, kostete dieser die Anstalt 647.000 DM. Noch in der Saison 1984/85 wies die Bilanz von Eintracht Frankfurt unter der Position „Fernsehübertragungen" eine Summe von lediglich 249.435,42 DM aus. Als die Bayern 1981 im Halbfinale des Europapokals der Landesmeister gegen den FC Liverpool antraten, mußten sie mit einem Boykott drohen, um 300.000 DM zu erhalten. „Heute bekommen deutsche Klubs zweieinhalb Millionen Mark in der ersten Runde des UEFA-Pokals, wenn sie gegen Famagusta antreten", durfte Uli Hoeneß Jahre später zufrieden feststellen. Insbesondere in den europäischen Wettbewerben sollte sich die Privatisierung der TV-Landschaft bezahlt machen.

War im politischen Bereich die CSU die treibende Kraft der Privatisierung, weil die ARD angeblich „zu rot" war, so profilierte sich in der Bundesliga der FC Bayern, vor allem in Gestalt von Uli Hoeneß. Er warf den öffentlichen Anstalten vor, den Fußball permanent schlecht zu reden. Der Wechsel zu den Privaten bot hier einen erheblichen Vorteil. Deren Abhängigkeit von Werbeeinnahmen implizierte nämlich, daß sie das erworbene Produkt schönreden mußten. Daß sie zudem nach wenigen Jahren erneut beim DFB und den Vereinen um die Senderechte buhlen müssen, verstärkt den Zwang zur geschönten Präsentation des Ligaalltags: Die Auftraggeber müssen bei Laune gehalten werden. Die neue virtuelle Wirklichkeit schlug sich auch in einigen Printmedien nieder, die nicht als Miesepeter dastehen wollten.

Die neue Präsentation des Fußballs trug zweifellos erheblich zum folgenden Boom bei. Obwohl das Fernsehen nun deutlich mehr Fußball zeigte, stiegen die Besucherzahlen stetig an, was die Experten von einem „Synergieeffekt" sprechen ließ. Das Fernsehen vermittelte den Bürgern, daß der Fußball wieder absolut „in" sei, weshalb bald auch diejenigen dabei sein wollten, die das Spiel und seine Austragungsstätten bis dahin eher links liegengelassen hatten. 1988/89 war davon allerdings noch nicht viel zu spüren. Nur 17.631 besuchten im Schnitt ein Bundesligaspiel.

Zweifellos richtig war die Kritik der Bayern, daß der Fußball unter Wert bezahlt würde. Uli Hoeneß: „Wir verlangen von den Anstalten nur den Preis, den sie für Sendungen mit ähnlichen Einschaltquoten bezahlen. Dann sind 100 Millionen ein Pappenstiel, 500 müßten wir kriegen. Die Öffentlich-Rechtlichen haben uns erpreßt, die Zeiten beginnen aufzuhören." Hoeneß propagierte amerikanische Verhältnisse: „In Amerika gibt es reine Fernsehsportarten. Die haben zwar einen Haufen Zuschauer, aber die Einnahmen machen im Verhältnis zum TV und sonstigem Marketing wenig aus. So wird's bei uns auch kommen, an dem Tag, wo es bei uns Pay-TV gibt und die Privaten total da sind." Verglichen mit anderen Showdarbietungen war eine Fußballübertragung äußerst einfach zu bewerkstelligen und verursachte – im Verhältnis zu den hohen Einschaltquoten – geringe Vorbereitungskosten. Die Bayern fochten hier einen Kampf, von dem der gesamte Profifußball profitierte. Und nur der FC Bayern besaß zu diesem Zeitpunkt die hierfür notwendige Kraft. Der Verkaufspreis begann sich nun dem realen Marktwert anzunähern.

Mit den Privaten und den steigenden TV-Einnahmen kamen bald auch die astronomisch dotierten Stars. Freilich kosteten sie die Vereine nicht nur Geld, sie verbesserten auch deren Vermarktungsmöglichkeiten. Auch dies war eine Entwicklung, die Hoeneß nicht nur voraussah, sondern geradezu predigte. Der Manager zu Saisonbeginn in einem Interview: „Wir müssen attraktive Ausländer holen, die heutigen kennt keiner mehr. Weg vom kollektivistischen Denken, hin zum Star, der auch mehr verdienen darf und seine Freiheiten hat. Daran darf sich der Fan reiben, freuen, ärgern."

1988-90: Heynckes contra Daum

Doch zurück zum sportlichen Geschehen. Für Schlagzeilen sorgte in der Saison 1988/89 vor allem der verbale Schlagabtausch zwischen dem FC Bayern (Hoeneß, Heynckes) und Kölns Trainer Christoph Daum, der sogar den Bundespräsidenten auf den Plan rief. Das Großmaul Daum versorgte den FC Bayern und seine Abteilung Attacke mit einem neuen Feindbild. Lattek-Schüler Daum, der bald „Cassius" getauft wurde, tönte, die

Wetterkarte sei interessanter als ein Gespräch mit Jupp Heynckes, und der Bayern-Trainer sei ein Mann, der in letzter Minute immer das sprichwörtliche Pech habe. „Warum sollte sich das jetzt ändern?" Im „Sportstudio" des ZDF zeigte Daum seinem Münchener Kollegen einen Vogel. Später rechtfertigte Daum sein Verhalten: Der Bundesliga habe Langeweile gedroht, „deshalb habe ich etwas Wirbel gemacht". Der eher zurückhaltende und redliche Heynckes schien mit den permanenten und unterhalb der Gürtellinie zielenden Attacken seines Gegenspielers zeitweise überfordert und konnte froh sein, Uli Hoeneß an seiner Seite zu wissen.

Als der Streit zwischen München und Köln eskalierte, sah sich Bundespräsident von Weizsäcker zur Intervention genötigt. Zur Besonnenheit mahnend, erschien er zum direkten Aufeinandertreffen der beiden Teams. Aber erst der überzeugende 3:1-Sieg des FC Bayern bei den Domstädtern beendete das verbale Gefecht und ließ „Cassius" Daum verstummen. Held des Abends war an diesem 31. Spieltag der dreimalige Torschütze Roland Wohlfarth, der zuvor in elf Spielen nicht mehr getroffen hatte. Heynckes vollführte neben und auf dem Spielfeld wahre Luftsprünge. „Ich glaube, meine Mannschaft hat heute auch für mich gespielt und gegen den Trainer des 1. FC Köln", diktierte der erleichterte Sieger den Journalisten, was Kapitän Klaus Augenthaler später bestätigte. Am Ende wurde der FC Bayern mit satten fünf Punkten Vorsprung vor den Kölnern Meister. Bereits am drittletzten Spieltag war die Meisterschaft endgültig entschieden. Der FC Bayern besiegte Bayer Uerdingen mit 5:0, und die Südkurve sang: „Seppl Heynckes, du bist die größte Show." Mit seinem ersten Meisterstück hatte sich der Rheinländer einen festen Platz in den Herzen der treuen Fans erkämpft.

Die Torjägerkrone mußte der FC Bayern mit der Daum-Truppe teilen: Roland Wohlfarth und Klaus Allofs kamen auf jeweils 17 Treffer. Fußballer des Jahres wurde mit Thomas Häßler allerdings ein Kölner.

Im DFB-Pokal begann der FC Bayern mit einem 11:2-Kantersieg über den Zweitligisten Blau-Weiß Berlin. Olaf Thon erzielte in dieser Begegnung fünf Treffer. In der zweiten Runde siegte man beim Amateurligisten TuS Hoisdorf 4:0. Eine Runde später kam allerdings das Aus. Vor nur 7.000 Zuschauern im Olympiastadion unterlagen die Bayern dem Karlsruher SC 3:4.

Spektakulär wurde es im UEFA-Cup. Zunächst schaltete der FC Bayern Legia Warschau (daheim 3:1, auswärts 7:3) und Dunajska Streda (daheim 3:1, auswärts 2:0) aus, bevor er in der dritten Runde mit Inter Mailand einen echten Knüller vorgesetzt bekam. Im Hinspiel in München ver-

Ein Schalker im Trikot des FC Bayern: Olaf Thon.

loren die Bayern vor 70.000 Zuschauern gegen das Team von Matthäus und Brehme 0:2. Anschließend bezifferte Klaus Augenthaler die Chancen, die nächste Runde zu erreichen, auf 1:99. Doch Heynckes Versprechen, sich zu rehabilitieren, wurde wahr. 75.000 Zuschauer im Meazza-Stadion wurden Zeugen des „Wunders von Mailand", wie das Spiel anschließend charakterisiert wurde. Wohlfarth, Augenthaler und Wegmann brachten die Bayern bei einem Gegentreffer von Serena noch vor dem Halbzeitpfiff mit 3:1 in Front. In der zweiten Halbzeit veranstaltete Inter einen einzigen Sturmlauf auf das Bayern-Tor. Aber dank einer Weltklassevorstellung von Raimond Aumann, die den Abschied von Jean-Marie Pfaff endgültig vergessen ließ, gelang den Mailändern kein Treffer mehr. Im Viertelfinale mußte der FCB beim Edinburger Klub Heart of Midlothian auflaufen. Die Schotten gewannen 1:0, aber im Rückspiel schossen die Bayern noch einen Treffer mehr und zogen somit ins Halbfinale ein. Dort wurde ihnen erneut ein italienischer Klub zugelost, Diego Maradonas SSC Neapel. Im Hinspiel unterlagen die Bayern vor 82.000 Zuschauern im Stadion Sao Paulo etwas unglücklich mit 0:2. Die gute Leistung gab Mut für das Rückspiel. Zu mehr als einem 2:2, bei dem die Gäste zweimal in Führung gingen, reichte

FC Bayern – SSC Neapel. Klaus Augenthaler foult Diego Maradona.

es vor 73.500 Zuschauern jedoch nicht. Die Maradona-Elf schlug anschließend in den Finalspielen auch noch den VfB Stuttgart.

Für die Saison 1989/90 verstärkte sich der FC Bayern mit Thomas Strunz vom Zweitligaaufsteiger MSV Duisburg, Manfred Schwabl, der nach drei erfolgreichen Lehrjahren vom 1. FC Nürnberg zurückkehrte, und den Stürmern Alan McInally (Aston Villa) und Radmilo Mihajlovic. Natürlich durfte unter den Neuen nicht ein Spieler vom härtesten Widersacher dieser Jahre fehlen: Vom 1. FC Köln wechselte Jürgen Kohler zu den Bayern, der in der Vorsaison noch gegen Roland Wohlfarth gespielt hatte. „In der neuen Saison sind wir noch stärker!", hatte Heynckes nach dem eher unerwarteten Titelgewinn verkündet. Der Trainer sollte recht behalten.

Zum Auftakt gab es einen 3:2-Sieg über den 1. FC Nürnberg. Alle drei Tore gingen auf das Konto des neuen schottisch-jugoslawischen Stürmerduos, das die Presse „Turbo-Duo Mic und Mac" taufte. Doch die Euphorie über die vermeintlichen Goalgetter sollte sich als vorschnell erweisen. Roland Wohlfarth überlebte die Herausforderung. Mit 13 Treffern wurde er erneut Bayerns erfolgreichster Torschütze. McInally kam immerhin auf zehn Tore, Mihajlovic nur auf vier. Am 5. Spieltag fertigten die Bayern den 1. FC Köln ab, auch in dieser Saison der hauptsächliche Herausforderer der Münchener. Vor 68.000 Zuschauern im Olympiastadion gewannen die Bayern 5:1. Drei Tore gingen auf das Konto des überragenden Olaf Thon. Eine Blöße gaben sich die Bayern nur zwischen dem 10. und dem 18. Spieltag, als man drei Niederlagen einstecken mußte, darunter ein 0:4 in Nürnberg, und dreimal unentschieden spielte. Nach dem Debakel von Nürnberg blieb man jedoch die restlichen 16 Spiele ungeschlagen. Am Ende wurden die Bayern mit sechs Punkten Vorsprung vor dem 1. FC Köln Meister. Das Meisterstück erfolgte drei Spieltage vor Schluß durch ein bescheidenes 1:0 daheim gegen den FC St. Pauli, das nur 18.000 Zuschauer sehen wollten. Bei Spielern und Verantwortlichen fiel der Jubel verhalten aus. Uli Hoeneß: „Bei sechs Punkten Vorsprung gibt es keine Euphorie mehr. Am Ende wurde es uns zu leicht gemacht, weil die Konkurrenz viel zu früh aufgesteckt hat." Und Jupp Heynckes erklärte: „Der erste Titel war wichtiger für mich." Für Klaus Augenthaler war es „eine durch und durch unspektakuläre Bundesligasaison, die für mich völlig im Schatten von Europapokal und Weltmeisterschaft stand." Die Überlegenheit der Bayern drückte sich auch im Torverhältnis aus, das um 26 Tore besser ausfiel als das der Kölner. Mit 64:28 Toren verfügten die Bayern sowohl über den besten Sturm wie die beste Abwehr.

So nüchtern wie Spieler und Chefetage die Meisterschaft zur Kenntnis nahmen, so begeistert feierten die Fans. Am letzten Spieltag präsentierte sich der FC Bayern mal wieder seiner Zeit voraus, nämlich als Showunternehmen. Das Spiel gegen Borussia Dortmund wurde erst um 18.00 Uhr angepfiffen, ein Novum für die Liga. Die Zeit bis zum Anstoß wurde mit allerlei Showeinlagen und viel Musik vertrieben. Im Olympiastadion stieg ein Volksfest, bei dem das Spiel nur Nebensache war. Nach dem Schlußpfiff fand ein großes Open-Air-Konzert mit italienischer Rockmusik statt. „Die Zukunft gehört dem FC Bayern", hieß es vollmundig und optimistisch in einer offiziellen Publikation, die in diesem Jahr anläßlich des 90. Geburtstags des Klubs erschien.

In der ersten Runde des DFB-Pokals spielte der FC Bayern bei Eintracht Frankfurt. Das Tor des Tages zum knappen 1:0-Sieg der Bayern erzielte Klaus Augenthaler mit einem Schuß aus 49,80 Metern Entfernung, der sich hinter dem überraschten und deshalb zu weit vor seinem Kasten postierten Uli Stein ins Netz senkte. Der Treffer ging als Tor des Monats, Tor des Jahres und Tor des Jahrzehnts in die Annalen ein. In der folgenden Runde besiegte der FCB durch zwei Tore des ansonsten nicht gerade als Goalgetter berüchtigten „Wiggerl" Kögl 2:0. In der dritten Runde war der VfB Stuttgart jedoch Endstation. Vor 68.000 Zuschauern im Neckarstadion verlor der FCB klar mit 0:3.

Weit erfolgreicher schnitten die Bayern im Europapokal der Landesmeister ab. Dort wartete mit Glasgow Rangers, dem Finalpartner von 1967, gleich in der ersten Runde ein harter Brocken. Beim Hinspiel im Ibrox Park mußte der FCB auf Torhüter Raimond Aumann verzichten. Für den etatmäßigen Keeper sprang der junge Amateur Sven Scheuer ein, der seine Sache ausgezeichnet machte. Die Rangers gingen zwar in der 25. Minute durch Walters in Führung, aber Kögl, Thon und Augenthaler schossen noch einen 3:1-Sieg heraus, der mehr als die halbe Miete bedeutete. Im Rückspiel gab es ein torloses Remis. Die zweite Runde war eine Übung der leichteren Sorte: Der albanische Vertreter Nentori Tirana wurde in München 3:1 und auswärts 3:0 geschlagen. In der dritten Runde gab es ein Wiedersehen mit Sören Lerby, der nun für den niederländischen Meister PSV Eindhoven kickte, der 1988 den europäischen Landesmeistercup gewonnen hatte. Mit Keeper van Breukelen, van Aerle und Vanenburg standen drei Europameister von 1988 im Team aus der Philipps-Stadt. In Eindhoven gingen die Bayern in der 75. Minute durch Wohlfarth 1:0 in Führung. Nur zwei Minuten später konnte der Däne Flemming Povlsen für die Gastgeber ausgleichen. Die Hoffnungen der Eindhovener währten nur kurz, denn weitere drei Minuten nach dem Ausgleich besorgte Grahammer den

2:1-Siegtreffer. Das Rückspiel gewann der FCB durch ein Tor von Augenthaler in der Schlußminute 1:0, und Uli Hoeneß jubelte: „Wir gehören jetzt zur Creme des europäischen Fußballs, das nimmt uns keiner mehr. Mit Milan, Benfica Lissabon und Marseille sind wir im stärksten Halbfinale, das es je gab." Nur einige Monate zuvor hatte Hoeneß noch an der europäischen Konkurrenzfähigkeit seines Klubs gezweifelt. Angesichts der astronomischen Summen, mit denen sich die italienischen Klubs AC und Inter Mailand sowie Juventus Turin auf dem Transfermarkt engagierten, könne es mit einem Sieg im Landesmeisterwettbewerb in näherer Zukunft nichts werden.

Im Halbfinale mußte sich der FC Bayern erneut mit niederländischen Europameistern messen. Für das Olympiastadion kündigte sich der Titelverteidiger AC Mailand mit der Weltklasse-Achse Rijkaard, Gullit und van Basten an. Die Karten für das Spiel gegen die als weltbeste Mannschaft gehandelten Mailänder waren so begehrt wie schon lange nicht mehr bei einer Europapokalbegegnung der Bayern. Insgesamt hatte der Klub 300.000 Kartenwünsche zu bearbeiten. Doch zunächst mußten die Bayern nach Mailand reisen. Das Meazza-Stadion erwies sich erneut als gutes Pflaster für Raimond Aumann, der an diesem Abend nur durch einen Elfmeter von van Basten zu bezwingen war. Im Rückspiel gingen die Bayern vor 73.000 Zuschauern in der 62. Minute durch Strunz, die Entdeckung dieser Saison, mit 1:0 in Führung. So stand es auch noch nach 90 Minuten, so daß das Spiel in die Verlängerung mußte. Hier konnte der eingewechselte Borgonovo in der 100. Minute zunächst ausgleichen. McInally brachte die Bayern zwar in der 106. Minute erneut in Führung, doch da die Mailänder im Gegensatz zu den Bayern ein Auswärtstor erzielt hatten, reichte der 2:1-Sieg nicht. Die Zuschauer bewiesen ein gutes Gespür für die Situation und verabschiedeten ihre Elf mit stehenden Ovationen. Uli Hoeneß: „Das war das Beste, was ich je von unserer Mannschaft gesehen habe." Im italienischen „Corriere dello Sport" stand zu lesen: „Milan hat das Endspiel erreicht gegen eine Mannschaft, die zur Zeit der beste Vertreter der deutschen Fußballschule ist." Im Finale schlugen die Mailänder Benfica Lissabon 1:0.

Trotz des Ausscheidens im Europapokal spielte der FC Bayern 1989/90 seine beste Saison seit Jahren. Als die Bayern auf dem Marienplatz ihre Meisterschaft feierten, kündigte Jupp Heynckes vom Rathausbalkon einen neuen Anlauf an. „Ich verspreche euch allen, daß wir im nächsten Jahr den Europapokal holen", rief der Trainer im Überschwang den Fans zu, die mit einem Jubelsturm antworteten. Für Uli Hoeneß lautete das Ziel für die

90er Jahre, „mit den Italienern nicht nur gleichzuziehen, sondern eines Tages vor ihnen zu stehen".

Die Weltmeisterschaft 1990 in Italien gab solchen Hoffnungen Auftrieb. Franz Beckenbauers Team gewann den Titel. Vom FC Bayern kamen Klaus Augenthaler, Jürgen Kohler, Hans Pflügler, Stefan Reuter und Olaf Thon zum Einsatz, Raimond Aumann drückte die Ersatzbank. Mit Matthäus und Brehme standen außerdem noch zwei Ex-Bayern im DFB-Team.

1990/91: Ende eines Kollektivs

Die neue Saison brachte folgenreiche Veränderungen im Mannschaftsgefüge der Bayern. Dafür sorgten u.a. der exzentrische Mittelfeldspieler Stefan Effenberg (Borussia Mönchengladbach) und der dänische Dribbelkünstler Brian Laudrup (Bayer Uerdingen), für die der Verein zusammen ca. 10,3 Mio. DM ausgab. Aus Karlsruhe verpflichteten die Bayern das Talent Michael Sternkopf. Dieser hatte bis dahin zwar lediglich 33 Bundesligaspiele absolviert, aber Hoeneß plante, aus dem kleinen, langmähnigen Offensivspieler einen „Fußball-Agassi" zu formen. Und vom als Talentschuppen bekannten Berliner Verein Hertha Zehlendorf kam Christian Ziege zu den Bayern.

Der FC Bayern war nun zwar höchst ansehnlich besetzt, und Präsident Scherer sprach vom „jüngsten und wohl erfolgversprechendsten Lizenzspieler-Kader der Vereinsgeschichte". Aber mit der Ankunft von Effenberg und Laudrup ging die Cliquenwirtschaft los. Klaus Augenthaler: „Ob zu Beckenbauers Zeiten, in der Ära Breitner und Rummenigge oder als ich Kapitän war, immer gab es eine klare Hierarchie, drei, vier absolut unumstrittene Spieler, die sich einig waren. Da hatten Unruhestifter keine Chance." Die Saison 1990/91 markierte das Auflösen solch klarer Hierarchien und das Ende der Bayern-Elf als Kollektiv.

Die Saison endete mit einer der größten Sensationen in der Geschichte der Bundesliga. Nicht der favorisierte FC Bayern, sondern der 1. FC Kaiserslautern, der erst ein Jahr zuvor nur knapp dem Abstieg entronnen war, gewann das Meisterschaftsrennen. Bereits der Saisonstart verlief für bayerische Verhältnisse mager. Einem 1:1 daheim gegen Bayer Leverkusen folgte ein 0:0 beim FC St. Pauli. Aus den folgenden fünf Spielen holte der FC Bayern zwar neun Punkte, darunter auch einen 4:0-Sieg gegen die gut gestarteten, aber allgemein unterschätzten Lauterer, aber am 8. Spieltag setzte es beim 0:1 in Bremen die erste Saisonniederlage. Bis zum Ende der Hinrunde gesellten sich noch zwei weitere Niederlagen hinzu. In Köln unter-

Obwohl er kein Stürmer von internationaler Klasse war, gehörte Roland Wohlfarth viele Spielzeiten hindurch zu den zuverlässigsten Torschützen des FC Bayern.

lag man 0:4, in Dortmund 2:3. Am 19. Spieltag wollten nur 15.000 Zuschauer im weiten Rund des Olympiastadions mit ansehen, wie ihre Elf gegen den späteren Absteiger St. Pauli 0:1 unterlag.

Am 22. Spieltag mußten die Bayern den gefürchteten Betzenberg erklimmen. Lange Zeit sah es nach einem Sieg des Meisterschaftsfavoriten aus. Roland Wohlfarth, der in dieser Saison zum zweiten Mal in seiner Karriere Bundesligaschützenkönig wurde, brachte seine Farben bereits nach vier Minuten 1:0 in Führung. Die Bayern demonstrierten alte Souveränität, und weitere Treffer schienen nur noch eine Frage der Zeit zu sein. Bis zur 60. Minute erschien es den Zuschauern im Stadion und Zuhörern vor den Radios, als ob an diesem Spieltag die Machtverhältnisse in der Liga wieder geradegerückt würden. Doch dann gelang Hotic der Ausgleich. Fünf Minuten später zeigte Schiedsrichter Assenmacher Bayerns Manfred Bender die Rote Karte. Der Betzenberg verwandelte sich in einen Hexenkessel, und wie so oft in dieser Saison sollten die Fans des FCK den weiteren Verlauf der Partie nicht unerheblich mitgestalten. Selten haben Zuschauer bei der Vergabe eines Meistertitels eine so große Rolle gespielt wie in der Saison 1990/91. Die fast 40.000 peitschten ihre „Roten Teufel" in Richtung Bayern-Tor. Der Druck wurde ständig größer, und in der 85. Minute gelang Stefan Kuntz schließlich das Siegtor zum 2:1. Jupp Heynckes schob die Verantwortung für die Niederlage dem Schiedsrichter zu, der Stefan Kuntz nach einer angeblichen Tätlichkeit in der ersten Halbzeit nur Gelb gezeigt hatte. Heynckes: „Wir sind es ja schon gewohnt, mit zehn Mann zu spielen, aber heute haben wir mit zehn gegen zwölf gespielt." Der Trainer war so außer sich, daß er einem Ordner in den Allerwertesten trat. Die „Frankfurter Allgemeine Zeitung" schrieb anschließend, „die Großmeister des deutschen Fußballs" hätten auf dem Betzenberg „Gift und Galle" gespuckt.

Die Meisterschaft blieb bis zum letzten Spieltag offen. Zum Showdown empfing der FCB die bereits abgestiegenen Uerdinger. Die Lauterer mußten nach Köln reisen und hatten es somit vermeintlich schwerer. Doch die Bayern kamen vor 70.000 Zuschauern über ein mageres 2:2 nicht hinaus, während Kaiserslautern, von 40.000 Fans begleitet, im Müngersdorfer Stadion eine glanzvolle Vorstellung bot, die mit einem 6:2-Sieg endete. Das „Puppenhaus der Bundesliga" war Deutscher Meister, die Provinz hatte über die Metropole gesiegt.

Die Bayern erwiesen sich als schlechter Verlierer. Schon nach der Niederlage auf dem Betzenberg hatte Stefan Effenberg gemäkelt, die Lauterer könnten „doch nur Ecken schießen und einwerfen". Uli Hoeneß quittierte den Ausgang der Meisterschaft mit der Bemerkung: „Ob das für den deutschen Fußball gut war, wird sich erst im Europacup erweisen." Was nichts anderes hieß, als daß der Manager im Interesse des deutschen Fußballs einen Abonnementsmeister FC Bayern sehen wollte.

Daß die Lauterer mit relativ bescheidenen Mitteln zu Werke gingen, war völlig unumstritten. Dennoch war der Titelgewinn durch den FCK nicht weniger verdient als die elf Bundesligameisterschaften des FC Bayern zuvor. Für die Vermarktung der Liga war es ein Segen, daß nicht der Favorit, sondern ein krasser Außenseiter gewann. Mit dem 1. FC Kaiserslautern wurde eine Mannschaft Meister, die weniger durch brillante Einzelkönner auffiel als durch einen Teamgeist, der nostalgische Erinnerungen an den Fußballkollektivismus der 50er wachrief. Das Team profitierte von seinem provinziellen Umfeld. Der Weltstadt München mit ihrem reichhaltigen Freizeitangebot stand die kleinste Bundesligastadt gegenüber, in der – mangels Alternativen – alles auf den FCK konzentriert war. Der FCK wurde in einem Milieu Meister, das mit den Trends dieser Jahre wenig zu tun hatte.

Eine Strafe hatten die Bayern für die Lauterer doch noch parat. Wie gehabt, warb man deren auffälligsten Akteur ab, Sturmtank Bruno Labbadia. Natürlich wurde man sich mit dem Publikumsliebling der Pfälzer bereits vor dem Saisonfinale einig. 1,8 Mio. DM mußten die Münchener für ihre Neuerwerbung überweisen.

Erwähnenswert bleibt aus dieser Bundesligasaison noch das Heimspiel des FC Bayern gegen den Karlsruher SC im März 1991. Weniger aufgrund des glatten 3:0-Sieges der Gastgeber, sondern weil die Südkurve im Olympiastadion für 13 Minuten leer blieb. Die Fans des FCB protestierten auf diese Weise gegen Pläne des DFB, ihre geliebten Stehränge abzuschaffen.

Das Thema DFB-Pokal war in dieser Saison für den FC Bayern schnell erledigt. Der erste Auftritt beim Amateurverein FV 09 Weinheim war zugleich auch der letzte und die Pokalsensation schlechthin. Vor 10.000 Zuschauern unterlag der FCB in Weinheim mit 0:1, wobei Thomas Strunz des Platzes verwiesen wurde. Das Tor des Tages fiel in der 26. Minute durch einen Elfmeter.

Im Europapokal der Landesmeister drang der FC Bayern erneut bis ins Halbfinale vor. In der ersten Runde trat man zunächst bei Apoel Nikosia an. Bei den nicht einmal zweitklassigen Zyprioten blamierte sich der FCB um ein Haar. Zweimal gingen die Gastgeber in Führung. Erst in der 87. Minute gelang McInally der Ausgleich zum 2:2. Zwei Minuten später besorgte Strunz dann noch den 3:2-Siegtreffer. Auch beim 4:0 im Rückspiel, in dem Mihajlovic ein lupenreiner Hattrick gelang, bekleckerte man sich nicht mit Ruhm. Keine Probleme hatten die Bayern in der zweiten Runde mit ZSKA Sofia. Nur 11.500 Zuschauer sahen in München einen 4:0-Sieg. Zum Rückspiel in Sofia kamen gar nur noch 6.000 und erlebten erneut einen klaren Bayern-Sieg (3:0). Im Viertelfinale bot sich den Bayern die Möglichkeit, Revanche für die Schmach von Wien zu nehmen, denn der Gegner war der FC Porto. In München gab es jedoch zunächst einmal nur ein Unentschieden. Die Bayern gingen in der 30. Minute durch Bender 1:0 in Führung, aber Domingos konnte in der 64. Minute zum 1:1 ausgleichen, was auch der Endstand war. Ab der 16. Minute hatten die Bayern mit zehn Mann auskommen müssen, da Klaus Augenthaler die Rote Karte erhielt. Im Rückspiel in Porto trafen die Münchener bereits in der 19. Minute erstmals in gegnerische Netz. Schütze war der junge Christian Ziege, der erst seinen zweiten Europapokaleinsatz absolvierte und dabei erstmals von Beginn an zum Zuge kam. In der 68. Minute machte Bender mit dem 2:0 alles klar.

Im Halbfinale empfingen die Bayern das Team von Roter Stern Belgrad. Erstmals war das Olympiastadion mit 73.000 Zuschauern gut gefüllt. Es ließ sich zunächst gut an für die Gastgeber, die nach 23 Minuten durch Wohlfarth die Führung erzielten. Kurz vor der Pause erzielte Pancev den Ausgleich. In der 70. Minute fiel dann auch noch der 2:1-Siegtreffer für Roter Stern. Doch die Bayern gaben sich noch nicht auf. Zwar gingen die Belgrader im Rückspiel nach 25 Minuten durch einen Treffer des Spielers Mihajlovic, ein Namensvetter des Bayern-Akteurs (aber besser als dieser), mit 1:0 in Führung, aber nach der Pause gelang es den Bayern, den Spieß zunächst umzudrehen. Augenthaler in der 61. und Bender in der 63. Minute brachten den FCB mit 2:1 in Führung. Als sich alles bereits auf eine Verlängerung vorbereitete, unterlief ausgerechnet Augenthaler in der 90. Minute ein Eigentor, bei dem Keeper Aumann höchst unglücklich aussah. Das 2:2 bedeutete nicht nur ein Ausscheiden der Bayern, sondern zugleich auch Augenthalers letzten Europapokaleinsatz. Das Denkmal mochte nach dieser Saison nicht mehr und beendete seine Spielerkarriere. Fast überflüssig zu erwähnen, daß Roter Stern Belgrad anschließend auch das Finale gewann.

Resümee

Als der FC Bayern 1976 zum bis heute letzten Male den Europapokal der Landesmeister und einige Monate später auch noch den Weltpokal gewann, hatte die Mannschaft den Zenit ihrer Leistungsfähigkeit bereits überschritten. Begeistern konnten die Bayern nicht mehr. Nur ihre Routine und das Glück des Erfolgreichen hielten sie noch an der Spitze. Es folgte eine Übergangsphase von drei Jahren, die nicht nur einen Umbau der Mannschaft, sondern auch eine Neubesetzung in der Führung des Vereins sowie damit korrespondierend einen Modernisierungs- und Professionalisierungsschub brachte, bis der FC Bayern wieder national Spitze war. Von 1979/80 bis 1989/90 gewann der FC Bayern dann sieben Deutsche Meisterschaften. Dreimal gewannen die Bayern den DFB-Pokal. Auf nationaler Ebene waren die Bayern in den 80ern deutlich erfolgreicher als in den 70ern. Eingefahren wurde diese erfolgreiche Bilanz mit lediglich drei Trainern: Pal Csernai, der mit dem Klub zweimal Meister und einmal Pokalsieger wurde; Udo Lattek, dreimal Meister und zweimal Pokalsieger; sowie Jupp Heynckes, zweimal Meister.

Über die Verdienste des statistisch gesehen mit Abstand erfolgreichsten Bayern-Trainers Udo Lattek streiten sich die Experten. Eine weit verbreitete Meinung wird von Robert Schwan repräsentiert: „Die Intelligenz des Trainers Lattek besteht darin, immer gewußt zu haben, welchen Klub er zu welchem Zeitpunkt wählen muß." Mit anderen Worten: Lattek heuerte nur dort an, wo ihm das verfügbare Spielermaterial Erfolg garantierte. Als Beleg hierfür dient insbesondere Latteks Wechsel zu Borussia Mönchengladbach. Der Coach hatte 1975 bereits bei Rot-Weiß Essen unterschrieben, als er die Kunde von Weisweilers Abschied in Mönchengladbach vernahm. Lattek ließ die Essener sitzen und wechselte statt nach Bergeborbeck zum Bökelberg. Gleicher Meinung wie Schwan ist auch Bernd Schuster, der unter Lattek in Barcelona trainierte. „Er kann nur Teams trainieren, die oben stehen." Und Franz Beckenbauer teilte bereits während Latteks erster Bayern-Ära einem Zeitungsreporter mit: „Wir sind so gut, daß wir auch mit Ihnen Meister würden." Rainer Zobel, ein anderer ehemaliger Lattek-Spieler, hält dagegen: „Dieses Klischee, Lattek könne nur mit fertigen Mannschaften arbeiten, ist falsch." Weitgehend unumstritten ist, daß Latteks Stärken weniger seine Trainingsmethoden waren als seine Motivationskünste. Zobel: „Udo wußte genau, wer Streicheleinheiten benötigt, wem er in den Hintern treten mußte. Und so holte er aus jedem das Optimale heraus. Er ist ein ausgezeichneter Menschenkenner." Ob in München oder in Mönchengladbach: Die Gründe, warum man Lattek hier wie dort nach einiger Zeit entließ oder nur noch für einen beschränkten Zeitraum beschäftigen wollte, waren die gleichen: Des Trainers latentes Alkoholproblem und seine Neigung, nach einigen Erfolgen die Zügel schleifen zu lassen, um sich anderen Interessen zu widmen.

Sein Nachfolger Heynckes war ein völlig anderer Typ: kein Motivationskünstler, sondern ein eher spröder, akribischer Arbeiter, der es in seinem Job an Gewissenhaftigkeit nicht mangeln ließ.

Am Ende der zweiten Lattek-Ära waren die Bayern nicht mehr nur der populärste und an Titeln reichste Verein im bundesdeutschen Fußball, sondern auch der verhaßteste. Haß auf die Bayern hatte sich zwar bereits während der Jahre der Bayern-Gladbach-Konkurrenz entwickelt, aber nie das Ausmaß angenommen wie nun Mitte der 80er. Der Höhepunkt dieser Entwicklung war sicherlich die Saison 1985/86, als der FC Bayern den Herausforderer Werder Bremen im Kampf um den Titel noch kurz vor dem Ziel abfing. Unter den Anhängern anderer Vereine breitete sich ein Ohnmachtsgefühl aus. Es schien, als habe der FC Bayern das Glück auf ewig gepachtet und ein Abonnement auf den Meistertitel. Der Haß auf die Bayern nährte sich nicht nur vom Geschehen auf dem Spielfeld. Mit ihrer aggressiven Rhetorik gossen Hoeneß und Lattek zusätzlich Öl ins Feuer.

Im öffentlichen Bewußtsein waren der Manager und der Trainer die Repräsentanten bayerischer Arroganz schlechthin. An diesen beiden Personen rieben sich die Fans anderer Vereine. Je mehr den Bayern Ablehnung und Haß entgegenschlugen, desto arroganter und aggressiver reagierten sie. Zumindest teilweise wohl ein natürliches Verhalten von Menschen, die sich durch eine manipulierte öffentliche Meinung in die Ecke getrieben fühlen. Sowohl Hoeneß wie Lattek sind alles andere als Dickhäuter. Willi Lemke wußte, wie er die öffentliche Meinung für seine Interessen mobilisieren konnte, indem er das Bild vom Moloch FC Bayern zeichnete, dem der SV Werder im Interesse der Liga, ja des gesamten bundesdeutschen Fußballs, Paroli bieten mußte. Hoeneß wäre nicht Hoeneß gewesen, hätte er diese Herausforderung nicht angenommen und die Polarisierung seinerseits forciert.

Die Stärke der Bayern lag in den 80ern im mentalen Bereich. Nicht nur, daß sie sich durch den Haß und die Kampagnen der anderen nicht einschüchtern ließen; sie verstanden es zudem, diesen Haß für ihre Zwecke zu instrumentalisieren. Daß es der FC Bayern mit „dem Rest der Welt" aufnehmen mußte, war bald nicht mehr eine Not, sondern eine Tugend. Während der Saison 1990/91 ging diese Fähigkeit verloren. Anders als bei einigen Meisterschaftsrennen zuvor, war die Mannschaft nicht mehr in der Lage, im entscheidenden Moment kollektiv alle mentalen und physischen Kräfte zu mobilisieren.

Weitere Gründe für den Erfolg in den 80ern waren klare und akzeptierte Hierarchien im Mannschaftsgefüge. Auch wenn Führungsspieler den Klub verließen, gelang es relativ schnell, eine neue Struktur aufzubauen, in die junge und neue Spieler integriert wurden. In den 90ern regierten dagegen Cliquenwirtschaft, Hahnenkämpfe und Egoismus.

Obwohl der FC Bayern in den 80ern keinen europäischen Titel gewann, zählte er immer noch zu den besten Adressen in Europa. Im Europapokal der Landesmeister erreichte er zweimal das Finale und dreimal das Halbfinale. Allerdings wurde Ende der 80er die internationale Konkurrenzfähigkeit des FC Bayern durch die Einkaufspolitik der italienischen Topklubs beeinträchtigt. Mit Matthäus und Brehme hatten die Bayern 1989 zwei wichtige Spieler an Inter Mailand verloren, die mit ihrem neuen Klub 1991 den UEFA-Cup gewannen. Ein Grund mehr für das Vereinsmanagement, sich nach neuen Einnahmequellen umzuschauen, um im Poker um die Spieler mithalten zu können.

Opel am Ball

Die Verbindung des FC Bayern mit dem Autohersteller Opel besteht seit 1989. Sechs Mio. DM zahlt Opel pro Jahr. Hinzu kommt die Unterstützung von Sonderaktionen. Franz Beckenbauer: „Da ruft der Uli Hoeneß an, bittet um Hilfe. Die müssen nicht erst zehn Vorstandssitzungen einberufen, die treffen schnelle Entscheidungen."

Bis zum Sommer 1997 waren die sechs Mio. DM von Opel der lukrativste Deal im Trikot-Sponsoring der Bundesliga. Doch Borussia Dortmund kassiert durch den Wechsel des Partners mittlerweile fast doppelt soviel. Allerdings soll zwischen dem FCB und Opel neu verhandelt werden.

Was haben ein Fußballklub und ein Sponsor im Zeitalter des TV-Fußballs und Merchandising gemeinsam? Beide kämpfen um Marktanteile. Und der eine kann dem anderen dabei behilflich sein. Bestes Beispiel ist hierfür die „Ostexpansion" des FC Bayern. Als der Klub im Sommer 1995 seine Saisonvorbereitung, die mehr einer Sympathie- und Merchandisingtour glich, in den neuen Bundesländern absolvierte, wurde die Expedition und ihre mediale Aufbereitung vom Autokonzern designt. Bayern-Vize Fritz Scherer damals: „Sponsern heißt nicht Geldgeben, sondern Partnerschaft. Die (gemeint war Opel, Anmerk. dsm) haben ihr Gebiet, wo sie sich ausweiten wollen – wir auch." Manager Hoeneß sprach von einem „klaren Konzept" beider Unternehmen: „Immer in den Osten." Dort habe es „auch früher viele Bayern-Fans" gegeben, „aber auch viele vom System infizierte Menschen". Der FC Bayern und die Marktwirtschaft schienen für den Manager Synonyme zu sein. Kommentar der „tageszeitung" (taz): „Nun aber, nach der 'Befreiung' (Hoeneß), soll zwischen blühenden Landschaften ein einig Volk leben dürfen. Glücklich Opel fahrend und von Kopf bis Fuß mit Bayern-Produkten eingekleidet."

Für Opel hat sich das Bayern-Engagement gelohnt. Opel und der FC Bayern sind zumindest in Deutschland Synonyme. Der FC Bayern ist „Ein Opel-Team", so steht es auch auf der Post des Klubs. Auf den Eintrittskarten dominiert die Opel-Werbung, im Fanartikel-Katalog posieren Bayerns Stars mit Opel-Fahrzeugen, so daß man den Eindruck bekommen kann, nicht den Katalog eines Fußballklubs, sondern eines Autoherstellers in den Händen zu halten. Weitere „Opel-Teams" sind die Nationalmannschaften Frankreichs und der Republik Irland, die europäischen Klubmannschaften Paris St. Germain, Standard Lüttich, AC Mailand und Sparta Prag. Der FC Bayern, Paris und Mailand treten beim in Berlin stattfindenden „Opel-Masters" gegeneinander an. Daneben veranstaltet der Hauptsponsor alljährlich noch den Opel-Cup für Fanklubs des FC Bayern. 1997 kickten 127 Fanklubs bei diesem Turnier, das wohl das größte und attraktivste Hobby-Turnier eines Bundesligavereins ist.

1994 gelangte eine Studie der Ufa zu dem Ergebnis, daß Opel beim FC Bayern einen Wiedererkennungswert von 43,7% erreicht. Der in dieser Hinsicht zweitbeste Werbepartner eines Bundesligaklubs kam „nur" auf 24,2 %. In einer 1995 von „Sport & Markt" veranstalteten Umfrage bekannten 43 %, Opel als Fußballsponsor zu kennen. Auf Platz 2 folgte mit großem Abstand der BVB-Trikotsponsor „Continentale". Bis zum Herbst 1996 konnte Opel seinen Bekanntheitsgrad weiter auf 61 % steigern. 1989, dem Jahr, in dem Opels Bayern-Engagement begann, rangierten die Rüsselsheimer meist an zweiter, dritter Stelle beim Autoverkauf. 1996 waren sie beim Absatz die Nummer 1: in München, in Bayern und in Europa.

Opels jüngeres Engagement für den Sport begann 1985. Das Image des Autokonzerns ließ damals arg zu wünschen übrig. Die Marke galt als „ein wenig konservativ und steif", wie es Opel-Aufsichtsrat Hans Wilhelm Gäb formulierte. Unter einem typischen Opel-Fahrer verstand man einen behäbig-spießigen Herrn jenseits der 50, ausgestattet mit Bierbauch, Hosenträgern und Pepitahütchen. 1995 betrug die Jahresinvestition in den Sport ca. 40 Mio. DM. Auffallend war stets, daß vor allem Ballsportarten bevorzugt wurden. Gäb: „Ich glaube, daß Ballsportarten in besonderem Maße Kreativität und Teamgeist fordern, Eigenschaften, die man auch in einem großen Unternehmen dringlich benötigt. Ein Ball verbindet Menschen." Und kein Ball bewegt und verbindet so viele Menschen wie der Fußball. Christian Grupe vom Opel-Vorstand: „Fußball und FC Bayern sind ein Phänomen, das durch alle sozialen Schichten geht." Sport-Sponsoring sei für Opel „keine karitative Veranstaltung, sondern eine Frage von Werbung für das Unternehmen, von Leistung und Gegenleistung".

Im Oktober 1996 nahm der Konzern auch den „Kaiser" unter Vertrag und ließ dieses Ereignis in ganzseitigen Anzeigen verkünden.

Er hat verstanden: Lothar Matthäus als Werbesäule für Opel.

Zuvor hatte der Präsident des Opel-Teams FC Bayern seinen Werbe-
vertrag mit einem japanischen Autokonzern aufgelöst. Beckenbauer
war gewissermaßen Ersatzmann für Steffi Graf, von der man sich, aufgrund der Steueraffäre um ihren Vater, nach zehnjähriger Zusammenarbeit getrennt hatte. Gäb: „Beckenbauer ist zwar mit der Elite
assoziiert. Aber kein Mensch in Deutschland hat Ressentiments gegen
ihn. Weil sie fühlen, daß er auf den kleinen Mann zugeht, daß er nicht
abgehoben ist. Deshalb ist er für uns der ideale Partner. Wir wollen
eine der großen geschichtlichen Figuren des deutschen Sports an
unsere Marke binden. Wir werden zwar mit der jungen Generation
intensiv verbunden bleiben, aber Franz Beckenbauer ist wie Steffi
Graf, wie Max Schmeling."

Von der Ehe mit Beckenbauer erhoffte sich Opel vor allem eine
Verbesserung der Konzern-Chancen auf dem internationalen Markt.
Christian Grupe: „Beckenbauer ist nicht nur ein Bayer, sondern ein
internationaler Mann. Da sehen wir das Zusammenspiel: Deutsche
Marke geht raus in die Welt." Und Gäb: „Wenn Sie mit Beckenbauer
in Shanghai auftreten oder in Sao Paulo oder in Tokio, kennt ihn jeder.
Wenn er da zusammen mit unserem Management auftritt, hat die
Firma Opel ein wärmeres, ein freundlicheres Gesicht. Er wird auch
von Top-Leuten aus der Politik und Industrie akzeptiert." Was man
von einem Astra nicht behaupten kann. ■

1991 - 1997

Krisen, Chaos und Triumphe

1991/92: Abstiegsängste

Vor dem Saisonstart 1990/91 waren im offiziellen Bayern-„Jahrbuch" folgende vor Optimismus nur so strotzende Zeilen zu lesen gewesen: „Wie nie zuvor hat der FC Bayern heute aber auch seine langfristigen Ziele, seine sportliche Zukunft fest in die Hand genommen. Die Saison 1990/91 ist für die Münchener der Startschuß in ein neues Jahrzehnt, der Beginn – so hoffen alle – in eine neue, große Ära."

Der Ausgang der Saison 1990/91 ließ bereits arge Zweifel daran aufkommen, die nun 1991/92 bestätigt wurden. Mit dem Wechsel von Kohler und Reuter zu Juventus Turin und dem Abschied von Klaus Augenthaler verlor die Mannschaft an Substanz und Leitfiguren. Augenthalers Karriereende bedeutete zugleich, daß das letzte Bindeglied zur Basis verschwand.

Der Ausverkauf der Bundesliga durch die italienische Serie A setzte sich unvermindert fort, wobei der FC Bayern der Hauptbetroffene war. Stefan Effenberg: „Das Schicksal der Bayern ist es, daß die reichen Italiener immer erst in München suchen und erst dann gucken, was sonst noch rumläuft. Die haben nun einmal ein Faible für Spieler, die von einem Verein kommen, der etwas rüberbringt. Und diesen Ruf hat der FC Bayern immer noch." Insbesondere für das Hierarchieproblem war keine Lösung in Sicht. Außer Labbadia wurden für den Sturm noch die Brasilianer Bernado und Mazinho verpflichtet. Die Lücken in der Abwehr sollten der Italien-Heimkehrer Thomas Berthold und der vom Karlsruher SC abgeworbene Oliver Kreuzer schließen. Aber Mazinho und Berthold erwiesen sich mehr oder weniger als Fehlinvestitionen, während der im „Jahrbuch" noch abgefeierte Bernado („Der Mann vom FC Sao Paulo könnte für 'Fußball-Zauber' beim FC Bayern sorgen") nach nur fünf Einsätzen in Bundesliga und Europacup wieder aus München verschwand. Aus der eigenen Jugend stießen Christian Nerlinger und Markus Münch zum Profi-Kader.

Die Pleite vom Vorjahr sowie die Personalwechsel und das junge Alter der Mannschaft ließen Manager Hoeneß Bescheidenheit zeigen: „Wir starten nicht in die Saison mit dem Ziel, unbedingt Meister zu werden und den UEFA-Cup zu holen. Das wäre nach dieser Zäsur zu vermessen. Niemand weiß, wie der Umbruch klappen wird." Hoeneß sprach gar vom Saisonziel „Nicht-Abstieg". Anders Präsident Scherer, der finanzielle Zwänge geltend machte: „Das Erreichen eines UEFA-Cup-Platzes ist sportlich und wirtschaftlich unsere unabdingbare Notwendigkeit."

Der Manager sollte mit seinem Zweckpessimismus recht behalten. Der Umbruch klappte nicht und konnte auch nicht klappen; nicht nur, weil die Chemie der Mannschaft und deren Personalbestand nicht stimmten, sondern auch, weil die Führung dem inneren und äußeren Druck, den sie selbst über Jahre hinweg aufgebaut hatte, nicht standhielt und anfing, Chaos zu produzieren.

Daneben existierte noch ein viel grundsätzlicheres Problem, das den Klub zwar nicht aus heiterem Himmel überraschte, dessen Existenz aber in den Jahren zuvor vom Erfolg kaschiert wurde. Ein Problem, das bis heute an den Grundfesten des *Fußballklubs* Bayern München rührt. Der „Spiegel" treffend: „In dem von Manager Hoeneß vorgegebenen Streben nach Professionalität entfernte sich der Klub weiter als alle anderen Bundesligavereine von der Ursprünglichkeit des Fußballs. Der FC Bayern, stellen jetzt Altvordere fassungslos fest, war in den letzten Jahren wie ein blühender Baum, dessen Wurzeln, ohne daß es einer bemerkte, längst abgestorben waren."

Den Klub plagten folglich gleich zwei Probleme: Spieler, die Leistungsträger und Führungspersönlichkeiten waren, verließen den Verein in Richtung Lira-Paradies. München war für sie nur eine Zwischenstation. Und mit der Zeit war nicht einmal der Weg über den FC Bayern notwendig, weil die italienischen Klubs nun ihre Fühler überall hin ausstreckten. Der Aufbau einer leistungsstarken Truppe mit akzeptierten Leithammeln und einer zumindest mittelfristigen Perspektive war bei einem derart großen Mangel an personeller Kontinuität nicht möglich. Wobei die Frage bleibt, ob dies wirklich so sein mußte, oder ob es nicht möglich gewesen wäre, bei wenigstens einem oder zwei umworbenen Spielern „Nein" zu sagen – auch um den Preis, diese mit italienischen Gehältern auszustatten. So aber mußte sich die Mannschaft Jahr für Jahr neu sortieren, und zwar nicht an ihrem Rande, sondern stets in ihrem Zentrum. Der Verkauf von Rummenigge, Brehme, Matthäus, Kohler, Reuter, später noch Effenberg und Laudrup brachte ca. 60 Mio. DM in die Kasse des FC Bayern. Die italienische

Kaufwut sanierte den Klub und stärkte sein finanzielles Fundament. Schatzmeister Kurt Hegerich feierte den Verkauf von Kohler und Reuter als „Sternstunde des Klubs", als ob der Sinn und Zweck des FC Bayern im Erzielen hoher Transfererlöse bestehen würde. Aber die Hoffnung, die verkauften Leistungsträger durch preiswerteres Personal von anderen Bundesligaklubs oder aus der Provinz ersetzen zu können, also das sportliche Leistungsniveau zu halten und zugleich das finanzielle Polster auszubauen, erwies sich als illusorisch. Anstelle gestandener Profis tauchten beim FC Bayern nun Akteure auf, die mit der Herausforderung, einen weltläufigen Verein zu repräsentieren, nicht fertig wurden. Spieler wie Tschiskale, Ekström, Mihailovic oder McInally waren eines so ambitionierten Klubs nicht würdig. Daß *nicht einer* der genannten Namen einschlug, konnte eigentlich kaum verwundern. Ihre Verpflichtung sah zu sehr nach einem puren Glücksspiel mit äußerst geringen Gewinnchancen aus. Und was die Besseren unter den Neuen anbetraf, so forderte der auf die Spitze getriebene Angestelltenfußball, der keinerlei emotionale Bindung des Kickers an den Verein mehr kannte, seinen Tribut. Daß das mit den „elf Freunden" im Profifußball nicht mehr so funktioniert, hatte bereits Günter Netzer erkannt. Aber Netzer war es nun auch, der davor warnte, daß die wie moderne Unternehmen geführten Klubs „zu synthetisch" würden.

Bedingt durch den Fall der Mauer war die Liga zur Saison 1991/92 auf 20 Vereine aufgestockt worden. Aus den ersten beiden Spielen holte der FC Bayern nur einen Punkt. Zum Saisonauftakt spielte man bei Werder Bremen 1:1, während die Premiere daheim mit einer peinlichen 1:2-Niederlage gegen Hansa Rostock, einen der beiden neuen Ostvertreter in der Bundesliga, endete. Nach drei Siegen in Folge schien die Bayern-Welt wieder einigermaßen in Ordnung zu sein. Doch in den folgenden neun Spielen verzeichnete der FCB nur einen Sieg. Auftakt der Negativserie war eine 0:2-Niederlage gegen den VfL Bochum, die zweite Niederlage im erst dritten Heimspiel der Saison. Nur gegen den 1. FC Kaiserslautern konnten die Bayern daheim 1:0 gewinnen. Die Heimspiele gegen Aufsteiger Stuttgarter Kickers und Borussia Dortmund gingen hingegen 1:4 bzw. 0:3 verloren. War das Olympiastadion in der Vergangenheit eine nahezu uneinnehmbare Festung gewesen, wo viele Gastmannschaften – im Gefühl einer ohnehin nicht zu vermeidenden Niederlage – lediglich ein Pflichtprogramm abspulten, um nicht vollends unterzugehen, so fehlte nun einem Sieg bei den Bayern bald die Aura des Besonderen. Auswärtssiege in München wurden heftig entwertet. Wer in München gewann, konnte trotzdem absteigen, wie es die Stuttgarter Kickers und Rostock dann auch taten. Sieben Niederlagen mußten die Bayern in dieser Bundesligasaison zu Hause einstecken. Drei Partien endeten unentschieden, nur neun konnten gewonnen werden.

Seit dem 6. Spieltag plagte den FCB auch noch ein Torwartproblem. Raimond Aumann laborierte an einer langwierigen Verletzung, und sein Stellvertreter Gerald Hillringhaus erwies sich wiederholt als überfordert.

Auch im DFB-Pokal durften die Bayern-Hasser wieder einmal herzhaft lachen. In der zweiten Runde, die erste überstanden alle Erstligisten per Freilos, unterlag der FC Bayern daheim dem Zweitligisten FC Homburg nach Verlängerung 2:4. Nur 9.000 Zuschauer wollten die Blamage sehen.

Das 1:4 gegen die Stuttgarter Kickers bedeutete das Aus für Trainer Heynckes. Die Führungsetage wich dem Druck der Boulevardpresse und der Haupttribüne, was sie noch teuer zu stehen kommen sollte und was Hoeneß später als schweren Fehler bezeichnete. Um die Person des Trainers hatten sich die treuen Fans in der Südkurve und die wiggeligen Dauerkartenbesitzer und Schickimickis auf der Haupttribüne heftige verbale Schlachten geliefert, die die Vereinsführung auf den Plan riefen. Präsident Scherer schrieb im Editorial des „Bayern-Magazin": „Die Zuschauer auf der Südtribüne und die von der Haupttribüne haben sich lautstarke Duelle wegen Trainer Jupp Heynckes geliefert. Ich weiß, daß die Sorge um unseren Verein jedem am Herzen liegt. Jeder will nur das Beste für den Verein. Aber hier müssen wir jetzt zusammenhalten, uns alle in Solidarität üben. Deshalb bitte ich vor allem unsere Zuschauer auf der Haupttribüne und unsere Jahreskarten-Inhaber in diesen turbulenten Wochen nochmals um Besonnenheit."

Ende einer Kampfgemeinschaft: Nach dem 1:4 gegen die Stuttgarter Kickers trennten sich die Wege von Heynckes und Hoeneß.

Ohne Zweifel hatte Heynckes Fehler begangen, zumal bei den Neuver-pflichtungen, aber mit dem Abgang des harten und gewissenhaften Arbei-ters wurde Kontinuität nun endgültig zum Fremdwort. In sportlicher Hinsicht sollte der FC Bayern in den nächsten Jahren einer permanenten Baustelle ähneln.

Zum Heynckes-Nachfolger wurde Sören Lerby bestellt, dessen einzige Qualifikation darin bestand, ein „super Typ" (Thomas Berthold) und eine Stimmungskanone zu sein. Zudem hatte er einer der letzten erfolgreichen Bayern-Mannschaften angehört. Dem farblosen Präsidenten Scherer, in sportlichen Dingen ohnehin nur ein blinder Gefolgsmann von Uli Hoeneß und ohne eigene Visionen, wurden zwei prominente Vizepräsidenten zur Seite gestellt: Franz Beckenbauer und Karl-Heinz Rummenigge. Der neue Trainer und die beiden ehemaligen Weltstars sollten den Willen der Füh-rung unterstreichen, eine Rückkehr zu den guten alten Zeiten einzuleiten. Die Äußerung von Rummenigge: „Wir hatten zwar Schulden, waren aber erfolgreich und beliebt", deutete schon frühzeitig auf eine Kehrtwende in der Transferpolitik hin. In die gleiche Richtung war auch eine Kritik Bek-kenbauers an Uli Hoeneß zu interpretieren. Der Kaiser zum Manager: „Die ganzen Millionen auf der Bank nützen dir nichts, wenn du keine Punkte hast. Man muß auch mal auf eine Ablösesumme verzichten, wenn man international im Geschäft bleiben will." Beckenbauer war der Auffas-sung, daß in München in den letzten Jahren „viel Qualität verschenkt" wurde und „zu viel und zu schnell verkauft". Gleichzeitig philosophierte er über ein notwendiges „Ausmisten" und drohte den verunsicherten Profis mit „Abschiebung in den Kindergarten". Zunächst aber wolle er in Einzel-gesprächen versuchen, den Spielern jene Einstellung zu vermitteln, die den FC Bayern früher stark gemacht habe.

Das Engagement von Beckenbauer und Rummenigge diente zugleich der Rettung der alten Führungsetage. Namentlich Scherer und Hoeneß waren stark in die Kritik geraten, die sich vor allem an der Verpflichtungs-politik rieb. Dortmunds Manager Michael Meier charakterisierte die Ein-bindung der Altstars dennoch als „Quatsch" und deutete schon frühzeitig auf ein nicht zu lösendes Problem hin. Das Konzept könne allein schon wegen Beckenbauers Popularität nicht funktionieren: „Wenn Franz hustet, wackelt jetzt der ganze Klub." Und Günter Netzer bemerkte kritisch, die beiden neuen Vizes könnten ihrem Klub „auf dem Fußballplatz besser hel-fen".

Die Verpflichtung von Lerby geriet zum Flop. Dem bereits erwähnten 0:3 gegen den BVB folgte am 14. Spieltag eine 2:3-Niederlage beim VfB

Stuttgart, was ein Trainerdebüt von 0:4 Punkten bedeutete. Einen Spieltag später durfte der FC Bayern eine weitere Notlösung begrüßen. Zwischen den Pfosten stand nun der mittlerweile 37jährige Ex-Nationalkeeper Harald „Toni" Schumacher. Die Bayern besiegten Borussia Mönchengladbach 3:0, und der Aushilfskeeper sprach von einem „wunderschönen Gefühl". Acht Bundesligaspiele bestritt Schumacher für den FC Bayern. Am 23. Spieltag sollte dann wieder Aumann das Tor hüten.

Zur Rückrunde wurde die desolate Mannschaft durch den 30jährigen Alois Reinhardt, der bei Bayer Leverkusen zuletzt nur noch zweite Wahl gewesen war, und den 31jährigen niederländischen Nationalspieler Jan Wouters, der von Ajax Amsterdam kam, verstärkt. Reinhardt und Wouters, beide eher biedere Fußballhandwerker, waren als dringend erforderliche Hilfsmaßnahme gegen den offensichtlichen Mangel an Routine und Robustheit gedacht. Während Reinhardt nur zehnmal im Bayern-Trikot auflief, wurde Wouters zu einer wichtigen Größe im FCB-Team.

Nach der Winterpause setze sich der Abwärtstrend zunächst fort. Ein Remis in Duisburg (1:1) und ein knapper Heimsieg gegen den KSC (1:0) ließen zwar kurzzeitig hoffen, doch die nächsten beiden Spiele gingen 3:4 daheim gegen Werder Bremen und 1:2 bei Hansa Rostock erneut verloren. Am 7. März 1992 unterlagen die Bayern in Kaiserslautern mit 0:4. Der FCB befand sich längst in Abstiegsgefahr. Wenige Tage später mußte auch Sören Lerby seine Koffer packen. Drei Trainer in einer Saison, das hatte es in München seit dem Aufstieg in die Bundesliga noch nie gegeben. Für Lerby kam direkt vom Sponsor Opel „Sir" Erich Ribbeck. Mittlerweile ging es längst um den Ruf des Vereins. Sportlich konnte Ribbeck nicht mehr viel bewirken. Das erste Spiel unter seinem Kommando wurde zwar gegen den Hamburger SV vor nur noch 20.000 Zuschauern im Olympiastadion 2:0 gewonnen,

Als Trainer hilflos: Sören Lerby.

aber in den verbleibenden zehn Spielen ging der FCB fünfmal als Verlierer vom Platz. Vier Spiele gewann „Sir Erich", eines endete unentschieden.

Am Ende der längsten Saison der Bundesligageschichte belegte der FC Bayern den 10. Platz, die schlechteste Plazierung seit der Saison 1977/78. Nur fünf Punkte trennten den Rekordmeister vom besten Absteiger. Und mit 36:40 gestaltete sich das Punktekonto erstmals seit jener Spielzeit wieder negativ. Die Spielzeiten 1977/78 und 1991/92 sind bis heute die einzigen der Bayern in der Bundesliga, in denen der Klub mehr Spiele verlor als gewann. Die Gegner trafen 61mal ins Bayern-Netz, was die drittmeisten Gegentreffer in der Liga bedeutete. Nur die Keeper der Absteiger Stuttgarter Kickers und Fortuna Düsseldorf mußten noch öfter hinter sich greifen.

Auch international war für die Bayern in dieser Saison absolut nichts zu holen. In der ersten Runde des UEFA-Cups stand die irische Mannschaft Cork City auf dem Programm. Vom spielerischen Niveau her entsprach die League of Ireland nicht mal der 2. Bundesliga, trotzdem kamen die Bayern in Cork über ein 1:1 nicht hinaus, wobei sie sogar zunächst in Rückstand gerieten. Im Rückspiel gab es ein mühsames 2:0. Das erste Tor der Bayern fiel erst in der 75. Minute (Labbadia), und zum zweiten Treffer bedurfte es eines von Ziege verwandelten Strafstoßes. In der zweiten Runde erfuhr der FC Bayern dann sein wohl größtes Europapokal-Debakel. Ausgerechnet in seinem Heimatland Dänemark erlebte Sören Lerby seine schwärzeste Stunde als Trainer. Der gastgebende B 1903 Kopenhagen überfuhr die Bayern mit 6:2. Im Rückspiel ließen die Sensationssieger nichts mehr anbrennen. Mehr als ein 1:0-Sieg durch ein Tor von Mazinho war für die Bayern nicht drin.

1992/93: Klotzen statt Kleckern

„ran" an den Ball: Zur Saison 1992/93 wechselten die Bundesligarechte von der Ufa/RTL und der ARD zur Kirch-/Springer-Tochter ISPR, die sie an Sat.1 weiterleitete. Die Vereine kassierten nun noch mehr Geld, und die Ware Fußball wurde noch bunter. Die Ufa blieb aber weiterhin im Geschäft, über den Pay-TV-Sender „Premiere" und dessen Live-Übertragung des „Topspiels der Woche". Die Ufa durfte sich dafür beim weitsichtigen Uli Hoeneß bedanken, der hier das eigentliche Geschäft der Zukunft witterte. „Pay-TV ermöglicht uns künftig, daß wir bei großen Spielen im Europacup oder um die Meisterschaft bis zu fünf Millionen Mark erhalten. In ein paar Jahren werden die großen Sport-Veranstaltungen alle im Pay-TV-Bereich senden. Das ist die Zukunft des Sports – und auch des Fuß-

Der FC Bayern und das Fernsehen

Uli Hoeneß verdankt die Liga, daß sich der Fußball dem Fernsehen nicht mehr unter Wert verkauft. Daß der Fußball ohne TV nicht überleben kann, stimmt allerdings nur bedingt. Der hochdotierte Showbusiness-Fußball kann es nicht, die große Masse der Vereine muß es. 80 % der TV-Gelder landen in den Kassen von nur 0,15 % aller deutscher Vereine.

Die Bayern werden in Sachen TV weiter am Drücker bleiben. Der Manager hat von Anfang an mehr als die gegenwärtigen Vereinbarungen im Visier gehabt. Das digitale TV schafft neue Möglichkeiten und wird bisherige Verteilungsschlüssel weitgehend aushebeln.

Auch in juristischer Hinsicht steht es um die Rahmenbedingungen für einen weiteren Sprung nach vorn nicht schlecht. Hoeneß rechnet damit, daß „die Fernsehrechte zu den Vereinen zurückkehren. Das Kartellamt hat einen eindeutigen Beschluß gefaßt, daß der DFB die Bundesligarechte nicht mehr monopolistisch im Namen der Vereine vermarkten darf. Wenn dies der Bundesgerichtshof bestätigt, werden zwangsläufig auch die Bundesliga-Rechte den Vereinen zufallen. Dann ist der FC Bayern ein heißes Thema." Der FC Bayern wird in Verhandlungen mit den Sendern selbstverständlich einen höheren Preis erzielen als die meisten anderen Mitglieder der Branche. Eine Vermarktung in eigener Regie würde in Kombination mit Pay-per-View eine astronomische Steigerung der Bayern-Einnahmen bedeuten. Letztendlich schwebt dem FC Bayern ein vereinseigenes TV vor. Franz Beckenbauer im Sommer 1996: „Ich bin davon überzeugt, daß es in absehbarer Zeit auch einen eigenen Sportkanal des FC Bayern im Pay-TV geben wird." Der FC Bayern wird dann nicht nur im Stadion, sondern auch auf den deutschen Wohnzimmersofas direkt abkassieren.

Auf den Einwand, die Eigenvermarktung würde den Zerfall in mehrere Klassen forcieren, entgegnet Hoeneß: „Auch diese Vereine würden Wahnsinnsgeld verdienen. Fußball ist der einzige Teil von Sat.1, der seine Quoten hält." Mag sein, daß Bochum dann reicher wird. Aber die Kluft zwischen Bayern und Bochum wird trotzdem erheblich wachsen. ∎

balls." Hoeneß hatte sich in den letzten Jahren immer mehr zum Medienmanager des deutschen Fußballs entwickelt, der gegenüber seinen Kollegen über einen erheblichen Vorsprung an Wissen und Visionen verfügte. Dem Rest der Branche blieb nicht viel anderes übrig, als dem Bayern-Manager zu folgen.

Die Verpflichtungspolitik für die Saison 1992/93 trug deutlich die Handschrift von Beckenbauer und Rummenigge. Nicht länger kleckern, sondern klotzen hieß die Devise. Mit aller Macht wollte man eine Wiederholung der Vorsaison verhindern. Im „Jahrbuch" des Klubs hieß es: „Die Fans dürfen wieder hoffen. Der FC Bayern scheint, nach einer 'etwas anderen' Saison, wieder auf dem Weg nach oben. Möglich gemacht hat dies das beherzte Handeln der Klub-Verantwortlichen. (...) Der FC Bayern 92/93 'mit neuem Gesicht' zu altem Erfolg. Oh, was hatte die letzte Saison weh getan. Hohn, Spott, Schadenfreude... Jeder – selbst die, die sich sonst nie getraut hatten, durften dem FC Bayern 91/92 'gegen's Schienbein treten'. Und das meist auch noch ungestraft. Doch Vorsicht, Freunde, der FC Bayern kommt zurück. Stark, selbstbewußt. Und er wird in diesem Spieljahr schon einige Rechnungen begleichen."

23,5 Mio. DM wurden in neue Spieler investiert, was Bundesligarekord war. Allerdings nahm der Klub allein durch den Verkauf von Effenberg und Laudrup über 17 Mio. DM ein. Auch Strunz (VfB Stuttgart) und Bender (Karlsruher SC) mußten gehen. Auf der Suche nach neuen Spielern wurden die Bayern erneut in Karlsruhe fündig. Nach Michael Sternkopf verpflichtete der FCB mit Mehmet Scholl sein zweites Teenie-Idol. Karlsruhes Trainer Winfried Schäfer lästerte, man könne dem FC Bayern auch Schaufensterpuppen verkaufen. Teuerster Einkauf war Thomas Helmer von den aufstrebenden Dortmundern, der den Verein ca. 8 Mio. DM kostete, gefolgt vom Brasilianer Jorginho (5,6 Mio. DM), Kapitän der Nationalmannschaft seines Landes und zuletzt bei Leverkusen unter Vertrag. Außerdem kamen Markus Schupp (SG Wattenscheid 09) und ... Lothar Matthäus (4 Mio. DM). Aufgrund der hohen Einnahmen aus dem Verkauf von Effenberg, Laudrup und Co. hatte der Klub keine größeren Probleme mit der Finanzierung seiner teuren Rundumerneuerung.

Als Beckenbauer und Rummenigge Vizepräsidenten wurden, ahnte Schatzmeister Kurt Hegerich noch nicht, was auf ihn zukam. Beckenbauer: „Zu unseren Besprechungen hätten wir ihm eigentlich immer Beruhigungstropfen mitbringen sollen. Wir waren davon überzeugt, daß wir nicht auf einen langfristigen Neuaufbau setzen konnten, denn mehrere Jahre Mittelmaß – das akzeptiert das Publikum in München, wo es derartig viele Freizeitmöglichkeiten gibt, nicht. Außerdem: Es gibt in der Bundesliga ja genug Vereine, die langfristig planen und dabei nie übers Mittelfeld hinauskommen. Der FC Bayern ist seinen Fans und auch der Bundesliga schon immer etwas mehr schuldig gewesen."

Die Idee, seinen WM-Kapitän von 1990 zurückzuholen, hegte Beckenbauer schon lange. Matthäus hatte sich im April 1992 beim Punktspiel Inter Mailands gegen den AC Parma einen Kreuzbandriß zugezogen. Infolge dieser Verletzung geriet auch die Beziehung des Mittelfeldstars zu seinem Arbeitgeber in Mitleidenschaft. Der verletzte Spieler kam aus den Schlagzeilen; niemand schien sich mehr für ihn zu interessieren. Für Lothar Matthäus war dies eine unerträgliche Situation. Nach seiner Operation in den USA trainierte Matthäus heimlich und verbissen in den Bergen. Über seinen langjährigen Freund und Manager Norbert Pflippen ließ er in Erfahrung bringen, ob sein alter Klub an einer Verpflichtung interessiert sei. Am 25. August 1992 war es schließlich soweit. In der Annahme, der Spieler sei von einem Comeback noch weit entfernt, ließ Inter Matthäus für 4 Mio. DM zurück nach München ziehen. In der Chefetage der Bayern hatte sich vor allem Beckenbauer für die „Rückkehr des verlorenen Sohnes" (Scherer) stark gemacht.

Die Bayern begannen die Saison souverän. Nach sechs Spielen standen fünf Siege und ein Unentschieden zu Buche. Die Zuschauer strömten ins Stadion wie noch nie zuvor. Beim ersten Heimspiel gegen den 1. FC Kaiserslautern (1:0 durch einen Treffer von Labbadia) waren 64.000 anwesend. Am Ende der Saison sollte der FCB mit 46.058 Zuschauern den bis dahin mit Abstand höchsten Zuschauerschnitt seiner Bundesligageschichte verzeichnen, fast 14.000 mehr als im Vorjahr.

Nach vier Jahren Abstinenz erlebte die Bundesliga die bis heute letzte Neuauflage eines Titelrennens zwischen dem FC Bayern und Werder Bremen. Am 19. September 1992 feierte Matthäus im Heimspiel gegen Wattenscheid 09 sein Bundesliga-Comeback, das allerdings wenig verheißungsvoll ausfiel. Kurz vor Schluß fingen sich die Bayern noch den Ausgleichstreffer zum 1:1. Einem 2:1-Sieg bei Borussia Dortmund folgte eine kurze Durststrecke von zwei Unentschieden und einer Niederlage (1:3 daheim gegen Werder Bremen), und Matthäus geriet zusehends in die Kritik. Am 14. Spieltag schlug Matthäus zurück: Beim 4:2-Sieg in Leverkusen schmetterte der Star einen Eckball von Scholl aus 20 Metern Entfernung volley in den Winkel. Der FC Bayern gewann 4:2. Danach schoß der Rückkehrer noch weitere wichtige und spektakuläre Tore, die den Medienrummel um ihn und seine Person weiter kräftig ankurbelten. Lothar und Neu-Partnerin Lolita plauderten pausenlos oder ließen über sich plaudern, daß es dem Manager nur so auf die Nerven ging. Hoeneß bezeichnete Matthäus ironisch als „unseren neuen Pressesprecher" und legte der Plaudertasche nahe, die korrekte Rangfolge zu beherzigen: erst fußballspielen, dann quasseln.

Am 12. Dezember 1992, dem letzten Spieltag der Hinrunde, veranstaltete die Bundesliga einen Aktionstag unter dem Motto „Friedlich miteinander – Mein Freund ist Ausländer". Der FC Bayern, in dessen Jugendbereich zu diesem Zeitpunkt ca. 50 % der Kicker Ausländer waren, stellte mit Matthäus, Wouters und Ziege drei seiner Bundesligaakteure für einen TV-Spot zur Verfügung. Der Spot dokumentierte aber lediglich die Unzulänglichkeit der Kampagne, die in erster Linie eine PR-Aktion in eigener Sache war, mit der der DFB sein Image aufpolieren wollte. Denn zwei der Darsteller gerieten später selbst in den Verdacht rassistischer Ausfälle: zunächst Lothar Matthäus, später dann – nach seiner Rückkehr in die Niederlande – auch Jan Wouters. Am Aktionstag selbst demonstrierten rund 2.000 in- und ausländische Kinder im Olympiastadion mit einer Menschenkette für ein friedliches Zusammenleben. Noch erhebender waren allerdings die vieltausendfachen „Nazis-raus!"-Rufe, die aus der Südkurve schallten. Gegner war an diesem Tag der FC Schalke 04, und Mitglieder der umtriebigen Schalker Fan-Initiative durften ihr Transparent „Schalker gegen Rassismus" auf der Laufbahn herumführen. Nur anderthalb Jahre später sollte wieder alles anders sein: Der FCB-Ordnungsdienst untersagte den Schalkern, ihr Transparent auch nur am Zaun zu befestigen. Die Kampagne hatte ihre Schuldigkeit getan.

Vor dem Saisonfinale blies die „Abteilung Attacke" in bekannter Manier zur Schlußoffensive gegen Werder. Wie schon 1985/86 widerstand Hoeneß auch diesmal nicht der Verlockung, den Meisterschaftszweikampf zu politisieren. Rehhagels Aussage, der beste Fußball werde langfristig dort gespielt, wo sich das meiste Geld befinde, sprich: in München, konterte der Bayern-Manager mit den Sätzen: „Wahrscheinlich hat Rehhagel sich selbst gemeint, weil Werder mit Abstand am meisten Geld hat in der Liga. Ich möchte nicht deren Konten untersuchen mit ihren GmbHs, die sie links und rechts vorgeschaltet haben. Die haben riesige Gewinne, weisen aber nie einen aus. Im SPD-Ländle Bremen werden diese Dinge in den Medien nicht so hinausposaunt, weil die alle unter einer Decke stecken. Ich rege mich furchtbar auf, wenn der Manager Lemke von den Millionarios spricht." Auch an Werders Spielstil ließ Hoeneß kein gutes Haar: „Dieses langsame Gekicke hintenrum – damit holen die keinen hinter dem

Ofen hervor." Es sei kein Zufall, daß Werder nur 17.000 Zuschauer habe. Hoeneß: „Der Herr Lemke hat gesagt, er hätte gerne das Olympiastadion. Das gebe ich ihm, weil er es nur einmal im Jahr braucht – wenn Bayern München kommt." Vermutlich war es aber weniger Lemkes politischer Standort selbst, der Hoeneß in Rage brachte, auch wenn eine Frau Seebacher-Brandt, die zum Freundeskreis des Werder-Managers zählte, etwas später im konservativen „FAZ"-Magazin schrieb: „Der Glaube, daß Lemke links sei, hat heute nur noch im Weltbild des Uli Hoeneß Platz." Den Bayern-Manager nervte vielmehr die doppelbödige politische Moral des Bremer Kollegen. Lemke war in diesen Jahren vor allem ein umtriebiger Trendsetter mit Organisationstalent, der erklärtermaßen bereit war, für Geld so ziemlich alles zu machen. Kein anderer Bundesligamanager biederte sich bei Sponsoren und Fernsehanstalten so penetrant an wie der Bremer. Der Werder-Manager wurde zum Modell für den „neuen Sozialdemokraten", dessen zweifelhafte Qualität darin bestand, einen noch gewiefteren „Kapitalisten" abzugeben als viele Konservative.

Am 28. Spieltag fuhr der FC Bayern als Tabellenführer ins Bremer Weserstadion. Einen Spieltag zuvor hatte man den 1. FC Saarbrücken mit 6:0 abgekanzelt. Weil das Fernsehen es so wollte, wurde an einem Montagabend gespielt. Die Bayern begannen überlegen und gingen durch Ziege 1:0 in Führung. Doch zwei von Wynton Rufer verwandelte Elfmeter, von denen einer zumindest fragwürdig war, bedeuteten die 2:1-Führung für die Bremer. Nach zwei weiteren Treffern durch Herzog und Hobsch stand es am Ende 4:1. Damit hatten die Bremer in beiden direkten Aufeinandertreffen die Oberhand behalten. Die Bayern blieben Tabellenführer, aber das Blatt begann sich nun zu wenden – nur anders als in der Saison 1985/86. Diesmal war Werder psychologisch im Vorteil. Nicht Otto Rehhagel, sondern Erick Ribbeck, der noch nie einen nationalen Titel errungen hatte, drohte ein Loser-Image. Am 32. Spieltag gewann Werder in Saarbrücken 4:0, während der FC Bayern beim KSC mit 2:4 unterlag. Bayern und Werder standen nun punktgleich an der Spitze. Am 33. Spieltag schlug der FCB daheim den abstiegsbedrohten VfL Bochum 3:1. Zeitgleich bezwang Werder im Nordderby den Hamburger SV mit 5:0. Bei Erich Ribbeck machte sich Frustration breit: „Sicherlich mache ich mir meine Gedanken über den HSV. Ein dummer Zufall, es kommt schon Wut hoch." Der hohe Sieg der Bremer bedeutete, daß sie nun erstmals die Tabellenführung übernahmen, da ihr Torverhältnis um einen Treffer besser ausfiel als das der Münchener.

Am 34. Spieltag mußten die Bremer – wie in der tragischen Saison 1985/86 – nach Stuttgart reisen, die Bayern indes zum FC Schalke 04. Vom Papier her hatten die Bayern die leichtere Aufgabe. Denn während für die Schalker die Saison bereits gelaufen war, besaß der besser plazierte VfB noch Chancen auf einen UEFA-Cup-Platz. Und außerdem war da noch das Trauma vom 26. April 1986. Raimond Aumann erklärte: „Wenn wir nicht Meister werden, sind wir die Deppen der Nation." Sie wurden die Deppen, denn die Bremer schossen in Stuttgart einen souveränen 3:0-Sieg heraus, während die Bayern in Gelsenkirchen über ein 3:3 nicht hinauskamen. 32 Spieltage waren die Bayern an der Spitze gewesen, aber am Ende hatten die Bremer die Nase vorn. Die Parallelen zur Saison 1985/86 waren frappierend. Kein Regisseur hätte die Revanche der Bremer besser inszenieren können.

„Mit dem zweiten Platz kann ich gut leben", kommentierte Ribbeck den Ausgang des Meisterschaftsrennens und widersprach damit der „Number-One"-Philosophie. Vor dem Saisonfinale hatte er bereits verkündet, seine Bayern müßten nicht Meister werden. Von der mentalen Stärke, Entschlossenheit und Aggressivität, mit der die Bayern die Saison 1985/86 für sich entschieden hatten, war sieben Jahre später nichts mehr zu spüren. Werder wurde in einer Manier Meister, die man bis dahin nur von den Bayern kannte.

1993/94: Es rettet uns ein höheres Wesen...

„Sowas passiert uns nie wieder", versprach Keeper Raimond Aumann vor der neuen Saison. Das Klotzen ging deshalb weiter. Für ca. 12 Mio. DM engagierten die Bayern mit dem Kolumbianer Adolfo Valencia, Marcel Witeczek (1. FC Kaiserslautern) und Alexander Zickler (Dynamo Dresden) gleich drei neue Stürmer. Trotzdem wirkte die Verpflichtungspolitik inkonsequent: Valencia war eigentlich nur zweite Wahl. Im Ringen um den 9,5 Mio. DM teuren Italien-Rückkehrer Karlheinz Riedle ließ der FCB Borussia Dortmund den Vortritt. Vor Riedle waren bereits die Versuche geplatzt, den Frankfurter Yeboah und Ruud Gullit nach München zu holen. Gullit sollte den FCB um kosmopolitanes Flair und Spielkultur bereichern. Die Verbindung zwischen dem FCB und dem Star der EM 1988 hatte Jan Wouters hergestellt. Noch Mitte Juni 1993 erklärte Gullit gegenüber dem niederländischen „De Telegraaf": „Im großen bin ich mit den Bayern einig." Als Grund dafür, warum Gullit dann doch nicht kam, kursierte zunächst die Furcht seiner Freundin vor dem Rassismus in Deutschland. „Bild am Sonntag" unterstellte dagegen, Gullit habe ein „linkes Spiel" betrieben. Dem an Knieproblemen laborierenden Spieler sei es lediglich darum gegangen, „von einer der ersten Fußball-Adressen in Europa geprüft und für gesund" erklärt zu werden, um „mit dem Gütesiegel der Bayern und ihres international anerkannten Arztes Dr. Müller-Wohlfahrt" ausgestattet, seine Ausgangsbedingungen im Vertragspoker mit anderen Vereinen zu verbessern. Besonders bitter für das Blatt: „In Holland feixen sie. Ist doch vielen der Spruch von Gullit in den Ohren: 'Nach Deutschland? Nie!'"

Die Zeiten, wo Transfers bestimmter Größenordnung, zumal Rekordtransfers, nur von den Bayern getätigt werden konnten, waren vorbei. Nicht der FC Bayern, sondern Borussia Dortmund leitete die kostspielige Rückholaktion von deutschen Fußballstars aus dem verlorenen Paradies Italien.

Trotzdem sahen sich acht von 18 Bundesligatrainern bemüßigt, den FC Bayern zum Meisterschaftsfavoriten zu küren. Präsident Scherer sah dies nicht anders: „Unser Ziel muß der Gewinn eines Titels sein. Das sind wir unseren Anhängern schuldig." Auch Erich Ribbeck erklärte: „Wir wollen dieses Jahr Meister werden."

Die Saison verlief für die Topteams Bayern und Borussia zunächst äußerst holperig. Als die Bayern am 9. Spieltag bei Borussia Dortmund antraten (1:1), sprach die „Sport-Bild" vorschnell vom „Duell der Versager".

Zur Winterpause lagen die Bayern nach 20 Spieltagen zwar nur einen Punkt hinter der Spitze, aber die Aussicht, eventuell erneut nur als Zweiter zu enden, sorgte beim „Number-One"-Verein für Panik. Zumal man seit vier Spielen nicht mehr gewonnen hatte. Gegen Schalke, Leverkusen und Dynamo Dresden hatte es jeweils nur ein mageres 1:1 gegeben, beim Neuling Freiburger SC unterlag man gar mit 1:3. Der Sportlehrer Erich Ribbeck wurde von der Bank geschubst, auf der nun der Kaiser höchstpersönlich Platz nahm. Uli Hoeneß später zu dieser Entscheidung: „Wir konnten nicht ewig das Bild vom FC Bayern vorgaukeln, ohne daß sich die Erfolge einstellten. Die Philosophie der Nummer eins muß auch irgendwann stimmen."

Ribbeck hatte bei den Spielern viel an Autorität verloren. Jan Wouters hatte dem Trainer ins Gesicht gesagt: „Trainer, Sie sind der einzige Mann im Verein, der keine Ahnung vom Fußball hat." Sogar Ribbeck-Liebling Olaf Thon war vom Trainer abgerückt. Thomas Berthold behauptete später, Ribbeck sei nur noch eine Marionette gewesen. Das Training habe sowieso Klaus Augenthaler gemacht. „Ribbeck trainiert wie vor 30 Jahren."

Beckenbauers Premiere ging völlig in die Hosen: Am 21. Spieltag verloren die Bayern daheim gegen den VfB Stuttgart 1:3. Doch einen Spieltag später begann die Wende: Der FCB siegte beim VfB Leipzig 3:1. Auch die folgenden drei Begegnungen gegen Duisburg (4:0), Meister Bremen (2:0) und Wattenscheid (3:1) wurden gewonnen. Gegen Borussia Dortmund gab es zwar nur ein mageres 0:0, aber Siege gegen den Hamburger SV (2:1) und den 1. FC Köln (1:0) bedeuteten eine Serie von sieben Spielen ohne Niederlage und 13:1 Punkte. Am 29. Spieltag reiste der FCB auf den Mönchengladbacher Bökelberg. Bis zur 89. Minute sah es so aus, als würden die ersatzgeschwächten Bayern ein torloses Remis über die Runden bringen und ihre Serie fortsetzen. Aber zwei Tore von Heiko Herrlich ließen den Bökelberg dann doch noch toben. Auch Lothar Matthäus tobte: „Normalerweise bin ich stolz, Kapitän dieser Mannschaft zu sein, aber heute…"

Die Bayern regenerierten sich einen Spieltag später mit einem 2:1-Sieg über Eintracht Frankfurt, bevor es erneut auf Bergtour ging. Am 31. Spieltag stand das Auswärtsspiel beim 1. FC Kaiserslautern auf dem Programm, der zu diesem Zeitpunkt vier Punkte hinter den Bayern rangierte. Die Bayern unterlagen auf dem „Betze" 0:4. Der „Kaiser" war sprachlos und stellte sich nicht einmal den Fragen der Presse. In seiner gesamten Karriere als Teamchef der DFB-Auswahl und Trainer von Olympique Marseille hatte Beckenbauer keine so hohe Niederlage hinnehmen müssen. Nur noch zwei Punkte trennten die Bayern von den „Roten Teufeln", das Meisterschaftsrennen war wieder offen. Am 32. Spieltag gewann Kaiserslautern in Wattenscheid 2:0, während der FCB im bayerischen Derby einen 2:1-Sieg über den 1. FC Nürnberg verbuchen konnte. Das Spiel sollte in die Kuriositätenliste der Bundesliga eingehen. In der 24. Minute schob Helmer den Ball am Nürnberger Tor vorbei. Aber zur Überraschung der Spieler beider Mannschaften und der 63.000 Zuschauer im ausverkauften Olympiastadion zeigte Schiedsrichter Osmers auf den Anstoßpunkt: 1:0 für den FC Bayern. Daß Helmer den Schiedsrichter nicht korrigierte, brachte ihm das Negativimage vom „eiskalten Profi" ein. In der 65. Minute erhöhte Helmer auf 2:0, in der 79. Minute erzielte Sutter den Anschlußtreffer. Da Aumann nur eine Minute später einen Foulelfmeter des Ex-Bayern Schwabl parierte, sahen sich die abstiegsbedrohten Franken zum Protest genötigt. Drei Tage später annullierte das DFB-Sportgericht das Spiel und beantragte seine Neuansetzung. Doch bevor es dazu kam, mußten die Bayern in Karlsruhe antreten, wo sie im Vorjahr auf dem Weg zur Meisterschaft gestolpert waren. Diesmal reichte es beim KSC immerhin zu einem 1:1, aber da der 1. FCK sein Heimspiel gegen Borussia Dortmund 2:0 gewann, waren die Pfälzer bei einem Spiel mehr nach Pluspunkten Spitzenreiter: Die Lauterer hatten 41:25 auf ihrem Konto, die Bayern 40:24.

Das Wiederholungsspiel gegen den 1. FC Nürnberg brachte eine Vorentscheidung zugunsten der Münchener. Nach einer schwachen ersten Halbzeit spielten sich die Bayern in einen Rausch und gewannen hoch mit 5:0. Am letzten Spieltag mußte der 1. FCK zum Hamburger SV reisen, während die Bayern – wie im Vorjahr – Schalke 04 empfingen. Diesmal ließ der Rekordmeister nichts mehr anbrennen. Kaiserslautern gewann in Hamburg zwar 3:1, aber ein 2:0-Sieg der Bayern durch Tore von Matthäus und Jorginho sorgte dafür, daß der verflixte 13. Meisterschaftstitel endlich unter Dach und Fach war. Vier Jahre hatte der Klub auf diesen Titel gewartet, für FCB-Verhältnisse eine verdammt lange Zeit. Erfolgreichste Torschützen der Bayern waren in dieser Saison Adolfo Valencia und Mehmet Scholl, die beide auf elf Treffer kamen. Trotzdem trennte sich der Klub von dem Kolumbianer, dessen mangelhaften Integrationswillen man beklagte.

In der Schlußphase der Meisterschaft zeigten sich die Bayern mental erheblich gefestigter als in der Vorsaison, was sicherlich ein Verdienst von Beckenbauer war. Bedeutete damals die klare Niederlage in Bremen eine Wende im Titelkampf, so überstanden die Bayern ihr diesjähriges Spitzenspieldebakel relativ schadlos. In den folgenden drei Spielen hatte der FCB nur einen Punkt abgegeben, und auch die Neuansetzung des bayerischen Derbys hatte die Mannschaft nicht irritieren können.

25 Jahre nachdem er mit dem FC Bayern erstmals Meister geworden war, durfte der Kaiser auch als Trainer die „Salatschüssel" hochhalten.

Der Titelgewinn 1993/94 festigte den Mythos vom Kaiser, dem einfach alles gelingt, was er nur anpackt. Daß es ein Titelgewinn ohne Glanz und Gloria war, der mehr der Schwäche der Konkurrenz geschuldet war – die Bremer mußten Luft holen, und die Dortmunder absolvierten eine klassische Übergangssaison – interessierte eingefleischte Monarchisten nur mäßig. Wohl in keiner anderen Region sind der Glaube und die Hoffnung an die Allmacht eines höheren Wesens, das alles zum Besseren wende, so ausgeprägt wie in Bayern. Es war nur noch eine Frage der Zeit, genauer: von Monaten, bis man die „Lichtgestalt" auf den Thron des FC Bayern hieven würde. Der Countdown für den Flug nach Hollywood begann.

1994/95: Kaiserkrönung

Nachdem er sich selbst bestätigt hatte, räumte der Kaiser seinen Platz draußen auf der Bank und zog sich wieder ins Präsidium zurück. Sein Nachfolger wurde Giovanni Trapattoni, der erste italienische Trainer in der Bundesliga. Die Bayern präsentierten ihren neuen Mann als „erfolgreichsten Vereinstrainer der Welt", was statistisch zwar zutraf, aber trotzdem nicht die volle Wahrheit war. Denn der Wechsel des nicht mehr ganz jungen Trapattoni an die Säbener Straße wurde nur möglich, weil dieser in Italien als Auslaufmodell galt. Für Schlagzeilen sorgten jenseits des Brenners mittlerweile andere Übungsleiter. Aber an die *aktuell* Großen der europäischen Branche sollte der FC Bayern weder vor der Saison 1994/95 noch den folgenden herankommen. Trotz dieser Einschränkungen war die Verpflichtung von Trapattoni, dessen Funktion der „Kicker" auch darin sah, „die Inzucht deutscher Trainingsarbeit zu inspirieren und das verkrustete

System zu reformieren", ein Glücksfall für den FC Bayern und die Liga. Der Klub benötigte allerdings viel Zeit, bevor er dies erkannte.

Die Verpflichtung von Trapattoni hatte nicht nur sportliche Gründe. Der Präsident Hoffmann hatte dem FC Bayern einst Volksnähe und regionale Folklore verordnet. Nachdem der FC Bayern sein Abonnement auf den Meistertitel verlor und seine Starspieler an die Serie A, wirkte der bayerische Folklorismus allerdings nur noch peinlich und provinziell. Niemand verkörperte diese Degeneration besser als Hoffmanns Nachfolger Scherer. Der Professor für Wirt-

Signor Giovanni Trapattoni.

schaftswissenschaften war zwar ein ausgezeichneter Wirtschaftsfachmann und hatte einiges dazu beigetragen, daß der zusehends zu einem Unternehmen mutierende Verein solider geführt wurde als viele „normale" mittelständische Unternehmen. Aber einen „Klub von Welt" assoziierte man mit seiner Erscheinung nicht gerade. Der „Spiegel" über die Ära Scherer: „Wie ein kleiner Bruder der CSU glaubt der FC Bayern, die Nation ständig von der eigenen Größe überzeugen zu müssen. Bislang hielt Präsident Fritz Scherer dann eine Rede, in der er, bajuwarisch zünftig, die Gegner niedermachte. Und schon hatte der alte Oans-zwoa-gsuffa-Stallgeruch 'die Führung', wie Hoeneß die Funktionäre gern nennt, wieder eingeholt." Deshalb suchten die Bayern für den Trainerposten „eine Figur, einen Typ, einen Namen" (Hoeneß). Signor Trapattoni, so das Kalkül, würde den Verein von seinem provinziellen Stallgeruch befreien und zwischen Mailand und Madrid wieder gesellschaftsfähig machen. Schließlich bewegte sich der Italiener bereits seit Jahren dort, wo der FC Bayern wieder hinwollte: auf höchstem europäischen Parkett.

Ebenfalls aus Italien kam Jean Pierre Papin, „Europas Fußballer des Jahres" 1991 (damals noch bei Olympique Marseille aktiv). Papins Verpflichtung bedeutete zwar, daß der FC Bayern nun der einzige Verein der Welt war, bei dem gleich fünf ehemalige europäische „Fußballer des Jahres" in irgendeiner Funktion aktiv waren. Aber der Franzose hatte den Zenit seiner Karriere längst überschritten. Papin plagten außerdem Verletzungen und private Probleme. Vom Absteiger Nürnberg wurde der offensive Mittelfeldspieler Alain Sutter geholt, und zur Rückrunde wurde für den Offensivbereich auch noch der bulgarische Internationale Emil Kostadinov vom spanischen Spitzenklub Deportiva La Coruña ausgeliehen. Alle drei Offensivkräfte wußten sich nicht zu etablieren. Eine erheblich glücklichere Hand bewies das Management bei der Verstärkung der Defensivabteilung. Der nach Papin teuerste und prominenteste Neuzugang war Oliver Kahn, der Torwartaufsteiger der letzten Jahre, der vom Karlsruher SC kam und dessen Verpflichtung für eine tiefe Verstimmung bei seinem Vorgänger Aumann sorgte. Der enttäuschte Aumann vermied einen Zweikampf um die Nummer eins, indem er in der Türkei anheuerte. Eine schwere Verletzung legte Kahn zwar in dieser Saison für lange Zeit lahm, aber anschließend sollte der überaus ehrgeizige Keeper zu einem der besten Einkäufe in der Bundesligageschichte des Klubs avancieren. Und vom Hamburger SV kehrte der ausgeliehene Markus Babbel zurück, dem in dieser Saison den Sprung in die Nationalelf gelang.

Der FC Bayern startete zwar mit einem standesgemäßen 3:1-Sieg über den VfL Bochum in die neue Spielzeit, aber bereits am folgenden Spieltag gab es im Breisgau den ersten herben Dämpfer. Der FCB unterlag dem SC Freiburg, Überraschungsmannschaft dieser Saison, mit 1:5. In den folgenden sieben Spielen blieben die Bayern mit drei Siegen und vier Unentschieden ungeschlagen. Darunter war auch ein 3:1-Sieg im ersten Münchener Stadtderby seit mehr als 13 Jahren. Vor 64.000 Zuschauern im erstmals in dieser Saison ausverkauften Olympiastadion ging es ziemlich rustikal zur Sache. Die spielerisch klar unterlegenen Löwen waren zu diesem Zeitpunkt nicht nur nach Punkten, sondern auch nach Roten Karten Tabellenletzter. Beim 180. Aufeinandertreffen mit den Bayern hagelte es zwei weitere Platzverweise für den TSV 1860. Einer der Sünder war mit Schwabl ein ehemaliger Bayern-Spieler. Aber mit Nerlinger durfte auch ein FCB-Akteur vorzeitig duschen. Löwen-Torjäger Pacult resümierte nach dem Schlußpfiff: „Sie spielen es irgendwo ein bißchen abgeklärter, irgendwo etwas sicherer als wir." Und sein Präsident Wildmoser: „Bis wir soweit sind, werden noch viele Jahre ins Land ziehen." Nicht einmal im Stadion war Bayerns Weltmeister Jorginho, der seinen Abgang aus München vorbereitete. Im „Kicker" holte er zur Generalkritik an seinem Noch-Arbeitgeber aus: „Beim FC Bayern merke ich nie diese Anerkennung wie in Leverkusen, nicht vom Präsidium, nicht von den Fans." Vizepräsident Bek-

Oliver Kahn in Aktion.

kenbauer sei „leider auch Zeitungskolumnist. Das ist nicht gut. Aber beim FC Bayern reden sowieso viele Leute zuviel. Hier ist immer großes Theater. Das gefällt mir nicht." Der Brasilianer kritisierte überdies die Trennung von Adolfo Valencia: „Ein bißchen mehr Gefühl für ihn, und wir hätten noch viel Freude mit ihm gehabt."

Am 10. Spieltag kassierte der FCB beim späteren Meister Borussia Dortmund eine 0:1-Niederlage. Die Dortmunder Südtribüne begoß Matthäus mit Bier und skandierte, nachdem sich dieser darob empört zeigte: „Lothar mag kein Bier!" Bis zum Ende der Rückrunde verloren die Bayern dann kein Spiel mehr, wohl aber Keeper Oliver Kahn, der sich am 15. Spieltag im Heimspiel gegen Bayer Leverkusen (2:1) schwer verletzte (Kreuzbandriß).

Die Pleite der Saison schlechthin erlitt der FC Bayern im Nürnberger Frankenstadion, wohin der drittklassige TSV Vestenbergsgreuth für sein DFB-Pokalspiel gegen den Rekordmeister ausgewichen war. Das Spiel wurde von den Öffentlich-Rechtlichen Sonntag abends zur besten Sendezeit live gezeigt. Normalerweise würde man sich eine solche Partie nicht unbedingt anschauen, aber der Sender und seine Kunden bewiesen ein feines Gespür dafür, was in diesem Spiel drin war. Die Begegnung mobilisierte nicht nur die große Bayern-Anhängerschaft, sondern auch die nicht minder große Schar der Bayern-Hasser. Letztere wurden nicht enttäuscht. Das Spiel endete 1:0 für die Gastgeber, und die Pokalgeschichte des FC Bayern war um eine weitere Pleite reicher.

Am 14. November 1994 brach beim FC Bayern die „Kaiser-Zeit" an. Fast 3.000 Mitglieder waren zur Jahreshauptversammlung in der Olympiahalle erschienen, um der Inthronisierung von Franz Beckenbauer beizuwohnen. Zugunsten der Lichtgestalt wurde Fritz Scherer, der dem Klub seit 1985 vorgestanden hatte, zum Vizepräsidenten degradiert. Ursprünglich wollte Rummenigge Scherer herausfordern. Manager Hoeneß demonstrierte im drohenden Disput öffentlich Neutralität: „Ich bin für den FC Bayern." Tatsächlich dürfte er aber wohl mehr Scherer zugetan gewesen sein. Um eine öffentliche Auseinandersetzung um den Präsidentenposten zu vermeiden, intervenierte der bayerische Ministerpräsident in seiner Funktion als Verwaltungsbeirat und machte politisch einige Punkte, indem er mit Beckenbauer eine unwiderstehliche Kompromißlösung ins Spiel brachte, die Scherer zum freiwilligen Rückzug bewog. „Unter Franz Beckenbauer zu arbeiten, ist für mich kein Abstieg", kaschierte der Professor seine Demontage. Auch Rummenigge verzichtete. Für die neue Führungsstruktur wurde eigens die Satzung geändert. Kurt Hegerich schied aus dem Präsidium aus, und Scherer kehrte faktisch auf die Position des Schatzmeisters zurück, die er bereits vor seiner Präsidentenwahl sechs Jahre lang bekleidet hatte.

Der Kaiser versprach, „den FC Bayern wieder in die Nähe der noch über uns stehenden Klubs AC Mailand und FC Barcelona zu bringen", was ihm auch tatsächlich gelingen sollte, da der europäische Fußball ab Mitte der 90er von anderen Adressen dominiert wurde: Ajax Amsterdam, Juventus Turin, Paris St. Germain und Borussia Dortmund. Ein anderes Versprechen konnte der Kaiser indes nicht einlösen: „Wir werden weniger reden und mehr arbeiten."

Von einem Beckenbauer an der Spitze erhoffte sich der Klub nicht nur gestalterische Maßnahmen – diese blieben weiterhin vor allem dem Manager überlassen –, sondern auch noch mehr Glamour, Medienresonanz und Sponsoren. Der FC Bayern schien zu stagnieren, während andere Klubs – namentlich Borussia Dortmund – zum Branchenführer aufholten. Über ein dezidiertes Programm verfügte Beckenbauer nicht. Es sei denn, man wollte seine pure Erscheinung als Programm werten. Jedenfalls entwickelte sich nun der Klub unter der Regentschaft des Medienlieblings immer schneller zu einem hollywoodartigen Unternehmen. Uli Hoeneß etwa ein

Jahr nach der Kaiser-Krönung: „Wir haben längst die Ebene eines Fußball-vereins verlassen." Unter Beckenbauer habe man eine Erlebniswelt aufge-baut, in der der Sportbetrieb nur noch eine Abteilung ist. „Wir vermitteln Lebensfreude, das ist unsere Philosophie." Das klang recht hübsch, doku-mentierte aber vor allem, wie sehr sich der Klub vom traditionellen Fan-Denken, das auch und gerade das Leiden mit dem eigenen Team ein-schließt, entfernt hatte.

Kaum war Beckenbauer im Amt, wurde in Sachen Personalpolitik kräf-tig zugelangt. Bereits vor Beginn der Rückrunde konnten die Bayern die Verpflichtung von Bremens österreichischem Internationalen und Spiel-macher Andreas Herzog sowie die Rückkehr von Thomas Strunz vermel-den. Für Schlagzeilen sorgte allerdings vor allem eine andere Personalie: Otto Rehhagel sollte zur neuen Saison Giovanni Trapattoni beerben. Tra-pattoni hatte dem Präsidium bereits frühzeitig seine Absicht mitgeteilt, in die Heimat zurückzukehren. Beckenbauer über den Trapattoni-Nachfol-ger: „Otto Rehhagel ist optimal für uns, der ideale Mann für den FC Bay-ern." Als Begründung nannte der Kaiser Rehhagels Erfolgsbilanz sowie den Wunsch nach Kontinuität. Außerdem bevorzugte der sprunghafte Neu-Präsident nach dem „gescheiterten" Experiment mit Trapattoni wie-der einen Mann alter deutscher Schule. Mit der Wahl eines deutschen Kan-didaten zog der FC Bayern allerdings auch Konsequenzen aus den sprach-lich bedingten Kommunikationsproblemen seines Vorgängers.

Schon unmittelbar nach der Vertragsunterzeichnung wurde Rehhagel mit den Münchener Gepflogenheiten konfrontiert. Im Haus von Uli Hoe-neß war in Anwesenheit des Gesamtvorstands der Vertrag perfekt gemacht worden. Bereits am nächsten Morgen konnte Rehhagel auf dem Rückflug nach Bremen die Details der Vereinbarung (Rehhagel: „Wort für Wort") den Zeitungen entnehmen. Rehhagel zu Frau Beate: „Hier müssen wir mit allem rechnen." Rainer Holzschuh schrieb anschließend im „Kicker": „Jeder aus der Troika Beckenbauer/Rummenigge/Hoeneß verfügt in der Medienlandschaft über eigene Hauspostillen, die beiden Präsidialen sind zudem für abnorm hohes Entgelt journalistische Verpflichtungen einge-gangen. Die öffentliche Handhabung der letzten Vertragsgespräche haben die Schwachstellen beim FC Bayern deutlich werden lassem. Vielleicht würde ein Schielen auf die Bremer Medien-Mentalität, wie sie Otto mehr als ein Jahrzehnt lang verkörperte, dem deutschen Meister guttun. Aber dem stehen die Tatsachen in München wohl unwiderruflich und brutal entgegen." Holzschuh sollte recht behalten.

Scherer, Beckenbauer, Rummenigge und Hoeneß präsentieren den besten Trainer Deutschlands (Mitte).

In Bremen registrierte man bald merkwürdige Wandlungen beim Noch-Trainer. Hierzu gehörte insbesondere sein Umgang mit den Boulevardmedien. Kaum hatte er den Münchenern seine Zusage erteilt, präsentierte sich Rehhagel dem Klatsch-und-Tratsch-Blatt „Bunte", wie man dies zuvor nur vom Kaiser kannte: elegant und wortreich. Die bei Rehhagel bis dahin verpönte „Sport-Bild" durfte ihn und Gattin Beate durch seine zukünftige Heimat Schwabing begleiten. In allen Berichten schimmerte der ewige Minderwertigkeitskomplex jenes proletarischen Aufsteigers durch, der meint, er müsse sich und seiner Umwelt ständig beweisen, daß er sich auch in den höheren gesellschaftlichen Gefilden zurechtfindet. In Bremen bemühte sich Rehhagel (erfolgreich), seine Kulturbeflissenheit unter Beweis zu stellen. In München sollte nun der gekonnte Umgang mit der High-Society und den Schickimickis hinzukommen. Auch in politischer Hinsicht biederte sich der Neue den neuen Verhältnissen an. Allerdings war Rehhagel – auch wenn ihm ein „sozialdemokratischer Fußball" unterstellt wurde und trotz seiner Freundschaft mit dem Theaterintendanten Jürgen Flimm – nie ein Linker gewesen. Flimm warnte seinen Freund nun vor „zuviel CSU, Loden und Medien" in München. Aber als 1995 in Bremen die Senatswahlen anstanden, bekannte sich Rehhagel – nach einem Gespräch mit dem Bundeskanzler – öffentlich zur CDU. Nicht wenige interpretierten dies als Hieb gegen die Werder-Spitze und als Konzession an den FC Bayern. Rehhagel schreckte nicht davor zurück, seine Gattin der bayerischen Staatspartei als Kultusministerin anzudienen, was die CSU allerdings dankend ablehnte.

Vor Beginn der Rückrunde ereilte Trapattoni mal wieder eine Hiobs-botschaft. Das Verletzungspech blieb den Bayern weiterhin treu: Nach-dem bereits Kahn, Papin, Helmer und Kostadinov unters Messer geraten waren, zog sich Lothar Matthäus in einem Freundschaftsspiel beim Regio-nalligisten Arminia Bielefeld ohne gegnerische Einwirkung einen Achil-lessehnenriß zu und fiel somit für den Rest der Saison aus. Kommentar von Thomas Helmer: „Schlimmer kann es nicht kommen." Bis zum Comeback des von seinen Boulevardfreunden als „Torminator" Gepriesenen sollte es 297 Tage dauern.

Die ersten sechs Begegnungen der Rückrunde blieben die Bayern unge-schlagen, wobei allerdings nur zwei Siege zu Buche standen. Das letzte Spiel dieser Serie war ein höchst glücklicher 1:0-Sieg im zweiten Derby. Die Löwen waren gegenüber dem Hinspiel nicht wiederzuerkennen. Tho-mas Helmer sprach anschließend von einer „unverdienten Niederlage für die bessere Mannschaft", während Hoeneß Petr Nowak, den polnischen Spielmacher der Sechziger, pries: „Wir haben keinen, der mal den Ball hält, so wie der Nowak." Erst beim 1:3 in Köln gab es wieder eine Niederlage für den FCB, der erneut eine „Sechser-Serie" folgte – diesmal sogar mit fünf Siegen. Einer dieser Siege wurde allerdings anschließend annulliert. Beim 5:2 in Frankfurt war der Bayern-Bank ein peinlicher Fehler unterlaufen, als sie einen Amateur zuviel einwechselte.

Am 31. und 32. Spieltag zog der FC Bayern daheim gegen Karlsruhe (0:1) und auswärts in Leverkusen (0:2) zweimal den Kürzeren. Obwohl aus den verbleibenden zwei Spielen gegen Absteiger Dynamo Dresden (1:0) und den späteren Vizemeister Werder Bremen (3:1) vier Punkte geholt wurden, konnte der FCB einen UEFA-Cup-Platz nur mit Fremd-hilfe erreichen. Denn in der Endabrechnung der Bundesliga belegte der FC Bayern lediglich den 6. Platz. Mit sechs Niederlagen – einschließlich des gegen die Bayern gewerteten Spiels von Frankfurt! – erlitt der FCB nur eine mehr als Meister Borussia Dortmund. Das Problem war die hohe Zahl der Unentschieden. Mit 13 waren die Bayern hier Spitzenreiter.

Ausgerechnet der alte Rivale Borussia Mönchengladbach, der punkt-gleich, aber bedingt durch das bessere Torverhältnis einen Rang höher abschloß, sorgte dann dafür, daß die Bayern auch 1995/96 in Europa ver-treten waren. Da Gladbach den DFB-Pokal gewann, rückten die Bayern doch noch in den UEFA-Cup.

Überraschend gut schlug sich der FC Bayern in der Champions League, dem ehemaligen Europapokal der Landesmeister. Dabei konnten die Bay-ern in den sechs Gruppenspielen nur Dynamo Kiew besiegen. Zu Hause wurden die Ukrainer 1:0 geschlagen, während auswärts ein fulminanter 4:1-Sieg heraussprang. Beim Rückspiel in Kiew ging es nicht nur um einige Millionen, die dem Klub bei Erreichen des Viertelfinales winkten, sondern auch den Kopf des Trainers. Da man beide Spiele gegen Paris St. Germain verloren hatte (0:2 in Paris, 0:1 in München) und in den Begegnungen gegen Spartak Moskau jeweils über ein Remis nicht hinauskam (1:1 auswärts, wobei Babbel der Ausgleich erst in der letzten Minute gelang, und 2:2 daheim), mußten die Bayern nicht nur Kiew schlagen, sondern zugleich auch auf Schützenhilfe aus Paris hoffen. Denn Spartak verfügte bei einem Punktegleichstand mit den Bayern über das bessere Torverhältnis. Vor der Reise nach Kiew heizte der frischgebackene Präsident kräftig ein: „Wir zeigen Angsthasenfußball, und das liegt am Charakter der Spieler. Die sind zu fade, berechnend, kalkulierend." Der Weg der Jugend sei beendet. Die Mannschaft benötige „ein neues Gesicht", weshalb man „nach dieser Saison einen radikalen Schnitt" machen müsse. Es sollte nicht das letzte Mal sein, daß der Kaiser sich in dieser Weise äußerte.

Dank des überzeugenden Sieges in Kiew und Pariser Schützenhilfe zogen die Bayern ins Viertelfinale ein, wo sie auf IFK Göteborg trafen. In München gab es ein torloses Remis. Im Rückspiel in Göteborg mußten die Bayern nach 21 Minuten mit nur zehn Mann auskommen, da Keeper Sven Scheuer vom Platz flog. Seinen Platz zwischen den Pfosten nahm Bayerns dritter Keeper Uwe Gospodarek ein. Obwohl in Unterzahl, gingen die Bayern in der 64. Minute durch Zickler überraschend in Führung. Acht Minuten später erhöhte Nerlinger auf 2:0. Den Schweden gelang zwar zunächst der Anschlußtreffer und in der Schlußminute auch noch der Ausgleich, aber da die Bayern auswärts zweimal zugeschlagen hatten, schied Göteborg aus. Die Bayern hatten sich ins Halbfinale gemogelt. Dort wurden ihnen allerdings deutlich die Grenzen aufgezeigt. Ein 0:0 in München und ein 2:5 auswärts gegen den späteren Champions-League-Sieger Ajax Amsterdam bedeuteten das Aus. Die Finalteilnahme wäre auch des Guten eindeutig zuviel gewesen, denn daß sich die Bayern mit der bescheidenen Bilanz von zwei Siegen, fünf Unentschieden und drei Niederlagen zu den besten Vier in Europa zählen durften, war schon kurios genug. Der Abschied wurde den Bayern finanziell versüßt. Immerhin 23,4 Mio. DM durfte der Klub als Einnahme aus diesem Wettbewerb verzeichnen. 12,4 Mio. waren UEFA-Prämien, 5,1 Mio. kamen aus dem Fernsehpool, und der große Rest beinhaltete vor allem die Zuschauer-Einnahmen aus den fünf Heimspielen.

Bayern gegem Ajax: Alain Sutter im Zweikampf mit Reiziger.

Klinsmann kommt, Trapattoni geht

Wenn es einer in München als Stürmer schaffen würde, dann nur Jürgen Klinsmann, hatte Bruno Labbadia einmal geäußert. Die Bayern ließen diesem Hinweis des Ex-Spielers Taten folgen. Im Mai durfte das Bayern-Management in Sachen Klinsmann Vollzug melden. Der zu diesem Zeitpunkt populärste deutsche Fußballprofi erteilte dem FC Bayern seine Zusage. Der Präsident war zufrieden: „Mit dieser Verpflichtung hat der FC Bayern die Weichen für eine erfolgreiche Zukunft gestellt." Das „neue Gesicht" seiner Mannschaft nahm weiter Konturen an. Die ARD räumte der Rückkehr des blonden Stürmers in die Bundesliga gar einen 20minütigen „Brennpunkt" ein. Die Bayern mußten zwar lediglich eine Ablösesumme von drei Mio. DM an Tottenham überweisen (Klinsmann hatte sich diese niedrige Summe in seinem Vertrag festschreiben lassen), dafür aber dem Spieler auch noch die Differenz zu seinem auf ca. sechs Mio. DM tarierten „wahren Marktwert" zahlen. Klinsmann, der von der „wohl schwierigsten Entscheidung seines Lebens" sprach, begründete seinen Wechsel zum deutschen Rekordmeister wie folgt: „Ich habe wirklich viel erreicht in meinem Fußballer-Leben, aber eins noch nicht: einen Vereins-

Titel. Was mir im kommenden Jahr mit Tottenham wohl kaum möglich scheint, will ich mit den Bayern schaffen: Meister werden, im Europapokal erfolgreich sein. Deshalb habe ich mich für den Verein entschieden, wo mir dies am ehesten möglich erscheint. Bayern wird eine große Mannschaft besitzen, dort will ich dabei sein." Wie sich erst später herausstellte, wollte Klinsmann außerdem nach sechs Jahren Ausland testen, ob er noch nach Deutschland passe. „Ich dachte, am ehesten komme ich mit der deutschen Mentalität noch in München klar."

Aber nicht nur die sportliche Leitung durfte sich die Hände reiben, sondern auch die Merchandising-Abteilung. Schließlich hatte Klinsmann bei Tottenham nicht nur viele Tore erzielt, sondern auch erhebliche Umsätze beim Vertrieb mit Fanartikeln beschert. Hinzu kam noch das positive Image des Vorzeige-Profis. Beckenbauer: „Zu Klinsmann braucht man nichts zu sagen. Das ist ein Image- und Sympathieträger im deutschen Fußball." So mancher versprach sich von der Klinsmann-Verpflichtung eine Reform des äußeren Erscheinungsbildes des FC Bayern. Rainer Holzschuh äußerte im „Kicker" gar die Hoffnung, daß Klinsmann ein „Gegenpol zu der Schicki-Micki-Szene an der Isar" werde, „der sich so mancher Sport-Star gerne unterwirft".

Einer, der ganz und gar nicht enthusiastisch reagierte, war Lothar Matthäus. Er mache sich keine Gedanken über einen Doppelpaß mit Klinsmann, sondern über seine Verletzung, ließ der amtierende Leithammel des FC Bayern die Journalisten wissen. Daß Matthäus und Klinsmann sich bestenfalls sportlich respektierten, aber ansonsten überhaupt nicht leiden mochten, war ein offenes Geheimnis. „Er denkt zuviel", hatte Matthäus mal über seinen Nationalmannschaftskameraden geäußert, der ihn als einziger Nationalspieler öffentlich für die ihm vorgeworfenen rassistischen und sexistischen Ausfälle gezogen hatte. Nach dem Desaster der DFB-Elf bei der WM in den USA, für das nicht zuletzt Matthäus verantwortlich gemacht wurde, der die „Bild" ständig mit Informationen aus dem deutschen Quartier versorgt haben soll, war der Stern des „Torminators" stetig gesunken, der von Klinsmann indes im gleichen Maße gestiegen. Seine einzigen, wenn auch nicht einflußlosen Verbündeten waren der Kaiser und die „Bild" geblieben. Daß der Bundestrainer öffentlich nicht ihn, sondern Klinsmann als „besten Botschafter" des deutschen Fußballs pries, konnte Matthäus nicht verkraften.

Die Verpflichtung von Klinsmann ließ vermuten, daß ein Teil der Bayern-Führung, namentlich wohl der Manager, an einer Schwächung von Lothar Matthäus in seiner Funktion als sportlicher Repräsentationsfigur des Klubs interessiert war. Zumindest sollte dem Fußballpublikum eine alternative Identifikationsmöglichkeit zu dem notorischen Plappermaul angeboten werden. Spätestens der Streit um vermutete rassistische Ausfälle des Kapitäns hatte beim Manager wohl die Erkenntnis reifen lassen, daß der FCB eine neue Repräsentations- und Identifikationsfigur benötige. Hoeneß war noch nie ein Matthäus-Freund gewesen. Ein Mann mit den intellektuellen Ansprüchen *und* marktpolitischen Ambitionen des Bayern-Managers konnte die intellektuellen und kulturellen Defizite im öffentlichen Bayern-Bild nicht auf sich beruhen lassen. Daß der FC Bayern in die nächste Saison mit *beiden* Antipoden gehen wollte, Matthäus *und* Klinsmann, dokumentierte allerdings das Dilemma des Vereins. Für eine konsequente Umorientierung in Richtung „Typ Klinsmann" war die Verquikkung mit den Boulevardmedien bereits viel zu groß. Außerdem stand dem der Kaiser im Wege.

Der Weggang von Giovanni Trapattoni bedeutete menschlich wie fachlich einen herben Verlust – nicht nur für den FC Bayern, sondern für die gesamte Liga. Obwohl Trapattoni private Gründe anführte, wurde man das Gefühl nicht los, daß der Trainer mit entschieden mehr Rückendeckung durch die Vereinsspitze womöglich geblieben wäre. Als Präsidium und Spieler erkannten, was sie mit dem Italiener verloren, war es bereits zu spät. Nachdem alles vorüber war, erweckte Trapattoni den Eindruck, als bedaure er seine Entscheidung: „Vor vier Monaten war für mich die Entscheidung klar. (...) Hätte man mich vor zwei Monaten gefragt, ob ich bleiben will, hätte ich wahrscheinlich ja gesagt." Die größten Probleme seien die Sprache („Ich konnte nur 60 Prozent bringen. Meine Stärke ist, mit den Spielern zu reden, zu erklären"), vor allem aber „ein gewisses Fehlen von Disziplin" beim FC Bayern. „Eine Art von Verhalten und Gewohnheiten, die für mich völlig unbekannt, völlig unfaßbar waren. Das war noch schlimmer als meine sprachlichen Probleme."

Wenngleich dem Italiener eine Trophäe verwehrt blieb, hatte er unter schwierigen Bedingungen Erstaunliches geleistet. Das ihm zur Verfügung stehende Spielerreservoir bestand zu einem nicht unerheblichen Teil aus Amateuren und eigenen Nachwuchsleuten, auch aufgrund des großen Verletzungspechs, das die Bayern in dieser Saison verfolgte. Trapattonis Arbeitsbedingungen waren denkbar schlecht: Die Mannschaft wußte spätestens seit der Winterpause, daß ihr Übungsleiter sie bereits zum Saisonende, wenn nicht gar früher, wieder verlassen würde. Aber auch das Ensemble selbst war eines mit höchst ungewisser Zukunft. Der Trainer stellte sich vorbehaltlos vor seine Elf, die es ihm mit redlichen Bemühungen dankte. Beim vorletzten Bundesligaheimspiel der Bayern verabschiedete sich sein Karlsruher Kollege Winfried Schäfer mit den Worten: „Ich möchte mich bedanken bei Trap. Er hat hier viel geleistet als Ausländer. Ich finde es schade, daß er geht. Er ist ein Riesentyp. Trap, alles Gute."

1995/96: Zwischen Dream Team und FC Hollywood (erster Akt)

„Der psychologische Vorteil liegt auf unserer Seite. Dortmund muß nach seinen Investitionen Meister werden – wir nicht." So Otto Rehhagel vier Spieltage vor Schluß der Saison 1994/95. Nun befand sich Rehhagel, der in Bremen nie unter dem Druck superteurer Einkäufe arbeiten mußte, selbst in dieser Situation.

Borussia Dortmund hatte sich sein Starensemble peu à peu zusammengekauft, hatte geschaut, wo noch Lücken sind, um diese dann zu füllen. Die Bayern legten sich indes zur Saison 1995/96 gleich vier hochkarätige Stars auf einen Schlag zu. Außer Klinsmann, Andreas Herzog und Thomas Strunz kam noch für die Ablöse von 8 Mio. DM der Spielmacher des 1. FC Kaiserslautern und Schweizer Nationalspieler Ciriaco Sforza. Fußballtaktisch betrachtet war die Verpflichtung von gleich drei potentiellen Mittelfeldregisseuren etwas unverständlich, zumal es ja bereits Mehmet Scholl gab. Sforza wußte später zu berichten, daß die Bayern-Bosse „selbst nicht gewußt" hätten, wie die Rollenverteilung im Mittelfeld aussehen sollte. „Sie sagten immer, der Trainer weiß schon, was er tut."

Nach Auffassung vieler Experten konnte es 1995/96 nur einen Meister geben: FC Bayern. Auf 75 Mio. DM wurde der Marktwert der Rehhagel-Truppe taxiert, in der sich zwölf Nationalspieler aus fünf Nationen ein Stelldichein gaben. Bundestrainer Berti Vogts entdeckte eine „halbe Europa-Auswahl". Für Klaus Augenthaler war das Aufgebot „das Beste, was der FC Bayern in den letzten 20 Jahren hatte. Mit diesen Spielern kann man den Gegner unter Druck setzen, ohne auch nur einmal zu grätschen." Und Manager Hoeneß sah seinen Klub bereits auf einer Ebene mit den ganz Großen in Europa angelangt: „Wir haben jetzt eine Ansammlung von großen Stars, so, wie es der AC Mailand schon seit Jahren kennt." Hoeneß formulierte das sportliche Ziel wie folgt: „Wir wollen deutscher Meister werden und außerdem mal wieder im DFB-Pokal etwas weiter kommen als zuletzt. Und wir wollen uns international weiter profilieren." Der Manager fügte allerdings einschränkend hinzu: „Das heißt nicht, daß am 18. Mai nächsten Jahres alles erledigt sein muß. Wir haben einen neuen

Trainer, wir haben neue Spieler. Man muß den Leuten Zeit geben. Wir stehen heuer nicht unter Titelzwang. Im zweiten oder dritten Jahr sieht das dann schon anders aus." Das klang zu sehr nach Bremen oder Dortmund, als daß es München sein konnte.

Als Otto Rehhagel an einem Montag im Juli erstmals das Training der Bayern leitete, drängelten sich über 6.000 Menschen auf dem Bayern-Gelände an der Säbener Straße. An einen ordentlichen Trainingsablauf war kaum zu denken. Damit die Spieler ihren Übungsleiter verstehen konnten, mußte dieser ein Megaphon benutzen. Einige Tage später zog man ins Trainingslager nach Meißendorf in Sachsen-Anhalt. 120 Journalisten beobachteten dort die Saisonvorbereitung des Dream Teams. Noch bedeutender als der sportliche Wert des Ausflugs schien sein kommerzieller zu sein: Die Bayern wollten den Ostmarkt erobern und Devotionalien verkaufen. Das Dream Team sollte nämlich nicht nur Titel einfahren und unterhaltsamen Fußball zelebrieren, sondern auch die Kassen klingeln lassen wie noch niemals zuvor in der Geschichte des deutschen Vereinsfußballs. Der Begriff vom Dream Team stand für die totale Verbindung von Fußball und Kommerz, nach dem Vorbild der populären US-amerikanischen Profisportarten.

In der Saison 1995/96 spielte die Bundesliga erstmals nach der Drei-Punkte-Regelung. Für den FC Bayern lief es zunächst wie geschmiert. Mit sieben Siegen in Folge, darunter ein 6:2 in Karlsruhe und ein 3:2 auf dem gefürchteten Betzenberg, die nach der neuen Zählweise 21 Punkte bedeuteten, gelang dem FCB ein neuer Bundesliga-Startrekord. München leuchtete. Allerdings nur bis zum 8. Spieltag, an dem der erste echte Offenbarungseid angsagt war. Der FCB mußte zum amtierenden Meister reisen, den zunächst erhebliche Startschwierigkeiten geplagt hatten. Aber gegen den FCB zeigten sich die Borussen von ihrer souveränen Seite und gewannen 3:1. Das nur scheinbar unschlagbare Dream Team hatte seine erste Schlappe erlitten; sein Durchmarsch war jäh gestoppt worden. Ihren ersten Dämpfer hatten die Bayern bereits vor dem Leverkusen-Spiel im DFB-Pokal erhalten. Bei Fortuna Düsseldorf erlitt der FCB seine längst obligatorische Pokal-Pleite, die aufgrund der guten Erfahrungen vom Vorjahr auf einen Montagabend verlegt und live übertragen wurde. Doch Rehhagels Probleme hatten bereits weit vor dem 8. Spieltag begonnen: nämlich am 34. Spieltag der Vorsaison, als sein alter Arbeitgeber Werder beim FC Bayern mit 1:3 verlor. Der damaligen Rehhagel-Truppe, die als Bundesligaspitzenreiter mit einem Punkt Vorsprung vor Verfolger Dortmund nach München gereist war, kostete dies den bereits sicher geglaubten Titel. Statt

Sie strahlten nicht lange: Jean Pierre Papin und Jürgen Klinsmann.

eines frischgebackenen Meisters übernahm lediglich ein „Vize" das Kommando an der Säbener Straße. Aber „Zweite" zählen in München nicht viel. Die Bayern hatten sich an diesem letzten Spieltag für ihren scheidenden Trainer zerrissen und damit seinem Nachfolger bereits vor dessen Ankunft am neuen Arbeitsplatz empfindlich die Flügel gestutzt. Das Entsetzen, mit dem Rehhagel damals das für ihn offenbar völlig Unglaubliche verfolgte, offenbarte die fatale Fehleinschätzung, sein zukünftiger Arbeitgeber und seine zukünftigen Untergebenen würden ihm auf dem Weg zu Meisterehren schon keinen Stein in den Weg legen.

Recht bald wurde klar, daß Rehhagel seinen neuen Job – wie er später selbst eingestand – gnadenlos unterschätzt hatte. Die Vielzahl der in München und Umgebung stationierten Boulevardblätter und -sender und das allgemein größere Medieninteresse am FC Bayern waren dabei nicht einmal das eigentliche Problem. Auch nicht die halbstündige tägliche Pressekonferenz, die Beckenbauer seinem Trainer abgerungen hatte. Das Hauptproblem war vielmehr, daß diese gar nicht notwendig war, um für Klamauk und Schlagzeilen zu sorgen. Denn die Boulevardmedien verfügten ohnehin über genügend Informanten im Klub. Das Hauptproblem war somit nicht die andere Medienlandschaft, sondern der andere Verein. Außerdem beanspruchten Beckenbauer und Hoeneß im Gegensatz zu den Bremer Vorgesetzten und Mitstreitern, Fußballfachleute zu sein. Zumindest Beckenbauer leitete hieraus ein permanentes Interventionsrecht ab. Sein flottes Mundwerk und sein inniges Verhältnis zu den Boulevardmedien brachte so ziemlich jede seiner Interventionen an die Öffentlichkeit.

Aber auch die Geschichte und das Gesicht der Mannschaft waren völlig anders als in Bremen. In Bremen hatte Rehhagel die Stars selbst geformt. Spieler wie Herzog und Basler erwarben erst unter Rehhagel ihren Star-Status. Daher waren ihm seine Bremer Spieler treu ergeben. Und der Kader war nicht so hochkarätig, daß auf der Bank auch Nationalspieler Platz nehmen mußten. In München indes wurde Rehhagel ein Haufen fertige Stars vorgesetzt, denen des Trainers Philosophie „Die Mannschaft ist der Star" völlig fremd war und die befürchteten, unter Rehhagels Rotationssystem einen Karriereknick zu erleiden. Beckenbauer unterschätzte dieses Problem völlig. So erklärte er vor dem Saisonstart in einem Interview: „Wenn du bei einer solchen Mannschaft einen schwachen Trainer hast, dann kann das kaum was werden. Aber der Otto ist ein starker, erfahrener Mann, der sich mit diesen Leuten auskennt." Ein noch so kurzer Blick auf Rehhagels Trainerbiographie hätte genügt, um den Kaiser eines Besseren zu belehren. Im Gegensatz zu seinem Vorgänger Trapattoni, der in Turin selbst einen Star wie Platini auf der Bank schmoren ließ, ohne deshalb Schwierigkeiten zu bekommen, war Rehhagel im Umgang mit einer derartigen Situation völlig ungeschult.

Ein weiteres Erschwernis war Beckenbauers Erwartungshorizont bezüglich der Bayern-Spielweise. Beckenbauer vor dem Saisonstart: „Geh mal zurück in den letzten Jahren, wann du einmal wirklich ein gutes Fußballspiel von den Bayern gesehen hast. Da mußt du schon lange nachdenken. Was wir wollen", sprach der Fußballästhet, „ist, endlich wieder schönen Fußball zu sehen." Wieso man hierfür ausgerechnet einen Otto Rehhagel holte, war völlig unverständlich. Rehhagels Verpflichtung ließ auf eine wenig durchdachte Personalpolitik schließen, die eines Fußballunternehmens von der Größe und Bedeutung des FC Bayern unwürdig war. Die Führungsetage, namentlich Beckenbauer, hätte es besser wissen müssen. Einer wußte es auch besser, beugte sich jedoch dem Votum der anderen und trug deren Entscheidung mit: der loyale Uli Hoeneß.

Blieben noch die Fans, bei denen Rehhagel bei weitem nicht so wohl gelitten war, wie es zunächst anmutete. Auch im Fußball gilt: Geliebt wird der Verrat, nicht aber der Verräter. Daß man die Werderaner geschwächt hatte, fand man ja ganz gut. Aber einen Mann, der jahrelang als der Herausforderer schlechthin gegolten hatte, schließt man nicht von einem Tag auf den anderen ins Herz. Bei den Fans war Rehhagel somit noch viel erfolgsabhängiger als sein Vorgänger Trapattoni. Als die Bayern nur einen Spieltag nach dem Spiel in Dortmund gegen Gladbach auch ihre erste Heimniederlage erlitten und das TV in den Gastraum des Stadions Bilder einer auf der Ehrentribüne sitzenden Beate Rehhagel einspielte, lautete der deftige Kommentar an den Biertischen: „Scheiß Oide, hau ab, und nimm deinen Oiden gleich mit."

Beim Gastspiel der Gladbacher führten mit Effenberg und Sternkopf zwei Ex-Bayern erfolgreich Regie. Der 2:1-Sieg der Gäste war ihr erster in München in 30 Jahren gemeinsamer Bundesligageschichte. Vor dem Spiel soll der Kaiser im VIP-Bereich Vertrauten lautstark zugezischt haben: „Wißt's, was der Wahnwitzige wollte? Der wollte den Scholl auf die Tribüne setzen. Das hab' ich verhindert." Der „Wahnwitzige" war sein Trainer. Nur wenige Wochen hatte es der multifunktionale Kaiser ausgehalten, sich mit der Präsidentenrolle zu begnügen.

Die Demontage des Trainers ging munter weiter. Am darauffolgenden Dienstag mußte der FCB im UEFA-Cup beim schottischen Vertreter Raith Rovers antreten. Dank zweier Klinsmann-Tore gewann das Dream Team nach kampfbetonten 90 Minuten mit 2:0. Erneut konnte Beckenbauer in

„trauter" Journalistenrunde nicht seinen Mund halten. Bemerkungen wie „Irgendwie müssen wir den hinkriegen" und „Unser Trainer muß umlernen" sickerten durch.

Als der FC Bayern am 10. Spieltag zum „Klassenkampf" beim FC St. Pauli antrat, eskalierte die Auseinandersetzung zwischen Kaiser und König. Ein Klinsmann-Tor aus der 10. Minute reichte, um dem FC Bayern die gewünschten drei Punkte zu sichern. Doch der Präsident, der die Partie als Co-Kommentator von „Premiere" vom Tribünendach aus verfolgte, wollte mehr und ließ kein gutes Haar an Mannschaft und Trainer. In der Schlußphase des Spiels sprudelte es aus ihm nur so heraus: Das Dream Team wurde als „Schülermannschaft" beschimpft, die ein „Katastrophenspiel" abgeliefert habe. Höhepunkt war die Bemerkung: „Die sollen froh sein, daß ich nicht mehr der Trainer bin." Rehhagel war sichtlich schwer geschockt, als ihm die Kommentare seines Präsidenten zu Ohren kamen. Der Trainer sprach nicht länger von seinem „Freund Franz", sondern nur noch von „Herrn Beckenbauer". Am folgenden Tag schlug der öffentlich Gedemütigte in der Sat.1-Sendung „ranissimo" zurück: „Wer Erster ist, hat immer recht. Wenn wir Fünfter sind, können wir wieder reden." Und: „Ich lasse mich nicht als Fußmatte benutzen, und ich bin auch kein Arschkriecher." Nach nur zehn Bundesligaspieltagen wirkten Präsident und Trainer hoffnungslos zerstritten, die vorgebliche „Traumehe" Beckenbauer-Rehhagel wie ein „großer Irrtum" („Der Spiegel"). Und ein Drittel des Dream Teams trug sich öffentlich mit Abwanderungsgedanken.

Mit Spannung wurde das Spiel gegen den VfB Stuttgart erwartet, der nach seinen letzten Auftritten zumindest als Kandidat für einen UEFA-Cup-Platz in Betracht kam. Zur Halbzeit stand es durch ein Strunz-Tor 1:0. Nach Wiederanpfiff konnte der für Klinsmann eingewechselte Zickler das 2:0 erzielen, dem allerdings eine Regelwidrigkeit vorausging. Einen geschenkten Elfmeter verwandelte Scholl zum 3:0. Doch die Stuttgarter gaben sich nicht geschlagen. Zwischen der 77. und 84. Minute durfte Oliver Kahn gleich dreimal den Ball aus dem Netz holen. Der Kaiser verlor erneut die Contenance und klatschte nach dem Stuttgarter Ausgleich hämisch Beifall, begleitet von höhnischen „Bravo, bravo…"-Rufen. Daß das Theater in München nicht von neuem eskalierte, war allein der Stuttgarter Unachtsamkeit zu verdanken. Während die VfB-Spieler noch das 3:3 feierten, bezwang Zickler den VfB-Keeper zum 4:3. Scholl erhöhte in der Schlußminute – wiederum per Elfmeter – gar auf 5:3. Einen Spieltag später verlor der FC Bayern bei Eintracht Frankfurt mit 1:4. Es folgte ein mageres 0:0 in Rostock, für das man sich auch noch beim überragenden

Oliver Kahn bedanken mußte. Unterm Dach des FC Bayern brach erneut Feuer aus.

Auf dem Spielfeld gab es aus den folgenden drei Spielen immerhin sieben Punkte. Nach dem 4:0-Heimsieg am 16. Spieltag gegen Schalke 04 wähnte Rummenigge seinen Verein bereits jenseits der hausgemachten Krise.

Zwischenzeitlich hatte der FC Bayern die erste Begegnung der dritten Runde des UEFA-Cups daheim gegen Benfica Lissabon mit 4:1 gewonnen. Dreifacher Torschütze war Jürgen Klinsmann gewesen. Einige Tage nach dem Sieg über Schalke erfolgte das Rückspiel in der portugiesischen Hauptstadt. Der FCB besiegte Benfica erneut souverän mit 3:1, und Klinsmanns zwei Tore bedeuteten, daß der Stürmer die Portugiesen quasi im Alleingang ausgeschaltet hatte. Die Bayern schienen endlich wieder einen zuverlässigen Torjäger zu besitzen. Insgesamt hatte der Stürmer zu diesem Zeitpunkt bereits elf Tore im UEFA-Cup erzielt. Zuzüglich seiner sechs Treffer in den Länderspielen bedeutete dies, daß Klinsmann 1995 international so oft traf wie kein anderer Kollege. Benfica erwies sich auch daheim als ein nur durchschnittliches Team, das vom Glanz vergangener Tage lebte. Dies war wohl mit ein Grund, warum das Zuschauerinteresse beim Münchener Hinspiel recht mager ausfiel. Und außerdem war dies ja „nur" der vom Präsidenten als „Cup der Enttäuschten" titulierte UEFA-Cup. Lediglich 38.000 kamen ins Olympiastadion, was immerhin mehr war als bei den Heimspielen der ersten beiden Runden, die zusammen von nur etwas mehr als 40.000 besucht wurden.

Am letzten Spieltag der Hinrunde gewann der FCB bei Fortuna Düsseldorf 2:0. In der Zwischenabrechnung belegten die Bayern hinter Titelverteidiger Borussia Dortmund den zweiten Platz.

In der Vorweihnachtszeit konnte die Merchandising-Abteilung des FCB neue Rekordumsätze vermelden. In den ersten drei Monaten der Saison waren bereits eine halbe Million Trikots verkauft worden. Ein Drittel davon entfiel allein auf Klinsmann und seine Nummer 18. Weitere Renner waren die Trikots von Scholl, Ziege, Zickler und Matthäus. Der gute Verkauf des Scholl-Trikots war laut Uli Hoeneß „ein Grund, daß sich der Verein so sehr hinter Mehmet stellte". Die Haltung der Vereinsführung bei der Rehhagel-Scholl-Kontroverse wurde also nicht nur von sportlichen Überlegungen geleitet. Vor dem Weihnachtsfest verzeichnete der Klub nun einen täglichen Umsatz von 300.000 DM.

FC Bayern contra Mayer-Vorfelder (erster Akt)

Derweil beschäftigte sich die Liga mit den Folgen des sogenannten Bosman-Urteils, mit dem das bis dahin gültige Transfersystem beendet wurde. Während der Rest der Bundesliga die Pleite vieler Vereine beschwor und einige DFB-Funktionäre die Befürchtung äußerten, deutsche Mannschaften würden ihren „nationalen Charakter" verlieren, gab man sich in München und Dortmund moderat. Was das Transfersystem anbetraf, so war dies bereits vorher aus den Fugen geraten, nämlich durch die TV-Gelder, die eine Zwei-Klassen-Gesellschaft geschaffen hatten.

Trotzdem waren es natürlich vor allem die Reichen und Superreichen, die – neben den Spielern – von dem Urteil profitieren sollten. Würden die Ablösesummen wegfallen, würden die angebotenen Spielergehälter zu *dem* entscheidenden Faktor werden. Und in dieser Hinsicht waren die Bayern und der BVB innerhalb der Bundesliga konkurrenzlos.

Nach dem Bosman-Urteil stellten die Bayern als erste auch das Bundesliga-interne Transfersystem zur Disposition, was einer uralten Forderung der Spielervereinigung VdV entsprach. Mitte Januar 1996 forderte Beckenbauer in seiner „Bild"-Kolumne: „Die Ablösesummen müssen weg. Wenn nicht, droht uns das Chaos." Sollte das System der Ablösesummen innerhalb Deutschlands aufrechterhalten werden, während es im übrigen Europa durch das bindende EU-Urteil wegfallen würde, käme auf die Bundesliga eine Prozeßlawine zu. Zugleich würde die Bundesliga mit ausländischen Spieler überschwemmt (weil billiger als deutsche Verpflichtungen), während deutsche Nationalspieler mit „irren Gehältern ins Ausland gelockt" würden. Den kleinen Vereinen stellte Beckenbauer – als Trostpflästerchen für wegfallende Transfererlöse – eine „Ausbildungs-Entschädigung" von „200.000 Mark oder mehr" in Aussicht. Für außergewöhnliche Spieler würde man ohnehin auch in Zukunft Geld zahlen. „Wenn Topklubs aus dem In- und Ausland einen Spieler unbedingt haben wollen, werden sie künftig Spieler aus laufenden Verträgen herauskaufen und Millionensummen zahlen."

Parallel zum Vorpreschen Beckenbauers griff Uli Hoeneß das Verteilungssystem bei den TV-Geldern aus dem Europapokal-Topf an, an dem gemäß Globalvertrag zwischen UFA und DFB alle Profivereine partizipierten: „Die Rechte bringen ca. 60 Millionen. Davon gehen sechs Millionen an die UEFA, noch einmal soviel an den Live-Pool. Bleiben rund 45 Millionen Mark übrig, die nach dem Gießkannenprinzip verteilt werden. (...) Mit Gerechtigkeit hat das nichts mehr zu tun. Franz Beckenbauer hat mit

Recht von einem sozialen Verteilungswahn gesprochen. (...) Die Herren (Straub und Mayer-Vorfelder) sind eher die Interessenvertreter der restlichen 34 Profiklubs. Aber nicht von Bayern und Dortmund, den sogenannten Zugpferden. Im Gegenteil. Das lassen wir uns nicht mehr bieten." Der streitbare Manager hatte in Mayer-Vorfelder ein neues Feindbild gefunden. Hoeneß drohte außerdem, in Zukunft TV-Verträge selbst auszuhandeln. Immerhin werde der FC Bayern „überall als Flaggschiff gehandelt, aber abkassieren tun andere". Hoeneß' Attacken belegten die Zunahme egoistischen Konzerndenkens. Innerhalb der Liga drifteten die Interessen auseinander; kollektive Bemühungen zum Wohle des Spiels schienen „out" zu sein. Allerdings wollte Hoeneß mitnichten die gesamte Bundesliga in Frage stellen. Seine Politik war und ist es, die Liga sportlich und finanziell zu erhalten, aber nicht zu dem Preis der „Gleichmacherei". Wenn der FC Bayern besser arbeite als viele andere, dann müsse dies auch honoriert werden. Hoeneß will selbst entscheiden, wann er wem etwas gibt, statt sich dies per Dekret vorschreiben zu lassen. Hilfe auf freiwilliger Basis, nicht aber weil sie vom DFB verordnet wird, denn das wäre dirigistisch, mithin „sozialistisch".

Die Selbstverwaltungs-GmbH

In die Rückrunde startete der FC Bayern mit einer 1:2-Niederlage beim Hamburger SV. Erneut wurde gemunkelt, Beckenbauer habe sich in die Aufstellung eingemischt – erneut zugunsten von Mehmet Scholl, dem dann auch besten Bayern auf dem Platz. Eher etwas flapsig gab Rehhagel nur wenig später zu, was er bis dahin vehement bestritten hatte. Auf die Behauptung des „Kickers", „Franz Beckenbauer pfuscht Otto Rehhagel von Zeit zu Zeit in die Aufstellung", antwortete Rehhagel: „Ja. Nicht nur der Präsident. Aber das geht völlig in Ordnung, wir leben ja schließlich in einer Demokratie. Außerdem ist die Aufstellung wurscht, weil meine Taktik ohnehin immer richtig ist."

Im folgenden Heimspiel gegen den Karlsruher SC setzte es mit 1:4 die nächste und bis dahin auch höchste Niederlage. Anschließend stellte der Kaiser erstmals die eigene Einkaufspolitik in Frage: „Wir müssen uns grundsätzlich die Frage stellen: Haben wir nicht einen Fehler in der Einkaufspolitik gemacht? Wenn dem wirklich so ist, werden wir im nächsten Jahr eine ganz andere Mannschaft haben. Vielleicht haben wir zu viele Künstler gekauft. Wir wollten uns eigentlich zurücklehnen und schönen Fußball nach dem Gewürge der letzten Jahre sehen." Ein gutes Jahr nach seinem „Kiew-Statement" forderte der Kaiser bereits zum zweiten Mal ein „neues Gesicht".

Ein 6:1-Sieg bei Bayer Uerdingen schien kurzzeitig wieder alles vergessen zu machen, weshalb Bayern-Hasser Max Merkel meckerte: „Einmal gewonnen, und schon laufen sie wieder mit dicker Brust und großer Klappe durchs Land, die Bayern." Vor dem Derby am 21. Spieltag rangierten die Bayern unverändert auf Platz zwei, der TSV 1860 immerhin auf Platz sieben. Die Löwen erlebten einen Boom wie schon lange nicht mehr. Bayern-Hasser aller Couleur fieberten mit den Blauen und hofften auf den Beginn einer Wachablösung in der bayerischen Metropole. Löwen-Dompteur Werner Lorant verkündete vollmundig: „Ich schenke unseren Fans den Sieg gegen die Bayern!" Das Derby wurde von „Premiere" live übertragen. Berichte vom Spiel waren weltweit in 120 Ländern zu sehen. Live oder zeitversetzt wurden u.a. China, Hongkong, Japan, Thailand, Südamerika, Südafrika und der Nahe Osten versorgt.

Die erhoffte Wachablösung blieb jedoch aus. Der FC Bayern gewann das Derby klar mit 4:2. Ein erleichterter Präsident: „So, jetzt haben wir wieder ein halbes Jahr Ruhe vor 1860." In den ersten 30 Minuten bot der FCB eine „Weltklasseleistung", so Hoeneß und Rummenigge unisono. Bereits nach 26 Minuten lag der FCB durch jeweils zwei Tore von Klinsmann und Zickler mit 4:0 in Front. Kurz vor der Pause erzielte Bodden, der wenig später gemeinsam mit Oliver Kahn vom Platz gestellt wurde, den Anschlußtreffer. In der zweiten Halbzeit kamen die Löwen wesentlich besser ins Spiel und konnten durch Winkler noch auf 2:4 verkürzen. Wäre den „Löwen" noch ein drittes Tor gelungen, das Spiel wäre womöglich gekippt. Zweimal rettete Scheuer mit Glanzparaden, während Borimirov nur den Pfosten traf. So aber konnte die „SZ" titeln: „Das Dream Team verteidigte sein Revier".

Der Hauptgrund für den zwischenzeitlichen Aufschwung der Bayern war wohl, daß einige Spieler – mit Unterstützung der Führungsetage – das Heft selbst in die Hand genommen hatten. Die „Führungspersönlichkeiten" Klinsmann, Helmer und Matthäus hatten sich bemüht, „mit konstruktiver Kritik und Einzelgesprächen das Team auf den richtigen Weg zu bringen" (Helmer), und nach der 1:4-Pleite gegen den KSC hatten sich die Nationalspieler des FCB im Rahmen der Vorbereitung auf das Länderspiel gegen Portugal darauf geeinigt, künftig Forechecking und Pressing à la Turin, Milan und Amsterdam zu spielen. Erstmals ließen sich nun zumindest Ansätze dieser modernen Spielweise registrieren.

Krisengespräch zwischen Hoeneß (rechts) und Rehhagel. Matthäus lauscht.

Im Viertelfinale des UEFA-Cups traf der FCB auf Nottingham Forest. Für die Männer aus dem Sherwood Forest galt nichts anderes als eine Runde zuvor für Benfica Lissabon: Die großen Zeiten, als der Klub unter dem legendären Trainer Brian Clough 1979 und 1980 den europäischen Meisterwettbewerb gewann, waren längst Vergangenheit. Nach München reiste ein Team aus dem Mittelfeld der englischen Premier League. Der FCB gewann das Hinspiel durch Tore von Klinsmann, der sein 50. Europapokalspiel absolvierte, und dem einmal mehr besten Bayern-Akteur Mehmet Scholl zwar nur 2:1, lieferte aber eine gute Leistung ab.

Drei Spiele in Folge gewonnen, wenn auch nicht gerade gegen starke Gegner. Bei den Bayern schien es endlich „rund" zu laufen, da ereilte sie ein erneuter Rückschlag. Beim SC Freiburg gab es für den FC Bayern auch im dritten Anlauf nichts zu gewinnen. Den Bayern gelang zwar bereits nach 15 Minuten durch einen Klinsmann-Elfer die Führung, aber in der zweiten Halbzeit brach der FCB regelrecht zusammen und konnte sich nicht eine echte Torchance erarbeiten. Der FCB unterlag mit 1:3, womit das Team sogar noch gut bedient war, denn der SC spielte mit dem Dream Team zeitweise Katz und Maus. „Taktische Fehler, mangelnde Kondition, keine Disziplin", diagnostizierte die „SZ" korrekt. Zu allem Überfluß flog kurz vor Schluß auch noch Helmer wegen eines völlig überflüssigen Handspiels vom Platz. Anschließend verabschiedete er sich vom Publikum mit dem bösen Fingerchen. Bei den Bayern lagen die Nerven erneut blank. Diesmal konnte auch die „Selbstverwaltung der Stars" („SZ") das Führungs- und Autoritätsvakuum nicht füllen. „Die Selbstverwaltung funktioniert nur mit beschränkter Haftung. Wenn etwas schiefgeht, ist der andere schuld", konstatierte die Zeitung.

Nach dem Spiel in Freiburg eskalierte die Auseinandersetzung zwischen Matthäus und Klinsmann/Helmer. Matthäus beschlich bereits seit längerem das Gefühl, daß seine beiden Vereinskameraden ihn aus der Nationalmannschaft vertreiben wollten. Damit lag er nicht falsch, nur daß an der „Verschwörung" noch weitere Nationalspieler beteiligt waren. Niemand sagte es Matthäus offen ins Gesicht. Statt dessen versteckte man sich hinter Formulierungen wie „ein Matthäus, der seine Leistung bringt, hat selbstverständlich einen Platz in der Nationalelf" oder Lobgesängen auf Dortmunds Matthias Sammer. Überdies wurde ständig die tatsächlich gute Stimmung im DFB-Team gepriesen, die allerdings erst existierte, seitdem Matthäus dort verletzungsbedingt ausgefallen war. An die Adresse von Klinsmann gewandt, der nach Matthäus' Ausfall die schwarz-rot-goldene Kapitänsbinde übernommen hatte, drohte Bayerns Nr. 10: „Eines ist klar: Sollte ich in der Nationalelf wieder spielen, dann hat er das Kapitänsamt nicht mehr." Der Ex-Vorzeigefußballer forderte sogar ein TV-Duell mit Klinsmann: „Am besten wäre es, dieses Problem vor einem Millionenpublikum ein für allemal zu lösen." Dem FC Bayern drohte Hollywood total.

Gegen Kaiserslautern, das wie ein Absteiger spielte, gab es einen müden 2:0-Erfolg, für den man sich auch noch bei Oliver Kahn bedanken mußte. Vom zuletzt praktizierten Pressing war nichts mehr zu sehen. Nach dem Schlußpfiff kam es vor der Sat.1-Kamera zu einer wenig glaubwürdigen Versöhnungszeremonie zwischen Klinsmann und Matthäus. Bei Klinsmann hatte das permanente Theater mittlerweile tiefe Spuren hinterlassen: „Die Randgeschichten" erschwerten die Konzentration auf das Wesentliche, „die Spiele zu gewinnen. Deswegen fehlt uns die Konstanz." Die vielen Topspieler und die vielen Topleute in der Führung stellten Einzelinteressen vor den Mannschaftsgeist, „deshalb bringt der FC Bayern nur 50 bis 60 Prozent seines Potentials." Er sei von Inter Mailand her einiges gewohnt, trotzdem habe er derartige Zustände noch niemals so massiv erlebt wie in München.

Premieren

Bei Bayer Leverkusen gewann der FC Bayern am 24. Spieltag nach einem starken Bundesligaspiel mit 2:1. Einen Spieltag später fand das Rückspiel gegen den BVB statt. Bereits im November 1995, also fast ein halbes Jahr vorher, war die Partie restlos ausverkauft gewesen. 200.000 Vorbestellungen waren zu diesem Zeitpunkt in der Säbener Straße eingegangen. Der FCB hätte wohl gut und gerne 500.000 Tickets verkaufen können. Doch das von den Boulevardmedien Sat.1, „Bild" und Co. zum „Spiel des Jahres", „Superschlager", „Existenzkampf pur", „Duell der Giganten" und „Megahit" hochstilisierte Spitzenspiel geriet zu einer faden Angelegenheit. „Der Berg kreißte heftig, aber gebar leider nur eine Maus", urteilte Ludger Schulze enttäuscht in der „SZ". Gegen einen schwachen Spitzenreiter gewann der FCB durch ein Tor von Scholl verdient 1:0. Das Tor, von den „ran"-Machern als „Supertreffer" gefeiert, war lediglich das Produkt einer verunglückten Flanke. Der Torschütze: „Der Ball versprang vorher, sonst wäre er bei Klinsmann gelandet."

Nach dem Schlußpfiff wartete auf die 280 anwesenden Berichterstatter aus aller Welt eine Premiere der fragwürdigen Art: Bayerns Pressesprecher Hörwick sagte die bei einem sportlichen Ereignis dieser Größenordnung bis dahin selbstverständliche Pressekonferenz kurzerhand ab. Begründung: Alle notwendige Informationen könne man der Fernsehübertragung entnehmen. Eine (unaufgeforderte) Verbeugung in Richtung „ran"-Macher, die aus dem Spiel ein 3-Stunden-Programm produziert hatten. Ludger Schulze in der „SZ": „Es ist nur ein weiterer Schritt auf dem Weg zum virtuellen Fußballgeschehen, in dem kritischen Geistern der Stecker herausgezogen wird. Geht es nach den Machern der Liga, so ist der deutsche Einheitsjournalismus totalitären Vorbilds nicht mehr fern. (…) Als zusätzliche Einnahmequelle böte sich für die Bundesliga vielleicht eine Lall- und Jubelzeitung an: Das Blatt muß ja nicht unbedingt, auch wenn's nahe liegt, 'Der Stürmer' heißen." Hörwicks Maßnahme war kaum als isolierter Fauxpas zu betrachten, sondern eher als logische Konsequenz einer langjährigen Medienkritik der FCB-Führung. Hatte diese doch, als es der Bundesliga schlechter ging, die öffentlich-rechtlichen TV-Berichterstatter und seriöseren Blätter stets beschuldigt, die Misere durch „Schlechtreden" des deutschen Fußballs verursacht zu haben. Noch 1997 behauptete Bayern-Vize Scherer allen Ernstes: „Im öffentlich-rechtlichen Fernsehen ist Fußball nur niedergemacht worden. Jetzt gibt es professionelle und positive Berichterstattung." Die Ehe Privatfernsehen/Fußball trug zusehends totalitärere Züge. Die magere spielerische Qualität der Liga, Überhitzung und Schuldenberg (immerhin plagten die Liga im Frühjahr 1996 Schulden in Höhe von ca. 500 Mio. DM), die Vernachlässigung der Nachwuchsarbeit, die fatalen Auswirkungen der Abkoppelung des professionellen „Showbusiness Fußball" vom Basis-Fußball waren Themen, die nur noch „notorischen Nörglern" vorbehalten blieben. Bereits 1964 hatte der Nationalökonom John Kenneth Galbraith die „Befreiung der Massenmedien aus den Händen der Geschäftemacher" gefordert. Im Frühjahr 1996 war dieses Ansinnen für Fußballfans so aktuell wie niemals zuvor, denn es sollte noch übler kommen.

Als der FCB einige Tage nach dem BVB-Spiel im UEFA-Cup-Halbfinale den FC Barcelona empfing, konnten die Begegnung am Fernsehschirm nur die Abonnenten des Pay-TV-Senders „Premiere" sehen. Statt 32 Mio. Haushalten empfingen das Spiel nun nur noch 1,2 Mio., die für Pay-TV ihre Abo-Gebühr (DM 44,50) bezahlt hatten. Für „Premiere" war dies ein Riesencoup. Eine bessere Werbung im Kampf um Abonnenten war kaum vorstellbar. Der Fußball spielte einmal mehr die Rolle des Zugpferdes. Zwar hatte der FCB mit dem Kauf der Rechte durch den Sender formell nichts zu tun, aber trotzdem wirkte Uli Hoeneß' Einwand wenig glaubwürdig. Der Weg in die Fernsehzukunft dürfe nicht „auf Kosten der breiten Masse gehen", verkündete der Manager pflichtgemäß. Aber kein anderer Bundesligamanager hatte sich so vehement für die Optionen Pay-TV und Pay-per-View eingesetzt wie Hoeneß, der sich davon eine erhebliche Verbesserung der Einnahmen seiner Bayern versprach. Letztendlich galt des Managers Kritik mehr dem „ungeschickten" Vorgehen des Senders: „Man hätte die Zuschauer im Achtel- und Viertelfinale ans Pay-TV gewöhnen können. Das kommt mir zu überraschend." Forciert wurde das eilige Vorgehen von „Premiere" durch den Konkurrenzkampf zwischen der Ufa Film- und Fernseh GmbH (bzw. dem Bertelsmann-Konzern) und der Kirch-Gruppe um Anteile am digitalen TV-Geschäft. Beide Konkurrenten waren im Verwaltungsbeirat des FCB vertreten, die Kirch-Gruppe durch Meyer-Wölden und seine ISPR, die Ufa durch Bernd Schiphorst. Bertelsmann hatte im Konkurrenzkampf bis dahin stets nur reagiert, so daß das „Wall Street Journal" konstatierte: „Die Kirch-Gruppe scheint im Rennen um Europas digitale Zukunft vorn zu liegen." Die Übertragung des Barcelona-Spiels war gut getimed. Die Kirch-Gruppe wollte gerade öffentlichkeitswirksam mit dem Start ihres digitalen Sendersystems D1 und der Nachricht, daß sie die Sonderrechte an der Formel 1 erworben habe, aufwarten, doch „Premiere" stahl ihr nun die Show.

Das erste UEFA-Halbfinale fand in München statt und endete vor 63.000 Zuschauern im ausverkauften Olympiastadion 2:2. Die Gäste aus Barcelona waren bereits in der 14. Minute durch Oscar in Führung gegangen. In der 52. Minute gelang Witeczek der Ausgleich, nur fünf Minuten später konnte Scholl die Münchener Führung erzielen. Doch in der 77. Minute mußten die Bayern doch noch den Ausgleich durch Hagi hinnehmen.

Die Rückkehr des Kaisers

Bei Borussia Mönchengladbach verloren die Bayern am 26. Spieltag 1:3. Nach dem Weltklub Barcelona gastierte der Stadtteilklub FC St.Pauli im Olympiastadion. Die Bayern taten sich äußerst schwer, lagen zunächst sogar 0:1 zurück. Dank Klinsmann reichte es am Ende wenigstens zu einem 1:1. In den Tagen danach wurde wieder einmal über Rehhagels Kopf diskutiert. Die Medien kolportierten die Namen Trapattoni, der in Cagliari vorzeitig gekündigt hatte, und Heynckes. Die Bayern-Führung sprach von einer Erfindung der Medien, weshalb man dies nicht kommentieren und dementieren mochte. Auf diese Weise vermied man immerhin eine Lüge, denn in Wahrheit ging es nur noch um die Frage: Wie und wann sage ich es meinem Trainer und unseren Fans. Für Rehhagels Entlassung hatte man derweil zwei Argumentationslinien vorbereitet. Die erste war die gängige: „Erfolglosigkeit". Die zweite war für den Fall entworfen worden, daß der Trainer die Mannschaft doch noch auf Meisterschaftskurs halten sollte: „unattraktiver Fußball" sollte dann die Begründung lauten. So sympathisch Beckenbauers periodisches Herbeibeten eines „schönen" und „attraktiven" Fußballs auch anmuten mochte; dahinter verbarg sich auch die „Hollywoodisierung" des FC Bayern. Denn eine Garantie für schönen und attraktiven Fußball gibt es nur, wenn man ihn als pure Show inszeniert, bei dem das Ergebnis zweitrangig ist. Die Bayern-Führung blieb in dieser Beziehung stets unehrlich: Ein Trainer, der mit einem ungebändigten Offensivgeist Titelgewinne verspielt, wäre für Beckenbauer und Co. wohl kaum akzeptabler gewesen als der ergebnisorientierte Fußball Rehhagels und seines noch defensiveren Vorgängers Trapattoni.

Die Schlinge war um Rehhagels Kopf schon so gut wie zugezogen, da gewannen die Bayern am 28. Spieltag in Stuttgart durch einen Klinsmann-Treffer 1:0. Rehhagel ließ sich ausgiebig feiern. Wohl wissend, was die Stunde geschlagen hatte, suchte der Trainer demonstrativ den Schulterschluß mit Mannschaft und Fans, während ein bei Rehhagel in Ungnade gefallener Fotograf rüde umgerempelt wurde. Der Trainer wollte es der Führung so schwer wie möglich machen – durch Erfolg, aber auch durch Popularität bei Spielern und Fans. Das Präsidium mußte sich weiter gedulden, zumal Rehhagels Mannen wenige Tage später durch einen 2:1-Sieg in Barcelona überraschend ins UEFA-Cup-Finale einzogen. Zum ersten Male seit der Schmach von Wien (1987) stand der FCB wieder in einem europäischen Finale. Die beiden Tore durch Babbel und Witeczek bedeuteten im fünften Auswärtsspiel in diesem Wettbewerb den fünften Sieg. Rehhagel sprach von einem „historischen Sieg", aber da die Person des Trainers nicht zu sehr strahlen durfte, sah sich Beckenbauer zur Relativierung genötigt: „Fast ein historischer Sieg."

Gegen den späteren Absteiger Eintracht Frankfurt, der beim Millionen-Ensemble lediglich mit einer „Zufalls-Formation" („Frankfurter Rundschau") auflief, reichte es nur zu einem Unentschieden. Wie schon gegen St. Pauli, mußte der FC Bayern zu Hause zunächst einem Rückstand hinterherlaufen. Klinsmann platzte nach dem 1:1 endgültig der Kragen: „Ich bin ziemlich angefressen." Und in Richtung des Präsidenten, der das Theater als Methode kultivierte: „Jeder hat seine Philosophie. Ich habe meine eigene. Es hat leider den Anschein, als sei hier alles wichtig, nur die 90 Minuten Fußball nicht. Um inhaltlich zu arbeiten, brauchst du Ruhe."

Nach dem folgenden Heimspiel gegen Hansa Rostock durfte das Präsidium tief durchatmen: Der FC Bayern verlor mit 0:1. Nur wenige Tage vor dem ersten UEFA-Cup-Finale konnte die Trennung vom Trainer doch noch vollzogen werden. Daß dieser Schritt von langer Hand vorbereitet worden war und man lediglich einen geeigneten Zeitpunkt abgewartet hatte, wurde auch daraus ersichtlich, daß Pressemann Hörwick im gleichen Atemzug bereits den Übungsleiter für die neue Saison präsentieren konnte: Rehhagels Vorgänger Giovanni Trapattoni wurde auch sein Nachfolger. Niemand sollte glauben, beim FCB herrsche personalpolitisches Chaos. Die Entscheidung für Trapattoni kam vor allem auf Wunsch der Spieler zustande, die den „Maestro" noch in bester Erinnerung hatten. Bis zum Saisonende sollte die Mannschaft – wie bereits in der Saison 1993/94 – von Beckenbauer trainiert werden.

Einige Tage nach Rehhagels Entlassung wurde bekannt, daß der Trainer, der noch im „Jahrbuch" auf die Frage, was ihn am FC Bayern begeistere, geantwortet hatte: „das kosmopolitische Denken", sich vor dem Rostock-Spiel eine rassistische Entgleisung geleistet hatte. „Denken Sie daran. Die Neger nehmen uns die Arbeitsplätze weg!", gab Rehhagel seinen Spielern mit auf den Weg. Die Spieler aber hatten oder wollten keine

Angst vor dem „schwarzen Mann" haben und ließen zu, daß „der Neger" Akpoborie das entscheidende Tor schoß und damit zwar nicht ihren Arbeitsplatz, wohl aber den ihres Übungsleiter raubte. Rehhagel dementierte den Vorfall nicht, sondern war nur fassungslos, daß seine Bemerkung jenseits der Kabinentür gedrungen war. Es war auffallend, mit welcher Offenheit und Bereitwilligkeit das Bayern-Management den rassistischen Eklat in den eigenen Reihen bestätigte. So blieb ein fader Nachgeschmack: Wurde der Rassismus in der Bayern-Kabine nur deshalb geoutet, weil er der Personalpolitik der Klubspitze gelegen kam?

Auch wenn eine Weiterbeschäftigung Rehhagels wenig Perspektiven geboten hätte, konnte sich seine sportliche Bilanz sehen lassen: Das Team stand im Finale eines europäischen Wettbewerbs und besaß in der Bundesliga noch immer gute Aussichten auf die Meisterschaft. Damit waren die Vorgaben des Präsidiums – Beckenbauer hatte vor Saisonbeginn insbesondere das internationale Abschneiden herausgestrichen – durchaus erfüllt. Rehhagel erfuhr somit das gleiche Schicksal wie vor ihm bereits Ribbeck.

Als Beckenbauer am 30. April 1996 um 10.14 Uhr zum zweiten Mal die Trainingsleitung beim FC Bayern übernahm, pilgerten über 3.000 Wundergläubige zur Säbener Straße. Der Kaiser enthüllte einen Teil seines Erfolgsgeheimnisses: Die Probleme mit der Boulevardpresse, die Rehhagel mürbe gemacht hatten und gegen die die Vereinsführung angeblich wehrlos gewesen war (Beckenbauer in einem grotesken Akt von Verdrängung: „Wir haben immer wieder versucht, den Otto zu schützen, aber die Attacken der Medien waren zu stark"), existierten mit einem Schlag nicht mehr. Rehhagel hatte sich eine Absperrung gegen allzu aufdringliche Journalisten gewünscht, aber nur Beckenbauer bekam sie auch. Der Kaiser ließ außerdem wissen, daß er keine Kamerateams mehr auf dem Platz dulde, solange er dort sei.

Beckenbauers Premiere erfolgte beim ersten UEFA-Cup-Finalspiel gegen Girondins Bordeaux. Die „Lichtgestalt" schien ihren Ruf zu bestätigen. Vor 63.000 Zuschauern im Olympiastadion gewann der FCB durch Tore von Helmer und Scholl 2:0. Der FC Bayern bestritt das erste Finale in folgender Besetzung: Kahn, Matthäus (54. Frey), Kreuzer, Helmer, Babbel, Hamann, Sforza, Ziege, Scholl, Papin (69. Witeczek), Klinsmann.

Für ein europäisches Finale muß man eine Mannschaft nicht sonderlich motivieren. Jeder Spieler ist hier bemüht, vor einem internationalen Millionenpublikum seinen Marktwert zu beweisen. Der Bundesligaalltag gestaltete sich da viel schwieriger. Dies mußte auch die „Lichtgestalt" erfahren. Wie bereits in der Saison 1993/94 ging auch Beckenbauers zweiter

**Bayern - Bordeaux:
Die Rückkehr des
Kaisers.**

Bayern - Bordeaux: Helmer erzielt per Kopf das 1:0.

Scholl (links) und Kahn feiern den 2:0-Sieg.

Bundesligaeinstieg zunächst gründlich daneben. Diesmal allerdings ohne Happy-End. Schauplatz war das Bremer Weserstadion. Der FC Bayern spielte zunächst groß auf und lag bereits nach 23 Minuten durch zwei Treffer des vom Kaiser wieder ausgegrabenen Kostadinov 2:0 in Führung. Die Werder-Abwehr wirkte völlig konfus. Kurz vor dem Halbzeitpfiff gelang den Grün-Weißen der Anschlußtreffer. Nach dem Wiederanpfiff präsentierte sich den Zuschauern eine völlig andere Werder-Mannschaft, die bis zur 65. Minute den Rückstand in eine 3:2-Führung verwandelte. Kommentar Willi Lemke: „Die Bayern haben uns vor einem Jahr die Meisterschaft geklaut. Nun haben wir Revanche geübt. Es steht nun 1:1." Und Bernd Hobsch: „Wir haben heute auch ein bißchen für Otto Rehhagel gespielt." Die Bremer Fans skandierten hämisch: „Ohne Otto habt ihr keine Chance." Der Demontage Rehhagels folgten Kratzer am Mythos vom ewig siegreichen Kaiser, auch wenn Beckenbauer wenig souverän alle Verantwortung indirekt von sich wies, um sie seinem Vorgänger zuzuschieben: „Wir haben nicht heute den Titel verspielt, sondern vorher. Wer in vier Heimspielen nur zwei Punkte holt, der verspielt die Meisterschaft." Wenn ohnehin bereits alles entschieden war, hätte es da nicht ausgereicht, Co-Trainer Augenthaler zum Interims-Chef zu befördern?

Gegen den 1. FC Köln gab es zwar daheim einen 3:2-Sieg, aber bereits beim nächsten Auswärtsspiel wurde der Kaiser-Mythos weiter demontiert. Schalke 04 gewann 2:1 und leistete somit für die Borussen Nachbarschaftshilfe. Derweil baute Dortmund ausgerechnet im Olympiastadion sein Meisterstück. Ein 2:2 gegen die Löwen genügte, um bereits einen Spieltag vor Saisonschluß den zweiten Titelgewinn in Folge zu feiern. In der Erfolgsanalyse waren sich alle einige, was den Unterschied zwischen Bayern und Borussia in dieser Saison ausgemacht hatte. Andy Möller: „Wir konnten uns auf das Wesentliche konzentrieren. Deshalb haben wir uns durchgesetzt." Nicht umsonst sah Matthias Sammer den BVB-Präsidenten als Hauptgewinner, da dieser für die Ruhe gesorgt habe, die beim FC Bayern nie herrschte. Niebaum selbst sprach von einem Sieg des „Burgtheaters über Hollywood". Das Meisterschaftsrennen 1995/96 wurde weniger auf dem Feld als in den Führungsetagen entschieden.

Der FC Bayern fand Trost im UEFA-Cup. Auch das Rückspiel in Bordeaux ging an die Münchener. Durch Tore von Scholl, Kostadinov und Klinsmann gewannen die Bayern 3:1. Zum ersten Mal seit 20 Jahren durfte der Klub wieder einen europäischen Triumph feiern. Zwischen Marienplatz und Münchener Freiheit ging die Post ab. In Bordeaux spielte der FC Bayern mit folgender Mannschaft: Kahn, Matthäus, Babbel, Helmer, Frey (60. Zickler), Strunz, Sforza, Ziege, Scholl, Kostadinov (75. Witeczek), Klinsmann.

Nachdem das Titelrennen endgültig gelaufen war, hatte der Kaiser, dessen Bundesligabilanz mit einem Sieg und zwei Niederlagen äußerst dürftig ausfiel, keine Lust mehr auf das Traineramt. Beim letzten Bundesligaspiel gegen Fortuna Düsseldorf (2:2) durfte Klaus Augenthaler die Bank drücken. Zehn Niederlagen kassierten die Bayern in dieser Bundesligasaison, Meister Dortmund indes nur vier. Nur zehn Vereine verloren häufiger als die Bayern, Absteiger Kaiserslautern genauso häufig.

Trotzdem konnte der FC Bayern mit einem Zuschauerschnitt von 59.353 seinen erst im Vorjahr aufgestellten Rekord noch einmal deutlich verbessern.

1996/97: Zwischen Dream Team und FC Hollywood (zweiter Akt)

Nach der Saison 1995/96 mußte das Dream Team wieder bei Null beginnen, denn außer dem Trainer verließen mit Sforza und Herzog auch noch die teuersten Verpflichtungen die Säbener Straße vorzeitig. Und ein Dritter aus dem vermeintlichen Traum-Quartett bereitete seinen Abgang vor: Jürgen Klinsmann zog aus dem Theater Konsequenzen, indem er sich in seinen Vertrag eine Klausel einbauen ließ, die ihm gestattete, den FCB zum 30. Juni 1997 – also ein Jahr vor Ablauf seines Vertrags – ablösefrei zu verlassen.

Während der Europameisterschaft in England schickten die Bayern-Nationalspieler Klinsmann, Ziege, Scholl, Kahn, Helmer, Babbel und Strunz ein Fax an Beckenbauer, in dem sie den Kaiser baten, Matthäus zu bändigen. Die Absender befürchteten, daß ansonsten einer chaotischen Saison eine noch chaotischere folgen würde. Doch der Kaiser beschied das Anliegen von Klinsmann und Co. abschlägig.

Das sportliche Ziel war klar: „Wir wollen Meister werden", erklärte Sportchef Rummenigge forsch. Und doch war der Titel nur Mittel zum Zweck. Manager Hoeneß: „Wir wollen in der Bundesliga vorne stehen, denn wir gehören in die Champions League." Der Kaiser formulierte in einem Rückblick die Bedingungen für eine erfolgreiche Meisterschaftskampagne: „Noch nie", so Beckenbauer, habe es beim FCB „soviel Unruhe wie im Vorjahr" gegeben. „Der Streit und die Eifersüchteleien haben uns den Titel gekostet." Im Arbeitsjahr 1996/97, so der Wunsch des obersten Unruhestifters, möge es deshalb „ein bißchen ruhiger, vornehmer, seriöser" zugehen.

Der spektakulärste Neuzugang war einer, dessen Verpflichtung sich Manager Hoeneß noch einige Monate vorher „nicht vorstellen" konnte: das 8 Mio. DM teure Bremer Enfant terrible Mario Basler, der quasi im Tausch für Andreas Herzog kam, für den der FCB 5 Mio. DM kassierte. Angesichts der Unruhe, die beim FCB bereits ohne Basler existierte, ein gewagtes Unterfangen, das Beckenbauer mit seiner Vorliebe für Individualisten begründete.

Weitere erwähnenswerte Neuzugänge waren Markus Münch (2,6 Mio. DM) und Samuel Osei Kuffour (ablösefrei), die von Bayer Leverkusen bzw. vom 1. FC Nürnberg an ihre alte Wirkungsstätte zurückkehrten; Carsten Jancker von Rapid Wien (1,5 Mio. DM), der in der Vorsaison im Europapokal für einige Schlagzeilen gesorgt hatte; last but not least Ruggiero Rizzitelli (4,5 Mio. DM) vom italienischen Serie-A-Absteiger AC Turin, der ein Wunschkandidat Trapattonis war. Auch nach dem Bosman-Urteil investierte der FCB immerhin noch 17,55 Mio. DM in die Verstärkung seiner Mannschaft, was etwas über 20 % der gesamten Transferausgaben der Liga waren, die sich auf 85 Mio. DM beliefen.

Trotz des spektakulären Basler-Wechsels waren die Zeiten, in denen dem FCB jeder neue Bundesligastar quasi zwangsläufig in die Arme lief, offenkundig vorbei. Die Wunschliste des FCB konnte nur zum Teil abgearbeitet werden. Rizzitelli, nach Basler der spektakulärste Einkauf, wirkte eher wie eine Not- oder Gelegenheitslösung, ähnlich dem Transfer von Adolfo Valencia 1993.

Als Giovanni Trapattoni am 2. Juli um 11.15 Uhr zum ersten offiziellen Training bat, war für ihn „ein Traum wahr geworden". „Mit noch mehr Begeisterung als beim ersten Mal" würde er die Mannschaft übernehmen. Er sei zurückgekehrt, „um eine ganz große Mannschaft aufzubauen. Ich glaube, der FC Bayern hat eine glorreiche Zukunft vor sich, wir stehen am Beginn einer neuen Ära. (...) Bayern gehört neben dem AC Mailand, Juventus Turin, dem FC Barcelona, Real Madrid und Paris St. Germain zu den besten Teams Europas. (...) Jetzt kenne ich bei Bayern alles bestens, um 100 Prozent besser. Und natürlich verstehe ich die Sprache besser. Das macht vieles leichter. (...) Ordnung und Disziplin werden wieder in die Mannschaft einkehren. Auf dem Platz und auch außerhalb."

Trapattoni verordnete der Mannschaft eine neue Taktik. Die Nationalspieler des FCB hatten sich mit ihrem neuen Trainer bereits nach der EM-Begegnung gegen Italien erstmals zusammengesetzt. Die Spieler berichteten Trapattoni, wie die perfekt positionierte und organisierte Squadra Azurra es verstanden hatte, der DFB-Auswahl mit permanentem

Pressing Raum und Zeit für den eigenen Spielaufbau zu nehmen. Trapattoni erläuterte den Spielern, dies läge am System. Zu diesem Zeitpunkt hatte sich der Maestro längst entschlossen, auch den FCB auf dieses aggressive Defensivkonzept umzustellen. Von einem 3-5-2-System mit festem Libero und zwei Manndeckern auf eines mit zwei Viererketten in Mittelfeld und Abwehr. Vier Abwehrspieler sollten sich (fast) immer auf einer Linie mit demjenigen Verteidiger bewegen, der gerade den Angriffsspieler des Gegners attackiert. Die vier Mittelfeldspieler hatten sich stets auf die ballnahe Seite zu verschieben und in Abstimmung mit der hinteren Viererreihe den Ballbesitzer zu stören. Die beiden nicht mehr als zehn Meter voneinander entfernt positionierten Viererreihen sollten das Spielfeld verriegeln. Das anspruchsvolle, viel Intelligenz fordernde System konnte aber vor dem Saisonstart nicht genügend einstudiert werden, da die EM-Teilnehmer für einen Teil der Saisonvorbereitung ausfielen. Hinzu kam der verletzungsbedingte Ausfall einiger in diesem System unersetzlicher Spieler, weshalb das Experiment bald eingestellt wurde.

Trapattonis Deutschkenntnisse waren zwar besser als bei seinem ersten Amtsantritt, ließen aber trotzdem noch arg zu wünschen übrig. Wichtige Nuancen gingen nach wie vor verloren. Hinzu kamen offensichtliche Differenzen zwischen der Fußballphilosophie des Trainers und den Erwartungen des Kaisers, der vor der Saison abermals die Hoffnung geäußert hatte, der FC Bayern möge nicht nur erfolgreichen, sondern auch mitreißenden, spektakulären Fußball bieten – kurzum: „Fußball zum Genießen". Zu Hause, so Beckenbauer weiter, dürfe auch schon mal 4:0 oder 5:0 gewonnen werden. Trapattonis Steckenpferd war aber immer schon, und Beckenbauer hätte dies wissen müssen, ein erfolgsorientierter Defensivfußball gewesen. Ein FCB-Akteur später: „Ein 1:0-Sieg ist ihm wichtiger als ein 5:2. Hauptsache, wir machen keine Fehler nach hinten."

Der hauptsächliche Wert der Trapattoni-Verpflichtung lag jenseits der Debatte um das richtige Spielsystem: Hinsichtlich Autorität, Ausstrahlungskraft und der Fähigkeit zur Menschenführung übertraf er seine Vorgänger Ribbeck und Rehhagel um Längen. Außerdem war er ein intelligenter Sturkopf, der selbst dem Kaiser die Stirne bot. Und irgendwie suchten die Bayern ja einen, an dessen Autorität sie glauben konnten und der sie erzog. Seine Biographie nötigte dem Kaiser und seinen Mitstreitern eine gewisse Zurückhaltung ab. So wie mit Otto Rehhagel konnte man mit Trapattoni nicht umspringen. In seiner zweiten Amtsperiode setzte Trapattoni zwar immer noch auf Kooperation und Dialog, aber gleichzeitig war aus der Mannschaft zu hören, so lieb wie früher sei der Trainer nicht mehr.

Dies hatte weniger mit einem neuen Stil zu tun als mit einer anderen Mannschaft, die von ihrer Besetzung her mit der von 1994/95 kaum vergleichbar war.

Die ersten sieben Spieltage blieb der FC Bayern mit fünf Siegen und zwei Unentschieden unbesiegt, ohne beeindrucken zu können. Insbesondere daheim hatte man mit einigen Gegnern erstaunliche Mühe. Gegen die Aufsteiger VfL Bochum und Arminia Bielefeld sprangen nur ein 1:1 bzw. ein knappes 1:0 heraus. Gegen die wiedererstarkte Leverkusener Bayer-Elf gewann man zwar 4:2, aber als am 7. Spieltag der Karlsruher SC ins Olympiastadion kam, durfte erneut gezittert werden. Den 1:0-Sieg hatte man vor allem einer Weltklasseleistung von Oliver Kahn zu verdanken. Ralf Itzel in der „SZ": „Seine Fanghände schnellen momentan so punktgenau zum Ball wie die Zunge eines Frosches in Richtung Fliege." Es sollte nicht die letzte Galavorstellung des Keepers in dieser Saison sein.

In der ersten Runde des UEFA-Cups verloren die Bayern in Valencia mit 0:3. Einen derart großen Rückstand hatten die Bayern im Europacup noch nie aufholen können. Nach der Pleite von Valencia rückte Trapattoni von seinem Viererketten-Experiment wieder ab. Da die Manndecker Helmer und Babbel verletzt waren, verschrieb Trapattoni seiner Abwehr sicherheitshalber wieder den Libero Matthäus. Beckenbauer war an diesem taktischen Rückzug nicht ganz unbeteiligt.

Im Rückspiel bot der FC Bayern zwar seine bis dahin beste Saisonleistung, aber da es nur zu einem 1:0-Sieg reichte, schied der Klub 132 Tage nach seinem Sieg im UEFA-Cup-Finale erstmals in seiner Vereinsgeschichte in der ersten Runde eines europäischen Wettbewerbs aus. Manager Hoeneß konnte dem Ausscheiden sogar etwas Positives abgewinnen: „Wir wollen Deutscher Meister werden. Dann spielen wir in der Champions League." Und bezüglich der finanziellen Verluste: „Wir müssen eben noch mehr Lizenzen verkaufen." Das klang zwar nach Pfeifen im Winde, war aber mehr. Der UEFA-Cup blieb für den FCB nur ein Trostpflaster. Das eigentliche Ziel war unverändert die Champions League, die exklusive Gesellschaft der vermeintlich Besten.

Derweil wunderte sich Klinsmann, „daß immer wieder Details aus meinem Arbeitsvertrag weitergeleitet werden. (...) Gewisse Dinge werden gesteuert, dahinter steckt System. Infos werden im rechten Moment gestreut." Daß der Stürmer so hochsensibel reagierte, hatte seinen guten Grund. Es war ja nicht das erste Mal, daß Inhalte aus seinem Arbeitsvertrag an die Öffentlichkeit gerieten. Schon einige Monate nach seiner Ankunft in München waren Auszüge daraus in „Bild" und „Sport-Bild" zu lesen gewesen. Auch damals wurde damit Stimmung gemacht. Der Informant konnte nur im Präsidium sitzen, und selbst hier kamen nur zwei bis maximal drei Personen in Betracht. Während Klinsmann schon damals von einem schweren Vertrauensbruch sprach, spielte einer der Verdächtigen die Affäre herunter. Beckenbauer: Es sei halt schwer für ihn, den Informationsfluß zu verhindern. Für Klinsmanns Annahme, es würde bayernintern gegen ihn Stimmung gemacht, gab es auch diesmal Indizien. Kräftig mitmischen tat erneut des Kaisers Hausblatt „Sport-Bild". Einem devoten Matthäus-Interview folgte in der gleichen Ausgabe eine Klinsmann-Story mit dem Titel „Engel oder Egoist?" Klinsmann später: „Ich habe schnell kapiert, wie es läuft: Entweder du arbeitest mit bestimmten Medien zusammen – dann wirst du gedeckt; oder du kriegst auf den Deckel." Trotz wiederholter Versöhnungsaktionen sollte die Matthäus/Klinsmann-Kontroverse ein „nicht wegzudiskutierendes Grundproblem" (Thomas Helmer) bleiben.

Die erste Bundesliganiederlage ereignete sich wie im Vorjahr am 8. Spieltag. Der FCB mußte im Bremer Weserstadion antreten, wo er das letzte Mal vor fast 17 Jahren, genauer: 6.064 Tagen gewonnen hatte. Ausgerechnet ein Ex-Bayer wurde zum Helden des Tages: Andy Herzog, der zwei der drei Bremer Tore zum klaren und hoch verdienten 3:0-Sieg der Werderaner beisteuerte. „Hier oben spielt sich das ab", erklärte der Wiener sein Formhoch und tippte sich dabei an die Stirn. „Wenn es einem gutgeht, dann ist man locker drauf. Das ist so easy." Auch der dritte Treffer ging auf das Konto eines Ex-Bayern: Bruno Labbadia.

Nach dem Schlußpfiff gaben sich die Profis selbstkritisch. Allen voran Oliver Kahn, der in den letzten Wochen – angesichts des Machtvakuums, das der Streit zwischen Matthäus und Klinsmann hinterließ – immer mehr zur Führungsperson aufgestiegen war. Allerdings mit dem Manko, „nur" Torwart zu sein und somit in das Spiel nur beschränkt eingreifen zu können. Kahn: „Wir haben die besten Einzelspieler, aber das sagt nichts. Entscheidend ist, wie wir uns als Mannschaft auf dem Platz präsentieren, und das ist teilweise eine Schande. Die Mischung stimmt so nicht. In dieser Mannschaft spielen elf Stars, von denen jeder dermaßen von sich überzeugt ist, daß er alles richtig macht und über jede Kritik erhaben ist. Es gibt keinen Spieler, der gerne bereit ist, den Dieter Eilts zu spielen, die Drecksarbeit zu machen." Kahns bemerkenswertester Satz war indes folgender: „Vielleicht ist das System hier so, daß jeder, der nach München kommt, zum Egoisten gemacht wird." Andy Herzog bestätigte dies: „In diesem Verein mußt du ein Schwein sein."

In München nicht heimisch: Jürgen Klinsmann.

Die Niederlage in Bremen veranlaßte Beckenbauer erstmals zur öffentlichen Trainer-Schelte. Nach dem Rehhagel-Desaster hatte man Besserung gelobt. Aber nur wenige Monate später präsentierte sich der FCB erneut als zerstrittener Haufen, der zudem seinen Streit einmal mehr in aller Öffentlichkeit austrug.

Vor dem Pokalspiel beim alten Rivalen Mönchengladbach traf sich die Mannschaft zu einer offenen Aussprache. Oliver Kahn analysierte anschließend: „Bei uns liegt einiges mit der Hierarchie im Argen." Auch für Klaus Augenthaler war das Hierarchieproblem mit der wichtigste Grund dafür, „daß wir in den letzten Jahren immer wieder erlebt haben, daß ein hochkarätiges Ensemble die Erwartungen nicht erfüllen konnte. Das Wir-Gefühl fehlt. Wir haben bei den Bayern immer noch zu viele Häuptlinge und zu wenig Indianer. Es muß einen geben, der auf dem Feld die Marschrichtung des Trainers umsetzt. Den kann nicht der Trainer bestimmen, den kann auch nicht der Präsident kaufen. Ein richtiger Kapitän muß sich seine Führungsposition langfristig erarbeiten. (...) In den besten Zeiten hat sich die Mannschaft des FC Bayern selbst kontrolliert. Wenn einer nicht dazu paßte, haben wir ihm das schon ausgetrieben. (...) Heute kochen viele ihr eigenes Süppchen, denken vor allem ans persönliche Weiterkommen." Eine neue Hierarchie entstand aber auch weiterhin nicht. Vor lauter vermeintlichen Köpfen war die Mannschaft letztendlich kopflos.

Der Doomsday blieb aus. Die Bayern siegten auf dem Bökelberg 2:1, durften sich dabei aber einmal mehr bei ihrem Keeper bedanken. Auch beim 2:1-Heimsieg am 9. Spieltag gegen den HSV wußte der FCB keine Glanzlichter zu setzen. Vor der Pause war nur ein Torschuß des FCB zu registrieren, der allerdings zur 1:0-Führung im Hamburger Netz landete. Der HSV bestimmte über weite Strecken das Spiel, aber Oliver Kahn war auch an diesem Nachmittag Bayerns Retter in höchster Not. Daß Kahn seit Anpfiff der Saison permanent im Mittelpunkt stand, verwies auf die eigentlichen sportlichen Probleme des FC Bayern. Während sich die öffentliche Diskussion um Klinsmann und den Rest der Sturmabteilung rankte und bereits öffentlich der Kauf einer kompletten neuen Sturmreihe (Elber, Dundee) verhandelt wurde, war es mehr das Defensivverhalten, das Fragen aufwarf. Peinlich, aber wahr: Beim HSV-Spiel sah sich der Stadionsprecher des FCB um 16.57 Uhr genötigt, die 60.000 Bayern-Fans um Gnade und Lautstärke zu bitten: „Eine gute Viertelstunde noch, liebe Fans, und die Mannschaft braucht ein bißchen Unterstützung gegen einen sehr starken HSV!" Die „SZ" konstatierte anschließend einen „schon traditionell mäßigen Unterhaltungswert" bei FCB-Heimspielen. Die Zeitung weiter: „Der Mythos FC Bayern verschleiert nur, daß der Renommierklub längst ein taktisches Verhältnis zur eigenen Spielqualität hat. Wer sind diese legendären Bayern, vor denen angeblich die Liga erzittert? (...) Ein als Medienereignis apostrophiertes Ensemble (muß) sich immer wieder auf den Hinweis zurückziehen, daß es in einer Tradition der Beckenbauers, Müllers oder auch nur Lerbys steht."

Am 10. Spieltag ging es zum 1. FC Köln, trainiert vom notorischen Kohlenpott-Großmaul Peter Neururer, der seiner Elf die „leichteste" Partie der Saison prognostizierte. Jubeln durfte indes nur der FCB, der nicht nur mit 4:2 gewann, sondern sich auch stark formverbessert zeigte. Zum „Spieler der Woche" avancierte Jürgen Klinsmann. Bereits einige Tage zuvor hatte der von Bundestrainer Bertie Vogts öffentlich psychologisch aufgepäppelte Torjäger beim WM-Qualifikationsspiel in Armenien endlich wieder ein persönliches Erfolgserlebnis feiern können. Daß die Rehabilitierung des Torjägers zunächst im Rahmen der Nationalmannschaft erfolgte, war symptomatisch für das Klima an der Säbener Straße. Nach 429 torlosen Minuten traf Klinsmann endlich auch wieder für den FC Bayern, und dies gleich zweimal. Der Goalgetter genoß seine öffentliche Rehabilitierung sichtlich, ließ aber zugleich Vorsicht walten. Wenn die Kritik in den vorausgegangenen Wochen überzogen war, dann würde es die Rehabilitierung nun vermutlich ebenfalls sein. Vielsagend sprach Klinsmann von einer „sehr lehrreichen Situation". Es könne schnell von einem Extrem ins andere gehen, „aber da waren Dinge dabei, die hatten mit Fußball nichts zu tun, das habe ich gespeichert".

Am 11. Spieltag gastierte Meister Borussia Dortmund im Olympiastadion. Die Ansetzung des Spiels auf einen Sonntagabend provozierte Fan-Proteste. Hoeneß stellte klar, daß es „nicht der angeblich geldgierige FC Bayern" gewesen sei, der das Spiel auf diesen für anreisende Fans unmöglichen Termin gesetzt habe. Zugunsten ihrer großen auswärtigen Fangemeinde sei der Klub sogar bereit gewesen, auf die 300.000 DM Gage aus der Live-Übertragung zu verzichten. Schuld sei auch nicht Sat.1, sondern der DFB. Hoeneß: „Das ist nicht in Ordnung, daß wir uns auf Kosten unserer Fans Vorschriften machen lassen müssen." Auch der Gipfel 1996/97 hielt nicht, was die „ran"-Macher ihrer Kundschaft versprochen hatten. Das Spiel, in mindestens 20 Länder übertragen, endete torlos. Beide Teams spielten taktisch höchst diszipliniert und „kontrollierten sich gegenseitig fast bis zur Neutralisation" („Kicker").

Vor dem Spiel bei Fortuna Düsseldorf wurde die Absicht des Präsidiums bekannt, sich von Co-Trainer Augenthaler zum frühestmöglichen Zeitpunkt zu trennen, um statt dessen den Schleifer und Konditionsbolzer Egon Coordes zurückzuholen. Der diesbezüglich nicht informierte Cheftrainer zeigte sich verstimmt. Nur ein Veto Trapattonis verhinderte, daß der Wechsel von Augenthaler zu Coordes bereits zum Jahreswechsel erfolgte. Die Episode hatte Folgen: Trapattoni reduzierte seine frühere Kompromißbereitschaft gegenüber der Vereinsspitze. Im Rheinstadion gewann der FC Bayern bei der sich an diesem Tage ausnahmsweise nicht aufs Mauern beschränkenden Ristic-Elf durch ein nicht ganz regelgerechtes Tor von Hamann und eine schöne Einzelleistung Mehmet Scholls mit 2:0. Resümee von Uli Hoeneß: „Auf das gute Spiel warten wir noch immer." Resümee des Defensivstrategen Trapattoni: „Wir haben gewonnen, weil die Abwehr keine Fehler machte."

Vor dem 184. Derby gegen die Löwen machte Ludger Schulze in der „SZ" eine überraschende Beobachtung. „Erstmals seit langer Zeit herrscht intern Friede, zählebige Zerwürfnisse und spontane Streitereien sind geschlichtet. Das Fußballteam des FC Bayern vermittelt ein Bild seltener Homogenität. Es scheint, als stellen die Spieler ihre individuellen Interessen in den Dienst der Gemeinschaft, so wie es das DFB-Team unter Bundestrainer Berti Vogts und Kapitän Jürgen Klinsmann bei der EM in England vorgemacht hatte. Erkennbar jedenfalls ist der Wille – ganz anders als im Vorjahr – mit dem Trainer zu kooperieren. Giovanni Trapattoni genießt allgemeinen Respekt und hohe Autorität unter den Spielern, dank seiner seriösen Erscheinung und seines Fachverstands auch außerhalb des Vereins." Eine Zwischenbilanz ergab, daß der FCB zwar nicht gerade attraktiv spielte, aber – von den Niederlagen in Valencia und Bremen abgesehen – abgeklärt und erfolgreich. Die Darbietungen waren von erheblich größerer Kontinuität gekennzeichnet als im Vorjahr.

Vor dem Anpfiff kam es zu einer Premiere im Olympiastadion. An den Eingängen zur Südkurve wurden die Bayern-Fans von Kollegen und Ordnern mit roten und weißen Papptafeln ausgestattet, die zu einer Choreographie beitragen sollten, wie man sie aus Italien und Spanien sowie vom UEFA-Cup-Finale in Bordeaux her kannte. Den Zaun zum Spielfeld zierte ein langes Transparent mit der Aufschrift: „In München gibt es nur einen Verein – FC Bayern!" „Endlich herrschte mal so etwas wie südländisches Flair im weiten Oval", konstatierte der Berichterstatter des Fan-Magazins „match live" später zufrieden.

Das Derby endete mit einem mageren 1:1. Obwohl der TSV 1860 ab der 58. Minute mit nur zehn Spielern auskommen mußte, war er am Ende dem Sieg näher als der FCB, den nur einige großartige Reflexe von Oliver

Kahn vor einer Niederlage bewahrten. Die Fans der Löwen feierten ihren ersten Punktgewinn gegen den FCB seit ihrer Rückkehr in die 1. Bundesliga, „als sei soeben die Rückeroberung der Landeshauptstadt gelungen" („SZ"). Nach dem Spiel wurden nicht zum ersten Mal taktische Differenzen zwischen Mannschaft und Trainer evident. Während Klinsmann monierte, man habe versäumt, das 2:0 zu erzielen und zuwenig Druck entwickelt, beklagte sich Trapattoni über den Fehler, der zum Ausgleich geführt hatte: „Die kleinen Situationen sind entscheidend."

FC Bayern contra Mayer-Vorfelder (zweiter Akt)

Als Anfang November in Nürnberg die Präsidenten und Manager der Klubs der 1. und 2. Liga tagten, wurde der FC Bayern einmal mehr seiner Sonderrolle gerecht. Thema war vor allem der Paragraph 11 in den Lizenzspielerverträgen, der zwölf Jahre zuvor in die Musterverträge der Profis für den Fall eingebaut worden war, daß das Transfersystem eine grundlegende Änderung erfährt, was nun mit dem Bosman-Urteil vom 15. Dezember 1995 geschehen war. Dieser Paragraph räumte Verein und Spieler die Option ein, einen auslaufenden Vertrag zu gleichen Bedingungen um ein Jahr zu verlängern. Die Präsidenten der 36 Profiklubs beschlossen mit 35 Ja-Stimmen abermals einen Solidarpakt mit selbstbeschränkender Wirkung. Die Vereine verpflichteten sich, keinem Spieler ein Transferangebot zu unterbreiten, dessen aktueller Arbeitgeber von Paragraph 11 des Lizenzspieler-Mustervertrags Gebrauch man will. Nur eine Enthaltung wurde gezählt, und diese stammte vom FC Bayern. Für den FCB bedeutete der Solidarpakt, daß er sein Werben um Stuttgarts Giovane Elber einstellen mußte. Stuttgarts Präsident Mayer-Vorfelder wertete die Bemühungen des FCB um Elber und dessen Mannschaftskameraden Schneider als Versuch, „den VfB zu schwächen". Wie schon im Vorjahr gegenüber Borussia Dortmund, waren wohl auch jetzt nicht zufällig Spieler eines Mitkonkurrenten um den Meistertitel Hauptadressat von Münchener Abwerbeversuchen. FCB-„Vize" Rummenigge warf Mayer-Vorfelder eine Instrumentalisierung des Ligaausschusses für VfB-Interessen vor. In seiner „Bild"-Kolumne legte Beckenbauer wenig später noch kräftig nach: „Wir vom FC Bayern überlegen, künftig nicht mehr an den Sitzungen des Liga-Ausschusses teilzunehmen." Die Bayern wollten nicht länger „als Alibi für eine demokratische Abstimmung dienen, wenn ohnehin die Mehrheit immer das Gegenteil von unseren Vorschlägen entscheidet". Der Paragraph 11 sei der „dümmste aller Paragraphen, die je gemacht wurden". MVs Agieren in der §11-Debatte war keineswegs von Sorge um das „Gemeinsame Haus" geprägt. Bevor das Bosman-Urteil seine volle Wirkung entfalten konnte, wollte der VfB-Boss noch schnell die Voraussetzungen dafür schaffen, daß aus dem Duopol Bayern-Dortmund ein Triopol wird.

Mitte November ging es im DFB-Pokal gegen den alten Rivalen Werder Bremen. Seit dem Debakel vom 8. Spieltag hatte der FCB nicht mehr verloren. Der FCB nutzte die Chance zur Revanche und gewann hochverdient mit 3:1. Zwei Tore gingen auf das Konto von Klinsmann. Trotz des Sieges über den alten Widersacher mochte im Olympiastadion keine Schlagerspielstimmung aufkommen. Nur 35.000 Zuschauer wollten die Begegnung sehen, die allerdings unter der Woche stattfand.

Am 14. Spieltag mußte der FCB zum Angstgegner SC Freiburg reisen, wo es bis dahin nur Niederlagen gehagelt hatte. Nach enttäuschenden, torlosen 90 Minuten, die zeitweilig wie ein Freundschaftsspiel anmuteten, konnte der FCB immerhin seinen ersten Punktgewinn im Breisgau feiern.

Eine Woche später empfing der FC Bayern den Tabellenletzten Hansa Rostock, neben den Freiburgern ein weiterer Newcomer, der in die Rubrik der „Angstgegner" gehörte. Aus den bis dahin vier Bundesligabegegnungen zwischen den beiden Teams hatten die Bayern erst einen Punkt geholt. Zwei Basler-Tore (davon eines per Strafstoß) sorgten zwar bei einem Gegentreffer von Akporborie für den ersten Sieg der Bayern über die Ostdeutschen, allerdings nur, weil der Schiedsrichter den Gästen acht Minuten vor dem Ende einen klaren Foulelfmeter verweigerte. Die 55.000 Zuschauer sahen einen „grottenschlechten, absolut katastrophalen Kick" (Thomas Strunz) und quittierten dies mit einem Pfeifkonzert. Ludger Schulze sprach in der „SZ" von der „sportlichen Bankrotterklärung der bestsortierten Bundesliga-Mannschaft". Beckenbauer befand die 90 Minuten als „nur noch zum Lachen. Mit Fußball hat das nichts mehr zu tun."

Dennoch schienen die Resultate den Trainer zu bestätigen. Denn trotz des wiederholten Gewürges durfte sich das Team nach 15 Spieltagen als Spitzenreiter feiern. Am 16. Spieltag stand das Aufeinandertreffen der erfolgreichsten und abwehrstärksten (FC Bayern) gegen die spielstärkste und torgefährlichste Mannschaft (VfB Stuttgart) auf dem Programm. Der Ex-Stuttgarter Thomas Strunz vor dem Anpfiff: „Wenn man auf die Punkte schaut, haben wir alles richtig gemacht. Wenn man unser Spiel anschaut, dann nicht." Vom Anspruch her müßte der FC Bayern so spielen wie der VfB, „mal vier oder fünf zu null gewinnen". Der Unterschied zum VfB sei: „Da sind sieben, acht Spieler bereit, für die drei Stars zu arbeiten." Die 53.000 Zuschauer im seit Wochen ausverkauftem Gottlieb-Daimler-

Stadion sahen ein unterhaltsames, zeitweise gar äußerst hitziges Kampf-spiel, in dem ein vom Spielaufbau her ziemlich unflexibel und schematisch agierender FC Bayern bereits in der 7. Minute durch ein Elfmetertor des ordentlich spielenden Baslers mit 1:0 in Führung ging. Die Stuttgarter dominierten zwar und erarbeiteten sich auch mehr Chancen, mußten aber bis zur 80. Minute warten, bevor Libero Verlaad der Ausgleich gelang. Nur kurz vor dem Ausgleich hatte Kahn einen abgefälschten Schuß mit einem schier unglaublichen Reflex zunächst an die Latte und anschließend über das Tor lenken können. Der „Kicker" sprach von der „Torwartparade des Jahres".

Zwei Minuten nach dem Ausgleich war Schiedsrichter Strampe das ständige Herumgemecker der Stuttgarter Spieler leid, und er schickte Poschner vorzeitig unter die Dusche. Trotz numerischer Überlegenheit verstärkten die Bayern ihre Defensivtaktik noch. Resümee der „SZ": „Im Süden nichts Neues, die Kreativen können die Cleveren nicht bezwingen."

Am letzten Spieltag der Vorrunde empfing der FC Bayern Borussia Mönchengladbach. Das Tor zum 1:0-Sieg war zugleich auch Klinsmanns hundertstes Bundesligator. Der FC Bayern wurde mit zwei Punkten Vor-sprung vor Borussia Dortmund Herbstmeister.

In der Winterpause dachte Jürgen Klinsmann erneut laut über seinen Abgang nach: „Es ist sehr schwer für mich, mit der Spielanlage des FC Bay-ern warm zu werden. Als Stürmer ist man isoliert, es besteht kaum eine Bindung zwischen Mittelfeld und Angriff. (...) Ich habe sehr viel Respekt vor ihm (Trapattoni), er ist eine intelligente Persönlichkeit. Aber er hat eine Einstellung zum Spiel, die es mir nicht einfach macht." Seine Zurück-gezogenheit, die als mangelhafte Identifizierung mit dem Verein ausgelegt wurde, begründete Klinsmann mit den „persönlichen Attacken in den Medien und speziell in den Springer-Blättern".

Am Abend des letzten Spieltages fand die von Sat.1 ausgerichtete Fuxx-Gala 1996 statt, ein „berauschendes Fußballfest mit allen Stars und Schika-nen" („Sport-Bild"). Die Anwesenheit aller Bundesligakicker bei diesem unsäglichen Klatsch-Event war Pflicht, doch Klinsmann, im Vorjahr noch zum „Super-Fuxx" gewählt, blieb der Show fern (wie auch der Bundestrai-ner), um statt dessen im seriöseren „Sport-Studio" des ZDF aufzutreten. Klinsmann: „Ich habe den Sportstudio-Leuten gerne ja gesagt, weil ich mit der Fuxx-Gala absolut nichts anfangen kann. Diese Auszeichnung wurde erfunden, um ein Abendprogramm zu füllen." Das Imperium schlug post-wendend zurück. Einige Tage nach der Party titelte die „Sport-Bild": „Das Klinsmann-Ultimatum. Manager Hoeneß: ’Gegen Trapattoni hat er keine

Chance'. Trainer Rehhagel: 'Jürgen glaubt, daß er über allen Menschen steht.'" Im „Sport-Studio" geißelte Klinsmann den „Balanceakt zwischen wirtschaftlichem und sportlichem Ehrgeiz", den der FCB betreibe. Mit dem Disput um Klinsmann mußte unweigerlich auch der „Urkonflikt" („Kicker") zwischen dem neuen und dem alten Nationalmannschaftskapitän ausbrechen. Dampfplauderer Matthäus behauptete, Klinsmann sei innerhalb der Mannschaft isoliert, und forderte Disziplinarmaßnahmen gegen den Mannschaftskameraden, da dieser den vor der Saison vereinbarten Ehrenkodex verletzt habe. Beckenbauer konterte: „Jürgen hat keine silbernen Löffel gestohlen." Und Hoeneß gab Matthäus zu verstehen, das ginge ihn „einen Dreck an", worauf der beleidigte Kapitän zu seinem Ziehvater lief, der wiederum Hoeneß kritisierte. Matthäus: „Franz Beckenbauer hat auch gesagt, das war schlecht vom Uli."

Wie schon Tradition, begaben sich auch dieses Jahr Mannschaft und Funktionäre gemeinsam auf die Skipiste, um den Zusammenhalt zu fördern. Nicht vorgesehen war allerdings der Auftritt von Mehmet Scholl in einer Hotelbar. Eigentlich sollte der Teenie-Star in München seine langwierige Fußverletzung auskurieren. Statt dessen startete er mit einem Gast und einigen Mannschaftskameraden (Kreuzer, Kahn) eine Rauferei. Laut „Bild" soll Scholl dabei unter Alkohol gestanden haben. Offensichtlich war die Boulevardpresse von Funktionären und einigen gestandenen Spielern, denen Scholls penetrante Aufmüpfigkeit schon länger ein Dorn im Auge war, informiert worden. Die Abmahnung des Spielers erfolgte nicht offiziell, sondern über die Medien. Da Mehmet Scholl, von den Teenie-Blättern „Bravo Sport" und „Cool Sport" zum obersten Popstar im Showbusiness Bundesliga geklont, vollends den Boden unter den Füßen zu verlieren drohte, sah sich wohl jemand genötigt, via Hauspostille zurückzuschlagen und die Hausordnung wieder geradezurücken. Scholl nutzte ein anderes mit dem FC Bayern verbundenes Blatt („Focus"), um seine Version des Ereignisses zu präsentieren und die geschwätzigen Kollegen zu schelten: „Die Verbindung zur Boulevardpresse ist manchem wichtiger als die Verbindung zu einem Mannschaftskameraden." In einem Interview mit dem „Spiegel" wurde Scholl noch konkreter. „Spiegel": „Sie glauben an eine Kampagne?" Scholl: „Das Wort ist mir zu groß. Aber gespielt wird schon mit mir. Vor einiger Zeit kam eine Reporterin der Bild-Zeitung zu meiner Frau und behauptete, ich würde meine Frau in jedem Trainingslager betrügen. Offensichtlich wächst der Neid." Der Informant über die Geschehnisse in der Bar müsse „aus dem Team kommen".

Den Mittelfeldspieler plagten bereits seit längerem schwere private Probleme. Hoeneß: „Seit acht Monaten ist Mehmet völlig ausgeflippt. Er ist nachts nur noch unterwegs gewesen." Scholl war nicht das einzige Problemkind. Der Manager: „Künftig werden wir den Spielern genauer auf die Finger schauen. Das Problem ist der Lebenswandel, und dieses Problem betrifft fünfzig Prozent unserer Spieler." Wenig später wurde bekannt, daß der Klub einige seiner Akteure in deren Freizeit beobachten ließ.

FC Bayern contra Mayer-Vorfelder (dritter Akt)

Während der Weihnachtsfeier der Bayern ließ es sich der weitsichtige Hoeneß nicht nehmen, Spielern und Sponsoren mitzuteilen, „daß wir uns darauf vorbereiten müssen, daß es in den nächsten zwei, drei Jahren eine Stagnation gibt. Möglicherweise haben wir vorläufig den Boom hinter uns, werden die Wachstumsraten niedriger." Tatsächlich plagten die Liga zu diesem Zeitpunkt Schulden in Höhe von 500 bis 600 Mio. DM. Das Bosman-Urteil hatte die schon vorher prekäre Situation vieler Klubs weiter verschlechtert. Viele Vereine hatten gegenüber den Banken ihre Spieler bzw. die potentiellen Transfererlöse als Sicherheit angegeben, um an Kredite zu kommen. Ein immer schon unseriöses Verfahren, das vielen Klubs ein Leben auf Pump ermöglichte, nun aber mit dem Bosman-Urteil hinfällig wurde. Ein zusätzliches Problem war die Explosion der Spielergehälter. Willi Lemke: „Die Spieler verlangen die Verdoppelung oder sogar Verdreifachung ihres Gehalts und drohen mit dem Wechsel zur Konkurrenz zum Nulltarif." Lemke weiter: „Je höher die europäischen Wettbewerbe dotiert werden, desto weiter geht die Schere zwischen armen und reichen Klubs auseinander." Deshalb müsse der DFB die Gelder für die Fernsehübertragungen stärker als bisher nach dem Solidarprinzip vergeben. Ein Drittel der Vereine stünde vor der Pleite.

Auch Mayer-Vorfelder meldete sich erneut zu Wort. Der VfB-Präses und Liga-Ausschußvorsitzende schrieb einen Brief an den Bundeskanzler, um politische Unterstützung einzuholen: „Ich fürchte, daß der Fußball kaputt geht. Der Weg, auf dem wir uns befinden, führt voll an die Wand." Uli Hoeneß brandmarkte den Brief als ein „Zeichen der Hilflosigkeit" und „Bankrotterklärung einiger Herren". Aber auch am FCB war das Bosman-Urteil nicht spurlos vorbeigegangen. Schatzmeister Scherer wußte zu berichten, daß Bosman der Grund sei, warum der Gewinn des Klubs nach Steuern im vergangenen Geschäftsjahr um fast ein Drittel schrumpfte. Da die Spieler in der Bilanz keine Aktiva mehr darstellen würden, sei eine

Wertberichtigung notwendig gewesen. Außerdem habe sich beim FC Bayern die Bezahlung der Spieler seit Bosman „annähernd verdoppelt". Trotzdem mochte auch Scherer MVs düstere Szenarien nicht teilen: Die Ablösesummen hätten sich nach dem TV-Boom nach einiger Zeit auch wieder auf einem „erträglichen Niveau" eingependelt, und irgendwann müßten die Vereine „einfach nein zu den Forderungen der Spieler" sagen.

Am Rande des in der Münchener Olympiahalle stattfindenden Hallen-Masters kam es dann zum Friedensgespräch zwischen der Bayern-Führung und Mayer-Vorfelder. Hoeneß erklärte anschließend: „Das Kriegsbeil zwischen dem VfB Stuttgart und dem FC Bayern München ist begraben, es gibt keine Animositäten mehr." Der Manager verkündete des weiteren, den Boykott des Liga-Auschusses zu beenden. Dessen Sitzung endete mit einem historischen Sieg für die Bayern. Thema war die Aufteilung der TV-Gelder aus den neuen Verträgen mit der ISPR und Premiere. 255 Mio. DM waren jährlich zu verteilen. Vor der Sitzung hatte Rummenigge gestöhnt: „Wir Bayern werden nur als Lokomotive benutzt und dann in die Ecke gestellt. Wir Bayern sind doch mittlerweile die Deppen der Nation. Dabei wären ohne den FC Bayern diese TV-Verträge gar nicht möglich gewesen." Die Anwesenden beschlossen nun, daß ein Teil dieser Summe, nämlich 16 Mio., „leistungsbezogen" vergeben werden sollte. Ab der Saison 1997/98 werden nun pro Spieltag 470.000 DM je nach Tabellenplatz ausgeschüttet. Der Tabellenführer kassiert 50.000 DM, der Tabellenletzte indes nur 2.750 DM. Bei 34 Spieltagen sind so maximal 1,68 Mio. DM zusätzlich zu erspielen. Gemessen an den sonstigen Einnahmen der Bayern und der Dortmunder ist dies nicht gerade viel, nur etwas mehr als ein Fünftel der ca. 8 Mio. DM Festgeld, die jeder Erstligist beziehen wird. Entscheidender war, daß mit diesem Beschluß erstmals „das absolute Solidarprinzip gebrochen wurde" („SZ").

Der Rückrundenauftakt verlief verheißungsvoll. Vor der Minuskulisse von 33.000 Zuschauern wurde der FC St. Pauli 3:0 besiegt. Zweifacher Torschütze war Jürgen Klinsmann, der gemeinsam mit dem ebenfalls überzeugenden Zickler stürmte. Hinter den beiden Sturmspitzen operierten Basler und Scholl. Klinsmanns Notruf in Sachen Taktik schien auf offene Ohren gestoßen zu sein. Tatsächlich war zu beobachten, daß die Bayern mal wieder ansatzweise Pressing praktizierten. Abwehr, Mittelfeld und Angriff schoben sich näher aneinander.

Nur vier Tage später trat der FC Bayern im Viertelfinale des DFB-Pokals beim Karlsruher SC an. Uli Hoeneß verkündete vor der Begegnung: „Wir nehmen in diesem Jahr den Pokal sehr ernst, das Double ist absolut unser Ziel." Die bereits seit einiger Zeit zu beobachtende Unsitte, einer überzeugenden Vorstellung eine schwache folgen zu lassen, setzte sich auch in Karlsruhe fort. Der FC Bayern unterlag einer engagiert agierenden KSC-Mannschaft 0:1 und durfte ein weiteres Saisonziel von seiner Liste streichen. Uli Hoeneß: „Ich bin wahnsinnig enttäuscht, wir wollten unseren Anhängern endlich mal wieder ein Pokal-Finale präsentieren, ein Fest für die Fans bieten." Zumal der DFB beabsichtigte, das 54. DFB-Pokalfinale ganz nach dem Geschmack des FC Bayern zu inszenieren, nämlich als riesige sechsstündige Show nach amerikanischem Vorbild.

Am 19. Spieltag gastierte der FC Bayern „tief im Westen", beim VfL Bochum. Die über 36.000 in der fast schon überfüllten Fußballarena sahen ein gutes Bundesligaspiel, in dem der VfL nach der Halbzeit zunächst in Führung ging. Doch nur neun Minuten später gelang Klinsmann der Ausgleich zum Endstand von 1:1. Abschlußschwäche und ein überragender ehemaliger FCB'ler zwischen den Bochumer Pfosten (Gospodarek) verhinderten einen möglichen Sieg der Bayern.

Vor dem folgenden Heimspiel wurde Mario Basler zu einer Geldstrafe von 10.000 DM verdonnert, da er den Trainer öffentlich gescholten hatte. Gegen den MSV Duisburg besann sich „Super Mario" dann wieder auf seine eigentlichen Qualitäten. Das Spiel war erst drei Minuten alt, da brachte Basler seine Bayern mit einer brillanten Sololeistung in Führung. Die Duisburger zeigten sich nachhaltig geschockt. Bis zur 59. Minute konnten die engagierten und spielfreudigen Bayern ihre Führung auf 5:0 ausbauen. Der Kaiser entdeckte „Spielzüge, wie man sie sich öfter zu sehen wünscht". Fünf Tore hatten die Bayern unter Trapattoni noch nie erzielt. Doch statt etwas für ihr Torverhältnis zu tun, verfiel die Mannschaft nach 70 Minuten in Überheblichkeit. Statt weiterer Bayern-Treffer sahen die Zuschauer zwei Tore der Duisburger. Statt eines Kantersieges stand nach 90 Minuten nur ein Pflichtsieg zu Buche.

Am 21. Spieltag traf der FCB mit Bayer Leverkusen erstmals in der Rückrunde auf einen Mitkonkurrenten um den Titel. „Eine Werbung für den Fußball" erhoffte sich der Kaiser vom Auftritt seiner Mannen, der live übertragen wurde. Die Zuschauer im Stadion und vor den Fernsehgeräten verfolgten zwar ein attraktives Spiel, das aber nur für die Gegner des FC Bayern ein Genuß war. In der ersten Halbzeit wirkten die Bayern weitgehend abwesend. Ohne übermäßig zu glänzen, schossen die Leverkusener bis zur Pause eine 3:0-Führung heraus. Nach dem Wiederanpfiff wirkten die Gäste zwar engagierter und kamen sogar auf 2:3 heran, aber am Ende hieß es 5:2 für Leverkusen. Die zweite Münchener Saisonniederlage war perfekt. Da die Mannschaft nur wenige Tage später auf der Bielefelder „Alm" antreten mußte, blieb man gleich im Westen. Vor dem Spiel gegen den Neuling kündigte der verletzte Strunz eine „Trotzreaktion" an: „Schade um die Bielefelder. Sie werden das ausbaden müssen, was wir in Leverkusen verbockt haben." Doch die biederen, aber einsatzfreudigen Bielefelder gewannen 2:0 und brachten den Bayern die zweite Niederlage binnen vier Tagen bei. Die niederschmetternde Bilanz des Ausflugs in den Westen lautete somit null Punkte und 2:7 Tore, und aus einem Vorsprung von drei Punkten war ein Rückstand gleichen Ausmaßes geworden. „Bayern 0:2 – Deutschland lacht", titelte die „Bild", um einige Seiten später zu fragen: „Ist Trap noch zu halten?" Ermutigt wurde das Blatt durch des Kaisers öffentliche Trainer-Schelte: „Wir haben einen hochqualifizierten, hochbezahlten Übungsleiter, der muß wissen, was er macht. Basler als rechter Verteidiger – da tut man ihm keinen Gefallen mit." Es war wohl vor allem das Verdienst des loyalen Uli Hoeneß, daß der Laden nach der neuerlichen Schmach nicht auseinanderflog. Obwohl offensichtlich anderer Meinung als Beckenbauer und Rummenigge (Hoeneß: Trapattoni sei ein „Klassemann", den er für seinen Stil, das Team in Schutz zu nehmen, bewundere), deckte der Manager seine Mitstreiter, indem er beschwor, man lasse sich „nicht auseinanderdividieren", und Ruhe statt Hektik propagierte.

Am Vorabend der Begegnung gegen Schalke 04 erschien der Präsident im Mannschaftquartier, las seinen Angestellten die Leviten und stellte einmal mehr unter Beweis, daß ein Kaiser noch lange kein Gentleman sein muß. Als Kernaussage gab ein Informant weiter: „Ihr seid eine Scheißmannschaft!" Vor der offiziellen Krisensitzung hatten bereits die Nationalspieler des Klubs getagt, um ihren Kapitän abzusägen. Nicht erst seit der Scholl-Eskapade wurde Matthäus verdächtigt, die Springer-Presse mit Internas zu versorgen. Künftig sollte Thomas Helmer die Binde tragen, was jedoch am Einspruch von Beckenbauer und Trapattoni scheiterte. Obwohl es auf der Sitzung von Mannschaft, Trainer und Präsidium zwei Stunden lang hoch hergegangen war – Oliver Kahn: „So brutal, so schonungslos hatte ich es noch nie erlebt" –, zeigte die Aussprache doch ihre gewünschte Wirkung. So ganz Unrecht hatte Beckenbauer ja nicht. Angesichts der Gehälter, die seine Angestellten kassierten, und der unbescheidenen Selbsteinschätzung ihrer fußballerischen Qualitäten, durfte das Präsidium tatsächlich etwas mehr als nur gegenseitige Schuldzuweisungen und die These vom Sündenbock Matthäus erwarten. Jedenfalls riß sich die Mannschaft anschließend merklich am Riemen.

Der FC Bayern als Aktiengesellschaft?

Im Januar 1997 verkündete Bayern-Vize und -Schatzmeister Scherer, das „mittelständische Unternehmen" FC Bayern werde in spätestens fünf Jahren an der Börse notiert werden. Konkrete Pläne für die Umwandlung des Vereins in eine Aktiengesellschaft seien bereits in der Schublade. Ein Aufsichtsrat soll den verantwortlichen Vorstand wählen und ihm eine „stark erfolgsorientierte" Bezahlung zukommen lassen. Die mögliche Bayern-AG soll dann auch den Schritt an die Börse wagen. Scherer legt Wert darauf, daß „entweder 75,1% aller Aktien oder zumindest der Stimmrechte" beim Verein verbleiben. Damit sich nicht eines Tages „beispielsweise ein Medienmulti" (Scherer) den Verein unter den Nagel reißt und so steuert, wie es dem Konzern beliebt. Aktuell fehle allerdings noch eine generelle Regelung durch den DFB. Scherer: „Ich glaube aber, daß es in den nächsten fünf Jahren soweit kommt", denn der DFB sei in dieser Frage sehr flexibel geworden.

Hindernisse gebe es hauptsächlich bei den anderen Vereinen, was allerdings kaum verwundert. Da ohnehin nur einige wenige Klubs für die Gründung von Kapitalgesellschaften in Betracht kommen, würde die Entwicklung zur Klassengesellschaft weiter verstärkt. Klubs wie der FC Bayern liebäugeln mit AG-Modellen, weil ihr Fußball immer mehr „frisches" Geld benötigt. Kapitalgesellschaften bieten diesbezüglich einen Ausweg. Zumal auch Bayerns Rivale Borussia Dortmund über eine Aktiengesellschaft nachdenkt, ist die Einführung solcher AGs in den nächsten Jahren wahrscheinlich.

Vor einigen Jahren lautete ein populäres Gegenargument, wie es auch vom Autor strapaziert wurde: Die Unwägbarkeiten im Fußball sind zu groß, als daß hier das AG-Modell funktionieren könnte. Auch Scherer räumt ein, daß der FC Bayern nach einer Umwandlung in eine AG noch kein „ganz normales" Unternehmen sei. Eine starke Konkurrenz sei für den FCB – im Gegensatz zu Wirtschaftskonzernen – unverändert lebensnotwendig. Der Erfolg sei weniger planbar als in anderen Firmen, was auch für den Arbeitseinsatz gelte: „Bei Menschen kann man nicht festlegen, daß sie zum Samstagsspiel um Punkt 15.30 Uhr topfit sind."

In England erhielt das AG-Modell zunächst eine Abreibung. Die Unwägbarkeiten im Fußballgeschäft waren hierbei nur *ein* Grund. Potentielle Investoren aus der Londoner City mißtrauten überdies dem in der Regel wenig qualifizierten Management der Profiklubs. Außerdem versprach ihr Engagement nur geringe Dividenden bzw. Profite. Dies hat sich mittlerweile geändert. Die Spitzenklubs in England werden heute professionell geführt, und die Einkünfte aus TV, Merchandising und Eintrittskarten sind astronomisch gestiegen. 1996 waren neun britische Profiklubs an der Börse oder planten den Gang dorthin. Der Preis für Aktien von Glasgow Celtic stieg in relativ kurzer Zeit um das Fünffache. Einige Fußballdirektoren und Klubbesitzer machten mit Aktienkäufen und -verkäufen riesige Gewinne. 1995 modifizierten bei Leeds United drei Direktoren die Struktur der Aktienverteilung so clever, daß sie anschließend im Besitz von 98 % waren. Als sie den Klub an die CaSpian Mediengruppe verscherbelten, durfte jeder von ihnen einige Millionen Pfund in die Tasche stekken. Auch Manchester Uniteds Präsident Martin Edwards machte 1996 größere Gewinne, indem er Teile seines Aktienpakets verkaufte. Das Interesse von Investoren der Londoner City an einigen britischen Profiklubs dokumentiert, wie sehr sich das Ansehen des Fußballs und dessen ökonomische Bedeutung in den letzten Jahren verändert haben.

Der Hauptgrund für das Engagement der City ist aber die drastische Verringerung der Durchlässigkeit zwischen oben und unten. Ob in der Premier League oder Bundesliga: Käuflich läßt sich der Meistertitel zwar nicht erwerben; wohl aber die Garantie, stets im oberen Drittel zu landen, zumindest aber niemals abzusteigen.

Beckenbauer verweist gern darauf, daß andere Länder – namentlich Italien, Frankreich, Spanien und England – die Deutschen in Sachen Kapitalgesellschaften überholt hätten. Dies ist jedoch viel zu ungenau. Die Bildung von Kapitalgesellschaften erfolgt nicht selten aus einer Notsituation heraus. In allen genannten Ländern werden zahlreiche Klubs von immensen finanziellen Problemen geplagt. Die Meldungen von Rekordumsätzen verschleiern die reale Situation. Das beste Beispiel hierfür ist die so gepriesene Premier League. Newcastle United erschien in den letzten Jahren als *der* Klub der Superlative: Für Transfers wurden gigantische Summen ausgegeben, im Merchandising wurden riesige Umsätze erzielt. Aber als der Klub an die Börse ging, mußte er Schulden in Höhe von 120 Mio. DM eingestehen.

Der große Vorteil des FC Bayern München gegenüber vielen anderen Mitgliedern der Bundesliga besteht darin, daß er sich – aufgrund seines erheblich größeren finanziellen Spielraums – Fehlentscheidungen leisten kann, die anderen das Genick brechen würden. Andauerndes Verletzungspech kann durch Transfers während der Saison aufgefangen werden. Für die großen Klubs ist der Fußball kalkulierbarer geworden.

Der vom FCB betriebene Starkult und der Medienrummel garantieren, daß der Klub auch dann im Gespräch bleibt, wenn es sportlich nicht so gut läuft. Wenn die Verantwortlichen behaupten, „die Namen machen's, Titel und Trophäen zählen bei uns nicht mehr so viel" (Hoeneß), ist das zwar in erster Linie Zweckpropaganda, aber ein Körnchen Wahrheit steckt in solchen Aussagen schon. Obwohl der FCB 1995 und 1996 in der Bundesliga lediglich Sechster bzw. Zweiter wurde, verzeichnete er jeweils erhebliche Umsatzsteigerungen. Der FC Bayern ist somit für den Gang an die Börse besser geschaffen als jeder andere Bundesligist, da er seinen Umsatz zu einem gewissen Ausmaß vom aktuellen sportlichen Abschneiden abkoppeln konnte. Gleichzeitig besitzt er die Garantie, zumindest oben mit dabei zu sein.

Den Mitgliedern und Fans eines Vereins wird das AG-Modell gerne mit der Begründung verkauft, per Aktie zum Mitbesitzer seines Klubs aufzusteigen und mehr Mitspracherecht zu erwirken. Da aber ein Großteil der Aktien bei einigen wenigen potenten Käufern konzentriert bleibt, ist genau das Gegenteil der Fall. Die Vereinspolitik wird nicht von der Kurve, sondern von den Großaktionären bestimmt, die möglicherweise einen völlig anderen Kurs fahren, als von den Fans gewünscht. Der Fan könnte verlangen, der Verein möge sein Geld in neue Spieler investierten, um endlich einen Titel zu erringen. Die Großaktionäre könnten dies ganz anders sehen: Da es keine Garantie auf einen Titel gibt, könnten ihnen Investitionen im größeren Umfang als zu riskant erscheinen. Zumal in einer Liga wie der englischen Premier League, wo es 1996/97 erheblich mehr ernsthafte Anwärter auf den Titel gab als in der Bundesliga. In einer solchen Situation votiert ein Großaktionär möglicherweise für eine eher konservative Politik, die ausreicht, den Klub im oberen Drittel zu halten. Ein derartiger Konflikt ereignete sich bereits 1996/97 bei Tottenham Hotspur. ■

Trapattoni bleibt, Klinsmann geht

„Die Arena war ausverkauft, prall gefüllt die Pressetribüne, und überall zu spüren dieses eigenartige Prickeln, das die alljährliche Bayern-Krise verursacht. Eine Mischung aus Schauder und Gaudi, wie beim berühmtesten Schausteller auf dem Oktoberfest: Auf geht's beim Schichtl!, hereinspaziert zur nächsten Hinrichtung. Würde heute der Kopf des italienischen Misters rollen?" So die „SZ" über die Stimmung vor dem Anpfiff der Partie gegen Schalke. Doch aus der Hinrichtung wurde nichts. Der FC Bayern gewann 3:0, wobei allerdings zwei der drei Tore erst in den letzten beiden Minuten fielen. „Wir haben uns irgendwie ins Ziel gerettet", urteilte Oliver Kahn über eine dürftige Vorstellung. Und Jürgen Klinsmann, einmal Vorbereiter, einmal Torschütze und damit Bayerns auffälligster Akteur: „Ich möchte nicht wissen, was hier losgewesen wäre, wenn wir nicht gewonnen hätten." Christian Ziege wußte es: „Die Hölle wäre losgewesen." Lothar Matthäus lief ohne Kapitänsbinde auf – aus Protest gegen den „Putschversuch" der Nationalspieler. Auch den Spielberichtsbogen wollte er zunächst nicht unterzeichnen.

Vier Tage nach dem Kaiser-Gewitter gab Klinsmann seinen Abschied aus München bekannt. „Ich werde die Bayern zum Saisonende verlassen. Die Tendenz war schon lange vorhanden. Das hat sich über Wochen gedanklich entwickelt, vielleicht paßt meine Person nicht hierher. (...) Ich habe halt den konservativen Standpunkt, daß man alles intern regeln sollte. Aber damit kam ich beim FC Bayern nicht durch. (...) Ich hatte immer wieder Gespräche mit dem Verein und merkte, daß ich mich mit meiner Philosophie und meinem Charakter schwertat. (...) Bevor ich kam, hieß es: Wir wollen von deiner internationalen Erfahrung lernen. Dann reibst du dich über einen sehr langen Zeitraum jeden Tag bei der Arbeit auf, und es ändert sich gar nichts. Nach ein paar Monaten wußte ich, daß die gar nichts anderes annehmen wollten." Klinsmann kündigte einen Abschied „mit Stil" an, das Ziel sei weiterhin die Meisterschaft. Die „Bild" verpaßte ihrem Haßobjekt noch einen kräftigen Fußtritt: „Bayern atmet auf – Klinsmann geht und keiner weint ihm nach" titelte das Boulevardblatt. Daß Klinsmann der erfolgreichste und zuverlässigste Stürmer des FC Bayern seit vielen Jahren gewesen war; daß es nicht zuletzt seiner Person zu verdanken war, daß der Klub nach 20 Jahren der Abstinenz endlich wieder eine europäische Trophäe hochhalten durfte; daß sich kein anderer Bayern-Akteur – Kahn ausgenommen – auf dem Spielfeld so kämpferisch gegeben hatte wie der blonde Schwabe, das alles bremste die vorgeblichen Bayern-Freunde

Leistungsträger mit Abwanderungsgedanken: Christian Ziege.

nicht. Klinsmann störte das Zusammenspiel von FC Bayern und Boulevardpresse, und deshalb hatte er zu verschwinden, koste es was es wolle. Sportlich wie kommerziell war das mit Klinsmann verfolgte Kalkül für den Klub vollends aufgegangen. Zum Zeitpunkt der Bekanntgabe seines Weggangs (18. März) hatte der Stürmer in der Bundesliga und im Europapokal insgesamt 41 Tore erzielt, eine Bilanz, von der viele seiner Vorgänger beim FC Bayern nur träumen konnten. Außerdem war Klinsmann der beste Trikotverkäufer des Vereins. Nur eines konnte auch Klinsmann nicht: den Klub reformieren. Die Gegenkräfte innerhalb und außerhalb des Klubs erwiesen sich als zu mächtig. Anstatt nun endlich eine ernsthafte Diskussion über die Mißstände, die zum Klinsmann-Abschied geführt hatten, zu beginnen, schwadronierte der Kaiser über das Naturell des Weltenbummlers, während sich die Boulevardpresse tagtäglich über Klinsmanns angebliche Geldgeilheit ausließ.

Nachdenken über Hollywood

Beim ohne seinen verletzten Spielmacher Thomas Häßler kopf- und ideenlos wirkenden Karlsruher SC kam der FC Bayern durch zwei Zickler-Treffer zu einem 2:0-Sieg. Da die Dortmunder am Vortag verloren hatten, durften sich die Bayern schon zwei Wochen nach ihrem Sturz wieder als Tabellenführer feiern. Vor dem Anpfiff wurde der Wechsel von Nationalspieler Michael Tarnat an die Säbener Straße vermeldet. Die Ablösesumme wurde auf 4,8 Mio. DM (plus Mehrwertsteuer) taxiert. Tarnats Wechsel war seit 1990 bereits der fünfte eines prominenten KSC-Spielers zum FC Bayern, und er sollte nicht der letzte bleiben.

Am Tag nach dem Karlsruhe-Spiel erlebte die Säbener Straße eine Premiere. Die Presse wurde ausgesperrt, was bis dahin nur beim Abschlußtraining der Fall gewesen war. Absperrgitter und Ordner verhinderten den Zutritt. Hoeneß: „Wir werden englische Verhältnisse kreieren und das Gelände für viele Tage schließen. So kann es nicht weitergehen." Bereits am Vortag hatte Beckenbauer in einem Zeitungsinterview angekündigt, man werde „die offensive Medienpolitik, die zu unserer Philosophie gehörte, zur nächsten Saison total überdenken". Über seine eigene umfängliche Medientätigkeit und die einiger seiner Spieler verlor der Kaiser allerdings kein Wort, weshalb sich die demonstrativen Absperrmaßnahmen an der Säbener Straße mehr wie eine „Haltet-den-Dieb"-Strategie ausnahmen. Die „SZ": „Ein paar altbekannte Schwachstellen weist die hermetisch angelegte Sicherheitsstrategie auch nach Inkrafttreten auf – die Funktelephone der Spieler nämlich hat der Verein ebensowenig einkassiert wie die Reporterverträge seines Präsidenten mit Boulevardpresse und Fernsehwirtschaft."

Gegen Werder Bremen ging der FC Bayern am 25. Spieltag bereits nach 16 Sekunden durch ein Zickler-Tor in Führung. Viel mehr bekamen die 63.000 Zuschauer dann nicht mehr zu sehen. Der FC Bayern beschränkte sich darauf, seine Führung zu verteidigen. Das Erfreulichste, was es von dieser Begegnung zu berichten gab, war das Comeback von Dietmar Hamann. Währenddessen durfte die Vereinsführung den Wechsel eines weiteren Karlsruhers vermelden: Thorsten Fink, der die Bayern aus dem DFB-Pokal geschossen hatte. Nach den Pleiten im Westen hatte der Kaiser zum dritten Mal innerhalb von nur etwas mehr als zwei Jahren „ein völlig neues Gesicht" für seine Mannschaft angekündigt. Dream Team III nahm nun langsam Konturen an, während sich Dream Team II, das wie Dream Team I zu einer Investitionsruine zu verkommen drohte, nur noch abwikkelte.

Bei der Pressekonferenz vor der Abfahrt nach Hamburg ließ die Vereinsführung ein Tonband mitlaufen, um zu überprüfen, ob die Äußerungen der abgestellten Spieler auch richtig wiedergegeben würden. Der scheidende Co-Trainer Augenthaler zum Bayern-Medienzirkus: „Für die Geister, die der FC Bayern in Form des immensen Medieninteresses rief, ist er selbst verantwortlich." Außerdem sei der Trubel „in erster Linie ein Problem der Mannschaft, da kein Spieler zu einem Interview gezwungen wird".

Beim HSV gewann der FC Bayern sein 26. Spiel nach einer guten Leistung mit 3:0. Oliver Kahn sprach gar vom „mit Abstand besten Saisonspiel". Jürgen Klinsmann, der nach einem herrlichen doppelten Doppelpaß mit Rizzitelli das 1:0 erzielte, konstatierte, „von der ersten bis zur letzten Minute war viel Zug und Entschlossenheit im Spiel".

In Interviews mit der „SZ" und dem „Spiegel" erläuterte Hoeneß anschließend die Gründe für die Kehrtwende in der Medienpolitik des Vereins, die letztlich bedeuteten, daß das Projekt „FC Hollywood" – sofern sich dahinter tatsächlich jemals eine ausgeklügelte Strategie verborgen hatte – vom Manager für gescheitert erachtet wurde. „Die Spieler sind in dieser total öffentlichen Situation überfordert. (...) Wenn man pausenlos Interviews gibt, macht man Fehler. (...) Die Spieler haben sich darin (gemeint sind die Schlagzeilen, Anmerk. dsm) gesonnt, natürlich. Sie haben gar nicht gemerkt, daß die Leute, mit denen sie gesprochen haben, gar nichts mit Fußball zu tun haben, sondern nur noch die Boulevardgeschichten wollten. (...) Bei uns wird nur noch darüber diskutiert, wer der beliebteste Spieler von 'Bravo Sport' oder anderen Blättchen ist. (...) Dadurch, daß wir im Moment den Star total gläsern machen, wird es auf die Dauer langweilig für das Publikum. Es weiß alles. Wir müssen wieder ein Mysterium um den Star bauen. (...) Im Moment ist das Beiwerk wichtiger als die Ware."

Als die „SZ" Hoeneß darauf hinwies, daß Jürgen Klinsmann seit eineinhalb Jahren gefordert habe, diese Entwicklung einzudämmen, der FC Bayern ihm aber nicht glauben wollte, antwortete der Manager: „Ich bin ja lernfähig. Als er kam, war die Spirale noch nicht so hochgedreht. Wir werden den FC Bayern jetzt nur noch mit Sport, Sport, Sport präsentieren. (...) Dann haben wir nicht mehr den FC Hollywood, sondern wieder den Fußballclub Bayern München." Der Manager einmal mehr als klügster Kopf des FC Bayern, wenngleich alles andere als schuldlos an der von ihm kritisierten Entwicklung. Und es war schon höchst auffällig, daß die Führung – genauer: Hoeneß – Klinsmann erst in dem Moment auch öffentlich recht geben konnte, wo dieser bereits seine Koffer packte. Doch was nützen die besten Gedanken zur Medienpolitik, wenn der Präsident sprunghaft ist, zum Plaudern neigt und mehr ein Mann von „Bild" als von Welt ist?

Bereits nach der angekündigten Trennung von Augenthaler und der Verpflichtung von Egon Coordes hatten „Experten" spekuliert, ob hier nicht die Rückkehr von Jupp Heynckes vorbereitet würde. „Bild" verbreitete nun die Nachricht, der FC Bayern bemühe sich um Heynckes, und schaltete diesbezüglich gar Leserumfragen. Während der erzürnte Manager von einer „hanebüchenen Geschichte" sprach und auch Heynckes dementierte, erklärte der redselige Monarch im Champions-League-Studio von RTL: „Alles ist möglich." Heynckes war wohl nicht der einzige Mann, um den die Gedanken des Präsidenten und seiner Mitstreiter kreisten. Als einige Wochen später bei Borussia Dortmund ein Konflikt um Trainer Hitzfeld ausbrach, soll Hoeneß geäußert haben, daß dieser Krach leider vier Wochen zu spät gekommen sei. Ansonsten hätte man Hitzfeld sofort zum FC Bayern geholt.

Gegen den 1. FC Köln führte der FCB daheim nach 59 Minuten bereits mit 3:0, doch am Ende bedurfte es einer Glanzparade von Oliver Kahn, um einen knappen 3:2-Sieg sicherzustellen. Das Sturmduo Klinsmann-Rizzitelli wußte erneut zu überzeugen. Mit Klinsmann und Rizzitelli in der Spitze, dem dahinter operierenden Basler und dem auf die rechte Mittelfeldseite zurückbeorderten Zickler schienen die Bayern endlich ihre ideale Angriffskombination gefunden zu haben. Bei den Dortmundern war der Verschleiß, den die vergangenen drei Bundesliga-Spielzeiten und die zahlreichen Europapokalspiele bedeutet hatten, mittlerweile nicht mehr zu kaschieren. Beim MSV Duisburg unterlag Hitzfelds letztes Aufgebot 2:3, so daß die Bayern mit ihrem fünften Sieg in Folge den Vorsprung gegenüber der Borussia auf sechs Punkte ausbauen konnten. Härtester Verfolger war nun Leverkusen, dessen Rückstand allerdings auch schon fünf Punkte betrug.

Unter der Woche kündigte auch der Kaiser eine zaghafte Veränderung seiner Medienpolitik an. Mit der „Bild"-Zeitung sei er übereingekommen, die wöchentliche Kolumne umzustellen auf einen monatlichen Kommentar, in dem es um grundsätzliche und nicht um aktuelle Themen geht. Und sollte der FCB 1997/98 in der Champions League spielen, würde er Mittwoch abends nicht mehr im RTL-Studio sitzen. Sein Engagement für „Premiere" würde allerdings weiterlaufen, denn: „Wann komme ich sonst schon nach Rostock?" Zuvor war Beckenbauers Medienpolitik erstmals aus dem Verein heraus öffentlich kritisiert worden: von Uli Hoeneß und Thomas Helmer, der nach den Debakeln in Leverkusen und Bielefeld immer mehr zum eigentlichen Chef der Mannschaft aufgestiegen war. Der sich stets diplomatisch gebende Helmer („man muß beide Seiten verstehen", „viele Faktoren spielen eine Rolle") profitierte von der neuen Medienpolitik seines Klubs, durch die er faktisch zum Pressesprecher der Mannschaft ernannt wurde. Die „SZ": „Man erinnert sich an die letzte wirklich intakte Bayern-Mannschaft: jene, die trotz vieler Verletzungen mit Kapitän Helmer 1995 ins Champions-League-Halbfinale kam."

Endspurt

Am Wochende 19./20. April stieg in Dortmund und Stuttgart der „Doppel-Gipfel" der Liga. Beim Spiel des amtierenden Meisters gegen den Rekordmeister und Spitzenreiter standen sich zwei Teams im Ablöse-Gesamtwert von über 125 Mio. DM gegenüber. Trapattoni wünschte sich „elf Löwen" für das Spiel – er bekam sie. Die Begegnung begann furios. Zunächst gerieten Basler und Möller aneinander. Nur Sekunden später erzielte Riedle die Dortmunder Führung. Das Spiel war gerade zwei Minuten alt, aber Bayerns Antwort folgte postwendend. In der 4. Minute konnte Rizitelli ausgleichen. In der 2. Halbzeit überwand Riedle Kahn ein weiteres Mal, doch der Schiedsrichter erkannte (fälschlicherweise) auf Foul, so daß es beim 1:1 blieb. Trotz des aberkannten Riedle-Treffers war das Remis aus Bayern-Sicht keineswegs unverdient. Am folgenden Tag siegte Bayer Leverkusen beim VfB Stuttgart (2:1), so daß alles auf einen Finalkampf Bayern - Bayer hindeutete.

Nach dem „Doppel-Gipfel" wurde der Wechsel von Giovane Elber zum FC Bayern amtlich. VfB-Präsident Mayer-Vorfelder plauderte auch die Transferkosten aus: 12,5 Mio. DM hatten die Bayern für den Klinsmann-Nachfolger zu berappen. An Abgängen gesellte sich in diesen Tagen zu Klinsmann, Kreuzer, Witeczek und Ziege auch noch (erwartungsgemäß) Markus Münch.

Gegen Fortuna Düsseldorf bot der FC Bayern eine grandiose Leistung, die auch nicht die Schwäche des Gegners schmälern konnte. Am Ende stand es 5:0, den herrlichsten von fünf herrlichen Treffern hatte Rizzitelli erzielt. Der Italiener, von vielen bereits als Fehleinkauf apostrophiert und eigentlich schon auf der Rückreise in sein Heimatland, mauserte sich zum besten Bayern-Akteur der Rückrunde. Die Gäste hätten sich auch über ein zweistelliges Ergebnis nicht beklagen können. Im Olympiastadion jagte eine Welle die andere, und zur Stimmung trug auch bei, daß Meister BVB auf der Bielefelder „Alm" das gleiche Schicksal ereilte wie einige Wochen zuvor den FC Bayern. Der BVB verlor mit 0:2, lag nun bereits neun Punkte hinter den Bayern und war aus dem Meisterschaftsrennen endgültig ausgeschieden.

Vor dem Derby am 30. Spieltag schrieb Hans Eibele in der „SZ": „Erstmals seit 30 Jahren geht es für die Sechziger um mehr als Schadensbegrenzung." Tatsächlich hatte das Derby die Stadt schon lange nicht mehr in einem solchen Ausmaß elektrisiert. Die Löwen spielten nicht gegen den Abstieg und marodierten auch nicht jenseits von Gut und Böse im Mittelfeld der Liga herum, sondern rangierten auf Platz 6 und wollten in den UEFA-Cup. Die lokale Fußballöffentlichkeit hatte einen neuen Traum: Zum ersten Mal seit der Saison 1966/67 könnten wieder zwei Münchener Vereine in den europäischen Wettbewerben vertreten sein, etwas, was hierzulande ohnehin nur München gelang. Lothar Matthäus: „Wenn München in einem Atemzug mit Mailand, Rom und Madrid genannt wird, dann könnte man von einer europäischen Fußball-Hochburg sprechen."

Die 69.000 im Olympiastadion bekamen das spannendste Derby seit dem Wiederaufstieg der Löwen geboten. Bereits nach 18 Minuten führten die Gastgeber mit 2:0, aber kurz vor dem Halbzeitpfiff gelang Klinsmann der Anschlußtreffer. In der 57. Minute konnte der eingewechselte Scholl gar ausgleichen. Doch die Partie war noch lange nicht entschieden. In der 71. Minute zeigte der Schiedsrichter Ziege die gelb-rote Karte. In der 82. Minute gingen die Löwen erneut in Führung. Da Matthäus nur eine

Minute später ebenfalls Gelb-Rot sah, gab niemand mehr auch nur einen Pfifferling auf den FC Bayern. Doch die Roten bewiesen Moral. In der 88. Minute gelang „Joker" Carsten Jancker der Ausgleich zum 3:3-Endstand. Ganze zwei Minuten fehlten den Löwen zum ersten Meisterschaftssieg über den FC Bayern seit dem 12. November 1977. Die Roten hatten die blaue Herausforderung noch einmal erfolgreich abgewehrt. Die beiden Platzverweise in dieser Partie blieben die einzigen gegen den FC Bayern in dieser Saison, in der er die fairste Mannschaft der Liga stellte.

Unter der Woche wurde bekannt, daß Trapattoni eine bereits seit längerer Zeit herumgeisternde Offerte des AS Rom für die kommende Saison tatsächlich annehmen wollte, sein Arbeitgeber ihm jedoch die Freigabe verweigert hatte. Trapattoni plagte unverändert das Sprachproblem. Der Italiener fühlte sich in München einsam. Aber der FC Bayern hatte niemanden, der dazu bereit war, seine Nachfolge anzutreten. Klaus Augenthaler: „Hätte der FC Bayern einen anderen Mann gehabt, hätten sich wohl beide Seiten geeinigt. So muß Trapattoni bleiben." Die vielen Trainerwechsel seit der Entlassung von Jupp Heynckes und die Politik Beckenbauers gegenüber seinen Übungsleitern hatte dazu geführt, daß sich niemand von den ganz Großen in Europa den Job in München zumuten wollte. Für den Provinzkönig Rehhagel war der Ruf nach München noch eine Ehre gewesen, aber Trainer vom Kaliber eines van Gaals oder Cruyffs fragten sich, warum sie es sich mit dem Kaiser verderben und ihren exzellenten Ruf ruinieren sollten. Trapattonis Anstand gebot es, die mit dem FCB getroffene Vereinbarung einzuhalten. Aber eine Perspektive bot diese Situation nicht. Eher deutete sie auf weitere Stagnation hin.

Gegen den Tabellenletzten und bereits abgestiegenen SC Freiburg kam der FCB im Olympiastadion über ein 0:0 nicht hinaus. Als Erfolg blieb lediglich zu verbuchen, daß man bereits zum 16. Mal in dieser Saison zu Null gespielt hatte. Als Klinsmann in der 80. Minute bereits zum zwölften Mal in dieser Saison ausgewechselt wurde, kam es zum Eklat. Der erzürnte Star quittierte die Entscheidung des Maestros mit einem Wutausbruch und demolierte am Spielfeldrand einen hölzernen Werbezylinder. Daß Trapattoni und Klinsmann nicht gerade Freunde waren, weil sie unterschiedlichen taktischen Auffassungen frönten, war nichts Neues. Trotzdem stimmte diese Szene nicht nur so manchen Bayern-Fan traurig, waren hier doch zwei Opfer ein und derselben falschen Vereinspolitik aneinandergeraten, deren Nerven bis zum Äußersten strapaziert waren. Beide agierten als Reformer, wenn auch in unterschiedlicher Weise; beide wollten einen Sinneswandel beim FC Bayern herbeiführen, um aus ihm eine wirklich große Adresse zu machen; aber beide wurden vom FC Bayern schwer enttäuscht, ja bis ins Mark verletzt. Es sprach für Klinsmann, daß er sich noch in der Kabine bei Trapattoni entschuldigte. Gegenüber der Presse sprach der Spieler von einer „dummen Überreaktion, die Gefühle sind mit mir Gassi gegangen". Zur seiner Entschuldigung führte er an: „Es hat sich über Monate viel angestaut, ich habe viel schlucken müssen."

Während der Manager nach dem torlosen Gekicke darum bemüht war, die Mannschaft gegenüber der Öffentlichkeit in Schutz zu nehmen und moralisch zu stärken, holte der Kaiser zum Tiefschlag aus. Der UEFA-Cup-Platz sei ja gesichert, bemerkte er sarkastisch. Aber was die Meisterschaft beträfe: „In dieser Verfassung null Chancen." Thomas Helmer kritisierte die Kaiser-Äußerung einen Tag später als „höchst unglücklich". Helmer verwies auf die vor Wochen getroffene Abmachung, Konflikte intern zu regeln. Es hätte ihm „besser gefallen, wenn sich Beckenbauer dann auch vor die Spieler stellen würde".

Bei Hansa Rostock gelang der Mannschaft nur einen Spieltag später die Rehabilitierung, was mal wieder die These zu bestätigen schien, daß der FC Bayern nur unter Druck zur Hochform auflaufen würde. Motivationshilfe erhielt die Mannschaft aus Leverkusen und Rostock. Oliver Kahn: „Jeder von uns wußte tausendprozentig, worum es bei Hansa ging, die Sprüche ließen wir die anderen machen: den Rostocker Trainer, die Rostocker Spieler, die Leverkusener Seite. Alles, was von da an großen Tönen kam, hefteten wir uns an die Pinwand in unserer Kabine. Unser Pressesprecher Markus Hörwick und jeder Spieler brachte Artikel – alles, was wir an provozierenden Schlagzeilen fanden. Auf dem Weg unter die Dusche konnten und mußten wir alles lesen. (...) Wenn ein Spieler das alles liest und registriert, weiß er, wie er zu reagieren hat – falls er ein Herz hat."

Trapattoni ließ im Ostsee-Stadion überraschend offensiv spielen und setzte hinter den beiden Spitzen Klinsmann und Rizzitelli nicht nur Basler ein, sondern auch Scholl. Nach dem „besten Saisonspiel" (Hoeneß) stand es 3:0 für die Bayern. Die besten Noten verdiente sich Klinsmann, der nach Bekanntgabe seines Wechsel zu Sampdoria Genua wie befreit aufspielte und auch ein Tor erzielte, sowie Basler, Scholl und der für den verletzten Matthäus als Libero agierende Helmer. Klinsmann anschließend: „Es wird höchste Zeit, daß die Tortur aufhört. (...) Bei einem Meistertitel kann man sicher nicht alles vergessen, aber vieles."

Eine Woche später durfte Klinsmann von einem „kleinen Happyend" sprechen. Während der FC Bayern einen aggressiv zu Werke gehenden VfB Stuttgart mit 4:2 schlug, verlor Bayer Leverkusen beim nicht minder

FC Bayern - VfB Stuttgart 4:2. Witeczek bejubelt sein „Traumtor" zum 4:2, das die Meisterschaft bedeutete. Jancker und Nerlinger (rechts) freuen sich mit ihm.

motivierten 1. FC Köln 0:4. Vier Punkte Vorsprung vor dem letzten Spieltag bedeuteten den 14. Deutschen Meistertitel. Als im Olympiastadion um 17.20 Uhr der Schlußpfiff ertönte, überwanden Tausende die Absperrungen, stürmten das Spielfeld und rissen hemmungslos quadratmetergroße Rasenstücke heraus. Als die Bayern-Spieler bei ihrer Ehrenrunde den Block der Stuttgarter Fans passierten, beschleunigten sie ihr Tempo. Oliver Kahn: „Sonst hätten wir Helme gebraucht. Was da an Gegenständen auf uns herabprasselte – unglaublich. Und doch normal. Denn wer in Deutschland gönnt den Bayern schon den Titel?"

Aufgrund der vorzeitigen Meisterschaftsentscheidung geriet das von den Bayern zunächst so gefürchtete Endspiel beim alten Rivalen Borussia Mönchengladbach zur bloßen Formsache. Der neue Deutsche Meister nahm die Sache dennoch zumindest so ernst, daß er seine weiße Weste bewahrte. Das Spiel endete 2:2, und Klinsmann verabschiedete sich mit seinem 15. Saisontreffer. Der Ball wäre auch ohne Klinsmanns Mithilfe ins Tor gegangen, aber durch seinen Einsatz erleichterte der scheidende Stürmerstar seinen Widersacher Lothar Matthäus um 10.000 DM. Der Mannschaftskapitän war nämlich mit Uli Hoeneß die unsägliche Wette einge-

Der künftige Kapitän Thomas Helmer mit der Meisterschale.

gangen, daß Klinsmann es nicht auf zehn Rückrunden-Treffer bringen würde. Kommentar Klinsmann: „Mit den 10.000 Mark Wetteinsatz hätte man vielen Kindern in Afrika eine Freude machen können."

Die offizielle Meisterschaftsfeier fand am Tag nach dem Gladbach-Spiel statt. „FEIERN MÜNCHEN" hatte Sponsor Opel in einer ganzseitigen Anzeige in der „SZ" aufgefordert. Doch verglichen mit den Feierlichkeiten in Dortmund und Schalke hielt sich die Stimmung in Grenzen. Beim Autokorso vom Rosenheimer Berg zum Marienplatz säumten nur wenige Bürger die Straßen. Auf dem Marienplatz warteten immerhin über 20.000 auf den Deutschen Meister und bereiteten ihm einen begeisterten Empfang. Doch einmal mehr wurde deutlich, daß München nicht der Kohlenpott ist und nur eine Minderheit der Bayern-Fans in München wohnt.

Ehre wem Ehre gebührt. Der Titelgewinn des FC Bayern war sportlich verdient. Die Bayern kassierten mit Abstand die wenigsten Niederlagen (drei gegenüber sieben der Leverkusener und neun der Dortmunder) und Gegentore (34). Und trotz der so viel kritisierten Trapattonischen Defensivtaktik schoß das Team 68 Tore, was nach Stuttgart (78) und Leverkusen (69) noch immer die drittmeisten waren. Seit der Blamage am 22. Spieltag in Bielefeld war der FC Bayern ungeschlagen geblieben. Der Titelgewinn war allerdings weniger einem überlegenen System geschuldet als der Tatsache, daß der FC Bayern von allen Bundesligavereinen das beste Spielerpotential versammelte. Hätte dieses Starensemble nicht rechtzeitig erkannt, daß es nur als Kollektiv Erfolge feiern kann, wäre aus dem 14. Meistertitel nichts geworden.

Die Meisterschaft hatte der FC Bayern vor allem vier Personen zu verdanken: Als es in der Hinrunde beim FC Bayern nicht lief, als die Darbietungen des Teams selten das Niveau der Mittelmäßigkeit überstiegen, sorgte ein Weltklassekeeper dafür, daß seine Mannschaft im Rennen blieb. Auch nach dem doppelten Genickschlag in Leverkusen und Bielefeld war es nicht zuletzt Kahn gewesen, dessen ungebremster Ehrgeiz den FC Bayern auf Meisterschaftskurs hielt. Selten durfte ein Torwart so eindrucksvoll beweisen, wie wichtig er für seine Mannschaft sein kann. Kahn selbst: „Seit Saisonbeginn hatte ich nichts anderes im Kopf als diesen Titel." Der zweite Meistermacher hieß Giovanni Trapattoni. Der Trainer arbeitete mit großem Engagement und großer Beharrlichkeit, ließ sich durch die öffentli-

Meistermacher: Giovanni Trapattoni (rechts) und Klaus Augenthaler.

che Kritik seines Präsidenten und einiger seiner Spieler nicht beirren. Franz Beckenbauer nach dem Titelgewinn: „Wenn alle so engagiert wären wie Trapattoni in seinem Beruf, wären wir mit 20 Punkten Vorsprung Deutscher Meister geworden." Die Mannschaft verstand ihren Trainer spät, aber noch gerade rechtzeitig. Der dritte Meistermacher war Jürgen Klinsmann, nicht nur weil er die meisten Bayern-Treffer erzielte und auch noch einige Tore seiner Mitspieler vorbereitete; sondern auch, weil er es in seinen zwei Jahren beim FC Bayern wie kein anderer verstand, die Defizite des Vereins offenzulegen. Und last but not least der Manager, der in dieser Saison zur richtigen Zeit die richtigen Töne fand. Obwohl selbst zuweilen ein Mann mit lockerer und scharfer Zunge, war Hoeneß ein wohltuendes Kontrastprogramm zu seinem Präsidenten. Zur Attacke blies er nur gegen die anderen und lenkte somit vom eigenen Team ab. Die Szene nach dem Sieg gegen den VfB Stuttgart, als Christian Ziege weinend auf dem Schoß des Managers saß, hatte Symbolwert. Vor allem aber schützte Hoeneß den Trainer. Und als der FC Bayern im Medienspektakel unterzugehen drohte, zog der Manager gerade noch rechtzeitig die Notbremse und verhinderte den Zerfall der Mannschaft.

Zwischen Dream Team und FC Hollywood (Nachspiel)

Daß sich die Vereinsführung im Matthäus-Klinsmann-Disput gegen den Reformator und für die Boulevardmedien entschied, sollte sich bereits wenige Tage nach der Meisterschaftsfeier rächen. Der Kapitän zog ein „geheimes Tagebuch" aus der Tasche, in dem er noch einmal kräftig in Richtung Klinsmann und anderer Kollegen trat. Herausgeber des „banalen Werkes" („SZ"), für das ein angeblich von Existenzängsten geplagtes Auslaufmodell 400.000 DM kassierte, waren zwei, die der Kaiser gut kannte: der stellvertretende Sportchef von „Premiere" und ein Chefreporter der „Bild". „Kranken Menschen soll man helfen", empfahl Thomas Helmer, während Oliver Kahn unwirsch klarstellte: „Ich bin nicht Lothars Erziehungsberater."

Recht hatte der Keeper, aber wer war dann für Lothars Erziehung verantwortlich? Einer, der hierfür kraft seiner Funktion im Verein zumindest eine Mitverantwortung trug, gab sich wie immer, wenn es um Eskapaden seines „Bild"-Kollegen geht, moderat. Doch der Kaiser konnte nicht verhindern, daß er nun selbst in die Schußlinie geriet. Die „SZ" über die Affäre: „Wer trägt die Verantwortung, wenn immer wieder soviel Vorhersehbares über die teure öffentliche Arbeitsgemeinschaft hereinbricht, wer

„Ich bin nicht Lothars Erziehungsberater." Führungsspieler Oliver Kahn mit einem ewigen (Problem-)Kind.

nimmt den schlichten Plauderer Matthäus in Manndeckung, in Schutz vor sich selbst und für die anderen? Zweimal schon haben die Nationalspieler des FC Bayern ihren Klubpräsidenten Franz Beckenbauer aufgefordert, den ehrpusseligen Altstar Matthäus vom Kapitänsamt zu entbinden, zweimal verpuffte das bemerkenswerte Mißtrauensvotum. Längst köchelt, nun brodelt an der Basis ein dumpfer Zorn auf die Klubführung, was 'sehr bedenklich' sei, findet Thomas Helmer, denn 'der Punkt ist erreicht für uns Spieler, daß wir eine gewisse Machtlosigkeit spüren'. (...) Es sei doch klar, klagt Helmer, daß Matthäus' jüngste Attacke 'niemals ohne Genehmigung von oben' – sprich: mit Wissen der Bayern-Bosse – stattfinden konnte, und ohnedies ist landauf, landab bekannt, daß Beckenbauer wie Matthäus im selben Haus publizieren lassen."

Wenige Tage später entschied das Präsidium einstimmig, Matthäus vom Kapitänsamt zu entbinden. Als Nachfolger wurde Thomas Helmer bestellt, als dessen Stellvertreter Oliver Kahn. Trapattoni wollte die Trennung von Matthäus, aber der Kaiser ließ seinen Lieblingsschüler und „Bild"-Kollegen erneut nicht im Stich. The Show must go on.

Der FC Bayern und seine Probleme

▶ **Problem Nr. 1: Der FC Bayern und seine kickenden Angestellten**

„Wir müssen aus dem FC Bayern wieder mehr machen. Es muß künftig wieder eine Ehre sein, dieses Trikot tragen zu dürfen. (...) Wenn ein Spieler zu uns kommt, fängt's für ihn erst an. Da darf man nicht zufrieden sein und sagen: So, jetzt bin ich beim FC Bayern, jetzt habe ich alles erreicht." So Franz Beckenbauer im Januar 1995 gegenüber dem „Kicker".

Einer (!) der Gründe, warum sich, so Beckenbauer, „Spieler, die nach München geholt wurden, nicht weiterentwickeln", war zweifellos, daß einige von ihnen bereits den puren Verpflichtungsakt als Höhepunkt ihrer Karriere betrachteten. An der Säbener Straße angelangt, folgt der Ruhm schon automatisch, lautete der Irrglaube, der durch das in den 70ern und 80ern entstandene „Number-One"-Image und die zahlreichen Bayern-Nationalspieler in diesen Dekaden genährt wurde. Für den Fall, daß das Kalkül nicht aufging, blieb immerhin der Trost, den Marktwert erhöht zu haben.

Die Spieler des FC Bayern genießen eine Rundumversorgung, die mit Professionalismus kaum mehr zu legitimieren ist. Der „Kicker": „Kostenlos stellt Bayern-Hauptsponsor Opel den Münchener Spielern Calibra, Senator und Geländewagen im Wert von 60.000 Mark aufwärts zur Verfügung. Computer, Laptops oder Küchengeräte bis hin zu Karten nebst Platzreservierung für Sport-, Kunst- und Kulturveranstaltungen werden geboten – kostenlos versteht sich." Eigenverantwortung wird durch die perfekte Rundumversorgung nicht gerade gestärkt, wohl aber das im Fußball ohnehin weit verbreitete Peter Pan-Syndrom. Die Attraktivität einer Fußballerkarriere besteht nicht zuletzt darin, daß sich mit ihr das Erwachsenwerden herauszögern läßt.

Uli Hoeneß analysiert korrekt, daß eines der Hauptprobleme der Bayern und des heutigen Profifußballs sei, „daß der Spieler nicht kapiert, daß der Arbeiter oder der einfache Mann Fußballer sehen will, die ihre Arbeit 100prozentig machen wollen". Das Spiel sei „in seinem Kern nach wie vor ein Proletariersport – im besten Sinne des Wortes". Dies trifft in der Tat selbst für einen Klub wie den FC Bayern zu. Auch der FC Bayern wird immer wieder an „proletarischen Werten" gemessen. Die schärfste Kritik an der heutigen Spielergeneration beim FCB stammt aus dem Munde von Klaus Augenthaler: „Die wissen nicht, wie gut es ihnen geht. Sie haben ihr Hobby zum Beruf gemacht und brauchen sich keine Sorgen zu machen. Sie sind versorgt. Aber sie realisieren das nicht. Das wirkliche Leben ist oft ganz weit weg; die Spieler werden schon mit 19, 20 für Millionenbeträge gehandelt; alles wird ihnen abgenommen. Ich glaube manchmal, sie sind so behütet, daß sie gar nicht mehr wissen, was um sie herum passiert: Arbeitslosigkeit, Betriebe werden geschlossen, jeder hat Schulden... Manche unserer Jungs ahnen gar nicht, wie das ist, wenn man am Mittleren Ring für 800 Mark im Monat wohnen muß und einem jeden Morgen ein paar hunderttausend Autos durchs Zimmer fahren. Weil sie das nicht realisieren, fehlt ihnen auch die Dankbarkeit – und der Wille, Leistung für den Luxus, in dem sie leben, zu bringen."

Der im heutigen Profifußball auch ohne den FC Bayern existierende Egoismus wird an der Säbener Straße noch kräftig gefördert. Ein Klub, der den Anschein erweckt, Umsätze und Schlagzeilen seien ihm wichtiger als der sportliche Erfolg, muß sich nicht wundern, wenn einige seiner Angestellten als nahezu alleinigen Zweck ihrer fußballerischen Tätigkeit die Erhöhung des Kontostandes und eine größtmögliche Präsenz in den Medien betrachten. Als der FC Bayern seine neue Medienpolitik präsentierte, schrieb Ludger Schulze in der „SZ": „Wer gibt schon gern zu, daß seine Kinder schlecht erzogen sind." Daß viele Bayern-Profis halt so sind, wie sie sind, daß viele von ihnen vergaßen, „daß der Erfolg eines Sportlers in erster Linie von seiner Leistung auf dem Platz abhängt und nicht von der Zahl geführter Interviews und verkaufter Trikots" (Schulze), ist der Klub in der Tat selbst schuld.

▶ Problem Nr. 2: Der FC Bayern und seine Personalpolitik

Auch nachdem der FC Bayern nicht mehr nach Italien abgeben mußte, stellte sich keine qualifizierte, strategisch orientierte Personalpolitik ein. Ruhe und Kontinuität blieben Fremdwörter. Die Führung begriff nicht, wie große Mannschaften entstehen und was diese ausmacht. Ein Korsett von Leistungsträgern, mit dem sich mittel- bis langfristig planen ließ, entwickelte sich auch weiterhin nicht. Was die Struktur der Mannschaft anbetraf, war dies Mitte der 90er der wesentlichste Unterschied zum Dortmunder Konkurrenten. Immer wieder holte man die falschen Spieler. Der FC Bayern ließ sich bei der Auswahl keine Ruhe, Charakterprüfungen fanden nicht statt. Der Klub holte zu viele vermeintliche Stars, zu wenige Wasserträger, zu wenige ehrgeizige Talente, die bereit gewesen wären, sich zunächst ins zweite Glied zu fügen. Die Folgen charakterisiert Thomas Strunz: „Bei Bayern ist das ein Spiel der Eitelkeiten. Da ist es schwer, eine feste Hierarchie aufzubauen..." Und Oliver Kahn: „Es gehören eine gewaltige Leistung, Charakterstärke und Härte dazu, diese Mannschaft zu führen. Das ist sehr schwierig." Einige Spieler, unter ihnen Kahn, bedeuteten dem Vorstand während der Saison 1996/97, „daß wir keinen mehr brauchen. Wir haben den besten Kader." Oliver Kahn im Dezember 1996: „Jedes Jahr der große Schnitt, so kommt man nicht weiter. Man soll Trapattoni zwei Jahre Zeit geben, eine Riesenmannschaft aufzubauen."

Angesichts des schnellen Heuerns und Feuerns konnte keine wechselseitige Loyalitätsbeziehung zwischen Spielern und Verein entstehen. Wer ständig damit rechnen muß, von Vereinsverantwortlichen öffentlich zur Disposition gestellt zu werden, steht bestenfalls mit einem Bein in „seinem" Verein. Niemand wird ihm dann verübeln können, wenn er permanent nach alternativen Arbeitsplätzen Ausschau hält.

Der FC Bayern kaufte in den letzten Jahren vor allem Namen, statt gezielt Positionen zu besetzen. Hoeneß gab dies als kommerzielle Strategie aus: „Die Namen machen es. Wenn ich Namen anbiete, sagt der Kunde: Mensch, da muß ich hin." Sinnvoller als Namen fertig zu kaufen, ist allerdings manchmal, solche zu machen. Abgesehen davon, daß der Kunde irgendwann auch nach der Qualität fragt: Auch im Fußball als Unterhaltungsgewerbe bestimmt letztendlich die sportliche Qualität den Marktwert.

Auf dem Feld lebte die Mannschaft mehr von der Addition individueller Fähigkeiten als vom Zusammenspiel. Ein derartiges Konzept ist finanziell teuer und sportlich höchst anfällig. Weniger wohlhabende Klubs als der FC Bayern wären bei einer derartigen Häufung personeller Fehlentscheidungen schon längst bankrott gegangen. Der FC Bayern hat das Glück, sich mehr Fehler erlauben zu können als viele seiner Konkurrenten.

Sicherlich steckt die Verpflichtungspolitik des FC Bayern in einem Dilemma, aber auch dieses ist selbstverschuldet. Ein Unternehmen wie der FC Bayern, der sich der Logik der Showbranche und des Boulevards wie kein anderer Bundesligaklub verschrieben hat, kommt tatsächlich nicht umhin, seinen Kunden stets neue große Namen zu präsentieren. Ein Teil der Bayern-Kundschaft wurde so und nicht anders erzogen.

▶ **Problem Nr. 3: Der FC Bayern und Fußball als Unterhaltungsindustrie**

Während der Saison 1996/97 schrieb der „Spiegel" über das Theater beim FCB: „Man hat den Eindruck, der Klub sei nach dem Shareholder-value-Prinzip ausgerichtet: Die Klubzentrale berauscht sich an den Umsatzzahlen, nur das Produkt hält nicht ganz mit." Jürgen Klinsmann über das Spannungsverhältnis von FC Bayern und FC Hollywood: „Unser Erfolg sollte doch eher an Titel und Qualität des Fußballs gemessen werden – und nicht an verkauften Trikots oder Einschaltquoten. International achtet man den FC Bayern durchaus wegen seiner wirtschaftlichen Leistung. Aber sportlich hat man den Verein bis zu dem Erfolg in Barcelona nicht wirklich ernst genommen. Wir haben zu lange nichts gewonnen."

Kein anderer Bundesligaklub hat die US-amerikanische Philosophie vom Sport als Unterhaltung und Business so verinnerlicht wie der FC Bayern. Das fängt damit an, daß darüber nachgedacht wird, den Standort des Vereins zu verlegen, und hört bei der Trophäenfrage auf. Nicht den sportlichen Erfolg, sondern das volle Stadion und die Umsätze im Merchandising in den Vordergrund zu stellen, ist typisch für einige der US-amerikanischen Profisportarten. Völlig verschrieben hat sich der FC Bayern dieser Philosophie allerdings auch nicht. Seine Macher sind hierfür viel zu sehr im Milieu europäischer Sportphilosophie sozialisiert worden. Wenn in den letzten Jahren oft die Bedeutung von Titelgewinnen relativiert wurde, dann waren dies auch Versuche, die Not zu einer Tugend umzudichten.

Die Balanceprobleme des Unterhaltungsbetriebs FC Bayern beginnen bereits bei der Saisonvorbereitung, die in der Vergangenheit mehr einer „Promotion-Tour" (Klinsmann) denn einem sinnvollen Trainingsaufbau glichen. Klinsmann im Dezember 1996: „Die Vorbereitung vor der vorigen und vor dieser Saison stand unter dem Zeichen von Freundschaftsspielen, nicht unter sportlichen Aspekten. Alle paar Tage ein Testspiel reizt wirtschaftlich sehr, ist aber schlecht für den Trainingsaufbau." Gleiches galt auch für das Training an der Säbener Straße. Im Bestreben, die kommerziellen Bedürfnisse des Klubs und der mit ihm verbundenen Medien zu befriedigen, geriet der Trainingsbetrieb des Dream Teams phasenweise völlig aus den Fugen. Klinsmann: „Es ist nicht einfach, in Ruhe zu trainieren; die Öffentlichkeit ist dauernd präsent." Ohne Training geht es aber selbst bei einem Starensemble nicht, weshalb die Vereinsführung schließlich gewissen Veränderungen zustimmte. So durfte Klinsmann während der Winterpause 1996/97 vermelden: „Wir trainieren gezielt und machen keine Freundschaftsspiele-Tournee. Die Führung ging auf die Wünsche des Trainers ein."

▶ **Problem Nr. 4: Der FC Bayern und die Boulevardmedien**
Das größte Problem des FC Bayern der 90er Jahre war und ist seine Verquickung mit den Boulevardmedien, die fast schon gestalterischen Einfluß auf die Geschicke des Klub nehmen.

Es ist fraglich, ob sich diese Situation noch zurückschrauben läßt. Jürgen Klinsmann ist eher skeptisch: „Die Spieler und die Verantwortlichen müßten schon ihre gesamte Denkweise umstellen, damit Interna im Verein bleiben. Die Boulevardmedien werden jedenfalls nicht einfach klein beigeben. (...) Man hat sich gegenseitig hochgeschaukelt. Heute ist es fast ausgeschlossen, es in ein vernünftiges Maß zurückzukurbeln. Denn gewisse Strukturen sind einfach schon zu eng vernetzt."

Die Verwicklung mit den Boulevardmedien bringt dem FC Bayern mehr Nachteile als Vorteile. Jedenfalls unter der Voraussetzung, daß Sinn und Zweck des FC Bayern noch immer in erster Linie lauten, guten und erfolgreichen Fußball zu spielen. Die Boulevardmedien haben dem Verein in den letzten Jahren erhebliche Reibungsverluste beschert, die immens viel Geld gekostet haben. Auch wenn „Bild" und „Sport-Bild" lieber den FC Bayern als Borussia Dortmund mit der Meisterschale abbilden möchten, heißt dies noch lange nicht, daß sich diese Gazetten stets wohlfeil verhalten. Wo eine Story Auflage zu bringen verspricht, sind diese Blätter dabei. Und paßt ihnen ein Bayern-Spieler nicht, weil er sich sperrig gibt und mit ihrem Journalismus nichts am Hut hat, dann wird er gnadenlos niedergemacht, auch wenn dies den sportlichen Erfolg gefährdet. Die Ehe mit den Boulevardmedien ist für den FC Bayern längst zum Fluch geworden. Verantwortlich für diese Ehe ist vor allem einer: der Kaiser, mit dem der Boulevard in die Chefetage einzog.

▶ Problem Nr. 5: Der FC Bayern und sein Kaiser

Günter Netzer urteilte 1997 in einem „Spiegel"-Interview über seinen ehemaligen „Widersacher": „Franz Beckenbauer ist das Glück des deutschen Fußballs schlechthin und damit auch das Glück des FC Bayern. Daß er mit seiner Medienpräsenz gelegentlich die eigenen Ziele torpediert, muß man in Kauf nehmen. Denn mit den negativen Seiten Beckenbauers lebt man immer noch besser als mit all diesen Präsidenten, die nichts von seiner Aura haben." Sicherlich paßt der Präsident Franz Beckenbauer zu einem „Verein von Welt" wie dem FC Bayern besser als sein Vorgänger Fritz Scherer. Aber zugleich verkörpert niemand die Probleme der Bayern besser als der Kaiser höchstpersönlich.

Kein Mitglied der Führungsetage des FC Bayern ist seinen kickenden Angestellten so ähnlich wie Franz Beckenbauer. Von seinen außergewöhnlichen sportlichen Erfolge abgesehen, liest sich seine Biographie als Spieler nicht so viel anders als die vieler heutiger Starkicker. Der begnadete Libero war wohl der erste „rundumversorgte" Fußballer – und zugleich das erste

Opfer der allgegenwärtigen Fürsorge. Dem Kaiser wurde abgenommen, dem Kaiser wurde verziehen, für den Kaiser wurde organisiert. In diesem Sinne lebte und lebt der Kaiser tatsächlich das Leben eines Feudalherrn. Existierte ein Problem, ob privat oder beruflich, war sein Privatmanager Robert Schwan zur Stelle, der alles für ihn regelte. Auch nach dem Ende seiner Spielerkarriere konnte und mochte Beckenbauer auf Schwan nicht verzichten. Für die heutigen Spieler taugt Beckenbauer nur in fußballerischer Hinsicht und beim Abschluß von Werbeverträgen als Vorbild. Aber wie will man beispielsweise den Spielern einen intelligenten und korrekten Umgang mit den Medien verordnen, wenn der Präsident seinerseits ständig drauflos plappert?

Beckenbauer hat das Talent, Dinge, die er gerade erst selbst aufgebaut hat, nur wenig später zu zerstören. So gerät seine Präsidententätigkeit immer wieder zum Nullsummen-Spiel, wenn nicht gar zum Minus-Geschäft. Der Kaiser hat dem Verein nicht nur viel Geld gebracht, sondern auch viel Geld gekostet. Unter seiner Regentschaft verbuchte der Klub nicht nur Imagegewinne, sondern auch Reputationsverluste – vor allem bei Trainern und Spielern. Franz Beckenbauer war ein brillanter Spieler. Und auch als Trainer hatte er seine großen Erfolge. Aber der Präsident Beckenbauer ist nach anderen Kriterien zu beurteilen.

Beckenbauer, der nichts mehr haßt als endlose Sitzungen, hat sich seit seinem Amtsantritt weit mehr engagiert, als viele vorher vermuteten. Und doch nicht genug, wie er selbst zugibt: „Ich mache den Job nicht gut, denn es ist ein Full-Time-Job, und ich habe keine Zeit." Der Kaiser wirkt als Türöffner bei Sponsoren und Politik, aber so richtig geführt wird der Klub vom Kaiser nicht. Manche seiner Äußerungen und Handlungen wirken wenig durchdacht, sondern spontan, bisweilen gar chaotisch. Viele der Dinge, die Beckenbauer lostritt, kann er hinsichtlich ihrer Konsequenzen nicht überschauen. Knallt es dann, fragt er verwundert, wie und warum es denn geknallt habe.

In programmatischer Hinsicht ist der Kaiser nackt. Das mit der Inthronisierung des Kaisers verfolgte Kalkül ging für den FC Bayern nur in kommerzieller Hinsicht auf, nicht in sportlicher. Diesbezüglich erwies sich Beckenbauer – trotz seiner Feuerwehreinsätze – eher als Hindernis. Unter seiner Regentschaft entwickelte der FC Bayern im sportlichen Bereich keine personelle Kontinuität, weshalb selbst die Meistermannschaften von 1994 und 1997 über keine sportliche Identität verfügten.

Ein ruhiger Aufbau ist mit dem Kaiser nicht zu haben, zumal an seinem Rockschoß die Boulevardpresse hängt. Auch Beckenbauer selbst ist kein

Mann für Durststrecken. Der Star will über Stars präsidieren, statt einem Klub vorzusitzen, der sich seine Position Schritt für Schritt erarbeitet.

Daß dem Kaiser der FCB ans Herz gewachsen ist, kann niemand bestreiten. Die Entwicklung seines Vereines – vor allem auf dem Spielfeld – geht ihm vielleicht sogar mehr ans Herz als so manchem anderen Bundesligapräsidenten. Beckenbauer im Dezember 1996 gegenüber dem „Kicker": „Mein Leben und meine Laune hängen stark mit dem Klub zusammen. Sonst habe ich überhaupt keine Probleme. Mein einziges Problem ist der FC Bayern. Jeden Tag beschäftige ich mich mit dem Klub, telefonisch, gedanklich. Dann kommt der Samstag, du gehst auf den Fußballplatz und ärgerst dich. Schon seit Jahren. Meistens, nicht immer. Samstags ärgere ich mich, das hält an am Sonntag. Auch am Montag, weil ich dann den ganzen Krampf in den Zeitungen noch lesen muß. Also ärgere ich mich jetzt schon drei Tage. Dann ärgere ich mich vielleicht noch am Dienstag. Bis der Ärger dann langsam verraucht ist, kommt schon wieder das nächste Spiel. Da frage ich mich: Muß ich das haben?" Er muß, obwohl er es bestreitet. Denn auch für Beckenbauer gilt: Der Normalzustand des Fußballfans ist der Leidenszustand. Wenn der Kaiser zu einem seiner berüchtigten und wenig hilfreichen cholerischen Ausfälle ausholt, dann leidet er in Wahrheit.

Beckenbauer teilt dieses Schicksal mit anderen einst genialen Spielern. Es ist kein Zufall, daß diese Spieler zwischen ihren Trainerengagements immer wieder Pausen benötigen. Ein langfristiges Engagement halten sie nicht aus. Für die einstigen Kickergenies ist der Druck an der Außenlinie gleich in zweifacher Hinsicht höher als bei vielen ihrer Kollegen. Als Spieler waren sie unantastbar. Ein Trainer ist dies niemals, sondern stets der erste Sündenbock. Vor allem aber ist es für sie nur schwer zu ertragen, nicht mittun zu dürfen und tatenlos dem Treiben von Spielern zuzuschauen, die ihnen zu ihrer aktiven Zeit nicht das Wasser hätten reichen können. Selbst mitzumischen beim großen Kick bleibt aber die authentischste Ausdrucksweise eines Fußballgenies. Trainer, die als Spieler nur Mittelmaß produzierten, haben es hier viel leichter. Wieviel mehr als der Trainer Beckenbauer muß erst der gleichnamige Präsident leiden, der noch weniger Chancen als ein Trainer hat, ins Spielgeschehen einzugreifen?

▶ Kein Problem: Der FC Bayern und sein Manager

Die Bayern sind zwar keine „One Man Show", aber trotzdem gibt es einen „Mister Bayern". Es ist nicht der Präsident, sondern der Manager, Uli Hoeneß. Hoeneß ist die perfekte Symbiose von Footballman und Businessman. Im Herzen ist Hoeneß noch immer auf dem Platz, vom Kopf her aber ein

knallharter Geschäftsmann. Der FCB der Jahre 1979 bis heute, seine Entwicklung zum umsatzträchtigen Fußballkonzern ist ganz wesentlich sein Werk. Ob Fernsehgelder oder Merchandising – es war stets Hoeneß, der die Entwicklung vorantrieb. Und nicht nur beim FCB, sondern die gesamte Liga betreffend. Hoeneß war und ist Theoretiker und Praktiker, Visionär und Stratege in einer Person. Obwohl der sportliche Leiter heute Rummenigge heißt, ist es unverändert Hoeneß, der neben dem jeweiligen Trainer auf der Bank sitzt und jubelt oder leidet. Auf seine Nähe zu den Spielern angesprochen, äußerte Hoeneß 1989 in einem Interview: „Was die jungen Leute denken, was sie spüren, das erfahre ich doch beim Kartenspiel, in Gesprächen, wo sind ihre Probleme? Das kann ich nicht mit dem Schlips von hier oben aus. Ich bin jeden Freitag im Trainingslager, bei jedem Spiel, ob in Bamberg oder Barcelona. Zum Beispiel müssen jetzt zwei, die nicht deutsch können, integriert werden, was nützt es da, wenn ich hier in der Woche 500.000 Mark erwirtschafte, und die fühlen sich in einem halben Jahr nicht wohl.“

Hoeneß ist nicht nur ein gewiefter Fußball-Unternehmer, sondern auch die gute Seele des Vereins. Der „Spiegel“: „Kaum ein Etikett ist so falsch, wie das des abgezockten, kühlen Geldeintreibers Hoeneß. Er half

Dutzenden von ausgemusterten Profis, neue Jobs zu finden. Manchen, der nach der Karriere strauchelte, führte er wieder auf den richtigen Weg. Ein bißchen war der Rekordmeister Bayern München für Hoeneß auch ein Sozialwerk. (...)" Aber Hoeneß „könne, sagt ein Insider, mit der Geschäftsführung seiner Nebenleute nicht mehr viel anfangen und mit der neuen Spielergeneration auch nicht."

Ob Hoeneß blufft, verbal attackiert oder Verteilungskämpfe führt: alles geschieht im Dienste „seines" FC Bayern. „Ich bin privat nicht der Mensch, den ich hier spiele. Aber es ist notwendig, der FC Bayern ist neben meiner Familie mein Lebensinhalt, den werde ich verteidigen bis aufs Messer." Was auf Außenstehende und Hoeneß-Hasser oft wie erbarmungslose Angriffe auf die Grundsäulen des Fußballsystems, ja die Seele des Spiels wirkt, ist tatsächlich der leidenschaftliche Kampf eines Mannes für seinen Verein, dem er aufs innigste verbunden ist. Der Manager ist zugleich der oberste Fan des FC Bayern, den er mit allen Mitteln an der Spitze halten will. Daß er dabei recht gut verdient, ist von eher sekundärer Bedeutung.

Im Präsidium ist Hoeneß der einzige Garant für einen Rest von Unabhängigkeit gegenüber den Medien. Dies erklärt seinen (scheinbaren) Zickzack-Kurs: Im Zentrum seiner Medienpolitik bleibt der Klub. Zunächst favorisierte Hoeneß das Privat-TV. Als dieses sich der Rechte allzu sicher war, brachte der Manager wieder die zuvor von ihm gegeißelten Öffentlich-Rechtlichen ins Spiel, wohl wissend, daß Konkurrenz das Geschäft (und damit die Einnahmen seines Klubs) belebt. Sat.1 erwarb zwar erneut die Rechte, aber Freunde fürs Leben wurden Hoeneß und der Sender trotzdem nicht. Statt dessen sprach Hoeneß verstärkt von „eigener Vermarktung" und „Pay-per-View". Das Herumjonglieren zwischen verschiedenen Geldgebern verschafft dem Klub mehr Spielraum und dient zugleich der Vereinskasse, während man zugleich – die technologische Entwicklung macht es möglich – an eigenständigen Optionen arbeitet. Mit den Privaten verbindet Hoeneß nicht mehr als ein (zeitlich beschränktes) Zweckbündnis. Die Aufmischung der Medienlandschaft war notwendig, um die Einnahmeseite zu verbessern und die eigene Option voranzutreiben. Aber irgendwann wird der Mohr seine Schuldigkeit getan haben.

Hoeneß ist nicht nur der einzige Visionär in der Führungscrew; nur er ist zudem in der Lage, die Defizite des FCB freizulegen. Seine Loyalität gegenüber dem Klub und dessen Präsidenten verbietet es ihm aber zuweilen, diese auch konsequent abzustellen. Da ist denn doch der Kaiser vor.

Teil 2

Gesichter
des Klubs

Die „Number One" muß es sein: Der FC Bayern ist zum Erfolg verdammt.
Trapattoni & Co. bei der Meisterehrung 1997.

Rote und Blaue

Die Rivalität zum TSV 1860

▶ „In München geht es nicht so sehr darum, für welchen Verein
man ist, sondern gegen welchen."
Ottfried Fischer, Schauspieler, Kabarettist und Sechziger-Fan

Der Löwen-Klub TSV 1860 wird – zumal außerhalb Münchens – meist als
der Münchener Traditionsverein porträtiert. Der FC Bayern wird dagegen
oft abschätzig als „neureicher Aufsteiger" abgetan, dessen Spieler und
Anhänger seit jeher lediglich „Zuagroaste" seien. Für viele „Bayern-Hasser"
beginnt die Geschichte des Rekordmeisters erst mit dem Aufstieg in die
Bundesliga, der die Löwen bereits bei deren Gründung angehörten.

Der TSV 1860 München wurde zunächst 1848 als „Münchener Verein"
gegründet und war damals wohl der erste Turn- und Sportverein Münchens. Die staatliche Obrigkeit war mit dem Treiben der Turner allerdings
nicht einverstanden, da sie darin eine Gefährdung für die öffentliche Ordnung erblickte. Folglich wurde der Verein 1850 verboten. 1860 wurde er
als „Verein zur körperlichen Ausbildung" neu gegründet. Die Turnabteilung übte in den Hinterzimmern von Gastwirtschaften.

Die am 25. April 1899 gegründete Fußballabteilung des TSV 1860
(damals TV 1860), deren Vater der aufgeschlossene 1. Spielwart Rudolf
Deprosse war, ist lediglich zehn Monate älter als der FCB. Da der FCB aus
dem MTV hervorging, unter dessen Dach bereits drei Jahre vor der FCB-
Gründung gekickt wurde, sind die Bayern genau betrachtet sogar etwas
älter als der Lokalrivale. Der vermeintlich jüngere FCB bestritt sein erstes
offizielles Spiel tatsächlich 27 Monate eher als die Löwen, die sich erst am
27. Juli 1902 an die Öffentlichkeit trauten (2:4 gegen den 1. Münchener
Fußball-Club von 1896).

Auch der Beitritt zum Süddeutschen Fußball-Verband erfolgte später
als bei den Bayern, nämlich erst 1905. Die Sechziger kickten zunächst auf
der städtischen Schyrenwiese in Untergiesing (wie auch der FCB), bevor
sie sich 1904 auf dem neu eröffneten Waldspielplatz in Holzapfelkreuth
niederließen. Der Platz lag ziemlich weit außerhalb der Stadt und war
nicht einmal mit der Straßenbahn zu erreichen. 1908 zogen die Löwen

nach Giesing um, Münchens Fußball-Eldorado, wo ihr Ehrenmitglied Wilhelm Hilber den „Alpenplatz" in Pacht nahm, eine Wiese neben einer Gärtnerei. Giesing wurde zur Heimat des Klubs. Im Laufe des 19. Jahrhunderts hatte sich Giesing, gemeinsam mit dem benachbarten Stadtteil Au, zur ersten proletarischen Gegend Münchens entwickelt.

1911 wechselten die Löwen innerhalb Giesings zur Grünwalder Straße, wo 1927 das Heinrich-Zisch-Stadion entstand (siehe auch Kapitel über das Olympiastadion). Das erste Spiel an der Grünwalder Straße zwischen Blauen und Roten endete am 18.2.1912 mit einem 1:0-Sieg für die Bayern. Der TSV 1860 stand anfangs klar im Schatten des FC Bayern und wurde erst später zum echten Rivalen.

Das erste Derby überhaupt gewann der FCB am 21.9.1902 mit 3:0. Auch in den folgenden sieben Begegnungen hieß der Sieger sechsmal FC Bayern, einmal gab es ein Unentschieden. Es dauerte bis zum 26.4.1908, bevor den Löwen im neunten Derby erstmals ein Erfolgserlebnis beschert war. Der TSV 1860 siegte mit 2:0. Aber in den folgenden 14 Derbys bis zum 1. Weltkrieg gab es für die Löwen nichts zu gewinnen: 12 Bayern-Siege und zwei Unentschieden weist die Derby-Chronologie aus.

Den höchsten Bayern-Sieg über die Löwen überhaupt gab es am 3. Oktober 1909, als die Roten die Blauen in der Ostkreismeisterschaft 7:0 bezwangen. Der TSV 1860 muß diesbezüglich nicht ganz so weit zurückblicken: Am 27.10.1918 besiegte man den FC Bayern 7:1. Die torreichste Begegnung war ein Freundschaftsspiel im Jahre 1915, das der FCB 9:4 gewann.

Von den bislang 185 Derbys (Stand: Saisonende 1996/97) gewann der FC Bayern 94; 45mal siegte der TSV 1860; 46mal gab es ein Unentschieden. Das Torverhältnis lautet 398:268.

In der Bundesliga trafen die Klubs bislang 22mal aufeinander. Das erste Spiel gewann der TSV 1860 am 14.8.1965 durch ein Tor von Timo Konietzka mit 1:0. Elfmal gewannen die Bayern, sechsmal die Löwen, fünfmal gab es eine Punkteteilung. Die letzte Niederlage mußten die Bayern am 12. November 1977 einstecken, als die Löwen mit 3:1 die Oberhand behielten, was auch der höchste Erfolg des TSV 1860 über den FCB in der Bundesliga war. Das torreichste Bundesligaderby war ein 6:1-Sieg des FCB am 10. Mai 1980, auch dies zugleich der höchste Bundesligasieg des FCB über den Lokalrivalen. Exakt diese beiden Begegnungen verzeichneten mit 78.000 auch den größten Zuschauerzuspruch in der Bundesliga. Der höchste Zuschauerzuspruch überhaupt bei einem Derby ereignete sich allerdings nicht in der Bundesliga, sondern im längst verstorbenen DFB-

Liga-Pokal. 79.000 Zuschauer sahen 1972 einen 3:1-Sieg der Bayern. Die bislang 22 Bundesligabegegnungen der beiden Klubs wurden von insgesamt ca. 1.232.800 Zuschauern gesehen (Saisonende 1996/97). Betrachtet man die gesamte gemeinsame Geschichte der beiden Klubs, so stellte der FCB über weite Strecken die erfolgreichere Mannschaft – auch schon vor Beginn der Ära Schwan/Neudecker. Dies gilt fast für den gesamten Zeitraum 1900 - 1933 sowie für die Zeit von 1967 bis heute. Die Löwen hatten während der Nazi-Zeit die Nase vorn, wofür es auch politische Gründe gab. In der „Ewigen Tabelle der Oberliga Süd" (1945/46 – 1962/63) liegt der FC Bayern zwar vier Positionen vor den Löwen, denen hier jedoch als einzigem der Münchener Teams das Meisterstück gelang.

Das Etikett „Traditionsklub" stimmt also auch nicht in dem Sinne, daß die Löwen bis zur Einführung des Profifußballs die bessere Münchener Mannschaft gewesen wären. Die lange Tradition des FC Bayern wird seltener wahrgenommen, weil die meisten seiner Erfolge jüngeren Datums sind und mit der Professionalisierung und Kommerzialisierung des deutschen Fußballs zusammenhängen. Für viele sind die Bayern, die bei Löwen-Fans auch als „die Geldsäcke aus Harlaching" firmieren, die Hauptverantwortlichen dieser Entwickung. Der FC Bayern hat den deutschen Fußball verändert. Vorbei die Zeiten, wo die Stars noch Helden waren, im gleichen Viertel lebten und – aus purer Loyalität – für einen Appel und ein Ei kickten. Erfolgen, die irgend etwas mit Geld zu tun haben, verweigert aber ein Teil des Fußballpublikums „aus Prinzip" das Traditionsetikett, obwohl auch der Aufstieg des (vier Jahre jüngeren) FC Schalke 04 in den 30er Jahren alles andere als kostenlos verlief. Vielmehr brachte der Professionalismus der Schalker Mannschaft dem Verein 1930 eine einjährige Sperre durch den amateuristisch orientierten DFB ein. Ausschlaggebend ist aber wohl auch der soziale Charakter des FC Bayern und sein traditioneller „Mangel" an „Bodenständigkeit". Klubs mit kleinbürgerlichen und proletarischen Wurzeln erlangen eher das Etikett „Traditionsklub". Dies korrespondiert mit einer stark verengten, aber gängigen Sichtweise, nach der die Geschichte des Fußballs erst mit der sozialen Ausbreitung des Spiels und dem Aufstieg von stark lokalorientierten „Arbeitervereinen" beginnt.

Die größte Zeit der Sechziger waren die Jahre 1962-1967. 1963 wurden die Löwen Meister der Oberliga Süd und qualifizierten sich somit – im Gegensatz zu den Bayern – für die neue Bundesliga. 1964 wurden sie DFB-Pokalsieger, 1965 zogen sie als erster deutscher Verein in das Finale des Europapokals der Pokalsieger ein. Der TSV 1860 unterlag West Ham United vor 90.000 Zuschauern im Londoner Wembley-Stadion mit 0:2. Der

„Daily Telegraph" sprach am folgenden Tag von einem „Triumph des Fußballsports", während die „Times" sogar behauptete: „Niemals wurde Ihnen für Ihr Geld mehr geboten." Mit dem Europapokal verhielt es sich also wie mit der Deutschen Meisterschaft: Die Löwen standen zwar vor den Bayern erstmals im Finale, aber den ersten europäischen Titelgewinn verbuchte zwei Jahre später der FCB. 1966 wurden die Löwen Bundesligameister, drei Jahre bevor den Bayern dies erstmals gelang. Dies blieb bis heute die einzige Deutsche Meisterschaft der Blauen. 1967 reichte es immerhin noch zur Vizemeisterschaft. Die Titelverteidigung scheiterte auch am FC Bayern. Ob der TSV 1860 oder Eintracht Braunschweig Meister werden würde, hing auch vom Abschneiden des FCB in Braunschweig ab. Die Bayern-Spieler setzten sich vor der Begegnung zusammen, um zu diskutieren, ob es besser wäre, wenn der Lokalrivale den Titel nicht gewinnen würde. Zwar entschied man sich schließlich für ein korrektes Spiel, „aber im Unterbewußtsein war doch eher die Überzeugung vorhanden: Wir versuchen es mal, aber wenn es nichts wird, ist es auch nicht so schlimm. Es wurde nichts, es konnte nichts werden" (Beckenbauer). Die Bayern verloren 2:5 (zur Halbzeit stand es bereits 0:4), und die Eintracht wurde mit zwei Punkten Vorsprung vor den Löwen Meister.

Der sportliche Höhenflug des TSV 1860 basierte auf erheblichen Investitionen. Trainer Max Merkel bezog mit monatlich 10.000 bis 12.000 DM (die Angaben schwanken) für damalige Verhältnisse ein Traumgehalt. Auch eine Reihe von Spielern kassierte allerbeste Gehälter. Die finanziellen Löcher wurden immer größer. Die 400.000 DM, die der TSV 1860 aus dem Wembley-Finale einnahm, reichten nicht, um den finanziellen Niedergang zu stoppen. Im Europapokal der Landesmeister kam 1966/67 bereits in der zweiten Runde gegen Real Madrid das „Aus". Es war bis 1997 der letzte Auftritt des TSV 1860 auf der europäischen Bühne, die nun zu einem Privileg des FC Bayern wurde. Einschließlich der ersten Europapokalteilnahme in der Saison 1962/63 (Messecup) war der FC Bayern bis heute 29mal bei einem europäischen Wettbewerb dabei.

Als Max Merkel einen radikalen personellen Schnitt ankündigte, kam es zum Boykott der Spieler. Merkel ging und wechselte zum 1. FC Nürnberg. Es folgte der freie sportliche Fall. Während der FC Bayern auf dem Weg an die europäische Spitze war, mußte der TSV 1860 nach der Saison 1969/70 erstmals den Weg in die Zweitklassigkeit antreten.

Die Richtung, die der Höhenflug des TSV 1860 annahm, war und bleibt typisch für Vereine aus dem kleinbürgerlichen und Arbeitermilieu. Zumal wenn sich diese in einer langjährigen direkten Konkurrenz mit einem bürgerlichen Klub befinden, dessen elitäres Gebaren und dessen sportliche Erfolge Minderwertigkeitskomplexe provozieren. Besteht die Chance, den „hochnäsigen" Rivalen sportlich zu überflügeln, regiert nicht mehr der kühle Kopf. Vermeintliche oder tatsächliche „Demütigungen" werden binnen kürzester Zeit heimgezahlt. Am Ende steht dann allerdings gewöhnlich der Kollaps. Typisch für die Mentalität, die in den Jahren des blauen Höhenflugs herrschte, ist die folgende Szene. Als der FC Bayern noch Regionalligist war, teilte Löwen-Präsident Adalbert Wetzel seinem Kollegen Wilhelm Neudecker mit: „Gehet Sie in'd Kirch und bete Sie, daß Sie aufsteige, sonst vernichte ich Sie!" Ein Satz, den Neudecker nie vergaß. Eigentlich wollte Wetzel sich nach dem 2. Weltkrieg dem FC Bayern anschließen, „doch die damalige Vorstandschaft wollte mich nicht haben". Ähnliches Schicksal sollte viele Jahre später auch Karl-Heinz Wildmoser ereilen. Die beiden wichtigsten Macher der Löwen nach dem Kriege waren also ehemalige Bayern-Fans, deren Ambitionen jedoch vom „Nobelklub" frustriert wurden. Dies mag hinsichtlich ihres Engagements für den TSV 1860 motivierend gewirkt haben.

FC Bayern gegen TSV 1860 im März 1967 an der Grünwalder Straße. Gerd Müller köpft.

„Bodenständige" gegen „Neureiche", „Arbeiter" gegen „Akademiker"

Die Charakterisierung des Derbys als ein Duell von „Arbeitern" gegen „Akademiker" existierte bereits sehr früh. Tatsächlich waren beide Fußballabteilungen von Beginn an in unterschiedlichen sozialen Milieus beheimatet. Da in München keine Schwerindustrie wie im Ruhrgebiet existierte, entwickelten sich die Löwen allerdings nicht zum klassischen Arbeiterverein à la Schalke; sie blieben eher eine kleinbürgerliche Vereinigung. Anders als in Preußen hatte die Aufhebung der Leibeigenschaft in Bayern nicht die Vertreibung der Bauern von ihren Höfen zur Folge, weshalb sich in München ein Proletariat nur langsam herausbildete. Noch 1895 existierten in München lediglich 38 Unternehmen mit mehr als 200 Beschäftigten, so daß das mittelständische Milieu lange dominierend blieb.

Mit den sozialen Etiketten korrespondierte die Charakterisierung der Bayern-Elf als ein Team von Individualisten, während der Löwen-Fußball mehr kollektive Züge trug. Offenbar verinnerlichten die Löwen stärker als die Bayern die typischen Merkmale des europäischen Arbeiterfußballs: Ausdauer, Kampfkraft, Kollektivität. Zu einem gewissen Ausmaß haben diese Unterschiede sich bis heute gehalten, obwohl die Akteure nicht mehr aus München bzw. den traditionellen Milieus beider Vereine kommen. Teilweise basiert der Unterschied natürlich auch auf den unterschiedlichen finanziellen Voraussetzungen beider Klubs: Nach seiner Rückkehr in die Bundesliga 1994 mußte der TSV 1860 mit seinen geringeren finanziellen Ressourcen zunächst mehr auf kämpferische Mittel und mannschaftliche Geschlossenheit setzen. Teure Stars sind dagegen oft eher individualistische Fußballer. Allerdings scheinen die Unterschiede in der Spielweise abzunehmen. Die „Süddeutsche Zeitung" beobachtete nach dem zweiten Derby in der Saison 1996/97: „Auf dem Rasen beherrschen die Blauen inzwischen vieles, was angeblich eher zu den Roten paßt: durchdachtes Mittelfeldspiel, überraschende Ideen. Der Klassenkampf von früher ist passé."

Der TSV 1860 ist – auf München bezogen – bodenständiger als der FC Bayern. Innerhalb der Stadtgrenzen ist der Verein populärer. Während 70 % der Stadionbesucher beim FC Bayern aus über 200 Kilometern Entfernung anreisen, sind dies bei den Löwen ganze 10 %. Der FC Bayern ist mehr der Klub der Hinzugezogenen, wobei allerdings ohnehin nur eine Minderheit der Münchener von sich behaupten kann, „echte Münchener" zu sein. Selbst die zumindest in Bayern Geborenen sind in der Isarmetropole in der Minderheit.

Während man bei den Löwen auch von den „Einheimischen" spricht, wird der FC Bayern nicht erst seit dem Aufstieg in die Bundesliga (1965) als „Zuagroasten-Klub" betrachtet. Der FCB kommt aus Schwabing, wo schon zu Zeiten der Gründung des Vereins besonders viel Zugereiste lebten. Wenn der 1860-Präsident Wildmoser einmal forderte, von 20 Spielern seines Kaders müßten mindestens 15 bayerisch sprechen, dokumentiert dies, wo der TSV 1860 seine Stärken sieht. Für Wildmoser ist sein Klub „ein Münchener Verein in einer weiß-blauen Stadt unter weiß-blauem Himmel und in den Farben Weiß-Blau". Aber bezogen auf Bayern will selbst der Kabarettist und Löwen-Fan Dieter Hildebrandt den Bayern die Bodenständigkeit nicht absprechen: Der FC Bayern gehöre zum Freistaat Bayern „wie die geheiligte Weißwurst oder der Fronleichnamszug". In Bayern ist nicht der TSV 1860, sondern der FCB die Nummer 1, und darüber hinaus können die Blauen ohnehin nicht mit dem Appeal der Roten konkurrieren. Uli Hoeneß zu den Einzugsbereichen der Lokalrivalen: Der FC Bayern sei ein Klub für alle Deutschen und alle hier lebenden Ausländer, der TSV 1860 stehe für München und „ein bißchen für Bayern". 1860-Präsident Wildmoser mache „auf bayerisch, bodenständig, die rustikale Art, ein gestandener Münchener, das lebt er aus." Hoeneß hält es für falsch, „wenn 1860 anfangen würde, uns auf dem nationalen Markt zu bekämpfen" und sagen würde, „wir wollen eine Kopie von Bayern München werden." Allerdings dürfte der Bayern-Manager bei seinem Ratschlag weniger das finanzielle Wohlbefinden des Konkurrenten als die eigene Kassenlage im Auge haben.

Paul Breitner äußerte sich vor vielen Jahren über die sozialen Unterschiede zwischen den beiden Münchener Rivalen: „Ich hab', als ich nach München kam, ziemlich viel davon mitbekommen, daß der FC Bayern der Verein der gehobenen Kreise war. Ich habe eine Zeit mitbekommen, so von '71 bis '74, in der der Fußball absolut gesellschaftsfähig war, in denen ich immer gesagt hab', die Leute tun bei uns im Stadion so und setzen sich so auf die Tribüne, wie sie früher in die Oper gegangen sind. Oder wie man auf dem Land draußen in die Kirche geht: um seinen neuen Pelzmantel, sein neues Sakko oder seinen neuen Anzug zu zeigen. (...) Wir hatten damals eine Vereinsführung, die auch sehr gern in der Gesellschaft eine Rolle spielte. Als dann die etwas schwächeren Jahre des FC Bayern kamen, hat sich das wieder gelegt. Mittlerweile kann man kaum mehr unterscheiden zwischen dem Niveau der Bayern-Fans und dem der 1860er Fans. Ein Unterschied ist noch da. Bei uns sind generell die teuren Plätze besser besetzt und bei den 1860ern die Stehkurve." Ein Phänomen, das auch noch heute zu beobachten ist. Spielen die Löwen vor 25.000 bis 35.000 Zuschauern, ist die Haupttribüne nur sehr spärlich besetzt. Die Masse der Zuschauer bevölkert die Nordkurve und die preiswerteren Sitzplätze auf der unüberdachten Gegengerade.

Obwohl Bayern-Anhänger in allen Schichten der Gesellschaft zu finden sind, fallen die Unterschiede zu den Fans einiger anderer Klubs, auch denen des TSV 1860, bereits optisch auf. Der FC Bayern mobilisiert zwar bei weitem nicht nur die Besserverdienenden, aber der TSV 1860 ist sicherlich immer noch mehr als der Lokalrivale ein Klub der kleinen Leute Münchens. Manni Schwabl, ehemals beim FC Bayern, heute ein Löwe, im Januar 1997 gegenüber dem „Kicker": „Wir sind insgesamt anders als die Bayern: volksnah. Wir wollen kein Edelverein sein." Und Präsident Wildmoser: „Wir sind ein Verein des Volkes, Bayern ist ein bißchen elitär."

Erheblich sind die Unterschiede zwischen den beiden Rivalen auf der Führungsebene: Trotz des Kaisers wird der FCB heute kollektiv geführt. Der TSV 1860 ist hingegen mehr eine „One Man Show", für die seit 1992 der Immobilienmakler und Großgastronom Karl-Heinz Wildmoser verantwortlich zeichnet. Er ist ein barocker Machtmensch. Im TSV 1860 der Ära Wildmoser werden oppositionelle Regungen bereits im Keim erstickt. Der Chef der Sechziger ist pikanterweise Bayern-Mitglied, aber mit seiner burschikosen Art paßt er nicht so recht zum seriösen und gediegenen Image des FCB. Als der TSV 1860 noch in der Bayern-Liga spielte, wurde Wildmoser nachgesagt, statt den Auswärtsbegegnungen seiner eigenen Mannschaft beizuwohnen, würde er sich von den teuren Plätzen des Olympiastadions aus die Roten anschauen. Wildmoser benutzte den TSV 1860 als Vehikel zum ersehnten gesellschaftlichen Aufstieg.

Einige Löwen-Fans werfen Wildmoser vor, unter seiner Regie sei der Verein zu einer „Billigkopie des FC Bayern" verkommen. „We are blue, we are white, we are FC Bayern light!", dichtete eine skeptische Fan-Initiative. Kritisiert wird vor allem der Umzug vom traditionsreichen Sechzigerstadion in Giesing in die „öde Leichtathletikschüssel" des Olympiastadions, der Heimat des FC Bayern.

„Rote" und „Schwarze"

Mit dem sozialen Klischee korrespondiert ein politisches: Die Blauen seien ein eher „roter Verein", die Roten indes ein Klub der „Schwarzen". Dies kann nicht immer so gewesen sein. Zumindest in seinen Anfangszeiten war der FC Bayern kein konservativer Verein. Und während der Nazi-Zeit war der TSV 1860 erheblich brauner als der FC Bayern, der sich lange Zeit seiner Nazifizierung widersetzte. Allerdings könnten die Jahre der NS-Herrschaft einen Bruch bewirkt haben. Vor der Machtergreifung durch die Nazis waren auch zahlreiche jüdische Bürger Mitglied im Verein. 1997 hingegen protestierte der Verwaltungsbeiratsvorsitzende des FC Bayern öffentlich gegen eine wissenschaftlich fundierte Ausstellung, die u.a. die Beteiligung der Wehrmacht am Vernichtungsfeldzug gegen die jüdische Bevölkerung Europas dokumentierte.

Zu den Fans der Löwen zählen heute u.a. die Kabarettisten Dieter Hildebrandt, Gerhard Polt und Ottfried Fischer sowie Oberbürgermeister Christian Ude (SPD), der es aber auch mit den Bayern kann und diese als „hervorragenden Werbeträger" für die Stadt bezeichnet. Udes 1997 verstorbener Vater Karl, der 28 Jahre Chefredakteur der Literarischen Monatszeitschrift „Welt und Wort" war, lebte seit 1926 in der Bayern-Heimat Schwabing.

Die Mehrheit der fußballinteressierten kritischen Intellektuellen fühlt sich heute zu den Blauen hingezogen, da der FCB zuviel Schickimicki repräsentiert. Außerdem hält man es in diesen Kreisen traditionell eher mit dem Underdog. Doch wird das Bild von den „roten Blauen" durch einige prominente Schwarze getrübt: Bundesfinanzminister Theo Waigel (CSU) ist der prominenteste Löwen-Fan überhaupt. Und auch der zum liberalen CSU-Flügel zählende bayerische Kultusminister Hans Zehetmair geht zu den Sechzigern. Einer der Vorgänger Wildmosers war der CSU-Haushaltsexperte Erich Riedl, dem Herbert Wehner im Bundestag entgegenhielt: „Sie reden wie ein Absteiger, Sie!" Und bevor sich erstmals ein Bayern-Spieler öffentlich zur CSU bekannte, tat dies ein prominenter Löwe: Publikumsliebling Petar Radenkovic betrieb bereits in den 60er Jahren Wahlkampf für die Schwarzen und wurde zu deren „Vorzeige-Ausländer". Vor einigen Jahren wurde der ehemalige Klassekeeper von der Münchener CSU-Spitze um den Rechtsaußen Peter Gauweiler als Ausländerbeauftragter für die Isarmetropole ins Gespräch gebracht.

Zum FC Bayern bekennen sich u.a. – wie bereits erwähnt – Landesvater Edmund Stoiber (CSU), der rechtskonservative CDU-Stratege und mögliche Kohl-Nachfolger Wolfgang Schäuble und der Kanzler-Berater und ehemalige „Bild"-Kolumnist Peter Boenisch – aber auch Iris Berben (Ex-68erin), Senta Berger und Boris Becker. Auch der progressive Filmemacher Rainer-Werner Fassbinder, ein Schwabinger Bürger, war ein Fan des FC Bayern.

Der im Umgang mit seinen Untergebenen äußerst rüde Löwen-Präsident Wildmoser ist alles andere als ein Liberaler, sondern ein Anhänger der CSU. Seine Stürmer lobte er schon mal mit den Worten: „Mit diesem Sturm hätten wir den 2. Weltkrieg gewonnen." Die Entlassung des bei den Fans sehr beliebten Trainers Karsten Wettberger kommentierte er seinerzeit: „Einen Gewerkschafter kann ich sowieso nicht als Trainer gebrauchen." Was die Führungsetagen und deren unmittelbares Umfeld anbelangt, so sind die Löwen mitnichten „linker" oder liberaler als die Bayern. Eher trifft das Gegenteil zu.

Das konservative Image des FCB wurde stark durch die Präsidentschaft Neudeckers geprägt. Zwar läßt sich insgesamt feststellen, daß das sozialdemokratische und alternative Milieu eher zu den Löwen neigt, das konservative indes wohl mehrheitlich den FC Bayern bevorzugt. Aber Hans Eibele trifft vermutlich den Nagel auf den Kopf, wenn er schreibt: „Der Riß geht *quer* durch Familien, Freundeskreise, Betriebe und politische Parteien." Die Vereinnahmung des FCB durch die CSU ist nicht zuletzt in den dauerhaften Erfolgen beider Seiten begründet. Hätte der TSV 1860 die sportliche Entwicklung des FC Bayern eingeschlagen, hätte sich die dominierende Landespartei wohl über die Löwen hergemacht.

Bayern-Hilfe

Ins Klischee paßt auch nicht so recht, daß der FCB dem Lokalrivalen wiederholt bei finanziellen Problemen zur Hilfe eilte. 1965 hatte 1860-Präsident Wetzel bereits seine Villa verpfändet. Als immer noch Geld fehlte, griff der FCB den Löwen mit 100.000 DM unter die Arme. 1974 pumpte Löwen-Boß Riedl seinen Kollegen Neudecker beim Europacup-Empfang mit den Worten an: „Wenn Sie mir nicht 100.000 Mark geben, ist 1860 übermorgen kaputt." Neudecker zahlte, und die Löwen waren gerettet. Auch in der Ära von Bayern-Präsident Willi O. Hoffmann unterstützte der FCB den Lokalrivalen finanziell. Während seiner Zeit in der zweiten Liga und in der Bayern-Liga subventionierten die Roten den TSV wiederholt durch lukrative Freundschaftsspiele. Und als die Bayern 1984 Ludwig „Wiggerl" Kögl vom Lokalrivalen holten, hätten sie eigentlich nur eine Ablöse von 30.000 DM zahlen müssen, da die Löwen zu dieser Zeit nur Amateurligist waren. Doch der FCB überwies 100.000 DM.

Als der TSV 1982 aufgrund seiner immensen Schulden (8 Mio. DM) zwangsweise in die Bayern-Liga versetzt wurde, verstärkte dies lediglich das Klischee von den „reichen" Bayern und „armen" Löwen, obwohl die

Löwen für ihre Schulden alleinverantwortlich waren. Der FCB ließ die Löwen sportlich und finanziell weit hinter sich, weil er in den Jahren, in denen entscheidende Weichen im deutschen Profifußball gestellt wurden, über das weitaus qualifiziertere Führungspersonal und Umfeld verfügte. Trotz des Wiederaufstiegs der Löwen 1994 ist der Vorsprung des FC Bayern wohl auf sehr lange Zeit uneinholbar. Die Umsatzzahlen des Jahres 1996 verdeutlichen die tiefe Kluft zwischen beiden Klubs: 147,3 Mio. DM nahmen die Bayern ein, „nur" 34,5 Mio. DM die Löwen.

Damals und heute

Wie populär *beide* Klubs sind, dokumentieren neben dem Zuschauerzuspruch auch die Mitgliedszahlen. Anfang 1996 zählte der FCB 64.000 Mitglieder und war damit der größte Klub der Bundesrepublik. Der TSV 1860 zählte immerhin noch 15.600 und folgte damit hinter dem FC Schalke 04 auf dem 3. Rang. Die Zahl der Bayern-Fanklubs beträgt über 1.300, bei den Löwen sind rund 450 registriert.

Franz Beckenbauer in einem Rückblick auf sein erstes Bundesligaspiel, das zugleich das Derby war: „Gleich zum Start das Derby – das war für Fans und Spieler das Höchste. 44.000 Zuschauer im alten Grünwalder Stadion, eine tolle Atmosphäre. Ich hatte beim Einlaufen eine Gänsehaut. Für mich jedenfalls war und ist das Derby gegen die Löwen mit der Höhepunkt im Fußballjahr." Und Sepp Maier: „Da kannst du auch Dortmund gegen Schalke vergessen, für mich war das Derby immer so ein Duell wie AC Mailand gegen Inter Mailand."

Für die heutigen Spieler sieht dies etwas anders aus. Denn im Gegensatz zu früher, wo sich die Akteure der Roten und Blauen bereits aus den Duellen in der Jugend kannten, kicken heute fast ausnahmslos „Legionäre" für die beiden Klubs. Als im Dezember 1994 nach 13 Jahren endlich wieder

Plakat von 1967

ein Münchener Bundesligaderby angepfiffen wurde, war im Team der Sechziger nur ein Spieler ein gebürtiger Münchener: Timur Yanyali, ein Türke mit deutschem Paß. Beim 20. Bundesligaderby Anfang März 1996 war der einzig waschechte Münchener auf dem Platz Bayern-Akteur Markus Babbel. Auf dem Feld stehen sich nicht mehr lokale Gewächse gegenüber, sondern „zwei internationale Auswahlgremien von Einzelunternehmern" (Ludger Schulze).

Das Münchener Derby, bis zum ersten Abstieg des TSV 1860 in der Saison 1969/70 das einzige Stadtderby in der Bundesliga (später folgten noch Stadtderbys in Köln, Hamburg und Stuttgart), hat etwas von seiner ursprünglichen Brisanz eingebüßt. Auch die Klubs pflegen mittlerweile die Bedeutung des Derbys herunterzuhängen. Für Uli Hoeneß ist es eine ganz normale Begegnung, bei der es auch nur um drei Punkte ginge. Vor dem ersten Derby der Saison 1996/97 erinnerte sich Ludger Schulze in der „SZ": „Als Peter Grosser 1963 als erster prominenter Spieler von der Säbener Straße zum TSV 1860 zog, galt der brillante Fußballer als übler Verräter. Bei den Bayern sowieso, aber selbst auch bei den Löwen, obwohl die von dem Wechsel nur profitierten. Seinerzeit ging ein Riß durch die Stadt, der Fußballinteressierte war entweder ein Roter oder ein Blauer." Heute interessiert es nicht sonderlich, daß in der Saison 1996/97 mit Berg, Hamann, Kutschera, Schwabl, Czerny und Bender gleich sechs ehemalige Bayern-Akteure beim TSV 1860 vor den Ball traten.

Die sozialen Unterschiede zwischen den Fan-Gemeinden der beiden Klubs dürften sich weiter verringert haben. Ob man ein Löwe ist oder ein Fan des FC Bayern, ist nicht mehr in gleicher Weise Weltanschauungssache wie noch vor 30 Jahren. Außerdem, und dies gilt insbesondere für den FCB, kommt nur der geringere Teil der Derby-Zuschauer aus München. Für einen Bayern-Fan, der aus dem Rheinland oder dem Münsterland anreist, besitzt das Derby nicht die gleiche Bedeutung wie für einen Münchener, der mit der Konkurrenz von Roten und Blauen aufgewachsen ist.

Dennoch hat das Derby eine hohe emotionale Bedeutung behalten, vor allem für die Fans der Löwen. Sie sehen im direkten Duell die Möglichkeit, dem übermächtigen Lokalrivalen wenigstens für 90 Minuten das Leben schwer zu machen.

1997 qualifizierte sich der FC Bayern für die Champions League, der TSV 1860 für den UEFA-Cup. Zum ersten Mal seit 30 Jahren waren wieder beide Münchener Vereine europäisch vertreten. München auf dem Weg zu einem deutschen Mailand?

Underdogs und Champions

Die Konkurrenz

Genau genommen hat der FC Bayern in jeder Saison 17 hochmotivierte Rivalen. Denn für jeden Bundesligaklub ist sein Heimspiel gegen den Rekordmeister ein ganz besonderes Ereignis. Wenn es gegen den FC Bayern geht, wachsen selbst Teams aus der unteren Tabellenhälfte immer wieder über sich hinaus. Nicht selten folgt einer brillanten Heimvorstellung gegen die Bayern ein leistungsmäßiger Einbruch.

Im folgenden geht es um vier höchst unterschiedliche Klubs. Der FC St. Pauli gilt als „sozialer Antipode" zum FC Bayern, der SC Freiburg mehr als konzeptioneller. Beide mußten nach der Saison 1996/97 die Bundesliga verlassen. Borussia Dortmund war in den letzten Jahren der sportlich wie wirtschaftlich härteste Herausforderer der Bayern. Bei den Begegnungen dieser beiden Klubs ging es für den FC Bayern erstmals seit den Jahren der Bayern-Gladbach-Konkurrenz ernsthaft um die Statusfrage, wer die tatsächliche „Number One" im deutschen Fußball ist. Der Hauptstadtverein Hertha BSC, der 1997 wieder erstklassig wurde, könnte ein Konkurrent der Zukunft sein. Das Besondere an der „neuen Hertha" ist nicht nur ihr Standort, sondern sind auch ihre Schöpfer: ehemalige Bayern-Akteure sowie ein Medienkonzern, der auch mit den Bayern verbandelt ist.

FC St. Pauli

Krasser als zwischen dem FC St. Pauli und dem FC Bayern können die Unterschiede zwischen zwei Bundesligaklubs kaum ausfallen. In der Saison 1996/97 stand die mit Abstand komfortloseste Bundesligaarena am Hamburger Millerntor. Ein Auswärtsspiel beim FC St. Pauli mußte den verwöhnten Bayern-Akteuren wie die Reise in eine andere Welt vorkommen. Das enge St.-Pauli-Stadion war ein heißes Pflaster. Da wurde schon mal ein Bayern-Akteur beim Einwurf am Trikot festgehalten oder mit Bier getauft, und die Bayern-Bank war es gewohnt, mit Kleingeld bombardiert zu werden. Ein Teil der St. Pauli-Fans versteht sich trotz Abstiegs als „Freibeuter der Liga", und die „Reichen", die es zu „enteignen" gilt, sind vor allem die Bayern.

Als der FC Bayern im Herbst 1989 am Millerntor gastierte, erwirkte Manager Hoeneß beim DFB ein Verbot der offiziellen Stadionzeitschrift „MillernTor-Magazin". Auf deren Titelblatt war nämlich groß zu lesen: „St. Pauli gegen Bayern München: DER KLASSENKAMPF." Im Sinne der Zeitung hatte sich vor dem Spiel auch Pauli-Trainer Helmut Schulte geäußert: „Das ist doch klar, da kämpft auf dem Spielfeld Kapital gegen Arbeit." Hoeneß' zornige Intervention geriet zum Eigentor. Sämtliche bedeutenderen Tageszeitungen kommentierten den Zwist, in der Regel zugunsten des Underdogs, und verhalfen somit der inkriminierten Publikation zu bundesweiter Bekanntheit.

Im Frühjahr 1991 ließ sich das „MillernTor-Magazin" etwas Neues einfallen. Anstatt dem FC Bayern „klassenkämpferisch" zu begegnen, übte man sich in penetranten Lobhudeleien auf den Rekordmeister. Die Schlagzeile lautete nun: „Hoeneß kommt: DIE GRÖSSTE SHOW DER WELT." Darunter stand das Versprechen: „Diesmal garantiert Bayern-freundlich." Im Innenteil war zu lesen: „Mit dem FC Bayern München begibt sich die beste Vereinsmannschaft der Welt herab ans Millerntor." Hoeneß durchschaute zwar das Spiel, wollte sich aber nicht ein weiteres Mal blamieren und attestierte dem „MillernTor-Magazin" generös, „eines der bestgemachten Stadionmagazine der Bundesliga" zu sein. Fortan fand man auf dem Titelblatt ein kleines Gütesiegel mit dem Kopf des Managers und dem Hinweis: „Empfohlen von Uli Hoeneß."

Auch für die rund ums Millerntor erscheinenden Fanzines waren die Bayern wiederholt ein gefundenes Fressen: Der „Millerntor Roar!", das erste bedeutendere linke Fanzine in der Bundesliga, widmete sich Ende der 80er in seiner Rubrik „Die meistgehaßten Männer der Bundesliga" auch dem Bayern-Manager (weitere Opfer waren Berti Vogts und Gerhard Mayer-Vorfelder). Als der FC St. Pauli in der Saison 1990/91 in München sensationell mit 1:0 gewann, titelte der „MR!" seinen Spielbericht mit „Geld allein macht nicht glücklich!". Als 1992 Hermann Neuberger verstarb, zeigte das Titelblatt des „MR!" die Köpfe von neun „Feindbildern" der Blattmacher, unter ihnen der verschiedene DFB-Präsident, Mayer-Vorfelder, Vogts, Fassbender und … natürlich Hoeneß. Das Foto von Neuberger war durchgestrichen. Neben den Fotos prangte die frohlockende Schlagzeile: „Jetzt geht's los…!" Zum Gastspiel der Bayern im Oktober 1995 erschien das Fanzine „Der Übersteiger", ein Nachfolgeprojekt vom „MR!", mit einem Titelblatt, das Lothar Matthäus ans Kreuz genagelt zeigte. Darunter stand: „Hängen lassen!" In Bayern tobte gerade der Streit um das Aufhängen von Kruzifixen in Klassenzimmern, in dem FCB-Fan

„Klassenkampf": Titelblatt
des MillernTor-Magazins zum
Gastspiel des FC Bayern im
Oktober 1989.

Anti-Matthäus-Titelblatt
des Fanzines
„Der Übersteiger"

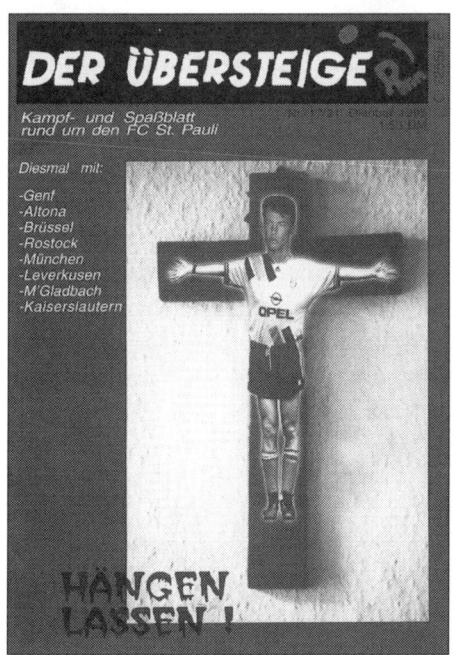

Uli-Hoeneß-Gütesiegel

Edmund Stoiber kräftig mitmischte. Der Vorbericht zum Spiel war überschrieben mit „The Classwar continues".

Nicht alle mitgereisten Bayern-Fans fühlten sich durch den „Übersteiger" provoziert. So fand sich im „Übersteiger" eine Ausgabe später ein bemerkenswerter und erfrischend souveräner Leserbrief des Bayern-Fanklubs „Die Elche": „Mit Vergnügen haben wir bei unserer Auswärtsfahrt gegen den FC St. Pauli Euer Spaßblatt gelesen. Zwar empfanden wir die Aufregung über 'Scheiß-Bayern-Schals' mit dem Tenor 'die haben angefangen' beim Spiel gegen Rostock und die billigenden Hoffnungen von Käpt'n Braunbär gegenüber Wurfgeschossen auf Bayern-Offizielle als Widerspruch – aber egal, Ihr seid ja auch Kampfblatt. Durch die derzeitige Kommerz-Phase des FCB haben wir Euer Klassenbewußtsein wirklich genossen und freuen uns auf die nächste Ausgabe zum Spiel gegen uns; was soviel heißt wie: Wir wünschen Euch den Erhalt der sportlichen und gesellschaftlichen Klasse."

Eine völlig andere Haltung bezieht das Bochum-/Bayern-Freundschaftsfanzine „Fantastic", das die Fans des FC St. Pauli als Ungeziefer, nämlich „Zecken" betrachtet. Und wie Ungeziefer zu behandeln ist, weiß man ja – mit Vernichtungsmitteln. „Hauptsache, man hat die Zecken bereits am ersten Spieltag in die Abstiegszone geschossen", schrieb das „Fantastic", nachdem der FCB am 16. August 1996 beim FC St. Pauli mit 2:1 gewonnen hatte. Doch damit nicht genug. Die Nazi-Parole „Deutsche wehrt Euch, kauft nicht bei Juden" wandelte der Autor in „Deutsche wehrt Euch, geht nicht zu St. Pauli" um.

Zu denen, die 1997 den Abstieg des FC St. Pauli bedauerten, gehörte – trotz aller am Millerntor erlittener Schmähungen – auch Uli Hoeneß. Der Bayern-Manager: „Ich habe ein Faible für die Hamburger, die eine Nische besetzen. Toll finde ich die Fans, die machen aus jedem Heimspiel ein Fest." Man durfte Hoeneß dies glauben, und sei es auch nur, weil der FC St. Pauli mit seiner gewissen Andersartigkeit ein nicht unbedeutender Marketingfaktor für die Liga war. Das gemeinsam vermarktete Unternehmen Bundesliga lebte und lebt auch von ihrer „Einheit in Vielfalt".

SC Freiburg

Als „einen Trip in ein alternatives Fußballbiotop" beschrieb die „Frankfurter Rundschau" die Gastspiele des FCB in Freiburg, als dieser dort im März 1996 seine dritte Niederlage in Folge kassiert hatte. Es sei „kein Zufall, daß ausgerechnet die Reise nach Freiburg alle Jahre wieder die Nerven des FC

Bayern blank legen" würde. „Ein kleines, immer feiner werdendes Stadion mit Solarzellen auf dem neuen Tribünendach; Zuschauer, die bei der Vorstellung der Gegner nicht 'A-loch' brüllen, sondern 'na und' und bei manchen (Klinsmann) sogar sanft klatschen. Und ein Trainer mit Brilli im Ohr, Volker Finke, der seit Jahren den angemessenen Fußball in diesem Ambiente spielen läßt, intelligent und frech – und der dabei in Ruhe gelassen wird." 1996/97 charakterisierte die „SZ" die Begegnung SC Freiburg –Bayern München als „18 Millionen Jahresumsatz gegen fast 150 Millionen, Namenlose gegen Weltstars."

Ihren ersten und einzigen Punkt im Breisgau erkämpften sich die Bayern erst bei ihrem vierten und (vorerst) letzten Auftritt dort. Ein trostloses 0:0 gegen eine Mannschaft, die in dieser Saison bereits frühzeitig als Absteiger feststand. Vor dem Spiel schrieb die TV-Moderatorin und Talk-Masterin Nina Ruge in einem Gastkommentar für die Stadionzeitschrift des SC: „Das Dreisamstadion. Alptraum für die Bayern. Sie brauchen vor dem 16. November ganz viel Seelenmassage. Von mir kriegen sie die. Schließlich bin ich immer für die Underdogs."

In den vier Jahren ihrer Erstklassigkeit galten die Freiburger in konzeptioneller Hinsicht als die Anti-Bayern schlechthin. Denn im Dreisamstadion wurde nicht „Helden-Fußball", sondern „Konzeptionsfußball" praktiziert. In der Saison 1994/95 erreichte das starlose Freiburger Ensemble sensationell den 3. Platz in der Liga und lag damit drei Plazierungen und ebensoviel Punkte vor dem FC Bayern. In dieser Saison erlitt der FC Bayern mit 1:5 seine herbste Niederlage im Breisgau. Noch einige Jahre zuvor, der SC kämpfte um den Aufstieg in die 1. Bundesliga, hatte Dieter Hoeneß, damals Manager beim VfB Stuttgart, die bemerkenswerte Äußerung getätigt: „Wenn der SC Freiburg durchkommt, dann haben wir dreißig Jahre lang alles falsch gemacht."

Doch die Bundesliga fraß den SC, worüber nun alles in Vergessenheit zu geraten droht, was andere Klubs – auch und gerade der FC Bayern – von ihm lernen könnten. In seiner zweiten Bundesligasaison charakterisierte Freiburgs Uwe Spies den SC noch als „einen Fußballverein, der nicht der klassische Profiklub ist, der für mich mehr als nur ein Arbeitgeber ist, mit dem ich mich identifiziere." Nur ein Jahr später hörte sich der Spieler ganz anders an: „Dieter Hoeneß war es, glaube ich, der mal gesagt hat: Man muß mit den Wölfen heulen, wenn man in der Ersten Liga bestehen will. Er scheint tatsächlich recht gehabt zu haben. Auch wenn manche gedacht haben, hier in Freiburg wäre etwas anderes möglich. (...) Wir sind nach und nach eher eine Söldnertruppe geworden. Es gibt immer mehr Leute, die

SC Freiburg –
FC Bayern München 5:1.
Keeper Kahn ist
frustriert.

sich nicht mehr so mit dem Verein, mit der Sache identifizieren. Für die der Verein austauschbar wird. (...) Der SC Freiburg ist einfach ein ganz normaler Profiverein geworden. (...) Ich sehe auch nicht mehr, warum es in anderen Vereinen – in Anführungszeichen – schlimmer sein sollte als in Freiburg."

Zwischenzeitlich war der SC in den Abstiegsstrudel geraten. Mit dem Weggang von Spielern wie Cardoso, Heinrich und später auch Todt wurden wichtige Mosaiksteine aus Finkes System herausgebrochen. Während der Saison 1995/96 erwarb der Klub für 5 Mio. DM zwei neue Stürmer und einen neuen Mittelfeldspieler. Einer der Neuzugänge war Alain Sutter, der vom FCB in den Schwarzwald wechselte. Freiburgs Trainer Volker Finke bedankte sich nach dem Wechsel bei Uli Hoeneß „für die fairen Verhandlungen, dieser Stil ist heute selten im Geschäft". Mit Dieter Frey und Michael Sternkopf (via Mönchengladbach) folgten Anfang bzw. während der Saison 1996/97 zwei weitere (ehemalige) Bayern-Akteure.

Nach den Unterschieden zwischen seinem alten und seinem neuen Arbeitgeber befragt, antwortete Alain Sutter im März 1996: „In München hat in der Trainingskabine jeder Spieler einen eigenen, abschließbaren Spind. In Freiburg haben wir keine Spinde, nur Holzbänke mit Kleiderhaken. In München haben wir die Schuhe in einen Schacht geworfen, und am nächsten Tag standen sie wieder wie neu an unseren Plätzen. In Freiburg putzt jeder seine Schuhe selbst." Außerdem gestalte sich der Kontakt zur Vereinsführung anders. „Franz Beckenbauer habe ich außer bei Spielen nur einmal gesehen. Auch mit Karl-Heinz Rummenigge und Uli Hoeneß gab es nur selten Kontakt. Da Achim Stocker täglich zum Freiburger Vereinsgelände kommt, finden häufiger kurze Unterhaltungen über alltägliche Dinge statt." Sutter widersprach jedoch der Behauptung, in Freiburg würden die Spieler in ihrer Freizeit mehr gemeinsam veranstalten als in München: „Die Leute treffen sich, Freundschaften entstehen. Das Image, daß in München Jungunternehmer zusammenkommen, die sich nach Training oder Spiel wieder in alle Winde zerstreuen, trifft auf den Verein nicht zu. In Freiburg unternehmen wir privat auch nicht mehr gemeinsam."

Das Heulen mit den Wölfen, die angeblich unvermeidliche Anpassung an die herrschenden Spielregeln des Business Bundesliga bekam dem SC nicht. Als der SC aufhörte, die finanziell übermächtige Konkurrenz mit einem hauseigenen Fußballkonzept herauszufordern, erfolgte 1997 der Abstieg. Trainer Volker Finke: „Wir haben hier die Erfahrung gemacht, was es für uns bedeutet, wenn wir Abstriche von unserem Konzept machen, wenn wir normalisieren. Und damit sind wir voll gegen die Wand gefahren." „Back to the roots" lautet deshalb Finkes Marschrichtung für die Zukunft. „Es kann doch nicht sein, daß man einfach sagt: Das Geschäft ist eben so. Die Branche ist eben so. Es wird immer Stars geben. Allein die fußballerische Qualität der Spieler entscheidet. Das akzeptiere ich einfach nicht." In Zukunft werde wieder „der Mannschaftssport im Vordergrund" stehen. „Mir kann keiner mehr erzählen, daß es besser wäre, seine persönlichen Qualitäten einzubringen. Das haben wir ein dreiviertel Jahr lang probiert. Das ist zu Ende, das interessiert hier keinen mehr."

So lange der SC Freiburg dem „Star-Fußball" mit „Konzeptionsfußball" begegnete, gab es jede Saison einen Sieg gegen die FC Bayern. Überhaupt gestaltete sich die Bilanz des SC Freiburg gegenüber dem FC Bayern nach vier Jahren Bundesliga positiv: Den zwei Siegen der Bayern standen drei der Freiburger gegenüber. Drei Begegnungen endeten mit einem Remis. Das Torverhältnis lautete 14:10 zugunsten der Breisgauer.

Vor dem letzten Gastspiel des SC Freiburg im Olympiastadion zollte auch das „Bayern-Magazin" dem „Modell Freiburg" seinen Respekt: „Kaum einer anderen Mannschaft in der Bundesliga ist es wie den Freiburgern gelungen, einen Mythos, ein nicht ganz 'normaler' Verein zu sein, aufzubauen. Der SC Freiburg steht immer noch für die Sehnsucht vieler Fans, daß auch Außenseiter mit bescheidenen finanziellen Mitteln eine Chance im Fußball haben. Diese Sehnsucht haben die Personen Stocker/Finke und der Klub als Institution verkörpert. Und sie ist hoffentlich nur für kurze Zeit ins Trudeln geraten."

Borussia Dortmund

Als der FC Bayern 1932 seine erste deutsche Meisterschaft gewann, war die neun Jahre jüngere Dortmunder Borussia nicht einmal im Ruhrgebiet eine bedeutende Größe. Zu einem Klub von überregionaler Bedeutung stieg der BVB erst Ende der 40er auf. Soviel zu der Behauptung, Borussia Dortmund sei ein Traditionsklub, der FCB indes nicht. In Wahrheit gehören beide Vereine zu den ganz Großen in dieser Kategorie.

Der höchste Sieg des FCB in der Bundesliga traf ausgerechnet seinen heute härtesten Rivalen: In der Saison 1971/72 besiegte der FCB den BVB mit 11:1. Der FC Bayern wurde Meister, während der BVB in die Regionalliga abstieg. Niederlage und Abstieg dokumentierten den sozialen Machtwechsel innerhalb der Bundesliga. Der FC Schalke 04 bot dem FC Bayern in dieser Saison zwar lange Paroli, mußte aber schließlich doch den Kürzeren ziehen. Der ehemalige Standortvorteil der von den traditionellen Industrien gesponserten und sich viele Jahre aus einem großen Reservoir proletarischer Straßenkicker ernährenden Klubs aus dem Ruhrgebiet hatte sich mit der Legalisierung des Vollprofitums und der ökonomischen Krise des Ruhrgebiets ins Gegenteil verkehrt. Den Klubs aus dem Revier fehlte ein modernes Management, das neue Einnahmequellen auftat und bei der Rekrutierung von qualifizierten Spielern auch außerhalb der Region aktiv wurde. Guter und erfolgreicher Fußball wurde nun woanders gespielt.

Als Antwort auf Münchener Dominanz und Arroganz etablierte sich im Revier eine kollektive Ablehnung des „neureichen" FCB. Als der BVB 1995/96 vor den Bayern Meister wurde, betrachteten viele Schalker, deren Mannschaft den Borussen Schützenhilfe geleistet hatte, dies als „kleineres Übel". Seit einigen Jahren herrscht im Ruhrgebiet fußballerisch eine kollektive „Wir-sind-wieder-wer"-Stimmung, zu der nicht nur der BVB, sondern auch Schalke und neuerdings auch der VfL Bochum beigetragen haben.

Das Dortmunder Aufstiegsrezept las sich wie folgt: Man nehme das eigene Seelenleben und bereichere dies um etwas FC Bayern und etwas Werder Bremen. Bei den Bayern schauten die Dortmunder Professionalität und Avantgardismus ab. Um zum Münchener Erfolgsmodell aufzuschließen, beschloß man im Ruhrgebiet, von den Bayern zu lernen, was hier viele Jahre verpönt war. Die Einstellung eines hauptamtlichen Managers wurde lange Zeit als pure Geldverschwendung abgetan. Zugleich vermied der BVB aber auch viele Fehler der Bayern, indem er von den Bremern die Form der Vereinsführung und die Bedeutung personeller Kontinuität kopierte. Der eigene Input bestand vor allem im gekonnten Spagat zwischen Tradition und Moderne. Den Legionären wurde eine „schwarzgelbe Seele eingeimpft" („Spiegel"). Hierzu trugen auch Verträge mit einer langen Laufzeit bei. Äußerungen gegen Stadt, Region und Malocher waren ebenso tabu wie Kritik am Mitspieler und Trainer. Dafür erhielten die Kicker nicht nur fürstliche Gehälter. Anders als in München wurde in Dortmund kein Spieler von Vereinsoffiziellen öffentlich zur Disposition gestellt. Die Mannschaftsführung erfolgte beim BVB professioneller als beim FC Bayern. Mittlerweile steht die Mannschaft allerdings vor einem Umbruch. Und die „kühle Arbeitsatmosphäre" (Freddie Röckenhaus) hat ihren Tribut gefordert. Vom Geist der frühen 90er Jahre, als die Elf den Durchbruch zur nationalen Topadresse schaffte, ist nur noch wenig übriggeblieben. In der Saison 1996/97 zerfiel die Mannschaft zusehends in „Grüppchen mit ausgeprägtem Egoismus und mit immer weniger Verständnis für die personellen und taktischen Zwangslagen des Trainers" (Röckenhaus). Bayern ließ grüßen.

Der Aufstieg des BVB zu einem mit dem FC Bayern auch ökonomisch konkurrierenden Fußball-Business trifft bei BVB-Fans nicht nur auf Gegenliebe. Der prominente Borussen-Fan Friederich Küppersbusch beklagt eine „Hoeneßisierung" des Vereins. „Wenn du vor lauter Geldgeilheit 'Borussen-Wein' verkaufst, dann hast du nicht begriffen, aus welcher Stadt dieser Verein kommt. Die Parole heißt scheinbar: Macht schnell viel Geld damit, und macht es kaputt."

BVB-Präsident Dr. Gerd Niebaum zu den Gemeinsamkeiten zwischen seinem Verein und dem FC Bayern: „Wir sind keine Weltverbesserer, sondern Teil dieser Welt des bezahlten Fußballs. Das ist teilweise eine bizarre Mischung aus Sport und Showbusiness. Und wir bedienen uns der Mittel und Instrumentarien, die dieses Geschäft bereithält. Das tun wir sehr offensiv und sind mit Bayern München zusammen sicherlich Vorreiter." Und zu den Unterschieden: „Schon in der Tradition liegt es begründet, daß die Vereine unterschiedliche Wege gehen. Die Städte und Regionen unterscheiden sich ebenfalls deutlich voneinander. (...) Ein Verein erhält sein Gesicht auch durch die handelnden Personen. Wenn bei Bayern ein wenig bekannter Kinderarzt, Steuerberater oder eben Rechtsanwalt zum Präsidenten gewählt und relativ wenig in Erscheinung treten würde; oder wenn bei uns plötzlich ehemalige Fußballer in der Vereinsführung die zentralen Rollen spielen würden – dann würde man vielleicht tatsächlich gar nicht mehr so viele Kontrapunkte finden. Aber mal davon abgesehen, daß das nicht so ist, gibt es noch einen wichtigen Unterschied, der bleiben wird:

der Erwartungshorizont der Fans. Und vielleicht nicht nur bei denen, die ins Westfalenstadion kommen, sondern auch bei denen weiter weg, die sich mit der Borussia identifizieren. Im Ruhrgebiet wird Fußball gearbeitet. Deshalb wird der Typ des hart arbeitenden Spielers verehrt, ähnlich wie im englischen Fußball. Ich glaube nicht, daß das bei den Bayern genauso ist. In Dortmund verläßt man das Stadion zufrieden, wenn man gesehen hat, daß 90 Minuten lang alles gegeben worden ist, auch wenn nicht immer gewonnen wird." (Interview mit Christoph Biermann im Fußballmagazin „Hattrick"). Auf der Jahreshauptversammlung 1996 verkündete Niebaum im Angesicht eines neuen Rekordumsatzes, der BVB würde auch weiterhin mehr ein Verein des Schweißes denn des Glamours bleiben.

Niebaum verweist auf einen sozio-kulturellen Unterschied, der tatsächlich noch immer existiert, wenngleich längst nicht so kraß, wie es die Klischees vom „Arbeiterverein" Borussia und dem „bürgerlich-elitären" FC Bayern suggerieren. Die Geschichte des BVB und seiner Spielkultur war über Dekaden hinweg mit dem schwerindustriellen Milieu der Stadt verquickt. In der Geschichte des FCB gibt es diese Verbindung nicht. Obwohl sich Dortmund und seine Borussia gewandelt haben, hat hier ein gewisser Ethos, wie er für Regionen mit schwerindustrieller Geschichte typisch ist, überlebt. Ein weiterer wesentlicher Unterschied zwischen Dortmund und München, zwischen Borussia und FC Bayern, ist, daß in der Westfalenmetropole alles auf den Fußball konzentriert ist, während in der Isarmetropole das Spiel nur eines von mehreren kulturellen Angeboten darstellt. Die Borussia ist in viel ausgeprägterer Weise Repräsentantin ihrer Stadt als der FC Bayern.

Der BVB ist der erste Konkurrent der Bayern, der dem Rekordmeister auch in wirtschaftlicher Hinsicht Paroli bieten kann. Während der Saison 1995/96 tauchte das Gerücht auf, der FCB beabsichtige den BVB „totzurüsten". Genährt wurde dies u.a. durch ein Interview mit Beckenbauer in der „SZ", in dem der „Kaiser" auf die Frage: „Es gibt ja offensichtlich ein Wettrüsten zwischen Bayern und Dortmund. Treibt der FC Bayern die Dortmunder finanziell über die Grenzen?" mit einem vieldeutigen Schweigen antwortete. Dem FC Bayern wurde folgende Strategie unterstellt: Dortmunder Leistungsträgern werden Angebote unterbreitet, die nicht nur Unruhe in den Kader des Konkurrenten bringen sollen, sondern auch den BVB zum Übertrumpfen des Bayern-Angebots. So sollen die Dortmunder genötigt werden, ihr Gehaltsniveau weiter hochzutreiben und sich dabei finanziell zu übernehmen. Gleichzeitig werden Gerüchte über eine nicht besonders solide finanzielle Basis der Dortmunder und das Ende ihres wirtschaftlichen Wachstums verbreitet. Publizistische Unterstützung erhielten die Bayern durch die mit ihnen verbundenen Boulevardmedien, die außerdem über angebliche Widersprüche zwischen einzelnen BVB-Spielern und dem Trainer sowie über diverse Wechselabsichten berichteten.

In Dortmund glaubte man allerdings nicht an eine solche Strategie. Das Interesse des FCB an den Spielern Reuter, Freund und Sammer sei durchaus ernsthaft und legitim. Präsident Niebaum gab überdies zu bedenken, daß der FCB ohnehin nicht die Adresse sei, an der sich die Dortmunder Politik orientiere: „Die Preise auf dem großen europäischen Markt werden von AC Mailand, Juventus Turin oder den großen englischen Klubs bestimmt. Dort kennen wir die Marktverhältnisse genau. Dort muß man sich orientieren, wenn man zu einem europäischen Spitzenklub werden will. In diesem Getriebe ist der FC Bayern, bei allem Respekt, nur ein kleines Rädchen." Für die Borussen war es nicht nur sportlich, sondern auch psychologisch wichtig, daß keiner ihrer Stars nach München ging. Alle vom FC Bayern umworbenen Angestellten (Sammer, Reuter, Freund und Torwarttrainer Toni Schumacher) blieben schließlich Borussen, was Manager Michael Meier triumphieren ließ: „Es ist klare Politik des FC Bayern, gute Spieler an Land zu ziehen, um den Gegner zu schwächen. Was in Mönchengladbach bei Matthäus und Effenberg funktionierte, hat bei uns nicht hingehauen. Wir haben als Verein Paroli geboten. Was man sich erarbeitet hat, das läßt man sich so nicht zerstören." So ganz schadlos blieben die Münchener Abwerbeversuche allerdings auch nicht für die Dortmunder: Die Dortmunder Gehaltsstruktur verschob sich tatsächlich nach oben.

Nicht nur die immensen TV-Gelder, sondern auch das Wettrüsten zwischen dem FC Bayern und dem BVB sowie das Werben der beiden „Giganten" um die Top-Spieler anderer Klubs trugen dazu bei, daß die Lohnkosten in der Bundesliga zwischen 1989/90 und 1996/97 um 157% anstiegen. 1989/90 kostete ein Bundesliga-Lizenzspielkader im Durchschnitt 6,8 Mio. DM, 1992/93 waren es bereits 10,5 Mio. und 1996/97 ca. 17,5 Mio. DM. Nach dem Bosman-Urteil hatte auch der FC Bayern mit der Explosion von Spielergehältern zu kämpfen. Der FC Bayern verfügt sicherlich noch immer über die solideste und größte finanzielle Basis, weshalb Hoeneß in Richtung Dortmund und anderer Konkurrenten prognostizierte: „Wenn er (der Erfolg) mal ein, zwei Jahre ausbleibt, schaut es nicht mehr gut aus. Wenn es da mal zwei Jahre nicht so läuft, lachen wir uns tot – die anderen aber sind kaputt." Um wieviel solider die Bayern-Basis tatsächlich ist, läßt sich schwer ausmachen, da solche Äußerungen auch zur Verunsicherungsstrategie der „Abteilung Attacke" gehören.

Ob der FC Bayern tatsächlich eine bewußte Strategie des Totrüstens verfolgt (nicht nur gegenüber den Dortmundern, sondern auch anderen Konkurrenten), läßt sich mit letzter Sicherheit nicht beantworten, da hier verschiedene Faktoren eine Rolle spielen. Zuweilen profitiert der FCB eher ungewollt von der Dummheit einiger Konkurrenten. Hoeneß: „Inzwischen benutzt jeder, der einigermaßen geradeaus laufen kann, den FC Bayern, um sich hochzupuschen." Laut Hoeneß und Rummenigge ist der Rekordmeister heute nicht mehr bereit, jede Gehaltsvorstellung zu erfüllen. Karl-Heinz Rummenigge: „Die Gehälter bei Dortmund sind weit höher als bei uns. Man muß nicht alle Verrücktheiten mitmachen." Wobei Hoeneß allerdings einschränkt: „Wenn wir unbedingt einen haben wollen, würden wir diesen Grundsatz auch mal verlassen. Wir kriegen jeden, den wir wirklich wollen." Die Verpflichtung von Giovane Elber zur Saison 1997/98 scheint dies zu bestätigen. Dennoch war der BVB in den vergangenen Jahren der erste Bundesligaklub, der ernsthaft mitbieten konnte. Es waren nicht mehr nur die Bayern, die die Liga für die anderen teurer machten. Daß Spieler wie Riedle und Möller dem BVB gegenüber den Bayern den Vorzug gaben, wäre Anfang der 90er noch undenkbar gewesen. Der BVB war führend bei der kostspieligen Rückkehraktion von deutschen Spielern aus Italien, darunter mit Reuter und Kohler zwei ehemaligen Bayern-Akteuren.

Der bis heute letzte spektakuläre Wechsel von Dortmund nach München war der von Thomas Helmer zur Saison 1992/93, für den der FCB die damalige Bundesligarekordsumme von ca. 8 Mio. DM berappen mußte. Der Wiederaufstieg der Borussen zu einer Fußballmacht hatte im übrigen mit dem Wechsel eines Müncheners nach Dortmund begonnen: Zur Saison 1988/89 kam Michael Rummenigge nach Dortmund und wurde prompt DFB-Pokalsieger. Rummenigge war der erste Star der Ära Niebaum. Noch bevor der Wechsel amtlich wurde, gab es heftige Proteste einiger Fanklubs und sogar eine Demonstration vor der Geschäftsstelle. Für viele Borussen-Fans war Rummenigge ein „typischer Bayern-Akteur". In einer Stadt mit dem sozialen Hintergrund Dortmunds erinnerte man sich noch allzu gut an die „Schlosseraffäre": Bei einer Fragestunde hatte Rummenigge einen arbeitslosen Schlosser, der des Profis Gehalt problematisierte, in arroganter Manier abgefertigt. Er, der Schlosser, sei schließlich ersetzbar, nur ein kleines Rädchen einer viel größeren Maschine – ganz im Gegensatz zum Kicker Rummenigge.

Bruno Labbadia feiert einen Treffer gegen Borussia Dortmund.

Bittere Momente im Leben eines BVB-Fans: Bayern schlägt Dortmund 11:1.

Geld war und ist jedoch nicht das einzige Werbemittel des BVB. Die Borussen werben auch mit der relativen Ruhe, die in ihrem Umfeld herrsche. Anders als der FC Bayern ist die Vorstandsetage nicht mit den Boulevardmedien verquickt. Angesichts des Theaters, das in den letzten Jahren beim FCB herrschte und dem eine Reihe von Spielern zum Opfer fielen, ein nicht zu unterschätzendes Argument.

Die Unterschiede in der Klubpolitik von FC Bayern und Borussia Dortmund werden am deutlichsten durch die beiden Präsidenten symbolisiert. Auch als Präsident bleibt Beckenbauer vor allem ein Kandidat für den Boulevard. Niebaum hingegen paßt besser ins Zeitungsspektrum „FAZ" bis „SZ". Der Kaiser gönnerhaft über seinen Dortmunder Kollegen: „Ein sehr netter Mann, mit dem mich fast ein freundschaftliches Verhältnis verbindet. Aber er weiß ja, daß er kein Fußballspieler war. Ich bin jetzt 32 Jahre in den Medien präsent. Das ist ein Vorsprung, den kann er nie aufholen." Daß Niebaum Beckenbauer diesen „Vorsprung" neidet, ist kaum anzunehmen. Daß der BVB-Präsident keine Fußballerkarriere vorweisen kann, war für seinen Verein bislang eher von Vorteil. Um ein guter Präsident zu sein, muß man nicht den Ball fünfmal hochhalten können. Und bei aller Medienerfahrung des Kaisers gestalten sich die öffentlichen Auftritte des BVB-Präsidenten doch souveräner, vor allem aber durchdachter. Der Kopfmensch Niebaum hatte in den letzten Jahren ein Programm und eine damit korrespondierende Strategie, der Kaiser nicht.

Unterschiedlich ist auch der Stil, den die erfolgreichen Manager beider Klubs pflegen. Michael Meier gibt sich beim BVB eher „cool" und zurückhaltend, Uli Hoeneß dagegen liebt die Attacke. Während für Beckenbauer die ehemalige Fußballerkarriere eher ein Handikap fürs Präsidentenamt ist, zieht Hoeneß daraus Vorteile. Der ehemalige Weltklassespieler ist der Mannschaft näher als sein Dortmunder Kollege und wird auch von Spielern anderer Vereine hochgeschätzt.

Der Umsatz des BVB betrug für das Geschäftsjahr 1994/95 zwar nur die Hälfte von dem des FC Bayern, aber die Dortmunder hatten die Grenzen ihres Wachstums noch längst nicht erreicht. Solange der Stadionausbau in Dortmund noch nicht abgeschlossen war, verbuchten die Bayern bei ausverkauftem Spiel deutlich höhere Einnahmen. Mit dem Ausbau des Westfalenstadions wuchs dessen Kapazität von 42.000 auf 55.000, davon 38.000 Sitzplätze. Die Reprivatisierung der Anlage bedeutete überdies bessere Vermarktungsmöglichkeiten, als sie die Bayern mit dem Olympiastadion besaßen. Vom Stadionum- und -ausbau, der während der Saison 1996/97 vorerst abgeschlossen wurde, versprach sich der BVB eine Zusatzeinnahme von zehn Mio. DM pro Jahr. Mittlerweile ist ein weiterer Umbau auf ein Fassungsvermögen von 75.000 geplant – der BVB hätte damit nicht nur ein erheblich stimmungsvolleres, sondern auch ein größeres Stadion als die Bayern-Konkurrenz. Im Merchandising standen 1994/95 dem Bayern-Umsatz von 30 Mio. DM zwar nur 3 Mio. der Borussen gegenüber, doch dieser Bereich steckte beim BVB erst in den Kinderschuhen. Ende der Saison 1996/97 wurde der Jahresumsatz des BVB in diesem Bereich auf 30 Mio. DM beziffert. Inzwischen durchstießen die Bayern bereits die 100 Mio.-Grenze – ein Ziel, das sich der BVB erst für das Jahr 2000 setzt. Eine realistische Erwartung: Die Kombination „Traditionsverein" plus Erfolg plus starke TV-Präsenz macht den BVB immer mehr zu einer „nationalen Angelegenheit".

Daß die Ausgaben für den „operativen Lizenzspielerbereich" 1994/95 beim BVB trotz des höheren Gehaltsniveaus mit 27,5 Mio. DM nur um 1,5 Mio. über denen des FCB lagen, lag am größeren Volumen der Münchener Verwaltung. Der Konzern FCB beschäftigte nicht weniger als 85 Leute, der BVB hingegen nur 25. Aber auch hier verändert sich derzeit einiges.

Im Geschäftsjahr 1995/96 verzeichnete der FC Bayern mit 147,3 Mio. DM erneut einen Umsatzrekord, doch war bei den Dortmundern, die 95,2 Mio. umsetzten, die Wachstumsrate mit 53 % (FC Bayern: etwas über 17 %) höher, so daß sich die Umsatzkluft zwischen beiden Klubs weiter verringerte. Dieser Trend dürfte sich im Geschäftsjahr 1996/97 fortgesetzt haben. Jedenfalls prognostizierte Manager Meier im April 1997 einen Umsatz von 125 bis 140 Mio. DM. Insgesamt betrachtet stieg der Umsatz in der Ära Niebaum im Zeitraum 1985/86 (damals wurden erst 10,9 Mio. DM erwirtschaftet) bis 1995/96 um 873,4 %. Die größten Explosionen erfuhr der Umsatz dabei im Jahr des UEFA-Cup-Finales (1992/93: von 30,7 auf 53,3 Mio.) und nach der ersten Teilnahme an der Champions League (1995/96: von 62,4 auf 95,2 Mio.).

Mit 44,1 Mio. DM stammte 1995/96 der Löwenanteil der BVB-Einnahmen erstmals aus der Werbung (inklusive Merchandising) und TV-Honoraren. Im Vorjahr wurden hier erst 28 Mio. DM erwirtschaftet. Die um 66 % auf 35,7 Mio. DM gestiegenen Einnahmen aus Spielen in der Bundesliga (16,5 Mio.), Champions League (11,7 Mio.), Privatspielen inklusive Hallenturnieren und dem DFB-Pokal folgten erstmals nur an zweiter Stelle. Der FC Bayern nahm durch Sponsoren, Werbung, Lizenzrechte und den Fanartikelverkauf 69 Mio. DM ein, was mehr war als der gesamte BVB-Umsatz im Geschäftsjahr 1994/95 und auch erstmals mehr als beim Verkauf der Eintrittskarten. (1981 stammten noch 90 % der Erträge von

14,7 Mio. DM aus Eintrittsgeldern und Mitgliedsbeiträgen!) Der Gewinn des FC Bayern betrug 6,1 Mio. DM, der des BVB hingegen nur 306.000 DM. Bei beiden Klubs stiegen auch 1995/96 die Aufwendungen für die Lizenzspielerabteilung (Reisekosten, medizinische Betreuung, Spielbetrieb inklusive; der Branchenschlüssel für Personal-, Spiel- und Sachkosten lautet 7:2:1). Die direkten Aufwendungen der Bayern betrugen 87,4 Mio. DM, die des BVB 63,9 Mio.

Obwohl eine Studie der Unternehmensberatung McKinsey dem FC Bayern ein Umsatzpotential von weit über 300 Mio. DM attestierte, gibt sich FCB-Finanzchef Scherer eher skeptisch. Er rechne nicht damit, „daß es immer aufwärtsgehen kann", teilte er im Januar 1997 der „SZ" mit. Im Geschäftsjahr 1996/97 dürfte der Gewinn kaum steigen. Den Zusatzeinnahmen durch die lange Teilnahme am DFB-Pokal steht ein ungeplantes Minus durch das Ausscheiden im UEFA-Cup gegenüber. Eine weitere Umsatzsteigerung von 20 % verspräche man sich durch den Fanartikelverkauf. Doch sei der Verein dafür gewappnet, „drei Jahre auch ohne Teilnahme an einem europäischen Wettbewerb zu überstehen." Der FCB investiere nicht nur in attraktive Spieler, sondern weiterhin auch in Immobilien. Der exakte Wert des Immobilienbesitzes des FC Bayern ist unbekannt, die dort schlummernden stillen Reserven dürften jedoch nicht unbeträchtlich sein. Aber auch der BVB hat längst erkannt, wie wichtig der Immobilienbesitz für ein solides finanzielles Fundament ist.

Bayern-Vize Rummenigge möchte den BVB gern auf die Rolle eines Regionalvereins festlegen. Im Gegensatz zum BVB würde der FC Bayern seine Wirkung deutschlandweit und darüber hinaus entfalten. Das ist insoweit richtig, als der BVB vor Ort erheblich stärker verankert ist als der FC Bayern. In München wäre es kaum denkbar, daß nach einem Titelgewinn nahezu die gesamte Stadt auf den Beinen ist. Doch ist eher zu erwarten, daß die Borussia das Image des volksnahen Vereins fürs bundesweite Marketing nutzt, als daß sie sich auf die Dortmunder Region einschränken ließe. Fan-Artikel des BVB kann man längst auch auf dem Münchener Marienplatz kaufen.

Der „schlafende Riese": Hertha BSC Berlin

Anfang der 70er Jahre wurde München Fußballhauptstadt der Bundesrepublik. Die ehemalige Reichshauptstadt Berlin war abgemeldet. Der FC Bayern avancierte zum hauptsächlichen Repräsentanten des deutschen Fußballs auf der internationalen Bühne. Zwischen den EM- und WM-Turnieren erfüllte der FC Bayern fast die Funktion einer Nationalmannschaft. Gefördert wurde der Aufstieg Münchens zur nationalen Fußballmetropole durch den Bau des Olympiastadions, in dem die Finale der WM 1974 und der EM 1988 stattfanden.

Mitte der 80er existierte noch eine Freundschaft zwischen den Fans des FC Bayern und denen von Hertha BSC Berlin. In den folgenden Jahren versandeten diese Fanbeziehungen, was vor allem am sportlichen Niedergang der Berliner lag. Diese gehörten zwar 1963 zu den Gründungsmitgliedern der Bundesliga, stiegen aber anschließend viermal ab – zuletzt 1991, als sie aus der Maueröffnung kein Kapital zu schlagen verstanden. Die Mannschaft war zu schwach, und der Verein wurde – schon Tradition bei der Hertha – von halbseidenen Leuten miserabel geführt. Nur noch die „älteren" Jahrgänge in der Bayern-Kurve, die Mitt- und Enddreißiger, erinnern sich an die Freundschaft mit Hertha. An die Stelle Herthas trat der VfL Bochum.

1989 erklärte Uli Hoeneß in einem Interview: „Wenn ich in Berlin arbeiten würde, mit einem Springer dahinter, könnte ich dem FC Bayern Paroli bieten, ohne Probleme." Daß Berlin Hoeneß reizte, war kein Wunder. Welches Potential hier seit Jahren brachlag, verdeutlicht der Zuschauerzuspruch der Jahre 1968-71, als die Hertha dreimal hintereinander einen Schnitt von über 40.000 mobilisierte. Eine Hertha, die so geführt worden wäre wie der FC Bayern, hätte schon zu Zeiten der Mauer und der Teilung Branchenführer werden können. Heute verfügt der Klub über eine einmalige Monopolstellung: In seinem Einzugsbereich wohnen 6 Mio. Menschen, und im Umkreis von 200 km gibt es keinen Konkurrenten. In der Saison 1996/97 kamen zum Spitzenspiel der 2. Liga gegen den 1. FC Kaiserslautern 75.000 ins Olympiastadion. Franz Beckenbauer anschließend: „Ich habe das schon immer gesagt, Berlin ist ein schlafender Riese."

Mittlerweile ist zwar nicht Uli Hoeneß Hertha-Manager, dafür aber sein Bruder Dieter – weniger mit Springer, dafür umso mehr mit Bertelsmann bzw. deren Tochtergesellschaft Ufa im Rücken, die faktisch den Verein (bis hin zu Neuverpflichtungen) regiert. Bernd Hoffmann, Ufa-Bereichsleiter Fußball und Verbindungsmann zwischen der Hamburger Konzernzentrale und Berlin: „Wir wollen bei jeder Investition gefragt werden, überall muß die Unterschrift der Ufa drauf." CLT-Ufa-Generaldirektor Rolf Schmidt-Holtz sitzt dem Aufsichtsrat vor. Zunächst verhinderte die Ufa mit 4,5 Mio. DM den Konkurs des Traditionsvereins. Als Gegenleistung erhielt sie 40% der Gesamtvermarktung der Hertha bis 2003, Option bis 2009. 1996 pumpte die Ufa weitere 6 Mio. DM in den

Verein, um ihn auf Aufstiegskurs zu bringen. Zur Saison 1997/98 will die Bertelsmann-Tochter noch einmal 9 Mio. DM für Neueinkäufe bereitstellen. Bernd Hoffmann zu den Motiven der Ufa: „Wir haben viel investiert, und wir wollen nun über die Gesamtvermarktung des Vereins Geld verdienen." Finanzielle Hilfe gab es auch vom FC Bayern. Als im Sommer 1995 die Opel-Teams FC Bayern und AC Mailand in Berlin gegeneinander spielten, verfügte Hoeneß „300.000 Mark für die Hertha". Für den Rest – Union, TeBe, Hertha Zehlendorf – gab es nur je 50.000 DM. Hoeneß: „Ich bin es Marketing-Mann. Für mich zählt Tradition – das ist Hertha."

Außer dem Bruder des Bayern-Managers und dem Rechteverwerter existieren noch weitere Verbindungen zum FC Bayern. Zu den Beratern des Klubs zählen u.a. Bayerns ehemaliger Manager Robert Schwan sowie Peter Boenisch, FCB-Verwaltungsbeiratsmitglied und Springer-Mann. Ein weiteres FCB-Verwaltungsbeiratsmitglied, das auch bei der Hertha mitwirkt, ist Ex-Ufa-Mann Bernd Schiphorst, der jetzt im Vorstand einer anderen Bertelsmann-Tochter, AOL Europa, sitzt. Schiphorst ist Chef des Hertha-Wirtschaftsrates.

Die Ufa ist bereits Partner des FC Bayern und von Borussia Dortmund, den beiden Bundesligavereinen mit der größten nationalen und internationalen Ausstrahlungskraft. Mit Hertha BSC hat sie nun auch noch den Hauptstadtverein unter Vertrag, wobei der Unterschied zu München und Dortmund ist, daß sich die Ufa in Berlin nicht mit der Rolle des Partners begnügt. Dabei kam ihr der marode Zustand der Hertha entgegen. Wenn die Bundesligaklubs dazu übergehen sollten, ihre TV-Rechte selbst zu vermarkten und im digitalen Fernsehen auszustrahlen, sitzt Bertelsmann bei sich selbst in der ersten Reihe. Und die beiden Hoeneß-Brüder dürfen dann gemeinsam einen lukrativen Doppelpaß spielen, wozu sie als Profispieler nie die Möglichkeit hatten.

Handtuch um die Hüften

Der FC Bayern und seine Fans

Der FC Bayern ist der Bundesligaverein mit den weitaus meisten Fans in Deutschland. Dies ermittelte zumindest eine 1994 veröffentlichte Studie, die von der Ufa Film- und Fernseh-GmbH in Auftrag gegeben wurde. Befragt wurden Bundesbürger über 14 Jahren, von denen es zu diesem Zeitpunkt in der Bundesrepublik über 60 Mio. gab.

Laut Ufa-Studie war 84,1% dieser Bürger der FC Bayern ein Begriff, ein in der Tat beeindruckend hoher Erkennungswert, der auch etwas über die in den letzten Jahren erneut gewachsene gesellschaftliche Akzeptanz des Fußballs aussagt. Das gesellschaftliche Spektrum, das heute über Fußball spricht, ist breiter denn jemals zuvor. Von den 13,19 Mio. Deutschen, die sich als „Fan" bezeichneten, bekannten sich 4,115 Mio. zum FC Bayern. Auf dem 2. Platz folgte mit weitem Abstand Borussia Dortmund (1,068 Mio.).

Der FC Bayern ist der „Autofahrerverein" schlechthin. Bei Heimspielen reisen 70% des Bayern-Publikums aus über 200 km Entfernung an. Daß der Hauptsponsor ein Autokonzern ist, erscheint da nur logisch. Der heutige FC Bayern wäre ohne moderne Transportmöglichkeiten überhaupt nicht denkbar. Erst die Entwicklung des Autoverkehrs und des Fernsehens ermöglichten den Aufstieg eines Fußballklubs zu einem national mobilisierenden Phänomen. Technischer Fortschritt und FC Bayern sind untrennbar miteinander verquickt. Dies gilt auch für die Fan-Szene. Keine andere Fan-Szene in der Bundesliga dürfte kommunikationstechnologisch so gut ausgerüstet sein wie die des FC Bayern.

Als „Autofahrerverein" ist der FCB auch ein „Samstagsverein". Sofern unter der Woche oder am Sonntag nicht absolute Topbegegnungen auf dem Programm stehen, bekommt er das Stadion nur samstags voll. Bei Sonntags-, Freitags- und Mittwochspielen sind die Ränge indes nur höchst selten gut besetzt, und die Stimmung läßt stark zu wünschen übrig. Bei Europapokalspielen kommt eine weitere „stimmungstötende" Besonderheit hinzu: Ein nicht unerheblicher Teil der Zuschauer sind keine Bayern-Fans, sondern Anhänger anderer süddeutscher Klubs, beispielsweise VfB Stuttgart und 1. FC Nürnberg, oder schlicht Neutrale, die lediglich internationalen Fußball konsumieren wollen. Mit Ausnahme der Südkurve sieht man bei diesen Spielen erheblich weniger Bayern-Farbe im Publikum als beim samstäglichen Bundesligakick. Ein Bayern-Fan: „Die Farbunterschiede zwischen einer Europapokalbegegnung am Mittwoch und einem Bundesligaspiel am Samstag sind gewaltig." Obwohl der Kaiser auf eine Europaliga hin orientiert, herrscht die beste Stimmung bei Bundesligaspielen. Bayern München ohne die (samstägliche) Fußballbundesliga ist deshalb genauso wenig vorstellbar wie die Bundesliga ohne Bayern München. Die Champions League ist von ihrem Modus her langweilig, und da sie unter der Woche stattfindet und weite Auswärtsfahrten impliziert, ist sie für die Masse der Bayern-Fans ohnehin nur als TV-Ereignis konsumierbar.

Ausgerechnet die Fans des deutschen Profiklubs, dessen Vereinsführung am engagiertesten an der neuen Medienlandschaft des Fußballs mitstrickte, sind also vom Auseinanderreißen eines Spieltages besonders hart betroffen. Als in der Saison 1995/96 das Top-Spiel Bayern München - Borussia Dortmund auf den Sonntagabend verlegt wurde, hieß es in einem Protestschreiben des Bayern-Fanklubs „Ruhrpott-Bazis": „Der Sonntag-Termin stellt (...) für die Fans des FC Bayern ein großes Problem dar, da ein Großteil der Anhänger nicht aus der näheren Umgebung Münchens anreist, sondern aus ganz Deutschland und sogar aus dem Ausland. Eine Anstoßzeit um 19 Uhr am Sonntagabend führt dazu, daß den Fans entweder eine kostenträchtige Übernachtung oder aber einmal mehr eine längere Heimfahrt in der Nacht zugemutet wird. In beiden Fällen sind nicht nur Berufstätige wegen eines zusätzlichen Urlaubstages, sondern auch die zahlreichen jugendlichen Fans die Leidtragenden, da sie am Montag früh wieder die Schulbank drücken müssen. Wir haben als einer der größten Bayern-Fanklubs immer wieder auf diese Problematik hingewiesen. Doch leider müssen wir Fans immer häufiger den Einfluß der mächtigen TV-Sender spüren. Wenn beim Wirtschaftsunternehmen Bundesliga das große Geld winkt, sitzen beim DFB die treuen Stadionbesucher, die durch ihre Anfeuerung und Unterstützung des Vereins den (medien)-attraktiven Rahmen eines Fußballfestes mit ausmachen, scheinbar in der letzten Reihe."

Die Fanklubs

Die Bedeutung auswärtiger Fans läßt sich auch anhand der Transparente im Stadion ersehen, meist Erkennungszeichen auswärtiger Fan-Gruppen. Im Bayern-Jahrbuch 1996/97 werden insgesamt 1.213 deutsche Fanklubs

Ganz auf Erfolg gepolt? Die Fans des FC Bayern.

mit Adressen aufgeführt. Aufgegliedert nach den Zustellregionen der Bundespost ergibt sich grob betrachtet folgende regionale Verteilung. Spitzenreiter ist die Region 9 (nördliches und östliches Bayern plus Thüringen) mit 396 Fanklubs (= 32,6 %), gefolgt von der Region 8 (südliches Bayern), die auf 225 (= 18,5 %) kommt. Auf die Bereiche 8 und 9 entfallen somit 621 bzw. 51,1 % aller aufgeführten Fanklubs. Allerdings befinden sich nur 22 bzw. 1,8 % aller Fanklubs in München. Die Basis des FC Bayern ist also nicht die bayerische Landeshauptstadt, sondern das Bundesland Bayern. Kein anderer Bundesligist verfügt über eine so dichte Fanklubstruktur auf einer derartig großen Fläche.

Beeindruckend ist aber auch die Präsenz des FCB außerhalb Bayerns. Auf Platz 3 folgt der Bereich 5 (Teile von Rheinland-Pfalz, ein Teil von Nordrhein-Westfalen) mit 118 (= 9,7 %) Fanklubs. Platz 4 geht mit 115 Adressen (= 9,4 %) an Bereich 6 (Teile von Hessen, Rheinland-Pfalz und Baden-Württemberg), Platz 5 mit 114 (= 9,3 %) an Bereich 3 (vor allem Niedersachsen, aber auch ein Teil von NRW und Sachsen-Anhalt) und Platz 6 mit 102 Klubs (= 8,4 %) an Bereich 7 (Baden-Württemberg). Platz 7 belegt mit 73 Klubs (= 6,0 %) Bereich 4 (NRW-Regionen Ruhrgebiet, Niederrhein, Münsterland und ein Teil von Niedersachsen), Platz 8 mit jeweils 30 Klubs (= 2,4 %) die Bereiche 2 (Hamburg, Bremen, Schleswig-Holstein und ein Teil von Niedersachsen) und 0 (Sachsen, Teile von Sachsen-Anhalt und Thüringen). Am Ende der Liste steht der Bereich 1 (Berlin, Brandenburg, Mecklenburg-Vorpommern) mit 10 Adressen (= 0,8 %).

Ca. 140 der Klubadressen (= ca. 11,5 %) entfallen auf das Bundesland NRW, wo sich während der Saison 1996/97 immerhin neun Erstligisten tummelten. Die FCB-Fans in NRW verfügen über einen höheren Organisationsgrad als die Fans einiger der dort beheimateten Bundesligaklubs. In den neuen Bundesländern ist der FC Bayern unter den Westvereinen führend – trotz der Eskapaden anläßlich der Europapokalgastspiele in den 70ern. Nach der Maueröffnung machte sich der FC Bayern zielstrebig an die Durchdringung des „Ostmarktes". Nicht von ungefähr veranstaltet der FC Bayern seit 1995 seine Saisonvorbereitung in den neuen Bundesländern. Uli Hoeneß anläßlich des ersten Trainingslagers im deutschen Osten: „Der FC Bayern ist in den neuen Bundesländern mit großem Abstand die Nr. 1. Diese Position wollen wir ausbauen."

63 ausländische Adressen zählt das Jahrbuch auf, es sollen aber längst weit über 70 sein. Spitzenreiter sind hier Österreich und Italien mit jeweils 19 Fanklubs. Das Gros der italienischen Adressen befindet sich in Südtirol, wo der Klub bei der deutschsprachigen Bevölkerung sehr populär ist. Wer in Südtirol fußballinteressiert ist und sich politisch/kulturell mehr in Richtung Österreich und Deutschland orientiert, für den ist der FC Bayern die geographisch nächstliegende attraktive Adresse. Hinzu kommt die auch bei anderen prominenten europäischen Klubs festzustellende Wirkung von nationalen Repräsentationsvereinen auf im Ausland lebende „Angehörige" ihrer „Kulturnation". Im übrigen stattete der FC Bayern bereits 1901 der Region einen Besuch ab. Damals spielte der Klub in Meran gegen den Acad. SC Graz und verlor 1:5. Die hohe Zahl ausländischer Fanadressen bedingt, daß der obligatorische Besuch der Weihnachtsfeiern für die Stars mehr und mehr zu einer Europatournee gerät. 1996 bestimmte das Los, daß Christian Ziege mit dem Geschenk-Koffer voller Bayern-Accessoires bis ins griechische Thessaloniki reisen mußte, um dem dortigen Fanklub „Macedonia Greece" seine Aufwartung zu machen. Giovanni Trapattoni besuchte die Fanklub-Gemeinschaft in Südtirol, Klaus Augenthaler begab sich ins österreichische Aurolzmünster.

Daß die lokale Basis des FC Bayern nicht so breit ist wie die des Lokalrivalen TSV 1860 und die Fans der Roten mehrheitlich Auswärtige sind, wurde dem Klub noch vor gar nicht langer Zeit als Schwäche ausgelegt. Zumal es sich bei den Auswärtigen nach Auffassung vieler Gegner des Klubs nur um „Erfolgsfans" handeln konnte. Tatsächlich war der nicht lokal- und regionalgebunden FC Bayern seiner Zeit voraus. Viele der Fans, die der Fußball in den letzten Jahren gewonnen hat, auch und gerade die Jüngsten unter ihnen, wählen ihren Klub nicht nach lokalen Gesichtspunkten aus, sondern nach den Kriterien TV-Präsenz, Image und Erfolg. Die Schlacht um die Fans und ihre Geldbeutel läuft längst national.

Ein anschauliches Beispiel hierfür mag der Wohnort des Autors sein, eine von Mittelschichtlern geprägte 9.000-Seelen-Gemeinde im Münsterland. 1994, der FCB war gerade Meister geworden, sah man hier unter den Jugendlichen einige im Bayern-Outfit und einige im BVB-Trikot. Im Lauf der Saison 1994/95 nahm die Zahl der Trikots auf der Straße zwar insgesamt zu, aber Schwarz-Gelb war nun die beliebteste Farbkombination. 1995/96, der FC Bayern präsentierte sein Dream Team und die dazugehörende neue Spielkluft, konnte Rot-Weiß-Blau aufholen. Während der Saison 1996/97 drängte eine neue Farbkombination auf den Markt: Blau-Weiß, im Ort bis dahin fast nur bei den über 20jährigen vertreten. Doch plötzlich sah man auch zahlreiche Kids im Schalke-Trikot herumlaufen. Der Grund hierfür waren die UEFA-Cup-Erfolge von Schalke 04, die dem Verein eine TV-Präsenz verliehen wie noch niemals zuvor in seiner Geschichte. Die Tatsache, daß sie in Westfalen wohnen, dürfte für viele Kids, die Schwarz-Gelb oder Blau-Weiß tragen, nur eine untergeordnete Rolle spielen. Umgekehrt ist den Bayern-Fans unter den Kids kaum mit dem Argument beizukommen, daß der FC Bayern mit der eigenen Region nichts zu tun habe.

Bei einer nicht unbedeutenden Zahl der inländischen FCB-Fanklubs handelt es sich allerdings um Scheinadressen, hinter der sich nur wenige Personen verbergen. Die Funktion des Fanklubs besteht dann hauptsächlich darin, an die begehrten Eintrittskarten – zumal für Auswärtsspiele – zu kommen. Denn Vereins- und Fanklubmitglieder werden bei der Kartenvergabe bevorzugt. Wiederholt dienten Fanklubs lediglich dazu, vom Verein eine größere Zahl von Eintrittskarten zu beziehen, um diese dann an Ticket-Agenturen oder nicht autorisierte Händler zu verkaufen. So war im „Bayern-Magazin" Anfang November 1996 zu lesen: „Immer wieder stellen wir fest, daß Karten über Monate 'gebunkert' werden, um diese dann in gewissen Kreisen anzubieten." Deshalb wurden im Herbst 1996 einige Fanklubs von der Bayern-Führung ausgeschlossen. Auch die hohe Zahl von Bayern-Mitgliedern erklärt sich zum Teil aus dem „Run" auf Karten. Denn bei vielen Spielen hat man als Nicht-Mitglied kaum eine Chance, ein Ticket zum Normalpreis zu erstehen.

Um vom FC Bayern die offizielle Anerkennung zu erhalten, sind mindestens 25 Klubmitglieder erforderlich, deren Adressen an die Säbener Straße zu übermitteln sind. Außerdem ist von den Klubverantwortlichen eine Art „Fairplay"-Erklärung abzugeben: Die Klubs dürfen nicht in gewaltsame Aktionen innerhalb und außerhalb des Stadions verwickelt werden.

Zwar dürfte die Gesamtheit der Fanklubs einen Querschnitt durch sämtliche soziale Schichten ergeben. Nach innen herrscht jedoch jeweils eine relativ hohe Homogenität. Die Zahl der Fanklubs, deren Verantwortliche über akademische Grade und/oder eine kaufmännische Ausbildung verfügen, scheint höher zu sein als bei vielen anderen Bundesligisten. Diesbezüglich dürfte es allerdings regionale Unterschiede geben. In Bayern (München vielleicht ausgenommen) scheint sich die soziale Komposition der Anhängerschaft nur unwesentlich von der anderer Klubs zu unterscheiden. Außerhalb Bayerns erweckt die Anhängerschaft aber einen etwas anderen Eindruck. Ein Bayern-Fan aus der Ruhrgebietsstadt Hamm: „Ich kenne hier keinen Bayern-Fan, der 'Proletarier' ist." Sofern man im Ruhrgebiet trotz des dichten heimischen Fußballangebots mit einem auswärtigen Klub, namentlich dem FC Bayern sympathisiert, trifft man derartige Sympathien wohl erheblich eher in den Mittelschichten als im Arbeitermilieu an. Flexibilität und Mobilität sind in den Mittelschichten stärker ausgeprägt als in der Arbeiterschaft. Für einen Teil der Mittelschichtler sind Flexibilität und Modernität gar ein wichtiger Bestandteil ihrer Lebensphilosophie, während sich die Arbeiterschaft eher betont bodenständig gibt. Der fußballbegeisterte Arbeiter bevorzugt meist heimische Klubs, die Teil der regionalen Sozialgeschichte sind.

Kundenbetreuung

Der FC Bayern verkauft erheblich weniger Dauerkarten als Rivale Borussia Dortmund. Hierfür gibt es gleich eine Reihe von Gründen: Aufgrund der größeren Kapazität des Stadions ist der Druck, eine Dauerkarte besitzen zu müssen, geringer als in Dortmund. Da viele Bayern-Fans Auswärtige sind, können es sich viele von ihnen zeitlich und finanziell kaum leisten, bei jedem Bayern-Spiel anwesend zu sein. Aber auch der Verein hat kein Interesse, Dauerkartenrekorde aufzustellen. Eine gewisse Fluktuation beim Live-Publikum kommt dem Verkauf von Fanartikeln zugute. In keinem anderen Bundesligastadion befinden sich so viele fest installierte und mobile Fanshops wie in der Bayern-Arena. Doch geht es nicht nur um den Direktverkauf von Fanartikeln. Wenn Fans die Bayern wenigstens einmal pro Saison live statt immer nur vor dem Fernseher erleben dürfen, wächst ihre Beziehung zum Verein. Dies materialisiert sich dann in der Bestellung von Fanartikeln.

Die offizielle Fanarbeit des FC Bayern ist sehr gut organisiert; ihr wird von Vereinsseite viel Bedeutung eingeräumt. Allerdings hat sie in erster Linie den Charakter einer „Kundenbetreuung", bei der der Kunde kaum Mitsprache erhält. Das Gros der Fanklubszene befindet sich fest im Griff der Vereinsführung und des Hauptsponsors. Einen unabhängigen Fan-Beauftragten gibt es nicht. Versuche einiger Fans, einen unabhängigen Dachverband zu installieren, stießen bei der Vereinsführung auf harsche Ablehnung. Ein Treffen mit Repräsentanten dieses Dachverbands, zu dem einige Fans mehrere hundert Kilometer angereist waren, ließ Pressesprecher Hörwick, der bis dahin in Personalunion auch die Fans betreute, kurzerhand platzen. Immerhin fühlte sich der Klub anschließend bemüßigt, mit Raimond Aumann seinen eigenen „Fan-Betreuer" zu inthronisieren, dessen Qualifikation jedoch weithin angezweifelt wird. Die Zeitschrift „Hattrick" über die Arbeit des FC Bayern-„Oberfans": „Aumann ist ziemlich viel unterwegs: Fußballturniere der Fanklubs organisieren, zu Jubiläumsveranstaltungen reisen. Repräsentieren und Dankbarkeit für die Treue beweisen. Per Stellenbeschreibung ist Aumann primär Koordinator, und mithin ist er auch für das zuständig, was er selbst als 'Kurven-Choreographie' bezeichnet: Inszenierte Fröhlichkeit auf den billigen Plätzen. 'Man muß vor allem auch die Sponsoren in diese Aktionen einbeziehen', sagt er. Die Stimmung wird nicht nur vorproduziert, sondern auch noch fremdfinanziert. Vom authentischen Fußball-Gefühl kann da zwar nur noch eingeschränkt die Rede sein, aber bislang regt sich kein Widerstand gegen die Vereinnahmung."

Die Professionalisierung der Fanarbeit erfolgte mit dem Einstieg des Hauptsponsors Opel und ist zweifellos Bestandteil des Kommerzialisierungsprozesses. Eine organisierte Fanstruktur kommt nicht nur dem Verein, sondern auch der Verkaufsstrategie des Hauptsponsors zugute, der die Fans mit Bayern-Materialien (Aufkleber etc.) bedenkt und eine eigene Fan-Zeitung („News for Fans") herausgibt. Der Hauptsponsor organisiert einmal pro Saison ein Fußballturnier für Fanklubs (Opel-Cup). Einige Fanartikel tragen ein FC-Bayern-Opel-„Freundschaftslogo", das aus den FCB-Farben Rot und Blau (eigentlich Rot und Weiß) und den Opel-Farben Gelb und Weiß besteht. Trotz der kommerziellen Aspekte und der Opel-Konzerninteressen ist von Fan-Seite immer wieder zu hören, daß Opels Engagement der Fanarbeit des FCB „gut getan" hätte. Bei keinem anderen Bundesligaverein – selbst nicht beim Werksklub Bayer Leverkusen – dürfte der Sponsor mit der offiziellen Fanstruktur so stark verzahnt sein wie beim FC Bayern.

Stimmungsprobleme

Erstaunlicherweise behaupten viele Bayern-Fans, daß die Stimmung bei Auswärtsspielen besser sei als im heimischen Olympiastadion. Ein generelles Problem des Olympiastadions ist sicherlich, daß aufgrund seines großen Fassungsvermögens, seiner nur teilweisen Überdachung und seines Charakters als Leichtathletikarena eine tolle Stimmung nur dann aufkommt, wenn die Ränge voll besetzt sind. Aber selbst dann bebt die Arena nicht so wie beispielsweise das Dortmunder Westfalenstadion. Die Architektur des Olympiastadions ist aber nicht das einzige Stimmungshindernis: Einige Beobachter erwähnen die Zersplitterung der Bayern-Fan-Szene und die große Zahl sogenannter „Erfolgsfans", die bei mittelmäßigen Darbietungen den Spielern ihre Unterstützung entziehen würden.

Während der Hinrunde der Saison 1996/97 war die Stimmung im Olympiastadion trotz eines Massenandrangs zeitweise so mies, daß es hierüber im „Bayern-Magazin" zu einer kleinen Debatte kam. In zwei Leserbriefen hieß es u.a.: „Sind wir wirklich die besten Fans der Bundesliga? Zwar schreiben wir uns dieses Urteil seit geraumer Zeit auf unsere Fahnen, marschieren jedes Wochenende ins Stadion und schauen unserer Mannschaft zu. Aber was tun wir da wirklich, wir die besten Fans der Liga? (...) In punkto Unterstützung, Treue und Zusammenhalt auch in schweren Zeiten haben uns die meisten Fans der anderen Klubs viel voraus. Können wir Bayern nur noch singen, wenn die Mannschaft drei Minuten vor Schluß 5:1 führt? Was war gegen die Löwen? Die 1860-Fans machten Stimmung, wir dagegen kaum. (...) Früher waren wir lauter und besser. Da hieß es 'Kämpfen, Bayern, kämpfen!' Heute lassen wir uns beim Verlesen der gegnerischen Aufstellung gerade noch zu elfmal 'A...loch' hinreißen. (...) Früher war es so, daß unsere Mannschaft bei Rückständen oder schlechten Spielen durch die Südkurve erst recht angefeuert und nach vorne gepeitscht wurde. So konnten noch viele Spiele umgebogen werden. Dies ist leider nicht mehr so, weil keine Einigkeit mehr unter den Fans der Südkurve herrscht. Lieder werden nur noch vereinzelt angestimmt, und die anderen drumherum schweigen und glotzen nur. Gejubelt wird nur noch bei Toren. Immer häufiger wird über die eigene Mannschaft geschimpft und gemeckert, anstatt sie anzufeuern. Unserer Meinung nach liegt das daran, daß heute nicht mehr nur die wahren Fans, sondern sehr viele Erfolgsfans in der Kurve stehen. Im Vergleich zu anderen Stadien wie Dortmund oder Stuttgart ist die Stimmung im Olympiastadion manchmal vergleichbar mit einer 'Trauerfeier'. In der letzten Zeit kommt es zudem auch häufiger vor, daß uns die gegnerischen Fans in der Lautstärke locker überbieten können. (...) Die besten Fans der Liga? Nein! Für mich heißt ein Stadionbesuch nicht schweigend konsumieren, sondern lautstark mitleiden, mitzittern, mitjubeln. Das geht zweifelsfalls auch ohne rote Schminke im Gesicht oder 'Anti-1860'-Aufnähern. Echte Loyalität kommt vom Herzen."

Andere Bayern-Fans erklärten den Rückgang der Stimmung selbst in der Südkurve damit, daß die Stehränge ausschließlich mit Dauerkarteninhabern belegt sind. Das sorge für Lücken, da kaum jemand zu jedem Spiel erscheine. Ohnehin ist die reine Fankurve im Lauf der Jahre stetig kleiner geworden. Die Versitzplatzung des Olympiastadions hat dazu geführt, daß heute nur noch zwei Blöcke in der Südkurve Stehplätze sind. Aber auch diese sind keine „normalen" Stehplätze. Die Blöcke sind mit einem kompatiblen System ausgestattet, das die Umrüstung zu Sitzplätzen gestattet. Dessen durchgehende Stangen erlauben kein enges Stehen und verringern dadurch die Kapazität der Blöcke. Bewegungsfreiheit und Kommunikation sind stark eingeschränkt – nicht gerade stimmungsfördernd. Die heutige FCB-Fan-Kurve hat mit der Südkurve in ihrer ursprünglichen Form nichts mehr zu tun. Sie ist nur noch ein kleines Reservat, und die Dauerkarten hierfür haben mittlerweile den „Status eines Wertpapieres" (Armin Radtke, Fanklub „Die Elche") angenommen. Daß die Fankurve eines Vereins bei Heimspielen kleiner ist als bei manchen Auswärtsspielen (wie beispielsweise bei den Auftritten des FC Bayern in Bochum), ist wohl einmalig in der Bundesliga.

Auch der Vereinsführung und der Mannschaft war die veränderte Atmosphäre im Olympiastadion nicht entgangen. In einem „offenen Brief an die Bayern-Anhänger" erhielten die Kritiker Rückendeckung von Kapitän Lothar Matthäus und dem Fan-Beauftragten Raimond Aumann.

Daß bei Auswärtsspielen mehr Stimmung herrscht als im heimischen Stadion, dürfte aber auch noch weitere Gründe haben. Spieler wie Fans müssen sich auswärts mehr beweisen. Denn ein Auswärtsspiel des FC Bayern ist für die anderen Bundesligavereine und deren Fans der Saisonhöhepunkt schlechthin.

Der FC Bayern und die Frauen

Wenn vom „neuen Publikum" die Rede ist, dann geht es auch um die Frauen und Familien. Der große Anteil Auswärtiger ist nur *ein* spezifisches Merkmal des Bayern-Anhangs. Die bereits erwähnte Ufa-Studie kam zu dem Ergebnis, daß unter den fußballinteressierten Bürgern prozentual mehr Frauen als Männer den FCB bevorzugen. Während sich bei den befragten Männern 28,6% als Bayern-Fans outeten, waren es bei den Frauen 39,8%! Kommentar des „Bayern-Jahrbuch 1994/95": „Offensichtlich haben die Verantwortlichen bei der Verpflichtung unserer Spieler auch in puncto Attraktivität dem Geschmack des Publikums ausreichend Rechnung getragen." Ein Indiz dafür, daß der FCB auch ein Showunternehmen ist, das seine Akteure in den letzten Jahren nicht nur nach rein sportlichen Gesichtspunkten auswählte, sondern auch nach ihrem Aussehen und Image und dem daraus resultierenden Vermarktungspotential.

Als der FCB 1990 Michael Sternkopf verpflichtete, versprach Manager Hoeneß, den Spieler zum „Agassi der Bundesliga" aufzubauen. Der Tennisspieler Agassi war damals das erste zielgruppenorientierte Kunstprodukt der Sportindustrie, dessen Schöpfer der Sportartikelhersteller Nike war. Ob Haartracht, Kleiderordnung oder öffentliche Auftritte: Alles wurde vom Sponsor und Ausrüster geplant.

1994 wählten bei einer Umfrage der Zeitschrift „Gala" und des Pay-TV-Senders „Premiere" 38,46% der Befragten die Mannschaft des FC Bayern als das Team „mit den flottesten Typen". Dahinter folgten mit deutlichem Abstand Borussia Dortmund (17,92%) und der 1. FC Kaiserslautern (9,78%), dessen „Schönheitskönige" Sforza und Haber den Klub allerdings nach dieser Saison verließen. Bei der Frage nach dem „schönsten Spieler" gingen Gold, Silber und Bronze an den FCB: Für Alain Sutter stimmten 12,62%, für Matthäus und Scholl (trotz seines etwas wüsten Gebisses)

Bei den Frauen sind die Bayern vorn.

10,38 % bzw. 8,99 %. Münchens Modezar Rudolf Moshammer zur Pro-Sutter-Entscheidung: „Sutter verkörpert das neue Bild des Mannes. Hier steht das weiche und sanfte Element im Vordergrund. Die Macho-Typen wie Sylvester Stallone oder Arnold Schwarzenegger sind out."

Mehmed Scholl stieg zum Teenie-Star des Showbusiness Bundesliga schlechthin auf. Die Verpflichtung von Jürgen Klinsmann galt nicht nur den Frauen, sondern irritierte auch die Intellektuellen, traditionell nicht unbedingt Stammkunden des Klubs. Für das Merchandising waren Scholl und Klinsmann mindestens genauso wertvoll wie für den sportlichen Erfolg. Extrem aufdringlich gestaltet sich das Werben um weibliche Kundschaft im voluminösen Fanartikel-Katalog der Münchener: Zickler posiert mit bloßem Oberkörper, um die Hüften lässig ein Bayern-Handtuch geschwungen. Eine „technische Superkanone" wird Zickler nach Auffassung von Karl-Heinz Rummenigge zwar nie werden, aber immerhin attestiert der Bayern-Vize ihm bewunderungsvoll „einen Körper wie Adonis".

Daß seit einigen Jahren wieder mehr Frauen in die Stadien pilgern, hat ganz wesentlich mit der neuen Präsentation des Profifußballs zu tun. Die Zeiten, in denen der Schweißgeruch proletarischer Fußballarbeiter sogar noch aus dem Fernseher drang, sind endgültig vorbei. Die Stars von heute schwitzen nicht, sie glänzen nur. Die Wende kam mit der WM 1990 in Italien, wo der Fußball schon immer ein vielschichtigeres Publikum mobilisierte: Industriekapitäne, Kulturschaffende, aber auch viele Frauen. Italien war das geeignete Spielfeld, um das globale Fußballereignis in einer Weise zu präsentieren, die hierzulande nicht nur das traditionelle Publikum ansprach. Die Stadien waren modern und komfortabel, fürs kulturelle Beiprogramm sorgten Pavarotti und seine Freunde. Das Semifinale Deutschland – England wurde weltweit von mehr Frauen als Männern gesehen.

Dabei ist das weibliche Interesse am Fußball keineswegs neu. Als der englische Fußball noch kein proletarisches Massenphänomen war, wurden unter den Zuschauern auch immer wieder Gruppen von Frauen gesichtet. In der Regel gehörten sie zur Mittelschicht. Dies änderte sich mit den ersten Ausschreitungen. In den Stadien formierte sich eine proletarische „Widerstandsbewegung" gegen die kulturellen Gepflogenheiten der mittleren und oberen Schichten. Das rauhe Klima auf den ausschließlich männlich besetzten Stehrängen (die Frauen der fußballbegeisterten Männer aus der Unterschicht begnügten sich mit Fußballwetten) sollte Angehörige der „besseren Stände" vom Stadionbesuch abhalten. Die Stadien umgab bald eine furchterregende Aura. Die hier zelebrierte Unterschichtskultur war allerdings eine rein männliche und grenzte somit nicht nur „die da oben" aus, sondern auch das andere Geschlecht. Auch wenn die Ausgrenzung von Frauen möglicherweise eher ein Nebeneffekt war, kam dieser nicht unerwünscht. Denn die männliche Arbeiterschaft betrachtete das Spiel auch als Gelegenheit, für einige Stunden den Verpflichtungen zu entkommen, die eine Familie bedeutet.

Daß der FC Bayern bei den Frauen führend ist, kommt nicht von ungefähr. Seine rein bürgerliche, phasenweise gar elitäre Vergangenheit unterscheidet sich fundamental von der einiger Ruhrpott-Klubs und zeichnet sich zugleich immer wieder durch einen gewissen Avantgardismus aus. Der hohe Frauenanteil korrespondiert mit dem sozialen Image des Klubs. Viele der Frauen, die der Fußball neu gewonnen hat, bevorzugen einen gewissen Komfort und haben mit der Kultivierung „proletarischer Folklore" wenig am Hut. Was so mancher traditionelle (männliche) Fan als Flair empfindet: vollgepisste Toiletten, lauwarmes Bier und eine fetttriefende Bratwurst, kein Dach überm Kopf und keine Sitzschale unterm Gesäß, betrachten viele Frauen als eher abstoßend, ja gegen ihre Anwesenheit gerichtet. Auch bevorzugen diese Frauen eher elegante und nachdenklich wirkende Spieler als beinharte Klopper mit zerfurchtem Gesicht. Mehr Frauen auf den Rängen ist *auch* ein Produkt der erneuten „Verbürgerlichung" der Fußballkultur.

Der soziale Wandel im Fußball ist ein Projekt, an dem das Bayern-Management bereits seit Mitte der 60er strickt. In den 80ern war der FC Bayern der erste Klub, der erkannte, welch riesiger Markt mit den Frauen brachlag, deren Beteiligung am politischen, ökonomischen und kulturellen Leben stetig gestiegen war. Auch liberale und progressive Veränderungen im Verhältnis der Geschlechter zueinander spielten hier eine wichtige Rolle, wobei sich diese Veränderungen wohl stärker in den Mittelschichten als im traditionellen Arbeitermilieu vollzogen. Die Zeiten, wo viele Männer das Wochenende familienlos zwischen Fußballplatz und Kneipe verbrachten, während die bessere Hälfte sich um Haushalt und Kinder kümmern mußte, sind vorbei. Folglich muß sich der Fußball mehr um die Frauen kümmern, wenn er die Männer in den Stadien halten will. Bereits 1989 meinte Uli Hoeneß: „Die Situation in den Familien hat sich doch geändert. Keiner kann mehr die Frauen zum Kaffeetrinken schicken und sagen, 'ich geh zum Fußball'. Dem muß ich Rechnung tragen, auf Dauer der ganzen Familie was bieten. Biergärten, Kindergärten, vorher oder nachher ein Programm, Popkonzerte. Ich trau mir auch zu, den André Heller zu verpflichten, in die Kultur reinzugehen, um so andere Leute ins Stadion zu kriegen."

Da das Werben um Frauen mit Kommerzialisierung und „Verbürgerlichung" korrespondiert, gibt es aber auch keine wirklich spezifisch auf die Frauen ausgerichtete Politik. Was den Vereinen diesbezüglich einfällt – „schöne Spieler", Einkaufsareale etc. – ist so verräterisch wie erbärmlich. Daß sich hinter den neuen, eleganten Fassaden der Klubzentralen in Wahrheit nicht allzuviel verändert hat, wird spätestens dann offensichtlich, wenn Frauen nicht als Kundinnen daherkommen, sondern im Geschäft der Männer mitmischen wollen. Auch beim „frauenfreundlichen" FC Bayern geht es mitunter munter chauvinistisch zu, wie u.a. ein Video aus einem Trainingslager dokumentiert, das am 23. März 1996 im ZDF-Sportstudio präsentiert wurde. Zunächst der bekannte Dampfplauderer Matthäus: „Wäre ich eine Frau, würde ich den ganzen Tag mit meinem Busen spielen." Drehbuchautor Scholl erläuterte anschließend, wie man verhindert, daß der Zimmernachbar über einen herfällt: „Eiserne Regel eines Profis: Mit dem Po zur Wand. Da kann nichts passieren." Wenn Männer ohne Frauenkontrolle zu lange aufeinander hocken, zumal im Rahmen einer Fußballmannschaft, droht oft der geistige Absturz – auch beim kultivierten FC Bayern. Die Äußerungen von Matthäus und Scholl sind meilenweit entfernt von Uli Hoeneß' öffentlich bekundetem Interesse, mal mit Alice Schwarzer zu dinieren. Matthäus und Scholl sind Beispiele für die Angst und den Widerwillen von Fußballern vor dem Erwachsenwerden. Ein generelles männliches Problem, das allerdings im Fußball eine besondere Ausprägung findet.

Merchandising

Der FC Bayern war der erste Klub der Bundesliga, der das kommerzielle Potential der Fans auch außerhalb des Stadions erkannte. Mittlerweile hat sich das Merchandising zum dritten Standbein der FCB-Finanzpolitik entwickelt. Wie wichtig das Merchandising für die Bundesliga ist, dokumentiert das Beispiel der Frankfurter Eintracht. Ein Grund für den finanziellen Niedergang des Klubs war, daß man am Riederwald die Entwicklung der Einnahmequelle Merchandising total verschlafen hatte. Franz Beckenbauer über das Bayern-Merchandising, das man im übrigen in England abschaute: „Anfangs war das nur eine Art Hobby, mit primitivsten Mitteln betrieben." Heute sehe er es als den „Markt, in dem für uns künftig das meiste Gewinnpotential steckt."

1992/93 betrug der Merchandising-Umsatz noch 3 Mio. DM, 1993/94 waren es bereits 8 Mio., 1994/95 dann 12 Mio. Uli Hoeneß, der Vorreiter

FOR FANS

Der neue
Katalog 96/97
für die Fans des
FC Bayern München

Fanartikel-Katalog „For Fans"

des Bundesliga-Merchandising, sah 1995 auf die Bundesliga „einen Markt zukommen, in dem alleine Bayern München drei- bis vierhundert Millionen DM Umsatz im Jahr machen wird." Eine Studie der Unternehmungsberatung McKinsey habe belegt, „daß ein Bayern-Fan durchschnittlich 30 oder 40 Pfennig pro Jahr für Fan-Artikel ausgibt, ein Freund der National Football League in den USA aber 20 bis 30 Mark." Der Manager nannte als Frist für das Erreichen seines Zieles 10 bis 15 Jahre. Im Geschäftsjahr 1995/96 entfielen auf den Handel mit Fanartikeln fast 30 Mio. DM. Am beliebtesten waren Trikots, gefolgt von Bettwäsche. Für das Geschäftsjahr 1996/97 wird eine weitere Steigerung auf über 50 Mio. DM erwartet. Vom über 100 Seiten starken Fanartikelkatalog („For Fans") wurden über eine Million Exemplare gedruckt. Nur Borussia Dortmund bietet seinen Anhängern ein vergleichbares Artikelangebot. Ergänzt wurde die Marktoffensive durch einen exzessiven Medieneinsatz. Der FC Bayern verkauft zwar die meisten Fanartikel, betreibt hier aber wohl auch den teuersten Aufwand.

Der FCB war auch der erste Klub, der den Vertrieb von Wein aufnahm und damit der traditionellen Verbindung von Fußball und dem „Arbeitergetränk" Bier Konkurrenz machte. Allerdings bekennt sich der Klub auch zum herben Tropfen. Zu den Sponsoren des FC Bayern gehört die Paulaner-Brauerei, und im Fankatalog werden neben Weißwein, Sekt und den dazugehörigen edlen Gläsern auch Pilstulpen und Weizengläser angeboten. Auf dem Titelbild des Fankatalogs posierten 1996/97 erstmals keine Kicker, sondern eine blonde Schönheit. Die Balltreter selbst präsentierten sich im Katalog nicht mit Arbeitsgerät, sondern als schweißlose Dressmen für allerlei Freizeitbekleidung, Boxer-Shorts und Badetücher. Auch in dieser Beziehung hat der FC Bayern im Showbusiness Bundesliga neue Maßstäbe gesetzt.

Wenn es gilt, die Regale leer zu räumen, um Platz für eine neue Kollektion zu schaffen, wartet der FC Bayern schon mal mit Sonderangeboten auf. Gegen Ende der Saison 1996/97 flatterte den Kunden ein Mini-Prospekt ins Haus, in dem sich Uli Hoeneß für die großartige Unterstützung bedankte und als Belohnung stark reduzierte Artikel offerierte. Zum größten Teil handelte es sich dabei allerdings um Ladenhüter oder um Artikel, die nur wenige Monate später durch neue Produktionen abgelöst wurden. An erster Stelle wurden Klinsmann-Artikel aufgeführt. Da Klinsmann nicht nur den FC Bayern, sondern auch die Bundesliga verlassen würde, sei dies die letzte Gelegenheit, noch einmal in Sachen Klinsmann zuzugreifen.

Die „Marktbrücke" Fanartikel verfolgt nicht nur eine kommerzielle, sondern auch eine ideologische Funktion. Daß es der FC Bayern war, der mit dem Merchandising anfing, ist kein Zufall. Nicht nur wegen seines schon wiederholt erwähnten traditionellen Avantgardismus, sondern auch aufgrund seiner nationalen Fanstruktur. Die Artikel mit dem Bayern-Emblem geben auch solchen Fans, die fern von München leben und nur selten Bayern-Spiele besuchen, das Gefühl, Mitglied einer großen und erfolgreichen Familie zu sein. Der Fan, der in Itzehoe wohnt, muß nicht verzweifeln und zum HSV konvertieren. Das Merchandising sorgt dafür, daß er zumindest etwas FC Bayern auch daheim haben kann. Der Verkauf von Fanartikeln läßt nicht nur die Kassen klingeln, sondern dient auch dem Erhalt der Freundschaft, für die allerdings einseitig der Fan bezahlt. Das Merchandising konstruiert eine Bayern-Familie, die weit übers Stadion hinausreicht. Ähnlich ist auch die offensive Mitgliederwerbung des FC Bayern zu bewerten. Auch sie gilt vor allem jenen Fans, die in größerer Distanz zu München leben.

Fernsehen und Merchandising gehören zusammen. Erst das Fernsehen ermöglicht die Existenz einer riesigen Fangemeinde, die das Publikum, das regelmäßig ins Stadion geht, zahlenmäßig weit übertrifft. Der FCB ist mit dem Fernsehen groß geworden und bleibt ein Verein, der auf eine hohe TV-Präsenz angewiesen ist. Eine ständige TV-Präsenz verringert die Distanz zwischen München und dem Rest der Republik und kurbelt das Merchandising an. Die nächste Stufe dieser Entwicklung, aus breit gestreuten Anhängern via TV zahlende Kunden zu machen, wird das vereinseigene Pay-per-view-Programm sein.

Bayern-Hasser

▶ „50 % lieben uns, 50 % hassen uns."
(Karl-Heinz Rummenigge)

Den Bayern erging es nicht anders als anderen erfolgreichen Fußballklubs. Mitte/Ende der 60er mobilisierten sie nicht nur die Sympathien der eigenen Anhängerschaft. Doch mit dem Erfolg kam das Geld, mit dem Geld die Transferpolitik und mit der Transferpolitik die Dauerhaftigkeit des Erfolgs. Die Bayern konnten ihren Anhang zwar erheblich ausbauen, aber auch die Zahl der Bayern-Hasser nahm ständig zu. Ob man für oder gegen die Bayern war, wurde zum ideologischen Prinzip erhoben. Das (immer schon existierende) soziale Image trug ein übriges dazu bei, die Ablehnung des Klubs zu begründen. Aber auch den Klubs, die aus dem Arbeitermilieu entstammen, ergeht es hier nicht anders. Borussia Dortmund zählt heute mehr Fans, denn jemals zuvor – aber auch eine neue Rekordzahl an Gegnern.

Reichtum und anhaltender Erfolg spalten das Fußballvolk. Einem großen Anhang steht eine große Gegnerschaft gegenüber, ein neutrales Mittelfeld existiert nicht mehr. Mit Wohlstand und Erfolg verändert sich zugleich das Verhalten der eigenen Fans. Im Bewußtsein von Überlegenheit gedeihen Überheblichkeit und Arroganz.

Den Bayern-Fans wurde lange Zeit nachgesagt, sie wären reine „Erfolgsfans". Soll heißen: Bayern-Fan ist man nicht aus wahrer Liebe zum Klub, sondern aufgrund der hohen Wahrscheinlichkeit von Titelgewinnen. Doch zieht man die reinen Erfolgsfans ab, dürfte die Anhängerschaft des FC Bayern noch immer beträchtlich sein. Bayern-Fan zu sein hat längst genauso viel mit der großen Tradition des Klubs wie mit seinem aktuellen sportlichen Status zu tun. Natürlich wirkt die Tradition erst durch die jüngeren Erfolge, aber dies ist bei Dortmund, Schalke oder Nürnberg auch nicht viel anders.

Daß die Mehrheit der Bayern-Fans pure Opportunisten sind, ist ein Mythos. Vielmehr gehört zum Reiz des Bayern-Daseins, vom „Rest der Nation" gehaßt zu werden. Durchläuft der FCB eine Schwächeperiode und wird diese von Spott und Häme begleitet, lautet die Antwort der FCB-Fans: „Jetzt erst recht!" Hierfür typisch war die Saison 1994/95, als der FCB trotz eines für seine Verhältnisse mageren Abschneidens mit einem Schnitt von über 54.000 einen neuen Zuschauerrekord mobilisierte. Daß 50 % den Klub hassen, trägt zum Reiz des Fan-Daseins genauso bei wie der Umstand, daß 50 % ihn lieben.

Verstärkt wird dieser Solidarisierungseffekt noch durch die räumliche Distanz vieler Fans zu ihrem Klub. Die Fans des FC Bayern im Einzugsgebiet anderer Bundesligisten zeichnet Stolz und Trotz aus. Oliver Reitz, Vorsitzender der „Ruhrpott-Bazis": „Eine Fahrt zu einem Heimspiel im Olympiastadion ist wie eine Wallfahrt, wenn ab Siegen immer mehr Bayern-Fans auf der Autobahn zusammenkommen. In München ist man dann zwar ein auswärtiger Bayern-Fan, aber fühlt sich doch zu Hause. Witzigerweise wird man von den Münchenern manchmal angepöbelt, weil die Münchener mehrheitlich Fans der Sechziger sind."

So sind Bayern-Fans denn überall zu Hause – und nirgends.

Porträt 1: Die „Ruhrpott-Bazis"

Lokaltermin in Gelsenkirchen. Nicht beim FC Schalke 04, bis heute der Deutschen liebster Arbeiterverein, sondern im Büro des CDU-Kreisverbands und in Sachen Bayern München. In einem bescheidenen Raum mit Milchglasscheiben (wir sind halt nicht bei der CSU in Bayern) sitzt Oliver Reitz, Chef der „Ruhrpott-Bazis", einer von über 30 Fanklubs des FC Bayern im Ruhrgebiet. Der 28jährige Reitz ist Referent eines Landtagsabgeordneten der Union, betont aber seine Parteilosigkeit. In Zukunft möchte er wieder dorthin, wo er schon mal war: in die Wirtschaftsförderung. Sein Traumjob wäre allerdings eine Anstellung beim FC Bayern, für den er schon heute – unentgeltlich – einen enormen Zeitaufwand treibt. Seitdem der FC Bayern „online" ist, versucht Reitz, diesen Dienst für die Vernetzung der Fans zu nutzen. Außerdem schreibt der gelernte Diplom-Geograph an seiner Dissertation. Thema: „Wirtschaftsfaktor Fußballbundesliga. Anteil der Zuschauerströme am Städtetourismus dargestellt am Beispiel des FC Bayern München". Der Klub ist Reitz bei seinen Recherchen behilflich, aber er könnte auch von seiner Arbeit profitieren. In seinem Dauerknatsch mit der Stadt München wird Reitz' wissenschaftliche Erhebung den Verein möglicherweise mit schlagkräftigen Argumenten ausstatten.

Der Bayern-Fanklub „Ruhrpott-Bazis" wurde am 6. April 1994 tief im Westen gegründet, im Vereinslokal des VfL Bochum („Haus Frein"). Der Name sollte zum einen die Verbundenheit mit dem Ruhrgebiet ausdrükken, zum anderen sollte durch den Begriff „Bazi" – bayerisch für „cleverer Kerl" – die Identifikation mit der bayerischen Kultur demonstriert werden. Da Bayern bei vielen Ruhrgebietlern als beliebtes Urlaubsziel gilt, ist diese Zuneigung nicht ungewöhnlich. Bayerische Folklore ist im Ruhrgebiet ungleich stärker präsent als Kohlenpott-Kultur in München.

Der FCB-Fanklub Nummer 882 ist heute einer der größten des Vereins und rekrutiert seine Mitglieder vornehmlich aus dem östlichen Ruhrgebiet. Angesichts unseres Treffpunkts liegt die Frage nahe, wie es denn um die politische Gesinnung der Fanschar steht. Stimmt das Klischee vom „schwarzen Verein"? Reitz hält es für möglich, daß die Anhänger des FC Bayern „überwiegend konservativ" eingestellt seien. Die Spieler des FCB sowieso, was allerdings bei anderen Vereinen kaum anders sein dürfte. Die jungen Gutverdienenden in den kurzen Hosen waren für die Unionsparteien schon immer eine sichere Bank. Aber Reitz legt Wert auf die Feststellung, daß in „seinem" Fanklub auch SPD-Leute mitwirken. Der Fanklub-Vorsitzende betont den „klassenübergreifenden" Charakter des Fußballs. „Das Schöne ist doch, daß hier Arzt und Arbeiter nebeneinanderstehen, daß für 90 Minuten alle gleich sind."

Wie kommt ein in Dortmund lebender Fußballfan zum FC Bayern? „Vielleicht lag es daran, daß mein Vater Schalke-Fan ist und mein Bruder ein BVB-Fan, und daß ich einfach etwas anderes wollte. Und das waren eben die Bayern, die mit ihren vielen Erfolgen immer so oft im Fernsehen waren und mir seit 1987 fest ans Herz gewachsen sind." Regionalpatriotismus ist für die „Ruhrpott-Bazis" kein Argument. Reitz: „Auf den Gedanken, daß wir aufgrund der Nähe Schalke- oder Dortmund-Fans werden könnten, kämen wir überhaupt nicht, denn wir möchten einen sympathischen Verein haben." Und außerdem: „Der BVB ist im Moment eine Modeerscheinung, Bayern-Fans gibt es hingegen seit Jahrzehnten in ganz Deutschland." Es ist noch gar nicht so lange her, da wurden ähnlich lautende Argumente von BVB-Fans gegenüber dem FC Bayern strapaziert.

In der Diaspora machen nicht nur Erfolg und Popularität den Reiz aus, einem Verein wie dem FC Bayern die Treue zu schwören, sondern auch die aus Erfolg und Popularität resultierende Ablehnung durch andere. Zumal im Ruhrgebiet, wo die Bayern für die Masse der Fußballfans das Feindbild schlechthin sind; verantwortlich für all die Übel, die den deutschen Fußball seit dem Aufstieg der Bayern in die Bundesliga heimgesucht haben, einschließlich des sportlichen und finanziellen Niedergangs der einst dominierenden Revier-Klubs in den 70ern. Parallelen mit der Politik liegen auf der Hand: Im Ruhrgebiet Bayern-Fan zu sein, ist fast so wie mit der Stimme für die CDU gegen den traditionellen „roten Filz" aufzubegehren.

Die „Ruhrpott-Bazis" verstecken sich nicht. Im November 1996 luden sie zu einer öffentlichen Veranstaltung mit Thomas Helmer nach Unna ein, traditionell eine Hochburg der Fans von Borussia Dortmund. Rund 200 Bayern-Fans folgten der Einladung und fragten dem Nationalspieler

Die „Ruhrpott-Bazis" auf Tour

vier Stunden lang Löcher im Bauch. Reitz: „Mit dem kann man reden. Besser, als wenn uns der FC Bayern den Matthäus geschickt hätte." Für das kulturelle Beiprogramm sorgte eine bayerische Trachtenkapelle, die kulinarische Verpflegung bestand aus frischgezapftem Paulaner sowie Leberkäs' und Semmelknödeln. Nach dem Titelgewinn 1997 veranstalteten die „Ruhrpott-Bazis" gemeinsam mit einem Großteil der 49 Bayern-Fanklubs an Rhein und Ruhr einen Autokorso quer durchs Revier. Die Organisatoren, so eine Pressemitteilung, „wollen dem Ruhrpott zeigen, daß zwischen Duisburg und Hamm nicht nur Anhänger von Schalke 04 und Borussia Dortmund zu Hause sind." Der Konvoi der Bayern-Fans düste auch über den Dortmunder Borsigplatz: „Dort soll dann auch der letzte Borusse erkennen, daß der Rekordmeister von der Isar die Vorherrschaft in der Bundesliga zurückerobert hat." Zum Feiern ging es dann aus feindlichem Terrain nach Bochum, zu den befreundeten VfL-Fans.

In der Satzung der „Ruhrpott-Bazis" heißt es: „Die 'Ruhrpott-Bazis' fühlen sich als Repräsentanten des FC Bayern München und lehnen jede Art von Gewalt oder gewaltsamen Ausschreitungen ab. Insbesondere wird die Betätigung von allgemein als extremistisch eingestuften politischen Parteien und Gruppierungen abgelehnt." In einer Selbstdarstellung wird hinzugefügt: „Die Integration ausländischer Fans ist für uns selbstverständlich." Und den Aufruf zur erwähnten Siegesralley beendete die klare Aufforderung: „Übrigens – auch beim Autokorso gilt: Mittendrin statt rechts dabei." Oliver Reitz: „Ähnliche Aktionen sind auch für die Zukunft geplant. Wir wollen die gemäßigten Fans etwas zusammenhalten."

Ein bei FCB-Fanklubs häufiger anzutreffendes Merkmal ist das Engagement für Behinderte. Nicht weniger als neun „Ruhrpott-Bazis" sind im Besitz eines Schwerbehindertenausweises. Darunter befinden sich ein Rollstuhlfahrer und eine Sehbehinderte. Reitz betont den sozialen Lerneffekt, den dies für die anderen Klubmitglieder bedeute: „Jeden Samstag stellt sich die Frage, wer holt sie ab und bringt sie ins Stadion."

Porträt 2: Die Bochumer

Die einen waren dem Rest der Liga „zu groß", die anderen diesem lange Zeit „zu grau". Zu den kuriosesten Fan-Freundschaften der Bundesliga gehört sicherlich die zwischen dem glamourösen, bundesweit mobilisierenden FC Bayern und der vermeintlich „grauen Maus" VfL Bochum, die in der Vergangenheit nicht einmal den Anspruch erheben konnte, ein Regionalverein zu sein. Die Fans des VfL Bochum reisen nicht mit dem Auto an, sondern kommen zu Fuß oder benutzen die öffentlichen Nahverkehrsmittel.

Vor dem Gastspiel der Bayern in der Saison 1996/97 titelte ein Extrablatt der „Ruhrnachrichten": „VfL-Fans freuen sich! Die Bayern-Freunde kommen!" Das Ruhrstadion ist wohl das einzige in der Liga, in dem man Fans und Spieler des FC Bayern als Freunde begrüßt.

Die Geschichte der Freundschaft, die bereits seit über 20 Jahren besteht, hat sich so auch anderswo ereignet. Bochumer Fans wollen Bayern-Fans „was vor die Möppe hauen", andere Fans des VfL intervenieren, man geht gemeinsam in die Kneipe, findet sich ganz nett, trifft sich wieder, und bald ist die Freundschaft perfekt.

Viele Klubs unterhalten gleich mehrere Fan-Freundschaften. Fans von Borussia Dortmund sind mit Celtic Glasgow, Juventus Turin, FC St. Pauli, SC Freiburg, Karlsruher SC, Hamburger SV und TSV 1860 München verbunden. Eine Auflistung, die keinerlei Anspruch auf Vollständigkeit erhebt. Das Ganze hat einen ziemlich inflationären Charakter angenommen. Die Fans des FC Bayern kennen hingegen nur den VfL Bochum, was der Freundschaft gut tut. Die Auftritte des FC Bayern in Bochum geraten so zu einem besonderen Ereignis.

In den 80ern war der VfL ein Verein, den das Bayern-Management schlicht für überflüssig hielt. Laut dachte man über eine Reduzierung der Bundesliga nach, über eine Bereinigung des Oberhauses um „unattraktive" und schwer zu vermarktende Adressen wie eben den VfL Bochum. Als Bochums Manager Hilpert einmal beklagte, wenn er irgendwo zwecks Talentbeobachtung auftauche, fände sich anschließend auch ein Emissär des FC Bayern ein, konterte sein Kollege Hoeneß gnadenlos: Dies könne nicht stimmen, denn „den Hilpert erkennt doch eh keiner".

Zumindest auf den ersten Blick sind die Kontraste zwischen Bayern und VfL sehr scharf: Hier der Klub, auf dessen Haupttribüne und in dessen Umfeld sich soviel Schickimickis und Prominente tummeln wie ansonsten nirgendwo in der Liga; der wie kein anderer den Vorstoß des Fußballs in die oberen Etagen der Gesellschaft organisierte; der zum Programm erhob, den Fußball von all jenen Gerüchen, die in Bochum auch noch heute dominieren, zu befreien. Dort der Klub, wo Fußball noch immer gearbeitet wird. Selbst im Ruhrgebiet ist das Haupttribünenpublikum nirgendwo so kleinbürgerlich wie im Bochumer Ruhrstadion. Und wenn die Region gegen den Abschied vom Bergbau und dem damit verbundenen immensen Verlust von Arbeitsplätzen protestiert, stehen VfL und Gewerkschaften wie selbstverständlich Schulter an Schulter. Eingequetscht zwischen den Ruhrpott-Giganten Dortmund und Schalke, wird Bodenhaftung zum A und O der VfL-Politik.

So richtig groß wurde die Fan-Freundschaft Bayern-VfL erst, als Hoeneß und Hilpert ihr Vermarktungspotential erkannten. Heute zählt sie zu den bedeutendsten und stabilsten unter den Fan-Freundschaften in der Bundesliga. Als der VfL Bochum zwischenzeitlich in die 2. Liga abstieg und folglich nicht mehr samstags spielte, war dies für viele Bayern-Fans aus der Region eine willkommene Gelegenheit, auch ins Ruhrstadion zu gehen. Bei seinen Aufstiegsbemühungen erhielt der VfL ihre lautstarke Unterstützung.

Der VfL Bochum war bislang für den FC Bayern kein ernsthafter sportlicher Konkurrent, wohl aber ein nützlicher Transporteur seiner kommerziellen Interessen im Ruhrgebiet. Wobei aus der Idee eines gemeinsamen Fanshops in der Bochumer Einkaufszone allerdings nichts wurde. Aufgrund der größeren Laufkundschaft entschied sich der FCB für das Oberhausener „Centro", Europas größtes Kaufhaus, als Standort für seinen Fanartikelverkauf im Ruhrgebiet. Im Mai 1997 wurde die „Bayern-Boutique" (der FC Bayern unterhält natürlich keine profanen Fanshops, sondern Boutiquen) eröffnet. Neben Manager Hoeneß hatten Mario Basler und Alexander Zickler zur Kundenwerbung anzutreten.

Mit dem „Fantastic" gibt es ein Bayern-Bochum-Freundschaftsfanzine. Das Blatt gehört allerdings eher zu den weniger überzeugenden Erzeugnissen der Fanzine-Kultur. Es besteht primär aus einer Aneinanderreihung von „Spielberichten", die nur für absolute Insider von Interesse sind. Auf eine klare Grenzziehung gegenüber Hools und Rechtsradikalen wird verzichtet. St.-Pauli-Fans werden als „Zecken" beschimpft, und wenn Schalker Kutten von Bayern-Hools verprügelt werden, sind sie halt „selber schuld". Doch sei betont, daß das Fanzine gewiß nicht repräsentativ für eine der ältesten und kuriosesten Fan-Freundschaften der Bundesliga ist.

Porträt 3: Hooligans und Neonazis

Die Spiele des FC Bayern im Bochumer Ruhrstadion sind immer ein besonderes Ereignis. Hier prallen „kulturelle Gegensätze" aufeinander, und hier gedeiht die beschriebene kuriose Fan-Freundschaft zwischen den beiden Vereinen.

In der Saison 1996/97 wird die Begegnung zwischem dem VfL und dem FC Bayern allerdings von Auseinandersetzungen auf den Rängen begleitet. Nicht zwischen Bayern und VfLern bricht ein Konflikt aus, sondern im Lager der Bayern-Fans selbst. Ein Konflikt, der schon lange vor sich hin schwelt und dessen offene Austragung somit überfällig ist.

Vor dem Anpfiff werden in einer Ecke des Ruhrstadions Rauchbomben und bengalische Feuer gezündet. Die Rauchentwicklung unter dem Tribünendach ist so stark, daß man auf den benachbarten Plätzen der „Family-Ecke" minutenlang kaum das Spielfeld sehen kann, dafür aber eine Reihe von Kindern husten hört. Die Verursacher haben derartige Probleme nicht: Sie haben sich rechtzeitig ihre Schals vor die Gesichter geschnallt.

Die Pyromanen sind Mitglieder eines der unangenehmsten Fanklubs der Bundesliga. Sie nennen sich „Red Munich" und haben – gemeinsam mit zwei ähnlich gesonnenen Fanklubs aus dem Sauerland und Bonn – vor allem bei Fahrten ins Ausland wiederholt für negative Schlagzeilen gesorgt. Beim Champions-League-Halbfinale 1995 in Amsterdam gab es ebenso Zoff wie eine Saison später bei den UEFA-Cup-Reisen nach Lissabon, Nottingham und Barcelona. Bei der Anfahrt nach Nottingham wurde eine Tankstelle auseinandergenommen, in Barcelona Verkaufsstände im Flughafen geplündert. Vor dem UEFA-Cup-Finalspiel in Bordeaux (1996) drohten die „Red Munich", ein Dorf in der Nähe des Spielorts „platt zu machen", sollte ihnen der Klub keine Karten aushändigen. Irgendwie gelangten sie dann an Karten, so daß glücklicherweise nichts passierte. Aufgrund der vorausgegangenen Vorkommnisse mußte der FC Bayern Ausschreitungen der eigenen Fans unbedingt vermeiden, ansonsten hätte er mit UEFA-Sanktionen rechnen müssen. Im Stadion von Bordeaux war der FCB massiv mit eigenen Ordnern präsent.

Zum Repertoire des Fanklubs „Red Munich" und der anderen beiden Zusammenschlüsse gehören Sprüche wie „SS, SA, Bavaria", „Ajax ist ein Judenklub", „Hänschen Rosenthal ist tot" (der populäre Quizmaster Hänschen Rosenthal war Jude und Präsident des Berliner Klubs Tennis Borussia), „Eine U-Bahn bauen wir, von St. Pauli bis nach Auschwitz" und „Wer soll unser Führer sein: Carsten Jancker" (offensichtlich wird von Janckers „Haarpracht" eine rechtsradikale politische Haltung abgeleitet). Die Mitglieder dieser Fanklubs wissen scheinbar nicht, daß die Bayern auch einmal ein „Judenklub" waren. Oder aber sie sind glücklich darüber, daß der Nationalsozialismus ihren Verein von diesem „Übel" „befreit" hat.

Im offiziellen „Jahrbuch" des FC Bayern werden die rechtsradikalen und gewaltbereiten Zusammenschlüsse unverändert als Fanklubs aufgeführt. Dabei ist der Vereinsführung das Problem bestens bekannt. In der Geschäftsstelle sind schon eine Reihe von Beschwerden eingegangen, aber angeblich will man die Hooligans und Rechtsradikalen nicht aufwerten. Außerdem fürchtet man um den Ruf des Vereins. Und last but not least zählen die „Red Munich" ja zu den treuesten Fans.

Die „Red Munich" zeichnet eine starke innere Disziplin aus. Ihre Aktivisten rühmen sich eiserner Härte, und wenn man ihre Aufnahmebedingungen studiert, erhält man den Eindruck, man habe es mehr mit einer soldatischen „Elitetruppe" denn mit einem Fanklub zu tun. Wer den „Red Munich" beitreten will, muß ein Jahr lang jedem Spiel der Profis, der Amateure und der Basketballer beiwohnen. Ihr Erkennungszeichen ist der nach hinten gebundene Schal, der ihnen ein militantes Aussehen verleiht. Ursprünglich waren sie in der Kurve beheimatet. Doch mittlerweile hat sich zumindest ein Teil ihres Spektrums vom Südkurvenpublikum verabschiedet und ist auf die Haupttribüne umgezogen, wo man sich besser Gehör verschaffen kann.

Doch zurück zu den Ereignissen in Bochum. Als der Schiedsrichter ein Tor des FC Bayern nicht anerkennt, sehen die „Red Munich" den Zeitpunkt gekommen, einen Angriff auf die Fanfreundschaft mit dem VfL zu starten. „Scheiß VfL" und „...nur der FCB" tönt es aus ihrer Ecke. Zugleich läßt man die längst verblichene Fan-Freundschaft mit der Berliner Hertha hochleben. Daß man sich zur Hertha hingezogen fühlt, verwundert kaum. Denn ein Teil der Hertha-Fans ist für ihren Rechtsradikalismus berüchtigt. Die unmittelbar benachbarten Bayern-Fans, deren Kutten sie als Südkurven-Fans ausweisen, kennen offenbar ihre Pappenheimer: „Nazis raus!" schallt es den „Red Munich" entgegen. Bierbecher fliegen, und nur das Trenngitter verhindert, daß es zur Massenschlägerei zwischen den beiden Gruppen kommt. Derweil schallt es von der Westtribüne, wo die Masse der Bayern-Fans steht, vieltausendfach in Richtung „Red Munich": „FCB und VfL". Die Masse der Bayern-Fans will mit den „Red Munich" nichts zu tun haben. Oliver Reitz von den „Ruhrpott-Bazis" merkt später allerdings kritisch an: „Die Geschlossenheit, mit der den 'Red Munich' begegnet wurde, war beeindruckend. Aber ich hätte mir eine derartige Geschlossenheit noch mehr gewünscht, wenn es nicht um den VfL, sondern um die antisemitischen Sprüche gegangen wäre."

Viele Fans, die gerne etwas gegen die „Red Munich" und Co. unternehmen würden, haben Angst. Niemand will sich zu weit aus dem Fenster lehnen. Wiederholt sind Kritiker der „Red Munich" eingeschüchtert und bedroht worden. Die zumindest unschlüssige Politik des Vereins macht nicht gerade Mut: Bislang beschränkt man sich an der Säbener Straße auf eine (schon immer untaugliche) Strategie des Totschweigens. In erster Linie fürchtet der FC Bayern um sein Image. Der Ausgrenzung und Isolierung der „Red Munich" dient auch nicht gerade, daß ein enger Mitarbeiter Raimond Aumanns dort Mitglied ist. Oliver Reitz hält die Strategie seines Klubs für fragwürdig, da immer mehr junge Fans in diese Kreise hineingeraten würden.

Sicherlich gibt es Vereine, deren Probleme mit Rechtsradikalen noch erheblich größer ausfallen. Das relativ hohe Bildungsniveau vieler Bayern-Fans mag als Imprägniermittel gegenüber knallrechten Grobschlächtern wirken. Oliver Reitz: „Der Großteil der Fans bewegt sich auf einem geistigen Niveau, wo man ausländerfeindliche Sprüche nicht nötig hat." Ein Grund zur Verharmlosung ist dies aber nicht.

Als Antwort auf die Auftritte der „Red Munich" und Co. beabsichtigte eine Gruppe von FCB-Fans aus Köln während der Saison 1996/97 die Herausgabe eines Fanzines mit dem Namen „Marienplatz". Aufgrund einer Finanzierungslücke mußte das Vorhaben jedoch zunächst verschoben werden. Der Herausgeber in einem Brief an den Autor dieses Buches: „Wie alle fortschrittlichen Projekte scheitert also auch unseres am Geld."

Porträt 4: Die „Elche"

„Liebe 'Elche', leev Lück, wißt Ihr, was Euch mit Michael Schumacher, Wolfgang Schäuble, Regierungssprecher Hausmann und Thomas Gottschalk verbindet? Nein? Dann fügt noch Harald Schmidt, Edmund Stoiber,

Steffi Graf und Boris Becker hinzu – und Ihr habt die gemeinsame Vorliebe zum FC Bayern. Aber genau an dieser Stelle wißt Ihr auch, was Euch von denen unterscheidet: Ihr könnt froh sein, an Eintrittskarten zu kommen!" (Auszug aus dem „Elchruf", Mitteilungsblatt des in Bergisch-Gladbach beheimateten Fanklubs „Die Elche")

Der hauptsächliche Gründungszweck eines Fanklubs scheint angesichts des Bundesligabooms die Kartenfrage zu sein, zumal wenn der Verein FC Bayern heißt. Dabei geht es keineswegs nur um die Heimspiele, sondern gerade auch um die Auswärtsspiele des FCB, die durch den Ansturm der Bayern-Fans aus der jeweiligen Region bisweilen zu Heimspielen umfunktioniert werden.

Der Fanklub „Die Elche" wurde im November 1985 gegründet. Armin Radtke, Sprecher des Klubs und für die Kartenfrage verantwortlich, über die Gründungsmotive: „Wo Leute in der Minderheit sind, besteht das Bedürfnis, sich zusammenzuschließen. Man kennt das ja aus dem Ruhrgebiet." Und im unweit von Köln und Leverkusen gelegenen Bergisch Gladbach waren die Bayern-Fans damals in der Minderheit. Trotzdem zählt der Fanklub 66 Mitglieder (Stand: Mai 1997). 14 % von ihnen sind Frauen, worauf Armin Radtke sichtbar stolz ist. Mit saufenden und pöbelnden Männerbünden haben „Die Elche" nichts gemein. Das Sozialprofil des Fanklubs: 40 % der Mitglieder sind kaufmännische Angestellte, 15 % Schüler, 12 % Studenten, ebenfalls 12 % verdingen sich im Öffentlichen Dienst, 8 % sind Beamte, 6 % Selbständige. Arbeiter sind hingegen nur 4 %. „Prolls haben wir nicht in unseren Reihen", betont Radtke, womit er aber keine soziale, sondern eine kulturelle Kategorisierung vornehmen will. Irgendwie „typisch Bayern", denkt man spontan, „etwas elitär, ordentlich und brav", was aber nur die halbe Wahrheit ist.

Einen Fanklub vom Typ „Die Elche" wird man wohl am ehesten beim FC Bayern antreffen. Aber auch in den Reihen der Bayern-Fans eckt ein derartiger Fanklub, der bewußt ein wenig die „Intellektuellen-Schiene" (Radtke) pflegt, zuweilen an. Denn „Die Elche" gelten im FCB-Fan-Spektrum als „kritischer Fanklub". In ihrer Anfangsphase hatten sie sich auch mal öffentlich zum leidigen Thema Hooligans geäußert und waren dadurch bei anderen Bayern-Fans heftig in Kritik geraten. Beim Bayern-Gastspiel in Bochum wurde gar die Fahne des Fanklubs verbrannt. Seither läßt man von derartigen missionarischen Interventionen ab und beschränkt sich darauf, den eigenen Laden sauber zu halten – zur Not auch mit Hilfe von Ausschlüssen. Ausländerfeindliche und andere Pöbeleien sind bei den „Elchen" absolut tabu. Die „Elche" sind also ein „ordentlicher"

Fanklub. Ihre Sprecher sind keine „Kutten-Fans", sondern eher Typ Betriebswirtschafts-Student. Probleme, sich öffentlich zu artikulieren, kennen die „Elche" nicht. Die Arbeit wirkt perfekt organisiert, und selbstverständlich trägt jeder „Elch" einen Mitgliedsausweis bei sich, auf dem allerdings ironisch vermerkt ist: „Diese Karte berechtigt zu gar nichts und ist im Grunde genommen völlig unnütz. Sie dient lediglich zur Mitgliederwerbung und als 'Klischee-Killer'."

Horst Stiefel ist im Klub für das Fußballteam und den Tabellen-Tip zuständig. Aus seiner Sporttasche holt er einige Fotoalben heraus, die u.a. von den Auswärtsfahrten im UEFA-Pokal erzählen. Auch hier: keine Fotos von saufenden und gröhlenden Horden. Statt dessen Ansichten von historischen Sehenswürdigkeiten der einzelnen Spielorte. Ein Auswärtsspiel im Europapokal ist für „Die Elche" auch eine willkommene Gelegenheit, fremde Städte zu sehen und fremde Menschen kennenzulernen. Die „Elche" kommen als informierte und aufgeschlossene Touristen, nicht als Invasoren, die der Bevölkerung des Gastlandes ihre deutsche Duftnote aufdrücken wollen. Die Praxis des FC Bayern, seine Fans per Reiseveranstalter zu ausländischen Austragungsorten zu schicken, wo sie von der Stadt höchstens den Weg vom Bahnhof zum Stadion kennenlernen, wird deshalb nicht nur unter Kostengesichtspunkten und aufgrund der Einschränkung der individuellen Bewegungsfreiheit kritisiert. Armin Radtke: „Das ist nicht gerade im Sinne der Völkerverständigung."

Das Angebot der „Elche" an ihre Mitglieder besteht aus drei Säulen: Die erste Säule ist der Spielbesuch. Gefahren wird zu allen Bayern-Gastspielen im Westen, Bundesliga wie DFB-Pokal. Außerdem stand in der Vergangenheit auswärts noch Frankfurt auf dem Programm. Dreimal pro Saison geht es nach München, wobei das Angebot auch ein „Oktoberfest-Special" enthält. Zum Pflichtprogramm im Europapokal gehören Bayern-Auftritte in den Benelux-Staaten. Alles weitere hängt vom Saisonverlauf ab. Für ca. 14.000 DM werden pro Saison Karten geordert, ausschließlich über den FCB. Die „Elche" sind keine „Groundhoppers". Armin Radtke: „Eine 34er Serie legt von uns keiner hin. Das sollen andere machen. Gewöhnlich kann man das ohnehin nur für zwei Jahre. Dann sind die Leute weg", die „Elche" aber immer noch da. Die „Elche" verstehen sich nicht als pures Fußball-Reiseunternehmen, weshalb weitere Säulen im Angebot stehen: das eigene Fußballteam, das u.a. auch am alljährlichen, für die Fanklubs ausgeschriebenen Opel-Cup teilnimmt, und ein Fußball-Tippsystem, an dem sich mittlerweile ca. 120 Leute beteiligen. Das PC-Programm für das Tippspiel stammt aus eigener Feder. 15 % aller Ein-

Das Fußballteam
des Fanklubs
„Die Elche"

sätze gehen einem karitativen Zweck zu. 1995 waren dies immerhin 650
DM, 1996 werden es wohl um die 1.000 DM sein. Nutznießer dieser karitativen Haltung ist die „Aktion Freizeit Behinderter".

Mit dem Namen „Die Elche" wollte man sich seinerzeit von so martia-
lisch klingenden und kitschig naiven Versionen wie „Bayern Power" oder
„Ewig Rot-Weiße Treue" abheben. Und nur den Heimatort im Namen zu
führen, war den „Elchen" „zu lang, zu langweilig und zu wenig prägnant".
In einer Selbstdarstellung des Fanklubs heißt es weiter: „Außerdem wollten wir weg vom gängigen Klischee einer Jubeltruppe für angehende
gleichaltrige Jung-Millionäre in kurzen Hosen. (...) Der Elch als solcher ist
ein kräftiges und überaus großes Tier, das durch seine Körpermasse teilweise etwas ungelenk und tolpatschig wirkt. Da wir uns von Anfang an
nicht so bierernst nehmen wollten, haben wir auch die Tolpatschigkeit
bewußt in Kauf genommen. (...) Damit haben wir schließlich auch anderen die Möglichkeit gegeben, uns von einer durchaus humorvollen Seite zu
betrachten." Das wichtigste Argument für den Elch war jedoch, daß es sich
dabei um ein „friedliches Tier (Vegetarier!)" handelt. „Damit lieferte auch
schon der Name einen kleinen Hinweis auf unsere Hauptmerkmale Fried-
fertigkeit und Fairneß. Wir gehen davon aus, daß uns dies mit z.B. 'Eisen &
Granit' oder 'Isarfront' nicht gelungen wäre." Der Untertitel „Finest Fun
For Fair Fans" ist eine Kreation von Sprecher Armin Radtke.

Zuweilen ist im Gespräch nicht vom FC Bayern die Rede, sondern von
der „Firma". Die Entwicklung des FCB wird illusionslos betrachtet, „das ist
halt heute ein ganz normales Unternehmen". So sehr man sich über die
ständig wachsende Zahl von Mitgliedern und organisierten Fans freut, so
stellt man doch gleichzeitig fest, daß die Serviceleistungen des Vereins pro-

portional zum Mitgliederanstieg abnehmen. Auf Raimond Aumann, den Fan-Beauftragten des FCB, ist man nicht sonderlich gut zu sprechen, zumal seit dem UEFA-Cup-Finale in Bordeaux. Stein des Anstoßes sind immer wieder die Kartenverteilung und die Arrangements, die der FCB mit Reiseveranstaltern (Euro-Lloyd) bezüglich der Auswärtsspiele im Europapokal trifft. Der „Elchruf" zu Beginn der Saison 1996/97: „Zahlreiche Fanklubs beschwerten sich ob einer angeblichen Ungleichbehandlung bei der Kartenverteilung, und der FC Bayern zeigte in den darauffolgenden Monaten eine nie gekannte Dünnhäutigkeit, in Verbindung mit zum Teil undurchschaubarem Geschäftsgebaren. Bis heute konnte nicht geklärt werden, warum wir zum Champions-League-Spiel in Amsterdam auf die Fahrt in einem überteuerten Sonderzug zurückgreifen mußten, während die BVB-Fans ein Jahr später individuell anreisen durften. Und warum erhielt der FCB für das Rückspiel in Bordeaux angeblich nur 500 (1,7%) Karten, wo doch das Stadion 30.000 Zuschauer faßte? Selbst wenn es in allen (zum Teil hier nicht genannten) Fällen nachvollziehbare Gründe gab, hatten wir jedenfalls nicht das Gefühl, daß man ernsthaft versucht hätte, bei uns Verständnis für das eigene Handeln zu wecken."

Der FC Bayern als Sozialwerk

Den FC Bayern verfolgt der Ruf, reich und arrogant zu sein. Walter Jens äußerte einmal in einem Gespräch mit Otto Rehhagel: „Ich verstehe den Sprechchor 'Nieder mit dem Bayern-Pack', auch wenn ich ihn nicht billige. Aber das ist nicht gewalttätiger Protest gegen die Mächtigen, gegen die Arroganten, die Reichen, die Bosse." Bei vielen Bayern-Hassern spielen derartige Motive tatsächlich eine Rolle.

Allerdings gibt es auch noch eine andere Seite des FC Bayern: Auf dem Wohltätigkeitssektor ist der FCB der wohl engagierteste Profiklub in Deutschland. Dies ist vor allem das Verdienst von Uli Hoeneß, der sich selbst als „sozialen Menschen" einschätzt und bei der Frage nach seinem „Traumjob" im Bayern-Jahrbuch stets angibt: „Arzt in Lambarene".

Für den „sozialen Menschen" Hoeneß ist die folgende Szene typisch, die sich Anfang 1996 am Rande des Derbys FC Bayern – TSV 1860 zutrug. Als ihm ein jugendlicher UNICEF-Sammler im Ehrengastbereich des Olympiastadions seine Sammeldose entgegenstreckte, beobachte der „Kicker", wie Hoeneß, „ohnehin als großzügiger Spendengeber bekannt", mit gutem Beispiel voranging „und einen Schein in die Dose stopfte". Nicht alle der vermeintlichen VIPs, „die vor dem Spiel hier zu den Schlemmermenüs flanieren und anschließend zu ihren besonders teuren Sonderplätzen", hätten so edel reagiert. Viele hätten „die Jugendlichen einfach oder mit scheinheiligen Ausreden beiseite geschoben. Peinlich, peinlich."

Uli Hoeneß betrachtet seinen FC Bayern auch als Sozialwerk. Dies schließt auch ehemalige Angestellte des Klubs wie den von Alkoholproblemen geplagten Gerd Müller ein. Hoeneß half dem „Bomber", heute Mitglied des Trainerstabs der Bayern, wieder auf die Füße. Michael Rummenigge erklärt zu Recht: „Tragische Fälle wie Stan Libuda oder Erwin Kostedde hätte es beim FC Bayern nie gegeben." Uli Hoeneß macht um sein soziales Engagement kein großes Aufhebens, sondern ist ein Helfer, der im Stillen wirkt.

Einige wenige Beispiele für die „Sozialpolitik" des FC Bayern:
▶ Im August 1994 überreichte der FC Bayern zunächst 100.000 DM an die UNICEF zugunsten der Ruanda-Hilfe. 250.000 DM erhielt

die fortschrittliche Organisation „Ärzte ohne Grenzen" für die Gorazde-Hilfe. Im Gegensatz zum altehrwürdigen Roten Kreuz verzichtet die Organisation nicht auf politische Stellungnahmen und hält nichts von Pseudo-Neutralität, da diese spätestens dann unmoralisch würde, wenn „die Mörder nach vollbrachter Untat auch noch gemästet werden".

► Im Januar 1995 bestritt der FC Bayern spontan ein Benefizspiel beim VfB Oldenburg. Die Einnahme von rund 26.000 DM kam der Familie des im Wachkoma liegenden polnischen VfB-Spielers Jerzy Hawrylewicz zugute. Noch vor Ort entschied Hoeneß, den Betrag um 14.000 DM auf 40.000 zu erhöhen. Die Lokalpresse war beeindruckt: „Bayern-Manager Uli Hoeneß war sich nicht zu schade, Interview auf Interview zu geben. Unter anderem verwies er darauf, daß die Bayern-Spieler in den letzten Monaten des öfteren finanziell geholfen haben. So sammelten sie jüngst rund 100.000 Mark für ein leukämiekrankes Kind, das in München behandelt wird."

► Während der Saison 1994/95 spendeten die Spieler 70.000 DM ihrer Champions League-Prämie für die Operation des zwölfjährigen ukrainischen Jungen Iwan, der einen Tumor in der linken Wade hatte. Ohne den Eingriff, der zwischen 50.000 und 100.000 DM kostete, hätte das Kind aus Tschernobyl noch eine Lebenserwartung von einem Jahr gehabt.

► Ende Juli 1996 bestritt der FCB in Lüneburg ein Spiel gegen die „Paulaner-Traum-Elf", das eine Spende von 75.000 DM einbrachte. Das Geld kam dem lokalen Fußballnachwuchs, einem Lüneburger Sozialcafé sowie erneut der Familie von Jerzy Hawrylewicz zugute.

► 1997 folgte der FC Bayern dem Aufruf der Burundi-Koordinationsgruppe von Amnesty International, Bälle, Trikots und andere Materialien nach Burundi zu schicken. AI hatte die Bundesligaklubs zu einem Zeichen der Solidarität aufgerufen, nachdem in der burundischen Provinz Kiyenzi am 26. November 1996 Jugendliche während eines Fußballspiels auf ihrem Gelände von der Armee angegriffen worden waren. Ein Jugendlicher wurde zusammengeschlagen und erschossen. Anschließend richteten die Soldaten in der Gegend ein Blutbad an, bei dem ungefähr 500 Zivilisten ums Leben kamen.

Addiert man zu den sozialen Aktionen des FC Bayern auch noch die seiner zahlreichen Fan-Klubs, kommt alljährlich eine beträchtliche Summe zustande, die an soziale Einrichtungen und Initiativen überwiesen wird. ■

»Unterhaltung total«

Olympiastadion und Säbener Straße

▶ „Wir sind eigentlich immer selbstbewußt nach München gefahren, aber sobald wir in die Nähe des Olympiastadions kamen, war es mit unserem Mut vorbei…" (Stefan Effenberg nach seinem Wechsel von Mönchengladbach zum FC Bayern)

Das Olympiastadion, in dem der FC Bayern am 28.6.1972 gegen Schalke 04 (5:1) sein erstes Bundesligaspiel austrug und seither elf deutsche Meistertitel gewann, ist das Herzstück des im Norden Münchens gelegenen Olympiageländes auf dem Oberwiesenfeld. Das Ödland war lange Zeit Exerzierplatz eines bayerisch-königlichen Kavallerieregiments. Um das Oberwiesenfeld waren zahlreiche Kasernen entstanden. Danach ließen sich hier einige Rüstungsfirmen nieder: BMW, 1916 als Bayerische Flugzeugwerke AG gegründet, Chemische Werke Barlocher (Riesstraße), Knorr-Bremse und Hurth-Maschinenfabrik (beide Moosacher Straße). Die Gegend war ein militärisch-industrielles Zentrum. 1929 entstand auf dem Oberwiesenfeld der erste Münchener Verkehrsflughafen. Nach dem 2. Weltkrieg wurde dort Münchens Trümmerschutt abgeladen, der heute das Fundament der Hügellandschaft des Olympiageländes bildet.

Architektur und Demokratie

Mit seiner aufsehenerregenden Architektur ist das Oberwiesenfeld längst zu einem Wahrzeichen Münchens geworden. Dem in Stuttgart lebenden Architekten Günter Behnisch schwebte damals beim Bau des Olympiaparks eine „demokratische Sportstätte" vor. Herzstück dieser Idee wurde das weltberühmte Zeltdach über dem Olympiastadion, der Olympiahalle, der Schwimmhalle und über einen Teil der dazwischenliegenden Fußgängerzonen. Das durchsichtige Dach soll „Leichtigkeit und Transparenz" vermitteln. Die „Frankfurter Rundschau" im Juni 1997 anläßlich des 75. Geburtstags des Architekten: „Diese Zeltlandschaft, den Münchener

Olympiapark überspannend, war eine Geste. Die durch Ankerblöcke gesicherten Spannseile und Tragschleifen, die an Masten hängende Membrankonstruktion, legten über das Stadion die Allgegenwart einer Aufbruchabsicht in Deutschland. Ausgerechnet im Bild deutscher Stadionarchitektur fand Günter Behnisch einen Ausdruck für die entspannte Gesellschaft."

Das Zeltdach besteht aus 75.000 Quadratmetern Acryl-Glasplatten, die von 58 Masten und Trägern gestützt werden. Zur „Leichtigkeit und Transparenz" trägt auch der Verzicht auf zähe Symmetrie und maßlose Ordnung bei. An Behnischs Zeichentisch entstand übrigens auch der Entwurf

Ausdruck einer „entspannten Gesellschaft": die Zeltlandschaft im Münchener Olympiapark.

für den Plenarbereich des Bonner Bundestages, in dem bewußt die Stühle der Regierung auf gleicher Höhe stehen wie die der Abgeordneten. Aber das Lieblingsprojekt des genialen Architekten ist heute noch das Münchener Olympiagelände.

Olympiastadion und Olympiapark wirken wie ein radikaler Gegenentwurf zur olympischen Arena in Berlin. Während das Berliner Stadion und das benachbarte Reichssportfeld bis heute Monumente totalitärer nationalsozialistischer Baukultur geblieben sind, repräsentiert München den Geist von demokratischem Aufbruch und Reform, der Ende der 60er/Anfang der 70er in der Bundesrepublik wehte. Der Unterschied zwischen Berlin und München ist geradezu körperlich spürbar, wenn man beide Arenen in leerem Zustand bestritt. Die Berliner Arena wirkt bedrückend und bedrohlich. Das einzelne Individuum kommt sich darin völlig verloren vor. Was zählt, ist allein die Masse.

Der Münchener Olympiapark mißt 2,8 Millionen Quadratmeter. Die Errichtung des damals größten Freizeitgeländes in Europa benötigte sechs Jahre. Das Oberwiesenfeld ist noch immer Münchens Freizeitgelände schlechthin und eine der größten Touristenattraktionen der Stadt. Der Mittlere Ring teilt es in eine nördliche und eine südliche Hälfte. Im Süden befinden sich die Sportanlagen, im Norden das ehemalige Olympische Dorf. Der Bau des Dorfes bot die Chance, im städtebaulich noch wenig entwickelten Münchener Norden eine große öffentliche Fläche zu erschließen und ein neues Stadtviertel zu errichten. Tatsächlich wirken Olympiagelände und Olympisches Dorf nicht nur wie ein Stadtviertel, sondern wie eine eigene Stadt.

Goldgrube

Deutschlands ästhetisch anspruchvollstes Stadion wurde am 26.5.1972 mit dem Fußball-Länderspiel BRD - UdSSR offiziell eingeweiht. Die Schön-Elf gewann 4:1. Vom FC Bayern waren Maier, Schwarzenbeck, Beckenbauer, Breitner, Hoeneß und Müller dabei. Gerd Müller schoß alle vier Treffer. 1974 fand im Olympiastadion das Finale der Fußball-Weltmeisterschaft statt, das die BRD gegen die Niederlande 2:1 gewann. Mit Breitner und Müller waren erneut Bayern-Spieler die Torschützen. Auch bei der Europameisterschaft 1988 wurde das Finale in München ausgetragen. Die Niederlande schlugen die UdSSR 2:0. Die DFB-Auswahl absolvierte bislang insgesamt zwölf Länderspiele im Olympiastadion. Die Bilanz: sieben Siege, zwei Niederlagen, drei Unentschieden.

Im Olympiastadion wurde seit seiner Eröffnung nicht nur Fußball gespielt und Leichtathletik betrieben: Diverse Rock- und Pop-Größen gastierten hier, so z.B. Chris de Burgh, Tina Turner, Michael Jackson und die Rolling Stones. Aber auch die „Drei Tenöre" und Papst Johannes Paul II. traten hier auf.

Als Bund, Land und Stadt den Bayern 1972 das Olympiastadion „schenkten", erwies sich dies schon bald als Goldgrube, die dem FCB einen finanziellen Vorteil gegenüber der Konkurrenz verschuf. Wobei KSC-Trainer Winfried Schäfer, dem der FC Bayern seit Jahren seine besten Spie-

Der FC Bayern feiert seinen ersten Meistertitel im Olympiastadion. V.l.n.r.: Müller, Schwarzenbeck, Hansen, Krauthausen.

ler wegkauft, einmal richtig bemerkte: „Andere Vereine haben damals auch ein Stadion bekommen und nichts daraus gemacht."

Seit der Saison 1972/73 sank der Schnitt nur fünfmal unter die 30.000-Marke. In den sieben Bundesligaspielzeiten davor gelang dem FCB nicht ein einziges Mal der Sprung über die 30.000. Der beste Schnitt der Bayern waren zuvor die 27.748 aus der Saison 1971/72, obwohl der Klub bis dahin schon viermal DFB-Pokalsieger, zweimal Meister und einmal Europapokalsieger geworden war. Aber auch auf diesen Schnitt kam der FC Bayern nur, weil er das letzte und meisterschaftsentscheidende Heimspiel bereits im Olympiastadion austragen durfte. 80.000 sahen die Begegnung gegen den FC Schalke 04 und bescherten dem FC Bayern die erste Millioneneinnahme (1,2 Mio. DM) in seiner Geschichte. Das Problem stellten bis dahin weniger die „gewöhnlichen" Spiele dar (heute würde auch hierfür die Grünwalder Straße nicht mehr ausreichen), sondern die Topbegegnungen. An der Grünwalder Straße hätten sich die Bayern gegen die Schalker mit fast 40.000 Zuschauer weniger begnügen müssen. Den Zuschauerrekord hält allerdings nicht der FC Bayern, sondern Lokalrivale TSV 1860, der

1973 zum Regionalliga-Süd-Spiel (!) gegen den FC Augsburg über 80.000 begrüßen durfte.

Den Spielern war beim Umzug zunächst nicht nur wohl zumute. Sepp Maier: „Wir Spieler haben den Umzug mit einem weinenden und einem lachenden Auge gesehen. Wir wollten damals in unserem alten Stadion bleiben und nur Schlager- und Europacupspiele im Olyampiastadion austragen. Der DFB hat's aber verboten, und es war wohl auch richtig. Der Verein brauchte die Einnahmen aus der riesigen Arena, und wir Spieler haben ja auch davon profitiert. Die Siegprämien sind zum Beispiel um das Doppelte und Dreifache gestiegen."

Das Olympiastadion war die ideale Arena für einen Verein, der sich anschickte, weit mehr zu sein als „nur" ein städtischer Repräsentationsverein – nämlich fußballerischer Repräsentant eines Bundeslandes, auf internationaler Ebene gar der gesamten Nation.

Ein Stadion im Wandel der Zeit

Anläßlich der EM 1988 wurde ein Teil der Stehplätze in Sitzplätze umgerüstet, was eine Verringerung der Kapazität auf 69.466 bedeutete. In der Saison 1996/97 gab es im Stadion 58.066 Sitzplätze und 11.400 Stehplätze. Voll ausgeschöpft wurde diese Kapazität allerdings nur selten. Da die Sicht in den unteren Sitzplatzreihen aufgrund der Bandenwerbung stark eingeschränkt ist, werden in der Regel maximal 64.000 Karten verkauft. Nur bei den Derbys können es beide Vereine nicht lassen, einige tausend Karten mehr zu verkaufen.

Mittlerweile war eine weitere Umrüstung erfolgt. Die Stehplatzränge in der Südkurve (Bayern) und der Nordkurve (TSV 1860) wurden mit einem kompatiblen System ausgestattet, das eine vollständige Bestuhlung der Arena ermöglicht. Olympiaparkchef Wilfried Spronk: „Mit dieser Maßnahme entspricht das Olympiastadion heute schon den bis 1999 schrittweise in Kraft tretenden Sicherheitsbestimmungen der UEFA und FIFA, die dann für alle europäischen und internationalen Wettbewerbe ein komplett bestuhlbares Stadion verlangen."

Obwohl der FCB durch das Olympiastadion eine Menge Geld in seine Kassen bekam, zeigten sich die Vereinsoberen zunehmend unzufrieden mit der Anlage und dachten öffentlich über ein neues Stadion nach. Schwachpunkte des Olympiastadions sind seine Konzeption als Leichtathletikarena und seine unzureichenden Modernisierungsmöglichkeiten. Beim Ausbau der Sitzplätze und bei der Einrichtung von lukrativen Logen ist der FCB gegenüber anderen Klubs wie Bremen und Kaiserslautern, Dortmund oder Leverkusen ins Hintertreffen geraten. Uli Hoeneß: „Das Zeltdach und die Anlage sind zwar hübsch anzusehen, aber nicht mehr zeitgemäß." Zudem besitzt Architekt Günther Behnisch für 70 Jahre die Urheberrechte an der Konstruktion, womit dem FC Bayern in Sachen Stadionmodernisierung die Hände gebunden schienen.

Mit seiner großen Zahl unüberdachter Plätze und der weiten Entfernung vom Spielfeld zählt das Stadion in den 90ern zu den komfortlosesten Arenen der Liga, auch aus der Sicht des weniger zahlungskräftigen Zuschauers. FCB-Vizepräsident Fritz Scherer 1991: „Unser Wunsch ist es seit langem, ein echtes Fußballstadion zu haben. Ohne Laufbahn zwischen Spielfeld und den Zuschauertribünen. Nur kostet ein neues Stadion Hunderte von Millionen. Und die können wir derzeit nicht selbst finanzieren. Abgesehen davon bräuchten wir natürlich auch ein passendes Grundstück dafür."

Von Giesing zurück nach Schwabing

Das Olympiastadion ist längst zur Heimat des FC Bayern geworden, weshalb sich die Fans der Sechziger dort auch heute noch nicht richtig wohl fühlen. Von einer Minderheit wird es gar boykottiert. Zwar wurde es nicht nur für den FC Bayern gebaut, aber aufgrund seiner erheblich stärkeren Nutzung durch die Bayern – bedingt durch die Europapokalspiele und den zwischenzeitlichen Niedergang des TSV 1860 – wird es seitens der Öffentlichkeit traditionell mehr mit den Roten als mit den Blauen assoziiert. Das Olympiastadion paßt einfach besser zum FC Bayern als zum TSV 1860, und die Bayern sind auch eher in der Lage, sein Fassungsvermögen voll auszuschöpfen.

Mit der Grünwalder Straße, wo Bayern und Sechziger bis zur Inbetriebnahme der Olympiaarena kickten, verhielt es sich genau umgekehrt. Fast 50 Jahre mußte der FC Bayern seine Heimspiele in einem Stadion austragen, das im Volksmund „das Sechziger-Stadion" hieß. Franz Beckenbauer: „Wir waren da nur Gast. Eines unserer letzten Regionalligaspiele wurde kurz vor Beginn in das Dante-Stadion verlegt, weil plötzlich jemandem eingefallen war, daß man den Rasen besser für die Löwen schont."

Die Grünwalder Straße befindet sich in Giesing, der alten Heimat der Sechziger, und war auch ursprünglich deren Anlage. 1911 wurden ehemals landwirtschaftlich genutzte Flächen an der Grünwalder Straße gepachtet, um dort eine Sportanlage zu errichten. Pächter war der Uhrmachermeister

Wilhelm Hilber. Von der Turnabteilung der Löwen wurde die erste kleine Sitztribüne gebaut. Die Fußballer waren für die erste größere Stehtribüne verantwortlich. 1921 wurde das Gelände erworben. Im September 1926 war der Bau des Sechziger-Stadions mit einem Fassungsvermögen von 40.000 abgeschlossen. In Süddeutschland war diese Anlage damals konkurrenzlos. Das Sechziger-Stadion wurde später nach dem 1860-Vorsitzenden Heinrich Zisch benannt. 1937 ging die Anlage schließlich in städtischen Besitz über und änderte anschließend auch ihren Namen. In den nächsten Jahren hieß sie Städtische Hanns-Braun-Kampfbahn. Hanns Braun war Münchens berühmtester Leichtathlet gewesen. Der „heimatlose" FC Bayern spielte seit Mitte der 20er regelmäßig an der Grünwalder Straße.

Erst mit dem Umzug in das Olympiastadion kehrte der FC Bayern in die Nähe seiner alten Heimat zurück, denn die Anlage befindet sich am Rande Schwabings. Doch derlei nostalgische Bezüge zählen wenig, wenn es um Zukunftsentwürfe für ein modernes Stadion geht.

Stadionpolitik

Der Streit um den Bau einer neuen und eigenen FCB-Heimat schwelt seit Jahren in München. Im Gespräch war ein Gelände östlich des Stadtgebietes, das vor sich hingammelnde Olympia-Reitstadion neben den Galopper- und Trabrennbahnen in München-Riem, was die Stadt jedoch entschieden ablehnte, sowie ein Gelände beim Radstadion im Olympiapark, das Tolwood-Gelände. Des weiteren wurde mit Unterhaching auch ein Standort außerhalb der Stadt ins Spiel gebracht. Bereits im Zusammenhang mit kommunalen Abgaben hatte Hoeneß Anfang der 90er über einen Auszug des FCB aus München philosophiert. Konkreter Anlaß war das Ansinnen der Städte, ihre akuten Finanznöte durch eine Beteiligung an den TV-Einnahmen der Bundesligisten zu lindern. Hoeneß und andere Bundesligamanager diskutierten die Aufhebung der Residenzpflicht durch den DFB. Die Klubs wären dann nicht mehr gezwungen gewesen, innerhalb der jeweiligen Stadtgrenze zu spielen. Die Bayern hätten ihren Spielort auch nach Hannover oder Berlin verlegen können.

Für den FC Bayern ergab dieser revolutionäre Gedanke mehr Sinn als für den Rest der Liga. Aufgrund seiner national verbreiteten Anhängerschaft und seines Charakters als deutscher Repräsentationsverein ist der Klub unabhängiger von seinem Standort als die Konkurrenz. Zwar macht sich im deutschen Profifußball kein anderer Verein die US-amerikanische Sportphilosophie, in der die Klubs tatsächlich nur noch als Unternehmen der Unterhaltungsindustrie operieren und rein kommerzielle Erwägungen über den Standort bestimmen, so zu eigen wie der FC Bayern. Doch dürfte ein Auszug aus München von vielen Bayern-Fans nicht gerade begrüßt werden. Ein FC Bayern außerhalb der Isarmetropole oder gar Bayerns dürfte selbst für den Fan aus Schleswig-Holstein nur schwer vorstellbar sein. Der FC Bayern, die Stadt München und das Bundesland Bayern sind auch für viele nicht-bayerische Fans nicht voneinander zu trennen. Die Stadt ist vom FC Bayern abhängig. Denn ohne den FC Bayern ist das Olympiagelände eine weitgehend tote Angelegenheit. Der Betreiber Olympiapark-GmbH ist auf den FCB angewiesen. Immerhin wirtschaftet der FC Bayern jährlich 4 Mio. DM in die Kasse der Olympiapark-Betreiber. Der TSV 1860 war bislang kein gleichwertiger Ersatz für den FCB, da er geringere Massen mobilisierte und international nicht vertreten war. Ob sich die Löwen dauerhaft in der nationalen Spitze und in europäischen Wettbewerben etablieren werden, ist noch nicht absehbar. Der FCB bietet hier ungleich mehr Gewißheit.

Ein Auszug des FCB wäre aber nicht nur unter finanziellen Gesichtspunkten schädlich, sondern auch imagepolitisch. Der FCB zählt zu den wichtigsten Sympathieträgern der Stadt und lockt viele Auswärtige in die Metropole. Mit 6,1 Mio. Übernachtungen war München 1996 Deutschlands beliebteste Großstadt. Bei Heimspielen des FC Bayern sieht man zudem häufig ausländische Touristengruppen.

Als Präsident Beckenbauer auf der Jahreshauptversammlung im November 1995 erneut mit einem eigenen Projekt drohte, verfehlte dies nicht seine Wirkung. Nur wenig später konnte die Stadt für einen Umbau des Olympiastadions Fortschritte vermelden. Nach langem Zögern hatte Olympiaarchitekt Behnisch einem Umbau des Stadions zugestimmt und entsprechende Vorschläge angekündigt. Ein Abriß des Zeltdaches würde allerdings nicht dazugehören. Olympiapark-Chef Wilfried Spronk: „Den weltweiten Aufschrei bei einem Abriß würde niemand auf sich nehmen wollen." Einige Tage später stellte Oberbürgermeister Christian Ude die Pläne für dem Umbau der Olympiaarena vor: Überdachung der Gegengerade, Logen für 600 VIPs, eine Absenkung des Spielfelds um zweieinhalb Meter, Sitzplätze für rund 70.000 Zuschauer und einen dreistöckigen Anbau an die Haupttribüne mit Pressezentrum und Gastronomiebetrieb. 150 Mio. DM wurden für den Umbau veranschlagt. Der FC Bayern und der TSV 1860 sollten als Hauptnutzer die Kosten mittragen. Diese Planungen folgten den Vorgaben von Uli Hoeneß, der gefordert hatte: „Mehr Komfort, mehr Service, bessere Sicht und vielfältige gastronomische

Angebote gehören zum Standard moderner Stadien. Nur dem Stadion als Erlebnispark gehört die Zukunft."

Aber der „Kaiser" hatte sich längst auf sein eigenes Projekt versteift, und eine Zeitlang schien es, als sei der Umzug aus dem Münchener Norden bereits beschlossene Sache: „Der Umbau des Olympiastadions wird immer Flickwerk bleiben", erteilte Beckenbauer den Bemühungen der Stadt, den FC Bayern im Olympiastadion zu halten und den Olympiapark zu retten, zunächst eine Absage. Die Pläne und Finanzierungsmodelle für ein eigenes, multifunktionales High-Tech-Stadion mit beweglichem Dach lägen „bereits fertig in der Schublade". Bis zur Jahrtausendwende solle der „Unterhaltungstempel" fertiggestellt sein. Wiederholt jettete das Führungstrio Beckenbauer, Rummenigge, Hoeneß nach Amsterdam, um sich die dortige „Amsterdam Arena", Europas jüngstes Wunderstadion, anzuschauen.

Beckenbauers Pläne ernteten allerdings nicht nur den Widerspruch des SPD-Oberbürgermeisters, sondern auch des Landesvaters und FCB-Verwaltungsratsvorsitzenden Stoiber. Mit Rücksicht auf den Kommunalwahlkampf wurde die Debatte Anfang 1996 vorübergehend eingefroren. Bald danach war die „kleine Lösung" offiziell, da die Stadt für eine neue Arena kein Grundstück hergeben mochte. Glücklich war der FCB nicht. Pressesprecher Matthias Hörwick, dem bei einer neuen Arena „das modernste Stadion der Weltkugel" vorgeschwebt hatte: „Auch aus der Entfernung zum Spielfeld erklärt sich der Begriff der 'unnahbaren Bayern'. Weil hier niemand sieht, wie Markus Babbel sich blutige Schrammen holt und Mehmet Scholl beim Sprinten den letzten Schnaufer tut." Ähnliche Gedanken hatte Jürgen Klinsmann bei seinem Abschied aus München: „Was sich diese Super-Fans von Herzen wünschen würden: Daß sie ihre Mannschaft einmal geschlossen in einem wirklichen Fußballstadion anfeuern dürfen. Da können sie noch viel mehr Einfluß auf das Spiel und die Leistung der Mannschaft nehmen. Denn im Münchener Olympiastadion ist es trotz des enormen Zuschauerschnitts sehr schwer, eine Stimmung wie in Mailand oder Dortmund rüberzubringen. Mit den Bayern-Fans in einem Stadion wie San Siro in Mailand hätte die Mannschaft pro Saison sechs, sieben Punkte mehr auf dem Konto."

Die Diskussion wird also weitergehen. Die Vorteile des Olympiastadions – sein repräsentativer Charakter und sein verkehrstechnisch idealer Standort für den „Autofahrerverein" FCB – ermöglichen dem Verein zwar, mit der jetzigen Situation gut zu leben und sogar Zukunftsoptionen zu entwerfen. So äußerte Hoeneß einmal als Vision, daß es im Jahr 2000 „ein

Wird ab 1998 umgebaut: das Olympiastadion.

totales Unterhaltungsprogramm für die ganze Familie geben" werde. „Da werden die Leute um zehn Uhr kommen und abends nach Hause gehen, nachdem sie sich im gesamten Olympiapark amüsieren konnten und ein Fußballspiel mit vielen Stars erlebt haben." Dennoch wurde auch nach dem Titelgewinn 1997 immer deutlicher, daß Hoeneß seine Visionen statt im Olympiapark lieber in einem neukonzipierten Vergnügungszentrum verwirklichen würde, zu dem neben einer Arena mit 80.000 Sitzplätzen auch ein Hotel, Kino-Center, Geschäfte und Tiefgaragen gehören.

An den Finanzen – auf rund 500 Mio. DM schätzt Hoeneß die Investitionskosten – sollte das Projekt nicht scheitern. Der FC Bayern dachte deshalb darüber nach, den Verein zumindest zu Teilen in eine Aktiengesellschaft umzuwandeln. Hoeneß: „Wir haben das bereits durchrechnen lassen und erfüllen alle Voraussetzungen für den Börsengang." Der Klub besäße einen Kapitalwert von 350 bis 400 Mio. DM. Als Geldquelle wird künftig zudem das vereinseigene Pay-per-view-Programm sprudeln und – zusammen mit den erhofften Einnahmen aus Champions League und Merchandising – für Umsätze sorgen, die alles Bisherige in den Schatten stellen.

Ende Juli ließ der Klub dann die eigenen Pläne wieder in der Schublade verschwinden. Nach einem „Gipfeltreffen", an dem Beckenbauer, Hoeneß, Rummenigge, Scherer, OB Ude und Ministerpräsident und FCB-Verwaltungsrats-Chef Stoiber teilnahmen, einigte man sich darauf, im Januar 1998 mit dem Umbau des Olympiastadions zu beginnen. Bauende soll im Jahr 2000 sein. Die Finanzierung blieb unklar. Der Stadt München fehlt das Geld, und aus der Olympiarücklage werden 25 Mio. DM für die Sanierung des Zeltdachs benötigt. So hofft man in München, daß die FIFA die WM 2000 an die Bundesrepublik vergibt. Denn dann müsse auch der Freistaat etwas für die Arena tun. München wolle schließlich das Eröffnungs- oder Endspiel erleben.

Die Säbener Straße

Franz Beckenbauer mußte sich noch Mitte der 60er an der Säbener Straße in einer Holzhütte umziehen. Heute steht hier das gediegenste Trainingsgelände der Bundesliga, dessen Baumeister Wilhelm Neudecker war und dessen Ausbaumeister Uli Hoeneß ist.

Die in einer guten Wohngegend von Harlaching gelegene Säbener Straße war zunächst eine Bezirkssportanlage, bevor sie vom FC Bayern in Erbpacht übernommen wurde. Das Trainingsgelände, wie wir es heute kennen, entstand 1970 unter der Regie von Wilhelm Neudecker. Das neue Klubzentrum kostete damals 3,9 Mio. DM. Die Größe des Geländes beträgt 70.000 Quadratmeter.

In den 80ern wurde hier eine Souvenir-Boutique errichtet. Außerdem erhielt die Anlage zwei wetterunabhängige Kunstrasenplätze mit Flutlichtanlage. 1989 wurde mit einer umfangreichen Neugestaltung des Geländes begonnen. So entstanden u.a. ein Jugend-Appartementhaus und ein Lizenzspielergebäude. Außer diesen Einrichtungen besteht der Komplex heute noch aus dem Verwaltungsgebäude, EuroLloyd-Reisebüro, Restaurant sowie ein Gebäude für Platzwart, Trainer und das medizinische Team. Die Fenster und Türrahmen der Gebäude sind in der Vereinsfarbe Rot gestrichen. Von außen vermutet man in dem Komplex dennoch eher ein Versicherungsunternehmen als einen Fußballklub.

Wer im Restaurant eine exklusive Speisekarte erwartet, wird enttäuscht. Der Klub gibt sich hier als Volksverein, sieht man einmal vom Sektangebot ab. Der Gast darf u.a. zwischen Spaghetti Bolognese, Erbseneintopf, Leberkäs', Pizza oder Schweinebraten wählen. Die teuerste Speise – Reh mit Spätzle – kostet DM 24,80, die teuerste Flasche Sekt (Roeder Cristal) indes DM 150,–.

Dem FC Bayern stehen mehrere Rasenplätze zur Verfügung. Der Hauptplatz ist mit einer Rasenheizung ausgestattet und wird von einem höheren Zaun umgeben. Im kalten Winter 1995/96 nisteten sich hier mit Bayer Leverkusen und dem FC St. Pauli zwei Bundesligakonkurrenten ein. Die Säbener Straße ist zu einem Wallfahrtsort für Bayern-Fans aus dem gesamten Bundesgebiet geworden. An gewöhnlichen Wochentagen belagern einige hundert Menschen Trainingsgelände, Geschäftsstelle und Fanshop. Bei besonderen Anlässen und während der Schulferien steigt deren Zahl auf 3.000 bis 5.000. Dies kurbelte zwar den Umsatz mit Fanartikeln an und förderte das Showunternehmen FC Bayern, erschwerte jedoch einen konzentrierten und geordneten Trainingsbetrieb. Seit der Saison 1996/97 werden deshalb einige Trainingseinheiten unter Ausschluß der Öffentlichkeit absolviert. Mit dem auf Stars basierenden „Dream-Team"-Konzept hat sich auch die Geräuschkulisse an der Säbener Straße verändert. Das Gekreische der Halbwüchsigen nach „Scholli", „Olli", „Klinsi", „Strunzi" und Co. erinnert zuweilen an die Auftritte von Teeniebands und bestätigt den Popstar-Charakter, den das Bayern-Team besitzt.

Im Januar 1997 wurden angebliche Pläne des FC Bayern publik, die Säbener Straße zu verlassen, um auf dem Gelände des Olympia-Reitstadions in Riem einen „Erlebnispark" in Disney-Manier („FC-Bayern-Land") zu errichten. Der Karikaturist der „Abendzeitung" zückte die spitze Feder: Da die „Go-Go-Revue mit Scholl und Ziege", dort „Zocken mit Klinsi" und hier die „Oliver-Kahn-Show". Auf dem neuen, ca. 17 Hektar großen Gelände wollte der Bundesliga-Krösus nicht nur Training, sondern auch lukrative Geschäfte betreiben. Zwar bestritt Beckenbauer, daß es konkrete Pläne gäbe, aber irgendwie lag es in der Logik des Showunternehmens FC Bayern, das mehr als nur ideale Trainingsbedingungen benötigt. Insider halten eine Aufgabe der Säbener Straße für ziemlich realistisch. Vor allem wenn sich der FC Bayern doch noch gegen einen Verbleib im Olympiastadion und für eine eigene Arena entscheiden sollte. In diesem Falle würde es an einem neuen Ort zu einer Zusammenlegung von Stadion und Klubzentrum kommen.

Auslöser der Umzugsdebatte war gewesen, daß sich der FC Bayern wieder einmal durch einige Banausen schikaniert fühlte. Wie beim Stadion, das gleiche Muster: Spurt die Stadt nicht, machen wir uns unabhängig. Anlaß waren Beschwerden der Harlachinger Bürger, die eine Erweiterung des Klubgeländes um ein bis 1993 von US-Soldaten für Foot- und Baseball genutztes Nachbargrundstück und eine weitere Bebauung der FCB-Anlage verhindern wollten. Vorgesehen ist eine Aufstockung des Verwaltungstrakts, eine Tribüne, eine Tiefgarage mit 300 Stellplätzen und Gebäude für den bislang zum Teil ausgelagerten Handel mit Fanartikeln. Der Bürgerprotest stieß sich an Müllbergen, Autolawinen und an dem Lärm, den der Rummel um das Hollywood-Team verursacht. Die „Münchener Neuesten Nachrichten" beschrieben die Säbener Straße im August 1996 als einen „Wallfahrtsort, der zur Hölle wird". Außerdem hatten Stadträte von SPD, Grüne und FDP die Erhöhung der äußerst bescheidenen Jahrespacht von 6.079,90 DM (so viel zahlen auch die Amateurvereine) für das 70.000 Quadratmeter große Areal gefordert. Der „Konzern FC Bayern" solle einen „marktgerechten Preis" als Miete entrichten, was die „Abteilung Attacke" auf den Plan rief.

Uli Hoeneß drohte wieder einmal mit dem Auszug aus München: „Sollten wir von der Säbener Straße weggehen, dann gehen wir bestimmt nicht nach Riem. Wir haben zehn bis zwölf Angebote aus der Peripherie. Ob wir jetzt nach Höhenkirchen, Ismaning oder Ottobrunn umziehen und denen unsere Gewerbesteuer zahlen: Die küssen uns doch die Füße und geben uns das Grundstück umsonst. (...) Vergessen die denn, daß wir der Stadt etwa 50 Millionen Mark für Fremdenverkehrswerbung ersparen, daß wir Unsummen an Gewerbesteuern abliefern (im Geschäftsjahr 1995/96 zahlte der FC Bayern 19 Mio. DM Steuern, Anmerk. dsm), allein zwei Millionen Mark für die Bandenwerbung im Stadion bezahlen, jeden Samstag rund 40.000 Gäste in die Stadt schaufeln. Und wir haben über 120 neue Arbeitsplätze geschaffen. Dann diskutieren die über Erbpacht – da lache ich mich tot." Ganz praktisch schlug der in Rage geratene Manager vor, von diesen „Hinterbänklern" im Münchener Stadtrat „sollte man doch ein paar an die Wand knallen".

Die SPD beschuldigte den Manager angesichts dieser Entgleisung, sich der „Sprache der Neuen Rechten" zu bedienen. SPD-OB Ude betonte aber zugleich, er sei sich des Werbeeffekts der Starkicker für die Landeshauptstadt wohl bewußt. Die Grünen forderten Hoeneß auf, sich öffentlich für seine Ausfälle beim Münchener Stadtrat zu entschuldigen. Selbst die CSU sah sich zu einer Distanzierung von ihrem Sympathisanten genötigt: Die Tonlage sei „nicht gerechtfertigt", und die „außergewöhnlichen Formulierungen" wohl der Gemütslage des Managers zuzuschreiben. Der mittlerweile in Schottland weilende Hoeneß entschuldigte sich telefonisch bei der SPD-Stadtratsfraktion. Die Formulierung sei ihm „in der ersten Erregung herausgeplatzt" und für die Öffentlichkeit nicht bestimmt gewesen.

Linke Dribblings, rechte Freunde

Der FC Bayern und die Politik

▶ „Der FC Bayern, nehmen wir ihn her, ist schwarz."
(Paul Breitner)

▶ „Das Schlimmste wäre: SPD-Mitglied und Bayern-Fan. Und am allerschlimmsten noch obendrein die GEW-Mitgliedschaft."
(Gerhard Mayer-Vorfelder, Präsident des VfB Stuttgart, Ligaausschuß-Vorsitzender und CDU-Finanzminister Baden-Württembergs)

Der „Freistaat Bayern", auf den die CSU so stolz ist, war ursprünglich eine linke Kreation. Am 7. November 1918 wurde Kurt Eisner, geb. 1867 in Berlin, zum Ersten Vorsitzenden des Arbeiter- und Soldatenrats gewählt. Zuvor hatte sich Eisner im Januar des gleichen Jahres als Organisator der Münchener Rüstungsstreiks einen Namen gemacht. Eisner gehörte der USPD an, einer linken SPD-Abspaltung. Als provisorischer Ministerpräsident proklamierte er das Ende der Dynastie Wittelsbach und rief den „Freistaat Bayern" aus. Die Revolution verlief unblutig. Erster Kultusminister des Freistaats (genauer: „Volksbeauftragter für Volksaufklärung") wurde Gustav Landauer, Vertreter eines undogmatischen Sozialismus und gewaltfreien Anarchismus. Der Wind, der damals die bayerische Schul- und Kulturpolitik beherrschte, wehte also aus einer ganz anderen Richtung als heute.

Als am 19. Januar 1919 der Landtag gewählt wurde, erlitt die USPD eine vernichtende Niederlage. Lediglich 5 % votierten für die Linkssozialisten. Als sich Eisner am 21. Februar von seinem Amtssitz zum Landtag begab, um seinen Rücktritt zu verkünden, wurde er ermordet. Der Täter, ein gewisser Graf Anton Arco-Valley, Leutnant im bayerischen Infanterie-Leibregiment, war mit der Absetzung der Wittelsbacher arbeitslos geworden. Vor der Tat schrieb er sein Motiv nieder: „Ich hasse den Bolschewismus, ich liebe mein Bayernvolk, ich bin ein treuer Monarchist, ein guter Katholik. Über alles achte ich die Ehre Bayerns. Er (gemeint ist Eisner) ist Bolschewist. Er ist Jude. Er ist kein Deutscher. Er verrät das Vaterland…"

Zunächst zum Tode verurteilt, wurde der Rechtsextremist nach nur vier Jahren Haft wieder entlassen.

Zur Beisetzung Eisners kamen 100.000 auf den Ostfriedhof. Einige Wochen später würdigte Heinrich Mann das kurze Leben der linksrepublikanischen Regierung mit den Worten: „Hundert Tage der Regierung Eisner haben mehr Ideen, mehr Freuden der Vernunft, mehr Belebung der Geister gebracht als die fünfzig Jahre vorher."

Aus dem revolutionären München wurde nun bald Hitlers „Hauptstadt der Bewegung". Hier traf „der Führer" Heinrich Himmler, Münchens Polizeipräsidenten, der bereits 20 Tage nach der Machtergreifung im nahegelegenen Dachau ein KZ errichten ließ. Über Münchens braune Vergangenheit wird heute gerne der Mantel des Schweigens gehüllt. Statt dessen feiert man lieber mit bombastischen Ausstellungen seine Wittelsbacher ab. Vor diesem Hintergrund ist wohl auch die Aufregung um die „Wehrmachtsausstellung" des Hamburger Instituts für Sozialforschung zu sehen, die im Frühjahr 1997 in München zu begutachten war.

Nach dem Ende des Krieges und der Niederschlagung des Faschismus wurde München eine „rote Hochburg". Seit 1948 wird die Stadt – mit Ausnahme der Jahre 1978-84 – von der SPD regiert, so daß sich der „schwarze" FC Bayern nach seinen Meisterschafts- und Pokalerfolgen zumeist mit roten Oberbürgermeistern auf dem Rathausbalkon zeigen mußte.

Von „unpolitisch-liberal" zu „schwarz"

Bis in die Nazi-Zeit hinein war der FC Bayern ein „unpolitisch-liberaler Verein" mit einer kosmopolitanen Note. Nach 1945 wurde er dann zusehends schwärzer. Warum er nicht rot wurde, liegt auf der Hand: Der FC Bayern war und ist kein Arbeiterverein. Außerdem ist der FC Bayern mehr ein Verein des Landes denn der Stadt. Und im Gegensatz zur Stadt wird das Land von einer konservativen „Staatspartei" regiert.

Bei keinem anderen deutschen Profiklub haben sich die Verantwortlichen politisch so ausgiebig aus dem Fenster gehängt wie beim FC Bayern. Der FC Bayern wird deshalb von einem Teil seiner Gegner wie seiner Fans auch als politisches Projekt betrachtet. Der FC Bayern gilt als „CSU-Verein", Konkurrent Borussia Dortmund hingegen (wie auch Werder Bremen) als Repräsentant des sozialdemokratischen Milieus. Da Dortmund traditionell als „heimliche Hauptstadt der Sozialdemokratie" angesehen wird und das Bundesland Nordrhein-Westfalen, vor allem dank der Wähler im Ruhrgebiet, eine sozialdemokratische Hochburg ist, verwundert dies nicht. Nicht von ungefähr eröffnete der SPD-Politiker Gerhard Schröder 1997 seinen innerparteilichen Wahlkampf für die Kanzlerkandidatur im Dortmunder Westfalenstadion. Daß ein SPD-Politiker hierfür ein Bayern-Heimspiel wählen würde, ist undenkbar. Die Konkurrenz Bayern-BVB wird von einem Teil des Fußballpublikums auch als politische Rivalität verstanden.

„Fest in der Hand der regierenden Staatspartei CSU", schrieb einmal die „Süddeutsche Zeitung" über den FC Bayern. Und der Feuilletonist und Netzer-Biograph Helmut Böttiger: „Bayern München ist nicht zufällig die Fußballmannschaft, die wie keine andere mit einer politischen Partei identifiziert wird: der CSU. Benno Möhlmann als Chef der Spielergewerkschaft hatte deswegen nur einen Verein in seinen Unterlagen, von dem kein einziger Spieler der Gewerkschaft beigetreten war: Bayern München. Die bayerische Staatspartei bediente sich, solange die Bundesrepublik noch in Ordnung war, aus Repräsentationsgründen einer Staatsmannschaft, der Katholizismus braucht Glamour." Staatsparteien, und die CSU ist faktisch eine solche, haben es an sich, daß sie alles, was ihr Image irgendwie polieren könnte, gnadenlos vereinnahmen. In einer Weise und mit einer Selbstverständlichkeit, daß sich das Opfer kaum zu Wehr setzen kann. Staatsparteien dulden keine autonomen Nischen. Beim FC Bayern treffen derartige Bemühungen der CSU allerdings bereits seit vielen Jahren auf Gegenliebe – nicht nur aus materiellen Erwägungen.

Paul Breitner schrieb Anfang der 80er: „Der FC Bayern, nehmen wir ihn her, ist ʼschwarzʻ. Und da mußte ich dann erfahren, daß man einem, der von der ʼSchwärzeʻ nicht überzeugt ist, genauer und voreingenommener aufs Maul schaut als einem anderen... Man hat größere Schwierigkeiten als zum Beispiel als CSU-ler in Essen." Als der Kriegsdienstverweigerer (Breitner versteckte sich vor den Feldjägern im Kohlenkeller) und Pädagogikstudent Breitner zu den Bayern kam, hieß der Präsident noch Wilhelm Neudecker. Der Bauunternehmer hatte mal für die SPD bei den bayerischen Landtagswahlen kandidiert, wechselte dann aber zur CSU, die diesen Schritt dem FC Bayern mit der Befreiung von der Vergnügungssteuer entlohnte. Neudecker profilierte sich als Erz-Konservativer, der sich über Netzers lange Haare mokierte und über Paul Breitner grummelte: „Der gibt sich sozialistisch und verdient mehr als zehn Arbeiter zusammen." Als der FCB 1970 zum Europapokalspiel gegen den tschechoslowakischen Pokalsieger Skoda Pilsen anreiste, schlug Neudecker Breitner vor, den Mannschaftsbus zu verlassen, um in den „Sozialismus" überzusiedeln. Bei seinen Europapokalauftritten in der DDR verhielt sich der FC Bayern gemäß der politischen Linie der CSU. Die bayerische Staatspartei profilierte sich damals als vehementester Gegner der sozialliberalen Entspannungspolitik. „Die DDR war doch damals das Ausland überhaupt!", charakterisierte Paul Breitner später die CSU- und FC Bayern-Politik. Es waren insbesondere die Eklats anläßlich der Europapokalbegegnungen in Dresden und Magdeburg, die dem FC Bayern in den 70er Jahren den Ruf einbrachten, rechts und arrogant zu sein.

Während Akteure wie Beckenbauer dieses Image festigten – der Libero beispielsweise mit der Äußerung, durch die damalige sozialliberale Koalition drohten der Bundesrepublik „Verhältnisse…, wie sie in der DDR … bereits herrschen" –, zeigte sich Paul Breitner gerne als rotes Enfant terrible. Er ließ sich mit der „Peking-Rundschau" vor einem Mao-Poster ablichten und erklärte zu seinem größten Wunsch „eine Niederlage der Amerikaner in Vietnam". Breitner bleibt bis heute der „rotgefärbteste" Spieler in der Bundesligageschichte. Aber er wäre vermutlich weniger aufgefallen, hätte er seine Provokationen nicht bei einem Verein zelebriert, dessen Präsident stockkonservativ war. Das Bild vom „roten Paul" wirkte erst so richtig im Kontrast zum pechschwarzen Neudecker.

Ohnehin sah sich Breitner später – nicht ganz zu Unrecht – als Linker wider eigenen Willen. Der Spieler meinte 1982 in einem Interview mit der linken Zeitschrift „Konkret": „Ich kam in einer Phase nach München, in der in ganz Deutschland jeder, der jung war und sich zu irgendwas Politischem geäußert hat, ein Linker war, ein Maoist, Kommunist, Leninist und sonstnochwas. Ich habe damals in einem Interview auf die Frage, was ich denn lese, gesagt, daß ich mich für Jerry Cotton und Western interessiere. Und als die fragten: Was haben Sie denn dabei, habe ich geantwortet: irgendwelche Bücher über Psychologie und wahrscheinlich auch den Lenin oder so. Aha, auf Wiederschaun, am nächsten Tag war ich der Rote, der Linke. Es hat sich mittlerweile vielleicht manches geändert, aber nicht das: daß ein junger Mensch, der kritisch ist, der sich kritisch äußert, daß der sofort links, das heißt: suspekt ist. Als ich mit 19, 20 nach München kam, in ein stockkonservatives Land in einen noch stockkonservativeren Verein, hab' ich gesagt, ich mach' euren Firlefanz mit der High-Society nicht mit, ich mach' dies nicht mit, und ich mach' das nicht mit. Aber nicht, weil ich jemanden provozieren wollte, sondern weil es gegen mich, gegen den Menschen Paul Breitner ging. Ich hab' mir eins geschworen: Ob ich beim FC Bayern oder sonstwo bin, egal was rauskommt, ich möchte jederzeit Dinge sagen können, die viele sich nicht zu sagen trauen, weil sie die Hosen voll haben, weil sie eben als Deutsche schön stur gerade denken, weil man mit

**Paul
und Mao**

40 so denken muß, wie man mit 20 gedacht hat, und weil man eben Angst hat, daß der Nachbar sagt, man habe seine Meinung geändert und sei 'umgefallen'. Natürlich muß der suspekt sein und als aggressiver Typ gelten, der einen Gedanken ausspricht, den sich andere nicht auszusprechen trauen." Er habe sich das linke „Image aufgebaut, weil es mir Spaß gemacht hat. Jahrelang hat mir das unheimlich Spaß gemacht." Doch schließlich habe es ihn „genervt". „Zuerst, als ich gemerkt hab', daß es die Leute ärgert, als ich gemerkt hab', da kannst du Leute reizen, verunsichern, hab' ich gesagt: und jetzt in die Vollen, jetzt noch eine und noch eine. Das ging dann soweit, daß ich mich am Ende in einer Sackgasse angelangt sah. In einer Situation, in der ich schon gar nichts mehr interpretieren konnte. Da war nur noch irgendein Ausspruch da, fertig, auf Wiederschaun. Ich weiß nicht, wo das hingegangen wäre, wenn ich 74 nicht nach Madrid gegangen wär'." Jeder Spitzenspieler erhalte „irgendwann einmal seine feste Rolle.

Der Sepp Maier ist zum Beispiel nicht unbedingt der lustigste Mensch, aber seine Rolle war es eben, der Gaudi-Macher zu sein. Der Sepp hat das irgendwann mal durchschaut und sich gesagt, die Rolle spiel' ich, und vor allem spiel' ich die zu meinem Besten. Bei mir ist das genauso, wobei ich immer den Kritischen, früher mal den Linken, abgeben muß, weil man sonst keinen hat, oder weil man zu faul ist, sich einen anderen zu suchen."

In den „wilden 70ern" wurde linke Politik nicht nur aus politischer Überzeugung betrieben. Eine linke Orientierung war zu einem Gutteil auch eine Modeerscheinung, weshalb es nicht verwundert, daß später viele der sogenannten „Linken" – unter ihnen auch Breitner – die Farbe wechselten. Und was die Bundesliga anbelangt: Die Liga-Spieler sind ein Ensemble, in dem es diverse Rollen zu besetzen gilt, wobei die Medien und die Öffentlichkeit kräftig nachhelfen. 1974 hatte Breitner keine Probleme, zum „Franco-Klub" Real Madrid zu wechseln. Als er auf die politischen Zustände im Franco-Spanien angesprochen wurde, erwiderte Breitner: „Ich bin knallharter Profi, und für Geld spiele ich überall."

Sein letzter bemerkenswerter Auftritt erfolgte vor der WM 1978 im damals von einer brutalen Militärjunta regierten Argentinien. Breitner sprach sich in einem Beitrag für den „Stern" zwar gegen einen Boykott des Turniers aus, riet jedoch seinen früheren Mitspielern aus der Nationalelf: „Verweigert dem General den Handschlag!" Außerdem ging Breitner scharf mit der DFB-Führung ins Gericht: „Hermann Neuberger, der Präsident des DFB, hätte als Vizepräsident des Weltfußballverbands FIFA Möglichkeiten genug gehabt, politisch auf die Zustände in Argentinien einzuwirken. Aber er hat von der Diktatur wohl ebensowenig bemerkt wie Bundestrainer Helmut Schön." Eine Umfrage des „Stern" unter den Nationalspielern bezüglich einer Petition von Amnesty International verlief ziemlich deprimierend. Die Mehrzahl der Angesprochenen erklärte sich für nicht zuständig. Dezidiert kritisch zu den Menschenrechtsverletzungen in Argentinien und positiv zum Amnesty-Engagement äußerten sich lediglich Bernd Franke, Manfred Burgsmüller, Rudi Seeliger, Herbert Neumann und ... Sepp Maier: „Ich werde dem General nicht die Hand schütteln und meine Hände auf dem Rücken verstecken."

Mitte der 80er war von Breitner („Ich will kein Vorbild sein") nur noch die große Klappe und Lust zur Provokation geblieben, für die er als Forum die Springer-Presse wählte. Der „rote Paul" war mittlerweile im liberalkonservativen Lager angelangt und bekannte sich als FDP-Wähler. Provoziert wurden nun nicht mehr die Schwarzen, sondern die Roten. In der „Bild" schrieb Breitner u.a.: „Mitte der 70er Jahre wurden wir ein Volk der

Gleichmacher. Die Mittelmäßigen wollten und sollten plötzlich so viel verdienen wie die Guten. Ein tödlicher Schritt!" Den heutigen Breitner trennen von linken und grün-alternativen Positionen nicht weniger ideologische Welten als Anfang der 70er vom stockkonservativen FCB-Vorstand. Breitners politische Statements waren wohl nicht zuletzt auch ein kluger Schachzug, um sich interessant zu machen und den Marktwert zu erhöhen. Schon seine Argentinien-Intervention wurde von gewisser Skepsis begleitet. Die links-liberale „Frankfurter Rundschau" schrieb damals: „Es schwillt einem die Zornesader, wenn man daran denkt, daß die schlimmen Zustände in Argentinien und das Leid vieler armer Menschen dafür herhalten müssen, daß hierzulande ein wohlhabender, populärer Mann seine ganz persönliche Befriedigung hat, weil er in aller Öffentlichkeit wieder einmal seine Lieblingsrolle spielen kann."

Beim FC Bayern gab es aber nicht nur den „roten Paul", sondern auch die bekennenden 68er Rainer Zobel und Charlie Mrosko. Letzterer hielt es dort allerdings nicht lange aus. Und auch Sepp Maier und Uli Hoeneß waren eher aufmüpfige Spieler, auch wenn Hoeneß sich bereits sehr früh zur CSU bekannte und für die Partei Wahlwerbung betrieb. Obwohl der Verein bereits Anfang der 70er unter einem starken CSU-Einfluß stand, waren in der Mannschaft mehr Modernität und kritische Gesinnung versammelt als bei der gesamten Konkurrenz. Überdeckt wurde dies durch die Präsenz des erzkonservativen Präsidenten und durch die aufdringlichen Sympathien führender CSU-Politiker. Landesvater Franz-Josef Strauß suchte bewußt die Nähe zum Klub und seinen Stars. Strauß, der im übrigen in der Schwabinger Schellingstraße geboren wurde, war ein bekennender Bayern-Fan und häufiger Besucher im Olympiastadion. Für einige Spieler – namentlich Beckenbauer, aber auch Uli Hoeneß – war der umtriebige Ministerpräsident auch politische Vaterfigur. Als Hoeneß im EM-Endspiel 1976 den entscheidenden Elfmeter verschoß, erhielt er Telegramme von Strauß und Helmut Kohl. Hoeneß: „Ich hatte aus meiner Sympathie zu ihnen nie einen Hehl gemacht. Jetzt sprachen sie mir Trost zu. Das sind Freunde."

Strauß-Fan Beckenbauer ging in seinen Sympathie-Bekundungen allerdings einen Schritt zu weit. Als er Anfang der Ära Willy Brand in einem Fernsehinterview erklärte, Strauß sei ein großer Politiker, der Bundeskanzler indes ein nationales Unglück (Beckenbauer später: „Mir lag der CSU-Vorsitzende zwar näher als der spätere Friedensnobelpreisträger, aber das mit dem nationalen Unglück war wirklich eher ein Scherz"), brach ein Sturm der Entrüstung los. Einige Mitglieder des FC Bayern drohten mit ihrem Austritt. Der Verein selbst sah sich zu einem „halbherzigen" (Beckenbauer) Dementi genötigt. In gegnerischen Stadien wurde Beckenbauer mit Pfeifkonzerten empfangen. Vor verbalen Entgleisungen, die von großdeutscher Arroganz zeugen und ihn in die Nähe des rechten Stammtisch-Milieus rücken, ist der Kaiser mit der losen Zunge auch heute nicht gefeit. „Wer sich gegen unsere WM-Bewerbung ausspricht, ist ein Feind von Deutschland", proklamierte der DFB-Botschafter im März 1997. Ein andermal verunglimpfte er einen osteuropäischen Klub, der mit dem Glanz seines FC Bayern natürlich nicht konkurrieren konnte, als „Dombrowski oder wie der Kas' da heißt". Aber der Kaiser war auch die prominenteste Stimme, die sich 1995 gegen die DFB-Idee aussprach, ausgerechnet an Hitlers Geburtstag und ausgerechnet im Berliner Olympiastadion ein Länderspiel gegen England durchzuführen. Und wenn er sich autobiografisch äußert, kommt stets eine tiefe Abneigung gegenüber der braunen Herrschaft zum Ausdruck.

Wie sehr die Staatspartei den FC Bayern als „Staatsverein" betrachtet, dokumentiert eine Anzeige der CSU in einem 1982 erschienenen Bayern-Buch mit dem Titel „Fußball-Zauber in München", das Verlag und Autor in Zusammenarbeit mit dem Verein erstellt hatten. In dieser Anzeige heißt es: „Bayern hat das erste deutsche Kernkraftwerk. Bayern hat vier neue Universitäten gegründet. Bayern hat die erste Herzklinik Europas. Bayern hat die modernste Anlage für Sondermüllbeseitigung. Bayern hat den FC Bayern. (...) Die politische Verantwortung in Bayern trägt die CSU." Der Anzeigentext legte nahe, daß nicht nur Kernkraftwerke, Universitäten, Herzkliniken und Sondermüllanlagen das Produkt von CSU-Politik sind, sondern auch der FC Bayern und dessen sportliche Erfolge.

Stoiber...

Die engen Beziehungen zur bayerischen Staatspartei wurden auch nach dem Rücktritt Neudeckers fortgesetzt. Der FC Bayern scheint für die konservative Staatspartei „Chefsache" zu sein. Strauß-Nachfolger Max „Amigo" Streibl stürzte nach dem Titelgewinn 1990 in die Bayern-Kabine, um dort vor laufenden Kameras die Spieler Dorfner und Schwabl zu umhalsen. Auch Streibl-Erbe Edmund Stoiber ist bekennender Bayern-Fan – und nicht nur das: Stoiber bekleidet im Klub sogar eine offizielle Funktion. Der Ministerpräsident, der dem Vormarsch des Medienmoguls Leo Kirch, einem CSU-Spezi, kräftig Vorschub leistete und in der „Ausländerfrage" gern dem Stammtisch nach dem Mund redet, ist Vorsitzender des

Verwaltungsbeirats, in dem noch weitere Protagonisten des konservativ-liberalen Lagers sitzen. So u.a. der „Focus"-Herausgeber und Burda-Mann Helmut Markwort sowie der rechte Springer-Journalist Peter Boenisch. Die Verbindungen des FC Bayern zur bayerischen Staatspartei und zu Kirch (u.a. via ISPR, die ebenfalls im Verwaltungsbeirat sitzt, wo allerdings mit Bertelsmann auch Kirchs Konkurrent und neuer Partner vertreten ist) sind ein Beispiel dafür, wie sich Politik, Medien und Fußball wechselseitig stützen können.

Wenn der bayerische Ministerpräsident den Kaiser im Regierungssitz empfängt, um mit ihm die Zukunft des Klubs zu diskutieren, dann drängt sich natürlich der Verdacht auf, der FC Bayern sei auch nichts anderes als der FC Dynamo Berlin zu DDR-Zeiten, lediglich unter pluralistischeren Rahmenbedingungen: Kein unabhängiger Fußballverein, sondern Besitz-stand des Staates und dessen führender Partei, Instrument einer bestimm-ten Politik. Stoibers Bemühen, den FCB für seine persönliche Imagepflege zu strapazieren, wurde insbesondere bei der Inthronisierung Beckenbauers deutlich. Für Stoiber zahlt sich die Connection aus, nicht nur in Bayern, sondern auch bundesweit. Wenn über den Ministerpräsidenten geschrie-ben wird, dann ist der FC Bayern zumeist nicht weit. Anspielungen auf sein Engagement beim FC Bayern gehören längst zum Standardrepertoire von Stoiber-Interviews.

Stoibers Instrumentalisierungsversuche stoßen in der Bayern-Führung durchaus auf Gegenliebe. Als im Mai 1996 Münchens SPD-Oberbürger-meister Christian Ude von seinem Bordeauxer Amtskollegen zum Rück-spiel des UEFA-Cup-Finales eingeladen wurde, machte es der FC Bayern möglich, daß auch der CSU-Landesvater in der Rotwein-Metropole prä-sent war. Der auf sein Saubermann-Image bedachte Stoiber mochte nicht die Landeskasse mit seinem teuren Ausflug belasten. Deshalb reiste er auf Kosten des Vereins mit einer Chartermaschine nach Bordeaux. Mit an Bord: Stoibers Sohn und der Persönliche Referent des Ministerpräsidenten. Begründet wurde der Freiflug mit Stoibers Vorsitz im Verwaltungsbeirat. Auf dem Flugplatz von Bordeaux wurde aus dem FCB-Funktionär aller-dings wieder der CSU-Landesvater. Stoiber wurde vom deutschen Gene-ralkonsul in Bordeaux und zwei Bodyguards des bayerischen Landeskrimi-nalamtes empfangen, die dafür die ca. 2.600 Kilometer lange Strecke Mün-chen-Bordeaux-München im Dienstwagen fahren mußten.

...und Hoeneß

Von den maßgeblichen Personen in der Führungsetage des FC Bayern hat niemand Probleme mit der CSU – im Gegenteil. Beckenbauer gilt als konservativ, aber eher unpolitisch. Da er nicht gleich jeden Disput als einen politischen ansieht, kann er es mit den „Roten" besser als andere Mitglieder der Führungsriege. Scherer wird dem CSU-Milieu zugeordnet, und Uli Hoeneß hat sich wiederholt öffentlich zur CSU bekannt. Hoeneß hat nie ein Hehl daraus gemacht, daß er ein sehr politischer Mensch ist. Ende der 80er präsentierte sich der Manager und Unternehmer als Thatcherist: „Wenn ich das über die Arbeitslosen höre, muß ich mich doch totlachen. Ich habe in Nürnberg eine Fabrik mit 60 Angestellten, wenn wir jemand suchen, ist das ein großes Dilemma. Ich behaupte, die Hälfte unserer 1,8 Millionen Arbeitslosen will gar nicht arbeiten, die leben bequem und verdienen schwarz dazu." Ganz nett indes der folgende Satz: „Und wenn sie die Frauen von den Herrn Direktoren, die auch arbeitslos gemeldet sind, abziehen, dann ist unsere Arbeitslosigkeit sicher unter einer Million."

Es war Hoeneß, der Mitte der 80er Jahre die sportliche Rivalität zwischen dem FCB und Werder Bremen politisierte und zu einer Auseinandersetzung zwischen der konservativ-liberalen Bonner Regierungskoalition und der sozialdemokratischen Opposition hochstilisierte. Als sich Bayern und Werder in der Saison 1985/86 einen Zweikampf um die Meisterschaft lieferten, charakterisierte Hoeneß seinen Widersacher Willi Lemke, vormals Landesgeschäftsführer der SPD in der Hansestadt, als linken Agitator: „Ganz schlimm und ganz links." Lemke müsse lernen, „daß er nicht mehr bei der SPD ist, die leider an zweiter Stelle steht, aber hoffentlich noch lange da stehen wird". Allerdings verstand nicht nur Hoeneß den fußballerischen Zweikampf auch als politische Angelegenheit. Nicht wenige von denen, die damals mit dem SV Werder fieberten, taten dies aus sportlichen wie politischen Gründen. Denn sowohl der FC Bayern wie Kanzler Kohl symbolisierten für sie die Arroganz von Macht und Reichtum. Zwar versteht sich Hoeneß mit seinem Bremer Widersacher Willi Lemke mittlerweile besser, dennoch tummeln sich für ihn in Bremen immer noch viele „Linke" und „Linksaußen". Wenn es um eine stärkere Berücksichtigung der „Kleinen" bei der Verteilung von TV-Geldern geht, sieht Hoeneß, der im Fußball den Begriff „Sozialverteilungswahn" einführte, schnell den Sozialismus am Horizont aufziehen. Der Manager arbeitet gerne mit dem Vokabular eines Politikers. Sein Kampf gegen den dirigistischen DFB oder gegen die Habenichtse, die am Reichtum der Bayern herummäkeln, hat auch einen politischen Tenor. Besonders offensichtlich sind die Übereinstimmungen zwischen Hoeneß und der CSU in der Medienpolitik. Wie die Unionsparteien war Hoeneß an einer Aufmischung der öffentlich-rechtlichen Medienlandschaft interessiert, und wie diese warf er den Öffentlich-Rechtlichen Miesmacherei vor – nur eben nicht die Politik, sondern den Fußball betreffend. So wie Unionspolitiker einen „unternehmerfeindlichen Rotfunk" zu entdecken glaubten, kritisierte Hoeneß eine „Anti-FC-Bayern-Berichterstattung". Als „sehr politischer Mensch" kann Uli Hoeneß seine politische Philosophie beim Fußball nicht außen vor lassen.

Trotz seiner Sympathien für die bayerische Staatspartei ist Hoeneß kein typischer CSU-Vertreter. Jedenfalls glänzt er immer wieder durch Unkonventionalität. Die „SZ" charakterisierte ihn schon mal als „weltoffenen Visionär". Auf die Frage, wen er gerne kennenlernen möchte, nannte der Manager die Namen Yassir Arafat und Nelson Mandela. Insbesondere Mandela wird von CSU-Politikern, die viele Jahre lang das weiße Apartheidregime am Kap unterstützten, nicht gerade geliebt. In der Diskussion um die Nachfolge von Richard von Weizsäcker ergriff Hoeneß nicht Partei für den CDU/CSU-Kandidaten Roman Herzog, sondern für den SPD-Mann Johannes Rau. Hoeneß hatte keine Probleme, sich einem gemeinsamen Interview mit Joschka Fischer zu stellen, das allerdings sehr langweilig ausfiel, weil der Hobbyfußballer keinen gleichwertigen Diskussionspartner abgab. Und auch die alternative „taz" ist für den Manager kein Tabu. Dort erklärte er einmal: „Unseren SPD-Bürgermeister hier würde ich sogar wählen, und mir sind zehn Grüne im Bundestag lieber als zehn Republikaner." Auffallend ist auch des Managers Faible für intellektuellere und kritischere Balltreter, womit er die Tradition seiner eigenen Ära als Spieler fortsetzt. 1993 bemühte er sich um die Verpflichtung des für sein anti-rassistisches Engagement bekannten Ruud Gullit. Hoeneß später in einem Interview: „Bei Gullit hätten wir alles gemacht, denn mit ihm hätten wir Charisma gekauft." 1994 kaufte Hoeneß den „Alternativen" Alain Sutter, der in der Bundesligalandschaft, wo tiefsinnige Gespräche unter den Spielern nicht gerade an der Tagesordnung sind, durch seine Belesenheit und philosophische Nachdenklichkeit auffiel. 1995 war schließlich Gullit-Freund Jürgen Klinsmann an der Reihe.

Trotz der langjährigen engen Beziehungen zwischen CSU und FC Bayern greift der Vorwurf, der Rekordmeister sei ein „CSU-Verein", zu kurz. Ohnehin sind die Bundesligavereine in Deutschland politisch nicht so leicht zu instrumentalisieren wie etwa in Italien, wo sich die Klubs in Privatbesitz befinden und eine Figur wie der Politiker und Medienmogul Berlusconi den AC Milan in sein Imperium einverleiben kann. Geradezu peinlich wird es, wenn der nordrhein-westfälische Star-Grüne und Bauminister Michael Vesper den FC Bayern als „Schickeria der Abzocker" denunziert, Borussia Dortmund indes als „das Team mit Bodenhaftung" preist. Getätigt wurde diese Äußerung auf einer Veranstaltung des SPD-Bezirks Westliches Westfalen, nicht gerade ein Hort von Intellektualität, Liberalität und Progressivität. Als ob Borussia Dortmund nicht längst ebenfalls ein mittelständisches Unternehmen wäre. Borussia arbeitet nicht weniger an der Verbesserung seiner Einnahmeseite als die Bayern, dotiert seine Akteure mindestens genauso gut, und Schickimickis findet man hier ebenfalls längst auf der Haupttribüne. Das Management bei den Borussen ist sicher anders als in München und die Bodenhaftung ausgeprägter, aber dies ist in erster Linie ein Resultat der unterschiedlichen Sozialgeschichte beider Klubs.

Teil 3

Das große
Bayern-ABC

Hansi Pflügler (rechts) und Lothar Matthäus feiern die Meisterschaft 1987.

Abteilungen

Außer Fußball werden beim FC Bayern noch folgende Sportarten betrieben: Basketball, Handball, Kegeln, Schach, Tischtennis und Turnen. In den 70ern gab es auch noch eine Eishockeymannschaft, neben den Fußballern die einzigen Profis, die in der Eliteliga spielten.

Die Fußballer bestehen aus folgenden Abteilungen: Lizenzspieler, Amateure, Jugend, Damen und Schiedsrichter. Die anderen Abteilungen des FC Bayern fristen ein eher stiefmütterliches Dasein, was nicht immer so war. Im Schach düpierte der FCB mit Großmeister Robert Hübner fast zwei Jahrzehnte lang die nationale und internationale Konkurrenz. Die Schachspieler gewannen in 14 Jahren neun deutsche Mannschafts-Titel und 1995 den Europacup. Als 1995 mit dem Bauunternehmer Heinrich Jelissen der Gönner verstarb, zog der Bayern-Vorstand die Schach-Abteilung aus der Bundesliga zurück. Franz Beckenbauer: „Die Klötzchen-Schieber brauch' ma net." Die Turnriege des FCB – Deutscher Meister 1983, 1986, 1987 und 1988 – hat sich mittlerweile ebenfalls aus der Erstklassigkeit verabschiedet. Gleiches gilt auch für die Basketballer. Die Tischtennisspieler sind z.Zt. in der Regionalliga.

Das Problem dieser Abteilungen ist, daß der FC Bayern heute mehr denn je ein Fußballverein ist und sich die anderen Sportarten unter dem Dach des Klubs kaum vermarkten lassen. Bayerns „Vize" Fritz Scherer zum Schicksal der Klötzchenschieber: „Ob die nun Deutscher Meister oder Europapokalsieger geworden sind, hat doch außerhalb der Schachszene niemanden interessiert." Die anderen Abteilungen erhalten aus der Vereinskasse jährlich insgesamt 500.000 DM. Ein Monatsgehalt von Jürgen Klinsmann betrug 1996/97 ca. 300.000 DM.

Andersson, Björn (20.7.1951)

Beim FCB 1974-77. 47 Bundesligaspiele und ein Tor für die Bayern. Der Schwede gewann mit dem FC Bayern 1975 den Europapokal der Landesmeister und 1976 den Weltpokal. 1975/76 kam er im Europapokal nicht zum Einsatz.

Seit dem Juli 1995 ist Andersson Cheftrainer der Bayern-Jugend. Seinerzeit wurde bewußt kein Deutscher für diese Position verpflichtet. FCB-Jugendleiter Schumann (s.u.): „Die deutschen Trainer sind in der Ausbildung hinter vielen Nationen zurück." Gemeinsam mit Gerd Müller betreut Andersson die FCB-A-Jugend. Des weiteren ist er mit Wolfgang Dremmler (s.u.) als Spiele- und Spielerbeobachter für den Klub tätig.

Augenthaler, Klaus (26.9.1957)

Der gebürtige Fürstenzeller, der seine Fußballkarriere beim FC Vilshofen begann, wechselte 1975 zunächst in die Jugendabteilung des FC Bayern. 1976 erhielt er seinen ersten Lizenzspielervertrag beim FCB, der mit 4.000 DM Grundgehalt plus Prämien dotiert war. In der Bundesliga spielte Augenthaler für den FC Bayern 1977-91. „Auge" bestritt 404 Bundesligaspiele, in denen er 52 Tore schoß. Augenthaler ist bislang der einzige Fußballspieler, der sieben deutsche Meistertitel (1980, 1981, 1985, 1986, 1987, 1989, 1990) errang. Außerdem gewann er mit dem FC Bayern 1982, 1984 und 1986 den DFB-Pokal

und 1990 den Supercup. Der Gewinn einer europäischen Trophäe blieb dem Bayern-Denkmal indes verwehrt.

Das bayerische Urviech symbolisierte viele Jahre den Bezug des Vereins zur Region und erinnerte daran, daß selbst beim FC Bayern Fußball auch gearbeitet werden muß.

1983 bestritt Augenthaler gegen Österreich sein erstes von insgesamt 27 A-Länderspielen. Bei der WM 1986 flog er nach zwei Auftritten aus der Stammformation, und seine Länderspielkarriere schien beendet zu sein. Doch 1989 holte ihn Beckenbauer ins Aufgebot zurück. „Auge" avancierte nun noch im fortgeschrittenen Fußballeralter zu einer wichtigen Säule der Nationalmannschaft, mit der er 1990 Fußballweltmeister wurde. Beckenbauer baute auf Augenthalers Erfahrung. Der Kaiser zu „Auge": „Du bekommst mit Kohler und Buchwald zwei Vorstopper, die räumen dir alles weg. Den Rest spielst du mit Anzug und Krawatte, gehst mit nach vorne, bietest dich als Anspielstation an, sorgst für Ruhe." Es klappte. Becken-

bauer später: „Es waren bittere Wochen für ihn, ohne Garantie auf einen Erfolg und einen Stammplatz. (...) Aber dann hat er sich durchgesetzt, unter Schweiß und Schmerzen. Das ist eine Charakterfrage."

Nach der für den FCB enttäuschenden Saison 1990/91 beendete „Auge" seine aktive Karriere. „Zu früh", wie er später bedauerte. „Ohne schwere Verletzungen hätte ich noch zwei, drei Jahre spielen können. (...) Es ist schon grausam, wenn du draußen sitzt und nichts mehr bewegen kannst. Die elf Burschen laufen aufs Feld, und du bleibst hilflos auf deiner Bank. Ich hatte mich so an dieses Bewußtsein gewöhnt, daß ich auf dem Platz eventuell noch etwas umbiegen konnte, wenn es mal nicht so lief. Ich konnte führen und agieren. (...) Es dauerte fast drei Jahre, bis ich mich daran gewöhnt hatte." Zum Zeitpunkt seines Abschieds muß er dies etwas anders gesehen haben. „Ich ärgere mich nicht mehr mit Euch 'rum", ließ er die Mannschaft wissen. Augenthaler wußte mit der nachrückenden Fußballergeneration wenig anzufangen.

Nach Beendigung seiner Spielerkarriere wurde „Auge" Assistenztrainer beim FCB. Er arbeitete in dieser Funktion unter Ribbeck, Beckenbauer, Trapattoni, Rehhagel und erneut Trapattoni. Nur mit Rehhagel, den er siezen mußte, verstand er sich nicht. In diesen Jahren erhielt Augenthaler, Fußball-Lehrer mit der Diplom-Note 1,7, Cheftrainerofferten vom 1. FC Nürnberg, 1. FC Kaiserslautern und von Borussia Mönchengladbach, die er jedoch abschlägig beschied. „Sie kamen zu früh. Das war kurz nach der Trainerschule." Im Oktober 1996 eröffnete ihm Beckenbauer, daß sein Vertrag mit dem

FCB nicht mehr verlängert würde. Die Frankfurter Rundschau über das Ende der 17jährigen Ehe FCB-Augenthaler: „Die Entscheidung Beckenbauers ist eindeutig und ehrlich. Denn mehr als Tradition verbindet den FC Bayern von heute mit Klaus Augenthaler nicht mehr. Hier der nüchtern kalkulierende Großverein, der sich zum Wirtschaftsimperium aufschwingen will, dort der treuherzige Grantler, der alle Klischees des bayrischen Urviechs mit Hingabe erfüllt."

Seine tiefe Enttäuschung über die Art, in der sich der FC Bayern von ihm trennte, tat der integere Augenthaler erst Wochen später kund: „Den Abschied aus München habe ich mir anders vorgestellt. Schließlich habe ich einiges getan für diesen Verein. Für mich war der FC Bayern immer alles, da kann ich jetzt nicht einfach die Tür zumachen. Für mich gab es nur den FC Bayern. Ich habe sogar rot-weiß gedacht, jetzt muß ich mir einen anderen Verein suchen." Die Form der unerwarteten Verabschiedung sei für ihn „kein kleiner Schubser" gewesen, sondern „wie ein Schlag ins Gesicht". Der Geschaßte beklagte ein „grundsätzliches Problem der Kommunikation beim FC Bayern. Man hätte es mir früher sagen können, um meine Meinung einzuholen. Auf der einen Seite werde ich weggelobt, auf der anderen Seite wird aber der Vorwurf erhoben, daß die Mannschaft nicht fit sei." Das alte Präsidium – ohne Beckenbauer und Rummenigge – hatte Augenthaler 1989 versprochen, ihn zum Cheftrainer aufzubauen. Doch für das neue Präsidium war „Auge" nie ein ernsthafter Kandidat.

Die heutige Spielergeneration betrach-

tet Augenthaler kritisch: „Ich bin dafür, daß hart gearbeitet wird. Ich habe immer gesagt: Einer spielt nur so gut, wie er trainiert. Ich kann nicht die Woche über Larifari machen, und am Samstag bringe ich auf Knopfdruck eine Spitzenleistung. Normalerweise müßten die Jungs mit all ihrer Energie dabeisein. Aber da erkenne ich bei vielen Defizite. Die meisten jungen Profis spulen ihr Pensum runter und machen sich dann vom Acker. Nur schnell unter die Dusche und heim. Da ist kaum mal einer, der sagt: Ich hab' einen schlechten linken Fuß, ich übe jetzt mal 20 Minuten Distanzschüsse. Oder einer, der zehn Sprints ans Training anhängt."

Klaus Augenthaler diente dem FC Bayern insgesamt 22 Jahre: 17 Jahre als Spieler, fünf als Co-Trainer. In diesen Jahren hat er viele gehen und kommen sehen und dabei einiges gelernt: „Du darfst dich nicht verbiegen lassen, speziell in München nicht."

Im Sommer 1997 wurde „Auge" eher widerwillig Cheftrainer beim österreichischen Erstligisten Grazer AK. Unter den vorliegenden Angeboten wählte er wohl nicht zufällig die geografisch nächstliegendste Option, denn abgefunden hat er sich mit seinem erzwungenen Abschied von München noch lange nicht.

Aumann, Raimond (12.10.1963)
Der Keeper kam 1980 vom Nachbarn FC Augsburg zum FC Bayern. Wegen seiner fünf Kilogramm Übergewicht, die ihn damals plagten, erhielt er von Karl-Heinz Rummenigge den Spitznamen „Balu", nach dem gleichnamigen Bären aus dem Film „Dschungelbuch". Nach dem Weggang von Jean-Marie

Ausländer beim FC Bayern

Ausländer hat es beim FC Bayern immer schon gegeben, mit Ausnahme der Nazi-Zeit. Der zweite Vorsitzende, den der FCB 1903 wählte, war mit Dr. Wilhelm Hesselink ein Niederländer. Von den heutigen deutschen Profiklubs dürfte wohl kein anderer in seiner Geschichte so viele ausländische Trainer beschäftigt haben wie der FC Bayern: Bis 1933 wurde der FC Bayern fast nur von Ausländern trainiert: Hesselink, Taylor, Dr. Hoer, Griffith, Townley, Mac Pherson, Weiß, Dombi. In der Oberliga Süd (1946-1963) saßen u.a. der Engländer Davidson sowie die Österreicher Hahn und Patek auf der Trainerbank. In der Regionalliga (1963-65) dann Cajkovski, mit dem der FCB 1965 in die Bundesliga aufstieg. Seither engagierte der Klub fünf weitere ausländische Trainer: Zebec, Lorant, Csernai, Lerby und Trapattoni (zweimal). In seinen bislang 32 Bundesligajahren wurde der FC Bayern ca. zwölf Jahre von ausländischen Übungsleitern trainiert (Stand: Sommer 1997).

Im Zeitraum 1965-97 kickten 39 ausländische Spieler für den FCB in der Bundesliga. Es waren dies:
Jan Einer Aas (Norwegen/1979-81),
Björn Andersson (Schwed./1974-77),
Bernardo (Brasilien/1991-92),
Harald Cerny (Österr./1992-1996),
Johnny Ekström (Schwed./1988-89),
Giovane Elber (Brasilien, seit 1997),
Johnny Hansen (Dänem./1970-76),
Andreas Herzog (Österr./1995-96),
Mark Hughes (Wales/1987-88),
Viggo Jensen (Dänemark/1973-74),
Erland Johnsen (Norwegen/1988-89),
Martin Jol (Niederlande/1978-79),
Jorginho (Brasilien/1992-96),
A. Karataev (Rußland/1993-94),
Emil Kostadinov (Bulgarien/1994-96),
Samuel O. Kuffour (Ghana, seit 1994),
Brian Laudrup (Dänemark/1990-92),
Sören Lerby (Dänemark/1983-86),
Bixente Lizarazu (Frankr., seit 1997),
Lars Lunde (Dänemark/1986-88),
Mazinho (Brasilien (1991-94),
Alan McInally (Schottland/1989-92),
R. Mihajlovic (Jugoslawien/1989-91),
Allan Nielsen (Dänemark/1990-91),
Branko Oblak (Jugoslawien/1977-80),
Erhan Önal (Türkei/1976-78),
Jean-Pierre Papin (Frankr./1994-96),
Jean-Marie Pfaff (Belgien/1982-88),
Peter Pumm (Österreich/1968-71),
Pasi Ratiainen (Finnland/1980-81),
Ruggiero Rizzitelli (Italien, seit 1996),
Kjell Seneca (Dänemark/1975-77),
Ciriaco Sforza (Schweiz/1995-96),
A. Sigurvinnson (Island/1981-82),
Gustl Starek (Österreich/1968-70),
Alain Sutter (Schweiz/1994-96),
Conny Torstensson (Schwed./1973-77),
Adolfo Valencia (Kolumbien/1993-94),
Jan Wouters (Niederlande/1991-93).
14 der 37 Akteure kamen aus Skandinavien. Aber auch schon zu Oberligazeiten gab es beim FCB den einen oder anderen Ausländer. So die Ungarn Fazekas und Zsamboki sowie den Jugoslawen Milos Milutinovic, dessen Bruder Bora bei der WM 1994 Trainer des Teams der gastgebenden USA war. In der Saison 1996/97 waren allerdings nur 9,1% des FCB-Kaders Ausländer,

was den geringsten Ausländeranteil in der Bundesliga bedeutete. (Zum Vergleich: Der Ausländeranteil des VfB Stuttgart betrug 37,18%). Ein Grund hierfür dürfte gewesen sein, daß der FCB – im Gegensatz zu anderen Klubs – sich nicht nach ausländischen „Billigimporten" umsehen mußte. Die Mehrheit der FCB-Ausländer gab in der Bundesliga nur kurze Gastspiele. Besonders groß war ihr Verschleiß bei den Stürmern. Ausländer werden in der Bundesliga nicht zuletzt unter Marketinggesichtspunkten verpflichtet. Sie sollen dem Showbusiness Fußball „mehr Farbe" verleihen. Beim FC Bayern unterstrich ihr Mitwirken in der Vergangenheit außerdem die internationalen Ansprüche eines Klubs, der sich zu den besten Fußballadressen der Welt zählt. Und *ein* Markenzeichen der besten der Welt ist die internationale Komposition ihrer Teams. Ein Ausweis besonderer Ausländerfreundlichkeit muß dies indes nicht sein. Vielmehr geraten gerade Ausländer immer wieder zu „Wegwerfprofis". Als Adolfo Valencia beim FC Bayern scheiterte, äußerte Gunter Gebauer, Experte für Ethnologie im Sport, auf die Frage, warum beim FCB nicht klappe, was andere Adressen wie Paris-Saint-Germain zum Weltklub gemacht habe: Paris sei eine internationale Metropole, in München gebe man sich so, stecke aber gleichzeitig einen Valencia ganz provinziell in Krachlederne.

Pfaff wurde Aumann 1988 die neue Nummer eins der Bayern. Aumann bestritt bis 1994 216 Bundesligaspiele für die Bayern. Der Keeper wurde mit dem FCB sechsmal Deutscher Meister (1985, 1986, 1987, 1989, 1990, 1994). Viermal hütete er das Tor der Nationalmannschaft und gehörte zum WM-Aufgebot 1990.

Nach der Saison 1993/94 erfuhr Aumann das gleiche Schicksal wie zuvor sein Vorgänger Pfaff: Der Keeper wurde mehr oder weniger abgeschoben, da die Bayern für die neue Spielzeit Oliver Kahn engagiert hatten. Aumann wechselte zu Besiktas Istanbul. Mit Besiktas wurde er zwar 1995 türkischer Meister, aber im November 1995 wurde das Vertragsverhältnis vorzeitig beendet. Aumann hängte im zarten Torwartalter von nur 32 Jahren seine Fußballschuhe an den berühmten Nagel, obwohl ihm diverse Angebote, vor allem aus dem Ausland, vorlagen. „Ich war ein bißchen müde, hatte keine Motivation mehr. Da hab ich mir gesagt, dann höre ich lieber auf."

Aumann zahlte eine Ablösesumme und zog zurück nach München. „Mein Herz hing immer am FC Bayern. Hier bin ich groß geworden, hier habe ich meine größten Erfolge gefeiert. Dieser Verein ist meine Heimat." Auch der Klub zeigte ein Herz für seine ehemalige Nummer eins. Bereits bei seinem Abgang nach Istanbul hatte ihm der FCB mitgeteilt, „wenn du nach dem Fußball etwas suchst, dann melde dich bei uns." Seit dem 1. April 1996 ist Aumann Leiter der Abteilung Fan- und Fanklubbetreuung beim FC Bayern. „Wir versuchen, den Fans vor allem das Gefühl zu geben, daß man sich um sie kümmert. Denn der Fan ist die Basis.

Die Basis des Erfolgs. Dieser Bereich ist lange vernachlässigt worden." Allerdings beurteilen nicht wenige Fans die Arbeit Aumanns äußerst skeptisch.

Babbel, Marcus (8.9.1972)
Der aus Gilching nahe München stammende Abwehrspieler wurde in der FCB-Jugend groß. In der Bundesliga kickte der hoch aufgeschossene Babbel (1,90 Meter) für die Bayern zunächst in der Saison 1991/92, in der er jedoch nur zehnmal zum Einsatz kam. Anschließend wurde er an den Hamburger SV ausgeliehen, für den er 1992-94 60 Bundesligaspiele bestritt. 1994 holte der FCB Babbel – gegen dessen Willen – zum FCB zurück. Bis zum Ende der Saison 1996/97 bestritt er insgesamt 97 Bundesligaspiele für die Bayern.

In der ersten Amtszeit Trapattonis erkämpfte sich Babbel wider Erwarten einen Stammplatz, den er auch unter Otto Rehhagel verteidigen konnte. In der zweiten Amtszeit des Italieners sank sein Stern jedoch etwas – zugunsten von Samuel Kuffour. Vor der Saison 1997/98 scheiterte ein Wechsel Babbels zur englischen Topadresse Manchester United. Dessen Trainer Alex Ferguson schätzte Babbels „exzellente deutsche Mentalität. Er ist diszipliniert, engagiert, ordentlich." Ferguson wollte 14 Mio. Pfund für Babbel hinblättern, zu diesem Zeitpunkt die höchste Summe, die jemals weltweit für einen Abwehrspieler bezahlt worden wäre.

Babbel wurde mit dem FC Bayern 1996 UEFA-Cup-Sieger und 1997 Deutscher Meister. 1995 wurde Babbel Nationalspieler. Bei der EM 1996 in England vertrat er den verletzten Jürgen Kohler und gewann mit der DFB-Auswahl die Europameisterschaft.

Basler, Mario (18.12.1968)
„Super Mario" startete seine Laufbahn 1974 beim VfL Neustadt. Basler besuchte die Hauptschule und begann eine Lehre als Maler/Lackierer, die er aber abbrach. 1984-89 gehörte er dem 1. FC Kaiserslautern an, wo der damalige Manager Geye jedoch sein Talent ignorierte und ihn vergraulte. 1989-93 kickte Basler in der 2. Liga für Rot-Weiß Essen und Hertha BSC Berlin. Erstligaspieler wurde er erst mit seinem Wechsel 1993 zu Werder Bremen, wo er groß herauskam. 1993 wurde er mit Werder Supercup-Sieger, 1994 DFB-Pokal- und Supercup-Sieger. 1995 gewann Basler die Torjägerkanone (20 Tore). Sein Debüt in der Nationalmannschaft gab er am 23. März 1994 in Stuttgart gegen Italien (2:1). Als Basler Werder nach der Saison 1995/96 in Richtung München verließ, waren nach eigenem Bekunden „von 20 Spielern 15 oder 16 froh, als ich weg war". 1997 wurde Basler mit dem FC Bayern Deutscher Meister. Nach anfänglichen Schwierigkeiten und Auseinandersetzungen mit Trapattoni kam der Stareinkauf immer besser in Fahrt und hatte schließlich einen nicht unerheblichen Anteil am Titelgewinn. Basler bestritt in dieser Saison 27 Bundesligaspiele für den FCB, in denen er acht Tore schoß.

„Super Mario" ist schnell, technisch versiert und schußstark. Ein genialer Spieler, dessen einziges Problem zuweilen sein Gehirn ist. Basler kokettiert gern mit der Mentalität eines „Prolls" („Ich fahre meist bis vor die Haustür").

Großmaul Basler hält sich für einen besseren Spieler als den legendären Michel Platini, der nicht nur aufgrund seiner fußballerischen Qualitäten, sondern auch wegen seiner hohen Intelligenz Trapattonis Lieblingsspieler war. Basler besucht gerne die Spielbank und ist Besitzer einiger Galopper. Seine Lieblingsspeise ist Tiefkühlpizza, einigen Bierchen und Zigaretten ist er nicht abgeneigt. Sein Lebenswandel bedingt konditionelle Probleme. Sein Trainer Trapattoni bemängelt die noch fehlende Einstellung „für den großen Fußball". Basler zu Trapattoni: „Mister, ich habe einen Körper wie Schwarzenegger." Trapattoni zu Basler: „Eher wie ein Suppenhuhn."

Bauer, Hans (28.7.1927)
Kam zum FCB über den MTV und Wacker München. Bauer war ein eleganter, aber auch launischer Spieler, der als „Sonnyboy" gehandelt wurde. Bauer spielte 1948-59 in der Oberligamannschaft des FC Bayern. Mit 226 Einsätzen ist er Bayerns Rekordspieler für diese Zeit.

1957 war Bauer Kapitän des Bayern-Teams, das in Augsburg durch ein 1:0 über Fortuna Düsseldorf den DFB-Pokal gewann. Der Verteidiger spielte fünfmal in der Nationalelf und gehörte 1954 als einziger Münchener zum WM-Kader. Beim WM-Turnier in der Schweiz kam er zweimal zum Einsatz, beim 3:8-„Täuschungsmanöver" gegen Ungarn und beim 7:2 gegen die Türkei.

Bazi
Seit der Saison 1993/94 ist der „Bazi" das Maskottchen des Vereins. Als der Verein den Fans die Frage stellte: „Wie soll unser neues Maskottchen heißen?", trafen 60.000 (!!!) Einsendungen in der Säbener Straße ein. Darunter auch Postkarten aus den USA, Thailand und Japan. Eine aus Fritz Scherer, Uli Hoeneß, Erich Ribbeck, Klaus Augenthaler und Karl Hopfner bestehende Jury entschied sich schließlich für „Bazi". Begründung: „'Bazi', das sei für unsere vielen nicht-bayerischen Anhänger gesagt, ist kein Schimpfwort. Ein 'Bazi', das ist in Bayern ein Schlitzohr, ein schlauer, cleverer Bursche. 'Bazi', das ist eher ein Kompliment."

Beckenbauer, Franz (11.9.1945)
„Er ist der einzige, der es schaffen könnte, der PDS in Bayern ein Direktmandat zu verschaffen", bemerkte einmal der Kabarettist Ottfried Fischer zur Popularität Beckenbauers. Pelé und andere wollen ihn als FIFA-Präsidenten, der sächsische CDU-Bundestagsabgeordnete Wolfgang Dehnel möchte ihn zum Sportminister küren: „Er wäre natürlich ein idealer Minister." Kommentar der „SZ": „Natürlich – aber auch ein prima Papst, Blüm-

Nachfolger, Dalai Lama, Greenpeace-Boss, UNO-Generalsekretär, Kaiser von China." Es gibt eigentlich keinen Job, für den die Verehrer des Kaisers ihr Idol nicht fähig halten. Und ganz abgeneigt ist Beckenbauer gegenüber derartigen Offerten nie: „Ich kann mit Leuten umgehen, bin entscheidungsfreudig, ich scheue mich nicht vor Konsequenzen."

Der Kaiser begann seine Fußballerkarriere zunächst in der Schülermannschaft des in Giesing beheimateten SC 1906 München. Beckenbauer wollte eigentlich zum TSV 1860, meldete sich dann aber als 13jähriger beim FCB an, da ihm ein Löwen-Spieler bei einem Schülerturnier in Neubiberg eine Ohrfeige erteilt hatte. Als Beckenbauer vom SC 1906 zu den Bayern ging, kehrte sein älterer Bruder Walter gerade von den Bayern zum SC 1906 zurück. Beckenbauer: „Eigenartig: er, den ich lange Jahre immer für besser hielt, ist Amateur geblieben."

Als „Giesinger-Junge" war Beckenbauer zunächst ein Löwen-Fan: „Jeden Sonntag ging ich ins Grünwalder Stadion, wenn 1860 oder Bayern spielte. Nach dem Mittagessen hielt mich nichts mehr zu Hause. Meistens war ich schon am Stadion, wenn die Tore noch geschlossen waren. Mein Stammplatz war ein Holzbalken, der die Pfeiler in der Stehhalle im Grünwalder Stadion verbindet. Da habe ich mir die Kehle für Kurt Mondschein und Wiggerl Zausinger heiser geschrien, die damals beim TSV 1860 stürmten. Ich war nämlich Anhänger der Sechziger, auch als diese von der Oberliga Süd in die zweite Liga abgestiegen waren."

Beim FCB kickte der gelernte Versicherungskaufmann Beckenbauer, der zunächst als Lagerist beim Textilkaufmann Gottfried Dresbach, später als Versicherungskaufmann bei Robert Schwan arbeitete, von 1958-77. Beckenbauer galt zunächst als Stürmer. Noch 1964 bemerkte Hans Schiefele, heute Vizepräsident der Bayern, in der „Süddeutschen Zeitung": „Nun ist kaum etwas dagegen einzuwenden, daß der schußkräftige Müller einmal eine Chance erhält. Doch Beckenbauer, eines der größten Sturmtalente, wieder mit Abwehraufgaben zu beschäftigen, scheint selbst bei dem zu erwartenden Erfolg der Bayern nicht ganz glücklich zu sein."

Beckenbauer bestritt 1965-77 396 Bundesligaspiele für den FC Bayern, in denen er 44 Tore schoß. Insgesamt kam er auf 558 Pflichtspiele und 69 Tore für den FCB. Mit den Bayern wurde Beckenbauer 1969, 1972, 1973 und 1974 Deutscher Meister, 1966 und 1969 DFB-Pokalsieger, 1967 Europapokalsieger der Pokalsieger, 1974, 1975 und 1976 Europapokalsieger der Landesmeister sowie 1976 Weltpokalsieger.

Im Mai 1977 wechselte er in die US-Operettenliga zu Cosmos New York, wo er u.a. mit Pelé kickte und für ein dreijähriges Engagement die für damalige Verhältnisse gigantische Summe von 7 Mio. DM erhalten haben soll. Beckenbauers Umzug nach New York erfolgte aus privaten wie finanziellen Gründen. Seine Ehe war gescheitert, der Fiskus saß ihm im Nacken, und seine heutigen Freunde von der Boulevardpresse schlachteten diese Geschichten genüßlich aus.

Für Cosmos trat Beckenbauer in 133 Spielen vor den Ball und erzielte dabei 23 Tore. 1980 erfolgte des Kaisers

Rückkehr in die Bundesliga zum Hamburger SV, für den er 28 Bundesligaspiele bestritt. 1982 wurde er mit dem Hamburger SV letztmals Deutscher Meister.

Der Nationalspieler Beckenbauer wurde mit der DFB-Auswahl 1966 Vizeweltmeister, 1970 WM-Dritter, 1972 Europameister, 1974 Weltmeister, 1976 Vize-Europameister.

Sein Nationalmannschaftsdebüt gab Beckenbauer 20jährig am 20.9.1965 in Stockholm, als die BRD-Elf in der WM-Qualifikation Schweden mit 2:1 besiegte. Die Frankfurter „Abendpost" titelte damals: „Beckenbauer war der König." Im Text hieß es: „Franz Beckenbauer beherrschte das Mittelfeld. Ihm gehört im deutschen Fußball die Zukunft." Und im „Sport-Magazin" schrieb dessen Chefredakteur Hans Fiederer, selbst einmal Nationalspie-

ler: „Es war schon bewundernswert, wie kaltblütig Beckenbauer seine Chance wahrnahm und wie er sich dem Gegner stellte."

Mit 103 A-Länderspielen war Beckenbauer der erste deutsche Nationalspieler, der die „Hunderter-Grenze" erreichte und überschritt. Beckenbauer spielte des weiteren mehrmals in der sogenannten „Weltelf". Der „Gentleman am Ball" erhielt während seiner aktiven Laufbahn niemals eine „rote Karte". Beckenbauer wurde 1966, 1968, 1974 und 1976 „Fußballer des Jahres". 1972 und 1976 wurde Beckenbauer zu „Europas Fußballer des Jahres" gewählt, der bis heute höchsten Auszeichnung für einen europäischen Fußballspieler, die erstmals 1956 (Stanley Matthews) verliehen wurde. Als Beckenbauer 1976 sein 100. Länderspiel bestritt, schrieb Walter Jens im „Stern": „Ein Rätsel dieser Beckenbauer. Der bekannteste lebende Deutsche (bekannt wie das VW-Werk) hat mit dem, was man sich gemeinhin unter einem Deutschen vorstellt, diesem Kraftmenschen, Fanatiker und einzigem Schaffer, wenig gemein. Er ist kühl, salopp, undiszipliniert, ironisch, selbstironisch sogar. (...) Ein Rätsel dieser Mann. Er ist ein Freund von Franz-Josef Strauß; aber der Stil, den er auf dem Feld praktiziert, ist dem Straußschen Gehabe in jeder Weise entgegengesetzt. Wo der eine röchelt und röhrt, tänzelt der andere anstrengungslos. Wo der eine schäumt, bleibt der andere kühl bis ins Herz. Vilshofen kontra Sanssouci! Ein Rätsel dieser Mann. Während andere Athleten auf dem grünen Rasen ihrem Job nachgehen, spielt Beckenbauer Fußball im Stil von Versailles und beweist damit, daß dieser Sport auf eine Art betrieben werden kann, die auf den ersten Blick anachronistisch anmutet: Mit Pomp und Launenhaftigkeit, mit einem Mindestmaß an Unterordnung und einem Höchstmaß an Spontaneität." Beckenbauer galt als erster deutscher Fußballspieler, der mit der High Society zu Tisch saß. Während dem Gros der Bundesligakicker noch immer ein proletarischer Schweißgeruch anhaftete, erschien der Kaiser im Pelzmantel bei den Bayreuther Wagner-Festspielen und wurde in den Gazetten mehr mit Prominenten außerhalb der Fußballwelt (z.B. Franz-Josef Strauß) als mit seinen Arbeitskollegen abgebildet. Beckenbauer: „Ich habe mich gesehnt nach Gesprächen, in denen das Wort Ball nicht vorkommt."

Als Trainer arbeitete Beckenbauer mit der deutschen Nationalmannschaft (Vizeweltmeister 1982 und 1986, Weltmeister 1990), Olympique Marseille (Meister 1991 und Finalteilnahme im Europapokal der Landesmeister) und dem FC Bayern (Deutscher Meister 1994, UEFA-Cup-Sieger 1996).

Seit dem 14.11.1994 ist Beckenbauer Präsident des FCB. Zuvor hatte er seit 1991 das Amt des Vizepräsidenten bekleidet. Der FCB-Boss über sich selbst: „Geduld zeichnet mich nicht aus. Rational muß man sagen, daß man mit Ungeduld nicht weiterkommt. Ich fürchte, dieser Widerspruch wird beim FC Bayern immer bleiben."

Beckenbauer ist nicht nur FCB-Präsident, sondern auch Opel-Repräsentant, Adidas-Partner, Ufa-Mitarbeiter, „Bild"-Kolumnist, Premiere-Kommentator und Warsteiner-Werber. Tätigkeiten, die teilweise in Widerspruch zu seinem Präsidentenamt geraten.

Der Präsident Beckenbauer nimmt sich weniger wichtig, als dies seine Verehrer tun. Als die „Woche" ihn einmal fragte, ob er das Gefühl habe, wichtig zu sein, antwortete der Kaiser: „Ich brauche nur nachts raufzuschauen, wenn sternenklarer Himmel ist, ich schaue mir unser Sonnensystem an, die Erde ist mit der kleinste Planet, von diesem Sonnensystem gibt's noch Milliarden andere. Und da fragen Sie, wie wichtig ich bin?"

Beckenbauer lebt in Kitzbühel, dem Domizil der „Lauten und Schönen, Reichen und Scheinreichen" („Die Woche").

Bender, Manfred (24.5.1966)

Der 1,90 Meter große Spieler begann seine Karriere 1974 beim Turnerbund München. Zum FC Bayern kam Bender von der SpVgg. Unterhaching. Bender bestritt 1989-92 77 Bundesligaspiele für die Bayern, in denen er neun Tore schoß. 1990 wurde er mit dem FCB Deutscher Meister und Supercup-Gewinner. 1992 wechselte Bender zum Karlsruher SC und trug dort als Leistungsträger und Führungspersönlichkeit zum sportlichen Aufschwung bei. Zur Saison 1995/96 wäre Bender beinahe zum FCB zurückgekehrt, der für 1,6 Mio. DM ein Rückkaufsrecht besaß. Doch die Bayern holten statt seiner Andreas Herzog. Während der Saison 1996/97 ging Bender zum TSV 1860, für den er bereits als Jugendlicher 1979-82 gekickt hatte. Berti Vogts beschuldigte den Spieler einmal, sein Talent verschleudert zu haben. Daß er während seiner Zeit beim FCB nicht in die Nationalelf kam, lag allerdings – laut Bender – am damaligen Bayern-Coach Heynckes. „Vogts wollte mich

1991 zum Spiel gegen Rußland einladen. Heynckes sagte aber: 'Das ist noch zu früh.'"

Bergmaier, Josef (5.3.1909)
Kam zum FCB über den SV Pasing und den FC Wacker. Wurde auch „Berge" oder „Nasen" genannt. Seine Stärken waren Flankenläufe und Dribblings. Gehörte als Rechtsaußen zur Meisterelf von 1932. Acht A-Länderspiele (ein Tor). 1943 fiel Bergmaier an der „Ostfront".

Berthold, Thomas (12.11.1964)
Der Weltmeister von 1990 wurde beim FC Bayern zum teuersten Tribünensitzer in der Vereinsgeschichte. Der Sohn eines Frankfurter Bankiers, der 1991 von AS Rom kam, ist noch heute für viele der Angestelltenfußballer par excellence. In München durfte er lediglich sein Golf-Handicap verbessern. Als er in seinem zweiten Jahr bei den Bayern wegen einer Knochenhautentzündung vier bis fünf Monate pausieren mußte, machte das böse Wort des

„Simulanten" die Runde. Besonders Schatzmeister Kurt Hegerich hatte es auf ihn abgesehen. Hegerich bezeichnete Berthold öffentlich als „bestbezahlten deutschen Golfprofi nach Bernhard Langer". Die Saison 1992/93 war für Berthold „das schlimmste Jahr meiner Karriere". Zur Saison 1993/94 wechselte Berthold zum VfB Stuttgart, wo er einer der wichtigsten Leistungsträger wurde. 1997 gewann er mit dem VfB den DFB-Pokal.
Berthold bestritt in seinen zwei Jahren beim FCB 30 Bundesligaspiele (ein Tor), allesamt in der Saison 1991/92.

Borutta, Karl (8.12.1935)
Beim FCB 1960-67. Der Abwehrspieler kam 1960 vom FC Schalke 04, mit dem er 1958 Deutscher Meister geworden war. 1965 stieg Borutta mit den Bayern in die Bundesliga auf. Borutta absolvierte noch 28 Bundesligaeinsätze für die Münchener. In der Oberliga spielte er 79mal für den FCB, in der Regionalliga 41mal.

Brehme, Andreas (9.11.1960)
Der Hamburger kam 1986 vom 1. FC Kaiserslautern, für den er bis dahin in 154 Bundesligaspielen 34 Tore erzielt hatte. Nach 59 Bundesligaspielen, sieben Toren und einem Meistertitel (1987) wechselte Brehme 1988 für 2,2 Mio. DM vom FC Bayern zu Inter Mailand. 1989 wurde er mit Inter Meister und zum besten Spieler der Saison gewählt. 1990 gewann Brehme mit dem DFB-Team die Fußballweltmeisterschaft und erzielte im Finale per Elfmeter das entscheidende Tor. Für Teamchef Beckenbauer war Brehme der „perfekteste Fußballer, den wir haben".

Breindl, Robert

„Pius" war einer der Stars im Meister-team von 1932. Dem Kämpferherz war erst zwei Jahre zuvor der Sprung aus der Jugend in die 1. Mannschaft gelungen. Das Finale in Nürnberg war für den erstklassigen Außenläufer erst sein 45. Spiel für den FCB.

Breitner, Paul (5.9.1951)

Der dynamische Abwehr- und Mittel-feldspieler kam vom ESV Freilassing zum FC Bayern, für den er 1970-74 und 1978-83 kickte. Breitner absolvierte insgesamt 255 Bundesligaspiele für die Bayern, in denen er 83 Tore schoß. Breitner wurde mit den Bayern 1972, 1973, 1974, 1980 und 1981 Deutscher Meister, 1982 DFB-Pokalsieger sowie 1974 Europapokalsieger der Landesmeister. 1981 wurde Breitner zum „Fußballer des Jahres" gewählt.

Von 1974 bis 1977 spielte Breitner bei Real Madrid und wurde mit den Madrilenen zweimal (1975, 1976) Spanischer Meister und einmal (1975) Pokalsieger. Breitner wechselte für die Ablöse von 2 Mio. DM. 1977 kehrte der Spieler in die Bundesliga zurück, wo er zunächst für die Braunschweiger Eintracht und deren Mäzen Günter Mast antrat. Für die Eintracht absolvierte Breitner 30 Bundesligaspiele, in denen er 10 Treffer erzielte. 1978 kehrte Breitner dann für eine Ablöse von 1,96 Mio. DM zum FC Bayern zurück. Breitner war während seiner zweiten Ära beim FCB der absolute Chef beim Rekordmeister, die Führungspersönlichkeit schlechthin. Sein Versuch, nach Beendigung der Spielerkarriere direkt ins Bayern-Präsidium zu wechseln, scheiterte an Uli Hoeneß. Zu Anfang ihrer gemeinsamen Kar-

riere beim FC Bayern waren Breitner und Hoeneß noch Zimmergenossen gewesen. Während und nach Breitners zweiter Karriere kam es zum Zerwürfnis mit dem alten Freund. Als Breitner beim FC Bayern endgültig aufhörte, betätigte er sich als „Bild"-Kolumnist und schoß in dieser Funktion gegen den Bayern-Manager. Breitner Mitte der 90er: „Wenn ich die Bayern kritisierte, dann kritisierte ich automatisch Uli Hoeneß, denn er war ja über zehn Jahre lang der FC Bayern schlechthin. Es war ein Wahnsinn, daß man eine über 17 Jahre währende Freundschaft mit den Füßen trat. Denn wenn in der Zeit unserer Feindschaft etwas Schlimmes mit dem einen gewesen wäre, dann wäre der andere der erste gewesen, der sich um ihn gekümmert hätte." Mit Beckenbauer verstand sich Breitner bereits während seiner ersten Zeit beim FC Bayern nicht. Gemeinsam mit Hoeneß opponierte er gegen die Achse Neudecker-Schwan-Beckenbauer. Den DFB-Team-Chef Beckenbauer denunzierte der „Bild"-Kolumnist Breitner als „Totengräber" des deutschen Fußballs. Breitner: „Beckenbauer verhindert guten Fußball." Höhepunkt seiner Angriffe gegen den ehemaligen Mitspieler waren das Vier-länder-Turnier 1988 in Berlin und die folgende EM. Breitner hält sich heute zugute, daß seine Kritik dazu beigetragen habe, „daß der Franz umgeschwenkt ist und nicht mehr seinen Sechs-Verteidiger-Fußball gespielt hat, sondern den, mit dem wir 1990 schließlich Weltmeister wurden". Mit der Nationalelf wurde Breitner 1972 Europameister, 1974 Weltmeister und 1982 Vizeweltmeister. Breitner trug 48mal das DFB-Trikot und schoß

dabei zehn Tore. Seine Nationalmannschaftskarriere wurde zwischenzeitlich durch ein Zerwürfnis mit dem DFB unterbrochen. Bei der WM 1982 in Spanien war Breitner wieder dabei, wurde aber später in einem Geheimpapier des DFB-Präsidenten Neuberger für das negative Bild des Vize-Weltmeisters verantwortlich gemacht. Uli Hoeneß sah in der WM und Breitners Verhalten die Ursache für die folgende Krise des Bundesligafußballs: „Es war schlecht seit 1982 bei der WM in Spanien, da hat die Mannschaft gezeigt: Man kann saufen und rauchen und trotzdem viel Geld verdienen. Das war der Anfang einer tiefen Krise." Der damalige Nationalkeeper Toni Schumacher schrieb über Breitner und die WM: „Der Leithammel und Spielmacher war Breitner. Ein Kämpfer, eine absolute Spielergröße. (...) Paul konnte schon rhetorisch jeden Gegner mundtot machen. (...) Er war hundertprozentig stark auf dem Spielfeld, ungeheuer vital. Außerhalb des Rasens war er nicht unbedingt ein Vorbild. Und er trank auch schon mal einen über den

Durst. Er war der Leithammel, tonangebend bei Spiel und Training, und natürlich auch danach. Und wie das eben so geht, sind die Schlechteren und Schwächsten der Mannschaft seinem Beispiel gefolgt. (...) Breitner hat fast alles mitgemacht, aber mit einem gewaltigen Unterschied zu den anderen: Am nächsten Tag auf dem Spielfeld lief er wie ein Uhrwerk. Verrückt: Nur die, die mit ihm getrunken hatten, krebsten rum wie ein paar Schnapsleichen." Während seiner ersten Bayern-Ära machte Breitner nicht nur sportlich auf sich aufmerksam, sondern auch durch kritische und provokative Äußerungen, weshalb die Boulevardpresse den ehemaligen Pädagogikstudenten bald den „roten Paul" taufte. Die „New York Times" charakterisierte ihn euphemistisch als „neuen Heros der deutschen Gegenkultur". Gleichzeitig war Breitner außerordentlich geschäftstüchtig. Wenn nötig, würde er auch seinen Hintern vermarkten, verkündete er einmal. Seine „politischen" Provokationen wurden deshalb später auch als Teil einer Vermarktungsstrategie gedeutet.

Vom Rehhagelschen Motto „Die Mannschaft ist der Star" hält der bekennende Individualist Breitner „nichts". Laut Breitner ist eine klare Hierarchie für jede überdurchschnittliche Fußballmannschaft ein „absolutes Muß. Das durfte ich als Lehrling unter Beckenbauer lernen, Kalle Rummenigge und ich zogen es ab 1978 ähnlich durch. Ohne klare Hierarchie entsteht die Situation, daß die Mannschaft gewinnt oder verliert, ohne zu wissen, warum. (...) Eine Führungsfigur muß immer überlegen, ob die Taktik paßt. Und ob wir auf dem Platz umstellen müssen, ohne daß der (gemeint ist der Trainer) von außen eingreift. Eine überdurchschnittliche Mannschaft merkt nach fünf Minuten, ob die Taktik paßt. (...) Heute fuchteln viele mit ausgestrecktem Zeigefinger herum und meinen, sie seien Führungsspieler." Nachdem der ehemalige „Bild"-Kolumnist dreieinhalb Jahre weitgehend geschwiegen hatte, wurde Breitner Ende 1996 bei Sat.1 als Kommentator, Kritiker und Analytiker tätig. Zwischenzeitlich hatte er sich auch mit Beckenbauer und Hoeneß wieder versöhnt, die sogar öffentlich darüber nachdachten, Breitner in die Vereinsführung zu holen. Als mögliches Aufgabengebiet wurde die Nachwuchsarbeit des FCB gehandelt.

Bis zum Ende der Saison 1996/1997 trainierte Breitner sehr erfolgreich den Nachwuchs des Amateurvereins TSV Brunnthal, wo auch sein Sohn Max mitspielte. Zur Saison 1997/98 wechselte er mit seiner B-Jugend-Mannschaft zum Münchener Vorstadt-Klub SpVgg. Unterhaching.

Brenninger, Dieter (16.2.1944)
Beim FCB 1962-71. Der auch „Mucki" genannte Linksaußen kam von der SpVgg. Altenerding zum FC Bayern. In der Regionalligasaison 1963/64 schoß Brenninger 24 Tore für den FCB. 1965 stieg Brenninger mit dem FCB in die Bundesliga auf. Bis 1971 absolvierte er 190 Bundesligaspiele für die Bayern, in denen er 59 Tore schoß. In der ewigen Torjägerliste des FC Bayern belegt er damit den 10. Platz. 1969 wurde Brenninger mit dem FCB Deutscher Meister, 1966, 1967, 1969 und 1971 DFB-Pokalsieger und 1967 Europapokalsieger der Pokalsieger.

Zur Saison 1971/72 schloß sich Brenninger dem VfB Stuttgart an, für den er noch drei Jahre in der Bundesliga (81 Spiele, 15 Tore) und ein Jahr in der 2. Liga spielte.

Cajkovski, Zlatko (24.11.1923)
„Ohne Fußball ich toter Mann", lautet auch noch heute seine Lebensphilosophie. Der Jugoslawe trainierte den FC Bayern 1963-68. Als Spieler kam Cajkovski auf 55 A-Länderspiele für Jugoslawien. Bereits als 16jähriger feierte er sein Debüt in der 1. Mannschaft von Hask Zagreb. 1945 wechselte der Außenläufer zu Partizan Belgrad, wo er zum Weltklassespieler aufstieg. 1948 und 1952 spielte Cajkovski in der Olympiavertretung Jugoslawiens, mit der er jeweils eine Silbermedaille gewann, 1950 und 1954 in der WM-Mannschaft. Die 0:2-Niederlage gegen die Bundesrepublik beim WM-Turnier in der Schweiz wurde für ihn zum einschneidenden Erlebnis, das auch seine spätere Trainertätigkeit prägte. „Technik-Kondition-Taktik – das ist meine Reihenfolge. Kein Individualismus auf Kosten der Mannschaft. Oh, hätten wir damals nur die Disziplin der Deutschen gehabt, wir hätten nicht verloren." Cajkovski wurde auch für die Europaauswahl berufen.

Während seiner Zeit als Spieler beim 1. FC Köln besuchte Cajkovski die Sporthochschule Köln und erwarb das deutsche Trainer-Diplom. Seine erste Trainerstation war der israelische Klub Hapoel Haifa, den er auf Anhieb vom 9. auf 2. Platz führte und mit dem er den „Pokal des Staatsfeiertags" gewann. Nach einem kurzen Intermezzo in der Türkei, wo er das Amt des Nationaltrainers ausübte, landete „Tschik"

in den Niederlanden, wo auch sein späterer Münchener Kollege Max Merkel den Grundstein seiner Trainerkarriere legte. Cajkovski führte die Mannschaft von DOS Utrecht in 14 Spielen ohne Niederlage vom Tabellenende auf den 5. Platz. 1961 kehrte „Tschik" zum 1. FC Köln zurück, diesmal als Trainer. 1962 wurden die Kölner zunächst Westmeister und holten anschließend auch noch den ersten deutschen Meistertitel in die Domstadt.

Anschließend wechselte Cajkovski vom Rhein an die Isar, wo er Bayern München zunächst in die Bundesliga und anschließend zum DFB-Pokalsieg (1966) und ersten europäischen Titel (1967, Cup der Pokalsieger) führte.

Im Gegensatz zu Merkel pflegte Cajkovski einen liberalen Führungsstil und war bei seinen Spielern sehr beliebt.

Seinen Spitznamen „Tschik" erhielt Cajkovski bereits während seiner jugoslawischen Jugendzeit. „Cik" heißt „Zigarettenstummel". Cajkovski maß nur 1,64 Meter. Der kugelrunde Gourmet ließ beim Bayern-Training so lange

spielen, bis seine Elf in Führung lag. Nachdem er mit den Bayern deren ersten Europacup gewonnen hatte, formulierte seine Gattin für den vor Rührung Gelähmten: „Er sein nun glücklichste Mensch von Welt, er fliegen auf Mond und machen Pokalsieger dort oben."

Cajkovski hielt nichts von Systemdebatten und war ein Freund des unterhaltsamen, offensiven Spiels.: „Ob ich 4-2-4 spiele, hängt ganz vom Gegner ab. Was hat das für einen Sinn, wenn der Gegner hinten mit sechs Mann operieren kann und ich nur vier Stürmer nach vorne bringe? Gar nichts! Es wird zu defensiv gespielt, und das macht allmählich das Fußballspiel uninteressant. Durch die Defensivtaktik spielt sich fast alles überwiegend im Mittelfeld ab. Die Zuschauer aber wollen Tore sehen, Kampfmomente und kein Hin und Her. Bewundern muß man die Südamerikaner. Sie sind Balljongleure, die nicht Fußball um jeden Preis spielen, sondern weil sie Freude daran haben. Die auch nicht um jeden Preis gewinnen wollen. Sie möchten nur spielen. Ich brauche Leute, die Witz und Verstand besitzen, und keine Automaten wie die Professionals, die gewinnen müssen, um ihren Kurswert hoch zu halten."

Cramer, Dettmar (4.4.1925)
Der kleine „Fußball-Professor" begann als Spieler in Wiesbaden und Dortmund. Zwischen 1949 und 1963 arbeitete der „laufende Meter" (Sepp Maier), auch „Napoleon" genannt, als Cheftrainer beim Westdeutschen Fußballverband. Anschließend war Cramer drei Monate Redakteur beim ZDF, Trainer in Japan und beim DFB. 1967-

74 arbeitete er als Trainer bei der FIFA, in deren Auftrag er Trainer, Spieler, Teams und Schiedsrichter in über 80 Ländern unterrichtete. Nach einem kurzen Intermezzo als USA-Trainer kam Cramer 1975 zum FC Bayern, mit dem er 1975 und 1976 den Europapokal der Landesmeister und 1976 den Weltpokal gewann. Der ehrgeizige Cramer galt als gewiefter Taktiker und guter Psychologe. Ein Sport-Kommentator charakterisierte ihn gar als „den größten Theoretiker unter den Trainern". Bayern-Präsident Neudecker über seinen Übungsleiter: „Wenn der Cramer uns einmal verläßt, besitzen wir alle die Hochschulreife." Franz Beckenbauer etwas respektvoller: „Ich kenne keinen Menschen, der so viel über Fußball weiß und der so spannend darüber reden kann wie er." Während der Saison 1977/78 erfolgte seine Entlassung beim FCB. In einer Art Trainertausch ging Cramer zu Eintracht Frankfurt, deren Trainer Gyula Lorant den FCB übernahm. Im Juni 1978 war auch sein Engagement in Frankfurt beendet. 1981 wurde Cramer Nationaltrainer Saudi Arabiens. Anschließend trainierte er noch Aris Saloniki (1981/82) und Bayer Leverkusen (1982-85), wo er zwar das Ansehen des Klubs enorm mehrte, aber die in ihn gesetzten sportlichen Erwartungen nicht erfüllen konnte. Cramer ist im Besitz von zwei Professorentiteln (ehrenhalber), des Bundesverdienstkreuzes sowie des höchsten japanischen Kulturordens.

Csernai, Pal (21.10.1932)
Nur Cajkovski hielt sich als ausländischer Trainer beim FC Bayern länger als der Ungar mit dem seidenen Hals-

tuch. Zunächst Assistent von Gyula Lorant, wurde Csernai am 19. Februar 1979 Cheftrainer der Bayern. Unter der Regie des 1955 aus Ungarn geflüchteten Musikliebhabers wurde der FCB 1980 und 1981 Deutscher Meister und gewann 1982 den DFB-Pokal. Außerdem konnte Csernai noch einen Einzug in das Finale des Europapokals der Landesmeister (1982) verbuchen. Seine Amtszeit endete am 16. Mai 1983, woran der damalige Hauptsponsor nicht schuldlos war. Der Taktiker Csernai führte in der Bundesliga die Raumdeckung ein, anfangs auch „Pal-System" genannt. Abgesehen von einem Pokalsieg mit Benfica Lissabon, verlief Csernais weitere Trainerkarriere erfolglos.

Del'Haye, Karl (18.8.1955)
Als er noch für Borussia Mönchengladbach stürmte, galt der kleine, leichtfüßige Blondschopf (Größe: 1,68 m, Gewicht: 56 kg) als Prototyp des Flügelflitzers. Mit den Gladbachern wurde Del'Haye dreimal Deutscher Meister und holte zweimal den UEFA-Cup. Jupp Derwall berief ihn 1980 in die Nationalelf und nahm ihn zur Europameisterschaft mit, wo er sich während des Finales jedoch nur warmlaufen durfte, da der verletzte Horst Hrubesch durchhielt. Zur Saison 1980/81 wechselte Del'Haye für die damalige Rekordsumme von 1,265 Mio. DM vom Niederrhein an die Isar. Gladbachs Trainer Jupp Heynckes war darüber so erbost, daß Del'Haye beim zweiten UEFA-Cup-Finale gegen Eintracht Frankfurt nicht nominiert wurde. Del'Haye wurde zwar mit dem FC Bayern 1981 Deutscher Meister, doch das Meisterschaftsfoto zeigt ihn

lediglich im Trainingsanzug. Bei den Bayern erfuhr seine Karriere einen herben Knick. Del'Haye wurde zum prominentesten Bankdrücker der Bundesliga. In fünf Jahren mit dem FCB bestritt Del'Haye nur 74 Bundesligaspiele (7 Tore) im Bayern-Trikot. Zunächst kam Del'Haye mit Csernais „Pal-System" nicht zurecht. Bei den Bayern lief für den klassischen Rechtsaußen zuviel durch die Mitte. Hinzu kamen persönliche Probleme, die Del'-Hayes Zurückgezogenheit verstärkten und zur Folge hatten, daß er in München nie eine Lobby besaß. Zwei Monate vor dem Saisonende war seine Tochter Nadine gestorben, die mit einem schweren Herzfehler zur Welt gekommen war. Gegenüber dem Verein und seinen Mitspielern verschwieg Del'Haye den Schicksalsschlag: „Ich wollte nicht nach Ausreden suchen, sondern beweisen, daß ich mich da durchsetzen kann. Wer ein halbes Jahr auf der Intensivstation ein- und ausgeht, stellt fest, daß es außer Fußball noch andere Dinge im Leben gibt." Del'Haye ist heute Inhaber einer Reise-Agentur, die pro Jahr sechs bis acht Fußballreisen mit insgesamt 3.000 Kickern organisiert. Für den ehemaligen Publikumsliebling ist dies „Arbeit an der Fußballbasis", wodurch er dem Sport, „dem ich alles zu verdanken habe", etwas zurückgeben möchte.

Dombi, Richard
Der Wiener Richard „Little" Dombi war Bayerns erster Meistertrainer. Bevor er den FCB übernahm, trainierte er den Lokalrivalen TSV 1860. Der ehemalige Internationale war ein Fußball-Globetrotter. Dombi agierte als Trainer, Geschäftsführer und Masseur in einer Person. Außerdem zeichneten ihn großes diplomatisches Geschick und Überzeugungskraft aus.

Dorfner, Hans (3.7.1965)
Der kleine Mittelfeldspieler kam 1986 vom 1. FC Nürnberg zum FC Bayern. Nach 111 Bundesligaspielen (16 Tore) kehrte der technisch versierte Dorfner noch während der Saison 1990/91 zum „Club" zurück. Dorfner wurde mit dem FCB 1987, 1989 und 1990 Deutscher Meister. 1988 zählte der siebenmalige Nationalspieler zum EM-Aufgebot des DFB.

Dremmler, Wolfgang (12.7.1954)
Der aus Salzgitter stammende Dauerläufer kam 1979 von Eintracht Braunschweig zum FC Bayern. Für die Braunschweiger, mit denen er in seiner ersten Saison 1973 wieder erstklassig wurde, hatte er bis dahin bereits 138 Bundesligaeinsätze absolviert. Im Trikot des FCB gesellten sich bis 1986 noch 172 weitere hinzu. Dremmler wurde mit den Bayern 1980, 1981, 1985 und 1986 Deutscher Meister sowie 1982 und 1984 DFB-Pokalsieger. 1982 gehörte er zum WM-Aufgebot des DFB, das Vizeweltmeister wurde. Bis 1984 kam Dremmler als Abwehr- und Mittelfeldspieler auf 27 Einsätze in der Nationalelf. Der einstige Wasserträger Paul Breitners ist heute für den FCB als Spiele- und Spielerbeobachter tätig.

Drescher, Jakob (23.6.1939)
Beim FC Bayern 1962-67. 39 Oberligaspiele, 54 Regionalligaspiele und 29 Bundesligaspiele für den FCB. 1965 stieg Drescher mit dem FCB in die Bundesliga auf, ein Jahr später gewann er mit den Bayern den DFB-Pokal.

Dürnberger, Bernd (17.9.1953)
Mit Paul Breitner hat Bernd Dürnberger zwei Dinge gemeinsam: Beide kamen vom ESV Freilassing zum FC Bayern, und beide waren sowohl an der erfolgreichen Ära der 70er wie der frühen 80er beteiligt. Der unspektakuläre Mittelfeldspieler, für Max Merkel „der wichtigste Spieler bei den Bayern, jeder Trainer würde sich nach ihm die Finger lecken!", bestritt 1972-85 375 Bundesligaspiele für den FCB, in denen er 38 Tore erzielte. Nur fünf Bayern-Akteure trugen bis heute häufiger das Trikot des FCB in der Bundesliga. Dürnberger, von Beruf Maurer, wurde mit dem FCB 1973, 1974, 1980, 1981 und 1985 Deutscher Meister, 1982 und 1984 DFB-Pokalsieger, 1974, 1975 und 1976 Europapokalsieger der Landesmeister sowie 1976 Weltpokalsieger. Eine Ehre blieb ihm allerdings verwehrt: Trotz seiner beeindruckenden Bilanz mit dem FC Bayern wurde „Wipf", wie Dürnberger gerufen wurde, niemals A-Nationalspieler.

Eder, Norbert (7.11.1955)
Der Unterfranke spielte zunächst zehn Spielzeiten für den 1. FC Nürnberg, bevor ihn Uli Hoeneß 1984 überraschend nach München lotste. Eder lag zu diesem Zeitpunkt nach einer Leistenoperation im Krankenhaus. Für den FC Bayern bestritt der harte, aber faire Manndecker 1984-88 132 Bundesligaspiele. 1985, 1986 und 1987 wurde Eder mit dem FCB Deutscher Meister, 1986 DFB-Pokalsieger. Sein Debüt in der Nationalelf feierte Eder erst 1986 im Alter von bereits 30 Jahren. Beckenbauer nahm den Abwehrspieler auch zur WM in Mexiko mit, wo er im Finale gegen Argentinien (2:3) sein neuntes und letztes Länderspiel absolvierte.

Effenberg, Stefan (2.9.1968)
Der gebürtige Hamburger kam 1990 von Borussia Mönchengladbach zum FCB. Aus seinem Traum, mit den Bayern Deutscher Meister zu werden (was mit den Gladbachern zu dieser Zeit als völlig unmöglich erschien), wurde allerdings nichts. Die einzige Trophäe, die „Effe" während seiner zweijährigen Dienstzeit mit dem FCB gewann, war 1990 der Supercup. 1992 wurde „Effe" zum FC Florenz abgeschoben, mit dem er in die Zweitklassigkeit abstieg. Mönchengladbach lieh den Spieler 1994 zunächst aus und wurde mit ihm 1995 prompt DFB-Pokalsieger. Anschließend wurde Effenberg auch offiziell wieder ein Gladbacher. Ein Versuch des FCB, „Effe" zur Saison 1996/97 ein zweites Mal nach München zu locken, scheiterte.

Elber, Giovane (23.7.1972)
Der Brasilianer Giovane Elber da Souza wechselte 1994 für die Ablöse von 3,3 Mio. DM von Grashoppers Zürich in die Bundesliga zum VfB Stuttgart. Dort bildete er mit Krassimir Balakow und Fredi Bobic das sogenannte „magische Dreieck". Nach einem langen Hin und Her schloß sich der Ballvirtuose zur Saison 1997/98 dem FC Bayern an. Elber ist nach Mazinho, Bernado und Jorginho bereits der vierte Brasilianer, der das Trikot des FC Bayern überzog. Die Ablöse für Elber betrug 12,5 Mio. DM und war zu diesem Zeitpunkt die höchste Summe, die der FC Bayern jemals für eine Neuerwerbung ausgegeben hatte. Auch für die Bundesliga ins-

gesamt war dies Rekord. Elber zu den Gründen seines Wechsels: „Ich will vorankommen, endlich einen internationalen Titel gewinnen und in die Nationalmannschaft meines Landes nominiert werden. Und das ist bei den Bayern eher möglich als in Stuttgart. Denn die Bayern gelten in Brasilien als Top-Adresse, als ein Weltverein. Jeden Sonntag werden Ausschnitte von Bayern-Spielen im brasilianischen Fernsehen gezeigt."

Elber zeichnet nicht nur technische Brillanz aus, sondern auch „deutsches Durchsetzungsvermögen". Giovanni Trapattoni zu den Vorzügen Elbers gegenüber seinem Vorgänger: „Zu Hause haben wir immer wenig Platz, auswärts in 60 Prozent der Spiele. Also ist mir Elber lieber als Klinsmann, wegen seiner Gewandtheit am Ball."

Endler, Roland

Zunächst im Spielausschuß des FC Bayern tätig, anschließend von 1958 bis 1962 Präsident des Klubs. Endler rettete den FC Bayern vor dem sportlichen und finanziellen Ruin. Der Fabrikant aus Neuß galt als ausgesprochen weitblickend. Endler nahm frühzeitig die Bundesliga ins Visier und ließ den FC Bayern gegen italienische, englische und südamerikanische Mannschaften antreten, um die sportliche Qualität des Teams zu prüfen. Die Vielzahl seiner Pläne überforderten Klub und DFB bisweilen.

1962 trat Endler überraschend zurück, überwarf sich mit der neuen Vorstandsetage und legte später auch noch Mitgliedschaft und Ehrenpräsidentschaft nieder. Später engagierte er sich für seinen in die Regionalliga aufgestiegenen Heimatverein VfR Neuß.

Fazekas, Arpad (23.6.1930)

Der Ungar kam 1957 von MTK Budapest. Der elegante Keeper glänzte durch sicheres Stellungsspiel und blitzschnelle Reaktionen und beendete die lange Torhütermisere des FC Bayern. 1957 gewann Fazekas mit dem FC Bayern den DFB-Pokal. Bis 1961 hütete Fazekas in 100 Oberligaspielen das Tor der Bayern. Der Keeper kam auch in der ungarischen Nationalmannschaft zum Einsatz.

Fembeck, Walter (15.2.1921)

Als Bayern-Geschäftsführer (1957-83) holte er Gerd Müller zu den Roten. Weitere Fembeck-Schnäppchen waren u.a. Ohlhauser, Roth, Dürnberger und Augenthaler. Das Organisationsgenie, das sich bis zur Rasenpflege um fast alles kümmerte, hatte am Aufstieg des FCB einen wesentlichen Anteil. Fembeck kam aus der Handballabteilung, deren Leiter er war, bevor er die Nachfolge des verstorbenen Karl Ambnach antrat. Seine rustikale Art kam nicht überall an.

Fembeck über die heutige Verpflichtungspolitik des Vereins: „Der Dundee hat hier eine Woche trainiert, den haben sie nicht genommen, jetzt schießt er in Karlsruhe Tore. (...) Dabei ist es heute viel leichter, seit man Amateure bezahlen darf. Das war damals doch das Hauptproblem. Ich krieg' doch jetzt jeden Spieler, drum wund're ich mich bei uns, da rennen Trainer und frühere Spieler rum, aber wo ist die Entdeckung? Dann kauft man doch wieder Gott und die Welt. Wie wollen sie so den Grundstock einer Mannschaft bilden, wie früher. Da war Stabilität da."

Frauenfußball
Die Damenabteilung des FC Bayern wurde 1970 gegründet. Der Klub wurde in den Jahren 1972-90 19mal in Folge bayerischer Frauen-Meister. 1976 wurden die FCB-Frauen Deutscher Meister. Für den FCB spielten damals: Christine Süß, Gertrud Langer, Jutta Lehner, Lisbeth Wagner, Inge Mayerhofer, Völkl, Monika Schmidt, Silvia Raith, Doris Niederlöhner, Cornelia Doll, Hildegard Leroy, Christa Eckbauer, Lydia Köhl und Heidemarie Kasimir. Viermal (1975, 1979, 1982 und 1985) mußte sich der FCB im DM-Endspiel geschlagen geben. 1988 und 1990 erreichten die FCB-Frauen das DFB-Pokalfinale, zogen aber auch hier jeweils den Kürzeren.

Fürst, Fritz (3.7.1891)
Der Mittelstürmer kam über Bavaria München und TS München zum FCB. 1910 und 1911 im FCB-Team, das hinter dem Karlsruher FV die süddeutsche Vizemeisterschaft gewann. Mit einem A-Länderspiel einer der drei FCB-Nationalspieler vor dem 1. Weltkrieg.

Gablonsky, Max (1.1.1890 – 16.7.1969)
Der Stürmer war der erste Nationalspieler des FC Bayern (16. Mai 1910, 0:3 gegen Belgien). Insgesamt kam „Gaberl" auf vier Länderspieleinsätze. Für die Bayern absolvierte er bis 1922 500 Spiele. Gablonsky wurde mit dem FCB zweimal Ostkreismeister und einmal Südbayerischer Meister. Der Kicker war auch ein hervorragender Leichtathlet: Vor der Olympiade 1912 in Stockholm gehörte Gablonsky sogar zum Staffelkader über 4 x 100 m.

Allerdings mußte er wegen einer Prüfung auf eine Teilnahme an den Spielen verzichten. Das sportliche Multitalent wurde später Oberbaurat in Duisburg, wo er anläßlich des Länderspiels gegen Belgien sein Herz an eine Hotelierstochter verloren hatte.

Giesemann, Willi (2.9.1937)
Der Abwehrspieler kam 1959 zum FC Bayern und avancierte dort bald zu einem Leistungsträger. 1960 feierte Giesemann sein Nationalmannschaftsdebüt. 1962 durfte er zur WM in Chile mitreisen, wo er in der Vorrundenbegegnung gegen den Gastgeber (2:0) und im Viertelfinalspiel gegen Jugoslawien (0:1) zum Einsatz kam und anschließend gute Kritiken erhielt. Nach 111 Oberligaspielen für den FCB wechselte Giesemann 1963 in die neugeschaffene Bundesliga zum Hamburger SV.

Goldbrunner, Ludwig (5.3.1908 – 26.9.1981)
Bereits als Neunjähriger dem FCB beigetreten, gehörte „Lutte" zur Meisterelf von 1932. Der kampfstarke Goldbrunner war in den dreißiger Jahren einer der besten deutschen Stopper und spielte 39mal in der Nationalelf (u.a. bei der Olympiade 1936 in Berlin und der WM 1938 in Frankreich), womit er lange Zeit der Rekordnationalspieler der Bayern war. 1937 stand er in der legendären „Breslau-Elf", die Dänemark mit 8:0 abkanzelte. Sepp Herberger über „Lutte": „Überragend das Kopfballspiel. Mit seiner Abwehr leitet er meist gleich Angriffe ein." Goldbrunner brachte die besten Mittelstürmer Europas zur Verzweiflung, wie den Engländer Camsell, den Schotten

Armstrong, den Italiener Piola, den Belgier Braine, den Tschechoslowaken Sobotka, den Holländer Bakhuys, den Franzosen Nicolas, den Spanier Langara und den Norweger Martinsen. Nach dem 2. Weltkrieg war Goldbrunner Spielertrainer bei den Sechzigern.

Grahammer, Roland (3.11.1963)
Der Abwehrspieler begann seine Karriere bei der SpVgg. Bärenkeller Augsburg. 1982 wechselte er zum prominenteren FC Augsburg, ein Jahr später zum 1. FC Nürnberg, für den er bis 1988 kickte.
Nach der Saison 1987/88, der zweitbesten in der Bundesligageschichte der Nürnberger, wechselte Grahammer gemeinsam mit Stefan Reuter zum FC Bayern. Der Augsburger bestritt für den FCB 1988-93 102 Bundesligaspiele (2 Tore). 1989 und 1990 wurde Grahammer mit dem FCB Deutscher Meister.

Grosser, Peter (28.9.1938)
In der FCB-Oberligamannschaft 1958-63. In 134 Oberligaspielen schoß der Sproß einer Münchener Fußballerfamilie 65 Tore für die Bayern. Zum Start der Bundesliga (1963) schloß sich der großartige Techniker den Löwen an, mit denen er 1964 den DFB-Pokal holte und 1966 Deutscher Meister wurde. Grosser war der erste prominente FCB-Akteur, der zum TSV 1860 wechselte, was seinerzeit in München heftige Debatten auslöste. Nicht nur bei den Bayern, sondern auch bei den Löwen galt der Stürmer zunächst als „Verräter". Für den TSV 1860 absolvierte Grosser bis 1969 130 Bundesligaspiele, in denen er 49 Tore erzielte. 1965 bestritt Grosser in der WM-Qua-

lifikation gegen Schweden in Stockholm sein erstes A-Länderspiel. In dieser Begegnung debütierte auch Franz Beckenbauer. Es folgte nur noch ein weiterer Einsatz 1966 gegen Nordirland. Grosser ist heute Vizepräsident des in der 2. Liga spielenden Münchener Vorstadtvereins SpVgg. Unterhaching, bei der er als Trainer u.a. Manfred Bender entdeckte.

Grosser, Rudolf (Jg. 1944)
Der Bruder des bekannteren Peter Grosser war Regisseur der FCB-Elf, die 1965 die Aufstiegsrunde zur Bundesliga gewann. In der Bundesliga gehörte er noch zwei Spielzeiten (1965/66, 1966/67) zum FCB-Kader, kam jedoch insgesamt auf nur vier Einsätze (1 Tor).
Neben Peter und Rudolf kickte mit Robert noch ein dritter Sproß der Familie beim FC Bayern. Robert Grosser (Jg. 1941) spielte eine Saison (1960/61) in der Oberligamannschaft des FC Bayern, mußte sich dann aber aufgrund einer Verletzung reamateurisieren lassen.

Hamann, Dietmar (27.8.1973)
Der eher unauffällige Mittelfeldspieler kam von Wacker München zum FC Bayern. Als einer der Lieblingsspieler von Otto Rehhagel wurde er 1995/96 zum Stammspieler. Auch unter Trapattoni eroberte sich Hamann auf der rechten Mittelfeldseite zunächst einen Stammplatz, als Partner von Mario Basler. Doch Anfang März 1997 brach der talentierte Spieler im Keller seines Hauses zusammen und wurde mit gelähmter linker Körperhälfte ins Krankenhaus eingeliefert. Die schlimme Befürchtung, er habe einen Schlagan-

fall erlitten, bestätigte sich jedoch nicht.
Bis zum Ende der Saison 1996/97 bestritt Hamann 78 Bundesligaspiele (4 Tore) für den FCB. 1994 und 1997 wurde Hamann mit dem FCB Deutscher Meister, 1996 UEFA-Cup-Sieger.

Hansen, Johnny (14.11.1943)
Der dänische Abwehrspieler kam zur Saison 1969/70 zum FC Bayern. Seine erste Station auf deutschem Boden war der 1. FC Nürnberg gewesen, mit dem er aus der Bundesliga abgestiegen war. Hansen absolvierte 1969-76 164 Bundesligaspiele (7 Tore) für die Bayern. 1972, 1973 und 1974 wurde er mit dem FCB Deutscher Meister, 1971 DFB-Pokalsieger sowie 1974, 1975 und 1976 Europapokalsieger der Landesmeister. In der dänischen Nationalelf kam Hansen 45mal zum Einsatz. 1976 kehrte Hansen zu seinem Stammverein Vejle BK zurück.

Haringer, Sigmund
(9.12.1908 – 23.2.1975)
Das Mitglied der FCB-Meisterelf von 1932 zählte Anfang der 30er zu den besten deutschen Außenverteidigern. Haringer spielte 15mal in der Nationalelf. Bei der WM 1934 in Italien gehörte er zum Stammaufgebot.
Nach seiner Zeit beim FCB trat Haringer noch für Wacker München und den 1. FC Nürnberg vor den Ball.

Heidkamp, Conrad
(27.9.1905 – 6.3.1994)
Der Kapitän der ersten Meistermannschaft von 1932 war ein „Preiß": Conny Heidkamp wechselte 1928 vom Düsseldorfer SC 99 zum FC Bayern und bekleidete dort die Position

des rechten Verteidigers. In der Nationalmannschaft kam er 9mal zum Einsatz. Heidkamp nahm an den Olympischen Spielen 1928 in Amsterdam teil, drückte dort allerdings nur die Bank. Während seiner Jahre im Dress des FCB fungierte Heidkamp als wichtiges Bindeglied zwischen Mannschaft, Trainer und Vereinsführung. Der von einem Sportjournalisten als „feiner Spieler von vorbildlicher Fairness und sportlicher Einstellung" charakterisierte Heidkamp war noch im Kriegsjahr 1943 eine Leitfigur des FCB-Teams. Als Trainer arbeitete Heidkamp für den BC Augsburg (für den er auch vorübergehend spielte) und den FC Bayern. Heidkamp hatte wesentlichen Anteil daran, daß der FCB Anfang der 40er Jahre trotz der Kriegswirren wieder ein starkes Team präsentieren konnte. Mit 39 Jahren wurde der Routinier in der Saison 1943/44 mit dem FCB noch einmal südbayerischer Meister.

Helmer, Thomas (21.4.1965)
Der Einser-Abiturient (Durchschnittsnote 1,8) mit journalistischen Ambitionen (Helmer wird als Moderator eines zukünftigen FC Bayern-TV gehandelt) begann seine fußballerische Laufbahn bei der Post SG Salzuflen in Ostwestfalen. 1986 wechselte Helmer von Arminia Bielefeld zu Borussia Dortmund, wo er zur schwarz-gelben Renaissance beitrug. 1989 gewann Helmer mit dem BVB den DFB-Pokal, die erste nationale Trophäe für den Klub seit 24 Jahren. 1992 wurde er mit dem BVB Vizemeister. Anschließend ging er zum FC Bayern. Sein Wechsel sorgte nicht nur wegen der hohen Ablösesumme für Schlagzeilen. Die ca. 8

Mio. DM waren damals Ligarekord. Um die hohe Ablöse zu umgehen, versuchte Hoeneß zunächst, Helmer beim französischen Erstligisten AJ Auxerre zu parken. Bis zum Ende der Saison 1996/97 bestritt Helmer 142 Bundesligaspiele für den FC Bayern und erzielte 21 Tore. 1994 und 1997 wurde der als Manndecker wie als Libero verwendbare Spieler mit dem FC Bayern Deutscher Meister, 1996 UEFA-Cup-Sieger. Ebenfalls 1996 errang er mit der Nationalmannschaft in England die Europameisterschaft.

In den letzten Jahren gewann Helmer, zuvor als „blasser mainstream" charakterisiert, erheblich an Profil und Ansehen. Während der Saison 1996/97 wurde er bei einer Umfrage unter 22 Bundesligaschiedsrichtern zum „besonnensten Spieler der Liga" gewählt. 1996 kürte ihn der „Kicker" zum „Mann des Jahres". Als Helmer während der Saison 1996/97 zum FCB-Führungsspieler aufstieg, schrieb Josef Kelnberger in der „SZ": „Helmer gilt als das soziale Gewissen der Mannschaft. Kummerkasten, Vermittler zwischen den Spielern, zwischen Spielern und Trainer, Bindeglied zur Klubführung."

Im Juni 1997 löste Helmer seinen charakterlichen Gegenpart Matthäus als Mannschaftskapitän ab.

Herzog, Andreas (10.9.1968)
Der offensive Mittelfeldspieler kam 1992 von Rapid Wien zu Werder Bremen und wurde bereits in seiner ersten Saison an der Weser Deutscher Meister. Zur Saison 1995/96 wechselte der österreichische Nationalspieler mit Otto Rehhagel zum FC Bayern. Herzog damals: „Werder erzielte in den vergangenen Jahren viele Erfolge. Doch Bayern ist in Europa immer noch eine bessere Adresse." Sein Traum, mit den Bayern nach ganz oben vorzustoßen, wurde allerdings zum Alptraum. Beim FCB erlitt Herzogs Karriere einen schweren Knick. In der Hinrunde wurde er neunmal ausgewechselt, zweimal durfte er gar nicht mitmachen. Nur fünfmal spielte der Österreicher über die volle Distanz. Herzog laborierte anfangs an einer Zehenverletzung, die er jedoch – aufgrund des großen Konkurrenzdrucks im Mittelfeld – verschwieg.

Zum absoluten Tiefpunkt wurde das Bayern-Gastspiel beim VfB Stuttgart, als ihn Keeper Oliver Kahn fast verprügelte. Der endgültige Bruch mit dem FCB erfolgte allerdings erst, nachdem Beckenbauer das Zepter übernommen hatte.

Nach nur einer Saison (28 Bundesligaspiele, 2 Tore) kehrte Herzog zum SV Werder zurück: „Ich wollte verhindern, daß ich meinen Stolz verliere. Darum mußte ich gehen." Sein einjähriges Gastspiel beim FCB wollte der Wiener trotzdem nicht missen. „Der FC Bayern war eine große Lebenserfahrung für mich."

Hesselink, Willem

Der Niederländer aus Arnheim, Spielmacher und Torjäger in einer Person, war der erste Bayern-Spieler von internationalem Format. Als Vereinsgründer John sein Amt nach drei Jahren aufgab, wurde Hesselink sein Nachfolger.

Heynckes, Josef (9.5.1945)

Der gebürtige Hannoveraner, der zumeist auf Linksaußen kickte, wurde als Spieler mit Borussia Mönchengladbach viermal Deutscher Meister und je einmal DFB-Pokal- (1973) und UEFA-Cup-Sieger (1975). Außerdem wurde er 1975/75 Bundesligatorschützenkönig. Heynckes bestritt 369 Bundesligaspiele für die Gladbacher, in denen er 220 Tore schoß. In der Nationalmannschaft kam er 37mal zum Einsatz. 1972 wurde er mit der DFB-Auswahl Europameister.

1978 wurde Heynckes Trainer von Borussia Mönchengladbach. Trotz der geringen finanziellen Möglichkeiten des Vereins, der immer wieder von Heynckes geformte Talente und Leistungsträger verkaufen mußte, gestaltete sich seine Bilanz beachtlich. 1980 qualifizierte er sich mit den Gladbachern für das Finale des UEFA-Cups, 1984 für das DFB-Pokalfinale.

Schon in Gladbach erwarb Heynckes sich den Ruf, arbeitswütig zu sein. Aufgrund seiner leichten Erregbarkeit taufte ihn Wolfram Wuttke „Osram". Der Trainer Heynckes steht für Fleiß, Ehrgeiz, Disziplin, Ordnung und Autorität. Die alternative „taz" unter-

stellte ihm deshalb auch schon mal „Training im GSG-9-Stil". Gleichzeitig gilt Heynckes aber auch als äußerst sensibler Kopfmensch.

1987 verpflichtete Uli Hoeneß Heynckes als Nachfolger von Udo Lattek. Mit Heynckes wurde der FC Bayern 1989 und 1990 Deutscher Meister sowie 1988 und 1991 Vizemeister. Auf europäischer Ebene kam der Klub allerdings unter seiner Ägide über drei Halbfinalteilnahmen (1988/89 UEFA-Cup, 1989/90 und 1990/91 Cup der Landesmeister) nicht hinaus. Heynckes ist trotzdem bis heute der letzte FC Bayern-Trainer, der auf eine mehrjährige Erfolgsstrecke verweisen kann. Als der FC Bayern in der Saison 1991/92 sportlich ins Trudeln geriet, betrieb die Münchener Boulevardpresse den Abschuß des Trainers. Im Oktober 1991 wurde Jupp Heynckes entlassen. Ein Schritt, den Manager Hoeneß später öffentlich bereute.

Heynckes gilt als Anhänger einer „Niederländisierung" bzw. „Technisierung" des deutschen Fußballs und des „Systemfußballs". Sein Versuch, den Bayern die Viererabwehrkette zu verabreichen, scheiterte allerdings an der Langsamkeit seiner Akteure.

Nach seinem Rausschmiß wechselte Heynckes zunächst zum spanischen Erstligisten Atletico Bilbao. Mit einer ausschließlich aus Basken zusammengestellten Mannschaft konnte sich Atletico für den UEFA-Cup qualifizieren. 1994 kehrte Heynckes zurück in die Bundesliga zu Eintracht Frankfurt. Deren Verantwortliche erhofften sich von Heynckes' „preußischen Tugenden" die Disziplinierung ihrer „launischen Diva", damit diese endlich Meisterschaftsreife erlangen würde. Ein

Unternehmen, das scheitern mußte. Anschließend rechnete Heynckes mit der Bundesliga ab: „Die Spieler bekommen immer mehr Alibis für ihre Unzulänglichkeiten, für mangelnde Professionalität und ihre Defizite in ihrer beruflichen Ausbildung. Moral und Verantwortungsbewußtsein der Spieler bleiben auf der Strecke, die Vereine werden erpreßbar. Leider haben wir zu wenige Führungskräfte mit Kompetenz und Rückgrad."

Heynckes nächste Station war der Kanarenverein CD Teneriffa. Aufgrund seines erfolgreichen Engagements in Bilbao eilte Heynckes ein exzellenter Ruf voraus. Eine Lokalzeitung titelte vor Heynckes Ankunft: „Gott hat unser Gebet erhört, Heynckes kommt."

Teneriffa qualifizierte sich erstmals in der Vereinsgeschichte für den UEFA-Cup, wo man 1996/97 erst im Halbfinale an Schalke 04 scheiterte. Zur Saison 1997/98 unterschrieb Heynckes einen Zweijahres-Vertrag bei Real Madrid. Heynckes: „Real ist eine Nummer größer als Bayern München. Aber wer es bei Bayern vier Jahre lang ausge-

halten hat, kann dem Druck bei jedem Klub der Welt standhalten."

Heynckes bleibt ein kritischer Beobachter des Bundesligafußballs: „Die sportliche, fußballtechnische Ausbildung und die erzieherische Vorbereitung auf den Profi-Beruf ist in Spanien besser. Wie auch bei Ajax Amsterdam, wo die Spieler jahrelang auf die Anforderungen vorbereitet werden und nicht nach dem ersten großen Auftritt überschnappen. (...) Der deutsche Fußball muß vor allem im Nachwuchsbereich besser organisiert werden. Die menschliche Komponente ist ungeheuer wichtig und wird in Deutschland vernachlässigt."

Hoeneß, Dieter (7.1.1953)
Für Bruder Uli ist der „Lange" der beste Einkauf seiner Manager-Karriere. Der jüngere und von der Öffentlichkeit geliebtere der Gebrüder Hoeneß kam 1979 für die Ablöse von „nur" 175.000 DM vom VfB Stuttgart. Hoeneß begann das Kicken fünfjährig beim VfB Ulm. Neun Jahre später wechselte er zum Lokalrivalen TSG Ulm 1846. Damals hütete er noch das Tor und soll dabei nicht schlecht ausgesehen haben. Immerhin wurde Hoeneß als Keeper in die württembergische Schüler- und Jugendauswahl berufen. 1973 wechselte Hoeneß zum drittklassigen VfR Aalen. 1975 erfolgte sein erstes Profiengagement beim VfB Stuttgart, der damals noch in der 2. Liga Süd kickte. 1977 kehrte er mit dem VfB wieder in die 1. Liga zurück, 1979 wurde er mit den Schwaben Vizemeister. In dieser Saison erzielte er 16 Tore, seine beste Ausbeute während seiner Zeit beim VfB. Anschließend wechselte er zum FC Bayern, für den

er bis Ende der Saison 1986/87 kickte. Mit den Bayern wurde Hoeneß 1980, 1981, 1985, 1986 und 1987 Deutscher Meister sowie 1982, 1984 und 1986 DFB-Pokalsieger. Hoeneß kam auf insgesamt 288 Bundesligaspiele, in denen er 127 Tore erzielte. In der Nationalmannschaft kam er sechsmal zum Einsatz und erzielte dabei vier Tore. Hoeneß gehörte zum WM-Aufgebot 1986. Sein sechstes und letztes Länderspiel war das Finale gegen Argentinien (2:3), in dem Hoeneß eingewechselt wurde. Nach Beendigung seiner aktiven Karriere stieg Hoeneß zunächst in leitender Funktion bei der Sportmarketing-Abteilung des Bayern-Sponsors Commodore ein. Später wurde er Manager beim VfB Stuttgart, mit dem er 1992 die Meisterschaft gewann. Hoeneß' Stern sank mit der Einwechslung des vierten Ausländers während des Europapapokalspiels der Stuttgarter bei Leeds United.
Im April 1995 trennte sich Mayer-Vorfelder von Hoeneß und Trainer Jürgen Röber wegen anhaltender Erfolgslosigkeit und atmosphärischer Störungen.

Im November 1996 wurde Hoeneß zunächst Vizepräsident beim Ufa-Verein Hertha BSC Berlin, einige Monate später Manager.

Hoeneß, Uli (5.1.1952)
Der Sohn eines Ulmer Metzgers galt schon sehr früh als eines der größten Talente des deutschen Fußballs. Im Trikot der Bayern wurde der geniale Konterspieler vor allem durch seine kraftvollen und schnellen Alleingänge berühmt. Hoeneß begann seine Karriere fünfjährig beim VfB Ulm. 1965 wechselte er zum ambitionierteren Lokalrivalen TSG Ulm. 1967 wurde Hoeneß Spielführer der deutschen Schüler-Nationalmannschaft. In der Jugendnationalmannschaft spielte Hoeneß 20-mal. Zwei Jahre später bestritt Hoeneß sein erstes Amateurländerspiel.
Zum FCB kam Hoeneß 1970, gemeinsam mit Paul Breitner. Sein Ziehvater war damals Udo Lattek, der den Ulmer bereits aus seiner Zeit als DFB-Jugendtrainer kannte. Hoeneß behielt zunächst offiziell seinen Amateurstatus. Trotzdem stand der Spieler auf der Gehaltsliste des FC Bayern, als Angestellter der Geschäftsstelle. Präsident Neudecker: „Er ist für die Frankiermaschine verantwortlich." 1970-79 bestritt Hoeneß 239 Bundesligaspiele für den FC Bayern, in denen er 86 Tore schoß. Die meisten erzielte er mit 18 in der Saison 1973/74, die in jeder Hinsicht seine erfolgreichste war. Hoeneß wurde in dieser Saison mit dem FC Bayern Deutscher Meister und Sieger im Europapokal der Landesmeister. Anschließend wurde er mit der DFB-Auswahl noch Weltmeister. Insgesamt errang Hoeneß mit dem FCB drei deutsche Meistertitel (1972, 1973,

1974), einen DFB-Pokalsieg (1971) und drei Europapokalsiege (1974, 1975 und 1976). In der Amateurnationalmannschaft spielte Hoeneß 22mal und gehörte zum DFB-Team bei der Olympiade 1972. Sein Debüt in der Nationalmannschaft feierte er bereits als 20-jähriger am 29. März 1972 in Budapest gegen Ungarn, wo er auf Anhieb ein Tor erzielte. Außer dem bereits erwähnten WM-Titel gewann Hoeneß mit der Schön-Elf 1972 auch noch die Europameisterschaft. 1976 stand Hoeneß mit der Nationalelf erneut im EM-Finale, verschoß hier aber beim Elfmeterschießen gegen die CSSR, die daraufhin Europameister wurde. Hoeneß bestritt 1972-76 35 A-Länderspiele und erzielte dabei neun Tore.

Am 21. Oktober 1978 wechselte Hoeneß vom FCB zum 1. FC Nürnberg, für den er jedoch in der Bundesliga nur elfmal zum Einsatz kam. Dem Wechsel vorausgegangen war ein Streit mit Bayern-Trainer Gyula Lorant. Hoeneß' kräftezehrendes Spiel hatte ihm schon bei den Bayern immer wieder körperliche Probleme bereitet. Eine ständige Reizung des Knies bedeutete schließlich in der Saison 1978/79 das vorzeitige Ende seine Karriere. Hoeneß war zu diesem Zeitpunkt erst 27 Jahre alt. Für die Bayern war dies dennoch ein Glücksfall, denn der Klub profitierte auch von der zweiten Karriere des Uli Hoeneß.

Im Juli 1979 wurde Hoeneß beim FC Bayern jüngster Manager der Bundesligageschichte. Unter dem Manager Hoeneß wurde der FCB seither neunmal Deutscher Meister, dreimal DFB-Pokalsieger und gewann einmal den UEFA-Cup. Nicht weniger beeindruckend als die sportliche liest sich für

Uli Hoeneß (umarmt Gerd Müller).

diesen Zeitraum die wirtschaftliche Bilanz des FCB. Unter Hoeneß entwickelte sich der FC Bayern zu einem modernen Fußballunternehmen mit einer stabilen wirtschaftlichen Basis. Hoeneß über seine Tätigkeit Ende 1996: „Der sportliche Teil der Managementaufgabe beträgt nur noch 10 Prozent, der wirtschaftliche 90 Prozent." Eine Aussage, die dokumentierte, wie sehr sich die Position des Managers seit den ersten Amtstagen von Uli Hoeneß geändert hat – nicht ohne sein Zutun.

Der Sanguiniker Hoeneß bekämpft seine Konkurrenten nicht nur sportlich und finanziell, sondern liebt auch die psychologische Kriegsführung. Der Manager bezeichnete sich selbst einmal als „Abteilung Attacke". Diesbezüglich ist es allerdings in den letzten Jahren etwas ruhiger um Hoeneß geworden. Hoeneß im Mai 1997 gegenüber der „SZ": „Ich suche die Konfrontation nicht, aber ich gehe ihr auch nicht aus dem Weg. Ich habe noch nie von hinten geschossen, ich gehe immer frontal auf die Leute zu, auf die, die uns mögen, aber auch auf die, die uns bekämpfen. Damit bin ich gut gefahren in meinem Leben. (...) Ich bin immer einer, der sich stellt, ganz egal, ob Sieg oder Niederlage."

Hoeneß ist ein begnadeter Autodidakt, der vom abgebrochenen Studenten der Pädagogik, Anglistik und Geschichte zum gewieften Geschäftsmann mutierte. Auch wenn die Vermarktung der eigenen Person zunächst nicht von Erfolg beschieden war: Als Hoeneß 1973 in Rottach-Egern heiratete, bot er die Exklusivrechte für Interviews und Fotos an. 25.000 DM sollte der Spaß kosten, doch niemand griff zu. Eine zweite Fehleinschätzung kostete ihn wunde Finger: Vor der WM hatten Hoeneß und Breitner sich verpflichtet, jedes Exemplar eines Buches über das Weltfußballfest handschriftlich zu signieren. Die Auflage des Buches überschritt nicht erwartete 300.000 Exemplare. Hoeneß versuchte sich damals auch als Kolumnist der „Ulmer Zeitung". „Das meine ich", hieß seine Kolumne, die erstmals im November 1972 erschien und ihm 150 DM pro Artikel einbrachte.

Glück im Unglück hatte Hoeneß, als er am 17. Februar 1982 schlafend den Absturz einer Privatmaschine überlebte, deren übrige drei Insassen ums Leben kamen. „Ich bin mit einem neuen Leben beschenkt worden. Da ist der Sonnyboy in mir gestorben." Zehn Jahre später mußte Hoeneß sich einer lebensbedrohlichen Darmoperation unterziehen.

Der Manager über sich und den FCB: „Er ist für mich schon fast wie eine Ersatzfamilie. Ich habe eine wunderbare Familie, eine Frau, zwei Kinder, aber wenn ich im Stadion sehe, wie die Zuschauer in der Fan-Kurve schunkeln und wie sie singen, dann krieg' ich die Gänsehaut. Oder wenn wir im Westen irgendwo spielen, da warten 20.000 Bayern-Fans auf uns, da denk' ich schon, wir bieten den Leuten etwas. Und ich sage meinen Spielern oft, wenn sie irgendwo einen Scheißdreck gespielt haben: Ihr wißt gar nicht, was Ihr denen übers Wochenende angetan habt." Fußball ist für Hoeneß „eine Droge".

Als Besitzer einer Wurstfabrik und Siemens-Aktionär ist Hoeneß finanziell unabhängig und kann sich deshalb für die Zukunft auch eine ehrenamtliche Position im Verein vorstellen. Hoeneß über Hoeneß: „Ich bin ehrgeizig, zuverlässig, ehrlich und sozial."

Hoffmann, Willi O.
Präsident des FC Bayern 1979-85. Der volksnahe und lebensfrohe Nachfolger von Wilhelm Neudecker bemühte sich um ein volkstümliches Antlitz des FC Bayern und führte in der Bundesliga die Lederhosen ein. 1985 gab Hoffmann sein Amt sehr plötzlich aufgrund geschäftlicher Probleme auf.

Hofmann, Ludwig
(9.6.1900 – 2.10.1935)
In den zwanziger Jahren zählte „Wiggerl" zu den technisch versiertesten Linksaußen der Münchener Schule. Hofmann begann als Mittelstürmer, bevor ihn der englische Trainer Townley auf die linke Außenposition versetzte. Townley teilte dem Stürmer

mit, daß man „im Fußball viel errei-chen kann, auch Dinge, die nicht ange-boren sind". Der Trainer überredete Hofmann, seinen linken Fuß mit dem rechten Schuh einzukleiden. Aufgrund einer Verletzung konnte Hofmann beim Endspiel von 1932 nicht mitwirken und verbrachte das Spiel – gemeinsam mit Josef Pöttinger – hinter dem Tor. Hofmann war einige Jahre der beste Linksaußen des deut-schen Fußballs und kam auf 18 A-Län-derspiele, in denen er 4 Tore schoß. Zu den Höhepunkten der deutschen Länderspielgeschichte zählt das „Hof-mann-Festival" vom 28.9.1930. Deutschland spielte in Dresden gegen Ungarn und lag zur Halbzeit mit 0:3 zurück. Dank einer fantastischen Vor-stellung der Nur-Namensvetter Lud-wig und Richard Hofmann (Dresdner SC) konnten die Deutschen den Spieß in der 2. Halbzeit noch umdrehen. Deutschland gewann mit 5:3, wobei drei Tore direkt auf das Konto der idea-len Kombinationspartner Richard (1) und Ludwig Hofmann (2) gingen. 1931 wurde „Wiggerl" nach einer 0:1-Nie-derlage gegen Frankreich von Reichs-trainer Otto Nerz ausgemustert. Sei-nen Platz nahm mit Hans Welker aus-gerechnet ein Vereinskamerad ein. Hofmann nahm auch am olympischen Turnier 1928 in Amsterdam teil. In der Saison 1933/34 wurde er Trainer des FCB. Zu Beginn der Spielzeit 1935/36 verstarb „Wiggerl" im Alter von nur 35 Jahren an einer Halserkrankung.

Hofmeister, Ludwig (5.12.1887)
Der Torhüter spielte für die Bayern seit 1905. 1910 wurde Hofmeister mit dem FCB bayerischer Meister. Zweimal stand der Keeper im Tor der National-mannschaft. Ab 1911 befand sich Hof-meister im Schatten des Weltklasse-keepers Pekarna.

Horsmann, Udo (30.3.1952)
Der Abwehrspieler kam zur Saison 1975/76 vom westfälischen Amateur-verein SpVgg. Beckum zum FC Bay-ern. Horsmann war damals Bayerns bester Neuzugang. 1975-83 bestritt Horsmann 242 Bundesligaspiele (20 Tore) für den FCB. 1980 und 1981 wurde er mit dem FCB Deutscher Meister, 1982 DFB-Pokalsieger sowie 1976 Europapokalsieger der Landes-meister.

Jakob, Hans
Der legendäre Keeper aus Regensburg (SSV Jahn), mit 38 Länderspielen bis 1967 Rekordnationaltorhüter (sein Nachfolger wurde der Dortmunder Hans Tilkowski), war Bayerns „Kriegs-torwart". Als Jakob während des 2. Weltkriegs nach München dienstver-pflichtet wurde, schloß er sich dem FC Bayern an. Jakob: „Damit erfüllte sich ein langgehegter früherer Wunsch."

Jancker, Carsten (28.8.1974)
Der bullige Stürmer (1,93 m, 92 kg, Schuhgröße 47) wurde in Mecklen-burg-Vorpommern geboren. 1986-91 kickte er für Hansa Rostock. 1991 holte ihn der 1. FC Köln, aber Morten Olsen mochte ihn nicht einmal auf die Bank setzen. 1995 wechselte Jancker zu Ra-pid Wien, wo er einen kometenhaften Aufstieg erlebte. 1995/96 erzielte Jancker im Europapokal der Pokalsie-ger sechs Tore für die Wiener und hatte damit maßgeblichen Anteil an ihrem überraschenden Einzug ins Fi-nale. Die Presse taufte ihn „Turbo-

Jancker". Zur Saison 1996/97 wechselte Jancker für 1,7 Mio. DM zum FC Bayern, wo er jedoch im Schatten von Klinsmann, Zickler und Rizzitelli blieb. Lothar Matthäus: „Ich hätte ihm geraten, das Angebot vom 1. FC Kaiserslautern anzunehmen. Auf der Bank ist noch keiner besser geworden." Jancker kam immerhin auf 22 Einsätze, erzielte aber nur ein Tor.

Janzon, Norbert (21.12.1950)
Der gebürtige Berliner kam 1977 vom Karlsruher SC zum FC Bayern. 1977-81 bestritt Janzon 84 Bundesligaspiele (20 Tore) für den FC Bayern. Janzon wurde mit dem FCB 1980 und 1981 Deutscher Meister.

Jorginho (17.8.1964)
Jorge de Amorim Campos wechselte 1989 von Flamengo Rio de Janeiro in die Bundesliga zu Bayer Leverkusen. 1992 schloß sich der aus bettelarmen Verhältnissen stammende tiefgläubige und sozial engagierte Christ dem FC Bayern an, für den er bis Mitte der Saison 1994/95 67 Bundesligaspiele (5 Tore) bestritt. 1994 wurde der Abwehrspieler mit dem FCB Deutscher Meister. Mit Brasilien wurde Jorginho 1983 Junioren-Weltmeister und 1994 Weltmeister. Nach der Hinrunde der Saison 1994/95 wechselte Jorginho in die neue japanische Profiliga.

Junghans, Walter (26.10.1958)
Der erste Bayern-Keeper nach Sepp Maier war ein Hamburger. 1978-82 hütete Junghans in der Bundesliga 67-mal das Bayern-Tor. Anschließend spielte er in der Bundesliga, 2. Liga und Oberliga noch für Schalke 04, Hertha BSC Berlin und Fortuna Köln.

Kahn, Oliver (15.6.1969)
Der Weltklassekeeper begann seine Karriere 1976 in der F-Jugend des Karlsruher SC, für den sein Vater Rolf (ein U-23 Länderspiel, 11 Bundesligaspiele/1 Tor) ebenfalls gekickt hatte. Im Tor spielte Kahn erst ab der E-Jugend, nachdem ihm sein Großvater eine komplette Torhüter-Kollektion „Modell Sepp Maier" geschenkt hatte. Kahn: „Ich war nie ein begnadetes Talent. Was ich heute kann, habe ich mir mit viel Fleiß und hartem Training erarbeitet. Besonders in der Pubertät, so mit 14, hatte ich große Probleme mit der Koordination, weil die körperlichen Proportionen durcheinandergerieten. Mit 15 fiel ich dann auch folgerichtig bei der Sichtung zur Jugendnationalelf durchs Sieb. (...) Später, so mit 16, habe ich mit Krafttraining angefangen, um die körperlichen Defizite aufzuholen. Das habe ich dann wohl übertrieben. Ich wurde zu schwer und unbeweglich. Heute habe ich die richtige Balance zwischen Kraft und Beweglichkeit gefunden." Sein Bundesligadebüt im Trikot des

KSC erfolgte im November 1987 (4:0 gegen den 1. FC Köln). Damals war Kahn noch Vertragsamateur, und Karlsruhes Stammkeeper hieß Alexander Famulla. Kahns Gehalt betrug monatlich brutto DM 1.000 plus Prämien. Erst 1991 wurde Kahn Vollprofi. 1994 wurde der KSC-Zerberus zum besten Bundesligatorhüter gewählt. Zur Saison 1994/95 wechselte Kahn nach 128 Bundesligaspielen im Trikot des KSC für die Ablöse von 4,6 Mio. DM zum FC Bayern, wo er Raimond Aumann zwischen den Pfosten ablöste. Die Ablöse ist bis heute die höchste, die in der Bundesliga für einen Torwart gezahlt wurde. Mit dem FC Bayern wurde Kahn 1996 UEFA-Cup-Sieger und 1997 Deutscher Meister. Bis zum Ende der Saison 1996/97 stand er in der Bundesliga 87mal im Bayern-Tor. In der Nationalelf ist er z.Zt. noch hinter Andreas Köpcke die Nummer zwei.

Nach seinem Wechsel zum FC Bayern wähnte sich Kahn zunächst unter einem starken Druck. Nicht nur wegen der hohen Ablösesumme. Viele Fans waren mit der Abservierung Aumanns nicht einverstanden gewesen. Eine Mischung aus Druck, Verunsicherung und Übermotivation war nach Auffassung vieler Beobachter der Grund für die schwere Verletzung (Kreuzbandriß), die sich Kahn im November 1994 beim Heimspiel gegen Leverkusen zuzog.

Kahn erkannte, daß man sich in München „total auf die eigene Leistung konzentrieren" muß. Der überaus ehrgeizige und trainingsbesessene Keeper, der sich mit seiner sportlichen Aufgabe beim FC Bayern so identifiziert wie vielleicht kein anderer seiner Kollegen, war somit für den FCB wie geschaffen.

Kahn zu seinen Gründen, von Karlsruhe nach München zu wechseln: „Wenn der Boris Becker jedes Turnier gewinnt, ist das toll, gewinnt er Wimbledon, wird er unsterblich. Die zehn, 15 großen Spiele kriegst du auf Dauer nur in München. Alle, die groß waren, sind in den entscheidenden Spielen klasse gewesen."

Während der Saison 1996/97 stieg Kahn beim FC Bayern zum Führungsspieler auf. Kahn glänzte nicht nur zwischen den Pfosten, sondern auch durch korrekte Analysen zum richtigen Zeitpunkt. In der „Bundesliga-Börse" des „Kicker" belegte er nach der Hinrunde den ersten Platz. Die Fachzeitschrift: „Nur 14 Gegentore ließ er in 16 Spielen zu, bei denen er den Bayern-Kasten hütete – eine beeindruckende Quote. Aber Oliver Kahn beeindruckte nicht nur auf dem sportlichen Sektor. Auch in der nicht einfachen hierarchischen Struktur des bayerischen Star-Ensembles gewann der Abiturient deutlich an Konturen, schreckte nicht vor deutlicher, aber wohl berechtigter Kritik an Mitspielern zurück. Längst etablierte sich der Keeper (...) als einer der vielfach zitierten Junior-Chefs bei den Bayern." Nach dem Gewinn der 14. Meisterschaft kürte ihn Uli Hoeneß zum „Spieler der Saison". Kahn sei „ein Vorzeigeprofi, der uns über kritische Phasen hinweggerettet hat. Ein Vorbild an Einstellung."

Kahns sportliches Vorbild ist sein Torwarttrainer Sepp Maier. Unter der Anleitung von Sepp Maier verbesserte das Kraftpaket seine Sprungkraft und Beweglichkeit. Kahn: „Unter ihm wurde ich geschmeidig." Sein politisches Vorbild heißt Helmut Schmidt: „Den habe ich bewundert, wegen seiner Ausstrahlung, was der gesagt hat, hatte Hand und Fuß, war unheimlich präzise. Kein Blender wie so viele." Kahn über die Faszination des Torwartdaseins: „Als Feldspieler kann ich alles wettmachen. Kämpfen, grätschen, machen, tun. Der Torwart kann gar nichts machen. Halte ich den ersten Ball, läuft es wie von selbst. Kommt aber nichts, und kommt nichts, und kommt nichts, du bist heiß ohne Ende, und der erste, der kommt, ist drin – das ist die besondere Situation beim Torwart. Dieser ständige Kampf im Kopf. Das ist das Faszinierende."

Im März 1997 war Oliver Kahn der erste Bundesliga-Profi im Internet. Mit Unterstützung von drei Sponsoren richtete Kahn seine eigene Homepage ein. Die Kennung des Keepers: http:/www.kahn.de. Allein in den ersten Tagen konnte Kahn nach eigener Aussage „rund 10.000 Kontakte und 300 e-mails registrieren".

Kapellmann, Josef (19.12.1949)
Der Medizinstudent, auch „laufende Apotheke" genannt, kam 1973 vom 1. FC Köln zum FC Bayern. Seine erste Bundesligastation war Alemannia Aachen gewesen. Mit den Aachenern wurde der Mittelfeldspieler 1969 überraschend Vizemeister – hinter dem FC Bayern. Als die Aachener nur ein Jahr später wieder abstiegen, wechselte Kapellmann zum 1. FC Köln. 1973-79 bestritt Kapellmann für die Bayern 165 Bundesligaspiele, in denen er 17 Tore schoß. Anschließend kickte er noch zwei Spielzeiten für den TSV 1860, bevor eine schwere Verletzung seine Karriere beendete. Insgesamt kam Kapellmann auf 338 Bundesliga-

einsätze (36 Tore). Mit dem FCB wurde er 1974 Deutscher Meister, 1974, 1975 und 1976 Europapokalsieger der Landesmeister sowie 1976 Weltpokalsieger. In der Nationalmannschaft kam er fünfmal zum Einsatz. Kapellmann gehörte zum Kader der DFB-Auswahl bei der WM 1974. Ein Rauhbein namens Werner Lorant, heute Trainer des TSV 1860, kniff Kapellmann einmal so kräftig in die Hoden, daß dieser ins Krankenhaus eingeliefert werden mußte. Dort ist er auch heute wieder: Kapellmann ist Chefarzt für Orthopädie eines kleinen Klinikums in Vögtareuth bei Rosenheim.

Klinsmann, Jürgen (30.7.1964)
Keiner versteht so schön zu jubeln wie „Klinsi", wofür der Torjäger eine logische Erklärung hat: „Der Druck entlädt sich beim Torschuß – ein Wahnsinns-Feeling. So ähnlich wie beim Sex..."

Den im schwäbischen Botnang aufgewachsenen Kosmopoliten Klinsmann zog es schon als Jugendlichen ins Ausland. „Mit 15 oder 16 bin ich in Europa herumgereist und mit 18 zum ersten Mal in die USA geflogen. Ich möchte ins Ausland, um andere Leute und andere Lebensweisen kennenzulernen. Da war es nur logisch, daß ich die Chance, eines Tages im Ausland zu spielen, wahrnehmen würde."

Zunächst aber erlernte der Sohn eines Bäckermeisters das Bäckerhandwerk. Seine Fußballkarriere begann 1973 beim TB Gingen. Über den SC Geislingen kam er 1980 zu den Stuttgarter Kickers. Zur Saison 1982/83 wurde er in deren Zweitliga-Kader aufgenommen. Klinsmann profilierte sich in der 2. Liga als erfolgreicher Torschütze

und wechselte 1984 zum großen Lokalrivalen VfB. 1987 wurde ein von
ihm per Fallrückzieher erzielter Treffer zum „Tor des Jahres" gewählt, 1988
wurde Klinsmann Torschützenkönig.
Bereits 1987 wollte ihn der AS Monaco
kaufen, doch der VfB erteilte keine
Freigabe. Fortan ließ Klinsmann sich
niedrige Ablösesummen in seine Ver-
tragswerke schreiben, was ihm seitens
der Boulevardpresse später als Abzok-
kerei ausgelegt wurde. 1989 hatte er
dann die Wahl zwischen Inter Mailand
und Real Madrid, entschied sich jedoch wg. Matthäus und Brehme und
der relativen Nähe zur Heimat für die
norditalienische Modemetropole. Als
Klinsmann den VfB verließ, hatte er
für die Schwaben in 156 Bundesligaspielen 79 Tore geschossen.
1991 gewann Klinsmann mit Inter den
UEFA-Cup. Als er in der folgenden Saison in eine Formkrise geriet, versuchte
Inter-Präsident Ernesto Pelegrini, den
Stürmer vorzeitig loszuwerden. Nach
drei Jahren bei Inter, in denen er 95 Ligaspiele bestritt und 34 Tore schoß,
wechselte Klinsmann zur Saison 1992/
93 zum AS Monaco. Für Monaco kam
er bis zum Ende der Saison 1993/94 in
65 Ligaspielen zum Einsatz und erzielte dabei 29 Tore. 1994 wechselte
Klinsmann für die Ablöse von 5,2 Mio.
DM zum Londoner Klub Tottenham
Hotspur. Klinsmann erhielt ein Handgeld von 1,25 Mio. DM und einen mit
210.000 DM netto monatlich dotierten
Vertrag, was zu diesem Zeitpunkt der
am besten dotierte Kontrakt war, den
ein Fußballprofi in England jemals un-
terzeichnet hatte. Bei Tottenham erlebte er seine vielleicht schönste Zeit.
„Mir gefiel die englische Art, Fußball
zu spielen, weil ich es als Stürmer na-

türlich liebe, Tore zu machen. Um die
zu erzielen, braucht man die entspre-
chenden Mitspieler, die einem den Ball
zuspielen." Als Klinsmann in England
eintraf, war ihm die Boulevardpresse
zunächst alles andere als wohlgeson-
nen. Der Schwabe wurde als unbelieb-
tester deutscher Fußballer aller Zeiten
gehandelt. Wegen seiner angeblichen
Schwalbensucht denunzierte ihn die
Boulevardpresse als „the cheating
Kraut" und „diver": der betrügerische
Kraut und Taucher. Doch Klinsmann
gelang es binnen kürzester Zeit, die
Herzen der Fans zu erobern – dank seiner Intelligenz, seines Humors, seiner
kosmopolitanen Anpassungsfähigkeit,
vor allem aber seines bedingslosen Ein-
satzes auf dem Fußballfeld und 29
Pflichtspieltoren in nur einem Jahr.
Als Klinsmann sich im Sommer 1995
von der Insel verabschiedete, lag ihm
die englische Fußballgemeinde zu Füßen. Der Stürmer wurde mit Nachru-
fen verabschiedet, wie sie normalerweise nur verstorbenen Fußball-
Legenden zuteil werden. In einem
Land, das den europäischen Kontinent

und den dortigen Fußball mit großer Skepsis betrachtet, war es Klinsmann gelungen, die Tür für weitere ausländische Profis zu öffnen.

Klinsmanns neuer Arbeitgeber wurde der FC Bayern. Angeblich wollte ihn Franz Beckenbauer lebenslänglich an die Bayern binden, zunächst als Spieler, dann als Funktionsträger. Mit dem FCB wurde er 1996 UEFA-Cup-Sieger, wobei er mit 15 Toren einen neuen europäischen Rekord erzielte. 1997 gewann Klinsmann mit dem FC Bayern seine erste und wohl auch letzte Deutsche Meisterschaft. In seinen zwei Jahren bei den Bayern schoß er in 65 Bundesligaspielen 31 Tore. Klinsmann war damit der erfolgreichste und zuverlässigste Bayern-Stürmer seit den besten Tagen von Roland Wohlfarth.

In München lag Klinsmann im Dauerclinch mit der „Bild"-Zeitung. Erstmals angelegt hatte er sich mit dem Boulevardblatt allerdings schon zu Stuttgarter Zeiten, als dieses seine Geislinger Privatadresse abdruckte. Während der EM 1996 veröffentlichte das Blatt ein Foto von Klinsmann mit nacktem Oberkörper, dazu eine aus einer englischen Zeitung abgepinnte Story über nackte deutsche Spieler im Hotel. Das Foto war unmittelbar nach einem Spiel entstanden und wurde gewählt, weil sich die Räuberpistole mit Klinsmann besser verkaufen ließ. Der Betroffene unterbreitete der „Bild" ein Friedensangebot. Das Blatt sollte für einen wohltätigen Zweck spenden. Doch „Bild" lehnte ab, woraufhin Klinsmann die Sache an den DFB übergab, der gegen die Story klagte. Seither verging kaum eine Woche, in der das Boulevardblatt nicht gegen den Stürmer feuerte.

1988 und 1994 wurde Klinsmann in Deutschland zum „Fußballer des Jahres" gewählt. 1995 erhielt er die gleiche Ehrung in England, als zweiter Deutscher nach Bernd Trautmann und erst dritter Ausländer überhaupt. Ebenfalls 1995 wurde Klinsmann „Vize" bei der Wahl von „Europas Fußballer des Jahres". Klinsmanns Pech war es, daß erstmals auch Nicht-Europäer gewählt werden durften. Das Rennen machte der Liberianer George Weah (AC Mailand), dem Klinsmann 1992 seinen Wechsel zum AS Monaco zu verdanken hatte. Bei der Wahl des „Worldplayer '95" wurde er Dritter, erneut hinter Weah und dem Italiener Paolo Maldini.

Für den bekennenden Kosmopoliten Klinsmann ist der Fußball auch ein Vehikel, die Welt kennenzulernen. „Wenn ich später einmal zurückblicke auf meine Laufbahn, werde ich wohl nicht nachzählen, wieviele Tore ich erzielt habe, sondern wesentlich wird dann für mich sein, daß ich in anderen Ländern gelebt habe, deren Sprache einigermaßen gelernt habe, und das gibt mir eine große Befriedigung. Das sind Erfahrungen, die einen innerlich bereichern." Klinsmann spricht außer seiner Heimatsprache noch englisch, französisch und italienisch.

Politisch zählt das Greenpeace-Mitglied Klinsmann sicherlich zu den angenehmeren Erscheinungen im deutschen Fußball. Während seiner Zeit beim VfB Stuttgart unterschrieb er Appelle gegen die Atomrüstung. Später bezog er wiederholt Position gegen den Rassismus. Klinsmann ist Mitglied im Beirat des Vereins „Für die Zukunft lernen – Verein zur Erhaltung der Kinderbaracke Auschwitz-Birkenau". In

Mailand schloß Klinsmann Freundschaft mit Ruud Gullit, der in dieser Zeit wie kein anderer europäischer Spitzenfußballer gegen Rassismus und Apartheid agitierte.

Die ständige Hetze der aus dem Verein gefütterten Boulevardmedien sowie die defensive Taktik von Trapattoni waren die Gründe, warum Klinsmann den FC Bayern nach der Saison 1996/97 vorzeitig verließ. Bundestrainer Berti Vogts, mit dem Klinsmann eine Abneigung gegen die Auswüchse des Kommerzes und den Voyerismus der Medien verbindet, zum Abschied des Stürmers aus München: „Der FC Bayern verliert einen Weltklassestürmer. Und die Bundesliga verliert eine ihrer größten sportlichen Attraktionen, die wegen ihrer Charakterstärke ein absolutes Vorbild ist."

Klinsmann wechselte zu Sampdoria Genua, obwohl ihm höhere Angebote aus England vorlagen. „Italien ist unser Lieblingsland. Für uns war das schon immer eine zweite Heimat." Ein weiterer Grund war die Offensivtaktik der Genuesen. „Das ist ein Team, das permanent nach vorne powert."

Koch, Walter (8.1.1907)
Walter Koch trat dem FC Bayern am 1. Januar 1924 bei und hat die Mitglieds-Nummer 1. Koch spielte in der Senioren-Mannschaft des FCB, vor allem aber im damaligen Rugby-Team.

Kögl, Ludwig (7.3.1966)
Der 1,71 m kleine „Wiggerl" kam 1984 vom Lokalrivalen 1860 zur Säbener Straße. In Penzberg geboren, kickte Kögl zunächst zehn Jahre für den dortigen FC, bevor es via TSV Starnberg zu den Löwen ging. Sein erstes Jahr bei

den Bayern war zugleich auch sein größtes. Kögl wurde mit den Bayern überraschend Meister. Eigentlich hatte der Neuling nur das Ziel, in einem 26-köpfigen Kader zum 16er Aufgebot zu gehören. Kögl stand dann in jedem Spiel im 16er Aufgebot, spielte 13mal von Beginn an und wurde 14mal als Joker eingewechselt. Bereits beim ersten Punktspiel der Saison in Bielefeld durfte Kögl ran. Als die Bielefelder beim Stande von 1:1 immer stärker wurden, wußte Lattek sich nicht anders zu helfen, als den 18jährigen aufs Feld zu schicken. Kögl bereitete zwei Tore vor, und der FCB gewann noch mit 3:1. Lief es fortan bei den Bayern nicht, schallte der Ruf nach „Wiggerl" durchs Münchener Olympiastadion. In der gleichen Saison erhielt der Aufsteiger auch seine erste Berufung in die Nationalelf. Es folgte allerdings nur noch eine weitere.

Kögl bestritt für den FCB 149 Bundesligaeinsätze (8 Tore) und 30 Europapokalbegegnungen. Mit dem FC Bayern wurde er 1985, 1986, 1987, 1989 und 1990 Deutscher Meister und 1986

DFB-Pokalsieger. 1990 wechselte Kögl zum VfB Stuttgart, mit dem er 1992 den Meistertitel holte.
Als Kögl ging, bemerkte der damalige Bayern-Präsident Scherer: „Den Mensch Wiggerl kann man nicht ersetzen, das war ein Symbol des FC Bayern."

Kohler, Jürgen (6.10.1965)
Der Abwehrspieler begann seine Bundesligakarriere 1983 bei Waldhof Mannheim. 1987 wechselte er zum 1. FC Köln, 1989 dann zum FC Bayern. Mit den Bayern wurde Kohler 1990 Deutscher Meister. Nach zwei Spielzeiten, in denen er 55 Bundesligaspiele (6 Tore) für den FCB bestritt, wechselte Kohler 1991 für die Ablöse von 15 Mio. DM, für einen Abwehrspieler damals eine astronomische Summe, zu Juventus Turin. Mit „Juve" wurde Kohler 1995 Italienischer Meister und 1993 Europapokalsieger.
Zur Saison 1995/96 kehrte er in die Bundesliga zurück. Mit Borussia Dortmund wurde er 1996 Deutscher Meister und gewann 1997 die Champions League.
Sein erster Einsatz im Nationaltrikot erfolgte noch zu Mannheimer Zeiten. 1990 wurde Kohler mit dem DFB-Team Weltmeister, 1996 Europameister, wobei er allerdings schon frühzeitig verletzt ausschied.

Koppenhöfer, Herwarth (25.5.1946)
Der Abwehrspieler kam 1969 vom 1. FC Kaiserslautern. Koppenhöfer bestritt 1969-72 81 Bundesligaspiele für die Bayern. 1972 wurde er mit dem FCB Deutscher Meister, 1971 DFB-Pokalsieger. Zur Saison 1972/73 wechselte Koppenhöfer zum VfB Stuttgart. Anschließend kam er in der Bundes-liga noch bei Kickers Offenbach und Hertha BSC Berlin einige Male zum Einsatz.

Koulmann, Dieter (4.12.1939)
Der Mittelfeldspieler stieß 1963 zum FC Bayern. 1965 stieg Koulmann mit den Bayern in die Bundesliga auf. 1965-68 kam er im Bayern-Trikot auf 78 Bundesligaeinsätze. 1966 und 1967 gewann Koulmann mit dem FCB den DFB-Pokal, 1967 den Europapokal der Pokalsieger. 1968 wechselte er zu Kickers Offenbach.

Kraus, Wolfgang (20.8.1953)
Nach acht Bundesligajahren bei Eintracht Frankfurt wechselte der Mittelfeldspieler zur Saison 1979/80 an die Säbener Straße. 1979-84 bestritt Kraus 138 Bundesligaspiele für den FCB, in denen er 17 Tore schoß. Kraus wurde mit dem FCB 1980 und 1981 Deutscher Meister sowie 1982 und 1984 DFB-Pokalsieger. Den DFB-Pokal hatte er zuvor bereits zweimal mit der Eintracht geholt (1974 und 1975). 1984 wechselte Kraus zum FC Zürich.

Krauthausen, Franz (27.2.1948)
Der Offensivspieler kam 1971 vom Ruhrpott-Klub Rot-Weiß Oberhausen. Krauthausen kickte zwei Spielzeiten für den FC Bayern (57 Bundesligaspiele, 9 Tore) und wurde beide Male Deutscher Meister (1972, 1973). Anschließend kehrte er zu Schalke 04 ins Revier zurück.

Kreuzer, Oliver (13.11.1965)
Kam 1991 für die Ablöse von 5,5 Mio. DM vom Karlsruher SC, was damals in der Bundesliga eine Rekordablöse für einen Abwehrspieler war. Kreuzer

wurde als Nachfolger für den nach Italien abgewanderten Jürgen Kohler verpflichtet. Viereinhalb Jahre war Kreuzer Stammspieler. Während der Saison 1996/97 rutschte er ins dritte Glied ab, als ihm auch noch der junge Samuel Kuffour den Rang ablief.

Nach sieben Jahren beim FCB wechselte der Verteidiger mit der rauhen Spielweise und dem weichen Herz im Sommer 1997 zum FC Basel. Die Ablöse betrug 800.000 DM. Kreuzer bestritt 150 Bundesligaspiele (7 Tore) für den FC Bayern, davon nur 9 in der Saison 1996/97. 1994 und 1997 wurde er mit dem FCB Deutscher Meister, 1996 UEFA-Cup-Sieger.

Krumm, Franz (16.10.1909)
Das Mitglied der Meistermannschaft von 1932 kam vom kleinen FC Vorwärts zum FCB. Im Finale in Nürnberg erzielte Krumm das entscheidende 2:0. Trickreicher Techniker mit gutem Torschuß, der meistens halbrechts spielte, aber auch halblinks einsetzbar war. Zwei A-Länderspiele, in denen er ein Tor schoß. Der schimmel-

blonde Krumm kam – wie sein Mannschaftskamerad Josef Bergmaier, mit dem er ein Flügelgespann bildete – beim Rußlandfeldzug 1943 ums Leben.

Kuffour, Samuel (3.9.1976)
Der Ghanese spielte in der Saison 1994/95 zunächst für die Amateure des FC Bayern, kam dann aber unter Trapattoni auch neunmal in der Bundesliga zum Einsatz.

Während der Saison 1995/96 wurde Kuffour zunächst ausgemustert und zum 1. FC Nürnberg abgeschoben, mit dem er in die Regionalliga abstieg. Zur Saison 1996/97 kehrte der Abwehrspieler an die Säbener Straße zurück. Im Oktober 1996 wählte ihn der „Kikker" zum „Mann des Monats", nachdem er mehrere Begegnungen hintereinander zu den Besten im FCB-Dress gezählt hatte. Kuffour kam in dieser Saison auf 22 Bundesligaeinsätze und wurde mit dem FCB Deutscher Meister. In der Saisonauswertung des „Kikker" war er mit einer Durchschnittsnote von 2,9 nach Kahn und Matthäus der drittbeste Bayern-Akteur. Kuffour ist schnell, technisch versiert, zweikampf- und kopfballstark.

Kunstwadl, Adolf (8.2.1940)
Der Abwehrspieler war in Bayerns Regionalligazeit eine feste Größe im FCB-Team. 1965 stieg er mit dem FC Bayern in die Bundesliga auf, wo er allerdings nur noch zweimal zum Einsatz kam.

Kupferschmidt, Peter (2.3.1942)
Der Abwehrspieler wurde im jugoslawischen Filivopo als Sohn „volksdeutscher" Eltern geboren. Über Ungarn

und Österreich landete er schließlich im Alter von 14 Jahren in München. Kupferschmidt kam vom SV Gartenstadt Trudering zum FC Bayern. 1965 stieg er mit dem FC Bayern in die Bundesliga auf, 1966, 1967 wurde er mit dem FCB DFB-Pokalsieger (1969 fehlte er verletzungsbedingt), 1967 Europapokalsieger der Pokalsieger, 1969 Deutscher Meister. 1965-70 absolvierte Kupferschmidt 135 Bundesligaspiele (4 Tore) für den FC Bayern.

Der rechte Verteidiger war ein Mann für „Sonderaufgaben". Im Pokalfinale 1966 legte er den Meidericher Spielmacher Werner „Eia" Krämer lahm. Eines seiner größten Spiele zeigte er im Europapokalfinale 1967, als er den Glasgow-Rangers-Stürmer Henderson neutralisierte. Dabei galt Kupferschmidt nicht immer als sichere Bank. Seine Mitspieler tauften ihn zunächst „Psycho", weil er verhältnismäßig schnell nervös wurde, wenn ihm zu Beginn eines Spiels ein Fehler unterlief. Heute leitet Kupferschmidt die Fußballabteilung von „Sport-Scheck" in München.

Kutterer, Emil (19.11.1898)
Der linke Verteidiger wurde mit dem FCB 1926 und 1928 Süddeutscher Meister. 8 A-Länderspiele und Teilnahme an der Olympiade 1928 in Amsterdam, bei der er jedoch nicht zum Einsatz kam. Kutterer spielte später noch u.a. für den Karlsruher FV und trainierte TuRa Leipzig und SV Wiesbaden.

Die Fachzeitschrift „Fußball" schrieb 1925 über Kutterer: „Er ist mit beiden Füßen ballsicher, sehr flink und fürchtet sich vor keinem, noch so rasant anstürmenden Gegner."

Labbadia, Bruno (8.2.1966)
Labbadias italienische Eltern kamen Mitte der 50er Jahre mit der ersten Gastarbeiterwelle in die Bundesrepublik. Genauer: ins hessische Schneppenhausen, bei Darmstadt. Der Vater verdingte sich im Tiefbau, die Mutter in einer Gardinenstangenfabrik. Labbadia war das jüngste von neun Kindern und wuchs in einfachsten Verhältnissen heran.

Mit 18 Jahren nahm der Italo-Hesse die deutsche Staatsbürgerschaft an, um in der U-21-Auswahl mitzuwirken. Seine erste Profiadresse war Darmstadt 98. Die nächste Station war der Hamburger SV, wo er als „Winterschlußeinkauf" abqualifiziert wurde. Erst beim 1. FC Kaiserslautern, dem er sich während der Saison 1988/89 anschloß, kam Labbadia groß heraus. 1991 wurde er mit den Lauterern Deutscher Meister. Anschließend wechselte er zum FC Bayern, für den er bis zum Ende der Saison 1993/94 82 Bundesligaspiele bestritt und 28 Tore schoß.

Seine Spielweise erinnert an Gerd Müller. Wie Müller versteht er es, den Ball mit herausgestrecktem Gesäß abzuschirmen, um dann nach einer blitzschnellen Drehung aufs Tor zu schießen. Mit Labbadia erfuhr die verwaiste Position des klassischen Mittelstürmers in der Bundesliga wieder eine kleine Renaissance. Die „SZ" taufte den Liebling der Fans „Bruno Volkstribuno", der „Spiegel" sprach von „einem der wenigen universell geliebten Volkshelden des deutschen Fußballs". Der sehr „PR"-bewußte Fußballarbeiter (von seinen Mitspielern wurde Labbadia „Mister Hollywood" getauft) präsentierte sich erfolgreich als einer der letzten Straßenfußballer und Ge-

genprogramm zur Angestelltenmentalität in der Bundesliga. Noch einmal der „Spiegel": „Zwischen der Nestwärme der italienischen Großfamilie und dem knochenharten Profigeschäft hat Labbadia einen eigenartigen Mischcharakter aus gehobener deutscher Biederkeit und kontrollierter südländischer Emotion entwickelt." Bei Vereinswechseln verstand es Labbadia stets, sich als „Opfer" darzustellen. Dies war selbst der Fall, als er von Kaiserslautern zu den Bayern wechselte. Nicht Labbadia beschimpften die Fans als Verräter, sondern Manager Geye. 1994 wechselte Labbadia zum 1. FC Köln. Während der Saison 1995/96 ging seine Reise weiter nordwärts zu Werder Bremen.

Landauer, Kurt
(28.7.1884 - 21.12.1961)
Präsident des FC Bayern 1913-14, 1919-21, 1922-33 und 1947-1951. Der jüdische Kaufmann prägte die Vereinspolitik eine ganze Epoche lang und mußte während der Nazizeit emigrieren. (Vgl. auch das Porträt S. 67.)

Lattek, Udo (16.1.1935)
Als Spieler brachte es der geborene Ostpreuße nicht sonderlich weit. Seine Vereine hießen SSV Marienheide, Bayer Leverkusen, VfR Wipperfürth und VfL Osnabrück. Der Studienrat für Englisch und Sport absolvierte unter Weisweiler eine Ausbildung als Fußballtrainer an der Sporthochschule Köln. 1965 wurde er Assistent von Bundestrainer Helmut Schön und zuständig für die Nachwuchs- und Amateurnationalmannschaft. 1970 war Lattek der erste von bis heute insgesamt vier ehemaligen DFB-Trainern, die beim FCB anheuerten. Seine erste Amtsperiode lief vom März 1970 bis Januar 1975, seine zweite von 1983 bis 1987. Unter Latteks Regie gewann der FCB sechs Deutsche Meisterschaften im Hattrick-Verfahren (1972, 1973, 1974, 1985, 1986, 1987), dreimal den DFB-Pokal (1971, 1984, 1986) sowie einmal den Europapokal der Landesmeister (1974). Zwischen seinen beiden Bayern-Engagements trainierte er als Weisweiler-Nachfolger Borussia Mönchengladbach (1975-79), Borussia Dortmund (1979 - Mai 1981) und FC Barcelona (1981-83). Mit den Gladbachern wurde Lattek zweimal Deutscher Meister (1976 und 1977) und einmal UEFA-Cup-Sieger (1979).
Nach dem tragischen Tod seines Sohnes Dirk kündigte Lattek in Dortmund vorzeitig und setzte sich nach Barcelona ab. Mit „Barca" gewann er 1982 den Europacup der Pokalsieger. Lattek scheiterte jedoch in Barcelona an den Stars Diego Maradona und Bernd Schuster. Während Maradona seinen Landsmann Cesar Louis Menotti auf dem Trainerstuhl sehen wollte, sprach Schuster öffentlich Lat-

teks Alkoholprobleme an. Diese existierten zwar bereits während seines ersten Bayern-Engagements, waren jedoch seit dem Tode seines Sohnes weiter eskaliert.

Der mit acht Meistertiteln erfolgreichste Trainer der Bundesligageschichte gewann auch als einziger alle drei europäischen Pokalwettbewerbe. Insgesamt konnte Lattek – „Wo ich bin ist immer oben" – 14 Titel verbuchen. Weniger erfolgreich verlief Latteks zweite Karriere. Nach der zweiten Trennung vom FC Bayern wurde Lattek zunächst Sport-Direktor beim 1. FC Köln, wo er mit Trainer Christoph Daum gegen seinen alten Klub kräftig einheizte. Doch nur wenige Monate später kündigte er seinen Fünf-Jahres-Vertrag, um für ein Jahresgehalt von ca. 600.000 DM als Chefkommentator bei der neu gegründeten „Sport-Bild" zu arbeiten. 1992 kehrte Lattek noch einmal ins Trainergeschäft zurück, als ihn der „Sonnenkönig" Günter Eichberg „auf Schalke" holte. Dort wurde er zwar traumhaft bezahlt, verkam aber – zugepappt vom Sponsor „Müller-Milch" – zur schlecht dekorierten Schaufensterpuppe.

Die Stärken des Trainer Lattek lagen weniger im taktischen Bereich denn im Motivieren seiner Mannschaften. Lattek galt als vorzüglicher Psychologe und Menschenkenner.

Laudrup, Brian (22.2.1969)
Kam 1989 von Bröndby Kopenhagen zu Bayer Uerdingen. Beim FC Bayern von 1990-92. Danach wechselte er für die Ablöse von 11 Mio. DM zum FC Florenz und von dort zum AC Mailand. Seit Beginn der Saison 1994/95 kickt Laudrup äußerst erfolgreich beim roy-alistischen Glasgow Rangers FC, dessen Fans ihn „Prince of Denmark" tauften.

Der kurzbeinige Laudrup ist ein Fußballer wie aus dem Bilderbuch, dessen Vorstellungen in der Bundesliga hohen Unterhaltungswert hatten. 1992 wurde er mit Dänemark Europameister. 1995 wurde Laudrup sowohl in Schottland wie in seiner dänischen Heimat zum „Fußballer des Jahres" gewählt. Laudrup, der für den FCB 53-mal in der Bundesliga spielte und dabei 11 Tore schoß, kam mit Erich Ribbeck nicht klar. Laudrup über die Umstände seines Wechsels nach Italien: „Nur der Abschied in München war unerfreulich. Ich hatte aber nur Probleme mit Trainer Ribbeck, und es war ein Fehler, von München wegzugehen." Ganz so war es wohl doch nicht. Jedenfalls wußte Laudrup im Februar 1997 nachträglich zu berichten, daß er in München das Delikt der Majestätsbeleidigung begangen hatte. „Mein größter Fehler war, daß ich Bekkenbauer kritisiert habe. Das ist so etwas wie eine Todsünde. Ich wurde wegen dieser Geschichte verkauft."

Lechler, Josef
Torwart der Meistermannschaft von 1932. Kam vom DSV München zu den Bayern und bestach durch gute Strafraumbeherrschung.

Lederhosen
„In Bayern das Bekleidungsstück schlechthin, alle Neuen erhalten eine." (Uli Hoeneß).

Lerby, Sören (1.2.1958)
Drei Jahre lang umwarb Uli Hoeneß den Dänen. Im Sommer 1983 war es

endlich soweit. Lerby wechselte für die Ablöse von 1,8 Mio. DM von Ajax Amsterdam zur Säbener Straße. Für die Amsterdamer hatte Lerby 206 Ligaspiele bestritten.

Für den FC Bayern kickte Lerby 1983-86. In diese Zeit fielen der zweimalige Gewinn des DFB-Pokals (1984 und 1986) sowie der Meisterschaft (1985 und 1986). Lerby lief für den FC Bayern 89mal in der Bundesliga auf und erzielte dabei 22 Tore. Auf dem Spielfeld gab sich Lerby verbissen und spielte den Antreiber. Seine Gegner behaupteten schon mal, er spiele ständig mit Schaum vor dem Mund und verdächtigten ihn der Einnahme von Aufputschmitteln. Außerhalb des Spielfelds sorgte der Däne für gute Laune.

1986 wechselte er zum AS Monaco. 1987 kehrte Lerby in die holländische Ehrendivision zum PSV Eindhoven zurück. 1988 wurde er mit PSV Meister und Pokalsieger in den Niederlanden und gewann außerdem den Europapokal der Landesmeister. 1989 holte Lerby mit PSV erneut das „Double"

und 1990 den Pokal. Nach dieser Saison beendete er seine Spielerkarriere. Lerbys zweite Karriere beim FC Bayern währte nur kurz. Vom 9. Oktober 1991 bis zum 10. März 1992 war der Däne Cheftrainer beim FC Bayern, erwies sich aber in dieser Position als völlig überfordert.

Loy, Roland
Loy, Mitte Dreißig, ist seit seit 1988 der „Chefanalytiker" des FC Bayern. Außerdem baute er bei Sat.1 die Abteilung Statistik/Spielanalyse auf. Mit seinen computergestützten Analysen half der Diplomsportlehrer auch dem Teamchef Beckenbauer bei der WM 1990 in Italien. Vor dem UEFA-Cup-Finale des FC Bayern gegen Bordeaux verbrachte Loy mehrere Marathonsitzungen mit dem Kaiser und servierte ihm den Gegner als „gläserne Mannschaft". Der „Spiegel": „Die Vorlesung über Zweikampfbilanzen und statistische Abwehrschwächen gipfelte in der exakten Planung eines Torerfolges. Die Spielbeobachtung hatte ergeben, daß die Franzosen die Mehrzahl der Gegentreffer über die rechte Abwehrseite kassierten. Grund: Beim 'Zweikampf am Boden' sei bei den dort verteidigenden Spielern Fris-Hansen und Dogon eine 'unglaubliche Schwäche' festzustellen. Beckenbauer postierte den Dribbler Mehmet Scholl in die Nähe des anfälligen Abwehr-Duos – mit der Weisung, den Nahkampf zu suchen. Nach 59 Minuten zeitigte die Strategie Erfolg: Scholl foppte erst Fris-Hansen, dann Dogon und erzielte das vorentscheidende 2:0."

Loys Befunde entscheiden über das Wohl und Wehe von Spielerkarrieren. Bei Ciriaco Sforza, der beim 1. FC Kaiserslautern noch 72 % seiner Zwei-kämpfe gewonnen hatte, entdeckte Loy in der Saison 1995/96 einen „dramatischen Verfall" der Werte, woraufhin der Kaiser kommentierte: „Da muß man korrigieren oder verkaufen." Die Zukunftsvisionen des Chefanalytikers sind allerdings eher zum Gruseln. Der „Spiegel": „Ginge es nach den Visionen des Beckenbauer-Beraters, muß in Zukunft der Einfluß der Statistik mit dem Anpfiff nicht aufhören: Durch den Einsatz von Computern, die Worte in Daten umwandeln, könnten Mängel noch während des Spiels auf der Tribüne analysiert und den Trainern auf der Bank per Funk mitgeteilt werden. Umstellungen und Spielerwechsel fänden statistische Begründung, Risikoquellen würden ausgeschaltet."

Mai, Karl (27.7.1928 – 15.3.1993)
Der rechte Außenläufer spielte 17 Jahre für die SpVgg. Fürth, bevor er 1958 zum FC Bayern wechselte. 1953 wurde Mai erstmals in die Nationalmannschaft berufen, für die er dann 21mal auflief. Den größten Erfolg seiner Karriere feierte er bei der WM 1954 in der Schweiz, als er mit dem DFB-Team Fußballweltmeister wurde. Für den FCB bestritt Mai, der in München ein Schreibwarengeschäft besaß, 67 Oberligaspiele (2 Tore). Anschließend spielte er noch für den FC Dornbirn und Young Boys Bern.

Maier, Josef (28.2.1944)
Die „Katze von Anzing" bildete mit Franz Beckenbauer und Gerd Müller viele Jahre das Rückgrad des FCB. Der gelernte Bauschlosser wollte ursprünglich Schauspieler werden. Doch als

Torhüter konnte er mehr Menschen unterhalten denn als Mime eines bayerischen Volkstheaters. Das Tor wurde Maiers Bühne. Der Keeper kam 1958 vom Vorstadtklub TSV Haar zum FCB. Sein Debüt in der 1. Mannschaft gab er in der Oberligasaison 1962/63. In der folgenden ersten Regionalligasaison verdrängte er Fritz Kosar als Nummer eins. Die nächsten Jahre stand Maier in München zunächst im Schatten des populären Löwen-Keepers Petar Radenkovic, dem ersten Showstar der Bundesliga, der auch zu deren ersten Großverdienern gehörte. Doch in Bayerns erster Bundesligasaison 1965/66 sangen die Fans beim Derby in Anspielung auf Radenkovics Schlager „Bin i Radi, bin i König": „Bin i Radi, bin ich Depp – König ist der Maier Sepp." Als der auf den Bayern-Keeper mittlerweile aufmerksam gewordene Bundestrainer Schön Maier mitteilte: „Ich sehe mir ein Punktspiel an, um Ihre Abschläge genau unter die Lupe zu nehmen", erwiderte dieser trocken: „Wo sitzen'S denn auf der Tribüne, Herr Schön? Wenn ich das weiß, dann bekommen'S von mir die Bälle dorthin..."
Sepp Maier absolvierte 473 Bundesligaspiele für den FC Bayern, davon 442 (= rund 13 Jahre) in Folge. Mit dem FCB wurde er 1969, 1972, 1973 und 1974 Deutscher Meister, 1966, 1967, 1969 und 1971 DFB-Pokalsieger, 1967 Europapokalsieger der Pokalsieger, 1974, 1975 und 1976 Europapokalsieger der Landesmeister sowie 1976 Weltpokalsieger. In der Nationalmannschaft kam er 95mal zum Einsatz. Maier wurde mit der DFB-Auswahl 1970 WM-Dritter, 1972 Europameister, 1974 Weltmeister und 1976

Vize-Europameister. Insgesamt war Maier bei vier WM-Turnieren dabei. 1966 mußte er noch 22jährig die Bank drücken, bei der WM 1978 schied er 34jährig mit dem DFB-Team vorzeitig aus.

Sein Traum von einer fünften WM-Teilnahme wurde am 14. Juli 1979 durch einen schweren Autounfall, der das Ende seiner Karriere bedeutete, zerstört. Eigentlich wollte der Ausnahmetorwart Maier „bis 45" im Tor stehen. Anläßlich seines 50. Geburtstags (1994) revidierte er allerdings seine Meinung: „Vielleicht war es doch gut, so wie es gekommen ist. Der Fußball ist nicht mehr lustig. Die Fans, die Medien, die Spieler. Alles hat sich verändert."

Maier wurde und wird als „Karl Valentin des Fußballs" charakterisiert. Zwar erklärt er den Humor zu seiner „besten Waffe", wehrt sich aber gegen das Image vom „Clown": „Ich bin kein Clown, sondern ein ernsthafter Mensch. Wenn ich will, kann ich auch lustig sein." Franz Beckenbauer über seinen ehemaligen Mitstreiter: „Sepp

Maier ist ein Mann, der gegen sein Mißtrauen ankämpfen muß. Seine Heiterkeit hat immer auch einen ernsthaften Hintergrund, er braucht sie, um Schwierigkeiten zu überwinden."

Scharfe Kritik übte Maier am übertriebenen Krafttraining der heutigen Torwartgeneration: „Ein Torhüter soll kein Mister Universum werden, sondern geschmeidig und schnell sein. Es ist noch kein Gewichtheber 100 Meter in elf Sekunden gelaufen."

Maier betreibt ein Tenniszentrum in Anzing und ist seit 1987 Bundestorwarttrainer sowie Torwarttrainer der Bayern.

Mathy, Reinhold (12.4.1962)
Der Stürmer kam 1980 vom FC Memmingen zum FCB. Mathy galt bald als eines der größten Talente des deutschen Fußballs. Uli Hoeneß sprach sogar vom „größten Talent, das in den letzten zehn Jahren bei uns spielte". Der ganz große Durchbruch blieb jedoch aus. Mathy bestritt 1980-87 100 Bundesligaspiele für den FCB, in denen er 21 Tore schoß. 1981, 1985, 1986 und 1987 wurde er mit den Bayern Deutscher Meister, 1984 und 1986 DFB-Pokalsieger. 1987 wechselte Mathy zu Bayer Uerdingen. Für die Krefelder spielte er noch 78mal in der Bundesliga (13 Tore). 1990 ging Mathy dann zum FC Wettingen in die Schweiz.

Matthäus, Lothar (21.3.1961)
Begann seine Karriere 1970 beim FC Herzogenaurach. 1979 Wechsel in die Bundesliga zu Borussia Mönchengladbach. Von dort 1984 zum FCB. 1988 ging es nach Italien, wo Matthäus bis 1992 für Inter Mailand kickte. Mit In-

ter wurde er 1989 Italienischer Meister und 1991 UEFA-Cup-Sieger. Aufgrund einer schweren Verletzung ließ Inter ihn zur Saison 1992/93 zurück nach München ziehen.

Mit dem FC Bayern, für den Matthäus bis zum Ende der Saison 1996/97 insgesamt 237 Bundesligaspiele (80 Tore) bestritt, wurde er 1985, 1986, 1987, 1994 und 1997 Deutscher Meister, 1986 DFB-Pokalsieger und 1996 UEFA-Cup-Sieger.

Matthäus wurde 1990 „Fußballer des Jahres" sowie „Europas Fußballer des Jahres", 1990 und 1991 „Weltfußballer des Jahres" sowie 1990 „Weltsportler des Jahres". Letzteren Titel konnten vor ihm nur zwei weitere Fußballer erringen: Pelé und Maradona.

In der Nationalelf kam Matthäus 122-mal zum Einsatz (21 Tore). Matthäus wurde mit der DFB-Auswahl 1980 Europameister, 1982 und 1986 Vizeweltmeister und 1990 Weltmeister. Die WM 1994 in den USA beendete seine Nationalmannschaftskarriere. Matthäus wurde bezichtigt, die Boulevardpresse permanent mit Internas zu ver-

sorgen. Die Spieler von Borussia Dortmund und Bayern München einigten sich darauf, auf Matthäus' Dienste zukünftig zu verzichten. Matthäus war zu diesem Zeitpunkt Rekordnationalspieler des DFB. Der Weltrekord als Nationalspieler blieb ihm aufgrund des „Komplotts" verwehrt. Auch hielt man ihn für eine Ernennung zum Ehrenspielführer, wie vor ihm Fritz Walter, Uwe Seeler und Franz Beckenbauer, für charakterlich ungeeignet. Schon Anfang der 80er wußte der damalige DFB-Assistenztrainer Erich Ribbeck über den notorischen Dampfplauderer und Handy-Benutzer zu berichten: „Sogar wenn wir den Speiseplan diskutieren, quakt er noch dazwischen." Rudi Völler empfahl ihm später, seine Ansprache „an die Klobrille" zu richten. Pierre Littbarski behauptete gar, die profilierungssüchtige Primadonna laboriere an einem Dachschaden. Sein Ziehvater und Präsident Beckenbauer bemerkte noch im Frühjahr 1997 über den Bayern-Kapitän, „wer viel redet, redet auch viel Unsinn". Gleichzeitig hielt Beckenbauer aber über seinen Lieblingsschüler und „Bild"-Kollegen stets seine schützenden Hände.

Matthäus fungierte – gemeinsam mit seinen Bayern-Kameraden Ziege und Wouters – als Galionsfigur eines TV-Spots zur Kampagne „Mein Freund ist Ausländer". Kritiker, die den oberflächlichen und reinen „PR"-Charakter der Kampagnen bemängelten, sahen sich wenig später bestätigt, als Matthäus auf dem Oktoberfest mit einem niederländischen Touristen in Streit geriet. „Dich haben sie wohl beim Adolf vergessen", soll das Vorbild in Nazi-Manier zum Niederländer gesagt haben, der ein Foto von dem Star machen wollte. Diese Äußerung wurde jedenfalls von der Presse kolportiert, als ein Versuch der Bayern-Führung, eine Aussprache mit dem Betroffenen zu arrangieren, scheiterte. Über die Angelegenheit begann gerade das vom DFB, dem FC Bayern und dem Kapitän selbst sorgsam ausgelegte Gras zu wachsen, da wurde Matthäus eine neue Entgleisung vorgeworfen. Im November 1993 soll der Kapitän auf dem Düsseldorfer Flughafen einer Gruppe Berliner Basketballerinnen „enthüllt" haben, daß Mitspieler Valencia („unser Schwarzer") „so einen Langen" habe, wobei er die Länge mit beiden Händen angedeutet und auf sein Geschlechtsteil gezeigt haben soll. Eine der Basketballerinnen: „Lothar Matthäus ist ein Ferkel. Er ist für viele ein Vorbild, warum sagt er sowas? Hat der nichts anderes im Kopf? Als ob wir Frauen nichts anderes zu tun hätten, als uns über die Größe männlicher Geschlechtsteile auszulassen."

Bei vielen seiner Kollegen war und ist Matthäus wegen seiner Schwatzhaftigkeit, seines notorischen Informantentums gegenüber der Boulevardpresse und seiner Suche nach privilegierten Beziehungen zu einigen Funktionären ausgesprochen unbeliebt.

Was man Matthäus nicht absprechen kann, sind seine enormen Kämpferqualitäten. 1992 überstand Matthäus einen Kreuzbandriß. Im Januar 1995 riß die Achillessehne und mußte zweimal operiert werden. Trotzdem gelang es dem Rekordnationalspieler immer wieder, sich an oberstes Niveau heranzuarbeiten. Der „Kicker" bescheinigte ihm eine „bewundernswerte, selbstquälerische Energieleistung".

McPherson, Jim

Der schottische Trainer, der als Spieler mit Newcastle United englischer Pokalsieger wurde, führte den FCB zur ersten süddeutschen Meisterschaft. Josef Pöttinger über den Shagpfeifen-Raucher: „Oft entzog er uns den Ball und ließ uns rennen. Er verstand von Kondition und Fitmachen mehr als jeder andere, den ich kennenlernte. (...) Er machte uns mit dem Ball schneller, als es der Gegner ohne Ball war. Plötzlich konnten wir unsere Technik, die gepflegte Ballbehandlung, im Vertrauen auf unsere körperliche Fitneß, nach Wunsch spielend gebrauchen." 1927 verließ McPherson den FC Bayern.

McInally, Alan (10.2.1963)

Der hochaufgeschossene Stürmer kam 1989 vom englischen Erstligisten Aston Villa zum FC Bayern. Im britischen Fußball war McInally zu diesem Zeitpunkt bereits keine große Nummer mehr. Der Schotte, der auch neunmal die Farben seines Landes trug, absolvierte 1989-92 42 Bundesligaspiele für den FC Bayern, in denen er zehnmal ins gegnerische Netz traf. 1990 wurde McInally mit dem FCB Deutscher Meister.

Meisterschale

In keiner Vitrine ruhte die auch respektlos „Salatschüssel" genannte silberne Meisterschale so häufig wie in der des FC Bayern. Bis heute insgesamt 13 Jahre (1932 gab es für den Meistertitel die „Viktoria"). Angefertigt wurde sie im Auftrag des DFB 1949 von der Künstlerin Elisabeth Treskow. Der damalige Materialwert betrug 18.000 DM. Heute gibt der DFB ihren Wert mit 50.000 DM an. 1981 wurde die Meisterschale erweitert, da sich auf ihr kein Platz für weitere Gravuren befand. Der in Rodenbach lebende Silberschmied Adolf Kunesch fertigte einen Silberring an, der mit Silberschrauben auf der Unterseite der Schale befestigt wurde. Dieser Ring bietet Platz für weitere 30 Fußballmeister. Die Meisterschale ist elf Kilo schwer, ihr Durchmesser beträgt 53 Zentimeter.

Merkel, Max (7.12.1918)
Seine Ernennung zum Cheftrainer scheiterte gleich zweimal – 1975 und 1978. 1975, weil sich die Bayern-Spieler für ihren gefährdeten Übungsleiter Dettmar Cramer kräftig ins Zeug legten, 1978 per Abstimmung im Flugzeug. Die emanzipierten Bayern-Akteure wollten den autoritären Zyniker nicht haben. Spätestens seit diesen Tagen ist der gebürtige Wiener, der sich selbst einmal als „Wiener Preuße" bezeichnete, ein passionierter Bayern- und Uli-Hoeneß-Hasser.
1961 übernahm Merkel das Traineramt beim Lokalrivalen TSV 1860, mit dem er 1964 den DFB-Pokal holte und 1966 Deutscher Meister wurde. Der Umsatz des TSV 1860 stieg im Zeitraum 1961-66 von 600.000 DM auf über 3 Mio. DM. Dank Merkel schien der Verein seiner Zeit voraus zu sein. Nach eigenem Bekunden verwandelte Merkel damals München von einem „Fußball-Bauernland" in eine „Fußball-Groß-stadt". Nach dem Pokalgewinn 1964 erhöhte er sein Gehalt auf monatlich 11.000 DM und war damit der Topverdiener unter den damaligen Bundesligatrainern. Die Ära Merkel wurde für den TSV 1860 aber nicht nur aufgrund des Trainergehalts teuer. Merkel ließ

die Prämien erhöhen, „denn auf Geld sind alle scharf", und bestand darauf, „alle Posten gleich gut zu besetzen, damit die Spieler darauf brennen, in der ersten Mannschaft zu bleiben".
Der einst als „Meistermacher" gefeierte Merkel wettert gerne gegen den Reichtum und die Arroganz der Bayern, vergißt dabei aber stets, daß er zu seiner Trainerzeit zu den größten Abzockern der Liga zählte. Wenn der Verein dann ausgeblutet war, kehrte Merkel ihm den Rücken. Beim 1. FC Nürnberg, den er 1968 zur Meisterschaft führte, kassierte Merkel gar 19.000 DM. Ein Jahr nach dem Meisterschaftsgewinn stieg die völlig ausgepowerte Truppe in die Regionalliga ab.
Der Trainer Merkel liebte zynische Sprüche auf Kosten von Spielern und Kollegen. Merkel über Löwen-Torwart Petar Radenkovic: „Der Radenkovic, der ist doch vor kurzem noch auf einem Esel geritten, jetzt fährt er einen Mercedes." Merkel über sein Verhältnis zu den Spielern: „Die Spieler sehen mich lieber gehen als kommen. Sie mögen mich nicht. (...) Als Trainer fühle ich mich wie der Dompteur, der in der Manege steht und schnalzt. Kehrt er seinen Raubtieren auch nur für einen Moment den Rücken, schon greifen sie mit der Tatze nach ihm. Fußballer sind ebenso, auch sie brauchen die Peitsche. Und wenn es geklappt hat, bekommen sie ihr Zuckerl in Form von Prämien." Als der FC Bayern Udo Lattek verpflichtete, kommentierte Merkel: Wer immer das auch sei, „Lattek oder Pat-tek", er könne ohnehin nichts falsch machen. „Eine Mannschaft, in der Maier, Beckenbauer und Müller spielen, die kann man auch telefonisch trainieren." Zwar gab es beim FCB nie ei-

nen Trainer namens Pattek, wohl aber einen Patek. Adolf Patek trainierte die Oberligamannschaft des FCB 1958-61. Jürgen Klinsmann über den Bild-Kolumnisten: „Max Merkel und andere sogenannte Experten, die werden dafür bezahlt, daß sie andere beleidigen. Und wahrscheinlich wird ihnen auch noch vorgegeben, wen sie zu beleidigen haben. Sie schreiben es ja nicht einmal selber, sondern es wird für sie geschrieben, und sie geben ein paar Stichworte."

Mitglieder

Als der FC Bayern in die Bundesliga aufstieg, zählte er bereits 4.700 Mitglieder. Hiervon waren 500 Jugendliche. Präsident Fritz Scherer durfte 1985 das zehntausendste Mitglied begrüßen. Scherer kündigte damals an: „20.000 sollen es werden." Im Sommer 1997 waren es laut einer Zeitungsmeldung 44.473, während der Klub schon für Ende 1996 die Zahl 59.339 nannte. Wie dem auch sei: So oder so ist der FC Bayern der mit Abstand mitgliederstärkste deutsche Sportverein. Trotzdem kommen seine Mitglieder nur für 4% des Bayern-Haushaltes auf.

Auch die Nummer zwei und drei unter den mitgliederstärksten Vereinen sind in Bayern beheimatet. Der Post-Sportverein Nürnberg zählt 16.631 Mitglieder, der TSV 1860 München 16.354. Der erste nichtbayerische Verein in dieser Rangliste ist der FC Schalke 04 mit 15.104 Mitgliedern.

Moll, Herbert (13.12.1916)

Zählte zu den Leistungsträgern des FCB in den 30er und 40er Jahren. „Bertl" gab sein Debüt in der 1. Mannschaft am 1. Mai 1935 gegen Waldhof

Mannheim. In einer Chronik zum 70-jährigen Bestehen des Vereins heißt es: „Er darf ohne Übertreibung als Muster eines wahren Sportlers bezeichnet werden. Seine Fairneß auf dem Spielfeld, seine Hingabe für die Mannschaft und den Verein sowie ganz allgemein seine charakterlichen Eigenschaften waren beispielhaft." Moll, Teilnehmer der Olympiade 1936, stammte aus der eigenen Jugend. Der hochgewachsene, blonde Läufer galt als „intelligent, aufopfernd und immer hochanständig". Moll bestritt nach dem Krieg auch noch 136 Oberligaspiele (3 Tore) für den FCB, bevor er seine Karriere 1951 beendete.

Mrosko, Karl-Heinz (11.10.1946)

Der langmähnige Mittelfeldspieler kam 1969 vom Regionalligisten Stuttgarter Kickers. Für den FCB bestritt er 1969-71 50 Bundesligaspiele, in denen er 13 Tore erzielte. 1971 wurde er mit dem FCB DFB-Pokalsieger. Mrosko provozierte den Unmut des Kaisers, als er diesen beim Training tunnelte. Nach dem Ende seiner Spielerkarriere saß Mrosko auf der Trainerbank, so u.a. beim Zweitligisten TSV Havelse. Hauptberuflich verdingt er sich aber als Rechtsanwalt.

MTV (Männerturnverein) München von 1879

Der Stammverein der Bayern-Gründer war bis zum 1. Weltkrieg der härteste lokale Rivale des FC Bayern. Im Gegensatz zu vielen anderen Turnvereinen gestattete der MTV 1897 das Fußballspiel und gewährte den Balltretern Rückendeckung. Der MTV gilt heute als der älteste noch existierende Fußballverein in München.

Müller, Gerd (3.11.1945)

„Vielleicht wären wir ohne Gerd Müller und seine Tore noch immer in unserer alten Holzhütte an der Säbener Straße." So Bayern-Präsident Franz Beckenbauer im November 1995 anläßlich des 50. Geburtstags des Ex-Bayern-Torjägers. Gerd Müllers Beitrag zum Aufstieg des FCB von einem Zweitligisten zum europäischen Spitzenverein ist kaum zu überschätzen. „Bomber" und „Kaiser" bildeten ein unschlagbares Duo. Beckenbauer: „Er machte Tore aus jeder Lage, hatte einen ungewöhnlichen Instinkt. Im Doppelpaßspiel verstand ich mich mit ihm blind. Ich war einer, der durch die Mitte gespielt hat und auf kürzestem Wege den Erfolg suchte. Außen waren mir die Wege zu weit. Allerdings, ohne den Gerd hätte ich mir wohl etwas anderes überlegen müssen." Laut Uli Hoeneß spielte Müller beim Aufstieg des FC Bayern zu einer europäischen Top-Adresse eine noch größere Rolle als der Kaiser.

Der gelernte Weber kam 18jährig zur Saison 1964/65 vom damaligen schwäbischen Amateurligisten TSV 1861 Nördlingen, wo er seit seinem neunten Lebensjahr kickte. Als 17jähriger schoß er für die Nördlinger in der 2. Amateurliga 180 von 204 Toren.

In seiner Jugend hatte Müller davon geträumt, mal das Trikot des 1. FC Nürnberg zu tragen. „Mein Idol war Max Morlock. Ich wäre auch gerne zum Club gegangen, denn daheim in Nördlingen gab es nur Club-Anhänger."

Initiator des Wechsels zur Säbener Straße war der damalige FCB-Geschäftsführer Walter Fembeck. Den ersten Kontakt hatte allerdings ein langjähriges Bayern-Mitglied namens Kotter aus Kaufbeuren hergestellt. Als Nördlingen in der Saison 1963/64 im allgäuischen Oberstdorf spielte, sprach dieser nach dem Schlußpfifff Müller an: „Hätten Sie nicht Lust, zum FC Bayern München zu gehen?" Müller: „Lust hätte ich schon. Aber die werden nicht grad auf mich warten!" Kotter: „Ich werde mal mit dem Vorstand reden." Die Ablöse betrug 3.000 DM plus 1.200 DM für drei Bayern-Auswahlspiele Müllers. Müller erhielt nach eigenem Bekunden kein Handgeld (andere Quellen sprechen von 6.000 DM) und ein Anfangsgrundgehalt von 160 DM plus 400 DM als Möbelverkäufer. Und 50 Mark Prämie gab's für einen Sieg.

Erst im elften Punktspiel der Saison 1964/65 kam Müller zu seinem Debüt in der 1. Mannschaft, nachdem er zuvor in der Reserverunde gegen den TSV 1860 drei Tore geschossen hatte. Präsident Neudecker hatte „Tschik" Cajkovski, der dem Goalgetter später den Spitznamen „kleines, dickes Müller" verpaßte, gewarnt: „Wenn der nicht spielt, gehe ich nie wieder auf den Fußballplatz."

In der Saison 1966/67 gewann Müller mit 28 Treffern erstmals die Torjägerkanone (gemeinsam mit Lothar Emmerich von Borussia Dortmund). Auch in den Spielzeiten 1968/69 (30), 1969/70 (38), 1971/72 (40 !!!), 1972/73 (36), 1973/74 (30, gemeinsam mit Jupp Heynckes) und 1977/78 (24, gemeinsam mit Dieter Müller) hieß der Torschützenkönig Gerd Müller.

Ebenfalls 1967 wurde der Torjäger erstmals zum „Fußballspieler des Jahres" gekürt. Mit 264 Stimmen lag Müller klar vor seinem Mannschaftskame-

raden Franz Beckenbauer (101 Stimmen). Die gleiche Ehrung wurde ihm noch einmal 1969 zuteil. 1970 wurde Müller als erster Deutscher „Europas Fußballer des Jahres". Ebenfalls 1970 und 1972 wurde er Europas Torschützenkönig.

In 62 Länderspielen schoß Müller 68 Tore. In der Bundesliga bestritt er 427 Begegnungen für den FC Bayern und schoß dabei 365 Treffer, die immer noch den 1. Platz in der „ewigen Torschützenliste" bedeuten. Zählt man auch noch Müllers Einsätze im DFB-Pokal und Europapokal hinzu, so stehen insgesamt 585 Pflichtspiele und 533 Tore für den FCB zu Buche.

Gerd Müller wurde mit dem FC Bayern 1969, 1972, 1973 und 1974 Deutscher Meister, 1966, 1967, 1969 und 1971 DFB-Pokalsieger, 1967 Europapokalsieger der Pokalsieger, 1974, 1975 und 1976 Europapokalsieger der Landesmeister sowie 1976 Weltpokalsieger. Mit der Nationalmannschaft wurde er 1970 WM-Dritter, 1972 Europameister und 1974 Weltmeister. Nach dem Eklat auf dem offiziellen WM-Bankett 1974, als der DFB die Spielerfrauen aussperrte, trat Müller aus der Nationalelf zurück. Erst 1983 gewährte ihm der kleinkarierte DFB ein Abschiedsspiel.

1979 wechselte Müller in die USA zu den Fort Lauderdale Strikers. Dort spielte er 1979-81 80mal und erzielte dabei 40 Tore.

„Er ist ein Phänomen. Ich sehe auf der ganzen Welt keinen, der in seine Fußstapfen treten könnte", urteilt der Kaiser. Fürwahr. Müller ist wohl der begnadetste Torjäger aller Zeiten und wird dies vermutlich auch bis zum St.-Nimmerleinstag bleiben. In einem internationalen Vergleich kommt nur der Ungar Sandor Kocsis auf den gleichen Torquotienten (1,10 Tore pro Länderspiel) wie Müller.

Neben seinen fußballerischen Meriten sind auch noch eine Nebenrolle in einem drittklassigen Film („Wenn Ludwig ins Manöver zieht") und eine Schallplatte („Dann macht es bumm...") zu verzeichnen. Zwar zählte Müller in seiner aktiven Zeit zu den hochdotiertesten Spielern der Liga, aber seine Werbeeinnahmen fielen erheblich geringer aus als bei Beckenbauer.

Während Beckenbauer in die High Society aufstieg, stürzte der von Alkohol und anderen privaten Problemen geplagte Müller tief. Seine alten Freunde vom FC Bayern halfen ihm wieder auf die Füße. Seit 1992 ist Müller für den FCB im Nachwuchs- und Amateurbereich tätig.

Müller-Wohlfahrt, Dr. Hans-Wilhelm
(Jg. 1942)

Trotz seines mittlerweile schon fortgeschrittenen Alters, sieht der „Doc", von seiner Kicker-Kundschaft auch „Mull" genannt, auf merkwürdige Weise jugendlich aus. Der ostfriesische Schönling ist Facharzt für Orthopädie und Sportmedizin und stieß während der Saison 1976/77 zu den Bayern, nachdem er zuvor zwei Jahre Vereinsarzt von Hertha BSC Berlin gewesen war. Den Bayern widmet der „Doc" „25 Stunden in der Woche und mehr".

Der ehemalige überdurchschnittliche Mehrkämpfer versorgt längst Sportstars aus aller Welt. Zu seinen Kunden zählten oder zählen u.a. Boris Becker, Ivan Lendl, Stephen Roche, Dailey Thompson, Katharina Witt sowie Fußball-Stars aus ganz Europa. Seit über 20 Jahren behandelt er auch Spieler anderer Bundesligavereine, so auch einige Akteure von Borussia Dortmund (Sammer, Möller, Kohler, Herrlich, Freund, Zorc). Müller-Wohlfahrt sieht darin kein Problem: „Ich sehe den Sportler als Patienten, nicht seine Vereinszugehörigkeit. Ich habe keine Konflikte." Uli Hoeneß, ein eher kritischer Fan des „Doc", der sich mit ihm auch schon mal öffentlich angelegt hat, sieht es anders: „Unser Vereinsarzt sollte keine Spieler anderer Vereine mehr behandeln, vor allem aber keine Dortmunder. Die müssen ihre medizinische Abteilung selber in den Griff bekommen." Seit einigen Jahren gehört MW außerdem zur medizinischen Abteilung der deutschen Nationalmannschaft.

Dem Naturheil-Methoden bevorzugenden „Doc" wird nachgesagt, ein „Genie der Diagnose" zu sein. In seiner Praxis am Münchener Marienplatz verkehrt auch die lokale Schickeria. Während der Saison 1995/96 vermutete man in Dortmund Wettbewerbsverzerrung, als Müller-Wohlfahrt Andy Möller wegen eines angeblichen Sehnenrisses zwischen Waden- und Schienbein einen Gips verordnete. Die Behandlung von Matthias Sammer und Rene Schneider führte während der Saison 1996/97 zum öffentlichen Disput. Die Entwicklung des Fußballs zum Showbusiness macht auch vor den medizinischen Abteilungen nicht halt: Um seiner Diagnose eines Bündelrisses im rechten Oberschenkel von Sammer Nachdruck zu verleihen, ließ der PR-bewußte Müller-Wohlfahrt ein Röntgenbild übers Internet verbreiten, was von Kollegen als ein „Unding" und „unseriös" gebrandmarkt wurde. Als Müller-Wohlfart auch noch den Fuß des BVB-Spielers Rene Schneider eingipste, kam das Faß zum Überlaufen. Ende Oktober 1996 trat Dr. Büscher als BVB-Vereinsarzt entnervt zurück. Büscher über seinen Konkurrenten: „Müller-Wohlfahrt schwebt jetzt in Sphären, wo er nur darauf aus ist, als bester Mediziner in Deutschland zu erscheinen." Die „SZ" fragte anläßlich der Kontroverse Müller-Wohlfahrt/Büscher, „ob da nicht einer der Doktoren ein bißchen die standesübliche Zurückhaltung vergessen hat. Gerade weil sie sich auf die Medizinerehre berufen, erscheint es als unangebracht, daß jeder den anderen auf allen möglichen Umwegen öffentlich der Unfähigkeit zeiht. Dem Eindruck, daß Dr. Büscher absorviert worden ist, kann man sich nur schwer erwehren." BVB-Präsident Niebaum sprach von einer „lächerlichen Seifenoper".

Büscher war nicht der erste Vereinsarzt, der mit Müller-Wohlfahrt öffentlich über Kreuz lag. Bereits vor Büscher behauptete der damalige Vereinsarzt von Borussia Mönchengladbach, Dr. Jürgen Selmann, daß der „Doc" Spieler länger als nötig krank schreiben würde, um bei ihrer frühzeitigen Rückkehr als Wunderheiler zu erscheinen. Den Vorwurf, Verletzungen bewußt zu dramatisieren, wies MW entschieden von sich. Der schnelle Heilungsprozeß bei seinen Patienten erkläre sich aus dem „hohen Zeitaufwand und der besonderen Gründlichkeit", die sein Team für einen Patienten aufwende. „Damit läßt sich die hohe Effizienz unserer Arbeit erklären."

Nachtweih, Norbert (4.6.1957)
Der Mittelfeld- und Abwehrspieler setzte sich gegen Ende der 70er aus der damaligen DDR ab, wo er für Motor Sangershausen, Traktor Polleben, MK Eisleben und Chemie Halle gekickt hatte. Nachtweih schloß sich zunächst Eintracht Frankfurt an. Für die Eintracht bestritt er 1977-82 120 Bundesligaspiele (26 Tore). 1980 gewann er mit den Frankfurtern den UEFA-Cup, 1981 den DFB-Pokal.
Beim FC Bayern kam Nachtweih 1982-89 auf 202 Bundesligaeinsätze (20 Tore). Mit dem FCB wurde er 1985, 1986, 1987 und 1989 Deutscher Meister sowie 1984 und 1986 DFB-Pokalsieger. 1989 wechselte Nachtweih zum AC Cannes. 1991 kehrte er zunächst in die Bundesliga zu Eintracht Frankfurt zurück, schloß sich aber noch während der Saison dem Zweitligisten Waldhof Mannheim an, für den er dann noch einige Jahre kickte.

Nafziger, Rudolf (11.8.1945)
Der erste Schönling beim FC Bayern und in den 60ern ein Idol der Münchener Twens. Der Dribbelkünstler Naf-

ziger, auch Bayerns „Brasilianer" genannt, gehörte zum Aufstiegsteam von 1965. In der Regionalliga spielte der Mittelfeldspieler und Stürmer 36mal für den FC Bayern und schoß dabei zwölf Tore. In der Bundesliga kam Nafziger auf 116 Spiele für den FCB, in denen er zehn Tore erzielte. Nafziger wurde mit dem FCB 1966 und 1967 DFB-Pokalsieger. 1967 gewann er mit den Roten außerdem noch den Europapokal der Pokalsieger.
Nafziger trug einmal das Nationaltrikot. 1968 wechselte er zum Schweizer Klub FC St. Gallen. 1970 kehrte er in die Bundesliga zurück und kickte zwei Spielzeiten für Hannover 96 (27 Einsätze), bevor er beim Linzer ASK seine Karriere beendete.

Nagelschmitz, Ernst
(1.5.1902 - 23.5.1987)
Der aus Budapest stammende „Kanna" schloß sich dem FC Bayern bereits als 13jähriger an und wurde 1920 Mitglied der 1. Mannschaft, gemeinsam mit Pöttinger und Dietl. Sein größter Erfolg mit dem FC Bayern war der Gewinn der Deutschen Meisterschaft 1932. Das Finale in Nürnberg war für den hochgewachsenen Außenläufer und brillanten Techniker bereits sein 378. Einsatz für den FCB. 1926 und 1928 wurde Nagelschmitz mit dem FCB süddeutscher Meister. In der Nationalmannschaft kam er einmal zum Einsatz, 1926 beim 4:2-Sieg über die Niederlande.

Nerlinger, Christian (21.3.1973)
Der in Dortmund geborene Nerlinger, sein Vater Helmut kickte von 1972-78 beim BVB und kehrte mit diesem 1976 in die Erstklassigkeit zurück, trägt das

Bayern-Trikot bereits seit dem 14. Lebensjahr. Seine ersten fußballerischen Gehversuche startete er beim TSV Forstenried.

Nerlingers Karriereverlauf belegt, wie schwierig es für talentierte Nachwuchsspieler und Nicht-Stars ist, sich beim FCB über mehr als nur eine Saison zu etablieren. Als der unzufriedene Nerlinger in der Hinrunde 1995/96 das Gespräch mit dem Vorstand suchte, mußte er erfahren, daß neue, teurere Spieler natürlich einen Bonus hätten. Seine Stunde kam erneut, als das Dream Team in die Krise geriet. Nerlinger gelangte zu der Erkenntnis: „Wenn es heißt, wir haben lauter Künstler und Zauberer, dann wird irgendwann auch einer für die Drecksarbeit gebraucht." Seine fußballerischen Vorbilder sind Sören Lerby und Klaus Augenthaler.

Im Winter 1995/96 avancierte Nerlinger zu einem „lokalen Helden" („SZ"), als er eine Spendenaktion für ein 13jähriges an Leukämie erkranktes Mädchen ins Leben rief. 400.000 DM kamen zusammen, über viertausend Menschen ließen eine Blutprobe entnehmen.

Als Nerlinger gegen Ende der Saison 1996/97 Abwanderungsgelüste artikulierte, zog der FC Bayern – „im Einvernehmen mit dem Spieler" (Rummenigge) – den Paragraphen 11, womit sich sein Vertrag um ein Jahr verlängerte. Für den Mittelfeldspieler hatten sich u.a. Lazio Rom und Arsenal London interessiert. Mit einem Jahressalär von 600.000 DM zählte Nerlinger bis dahin eher zu den „Kleinverdienern" beim FCB. Nach der Vertragsverlängerung schrieb die „SZ" über das FCB-Eigengewächs: „So richtig kann es sich niemand vorstellen, daß Nerlinger einmal nicht mehr für den FC Bayern spielt. Er gehört zu den wenigen Eingeborenen im Münchener Prominentenkreis. (...) Nerlinger ist wichtig für den FC Bayern. Im Mittelfeld, aber auch als Identifikationsfigur für die Anhänger. Am kommenden Sonntag ist das Derby gegen den TSV 1860; einem wie Nerlinger oder Dietmar Hamann (ehemals Wacker München) nimmt man ab, daß es in diesem Spiel um mehr geht als um Punkte."

Nerlinger wurde mit dem FC Bayern 1994 und 1997 Deutscher Meister sowie 1996 UEFA-Cup-Sieger.

Auch Vater Nerlinger, der beim MTV München groß wurde, spielte mal beim FCB. Allerdings nur eine Saison (1969/70), in der er auf sechs Bundesligaeinsätze kam.

Neudecker, Wilhelm
(24.10.1913 - 24.12.1993)

Franz Beckenbauer bescheinigte dem vom Maurerlehrling über den Geschäftsführer zum erfolgreichen Bauunternehmer aufgestiegenen Straubinger „eine Nachkriegskarriere, keine kurzlebige, gebaut auf Glück, Tricks und Spekulation, sondern eine solide, das Ergebnis von Verzicht und harter Arbeit".

Als Neudecker am 28.4.1962 FCB-Präsident wurde, hielten ihn viele nur für eine Übergangslösung. Neudecker sah sich zunächst mit einer Opposition konfrontiert, die ihm jedoch nur noch mehr Stärke verlieh. Die „Ära Neudecker" dauerte 17 Jahre und wurde zur erfolgreichsten in der Vereinsgeschichte des Klubs.

Der autoritäre Neudecker war – so die „Süddeutsche Zeitung" – „kein Großmeister des psychologischen Feingefühls". Der „Spiegel" schrieb in einem Nachruf 1993, Neudecker habe den Klub „wie ein Barockfürst" geführt.

Neudecker war wesentlich dafür verantwortlich, daß der FCB von einem maroden Unternehmen zum deutschen Profiklub Nr. 1 aufstieg. Der Präsident war davon überzeugt, daß der Erfolg eines Fußballvereins in gleicher Weise zu organisieren sei wie der eines Unternehmens. Ein derartiges Denken war im damaligen Fußball neu.

Den ehrenamtlichen Spielausschuß-Vorsitzenden ersetzte er ab 1966 durch einen dotierten Technischen Direktor, was seinerzeit ein Novum war. Neudecker selbst verkaufte sein Baugeschäft. Zuvor hatte er bereits in der Waltherstraße am Goetheplatz ein Büro für Immobilien und Vermögensverwaltung eröffnet, das allerdings mehr einer geheimen Kommandozentrale des FCB glich. Nach eigenem Bekunden werkelte Neudecker hier „in erster Linie für den FC Bayern, dann kommen erst die anderen Dinge". Zu Neudeckers Prinzipien gehörte der

Satz: „Ich mache alles, nur keine Schulden."

Neudecker war auch für den Bau des Vereinsheimes an der Säbener Straße (1971) verantwortlich, das damals als beispielhaft galt und ihm den Titel „Baumeister des FC Bayern" einbrachte. Mit dem Vereinsheim erhielt der Klub endlich eine Heimat.

Für den „Alten vom Tegernsee" geriet der FCB zu seinem Lebenswerk. Vieles machte er im Alleingang. Neudecker schreckte auch nicht davor zurück, sich in die Mannschaftsaufstellung einzumischen. Sepp Maier bezeichnete ihn als einen „Alleinherrscher, der keinen Widerspruch duldet".

Nicht nur bei der Einführung des Managers war Neudecker ein „Revolutionär": Der Präsident dachte bereits frühzeitig über die Europaliga nach und arbeitete an Plänen für eine Umwandlung des FCB in eine AG. Neudecker war der erste, der sich beim Fernsehen nicht dafür bedankte, daß es seinem Klub Aufmerksamkeit schenke, sondern Intendanten mit hohen Honorarforderungen konfrontierte.

Bei bedeutenden Spielen erschien er zuweilen zur Halbzeit in der Kabine, um die Prämie zu erhöhen. Dies erklärt, warum die Mannschaft manchmal erst die Pause abwartete, bevor sie mit dem Toreschießen begann.

Im März 1979 wurde Neudecker Opfer einer Spielerrevolte und eines Modernisierungsschubs beim FCB. Sepp Maier bezeichnete es als „typisch für den Dickschädel, daß er zurücktrat, weil wir Spieler uns einmal gegen ihn gewehrt hatten". Die Ära Neudecker trug wesentlich dazu bei, daß dem FC Bayern das Image anhaftet, ein „schwarzer" Verein zu sein. Der Antikommunismus des zur CSU konvertierten ehemaligen Sozialdemokraten trug zuweilen schon psychotische Züge.

Von 1974 bis 1986 saß Neudecker jenem Ligaausschuß des DFB vor, der von der heutigen Bayern-Führung aufs heftigste attackiert wird. Seine Wiederwahl im März 1979 erfolgte handstreichartig. Als die Bundesligapräsidenten im März 1979 im Frankfurter „Plaza" tagten, standen Wahlen nicht auf der Tagesordnung. Nachdem bereits einige Kollegen abgereist waren, wurde nachts um drei Uhr an der Hotelbar ein Antrag auf Neuwahlen beschlossen (Antragsteller war pikanterweise Bremens Präsident Dr. Böhmert).

Neudecker wurde zum Ehrenpräsidenten des FC Bayern ernannt. Außerdem war er Ehrensenator der Uni München, ein Titel, den er sich allerdings für eine Spende von 150.000 DM kaufen mußte, und Träger des Großen Verdienstkreuzes der Bundesrepublik Deutschland. Am Heiligen Abend 1993 starb Neudecker im Alter von 81 Jahren an Herzversagen.

Niedermayer, Kurt (25.11.1955)
Der Abwehr- und Mittelfeldspieler wechselte 1977 vom Karlsruher SC zum FC Bayern. Niedermayer erkämpfte sich auf Anhieb einen Stammplatz. 1977-82 bestritt er 145 Bundesligaspiele (32 Tore) für den FCB. Niedermayer wurde 1980, 1981 und 1984 Deutscher Meister mit den Bayern sowie 1982 DFB-Pokalsieger. 1982 wechselte er zum VfB Stuttgart, mit dem er 1984 seine vierte Deutsche Meisterschaft gewann. In der Nationalelf kam er viermal zum Einsatz.

Oblak, Branco (27.5.1947)
Seinen ersten Auftritt in deutschen Stadien hatte der jugoslawische Mittelfeldregisseur mit der glänzenden Übersicht während der WM 1974, als er mit dem Team seines Landes die Gruppenspiele vor Brasilien abschloß und in die 2. Finalrunde vordrang. Ein Jahr später holte ihn Schalkes Präsident Günter Siebert ins Ruhrgebiet. Branco Oblak, der von Hajduk Split kam, spielte zwei Jahre bzw. in 49 Bundesligaspielen für die Schalker (1975-77). 1977 wurde er mit den Blau-Weißen Vizemeister. Anschließend wechselte er zum FC Bayern, wo er jedoch in eine im Umbruch befindliche Mannschaft kam. 1980 wurde Oblak mit dem FC Bayern Deutscher Meister.

Oblak bestritt 1977-80 71 Bundesligaspiele (5 Tore) für den FCB. In der Nationalmannschaft Jugoslawiens kam er 50mal zum Einsatz.

Ohlhauser, Rainer (6.1.1941)
Bevor er sich 1961 dem FCB anschloß, kickte Ohlhauser für den FC Dilsberg und SV Sandhausen. Während seiner

FC Bayern online

„Der FC Bayern online bei AOL! Der FC Bayern ist endgültig ins elektronische Informations-Zeitalter vorgedrungen: Der größte und erfolgreichste deutsche Fußball-Verein und AOL, mit über acht Millionen Mitgliedern größter Internet-Online-Service der Welt, bieten den Fußball-Fans jetzt auch per Computer alles, was sie über das Team um Matthäus, Klinsmann, Scholl und Co. wissen wollen. Infos und News per Mouseklick – einfacher und aktueller geht's nicht mehr." So das „Bayern-Magazin" im Februar 1997. Bayern-Manager Uli Hoeneß anläßlich der Präsentation von „FC Bayern online": „Wir freuen uns sehr darüber, unsere Fans und alle Fußball-Interessierten jetzt auch auf elektronischem Wege erreichen zu können." Die deutsche AOL-Filiale wird von Bertelsmann betreut und verzeichnete im Frühjahr 1997 300.000 Kunden. Der Online-Dienst bietet den Bayern-Fans folgenden Service: einen einzigartigen Statistikteil, ein Fanklub-Archiv, ein „Schwarzes Brett", wo man Nachrichten, Fragen, Wünsche etc. hinterlassen kann, die Top-Angebote aus der Fan-Boutique, die „online" geordert werden können, und die Teilnahme an Talk-Runden, in dem die Fans mit Spielern und Verantwortlichen diskutieren können. Wenige Wochen nach Einrichtung von „FC Bayern online" wurden schon 180.000 Abfragen registriert. Den Fans bietet es auch die Möglichkeit, eigene Stammtische einzurichten. Während des DFB-Pokalspiels Karlsruher SC – FC Bayern (Februar 1997) tauschten sich ca. 50 Bayern-Fans, die nicht im Stadion, sondern vor dem Fernseher saßen, per Computer über das Gesehene aus.

Allerdings verfügt bei weitem nicht jeder Bayern-Fan über einen Zugriff auf den Online-Dienst. Voraussetzung ist nämlich der Besitz eines 486er Computers plus Modem, und natürlich muß man die Technologie auch beherrschen. Hinzu kommt eine monatliche Grundgebühr für die AOL-Mitgliedschaft (DM 9,80), die zwei Freistunden enthält. Jede weitere Minute kostet 10 Pfennig. Das „Mitsurfen" in der Welt des FC Bayern hat somit seinen Preis, weshalb die Gefahr besteht, daß hier innerhalb der Fan-Gemeinde eine „Zwei-Klassen-Gesellschaft" entsteht. Denn wer AOL-Mitglied ist, weiß mehr und verfügt über einen direkteren Zugang zu den Vereinsoffiziellen. Im Mai 1997 fand erstmals ein bundesweites Treffen von interessierten Bayern-Fans und AOL-Mitgliedern statt. Federführend ist hier der Fanklub „RuhrpottBazis" (Infos unter RpottBazis@aol.com.). AOL ist nicht übers Internet erreichbar. Aber im Internet haben einige FCB-Fanklubs ihre eigene Homepage. Im Frühjahr 1997 plante auch der Klub zusätzlich zum AOL-Service eine offizielle Homepage im Internet.

Schülerzeit glänzte „Oki" auch als Leichtathlet und Turner. Fußball war für den Mehrkampfmeister des Kreises Heidelberg zunächst nur ein Ausgleichssport.
In Bayerns Aufstiegssaison 1964/65 wurde Ohlhauser mit 42 Treffern Torschützenkönig der Regionalliga Süd. In der Bundesliga bestritt der Stürmer 1965-70 160 Spiele für den FC Bayern und erzielte dabei 64 Tore. In seinen insgesamt neun Jahren beim FCB kam Ohlhauser auf 329 Meisterschafts-, Pokal- und Europapokalspiele und 207 Tore. Ohlhauser wurde mit den Bayern 1969 Deutscher Meister, 1966, 1967 und 1969 DFB-Pokalsieger und 1967 Europapokalsieger der Pokalsieger. In der Nationalmannschaft kam er einmal zum Einsatz. 1970 wechselte der Torjäger zu Grashoppers Zürich.

Olk, Werner (18.1.1938)
Der Abwehrspieler und Kapitän der Jahre 1965-70 ist gebürtig aus Osterode in Niedersachsen. Bevor er sich 1960 dem FC Bayern anschloß, kickte er für Letter 05, TuS Seelze und Arminia Hannover. Wegen seiner akrobatischen Flugeinlagen im eigenen Strafraum wurde der gelernte Ingenieur für Wirtschafts- und Betriebstechnik von Robert Schwan „Adler von Giesing" getauft.
Olk bestritt für den FC Bayern 77 Spiele in der Oberliga, 46 in der Regionalliga und 144 Bundesligaspiele. 165 stieg Olk mit den Bayern in die Bundesliga auf. 1969 wurde er mit dem FCB Deutscher Meister, 1966, 1967 und 1969 DFB-Pokalsieger und 1967 Europapokalsieger der Pokalsieger.
Sein einziges A-Länderspiel bestritt Olk noch zu Oberligazeiten – am 8.

Oktober 1961 beim 2:0 über Polen in Warschau. 1970 wechselte Olk in die Schweiz zum FC Aarau. Als Trainer durfte Olk zweimal einen Aufstieg in die Bundesliga feiern: 1981 mit dem SV Darmstadt 98 und 1984 mit dem Karlsruher SC. 1986-90 arbeitete er beim FC Bayern als Assistenztrainer und Koordinator zwischen Lizenzspieler-, Amateur- und Jugendfußball.

Papin, Jean-Pierre (5.11.1963)
Kam zur Saison 1994/95 für 5,5 Mio. Mark vom AC Mailand. Das Engagement des von Verletzungsproblemen und familiären Herausforderungen (sein Sohn war schwer erkrankt) geplagten Franzosen reduzierte sich jedoch auf einige wenige spektakuläre Auftritte. Mit Otto Rehhagel kam Papin überhaupt nicht klar. Papin im Januar 1996: „Ich bin fit, doch Rehhagel bremst mich beim Training. Ich bin den anderen zu schnell. So was habe ich noch nie erlebt." Rehhagel habe ihm mitgeteilt, daß er an ein Duo Klinsmann-Papin nicht glaube, und der „Kaiser" bevorzuge ein Angriffsduo Klinsmann-Kostadinov.
Auch der Rausschmiß von Rehhagel hielt den beliebten Franzosen nicht in München. Nach der Saison 1995/96 kehrte Papin in seine französische Heimat zurück, wo er bei Girondins Bordeaux unterschrieb. Die Ablöse betrug eine Mio. DM.

Patek, Adolf
Der Wiener trainierte den FC Bayern 1958-61. Hans Eiberle beschreibt den legendären ehemaligen österreichischen Nationalspieler als „nobel" und „immer ein bißchen aufdringlich parfümiert".

Pekarna, Karl
Der Wiener hütete das FCB-Tor seit 1911 und galt damals als weltbester Keeper. Pekarna kam vom FC Wacker und hatte zuvor bereits als Profi bei einigen englischen Klubs und den Glasgow Rangers zwischen den Pfosten gestanden.
Pekarna soll als erster die englische „Robinsonade" (Flugparade) in München exerziert haben – behaupten die den Bayern zugeneigten Fußballhistoriker. Im Sechziger-Lager ist man indes der Auffassung, daß es ihr österreichischer Keeper Heinrich Spanier gewesen sei, der zur gleichen Zeit in München spielte.

Pfab, Karl (19.11.1906)
FCB-Vizepräsident 1962-87 und ein wichtiges Mitglied der „Neudecker-Crew". Diente als „Vize" außerdem noch Neudeckers Vorgänger Roland Endler sowie dessen Nachfolgern Willi O. Hoffmann und Fritz Scherer. Zuvor war Pfab drei Jahre Schatzmeister des Klubs. Als Vizepräsident kümmerte sich Pfab vor allem um die Amateurabteilungen des FCB.
Bis Ende 1996 ging Pfab, heute „Ehren-Vizepräsident" des Klubs, mit seinen mittlerweile 90 Jahren noch immer regelmäßig zu den „Montags-Kickern" des FC Bayern, wo er im Tor spielte – trotz einer Prothese am rechten Unterschenkel. Zu seinem 90. Geburtstag erhielt Pfab, Spitzname „Zamora", vom Verein u.a. ein Torwarttrikot mit der Nummer 90.

Pfaff, Jean-Marie (4.12.1953)
Der Sohn eines Artisten-Ehepaares, der mit seinen älteren Brüdern als Jongleur Jahrmärkte unterhielt, mußte bis zu seinem 15. Lebensjahr mit der Rolle des Stürmers vorliebnehmen, da seine geringe Körpergröße für die Torwartposition als nicht ausreichend erschien. Der Belgier kam 1982 für die Ablöse von ca. 800.000 DM zum FC Bayern, zu diesem Zeitpunkt eine enorme Summe für einen Torwart. Zuvor hatte er 304mal für den SK Beveren zwischen den Pfosten gestanden. 1978 war er mit dem Team aus der flämischen Kleinstadt überraschend belgischer Pokalsieger geworden. Ein Jahr später erreichte Beveren im Europapokal sensationell das Halbfinale. Bis dahin hatte Pfaff in den Europapokalspielen noch kein Gegentor zugelassen. Auch bei den beiden 0:1-Niederlagen gegen den FC Barcelona konnte Pfaff jeweils nur durch einen Elfmeter bezwungen werden. Ebenfalls 1979 wurde er mit Beveren Belgischer Meister.
Im Bayern-Trikot avancierte Pfaff zu einem der besten Torhüter in der Weltfußballgeschichte. Der Keeper Pfaff paßte beim FCB so gar nicht in das distanzierte Gesamtbild, sondern zeichnete sich durch bewußte Fan-Nähe

aus. Der „Sport-Informationsdienst" 1991 anläßlich der Verabschiedung von Pfaff: „Pfaff war der erste Bayern-Spieler, der bewußt und systematisch die Nähe der Fans gesucht hat. Was heute vom Verein nach Kräften gefördert wird, um das Bild des hochnäsigen Klubs zu korrigieren, war seinerzeit noch suspekt. Die Mitspieler interessierte der Fan als Dukatenesel, und so wurde Pfaff akzeptiert, weil er ein guter Torhüter war."

Pfaff bestritt für den FC Bayern 1982-88 156 Bundesligaspiele. 1985, 1986 und 1987 wurde er mit dem FCB Deutscher Meister, 1985 und 1986 DFB-Pokalsieger.
In der Nationalmannschaft Belgiens spielte der Keeper 62mal. 1980 stand er mit Belgien im EM-Finale (1:2 gegen die BRD), 1986 im WM-Halbfinale (0:2 gegen Argentinien). Im Historischen Museum in Brüssel steht Pfaff im Wachsfigurenkabinett der Madame Beaufort neben Julius Cäsar und Karl dem Großen.

Pflügler, Hans (27.3.1960)
Der in Freising geborene Pflügler stieß 1975 vom SV Vötting-Weihenstephan zur Jugendabteilung des FC Bayern. Bevor Pflüglers Bundesligakarriere begann, nahm er 1981 ein Ingenieurstudium auf. 1981-92 bestritt der Abwehrspieler 277 Bundesligaspiele (36 Tore) für den FC Bayern. 1985, 1986, 1987, 1989 und 1990 wurde Pflügler mit dem FCB Deutscher Meister, 1982, 1984 und 1986 DFB-Pokalsieger. In der Nationalmannschaft kam er nur elfmal zum Einsatz, nahm aber an der EM 1988 und WM 1990 teil (jeweils ein Einsatz).
1992 ließ sich Pflügler reamateurisie-

ren, blieb dem FCB aber weiterhin treu. Pflügler spielte in der Bayernliga und später Regionalliga für die Amateure des FC Bayern und bekleidete außerdem eine leitende Funktion in der Merchandising-Abteilung des Vereins. 1995 mußte er auch noch einmal bei den Profis ran: Am 8. April bestritt Pflügler nach fast dreijähriger Pause auf dem Betzenberg in Kaiserslautern sein 277. und letztes Bundesligaspiel.

Pöttinger, Josef
(16.4.1903 - 9.7.1970)
Josef „Pötschge" Pöttinger wurde im Münchener Stadtteil Neuhausen geboren. Gegen die filigrane Technik des Flügelstürmers wußten seine Gegenspieler sich oftmals nur durch brutale Fouls zu helfen, weshalb sich „Pötschge" ständig mit Verletzungen herumplagen mußte. Der „Kicker" schrieb über seine Spielweise: „Seine Balancekunst hebt geradezu die Gesetze der Schwerkraft auf, aus unmöglichen Lagen behält sein Schuß unerhörte Wucht und Präzision."
1922 kam Pöttinger erstmals bei einem

Städtespiel gegen Berlin repräsentativ zum Einsatz, nachdem Wackers Schaffer verletzt ausgefallen war. Nach nur 18 Minuten brach sich Pöttinger das Schlüsselbein.
Bei seinem Länderspieldebüt am 18.4.1926 in Düsseldorf gegen die Niederlande erzielte Pöttinger drei Tore zum deutschen 4:2-Sieg. 1930 mußte der Torjäger aufgrund einer Knieverletzung seine Karriere beim FCB beenden. Später wechselte er als Trainer nach Berlin, wo er den VfB Pankow zu einer lokalen Größe formte. Mit dem 1. SV Jena gelang ihm 1935 und 1936 die Qualifikation für die DM-Endrunde. Nach seiner Rückkehr in die süddeutsche Heimat trainierte Pöttinger noch Teutonia München, den VfB Stuttgart, den FCB (1946-47, 1947-48), den 1. FC Lichtenfels und BC Augsburg.
Pöttinger besaß einen kleinen Totoladen, der sich in der Nähe des Hofbräuhauses befand.

Pumm, Peter (3.4.1943)
Der Österreicher mit dem Spitznamen „Doktor" landete 1968 eher zufällig beim FC Bayern. Eigentlich wollte ihn der TSV 1860 verpflichten, aber da deren Keeper Radenkovic nicht die erhoffte deutsche Staatsbürgerschaft erhielt, war kein Platz mehr für einen weiteren Ausländer. Pumm: „Etwas besseres hätte mir gar nicht passieren können." Der Abwehrspieler, der von Wacker Innsbruck nach München gekommen war, bestritt 1968-71 84 Bundesligaspiele für den FC Bayern. Pumm kehrte in dieser Zeit auch in die österreichische Nationalelf zurück, wo er allerdings insgesamt auf nur sieben Länderspiele kam. 1969 wurde Pumm mit dem FC Bayern Deutscher Meister, ebenfalls 1969 und 1971 DFB-Pokalsieger. Nach der Saison 1970/71 verließ der Österreicher den FC Bayern und kehrte in seine Heimat zurück, wo er sich Alpine Donawitz anschloß.

Rehhagel, Otto (9.8.1938)
Große Worte begleiteten seinen Amtsantritt an der Säbener Straße im Sommer 1995. „Mister 1000 Volt ist gegen mich ein Schwachstrom-Elektriker", tönte Rehhagel. Und: „Bisher gehörten drei zur Elefantenrunde, jetzt kommt ein großer Elefant hinzu." Den SV Werder Bremen hatte Rehhagel 14 Jahre trainiert, in denen er den Klub zunächst zurück in die Bundesliga und anschließend zu zwei Deutschen Meisterschaften und jeweils einem Sieg im Europapokal (Pokalsiegerwettbewerb) und DFB-Pokal führte. Beim FC Bayern überlebte Rehhagel nicht eine Saison. Ende April 1996 wurde er vorzeitig entlassen.
Nach seinem Rausschmiß gab es auch gute Worte für den Trainer. Christian Ziege: „Er ist charakterlich zu gut für seinen Job. Er sieht in jedem Menschen das Gute. Rehhagel ist daran gescheitert, daß er nie durchgegriffen hat. Trotz aller Querelen – es hat Spaß gemacht." Rehhagel machte später Jürgen Klinsmann für sein Scheitern verantwortlich: „Bei meiner Entlassung soll Klinsmann der entscheidende Mann gewesen sein und gesagt haben: 'Rehhagel muß weg'." Rehhagel äußerte diese Beschuldigung ausgerechnet in der „Sport-Bild", die wie keine andere Zeitung zu seiner Demontage beigetragen hatte. Klinsmann bezeichnete die Behauptung als „an den Haaren herbeigezogen".

Vom FC Bayern wechselte Rehhagel in die Zweitklassigkeit zum 1. FC Kaiserslautern, den er im Sommer 1997 zurück in die Bundesliga führte. FCK-Manager Briegel kritisierte den Selbstdarstellungsdrang des Trainers. „Man hat den Eindruck, hier ist nur eine Person aufgestiegen und nicht die ganze Mannschaft."

Reuter, Stefan (16.10.1966)
Sein Debüt im Profifußball feierte der schnelle und lauffreudige defensive Mittelfeldspieler bereits als 17jähriger in der Saison 1984/85 in der 2. Liga. Am Ende der Saison war Reuter mit dem 1. FC Nürnberg in die Bundesliga aufgestiegen. 1988 wechselte Reuter nach 125 Meisterschaftsspielen für den „Club" zum FC Bayern, mit dem er 1989 und 1990 Deutscher Meister wurde. Nach 95 Bundesligaspielen für den FCB ging Reuters Reise 1991 weiter nach Italien zu Juventus Turin. Zu diesem Zeitpunkt hatte er bereits 18mal das Trikot der Nationalelf getragen, mit der er 1990 Weltmeister geworden war.

Reuter kam bei „Juve" nicht zurecht und kehrte 1992 in die Bundesliga zurück. Seither kickt er für Borussia Dortmund. Mit dem BVB gewann Reuter 1995 und 1996 die Deutsche Meisterschaft und 1997 die Champions League.

Ribbeck, Erich (13.6.1937)
„Sir Erich" trainierte 1968-73 Eintracht Frankfurt und 1973-78 den 1. FC Kaiserslautern. 1978 bis September 1984 war Ribbeck beim DFB beschäftigt, zunächst als Assistent von Bundestrainer Jupp Derwall. Später war Ribbeck dann für die Olympia-Auswahl zuständig. Ribbeck war beleidigt, als man ihn nicht zum Derwall-Nachfolger kürte. Der neue Teamchef, Franz Beckenbauer, wollte ihn nicht haben: „Entweder Köppel – oder ich spiele wieder mehr Golf."
1984-85 war Ribbeck Trainer bei Borussia Dortmund, 1985-88 bei Bayer Leverkusen. In Leverkusen gewann er mit dem UEFA-Cup die einzige Trophäe seiner Laufbahn. Anschließend war Ribbeck u.a. für den heutigen Bayern-Sponsor Opel tätig. Auf dem Höhepunkt der Bayern-Krise, als dem Klub ein erheblicher Reputationsverlust drohte, wurde Ribbeck auf die Trainerbank geschickt (März 1992). Im Dezember 1993 mußte er – obwohl auf Rang 2 – dem „Kaiser" weichen, der dann noch die Meisterschaft einfuhr. Die Spieler beklagten Ribbecks mangelhafte Kompetenz, rieben sich aber auch an seinen Defiziten in Sachen Menschenführung. Matthäus warf Ribbeck vor, er sei eifersüchtig auf die Spieler und gönne diesen nicht ihren hohen Stellenwert. Tatsächlich bestand Ribbecks einzig erkennbare

Linie darin, es bereits kurz nach seiner Ankunft mit den Stars aufzunehmen. Nach ähnlichem Muster verfuhr er anschließend auch noch bei Bayer Leverkusen (Schuster), wodurch der Klub in den Abstiegsstrudel geriet.

Ribbeck gehört zu den überschätztesten Figuren im deutschen Profifußball. Der gewöhnlich betont seriös daherkommende Ribbeck gilt bei vielen Spielern als „link". So weiß Manni Bender zu berichten: „Er kann einem ins Gesicht lächeln, und hintenrum sägt er dich ab."

Rizzitelli, Ruggiero (2.9.1967)

Der erste Italiener im Bayern-Trikot kam zur Saison 1996/97 vom italienischen Erstligaabsteiger AC Turin, wo er seit 1994 gekickt hatte. Zuvor spielte Rizzitelli beim AC Cesena (1984-86), mit dem er 1986 in die Serie A aufstieg, und dem AS Rom (1988-94), mit dem er 1991 italienischer Pokalsieger wurde. Rizzitelli wurde von Trapattoni wohl auch deshalb verpflichtet, weil er ein bißchen mehr deutsch kickt als die meisten seiner italienischen Kollegen.

Die „SZ" verglich ihn bereits nach einigen Monaten mit einem Beamten bei der italienischen Eisenbahn, und Lothar Matthäus (wer auch sonst) beschimpfte den sensiblen Spieler schon mal beim Training als „Cazzo", zu deutsch „Schwanz". Anfang März 1997 hatte Rizzitelli die Schnauze voll. „Trap hat mich enttäuscht, ich gehe", verkündete der Stürmer via „Gazetta dello Sport". Rizzitelli fühlte sich von Trapattoni ausgebootet und diskriminiert. „Wenn ein Deutscher ausgewechselt wurde, ging die Welt unter, da griff auch der Nationaltrainer ein.

Ich war der bequeme Ausweg, ich habe nie protestiert, ist das der Dank?"

Doch während der Rückrunde avancierte Rizzitelli unverhofft zu einem der wichtigsten Akteure im Bayern-Trikot und erzielte sieben Tore. Sechs weitere wurden von ihm vorbereitet. Rizzitelli stieg zum Publikumsliebling auf, wodurch sein Dasein in München erträglicher wurde. So relativierte er seine Abwanderungswünsche mit der Bemerkung: „Wenn Bayern will, dann bleibe ich." Vize-Präsident Rummenigge teilte dem Stürmer mit: „Ruggiero, wir sind mit dir zufrieden, und solche Spieler bekommen von uns die Höchststrafe – sie müssen noch länger bleiben."

Rohr, Gernot (28.6.1953)

Gernot Rohr, ein Großneffe des legendären Oskar „Ossi" Rohr (s.u.), kam 1972 vom VfL Neckarau, wo auch vier Brüder kickten und Vater Philipp Trainer war, zum FC Bayern. Der von Verletzungen schwer geplagte Gernot spielte 1972-75 nur sechsmal für den FCB in der Bundesliga, wurde aber mit dem FC Bayern 1973 und 1974 Deutscher Meister. Während der Saison 1974/75 gaben die Bayern den gebürtigen Mannheimer im Tausch gegen Bernd Förster an den SV Waldhof ab. Von Waldhof wechselte er zu Kickers Offenbach, wo ihn Johan Cruyff sah und Girondins Bordeaux empfahl. Rohr wurde in Frankreich zweimal zum besten Abwehrspieler der Division I gewählt.

Auch nach dem Ende seiner Spielerkarriere blieb Rohr in Bordeaux, wo er Girondins in verschiedenen Funktionen diente. 1996 kehrte der ehemalige Bayern-Spieler ins Münchener Olympiastadion zurück: als Trainer des UEFA-Cup-Finalisten Bordeaux. Anschließend widmete er sich erneut der Jugendarbeit seines Klubs.

Rohr, Oskar (24.4.1912 - 9.11.1988)
Sein Stammverein war der Mannheimer FC Phönix. Zum FC Bayern kam er 1930 vom VfR Mannheim. Mittelstürmer der Meistermannschaft von 1932 und Schütze der 1:0-Führung im Nürnberger Endspiel. Rohr, der auch „Ossi", „Schnacky" oder „Bubi" genannt wurde und die Nachfolge von Josef Pöttinger antrat, war der jüngste Spieler in der Meisterelf. Das Finale war erst sein 29. Spiel für die Rothosen. In den 16 Monaten seiner Vereinszugehörigkeit schoß der viermalige A-Nationalspieler über 30 Tore. 1933 verließ Rohr Deutschland, um einer der ersten deutschen Auslandsprofis zu werden. Rohr wechselte zunächst zu den Grashoppers Zürich, mit denen er 1934 den Schweizer Pokal holte. Nach nur einem Jahr verließ er die Schweiz wieder, um beim französischen Profiteam Racing Straßburg anzuheuern. Hier verbrachte Rohr seine sportlich erfolgreichsten Jahre. 1934/35 wurde er mit Straßburg Vizemeister und schoß 20 Tore. 1936/37 wurde der Goalgetter mit 30 Treffern französischer Torschützenkönig und zog mit Racing ins Pokalfinale ein, wo man allerdings gegen Sochaux unglücklich mit 1:2 unterlag. Rohr wurde während der deutschen Besatzung verhaftet, in ein KZ verschleppt und schließlich an die Ostfront geschickt.

Nach dem Krieg blieb Rohr in Deutschland und spielte noch bis 1949 für den VfR Mannheim, Schwaben Augsburg, FK Pirmasens und SV Waldhof.

Roth, Franz (27.4.1946)
Bevor sich der Liebling von Trainer „Tschik" Cajkovski dem FCB anschloß, spielte Roth für so klangvolle Namen wie TSV Marktoberdorf, TSV Bertholdshausen und SpVgg. Kaufbeuren. Für die Bayern, bei denen „Bulle" insgesamt 22 Jahre kickte, schoß der kräftige Mittelfeldmann (1,85 m, 82 kg) mit Vorliebe die wichtigsten Tore: 1967 im Pokalsieger-Endspiel gegen Glasgow Rangers und 1976 im Finale des Landesmeistercups gegen St. Etienne erzielte der Bauernsohn aus Amendingen bei Memmingen jeweils den Treffer zum 1:0-Endstand. 1975 erzielte er im Finale des gleichen Wettbewerbs den ersten Treffer beim 2:0-Sieg über Leeds United. Seinen Spitznamen verdankt „Bulle" seinem draufgängerischen Spielstil und Tschik Cajkovski: „Du hast ja Kraft wie ein Stier!" Mit dem FCB wurde Roth, der 1966-78 für die Roten 322mal in der Bundesliga mitwirkte (72 Tore), 1969, 1972, 1973 und 1974 Deutscher Mei-

ster, 1969 und 1971 DFB-Pokalsieger, 1967 Europapokalsieger der Pokalsieger, 1974, 1975 und 1976 Europapokalsieger der Landesmeister sowie 1976 Weltpokalsieger. Roth absolvierte zwischen 1967 und 1970 4 A-Länderspiele. 1977 mußte Roth nach zwei Achillessehnenrissen seine Karriere beenden. Mit einem Handicap von sechs ist Roth ein besserer Golfspieler als der „Kaiser".

Rummenigge, Karl-Heinz (22.9.1955) Der Außenstürmer kam 1974 vom Landesligisten Borussia Lippstadt, vermittelt durch Max Merkel und Robert Schwan. Den FC Bayern kostete er nur 17.500 DM.

Der Kaiser war vom Talent seines neuen Mitspielers nicht überzeugt: „Der wird nie einer." Rummenigge kam langsam, dann aber gewaltig. In seinem ersten Jahr beim FCB taufte ihn Trainer Lattek „Rummelfliege", weil „er immer so langsam schaut und dabei den Mund aufmacht, daß sich die Fliegen darin einnisten". Sein eigentlicher Spitzname war aber „Rot-

bäckchen", weil dem Neuling unter den Stars häufig aus Verlegenheit das Blut in die Birne schoß.

Die Geduld des FC Bayern mit dem ehrgeizigen Talent sollte sich auszahlen. In seiner ersten Bundesligasaison erzielte Rummenigge als 19jähriger in 21 Spielen fünf Tore. In der zweiten Saison waren es bereits immerhin acht Treffer bei 32 Einsätzen. Im dritten Bundesligajahr schoß Rummenigge zwölf Tore, im vierten erneut nur acht, im fünften immerhin 14. Erst in seiner sechsten Bundesligasaison schaffte der spätere Nationalstürmer und dreimalige Bundesliga-Torschützenkönig den Durchbruch zum Goalgetter. Rummenigge erzielte 26 Treffer und verbesserte so seine Quote von anfänglich 0,24 auf 0,76 pro Spiel. Für die Nationalelf versenkte er den Ball in 95 Länderspielen 45mal im gegnerischen Netz.

Der Torjäger Rummenigge war das Produkt harter Arbeit. Dettmar Cramer, sein großer Förderer, verordnete ihm ein Spezialtraining. Wenn seine Mitspieler bereits unter der Dusche standen, mußte Rummenigge üben, wie man Tore schießt.

Rummenigge bestritt 310 Bundesligaspiele für den FC Bayern, in denen er 162 Tore schoß. 1980 und 1981 wurde er mit dem FCB Deutscher Meister, 1982 und 1984 DFB-Pokalsieger. Mit der Nationalmannschaft wurde Rummenigge 1980 Europameister sowie 1982 und 1986 Vize-Weltmeister. 1980 und 1981 wählten Europas Sportjournalisten Rummenigge zu „Europas Fußballer des Jahres".

Zur Saison 1984/85 wechselte Rummenigge für die damalige Rekordablöse von 11,4 Mio. DM zu Inter Mai-

land. Der „Spiegel" errechnete, daß man für die Transfersumme fast schon eine Pershing-2-Rakete, ein echtes Picasso-Selbstbildnis oder 64 gefälschte Hitler-Tagebücher hätte kaufen können. Rummenigge wurde hinter Diego Maradona zum bestbezahlten Fußballer in der italienischen Liga. Als Rummenigge zu Inter wechselte, steckte der Traditionsklub in einer Krise. Auch mit Rummenigge blieb Inter titellos. Ein Tritt in die Achillesferse beendete im Februar 1987 seine Italien-Karriere. Als einer von drei Vize-Präsidenten beim FC Bayern ist Rummenigge für den Lizenzspielerbereich zuständig. Um näher an der Mannschaft zu sein, trainiert er zwar hin und wieder mit, will aber nicht den „Kummerkasten der Spieler" abgeben. Diesen spielt immer noch Uli Hoeneß.

Seit einiger Zeit wird Rummenigge als bezahlter Nachfolger von Franz Bekkenbauer gehandelt. Wird der FC Bayern in eine Aktiengesellschaft umgewandelt, soll Rummenigge neuer Präsident bzw. Vorstandsvorsitzender werden.

Rummenigge, Michael (3.2.1964)

Der jüngere Bruder von „Kalle" kam 1982 zum FC Bayern. Von 1982-88 bestritt der offensive Mittelfeldspieler 152 Bundesligaspiele im roten Trikot, in denen er 45 Tore schoß. Rummenigge II wurde mit dem FCB 1985, 1986 und 1987 Deutscher Meister sowie 1984 und 1986 DFB-Pokalsieger. 1988 wechselte er zu Borussia Dortmund und war wesentlich am dortigen Aufschwung beteiligt.

1989 wurde er mit dem BVB Pokalsieger. Nach 154 Bundesligaspielen für den BVB wechselte Rummenigge II während der Saison 1993/94 in die J-League zu Red Diamonds Urawa. Dort beendete er seine Karriere im Frühjahr 1996 wegen starker Verschleißprobleme im großen Zeh. Rummenigge: „Ich habe immerhin das Glück gehabt, für die beiden besten deutschen Klubs spielen zu können." Hingegen ließ seine Nationalmannschaftskarriere zu wünschen übrig. Rummenigge II bestritt lediglich 2 A-Länderspiele. „Es hätten schon ein paar mehr Länderspiele werden können, aber ich muß auch selbstkritisch feststellen, daß es zu meiner Zeit einige bessere Mittelfeldspieler gegeben hat." Rummenigge II betreibt heute eine Ein-Mann-GmbH, die Fußballschulen organisiert und Fanartikel vermarktet.

Scherer, Prof. Dr. Fritz (16.2.1940)

Der Augsburger Professor für Betriebswirtschaftslehre war von 1985 bis 1994 Präsident des FC Bayern. Im November 1994 wurde er auf den Posten des „Vize" und Finanzchefs geschoben, um einer Lichtgestalt Platz zu machen. Bereits vor seiner Präsidentschaft hatte Scherer dem Klub sechs Jahre als

Schatzmeister gedient. Scherer wurde seinerzeit auf Empfehlung des Unternehmers Rudi Houdek gewählt, dessen langjähriger Geschäftsleiter er gewesen war. Im Gegensatz zu seinen beiden Vorgängern galt Scherer als Freund von Team-Work.

In der heutigen Führungsriege des FC Bayern ist Scherer neben Uli Hoeneß der dienstälteste Funktionär.

Als Mitglied des vierzehnköpfigen Liga-Ausschusses, der das Allgemeinwohl des Profifußballs zu pflegen hat, befindet sich Scherer zuweilen in einem Interessenskonflikt und leicht neben der Linie von Beckenbauer/Hoeneß.

In seiner Jugend kickte Scherer auf Linksaußenposition für den BC Augsburg. Zum FC Bayern bekennt er sich seit dem DFB-Pokalfinale von 1966, das er live miterlebte.

Schiefele, Hans (1.10.1919)

Als Journalist war Hans Schiefele im Sport-Ressort der „Süddeutschen Zeitung" tätig, wo er vor allem über „seine" Bayern und die Nationalmannschaft berichtete.

Schiefele trat dem FC Bayern bereits am 13. September 1928 bei. Auf der Mitgliedsliste steht hinter seinem Namen die Nummer 9. Schiefele war zunächst Abteilungsleiter der Kegler des FC Bayern. In den 50er und 60er Jahren zeichnete er für die Klub-Zeitung verantwortlich. Später wurde er Schriftführer, 1987 dann Vizepräsident des FCB.

Anläßlich seines 75. Geburtstags hieß es in einer Laudatio seines Vorstandskollegen Dr. Fritz Scherer: „Ich schätze Hans Schiefele als einen ruhigen, ausgleichenden, humorvollen und auch kritischen Kollegen. Er ist im Präsidium unser vorbildlicher Verbindungsmann zu den Amateurabteilungen. Für den FC Bayern ist er einfach unentbehrlich."

Als Fußballschreiber der „SZ" war Schiefele dafür verantwortlich, daß Löwen-Keeper Petar Radenkovic den Künstlernamen „Radi" erhielt.

Schmid, Hans

Mitglied der Meisterelf von 1932. Kam von den Münchener Bajuwaren zum FCB und soll mit Wiggerl Hofmann den besten linken Bayernflügel aller Zeiten gebildet haben.

Schmidt, Helmut (9.6.1949)

Sein Tor zum 1:0 am 29. Spieltag der Saison 1968/69 bei Borussia Dortmund bedeutete die erste Bundesligameisterschaft für den FC Bayern. Ebenfalls 1969 wurde der Mittelfeldspieler mit dem FCB auch noch DFB-Pokalsieger.

Schmidt bestritt 1967-70 49 Bundesligaspiele für die Bayern.

Schneider, Edgar (17.8.1949)

Der vielseitig verwendbare Pforzheimer erzielte als Einwechselspieler im DFB-Pokalfinale von 1971 mit einem fulminanten Schuß das Siegtor zum 2:1 über den 1. FC Köln. Seine Teamkameraden nannten ihn fortan „Hammer-Ede". Gerd Müller erstritt für Schneider die volle Auszahlung der Siegprämie von DM 10.000.

Schneider bestritt 1970-74 66 Bundesligaspiele für den FCB. Außer dem Pokalsieg stehen auch noch zwei Deutsche Meisterschaften (1972, 1973) zu Buche.

Scholl, Mehmet (16.10.1970)
Sein leiblicher Vater ist der Türke Ergin Yüksel, der jedoch die Familie verließ, als Mehmet fünf war. Aufgrund der hohen Schulden, die der Vater hinterlassen hatte, wuchs der Kicker zunächst in recht bescheidenen Verhältnissen auf. Die Mutter, von Beruf Krankengymnastin, heiratete den Sportlehrer Hermann Scholl, der Mehmets fußballerisches Potential erkannte und ihn nach Kräften förderte. Als Jugendspieler beim Karlsruher SC hatte Scholl wiederholt Probleme mit seinen Trainern, die seine Ballverliebtheit kritisierten. In der B2 und A1 war Scholl zeitweise nur Ersatz. Noch vor seinem Abitur (Schnitt: 2,4) wurde Scholl beim KSC Profi.

Als Scholl 1992 beim FCB unterschrieb, sprach Karl-Heinz Rummenigge vom „größten Talent des deutschen Fußballs". Insbesondere Beckenbauer hatte sich für den schmächtigen Kicker stark gemacht. Doch der Mittelfeldspieler mit den schnellsten Haken und Drehungen in der Liga benötigte seine Zeit. Zwar wurde Scholl 1994 mit dem FC Bayern Deutscher Meister, aber der Durchbruch gelang ihm erst eine Saison später unter Trainer Trapattoni, als er sogar die Nummer 10 und die Kapitänsbinde überstreifen durfte. Seine bislang beste Saison erlebte Scholl 1995/96. Scholl hatte großen Anteil daran, daß der FCB den UEFA-Cup gewann. Mit der Nationalmannschaft wurde der Supertechniker Europameister. Und die Fans des FC Bayern wählten ihn zum „Spieler der Saison". Mit 49,7% der Stimmen lag Scholl klar vor seinen Kollegen Matthäus (15,9%), Klinsmann (13,1%), Helmer (5,5%) und Kahn

(5,3%). 1996 wählte das unsägliche Teenie-Blatt „Bravo-Sport" Scholl zum beliebtesten Sportler des Jahres. Mittlerweile plagten den Spieler jedoch schwere private Probleme, nachdem ihn seine Frau mit dem gemeinsamen Sohn verlassen hatte.

Scholls zuweilen etwas fragwürdiger Humor nervt nicht nur seine Kollegen, sondern rief auch schon die Politik auf den Plan: „Hängt die Grünen, solange es noch Bäume gibt", ließ Scholl im Bayern-Jahrbuch 95/96 verlauten. „Zieht dem Scholl die Vorderzähne, solange es noch Nagetiere gibt", konterte ein Landtagsabgeordneter der bayerischen Grünen. Scholls Humor scheint sich an Harald Schmidt zu orientieren. Scholl über seinen Lieblingsentertainer: „Sein Humor ist deshalb so gut, weil er keine moralischen Grenzen kennt."

Josef Kelnberger schrieb im Dezember 1996 in der „SZ" über den populärsten Teenie- und Popstar der Bundesliga: „Auch außerhalb des Spielfelds verkörpert er den Zeitgeist einer Jugend, von der es heißt, sie wolle sich nicht in Schablonen pressen lassen, schon gar nicht in jene der political correctness. (...) 'Wie Take That', pflegt Bayern-Vizepräsident Karl-Heinz Rummenigge zu spotten, wenn nach dem morgendlichen Bayern-Training Hunderte von Teenagern 'Schol-li' kreischen. Rummenigge war früher ein Fußball-Superstar, Lieder wurden nach ihm gesungen, doch diese Hysterie hat er selbst als Weltfußballer nie ausgelöst – diesen hellen Aufschrei, so untypisch für eine rauhe Fußballarena, wenn im Olympiastadion der Mann mit der Nummer sieben angekündigt wird. Es ist der Pop der neunziger Jahre. Die vom Springer-Verlag mittels Sat.1 und Bild-Zeitung betriebene Popularisierung der Fußball-Bundesliga. Fußball ist in den Rang einer Unterhaltungsindustrie erhoben und mit einer eigenen Ästhetik versehen worden: schmissig, peppig, ran! So eröffneten sich völlig neue Märkte, auch die Teenager kehrten zurück zum Fußball, und Mehmet Scholl bedient die Zielgruppe wie kein Zweiter."

In der Saison 1996/97 wurde Scholl zwar mit dem FC Bayern zum zweiten Mal Deutscher Meister und schoß im Lokalderby gegen den TSV 1860 ein wunderschönes Tor, dennoch zählte Scholl zu den Verlierern dieser Spielzeit. Seine persönlichen Probleme hatten zeitweise die Oberhand gewonnen. Hinzu kam, daß Scholl mit dem um ihn herum entfachten Rummel nicht fertig wurde.

Bis zum Ende der Saison 1996/97 bestritt Scholl für den FCB 143 Bundesligaspiele und erzielte dabei 42 Tore.

Schumann, Heiner

Seit dem 1. Juli 1995 Jugendkoordinator beim FCB. Zuvor betreute der studierte Pädagoge (Oberstudienrat für Wirtschaftslehre) die A-Jugend des FC Augsburg, mit der er 1993 Deutscher Meister wurde. Schumann gilt als Entdecker von fünf Nationalspielern: Bernd Schuster, Raimond Aumann, Karlheinz Riedle, Roland Grahammer und Christian Hochstätter. Bereits 1986 sollte er Udo Latteks Co-Trainer werden, doch Schumann lehnte damals ab.

Schupp, Markus (7.1.1966)

Der Mittelfeldspieler kam 1992 von Wattenscheid 09. Zuvor hatte Schupp für den 1. FC Kaiserslautern gekickt und gehörte zum Meisterteam von 1991. Für den FC Bayern bestritt Schupp 91 Bundesligaspiele (12 Tore). 1994 wurde er mit dem FC Bayern Deutscher Meister.

Der Aufbau des Dream Teams beendete seine Karriere beim FCB. Schupp wechselte zur Frankfurter Eintracht, mit der er 1996 aus der Bundesliga abstieg. Anschließend heuerte er beim Hamburger SV an.

Schwabl, Manfred (18.4.1966)

Der kleine Mittelfeldspieler kam vom FC Holzkirchen zum FCB und wurde zum Pendler zwischen München und Nürnberg. 1986 wurde Schwabl mit den Bayern Deutscher Meister, kam in dieser Saison allerdings nur auf 7 Einsätze. Schwabl wechselte zum 1. FC Nürnberg und qualifizierte sich mit diesem 1988 für den UEFA-Cup. Nach 94 Bundesligaspielen für den „Club" kehrte Schwabl zur Saison 1989/90 zum Rekordmeister zurück, mit dem er auch prompt die Meisterschaft gewann. Während der Saison 1992/93 wechselte Schwabl erneut zum „Club". 1994 war dann wieder die Isarmetropole angesagt. Diesmal zog es Schwabl allerdings zum TSV 1860, wo er zu einem der wichtigsten Leistungsträger und Führungsspieler avancierte. Für den FC Bayern absolvierte Schwabl insgesamt 110 Bundesligaspiele (7 Tore), für die Sechziger bis zum Ende der Saison 1996/97 83 (ein Tor). In der Nationalmannschaft kam er viermal zum Einsatz. Ende der Saison 1996/97 führte Schwabl beim TSV 1860 eine Revolte gegen den autoritären Präsidenten Wildmoser an.

Schwan, Dr. Robert

Der ehemalige Versicherungsdirektor hatte zwar nach eigenem Bekunden „vom Fußball keine Ahnung", avancierte jedoch zum Pionier des modernen Fußballmanagements in Deutschland. Schwans Stärken waren organisatorisches Geschick und Geschäftssinn. Die Branche nannte ihn auch „großen weißen Vogel". Schwan managte nicht nur den FC Bayern, sondern auch Beckenbauer, was nicht ohne Probleme verlief.

Der eitle Schwan einmal über sich selbst: „Ich kenne nur zwei intelligente Menschen, Schwan am Vormittag und Schwan am Nachmittag." Schwans letzte Transferaktivität für den FC Bayern war der Verkauf des Kaisers an Cosmos New York. Mit Beckenbauer lebt er heute Haus an Haus im Schickimicki-Domizil Kitzbühel.

Schwarzenbeck, Georg (3.4.1948)

Der Abwehrspieler kam 1962 von den Sportfreunden München zum FC Bayern. Seinen Spitznamen „Katsche" erhielt er schon in frühester Jugend, warum und von wem, weiß er selbst nicht mehr. Beim FC Bayern riefen ihn einige nach einem rauhbeinigen Abwehrspieler von Glasgow Celtic „Gemmell". Seine Gegenspieler bezeichneten ihn als „Frankenstein". Von den sechs Bayern, die 1974 mit der Nationalmannschaft Weltmeister wurden, ist „Katsche" der einzige, der aus dem Blickfeld der Öffentlichkeit völlig verschwunden ist. Der bescheidene Ex-Wasserträger und Bodyguard des Kaisers, der den Beruf des Buchdruckers erlernte, führt heute vor den Toren Münchens ein Schreibwarengeschäft und beliefert den FC Bayern mit Büromaterial. In Sachen Eigenvermarktung konnte Schwarzenbeck seinen Mitspielern Beckenbauer, Breitner und Hoeneß nicht das Wasser reichen. Aus dem WM-Titel wußte „Katsche" kein Kapital zu schlagen. „Ich habe – wie eigentlich immer – meinen Vertrag zu früh verlängert, und ich bin keiner, der hinterher hingeht und sagt: Ich bin Weltmeister und will jetzt mehr Geld. Das kann ich nicht." Auch bei der Verteilung des Werbekuchens ging Schwarzenbeck leer aus.

Schwarzenbeck begann als Außenverteidiger, wurde dann aber von Branco Zebec zum Vorstopper umgeschult. Der technisch nicht gerade beschlagene Fußballarbeiter („Ich liebe die englische Spielweise, das Hart-an-den-Mann-Gehen") erzielte eines der wichtigsten Tore der Bayern-Geschichte. Im Europacupfinale 1974 gegen Atletico Madrid schoß „Katsche" kurz vor

dem Abpfiff mit einem Gewaltschuß den Ausgleich zum 1:1 und rettete die Bayern somit in ein Wiederholungsspiel, das sie souverän 4:0 gewannen. Von den 44 A-Länderspielen, die „Katsche" bestritt, gingen nur fünf verloren, eines davon durch Elfmeterschießen. 1972 wurde er mit der Nationalmannschaft Europameister, 1974 Weltmeister, 1976 EM-Zweiter. Auch bei der WM 1978 gehörte er zum Kader des DFB-Teams, kam jedoch nicht zum Einsatz.

„Katsche" absolvierte 1966-80 416 Bundesligaspiele (21 Tore) für den FC Bayern. 1969, 1972, 1973, 1974 und 1980 wurde er mit dem FCB Deutscher Meister, 1967, 1969 und 1971 DFB-Pokalsieger, 1967 Europapokalsieger der Pokalsieger, 1974, 1975, 1976 Europapokalsieger der Landesmeister sowie 1976 Weltpokalsieger. Seine Karriere wurde 1980 durch einen Achillessehnenriß beendet.

Siedl, Gerhard (22.3.1929)

Der technisch versierte und torgefährliche Nachfolger von Josef Pöttinger

auf der Mittelstürmerposition galt als hoffnungsvolles Talent. In den 50ern zählte Siedl zu den besten Stürmern im deutschen Fußball. 1952 wurde er deutscher Torschützenkönig. 1951-56 trug er 16mal das saarländische Nationaltrikot. Siedl war auch dabei, als die Saar-Auswahl in der Qualifikation zur WM 1954 gegen den späteren Weltmeister BRD ausschied. 1957 kehrte er zum FC Bayern zurück. Im gleichen Jahr spielte er auch erstmals in der DFB-Auswahl (2:1 gegen die Niederlande) und schoß auf Anhieb ein Tor. Es folgten noch fünf weitere Länderspiele (zwei Tore). Siedl bestritt 123 Oberligaspiele (35 Tore) für den FCB. Einer ganz großen Karriere standen allerdings „mangelnde Ernsthaftigkeit" und Trainingsfaulheit im Wege.

Simetsreiter, Wilhelm (6.3.1915)

„Schimmy" gilt als bester Münchener Linksaußen der Nachkriegszeit. Ab 1934 spielte Simetsreiter in der 1. Mannschaft des FC Bayern. In der Gauliga war der technisch versierte Stürmer der erfolgreichste Torschütze des FCB. 1936 gehörte Simetsreiter zum deutschen Olympiaaufgebot und schoß gegen Luxemburg drei Tore. Insgesamt kam er im Trikot der Nationalmannschaft auf acht Tore.

In der Oberliga bestritt Simetsreiter noch 26 Spiele (13 Tore) für den FCB, bevor er 1947 seine Karriere beendete. Simetsreiter ist Ehrenmitglied des FC Bayern und repräsentiert im Verwaltungsbeirat die letzte personelle Verbindung zur Vergangenheit.

Spannbauer, Erich

Schon in den 60ern besaß der FC Bayern mit Erich Spannbauer einen be-

Spielstätten und Trainingsplätze des FC Bayern

Nur wenige Klubs mußten in ihrer Geschichte so oft umziehen wie der FC Bayern. Seine ersten Spiele trug der FC Bayern auf der Theresienwiese aus, wo seit 1810 auch das Oktoberfest stattfindet. Die Theresienwiese, auf der eine Reihe von Rasensportarten betrieben wurden, war die Wiege des Münchener Fußballs. Bereits einige Jahre vor den Bayern unternahmen hier andere fußballerische Zusammenhänge ihre ersten Gehversuche. So auch Münchens erster Fußballklub „Terra pila". Der Münchener Fußballchronist Michael Steinbrecher über die „Wiesenfußballer": „Honorige Bürger entsetzten sich in den 90er Jahren des vorigen Jahrhunderts bei ihren Sonntagnachmittagsspaziergängen zu Füßen der gußeisernen Mammut-Bavaria über das wilde Treiben ausgewachsener Mannsbilder, die sich nicht schämten, einer mit alten Lumpen ausgestatteten 'Nudel' nachzujagen. Noch ahnten die schockierten Herren und Damen, die da lustwandelten, nicht, welchem Zweck jene 'Male' dienten, die von den verrückten 'Balltretern' mit Regenschirmen, Stöcken oder einem Bündel abgelegter Kleidungsstücke abgesteckt worden waren. Und eines Tages war sogar ein richtiger Lederball da, den sich die 'spinnaten Halbstarken von 1896' – aus Berlin hatten schicken lassen. Die Spieler waren Gymnasiasten, junge Kaufleute, Künstler und Handwerker." Der FC Bayern begann also im Stadtteil Sendling, wo

auch sein Stammverein MTV 1879 zu Hause war.

Im Juli 1901 spielte der FCB dann erstmals an der Clemensstraße in Schwabing. Im September 1907 erfolgte der Umzug an die Leopoldstraße (ebenfalls Schwabing), wo sich die Anlage des MSC befand, dem sich der FC Bayern am 1. Januar 1906 angeschlossen hatte. Die Leopoldstraße blieb bis 1922 die Hauptspielstätte des FC Bayern. Häufiger spielte der FC Bayern nur an der Grünwalder Straße und im Olympiastadion. In der Saison 1922/23 trug der FC Bayern fast alle Heimspiele auf dem MTV-Platz Marbachstraße in Sendling aus. 1923/24 und 1924/25 spielte der Klub häufig auf dem Teutonia-Platz am Oberwiesenfeld, nur unweit entfernt vom heutigen Olympiastadion. 1925/26 wurde dann das Stadion an der Grünwalder Straße, Heimat des Lokalrivalen TSV 1860 und damals auch noch in seinem Besitz, zur Hauptspielstätte der Bayern und blieb dies bis zur Fertigstellung des Olympiastadions im Jahr 1972. Eine Ausnahme bildeten die Jahre, in denen die Grünwalder Straße aufgrund von Kriegsschäden nicht benutzbar war. Obwohl die Grünwalder Straße seit 1937 der Stadt gehörte, blieb sie im öffentlichen Bewußtsein die Arena der Sechziger, in der der FCB nur Gast war. 1943/44 spielten die Bayern häufig im Dante-Stadion (Stadtteil Gern, nahe dem Westfriedhof), 1944/45 vor allem an der Schlierseestraße. In den ersten Nachkriegsjahren trainierte und spielte der FCB auf der Anlage der Bayeri-

schen Hypotheken- und Wechsel-
bank. Am 1.4.1948 erfolgte jedoch
die Aufkündigung des Pachtverhält-
nisses, als die Betriebsmannschaft
(„Hypoklub") der Bank Eigenbedarf
anmeldete. Der FC Bayern durfte
zunächst noch für ein weiteres Jahr
auf dem Hypoplatz spielen, bevor
ihm die Stadt die Benutzung eines
Teils der Spielplätze an der Säbener
Straße in Neuharlaching gestattete.
Allerdings mußte sich der Klub die
Anlage zunächst mit dem US-Mili-
tär teilen.
Lediglich bis 1922 spielte der FC
Bayern regelmäßig in seinem Hei-
matbezirk Schwabing. Als eigene
Anlage konnte er nur die Clemensstraße und die Leopoldstraße nennen. Über 40 Jahre war er gar nur
„Gast" in der Arena des Lokalrivalen.
Auch unter diesem Gesichtspunkt
war der Bau des Olympiastadions
am Rande Schwabings für den „hei-
matlosen" FC Bayern ein Geschenk
des Himmels.

Geschäftsstellen des FC Bayern
Viele Jahre befand sich die Geschäftsstelle in der Weinstraße 14/II
(Stadtzentrum, zwischen Marienplatz und Frauenkirche). Im Krieg
wurde das Haus total zerstört, weshalb man vorübergehend in die Ag-
nes-Bernauer-Straße 106 (Stadtteil
Laim) umzog. Zum Zeitpunkt des
Bundesligaaufstiegs (1965) befand
sich die Geschäftsstelle in der Landwehrstraße (Stadtzentrum, unweit
vom Deutschen Theater), bevor
1971 der Umzug an die Säbener
Straße erfolgte.

rühmten Vereinsarzt. Spannbauer erwarb sich durch bis dahin ungewöhnli-
che Behandlungsmethoden einen Namen, insbesondere mit der Spezial-
manschette. Allerdings gibt es nicht
nur Gutes über den Arzt zu berichten.
So versuchte Spannbauer, verletzte
Spieler mittels Cortison-Spritzen auf-
zupäppeln.

Starek, August (16.2.1945)
Der österreichische Nationalspieler
spielte für den FC Bayern 1968-70 und
bestritt 38 Bundesligaspiele im Bayern-Trikot, in denen er fünf Tore erzielte. Zunächst war „Gustl" 1967 von
Rapid Wien zum 1. FC Nürnberg gewechselt. Starek kickte zwar nur drei
Jahre in der Bundesliga, gewann in dieser Zeit jedoch zwei Deutsche Meisterschaften: 1968 mit dem 1. FC Nürnberg, 1969 mit dem FC Bayern. Außerdem wurde er mit dem FCB 1969 auch
noch DFB-Pokalsieger.
Unter Zebec gehörte Starek zum
„Überstundenquintett", zu dem des
weiteren Beckenbauer, Müller, Roth
und Schwarzenbeck zählten. Dem
Trainer war vor allem Stareks Liebe
zum „kühlen Blonden" ein Dorn im
Auge. Gerd Müller: „Wenn der August
die auferlegten Strafen bar bezahlen
würde, wäre er ein armer Mann. Da
nimmt er lieber die zusätzlichen Trainingseinheiten in Kauf."

Sternkopf, Michael (21.4.1970)
Am 13. Februar 1990 begaben sich Uli
Hoeneß und Jupp Heynckes per Inter-
city nach Karlsruhe, um das 19jährige
KSC-Talent Michael Sternkopf zu ver-
pflichten. Am Bahnhof kauften Mana-
ger und Trainer noch schnell einen
Blumenstrauß für Mutter Sternkopf,

wodurch ihre geheime Mission vorzeitig aufflog. Noch bevor die FCB-Delegation im Hause Sternkopf ankam, war KSC-Präsident Schmider über die Eindringlinge informiert. Sternkopf wechselte für eine Ablöse von 3,2 Mio. DM zuzüglich einiger Zusatzvereinbarungen an die Säbener Straße. Die in ihn gesetzten hohen Erwartungen konnte das Talent jedoch zu keiner Zeit erfüllen. Fünf Jahre FC Bayern reichten nicht zum Durchbruch, weshalb Sternkopf 1995 zu Borussia Mönchengladbach wechselte. Aber auch auf dem Bökelberg blieb ihm ein Stammplatz verwehrt. Während der Saison 1996/97 ging Sternkopf zum SC Freiburg, nach dessen Abstieg zu Arminia Bielefeld.

Sternkopf retrospektiv: „Ich würde trotz allem wieder nach München gehen." Und über die bayerninternen Verhältnisse: „Dort schaut jeder auf sich, um möglichst gut dazustehen. Das ist so bei Bayern, das bleibt auch so."

Der Mittelfeldspieler bestritt 1990-95 94 Bundesligaspiele (4 Tore) für den FC Bayern. 1994 wurde er mit dem FCB Deutscher Meister.

Stoiber, Edmund (Jg. 1941)

Vorsitzender des Verwaltungsbeirats des FCB, außerdem Ministerpräsident des Freistaats Bayern. Stoiber sorgte 1980 erstmals für Schlagzeilen, als er den linken Autor Bernt Engelmann und andere als „Ratten und Schmeißfliegen" bezeichnete. Stoiber liebt noch heute die unkonventionelle Attacke und schafft in seiner Politik laut „Spiegel" „eine atemberaubende Symbiose aus High Tech und Alpenglühen, Internet und Kruzifix, BMW und Bau-

ernschrank". Sein heftigster innerparteilicher Konkurrent ist Löwen-Anhänger Theo Waigel.

Streitle, Jakob (11.12.1916)

Der als linker Verteidiger oder Mittelläufer spielende Streitle debütierte 1935 in der 1. Mannschaft des FC Bayern. Auch nach dem 2. Weltkrieg war Streitle noch viele Jahre ein Führungsspieler des FCB. In der Oberliga bestritt er 1945-55 214 Spiele (ein Tor) für die Bayern.

Streitle stand auf Sepp Herbergers Liste von Spielern, die der „Reichstrainer" in einer Operation „Heldenklau" von der Front loszueisen versuchte.

Streitle trug 15mal das Trikot der Nationalelf, davon 7mal im Zeitraum 1950-52. Streitle gehörte auch noch zum WM-Aufgebot 1954, war beim Endspiel gegen Ungarn jedoch nicht dabei. Als das bundesdeutsche Team 1951 in Dublin gegen Irland spielte, gelang ihm per Kopf der Ausgleich. Der Treffer wurde jedoch nicht anerkannt, da – während der Flugzeit des Balles – die Spielzeit bereits abgelaufen sein sollte.

Sein Abschiedsspiel absolvierte Streitle am 9. Mai 1954 gegen Manchester City, das mit dem legendären deutschen Keeper Bernd Trautmann angereist kam. Das Spiel endete 3:3.

Strunz, Thomas (25.4.1968)

Der vorläufig letzte einer Reihe von Duisburgern im Trikot des FCB kam erstmals zur Saison 1989/90 an die Säbener Straße und wurde mit den Bayern auf Anhieb Meister. 1992 wechselte Strunz zum VfB Stuttgart, nachdem ihn Trainer Erich Ribbeck während der Saison 1991/92 aus der Mann-

schaft geschmissen hatte. Vier Monate mußte Strunz auf der Tribüne sitzen. Gegen den Widerstand der Vereinsführung bestand Ribbeck auf seinem Verkauf. Mit dem VfB dümpelte der Mittelfeldspieler nur im Mittelfeld der Bundesliga herum. Strunz fehlte der „Erfolgsdruck, den man in München hat". Nach drei Jahren im Schwabenland kehrte Strunz zur Saison 1995/96 wieder zum FC Bayern zurück. „Das Schönste an Stuttgart ist die Autobahn nach München", soll er gesagt haben. Von Berti Vogts wurde Strunz, dem eine gewisse Arroganz nachgesagt wird, nach der EM 1996 als „Egoist" charakterisiert. Der Spieler selbst: „Irgendwo muß man in dem Geschäft ein Egoist sein. (...) Einen richtigen Freund im Fußball kennenzulernen, ist sowieso wahnsinnig schwer."
Insgesamt bestritt Strunz 1989-92 und 1995-97 102 Bundesligaspiele für die Bayern. Außer der Meisterschaft 1990 kann er auch noch den Titelgewinn 1997 sowie den UEFA-Cup-Sieg 1996 verbuchen. Mit der Nationalmannschaft wurde er 1996 Europameister.

Stürmer

Stürmer haben es seit einigen Jahren äußerst schwer beim FC Bayern. Mag sein, daß die Schatten von „Bomber" Gerd Müller und Karl-Heinz Rummenigge zu lang sind. Da so viele ihrer Nachfolger scheiterten, wird der Trainingsplatz des FC Bayern auch „Friedhof der Stürmer" genannt.
Auf den Stürmern lastet der Erwartungsdruck besonders stark. Klaus Augenthaler Anfang 1997: „Wann hat bei Bayern zuletzt ein Stürmer richtig eingeschlagen? Selbst bei Jürgen Klinsmann hat man vergessen, daß er mit 15

Toren den UEFA-Cup fast allein gewonnen hat. Man hat keine Geduld mit den Stürmern. Wenn einer nicht in jedem zweiten Spiel ein Tor macht, wird er in Frage gestellt."
Die Liste der Gescheiterten:
▶ 1987 lieh der FC Bayern den Waliser Mark Hughes vom FC Barcelona aus. Hughes schoß in 18 Spielen 6 Tore. 1988 ging er zu Manchester United, wo er erheblich dazu beitrug, daß United wieder zur Top-Adresse im britischen Fußball wurde.
▶ 1988 kam Johnny Ekström für 2,3 Mio. DM aus Empoli. Ekström schoß in 23 Spielen 7 Tore und wechselte 1989 mit Norbert Nachtweih für 2,5 Mio. DM nach Cannes.
▶ 1989 wechselte Radmilo Mihajlovic für 1,9 Mio. DM aus Zagreb an die Säbener Straße. In 34 Spielen kam Mihajlovic auf lediglich 4 Tore. Trotzdem war er 1991 einem Schalker Sonnenkönig noch 3 Mio. DM wert.
▶ Mit Mihailovic kam auch der Schotte Alan McInally nach München. Zuvor für Glasgow Celtic und Aston Villa am Ball, schoß McInally 10 Tore in 40 Spielen. 1992 wurde er Sportinvalide.
▶ 1991 wurde der Brasilianer Mazinho für 2 Mio. DM vom FC Bragantino verpflichtet. Mazinho hielt es zwar beim FCB länger als einige seiner Kollegen aus, kam jedoch nur auf 49 Einsätze, in denen er 11 Tore schoß. 1995 wurde er für 1 Mio. DM nach Flamengo verkauft.
▶ 1993 kam Adolfo Valencia für 5,3 Mio. DM von Santa Fé. Valencia schoß in 26 Spielen 11 Tore und wechselte 1995 für 3 Mio. DM zu Atlético Madrid.
▶ 1994 wurde Emil Kostadinov für 1,1

Mio. DM vom FC Porto ausgeliehen. In 27 Spielen verbuchte der Bulgare 7 Tore und wurde 1996 zu Fenerbace Isranbul abgeschoben.

▶ Ebenfalls 1994 wurde Jean-Pierre Papin dem AC Mailand für 6 Mio. DM abgekauft. 1996 wechselte er für 1 Mio. DM zu Girondins Bordeaux.

Sutter, Alain (22.1.1968)
Der technisch versierte, aber verletzungsanfällige und sensible Kicker kam zur Saison 1994/95 vom Bundesligaabsteiger 1. FC Nürnberg. Laut Manager Hoeneß sollte Sutter „vom Star zum Superstar" werden, was jedoch Wunschdenken blieb. Sutter: „Dort habe ich den Spaß am Fußball verloren. (...) Ich habe nicht zum FC Bayern und gleich gar nicht in dieses System gepaßt. Am Anfang mußte ich Stürmer spielen, obwohl es bessere gab." Otto Rehhagel musterte den Kicker frühzeitig aus. Noch während der Hinserie der Saison 1995/96 wechselte Sutter für die Ablöse von ca. 2,5 Mio. zum SC Freiburg. Aber auch im „alternativen Fußballbiotop" wurde Sutter nicht heimisch. Während der Saison 1996/97 ging Sutter in die USA zum Profiligaklub Dallas.

Bekannt wurde der Kicker auch durch seine esoterisch beeinflußte Lebensphilosophie, womit er immerhin einen gewissen Berührungspunkt mit dem Bayern-Präsidenten aufwies. Der Schweizer Nationalspieler beteiligte sich auch am Anti-Atom-Protest seiner Mannschaft, wodurch er sich bei Otto Rehhagel nicht gerade beliebt machte. 1995 wurde Sutter bei einer Umfrage zum „schönsten Spieler der Bundesliga" gewählt. Die Strafe bestand in einem einwöchigen Aufenthalt auf einer

„exklusiven Schönheitsfarm" auf der Insel Rügen. Gegenüber Bestrebungen, seine Person mitsamt seiner Ansichten zu vermarkten, zeigte sich Sutter wiederholt sperrig. Eine Einladung in Thomas Gottschalks „Late Night"-Show schlug er aus. Auch ins „Sport-Studio" ging er lange nicht. Die Zeitschrift „Hattrick" später: „Wenn Sutter außerhalb des Spielfelds etwas geschmeidiger gewesen wäre, einen geschickten PR-Berater hätte, wäre er längst Kultfigur und Popstar, könnte man mit ihm und er für sich viel mehr Geld machen."

Thon, Olaf (1.5.1966)
Der Arbeiterjunge aus Gelsenkirchen-Beckhausen, von dem Rolf Rüssmann einst sagte, er sei „auf Kohle geboren", wechselte zur Saison 1988/89 zum „Klassenfeind" FC Bayern. 1988-94 bestritt Thon 158 Bundesligaspiele (28 Tore).
Thon wurde mit dem FC Bayern 1989, 1990 und 1994 Deutscher Meister. 1986 gehörte Thon zum WM-Aufgebot, 1990 wurde er mit dem DFB-

Team Weltmeister. Bei der EM 1988 sorgte sein Trikot für Schlagzeilen, als sich der niederländische Nationalspieler Koeman damit nach dem Schlußpfiff das Gesäß säuberte.

Als Thon zur Saison 1994/95 in seine alte Heimat zurückkehrte, war er Besitzer einer Makleragentur. Auf dem Platz trug Thon erheblich zur Renaissance von Deutschlands traditionsreichstem „Arbeiterverein" bei. 1997 gewann Thon mit Schalke 04 den UEFA-Cup. Thon: „Die Leute hier sehen: Er ist ein anderer geworden, aber er ist trotzdem einer von uns geblieben. Ein Kind des Ruhrgebiets eben, das aber auch woanders gut zurechtkommt. Ich bin ein Europäer, würd' ich fast sagen."

Torstensson, Conny (28.8.1949)
Der schwedische Nationalspieler kam während der Saison 1973/74 von Atvidaberg FF. Der FC Bayern spielte im Europacup der Landesmeister bei Atvidaberg, als Präsident Neudecker seinem Manager befahl: „Den mit den roten Schuhen möcht' ich haben." Torstensson bestritt 1973-77 81 Bundesligaspiele (11 Tore) für den FCB.
1974 wurde er mit den Bayern Deutscher Meister, 1974, 1975, 1976 Europapokalsieger der Pokalsieger sowie 1976 Weltpokalsieger.
Der 36malige schwedische Nationalstürmer gehörte zum WM-Aufgebot seines Landes 1974 und 1978.

Trapattoni, Giovanni (17.3.1939)
„Der Trap ist ein Glücksfall für uns, ein Gentleman, ein Herr, ein Mensch, kein Prolet." So der Kaiser über seinen obersten Übungsleiter, womit er kundtat, daß nicht nur sportliche Erwägungen bei der Verpflichtung des erfolgreichsten Vereinstrainers der Welt eine Rolle spielten. Der Mann paßte wie kaum ein anderer aus der Trainergilde zum (gewünschten) gesellschaftlichen Flair des FCB.

Ein renommierter italienischer Journalist äußerte über den „Maestro" einmal: „Trapattoni ist wie das Wasser oder das Licht. Man erkennt seinen Wert erst, wenn es fehlt." So muß es wohl auch dem FC Bayern ergangen sein, bevor der Klub ihn 1996 ein zweites Mal verpflichtete. Marcel Reif schrieb damals: „Ich freue mich auf Giovanni Trapattoni. Bei ihm zeigt sich Fußball von seiner berechenbaren, von seiner rationalen Seite. Er ist ein Trainer, bei dem man drei Wochen nach seiner Ankunft der Mannschaft ansieht, wie sie sich Fußball vorstellt. Auch wenn man sich eins ganz bestimmt abschminken muß: wild stürmen wird Trapattoni nicht lassen. Da ändert sich nichts mehr. (...) Neben seinem Fachwissen liegt Trapattonis Vorzug darin, daß er viele Titel gewonnen hat und daher niemandem mehr etwas beweisen muß. Außerdem weiß er genau, was er will, und ist über dieses Ich-habe-alles-gewonnen-deshalb-wird's-gemacht-wie-ich-sage längst hinaus und ist gelassen. Er kann und will sich auf den einzelnen Spieler einstellen und ihm noch etwas vermitteln."
Ohne Zweifel: „Trap" ist fußballerisch wie menschlich ein ganz Großer. „Calcio", wie das Spiel in Italien genannt wird, ist für Trapattoni gleichbedeutend mit „Liebe und Leben". Der „Spiegel" attestierte dem „Maestro" ein „romantisches Verhältnis zu dem Spiel, das ihn nach eigenem Verständnis vom Sohn eines Bauern zum Weltbürger machte. Jeder einzelnen 'partita'

scheint er dafür zu danken: Stunden vor dem Anpfiff macht er sich fein wie zum Kirchgang." Klaus Augenthaler bescheinigte seinem ehemaligen Chef eine „akribische" Arbeitsweise: „Der läßt nichts durchgehen. Er hat seine Vorstellungen und läßt sich davon nicht abbringen. Trapattoni arbeitet geduldig mit den jungen Spielern und führt sie in kleinen Schritten an die Mannschaft heran. Viele Spieler akzeptieren ihn bedingungslos, auch über den Fußball hinaus. Wenn da etwas im privaten Bereich vorfällt, sind sie es, die auf ihn zukommen und um Rat fragen." „Problemkind" Christian Ziege bestätigt dies: „Ich habe mich noch nie so gut mit einem Trainer über alle Dinge unterhalten können, die nicht nur den Fußball, sondern auch das Leben angehen."

Trapattoni ist ein Menschenfreund, der indes keine Scheu vor harten Entscheidungen kennt und auch nicht davor zurückschreckt, Stars auszuwechseln. Diesbezüglich zog er sich wiederholt den Unmut einiger Bayern-Akteure – namentlich Basler und Klinsmann –

zu. Während seiner Zeit bei Juventus Turin ließ er auch schon mal einen Platini auf der Bank schmoren.

Trapattoni wurde in Cusano bei Mailand geboren. Er hat vier (ältere) Brüder und drei Schwestern. Seine Eltern stammten aus der Gegend von Bergamo (Lombardei). Der Vater, ein erklärter Fußballfeind, arbeitete in einer Baumwollfärberei, war aber mehr Bauer als Industriearbeiter. Nach der Lohnarbeit schuftete er auf seinem Landstück. Ein prägendes Erlebnis waren für den jungen Trapattoni die alljährlichen 1.-Mai-Demonstrationen. Angelo Caroli in einer Biographie des Trainers: „Der Junge sieht vor sich ein Meer von Menschen, all die flammend roten Fahnen beeindrucken ihn, er hatte noch nie so viele Menschen gesehen." Noch prägender als der Sozialismus war für Trapattoni allerdings das Christentum: „Wir waren immer sehr religiös." Eine Schwester Trapattonis ging ins Kloster, er selbst zelebrierte während der WM 1962 in Chile mit einem Priester eine Messe. Noch heute pflegt Trapattoni bei wichtigen Spielen den Boden vor seiner Trainerbank mit Weihwasser zu beträufeln. In Italien gilt Trapattoni als charakterstarker Mensch, der seine sozialen Wurzeln nicht vergißt. Nationalspieler Sanso Salvadore bezeichnet ihn als „loyal, ernst, ehrlich".

Als Spieler war Trapattoni für den AC Mailand (1955-71) und FC Varese (1971/72) am Ball. Mit dem AC gewann Trapattoni zweimal die nationale Meisterschaft (1962, 1968), einmal den italienischen Pokal (1967), zweimal den Europapokal der Landesmeister (1963, 1969) sowie 1969 den Weltpokal. Für Italien absolvierte er 17

Länderspiele. 1963 schrieb der Spieler Trapattoni Fußballgeschichte, als er beim Länderspiel Italien-Brasilien seinen Gegenspieler Pelé dermaßen entnervte, daß dieser nach 26 Minuten den Platz verließ. Italien gewann gegen den amtierenden Weltmeister mit 3:0. Trapattonis knallharte Deckungsarbeit hatte zur Folge, daß man in Brasilien eine Affenart nach ihm benannte. Im gleichen Jahr spielte der Abwehrspieler beim Landesmeistercupfinale AC Mailand - Benfica Lissabon auch gegen den portugiesischen Weltstar Eusebio. Auch Eusebio sah gegen Trapattoni kein Land, und Mailand siegte mit 2:1. Sein Spitzname „il tedesco" paßt zu ihm nicht nur wegen der blonden Haare und blauen Augen, sondern auch wegen seiner „deutschen" Tugenden: der „Marathonmann" (rechter bzw. linker „Läufer", also defensiver Mittelfeldspieler im Dienste der Mannschaft) war stets bereit, „Schweiß und Tränen" (Caroli) zu vergießen. Den uneigennützigen Instinktfußballer Trapattoni zeichnete ein gutes Stellungsspiel aus.

Für Trapattoni stand bereits frühzeitig fest, daß er später Trainer werden würde. „Wenn ich das entsprechende Alter habe, gehe ich nicht mehr bloß zum Spielen auf das Feld, sondern um nachzudenken, wie man spielt und warum." Der Journalist Roberto Italiano über den Fußball-Wissenschaftler: „Trapattoni hat Fußball studiert, wie andere Jurisprudenz oder Physik studieren, und er dachte selbst dann noch ans Spiel, wenn er beim Essen saß." Trapattonis Fußballphilosophie ist stark von Taktik und Defensive, Harmonie und Kollektivdenken geprägt. Seine Trainingspraxis mag von manchem Spieler als langweilig und eines hochdotierten Profis unwürdig empfunden werden, da er die vermeintlich selbstverständlichen Dinge immer und immer wieder üben läßt. „Der Ball muß schnell laufen, das müssen wir üben, üben. Damit die Spieler im entscheidenden Moment die nötige Selbstsicherheit haben. Ich liebe klassische Musik, die Virtuosen müssen auch ständig proben. Pavarotti ist mein Freund, als er neulich in München ein Konzert gab, war ich mit ihm beim Abendessen. Er erzählte mir, daß er noch am Vormittag vor seinem Auftritt zwei Stunden lang übte. Für Künstler ist das normal. Allerdings weiß ich, daß es für die Mannschaft manchmal langweilig wird, nur langweilige Dinge wie Innenpaß oder Außenpaß zu üben. (...) Als Michel Platini mein Spieler war, sagte er mir auch, daß er bestimmte Übungen schon im Schlaf beherrsche. Wir machten sie trotzdem, um sie durch ständige Wiederholungen zu automatisieren." Angesichts der geringen Ballsicherheit und Technik, die viele Bundesligaspieler im Vergleich zu ihren italienischen Kollegen aufweisen, war Trapattonis vermeintlich „schlichte" Trainingslehre eine Bereicherung für die Bundesliga.

Obwohl „Trap" zu den älteren Jahrgängen seiner Gilde zählt, ist er Neuem stets aufgeschlossen und rastlos auf der Suche nach Verbesserungen: „Der Fußball hat sich geändert: Das ist ein wenig wie in der Philosophie, dort gibt es verschiedene Denkrichtungen. Selbst Religionen öffnen sich heute anderen Glaubensrichtungen." Seit seiner Ankunft in Deutschland hat sich Trapattoni auch wiederholt kritisch mit dem hiesigen Fußball befaßt: „Für mich war es schon eine Genugtuung, als Berti Vogts gesagt hat, daß der Fußball in Deutschland eine Zeitlang stehengeblieben sei. Der internationale Fußball braucht auch eine internationale Mentalität. Wer da behauptet, der deutsche Fußball sei anders, der sucht nach einer Ausrede."

Als Trapattoni 1994 zum ersten Mal beim FC Bayern anheuerte, war der Lombarde mit 17 nationalen und internationalen Titeln innerhalb von nur 19 Jahren der erfolgreichste Vereinstrainer der Welt. Allerdings galt er in Italien zu diesem Zeitpunkt als Auslaufmodell. Trapattonis Trainerstationen waren bis dahin: 1972-74 Jugendtrainer bei AC Mailand, 1974-76 Cheftrainer beim gleichen Verein, 1976-86 Juventus Turin, 1986-91 Inter Mailand, 1991-94 Juventus Turin. 1977, 1978, 1981, 1982, 1984, 1986 und 1989 holte Trapattoni den italienischen Meistertitel, 1979 und 1983 den Pokal. 1977, 1991 und 1993 gewann er den UEFA-Cup, 1984 den Europacup der Pokalsieger, ebenfalls 1984 den Europa-Supercup, 1985 den Europacup der Landesmeister und im gleichen Jahr auch den Weltpokal.

Mit dem FC Bayern endete er in seiner ersten Saison nur auf dem 6. Platz, erreichte aber das Halbfinale der Champions League. Nach der Saison 1994/ 95 verließ Trapattoni den FC Bayern zunächst und kehrte in seine Heimat zurück. Offiziell gaben Sprachprobleme und das Heimweh seiner Gattin den Ausschlag. In Italien trainierte er bis zum 13.2.1996 Cagliari Calcio. Nach der Rehhagel-Entlassung wurde Trapattoni vom FC Bayern zum 1.7.1996 erneut verpflichtet. Trapattoni unterschrieb einen Vertrag bis 1998.

„Vize" Rummenigge im Oktober 1996: „Trapattoni ist bei uns nicht ein Prozent umstritten. Das wird eine langfristige Ehe – hoffentlich über das Vertragsende 1998 hinaus."

Über die Motive seiner Rückkehr zum FCB wurde viel spekuliert. Vermutlich war der als leidenschaftlich und geradlinig bekannte Trapattoni zu der Auffassung gelangt, er habe in München noch etwas zu erledigen. Dies tat er dann auch. 1997 wurde der FC Bayern Deutscher Meister. Zum ersten Mal in der Geschichte der Bundesliga war der „Meistermacher" ein Italiener. Für Trapattoni war sein 18. Titel zugleich der erste, den er im Ausland gewann. Trapattoni war der erste Bayern-Trainer seit Jupp Heynckes (1987-91), der eine komplette Saison überstand und für die folgende engagiert wurde. Präsident Beckenbauer: „Vielleicht läuten wir mit ihm eine neue Ära ein." Trapattonis „ergebnisorientierte Spielweise" stößt innerhalb des Vereins (Beckenbauer, Breitner) und bei den Medien immer wieder auf Kritik. Für Thomas Helmer war sie indes Garant für den Titelgewinn 1997: „Wir haben unser gesamtes Defensiv-Verhalten verbessert. (...) Vor allem durch sie (gemeint ist die „ergebnisorientierte Spielweise", Anmerk. dsm) haben wir es geschafft. Außerdem: Trapattoni hat uns nicht verboten, offensiv zu spielen. Die Spielweise hängt von den Spielern ab, von der Umsetzung – und das haben wir noch nicht perfekt geschafft."

Trapattoni ist nicht nur ein Freund des Fußballs und der Philosophie (Nietzsche), sondern auch der Literatur und klassischen Musik: So nennt er über 5.000 Aufnahmen sein eigen. Sein liebstes Stück ist die 9. Symphonie von

Beethoven. Trapattoni liebt den Vergleich von Fußball und klassischer Musik: „Eine Mannschaft ist wie ein Orchester, das möglichst angenehme Musik spielt. Der FC Bayern soll klingen wie die Fugen von Johann Sebastian Bach." Oder: „In einer Fußballmannschaft ist es wie in einem Musikensemble: Wenn ich drei Leute habe, die Geige spielen, aber nur zwei Geiger brauche, dann muß der dritte eben auf die Pauke hauen."

Valencia, Adolfo (6.2.1968)
Der Kolumbianer, Bayerns halbherzige Antwort auf die Verpflichtung von Karlheinz Riedle durch Borussia Dortmund, konnte die in ihn gesetzten hohen Erwartungen nicht erfüllen. „El Train", wie der Stürmer auch genannt wurde, plagten erhebliche Integrationsprobleme. Gerland fühlte sich von ihm verarscht, als Valencia sich so lange weigerte, die Anordnungen des Trainers zu verstehen, bis dieser resignierte. Der Verein dürfte allerdings an Valencias Problemen nicht ganz schuldlos gewesen sein. Obwohl er in der Saison 1993/94 in 25 Bundesligaspielen elf Tore erzielte (nur Scholl kam auf die gleiche Anzahl) und mit dem FC Bayern die Meisterschaft gewann, wurde er bereits nach einem Jahr wieder abgeschoben.
Valencia wechselte zu Atletico Madrid, wo er den Rassismus von Präsident Jesus Gil, einem korrupten Bau-Löwen, der praktischerweise auch noch Bürgermeister des Nobelbadeortes Marbella ist, zu spüren bekam. Gil über Valencia: „Diesem schwarzen Hurensohn würde ich am liebsten eigenhändig den Hals umdrehen... Dem Neger schneide ich den Kopf runter. Mal se-

hen, ob er endlich nach Kolumbien abhaut und die ihn dort umlegen." Mittlerweile ist Valencia nach Kolumbien zurückgekehrt.

Vereinsemblem
Das Emblem des FC Bayern hat im Laufe der Zeit diverse Veränderungen erfahren. Mit dem ursprünglichen Emblem hat das heutige nichts mehr zu tun. Ein Bezug zum Land Bayern, in Form der blauen und weißen Rauten, wurde erstmals 1954 aufgenommen.

Das Emblem im Wandel der Zeit.

Vereinsfarben

Offiziell sind die Vereinsfarben Rot und Weiß. Allerdings läßt sich seit einigen Jahren ein Vormarsch der Farbe Blau beobachten – vor allem auf Kosten der Farbe Weiß, die mittlerweile fast völlig aus dem Bayern-Dress verschwunden ist. Beim Dress für die Spielzeiten 1995/96 und 1996/97 (blaue Hose, zu gleichen Teilen rotes und blaues Hemd) dominierte erstmals die Farbe Blau. Aus den einstigen „Rothosen" sind somit „Blauhosen" geworden. Noch mehr (Dunkel-)Blau enthält die Kluft für die Saison 1997/98. Auf den Bayern-Publikationen der Saison 1996/97 (Bayern-Magazin, Jahrbuch, Fanartikel-Katalog) befand sich ein Bayern-Emblem, dessen äußere Umrandung nicht mehr rot war, sondern blau. Die gleiche Veränderung war auch auf den offiziellen Briefbögen des Klubs zu registrieren. Möglicherweise soll diese Farbverschiebung einen höheren und unverwechselbareren Wiedererkennungswert garantieren. Während die Farbkombination Rot/Weiß sehr weit verbreitet ist (in der Bundesliga u.a. 1. FC Köln, Hamburger SV, 1. FC Kaiserslautern), sieht dies mit Blau/Rot anders aus. Ganz neu ist die Farbverschiebung allerdings nicht: Bereits in der Saison 1968/69 wurde mit ihr experimentiert. Damals spielte der FCB in blaurot längsgestreiften Trikots, blauen Hosen und blauen Stutzen. Im Unterschied zum Dress der Spielzeiten 1995/96 und 1996/97 waren die Längsstreifen allerdings erheblich breiter.

Die Bayern sind heute nicht mehr die „Roten" und auch nicht die „Rot-Weißen", sondern die „Blau-Roten".

Wegmann, Jürgen

Der Stürmer aus dem Ruhrgebiet, dessen Stammverein der Essener Klub DJK Bergeborbeck ist, kam zur Saison 1987/88 vom FC Schalke 04 zum FC Bayern. Wegmann spielte zwei Spielzeiten für den FCB und schoß in 58 Bundesligaeinsätzen 26 Tore. Wegmann über seinen Spitznamen „Kobra": „Ich bin giftiger als die giftigste Schlange."

1989 kehrte Wegmann in den Ruhrpott zu Borussia Dortmund zurück, wo er jedoch vornehmlich auf der Bank schmorte.

Wegmann zählte nicht gerade zu den Intelligentesten seiner Branche. Seine berühmteste Aussage: „Zunächst hatten wir kein Glück, und dann kam auch noch Pech hinzu."

Welker, Hans (21.8.1907)

Mitglied der Meisterelf von 1932. Stammte aus der Bayern-Jugend, für die er ursprünglich auf dem rechten Flügel stürmte. Wurde dann jedoch zum Linksaußen umgeschult. 1 A-Länderspiel.

Winklhofer, Helmut (27.8.1961)

Der Abwehrspieler kam 1985 von Bayer Leverkusen. 1985-89 spielte Winklhofer in der Bundesliga 48mal (2 Tore) für den FCB, mit dem er 1986, 1987 und 1989 Deutscher Meister sowie 1986 DFB-Pokalsieger wurde.

Witeczek, Marcel (18.10.1968)

Der in Kattowicz geborene Witeczek kam 1993 für die ziemlich happige Ablösesumme von über 5 Mio. DM vom 1. FC Kaiserslautern zum FC Bayern. Die Bayern verpflichteten Witeczek, der bis dahin in sieben Jahren Bundesliga bei Bayer Uerdingen und Lautern 37 Tore geschossen hatte, zwar als Stürmer, aber Ribbeck, Rehhagel und Trapattoni schulten ihn zum Lückenbüßer im Mittelfeld um. Obwohl sich Witeczek beim FC Bayern nicht etablieren konnte, war der „Ergänzungsspieler" von großem Wert für den Rekordmeister. Witeczek ließ sich geräuschlos ein- und auswechseln. Stand er auf dem Platz, ging er stets engagiert zu Werke. Seine größten Taten waren die beiden Tore, die er 1996 im UEFA-Cup-Halbfinale gegen CF Barcelona erzielte, sowie sein Traumtor am 33. Spieltag der Saison 1996/97 gegen den VfB Stuttgart, das für den FC Bayern den 14. Meistertitel bedeutete.

Zur Saison 1997/98 wechselte Witeczek zu Borussia Mönchengladbach. Der FC Bayern hätte ihn gerne behalten. Uli Hoeneß: „Ich habe sehr, sehr um Marcel gekämpft." Und Lothar Matthäus: „Um Marcel tut es mir leid, er ist hier verkannt worden." Witeczek selbst sah sich als Opfer der zahlreichen Trainerwechsel beim FC Bayern, „denn gegen Ende einer jeden Saison hatte ich mich durchgesetzt".

Witeczek bestritt 1993-97 97 Bundesligaspiele (9 Tore) für den FCB, mit dem er 1994 und 1997 Deutscher Meister sowie 1996 UEFA-Cup-Sieger wurde.

Wohlfarth, Roland (11.3.1963)

Der Stürmer kam 1984 vom Zweitligisten MSV Duisburg, für den er in der Saison 1983/84 in 35 Spielen 30mal ins gegnerische Tor getroffen hatte. Wohlfarth wechselte für die Ablöse von 800.000 DM von der Ruhr an die Isar. Mit 119 Treffern rangiert Wohlfarth in der ewigen Bundesliga-Torschützenli-ste des FC Bayern hinter Gerd Müller und Karl-Heinz Rummenigge auf dem 3. Platz. Obwohl er nie ein großer Star wurde und nur zwei A-Länderspiele absolvierte, hielt sich Wohlfarth 9 Jahre bei den Bayern, in denen er 254 Bundesligaspiele bestritt. Für einen Stürmer bei diesem Verein eine außergewöhnlich lange Zeit.

Als der Stürmer den FC Bayern 1993 verließ, war er tief enttäuscht: „Ich will nur eines, bloß weg von den Bayern! Ich halte es hier nicht mehr länger aus. Beim FC Bayern ist es nicht das, was es früher einmal war."

Wohlfarth wurde mit dem FC Bayern 1985, 1986, 1987, 1989 und 1990 Deutscher Meister sowie 1986 DFB-Pokalsieger. Zweimal wurde er Bundesliga-Torschützenkönig: 1988/89 mit nur 17 Treffern (gemeinsam mit dem Kölner Klaus Allofs), 1990/91 mit 21 Toren. Nach einem Zwischenspiel in Frankreich (AS St. Etienne) kehrte Wohlfarth während der Saison 1994/95 in die Bundesrepublik zurück, wo er sich dem VfL Bochum anschloß.

Wouters, Jan (17.7.1960)

Der niederländische Haudegen wurde geholt, als der FCB in einer tiefen sportlichen Krise steckte, es an Leitfiguren mangelte und Ärmeaufkrempeln angesagt war. Wouters kam zur Rückrunde der Saison 1991/92 von Ajax Amsterdam. Bis zu seiner Rückkehr in die Niederlande (PSV Eindhoven) während der Saison 1993/94 bestritt Wouters 66 Bundesligaspiele (6 Tore) für die Bayern.

Wouters trat mit Matthäus und Ziege in einem TV-Spot für die Kampagne „Mein Freund ist Ausländer" auf, was ihn nach seiner Rückkehr in die Heimat allerdings nicht daran hinderte, einen Gegenspieler marokkanischer Herkunft in rassistischer Weise zu beschimpfen. Der niederländische Fußballverband sah sich zu einer offiziellen Abmahnung genötigt.

Zebec, Branco (17.5.1929 - 26.9.1989)
Als Trainer war der jugoslawische Rekordnationalspieler (65 Länderspiele, 17 Tore) und Puskas-Bewunderer, der auch in die Europa- und Weltauswahl berufen wurde, zunächst ein unbeschriebenes Blatt. Nur ein Jahr, nachdem er in Köln sein Trainerdiplom erworben hatte, wechselte Zebec zur Saison 1968/69 von Dynamo Zagreb zum FC Bayern. Als starken Mann hatte Präsident Neudecker den Neuen nicht auf der Rechnung: „Die Aufstellung machen der Trainer und der Technische Direktor. Bei Uneinigkeit der beiden entscheide ich." Doch Zebec riß das Kommando sofort an sich. Die Spieler nannten den „harten Hund" bald „Cesar". Zebec: „Der Wille kann Berge versetzen. Aber der Wille allein reicht nicht. Man muß auch hart arbeiten." Gerd Müller über den eigenwilligen Jugoslawen: „Wenn der Branco sagt, das Tischtuch ist grün, dann ist es grün. Auch wenn's blau ist."
Zebec gewann 1969 auf Anhieb die erste Bundesligameisterschaft für den FC Bayern und anschließend auch noch den DFB-Pokal, womit das erste „Double" in der Bayern-Geschichte perfekt war. Unter dem Analytiker Zebec wurde das Bayern-Spiel defensiver, kontrollierter und systematischer. Der Trainer: „Solange wir den Ball haben, hat ihn der Gegner nicht." Obwohl Zebec keine zwei Spielzeiten den FC Bayern trainierte, erfolgte unter ihm die

wohl wichtigste spieltaktische Revolution in der Bundesligageschichte des Klubs. Es begann nun, was Bayern-Hasser später abfällig als „Quergeschiebe" charakterisierten.
Der Trainer verbot seinen Spielern zwar das Biertrinken, fiel aber später selbst dem Alkohol zum Opfer. Im April 1980 wurde Zebec von der Polizei mit 3,25 Promille aus dem Auto geholt. Einige Monate zuvor hatte er mit dem Hamburger SV seine zweite Deutsche Meisterschaft errungen. Im Dezember 1980 erfolgte Zebec' Rausschmiß beim HSV, nachdem er wiederholt benebelt zum Training erschienen war. Zebec trainierte anschließend noch Borussia Dortmund und Eintracht Frankfurt, scheiterte aber auch hier an seinem Alkoholproblem. Im September 1989 erstickte Zebec in einem Zagreber Restaurant an einem Fleischstück.
Nicht nur viele ehemalige Bayernspieler betrachten Zebec als den besten Trainer ihrer Karriere. Manfred Burgsmüller, der bei Borussia Dortmund unter Zebec spielte, charakterisierte ihn

als „einen phantastischen Mann". Und
sein damaliger Mannschaftskamerad
Rolf Rüssmann: „Zebec war einfach
ein glaubwürdiger Trainer. Im Training zeigte der Mann schiere Wunder-
dinge." Einige Kicker litten allerdings
auch unter Zebec' Härte. Bei den Bayern galt dies vor allem für die „überge-
wichtigen" Gerd Müller und „Bulle"
Roth, die ständig Sonderschichten einlegen mußten. Als Zebec am 13. März
1970 beim FC Bayern entlassen wurde,
hatte Müller wenig Mitleid für seinen
Trainer: „Wenn einer so hart trainiert
und regiert, muß er sich nicht wundern, wenn es ihn bei einem Mißerfolg
schnell erwischt."

Zickler, Alexander (28.2.1974)
Der Sohn eines Dresdener Architekten
kam zur Saison 1993/94 zum FC Bayern. Die relativ hohe Ablöse von 2,3
Mio. DM, die das marode Dynamo
Dresden für Zickler kassierte, wurden
gemeinhin als „Osthilfe" betrachtet.
Zickler verschwand zunächst bei den
Amateuren. Erst gegen Ende der Saison konnte er sich im Beckenbauer-
Team einen Platz erobern. Zicklers
Problem: In der DDR war ihm genügend Athletik antrainiert worden, indes haperte es im technischen Bereich.
Giovanni Trapattoni schuf hier Ab-
hilfe. Zickler: „Zu der Athletik kamen
nun plötzlich Grundübungen, die man
mit 13 lernen sollte: Ball annehmen,
mitnehmen, schießen mit dem schwachen linken Fuß. Die Rekordtrainings-
zeit war bei mir dreieinhalb Stunden
am Stück."
Hoeneß im Mai 1995 über den damals
– aufgrund des Auslassens zahlreicher
Torchancen – viel Kritisierten: „Zickler wird noch ein ganz Großer."

In seiner ersten Saison 1993/94 erzielte der Modellathlet in acht Spielen
einen Treffer. 1994/95 waren es in 29
Spielen immerhin schon neun, 1995/
96 in 25 Spielen acht, 1996/97, Zickler
agierte nun mehr im Mittelfeld, in 33
Spielen sieben. Der Ostimport ist
längst eine feste Größe im FCB-Kader.
1994 und 1997 wurde Zickler mit dem
FCB Deutscher Meister, 1996 UEFA-
Cup-Sieger.

Ziege, Christian (1.2.1972)
Der gebürtige Berliner, aufgewachsen
im Stadtteil Neukölln, kam 1990 als
17jähriger zum FC Bayern. Die Ablöse
betrug 50.000 DM. Zuvor spielte
Ziege für die Berliner Vereine Südstern
08, TSV Rudow und die für ihre gute
Jugendarbeit berühmte Hertha aus
Zehlendorf. Ziege ist seit seinem 5. Lebensjahr Bayern-Fan. Sein erster Bayern-Trainer war Jupp Heynckes. Ziege
über Heynckes: „Er hat mich beim FC
Bayern rausgebracht, von ihm habe ich
eine Menge gelernt."
Mit dem FC Bayern wurde Ziege 1994
und 1997 Deutscher Meister sowie

1996 UEFA-Cup-Sieger. In der Bundesliga kam der Mittelfeldspieler für die Bayern 185 mal zum Einsatz und schoß dabei 37 Tore. Mit der Nationalmannschaft, für die er erstmals am 10. Juni 1993 in Washington gegen die USA auflief, gewann er 1996 die Europameisterschaft. Die WM 1994 verpaßte er wegen einer Verletzung.

Nach der Saison 1996/97 bzw. sieben Jahren beim FC Bayern wechselte Ziege für 10,25 Mio. DM zum AC Mailand. Ziege erweckte den Eindruck, als würde er seine Entscheidung, München zu verlassen, nachträglich bereuen. Auf die Frage, was aus München er in Mailand am meisten vermissen würde, gab er zur Antwort: „Alles!" Für Zieges Wechsel waren nicht zuletzt Differenzen mit dem Kaiser verantwortlich. Während Beckenbauers Zeit als Trainer sah sich Ziege mit Sprüchen konfrontiert, „die mir nicht so gefallen haben". Als Beckenbauer den sensiblen Spieler bei einem Essen nach dem Titelgewinn 1994 kritisierte, brach dieser in Tränen aus. Ziege zwei Jahre später: „Ich weiß genau, wer

mich zu welcher Zeit wie behandelt hat. Ich habe nichts davon vergessen. Ich weiß auch, wer Aussagen weit unter die Gürtellinie getroffen hat. Ich hatte zu der Zeit ein großes Problem. Es ist ein Leichtes, auf einen draufzuhauen, wenn's einem schlecht geht." Ziege vermißte in dieser Phase Unterstützung durch die Vereinsspitze: „Es gab Situationen, in denen es mir absolut dreckig ging. Da hätte ich Zuspruch gebraucht."

Ziege ist aufgrund seiner oft lässigen Spielweise und seines Gesichtsausdrucks als arrogant verschrien. Auch wenn dieser Vorwurf nicht ganz von der Hand zu weisen ist, gibt es auch noch eine andere Seite des Spielers: In München kümmerte er sich um die Rollstuhlfahrer im Olympiastadion, denen er häufig nach dem Abpfiff sein Trikot schenkte.

Zobel, Rainer (3.11.1948)
Sechs Jahre lang diente der Dauerläufer dem FC Bayern, u.a. als weiterer Wasserträger Beckenbauers. Der Mittelfeldspieler kam 1970 von Hannover 96. Zobel bestritt 1970-76 180 Bundesligaspiele (19 Tore) für den FCB. 1972, 1973 und 1974 wurde er mit den Bayern Deutscher Meister, 1971 DFB-Pokalsieger, sowie 1974, 1975 und 1976 Europapokalsieger der Landesmeister.

Nach der Saison 1975/76 kehrte Zobel in seine niedersächsische Heimat zurück, wo er zunächst für den Lüneburger SK und anschließend noch für seinen Stammverein SC Uelzen kickte. Als Trainer führte er 1991 die Stuttgarter Kickers in die Bundesliga.

Zwei, die richtig Druck machen. Bayern München und Hewlett-Packard.

Bayern-Wechsel in der Bundesliga

Spielerwechsel zum FC Bayern schüren bereits seit den frühen Siebzigern erhebliche Emotionen. Seither gelten die Bayern als Krösus, der die finanziellen Mittel besitzt, den sportlichen Erfolg zu „kaufen". Die Emotionen wurden noch dadurch verstärkt, daß es in der Regel Leistungsträger waren, die der FCB der Konkurrenz wegschnappte. Bei einigen Neuerwerbungen hatte man zudem den Verdacht, es ginge weniger um die Stärkung des eigenen Teams denn um die Schwächung der Konkurrenten.

1989 kaufte der FC Bayern vom damaligen Hauptkonkurrenten 1. FC Köln Jürgen Kohler. Noch während sich der FCB mit dem 1. FC Kaiserslautern in der Saison 1990/91 ein Kopf-an-Kopf-Rennen um die Meisterschaft lieferte, warb er um die Dienste des Lauterer Stürmers Bruno Labbadia. Noch vor dem Abpfiff des Meisterschaftsrennens war klar, daß Labbadia in der folgenden Saison für den Rekordmeister kicken würde. Den Titelgewinn des 1. FC Kaiserslautern konnte das Bayern-Manöver allerdings nicht mehr verhindern. Zwei Jahre nach Labbadia wechselte Thomas Helmer zum FC Bayern. Sein alter Arbeitgeber Borussia Dortmund war gerade 1992 Vizemeister geworden, weshalb die Borussen als zukünftige Topadresse des deutschen Fußballs gehandelt wurden. Werder Bremen wurde 1995 gleich doppelt geschädigt: Zunächst warben die Bayern den Bremer Spielmacher Andreas Herzog ab, dann auch noch Trainer Otto Rehhagel.

Nicht wenige vermuteten damals eine bewußte Operation von Hoeneß gegen seinen Intimfeind Willi Lemke. Während der Saison 1995/96 warben die Bayern um die Dortmunder Leistungsträger Freund, Reuter und Sammer, indes ohne Erfolg. Während der Saison 1996/97 waren die Stuttgarter Elber und Schneider im Visier der Säbener Straße. Die Stuttgarter mobilisierten in dieser Saison mit ihrem herzerfrischenden Offensivdrang viele Sympathien und spielten lange Zeit um den Titel mit. Zur Saison 1997/98 wechselte Elber tatsächlich zum FC Bayern.

Vor diesen Fällen waren bereits die Käufe der Mönchengladbacher Del' Haye (1980), Matthäus (1984) und Effenberg (1990) als Versuche interpretiert worden, einen populären Konkurrenten zu schwächen bzw. dessen Renaissance zu unterbinden.

Im Falle des Karlsruher SC mag das Kalkül gelautet haben, einen aufstrebenden Klub, der sich potentiell zu einem Konkurrenten im Süden der Republik entwickeln könnte, bereits frühzeitig zu stören. Seit 1990 wechselten sechs KSC-Spieler (Sternkopf, Kreuzer, Scholl, Kahn, Tarnat, Fink) für ca. 23 Mio. DM (ohne Fink) zum FC Bayern. Nach dem Wechsel von Tarnat schlug KSC-Trainer Winfried Schäfer vor: „Laßt uns einen gemeinsamen Klub gründen. Irgendwo zwischen Karlsruhe und München."

Ähnliche Bestrebungen wie im Falle des KSC wurden den Bayern Ende der 80er auch bezüglich des 1. FC Nürnberg unterstellt. Nachdem einer jungen Nürnberger Truppe in der Saison 1987/

88 überraschend die Qualifikation für den UEFA-Cup gelungen war, kaufte der FCB Roland Grahammer und Stefan Reuter. Ein Jahr später folgte ihnen Manfred Schwabl. Bereits 1986 war Hansi Dorfner an die Säbener Straße gewechselt.

Der Verdacht, die Einkaufspolitik des FC Bayern würde nicht nur von dem Motiv geleitet, die eigenen Reihen zu stärken, sondern auch die der Konkurrenten nachhaltig zu schwächen, ist weder völlig von der Hand zu weisen, noch hieb- und stichfest zu belegen. Denn es ist nur natürlich, daß sich ein Klub mit den sportlichen Ambitionen und finanziellen Möglichkeiten des FCB für die fähigsten Kräfte in der Bundesliga interessiert. Und diese findet man nun einmal am ehesten in den Reihen der sportlich härtesten Konkurrenten oder bei aufstrebenden Adressen.

Prominente Einkäufe des FC Bayern aus der Bundesliga 1965–1996 (nur Wechsel zu Saisonbeginn):
1968: Starek, Lippert (1. FC Nürnberg)
1969: Koppenhöfer (1. FC Kaisersl.)
1970: Maas (Eintracht Braunschweig), Zobel (Hannover 96)
1971: Krauthausen, Sühnholz (beide Rot-Weiß Oberhausen)
1972: Skoric (VfB Stuttgart)
1973: Kapellmann (1. FC Köln)
1974: Wunder (MSV Duisburg)
1977: Oblak (Schalke 04)
1978: Breitner (Eintr. Braunschweig)
1979: Dieter Hoeneß (VfB Stuttgart), Kraus (Eintracht Frankfurt), Weiner (Hertha BSC Berlin), Dremmler (Eintracht Braunschweig)
1980: Del'Haye (B. Mönchengladb.)

1981: Beierlorzer (1. FC Nürnberg)
1982: Nachtweih (Eintracht Frankfurt), Grobe (Eintracht Braunschweig), Martin (VfB Stuttgart)
1984: Matthäus (Borussia Mönchengladbach), Willmer (1. FC Köln)
1985: Winklhofer (Bay. Leverkusen)
1986: Brehme (1. FC Kaiserslautern), Dorfner (1. FC Nürnberg, war ausgeliehen)
1987: Wegmann (Schalke 04)
1988: Reuter, Grahammer (1. FC Nürnberg)
1989: Kohler (1. FC Köln), Schwabl (1. FC Nürnberg)
1990: Brian Laudrup (Bayer Uerdingen), Effenberg (Borussia Mönchengladbach), Sternkopf (Karlsruher SC)
1991: Labbadia (1. FC Kaiserslautern), Kreuzer (Karlsruher SC)
1992: Jorginho (Bayer Leverkusen), Schupp (Wattenscheid 09), Scholl (Karlsruher SC), Helmer (Borussia Dortmund)
1993: Witeczek (1. FC Kaiserslautern), Zickler (Dynamo Dresden)
1994: Kahn (Karlsruher SC), Babbel (HSV, war ausgeliehen)
1995: Sforza (1.FC Kaisersl.), Herzog (W. Bremen), Strunz (VfB Stuttgart)
1996: Basler (Werder Bremen); Abwerbeversuche d. Dortmunder Spieler Reuter, Sammer und Freund scheiterten
1997: Fink, Tarnat (Karlsruher SC), Elber (VfB Stuttgart)

Prominente Zugänge von Bundesligaabsteigern und aus der 2. Liga:
1984: Wohlfahrt (MSV Duisburg)
1989: Strunz (MSV Duisburg)
1988: Thon (Schalke 04)
1994: Sutter (1. FC Nürnberg)

DIE BESONDERE
VIERFALT

verpflegen ...

... *reinigen* ...

... *wachen* ...

Auf nur *einem* Gebiet Herausragen-
des zu leisten, ist kein Kunststück.
Auf vielen Gebieten vorbildlich zu
arbeiten, dagegen schon; vor allem,
wenn es um die vielfältigen Anforderungen im Dienstleistungsbereich
geht. Das **Fleißige Lieschen** bietet
Ihnen die besondere „Vierfalt": Unser
Verpflegungs-Service kocht, ser-
viert und arrangiert. Der **Sicherheits-
dienst** bewacht, kontrolliert und
inspiziert. Unsere **Gebäudetechniker**
prüfen, verwalten und warten, von
der Klimaanlage bis zum Aufzug. Und
der **Fleißiges Lieschen Reinigungs-
dienst** sorgt durch vorbildliche
Sauberkeit für die Werterhaltung von
Immobilien, Maschinen und Inventar.
Doch das ist erst der Anfang!

... *warten* ...

Die Vielfalt vom **Fleißigen Lieschen**
ist beinahe grenzenlos. Wir sind kein
Hans-Dampf-in-allen-Gassen. Sondern
ausgebildete Handwerker mit
Engagement und Know-how. Fordern
Sie ausführliches Informations-
material über die Vielfalt unserer
Dienstleistungs-Angebote an. Bei der
Fleißiges Lieschen
Dienstleistungen GmbH
Denisstraße 3a
80335 München
Tel. 0 89 / 5 48 60 01
Fax 0 89 / 54 86 01 99

... ein Unternehmen der Kurt Hegerich Gruppe
unter dem Dach der CARTERA Management-Holding GmbH

Teil 4

Statistisches
zum FC Bayern

Mario Basler nach dem Titelgewinn 1997.

Daten zum Verein

Name: FC Bayern München e.V.
Gründung: 27.2.1900

Titel:
Südbayerischer Meister 1908, 1910, 1915, 1917, 1918, 1920, 1923, 1928, 1929, 1930, 1931, 1932, 1933, 1944, 1945
Bayerischer Ligameister 1902, 1903, 1904, 1905 (inoffiziell), 1926 (offiziell)
Bayerischer Gaumeister 1907
Bayerischer Meister (Ostkreismeister) 1910, 1911
Süddeutscher Fußballmeister 1926, 1928, 1932, 1965 (Regionalliga)
Süddeutscher Pokalsieger 1957
Deutscher Fußballmeister 1932, 1969, 1972, 1973, 1974, 1980, 1981, 1985, 1986, 1987, 1989, 1990, 1994, 1997
DFB-Pokalsieger 1957, 1966, 1967, 1969, 1971, 1982, 1984, 1986
DFB-Supercupsieger 1987, 1990
Weltpokalsieger 1976
Europacup der Landesmeister 1974, 1975, 1976
Europacup der Pokalsieger 1967
UEFA-Cup 1996

Mitglieder: 59.339 (November 1996)
Fanklubs: 1.348 (November 1996)
Fanklubmitglieder: 63.747, davon 8.000 FC Bayern-Mitglieder (November 1996)

Präsident: Franz Beckenbauer
Vizepräsidenten:
Karl-Heinz Rummenigge, Prof. Dr. Fritz Scherer, Hans Schiefele
Geschäftsführer: Karl Hopfner
Manager: Uli Hoeneß
Pressesprecher: Markus Hörwick

Adresse:

FC Bayern München	Postanschrift:
Säbener Straße 51	Postfach 90 04 51
81547 München	81504 München
	Tel. 089/699 31-0, Fax 089/644165

Kartenlogistik: 089/69931-333, Fax 089/644165

Präsidenten des FC Bayern

Franz John (1900-1903)
Dr. Willem Hesselink (1903-1906)
Kurt Müller (1906-1907)
Dr. Angelo Knorr (1907-1913)
Kurt Landauer (1913-1914)
Fred Dunn (1914-1915)
Hans Tusch (1915)
Fritz Meier (1915)
Hans Bermühler (1916)
Fritz Meier (1916-1919)
Kurt Landauer (1919-1921)
Fred Dunn (1921-1922)
Kurt Landauer (1922-1933)
Siegfried Herrmann (1933-1934)
Dr. Karl-Heinz Oettinger (1934-1935)
Dr. Richard Amesmeier (1935-1937)

Franz Nußhardt (1937-1938)
Kellner (1938-1943)
Sauter (1943-1945)
Franz Xaver Heilmannseder (1945)
Josef Bayer (1945)
Siegfried Herrmann (1945-1947)
Kurt Landauer (1947-1951)
Julius Scheuring (1951-1953)
Adolf Fischer, Karli Wild, Hugo Theisinger (1953-1955)
Alfred Reitlinger (1955-1958)
Roland Endler (1958-1962)
Wilhelm Neudecker (1962-1979)
Willi O. Hoffmann (1979-1985)
Prof. Dr. Fritz Scherer (1986-1994)
Franz Beckenbauer (1994 bis heute)

Trainer des FC Bayern

Bayerns Trainer mit den meisten Dienstjahren ist Udo Lattek, der es auf acht komplette Spielzeiten plus einige Monate brachte (allerdings in zwei Amtsperioden). An zweiter Stelle folgt bereits Zlatko Cajkovski mit fünf kompletten Spielzeiten, an dritter Stelle Jupp Heynckes, der vier Spielzeiten plus einige Monate überlebte. Auch der erfolgreichste Trainer heißt Udo Lattek, unter dem den Bayern zweimal der Meisterschafts-Hattrick (1972, 1973, 1974 und 1985, 1986, 1987) gelang. Außerdem gewann der FCB mit Lattek 1974 den Europapokal der Landesmeister sowie 1971, 1984 und 1986 den DFB-Pokal.

Die Zeiträume 1963-78 und 1979-91 sind von relativ großer Kontinuität gezeichnet. Dazwischen lag ein Jahr der Krise und schneller Trainerwechsel. Die mit Abstand größte Fluktuation erfolgte im Zeitraum 1991-96, als der FC Bayern seinen hoch gesteckten Ansprüchen hinterherrannte. Nach der vorzeitigen Trennung von Jupp Heynckes (8. Oktober 1991) wechselte der Trainer – den Wechsel von Heynckes zu Lerby eingeschlossen – innerhalb von nur fünf Jahren siebenmal, so oft wie im gesamten 28 Jahre zählenden Zeitraum 1963 bis 1991!

Die Trainer des FC Bayern seit 1945

1945/46: Richard Högg
1946/47: Josef Pöttinger
1947/48: Franz Dietl
1948/49: Alv Riemke
1949/50: Alv Riemke
1950/51: David Davidson (abgelöst von Bertl Moll)
1951/52: Dr. Max Schäfer
1952/53: Dr. Max Schäfer
1953/54: Georg Bayerer
1954/55: Georg Knöpfle (abgelöst von Jakob Streitle)
1955/56: Bertl Moll
1956/57: Willibald Hahn
1957/58: Willibald Hahn (abgelöst von Bertl Moll)
1958/59: Adolf Patek
1959/60: Adolf Patek
1960/61: Adolf Patek
1961/62: Helmut Schneider
1962/63: Helmut Schneider
1963/64: Zlatko Cajkovski
1964/65: Zlatko Cajkovski
1965/66: Zlatko Cajkovski
1966/67: Zlatko Cajkovski
1967/68: Zlatko Cajkovski
1968/69: Branco Zebec
1969/70: Branco Zebec (abgelöst von Udo Lattek)
1970/71: Udo Lattek
1971/72: Udo Lattek
1972/73: Udo Lattek
1973/74: Udo Lattek
1974/75: Udo Lattek (abgelöst von Dettmar Cramer)
1975/76: Dettmar Cramer
1976/77: Dettmar Cramer
1977/78: Dettmar Cramer (abgelöst von Gyula Lorant)
1978/79: Gyula Lorant (abgelöst von Pal Csernai)
1979/80: Pal Csernai

1980/81: Pal Csernai
1981/82: Pal Csernai
1982/83: Pal Csernai (abgelöst von Reinhard Saftig)
1983/84: Udo Lattek
1984/85: Udo Lattek
1985/86: Udo Lattek
1986/87: Udo Lattek
1987/88: Jupp Heynckes
1988/89: Jupp Heynckes
1989/90: Jupp Heynckes
1990/91: Jupp Heynckes
1991/92: Jupp Heynckes (abgelöst von Sören Lerby, abgelöst von Erich Ribbeck)
1992/93: Erich Ribbeck
1993/94: Erich Ribbeck (abgelöst von Franz Beckenbauer)
1994/95: Giovanni Trapattoni
1995/96: Otto Rehhagel (abgelöst von Franz Beckenbauer)
1996/97: Giovanni Trapattoni

Der FC Bayern und sein Zuschauerzuspruch

Als in München der Fußball zu rollen begann, ahnte wohl noch niemand, welche Massen dieses Spiel 100 Jahre später mobilisieren würde. In der Saison 1996/97 pilgerten an jedem Wochenende durchschnittlich 47.500 Zuschauer ins Olympiastadion, um den FC Bayern oder den TSV 1860 zu sehen.

Vor dem 1. Weltkrieg sah dies noch etwas anders aus. 4.000 Zuschauer waren Rekordbesuch für einen Münchener Verein. So gezählt am 9. April 1911, als der FC Bayern bei einem Spiel um die süddeutsche Meisterschaft dem Deutschen Fußballmeister Karlsruher FV mit 1:3 unterlag. Die Begegnung fand auf dem „Bayern-Platz" an der Schwabinger Leopoldstraße statt. Auf dem MTV-Platz an der Marbachstraße sahen 1917 ebenfalls 4.000 das bayerische Finale zwischen dem FC Bayern und dem 1. FC Nürnberg, das die Männer aus der Noris mit 3:0 gewannen.

Die 20er und 30er Jahre

Erst nach dem 1. Weltkrieg entwickelte sich der Fußball zum große Massen mobilisierenden Zuschauersport, wofür seine soziale Ausbreitung und die Verkürzung der Arbeitszeit verantwortlich waren. Freizeit war nun etwas, was auch den unteren Schichten gebührte. Hinzu kam der Ausbau des öffentlichen Transportsystems, wodurch sowohl die Mobilität der Menschen innerhalb einer Stadt wie zwischen den Städten erhöht wurde. Als der FC Bayern 1932 im Finale um die Deutsche Meisterschaft stand, wurden große Massen von Bayern-Anhängern mit Sonderzügen nach Nürnberg transportiert.

Bei Ligaspielen kamen in den 20ern häufig über 10.000 Zuschauer. Die größten Zuschauermassen mobilisierten die Lokalkämpfe zwischen dem FC Bayern, FC Wacker und TSV 1860 sowie die Spiele dieser Vereine gegen den 1. FC Nürnberg und die SpVgg. Fürth, beide damals Topadressen des deutschen Fußballs.

Im November 1926 sahen 20.000 an der Grünwalder Straße das 1:1 des FC Bayern gegen den FC Wacker. Ein Jahr später wurde die gleiche Begegnung sogar von 25.000 Menschen besucht. Die Zuschauer, die ein torloses Remis sahen, sollen allerdings in ihrer überwiegenden Mehrheit mit dem FC Wacker sympathisiert haben.

Ende der 20er, München war inzwischen zu einer Fußball-Metropole aufgestiegen, waren 20.000 bis 25.000 Zuschauer an der Grünwalder Straße keine Seltenheit mehr. Am 10. April 1927 sahen 30.000 den 2:1-Sieg des FC Bayern im Freundschaftsspiel gegen den uruguayischen Meister Penarol Montevideo, was für den Münchener Vereinsfußball einen neuen Zuschauerrekord bedeutete. 25.000 sahen am 6. Januar 1932 das Meisterschaftsspiel TSV 1860 – FC Bayern. Aufgrund der wirtschaftlichen Notlage hatte man die Eintrittspreise gesenkt. Den absoluten Zuschauerrekord für die Zeit vor der nationalsozialistischen Machtergreifung hält allerdings ein Länderspiel: Am 12. Dezember 1926 passierten beim Spiel Deutschland – Schweiz 40.000 Zuschauer die Tore der Grünwalder Straße.

Bereits gegen Ende der 20er erfuhr der Münchener Fußball einen drastischen Rückgang beim Zuschauerzuspruch, obwohl der FC Bayern und der TSV 1860 nun zu den renommierteren Adressen des deutschen Fußballs zählten. Anton Löffelmeier in dem Buch „München und der Fußball": „Der TSV 1860 beklagte von 1928 auf 1929 einen Rückgang der Gesamtzuschauerzahlen im Heinrich-Zisch-Stadion von 603.200 auf 355.663. Sicher war ein Teil des Schwunds durch Abwanderung von Veranstaltern in das am 2. Juni 1928 neu eröffnete Dantestadion verursacht, doch insgesamt war der Rückgang eklatant. Im Jahr 1931 betrug der Durchschnittsbesuch im Sechziger-Stadion nur noch 7.472 zahlende Zuschauer. Nur vier der insgesamt 62 Begegnungen zogen knapp über 20.000 Zuschauer an. Auch die ab dem Jahr 1931 durchgeführten Doppel-Heimspiele der Münchener Ligamannschaften waren selten von mehr als 10.000 Zuschauern besucht. Mit Zuschauerschwund hatten jedoch die Verbände und Vereine republikweit zu kämpfen." Der hauptsächliche Grund für diese Entwicklung dürfte die schwere wirtschaftliche Krise gewesen sein.

Am 12. März 1933 sahen „nur" 18.000 das Münchener Derby (2:1 für die Löwen), obwohl der FCB amtierender Deutscher Meister war und sich der TSV 1860 auf dem Weg zum süddeutschen Meistertitel befand.

Während der NS-Jahre nahm der Zuschauerzuspruch weiter ab, was im Falle des FC Bayern sicherlich auch eine Folge seiner sportlichen Krise war. Der FCB war nicht mehr länger eine nationale Fußballgröße. Da auch der TSV 1860 nicht mehr zu den Topadressen gehörte, büßte München seinen Charakter als Fußballmetropole zunächst ein. In einer Vereinschronik des FC Bayern von 1950 heißt es: „Die Zuschauerzahlen waren bei den Verbandsspielen beängstigend gesunken. Es gehörte zu den Seltenheiten, wenn im Stadion an der Grünwalder Straße trotz bester Reklame und guter Gegner mal mehr als 10.000 Zuschauer kamen."

Das erste Gauliga-Derby (2:2) sahen am 3. Dezember 1933 nur 7.000. Auch am 26. September 1936 kamen nur etwas mehr als 7.000 zum Spiel der Roten gegen die Blauen (4:0 für den FCB). Am 27. März 1938 fanden sich sogar nur 5.000 zum Derby ein (2:2). Die höchste Zuschauerzahl, die bei einem Derby während der NS-Zeit notiert wurde, waren die 15.000, die am 20. Juni 1943 an der Grünwalder Straße das Endspiel um die Meisterschaft des Sportgaus München-Oberbayern sahen, das die Löwen gegen die wiedererstarkten Bayern 2:0 gewannen.

Oberliga

In den ersten Nachkriegsjahren war der Fußball eines der wenigen Freizeitvergnügen und Abwechslungen. Auf dem Freizeit- und Unterhaltungssektor war er nahezu konkurrenzlos. Nie wieder sollte der Zuschauerzuspruch derart unabhängig vom Leistungsniveau sein wie in diesen Jahren. Auch

München spürte den Boom, obwohl man erst Mitte der 60er wieder von einer Fußballmetropole sprechen konnte.

1948 sahen in München 1.065.000 Zuschauer die ca. 1.800 Spiele der 59 lokalen Fußballklubs. Die 50er zeichneten sich dadurch aus, daß auch die Spiele in den unteren „Derby-Klassen" sich eines für heutige Verhältnisse erstaunlichen Zuschauerzuspruchs erfreuten.

Zwar belegt der FC Bayern in der ewigen Tabelle der Oberliga Süd (1945/46 – 1962/63) nur den 5. Platz, in der Zuschauertabelle für den gleichen Zeitraum taucht er jedoch auf Platz zwei auf. In der sportlichen Tabelle trennen ihn vom Erstplazierten 1. FC Nürnberg nicht weniger als 185 Punkte, in der Zuschauertabelle beträgt die Differenz indes nur 4.831.000 : 4.587.500. Da der FCB eine Saison weniger in der Oberliga kickte als der „Club", fällt der Zuschauerschnitt pro Saison (berechnet für die Bayern) gar geringfügig besser aus. Im Schnitt mobilisierte der FCB 269.853 Zuschauer pro Oberligasaison, die Nürnberger hingegen „nur" 268.389. Hätte der FCB nicht die Spielzeit 1955/56 in der Zweitklassigkeit verbringen müssen, würde nicht der 1. FC Nürnberg die ewige Zuschauertabelle anführen, sondern der FC Bayern.

Lokalrivale TSV 1860 mobilisierte in 15 Oberligaspielzeiten 3.962.000 Zuschauer. Der Saisonschnitt der Löwen beträgt 264.133 und liegt somit ebenfalls unter dem der Bayern. Allerdings dürfen die Löwen für die Oberligajahre den Münchener Rekordbesuch verbuchen: Im März 1948 sollen es an die 60.000 gewesen sein, die das Spiel der Sechziger gegen den „Club" aus Nürnberg besuchten. Es war der bis heute beste Besuch in der Geschichte der Grünwalder Straße überhaupt.

Der Zuschauerzuspruch für den FC Bayern ist umso erstaunlicher, als der Klub nur zwei Spielzeiten – nämlich 1961/62 und 1962/63 – ernsthaft um den Titel mitspielte. In diesen beiden Spielzeiten landete der FCB jeweils auf dem 3. Platz, drei bzw. vier Zähler hinter dem Meister.

Seinen schlechtesten Zuschauerzuspruch verzeichnete der FC Bayern in der Auftaktsaison 1946/47, als im Schnitt 13.316 zu den Heimspielen pilgerten. Die meisten Zuschauer wurden in den Spielzeiten 1947/48, 1957/58 und 1958/59 verbucht. 1947/48 sahen im Schnitt 21.474 die Heimauftritte des FCB, der in dieser Saison Vierter wurde. 1957/58 kamen im Schnitt 21.000 zu den Heimspielen, sicherlich auch mobilisiert durch den Gewinn des DFB-Pokals in der Vorsaison. Der FCB wurde in dieser Saison nur Siebenter. In der Saison 1958/59 betrug der Schnitt dann 22.800. In den Spielzeiten 1957/58 und 1958/59 führte der FCB die Zuschauertabelle der Oberliga Süd an, jeweils verfolgt vom TSV 1860. Insgesamt stand der FCB sechs Spielzeiten auf Platz 1 der Zuschauertabelle, der 1. FC Nürnberg kam auf fünf.

Der FC Bayern war also auch schon in den Jahren 1946-1963 ein populärer Klub, der über ein großes Stammpublikum verfügte, das dem Verein auch in weniger guten Spielzeiten die Stange hielt. In der Saison 1954/55 endete der FC Bayern zwar auf dem letzten Platz und stieg somit ab, aber trotzdem wurden seine Spiele im Schnitt von immerhin 15.600 Zuschauern besucht, was

Platz 1 in der Zuschauertabelle bedeutete. Auswärts war der Klub hingegen noch bei weitem nicht die Attraktion wie heute. Hier hatte der 1. FC Nürnberg eindeutig die Nase vorn. Zu den Derbys fanden sich in der Regel mindestens 20.000 ein. Am 7. Dezember 1947 kamen 42.000 und sahen einen 3:2-Sieg des FC Bayern. In der Saison 1957/58 wurden sogar bei beiden Meisterschaftsspielen (3:3 und 4:3 für die Löwen) über 40.000 gezählt. 1958/59 (2:1 für den FCB und 2:1 für den TSV 1860) wurden immerhin noch jeweils über 30.000 verbucht. 1962/63, der letzten Saison vor dem Start der Bundesliga, kamen zum Hinspiel (3:1 für den FCB) 40.000 und zum Rückspiel (3:1 für den TSV 1860) 35.000.

Die Zuschauerstatistik für die Oberliga-Ära des FCB widerlegt die populäre Annahme, der FCB sei ein reiner „Aufsteiger-Klub". Der TSV 1860 lag in der Zuschauergunst nur viermal vor dem FC Bayern: 1946/47 (15.033 : 13.316), 1949/50 (17.600 : 16.067), 1951/52 (17.400 : 16.067) und in der Saison 1962/63 (22.000 : 19.067), als den Löwen als einzigem Münchener Verein in den 18 Jahren der Oberliga Süd das Meisterstück gelang und sie sich für die neue Bundesliga qualifizieren konnten.

Regionalliga

Die Spielzeiten 1963/64 und 1964/65 verbrachte der FC Bayern in der Zweitklassigkeit der Regionalliga Süd. In der Saison 1963/64 verbuchte der FCB den besten Besuch beim Topspiel gegen Hessen Kassel. 30.000 sahen einen 1:0-Sieg des FCB gegen den späteren

Meister. Überdurchschnittlich viel Zuschauer mobilisierten auch die Begegnungen gegen Kickers Offenbach (22.000) und den Nachbarn Schwaben Augsburg (20.000). Im Schnitt besuchten 13.579 Zuschauer die Heimspiele des FCB. So wenige Zuschauer hatte der FC Bayern zuletzt 1955/56 nach dem Abstieg in die 2. Liga Süd mobilisiert. Lokalrivale TSV 1860 wurde 1963/64 eine Klasse höher von mehr als doppelt so vielen Zuschauern gesehen, nämlich durchschnittlich 31.949. Deutlich über dem Regionalligaschnitt lag der Zuschauerzuspruch in den drei Heimspielen der Aufstiegsrunde zur Bundesliga, in der der FCB knapp scheiterte. Die 45.000 beim ersten Heimspiel gegen Tasmania Berlin waren Saisonrekord. Den späteren Aufsteiger Borussia Neunkirchen wollten 25.000 sehen, den FC St. Pauli 15.000. Der Schnitt für diese drei Spiele war mit 28.333 absolut bundesligareif.

In der Aufstiegssaison 1964/65 wurden die Heimspiele gegen Waldhof Mannheim (1:1) und die SpVgg. Fürth (5:1) mit jeweils 20.000 am besten besucht. Die SSV Reutlingen, den härtesten Rivalen, wollten beim 5:0-Sieg der Bayern immerhin noch 18.000 sehen. Dem Lokalderby gegen den Neuling Wacker München (1:0) wohnten daheim 15.000 bei. In dieser Saison lag der Zuschauerschnitt in der Regionalliga mit 13.000 trotz des größeren sportlichen Erfolges noch etwas unter dem des Vorjahres. Ausschlaggebend war hierfür möglicherweise, daß der TSV 1860, der im Vorjahr den DFB-Pokal gewonnen hatte und in dieser Saison bis ins Finale des Europapokals der Pokalsieger vordrang, zuviel Aufmerksamkeit auf sich konzentrierte. Der

Zuschauerschnitt der Löwen bewegte sich in dieser Bundesligasaison mit 26.765 zwar unter dem des Vorjahres, als noch der Reiz des Neuen regierte, aber dies waren trotzdem noch doppelt so viele, wie der FC Bayern zu seinen Heimspielen begrüßen durfte. Hinzu kamen die großen Massen, die an der Grünwalder Straße die Europacupspiele der Sechziger verfolgten.

Auch für die Saison 1964/65 gilt, daß in der Aufstiegsrunde deutlich mehr ins Stadion pilgerten. 20.000 sahen den Auftakt gegen Tennis Borussia Berlin, 42.000 kamen zum Spiel gegen Alemannia Aachen und gar 45.000 gegen den 1. FC Saarbrücken. Im Schnitt bedeutete dies einen Zuschauerzuspruch von 35.666.

In der Regionalliga hielten sich die Fans offensichtlich noch bedeckt. Der Zweitligastatus paßte nicht zur Tradition und zum Image des FC Bayern, der – von der Saison 1955/56 abgesehen – immer erstklassig gewesen war. Die Meisterschaft war ein „Muß". Erst als das Pflichtprogramm erfüllt war, strömten die Zuschauer ins Stadion. Hinzu kam der attraktive Aufstiegsmodus, der bis zur Einführung der zweigleisigen 2. Bundesliga existierte und wiederholt erstaunliche Zuschauermassen mobilisierte. Später war dies noch bei den Aufstiegsrunden der Amateur-Oberligameister zur 2. Bundesliga zu beobachten.

Bundesliga

In seiner ersten Bundesligasaison 1965/66 verzeichnete der FC Bayern einen Zuschauerschnitt von 24.843. Der zweite Bundesligist wurde in München also angenommen. Die Löwen, die Deutscher Meister wurden, kamen auf 29.316. In der Zuschauertabelle belegte der FCB „lediglich" Rang neun. Allerdings mobilisierten einige der vor den Bayern liegenden Klubs nur geringfügig mehr Zuschauer.

1967/68 überholte der FC Bayern die Löwen erstmals wieder in der Zuschauergunst. Von 1962/63 bis 1966/67 hatte der TSV 1860 beim Zuschauerzuspruch ununterbrochen die Nase vorn gehabt. Von nun an bis heute sollte der FC Bayern dominieren.

Zum FCB kamen 1967/68 im Schnitt 21.942, zum TSV 1860 19.611. 1968/69 wurde der FCB erstmals Bundesligameister. 25.177 lautete für diese Saison der Zuschauerschnitt (der Gesamtschnitt der Liga betrug 21.407, was zu diesem Zeitpunkt der zweitschlechteste war). Der TSV 1860, der nur Zwölfter wurde, kam lediglich auf 16.012. Die Löwen-Ära war endgültig vorbei, die Führungsposition des FC Bayern von nun an unumstritten. In der Zuschauertabelle landete der Meister auf Rang drei. Zuschauerkrösus war die Berliner Hertha, die dank ihres Olympiastadions im Schnitt 42.843 begrüßen durfte. Außer den Berlinern lag auch noch der Absteiger 1. FC Nürnberg vor dem FCB, der allerdings nur ca. 700 Zuschauer pro Spiel mehr verzeichnete. Hätte der FCB damals über ein größeres Stadion verfügte, wäre sein Zuschauerschnitt sicherlich besser ausgefallen.

Bereits während der ersten Bundesligasaison wurde vom FC Bayern das geringe Fassungsvermögen der Grünwalder Straße öffentlich problematisiert. Die FCB-Führung war der Auffasung, daß dieses auf 60.000 ausgebaut werden müßte. Die Grünwalder Straße paßte nicht so recht zur „heimlichen Hauptstadt". Bereits im Januar 1958 stand anläßlich eines FCB-TSV 1860-Derbys in der „SZ" zu lesen: „Bei solch zugkräftigen Spielen beweist sich stets, wie armselig die Millionenstadt München im Vergleich zu anderen Oberliga-Städten mit seinem Stadion dran ist. 1100 Sitzplätze faßt die kümmerliche Tribüne. Nur etwa 600 Karten standen für den Verkauf zur Verfügung, da rund 500 Personen Jahreskarten besitzen."

Die Olympiade 1972 kam für den FC Bayern genau zur richtigen Zeit. Die Nutzung der olympischen Arena durch den FC Bayern wird oft als wichtigster Grund dafür genannt, warum der Klub in den 70ern den Konkurrenten aus Gladbach finanziell überflügelte. Bei Top-Begegnungen konnten die Bayern eine deutlich größere Kasse machen.

Auf Drängen von Präsident Neudecker durfte der FC Bayern sein erstes Heimspiel im Olympiastadion bereits vor der Olympiade bestreiten. Am 28. Juni 1972, dem letzten Spieltag der Saison 1971/72, lief der FC Bayern erstmals im Olympiastadion auf. 80.000 sahen einen 5:1-Sieg der Bayern gegen ihren ärgsten Verfolger Schalke 04, der für die Münchener die Meisterschaft bedeutete. Der Umzug ins Olympiastadion brachte dem Verein seine erste Millioneneinnahme und war für die Finanzierung der Saison von nicht zu unterschätzender Bedeutung. Ohne das Olympiastadion wäre der FC Bayern in eine finanzielle Krise geraten und hätte seine ambitionierte Politik kaum fortsetzen können. Ohne diese sprudelnde Einnahmequelle hätte man die Achse Maier, Beckenbauer, Müller

kaum halten und einige der teuren Transfers kaum tätigen können. Da die Zuschauer damals noch die wichtigste Einnahmequelle waren, spielte das unterschiedliche Fassungsvermögen der Arenen eine bedeutendere Rolle als heute.

1972/73 war die erste Saison, die der FC Bayern komplett im Olympiastadion bestritt. Der Zuschauerschnitt der gesamten Liga sollte in dieser Spielzeit mit nur 16.372 der bis heute niedrigste ihrer Geschichte sein. Für den schlechten Schnitt gab es drei Gründe: den Bundesligaskandal, den Umbau einiger Stadien für die WM 1994, die deshalb Baustellen mit beschränktem Fassungsvermögen waren, sowie die Dominanz des FC Bayern, der in dieser Saison die Meisterschaft mit elf Punkten Vorsprung gewann. Die Spiele des FC Bayern, der dank der Olympiade seine WM-Arena bereits hatte, wurden allerdings durchschnittlich von 30.943 besucht, was fast das Doppelte des Liga-Schnitts war. Erstmals hatte ein Münchener Klub die 30.000-Grenze überschritten. 1973/74 stieg dieser Schnitt weiter auf 34.308. Vizemeister Borussia Mönchengladbach kam nur auf 20.084. Auch in der folgenden Saison 1974/75, als es für den FC Bayern nur zum 10. Platz reichte, während die Gladbacher Meister wurden, blieb die Differenz in der Zuschauergunst unverändert bei ca. 14.000 zugunsten der Münchener. Die Gladbacher wurden auch in den Spielzeiten 1975/76 und 1976/77 Meister, aber der beste Schnitt, den sie während ihres Meisterschafts-Hattricks mobilisieren konnten, waren 24.165 in der Saison 1975/76. Das lag noch immer um fast 6.000 unter dem schlechtesten Schnitt der

Bayern in diesen drei Jahren: 30.973 in der Saison 1976/77, als der FCB Siebter wurde.

Der höchste Zuschauerschnitt des FC Bayern in den 70ern betrug 38.056, gezählt in der Saison 1979/80, als der Klub nach sechs Jahren Unterbrechung erstmals wieder den Meistertitel gewann.

In den 80ern sank der Besuch bei Heimspielen im Olympiastadion etwas. Viermal wurde ein Schnitt unter 30.000 registriert. Der niedrigste datiert aus der Saison 1985/86, als durchschnittlich nur 26.562 die Stadiontore passierten. Die Gründe für das Absinken dürften die Langeweile, die der FC Bayern in diesen Jahren verbreite, sowie die Imageprobleme des Fußballs gewesen sein.

Der größte Sprung nach oben ereignete sich nicht mit dem Umzug von der Grünwalder Straße auf das Oberwiesenfeld, sondern in der Saison 1992/93, als sich der FC Bayern bis zum letzten Spieltag mit Werder Bremen ein Kopf-an-Kopf-Rennen um die Meisterschaft lieferte, dabei aber unterlag. 46.058 sahen in dieser Saison die Heimspiele des FC Bayern. Gegenüber der Vorsaison 1991/92, als die krisengeschüttelten Bayern nur Zehnter wurden, war dies ein Sprung um fast 14.000, gegenüber der bis dahin vom Zuschauerzuspruch her besten Saison des FC Bayern überhaupt (1979/80) eine Verbesserung um immerhin noch fast 8.000. Erstmals in seiner Geschichte durchbrach der FCB die 40.000-Marke, was zuvor bereits Hertha BSC (1968/69, 1969/70, 1970/71), Borussia Dortmund (1976/77, 1991/92 und ebenfalls 1992/93), Hannover 96 (1964/65), Hambur-

ger SV (1978/79) und VfB Stuttgart (1963/64, 1977/78) gelungen war.

Doch das Ende des Wachstums war damit noch längst nicht erreicht. 1993/94, der FCB wurde Meister, erfolgte eine geringfügige Verbesserung auf 48.588. 1994/95 und 1995/96 folgten weitere größere Sprünge, die den FC Bayern deutlich über die 50.000 Marke führten. Zunächst 1994/95 auf 54.176, dann 1995/96 auf 59.353. Die Ränge des Olympiastadions waren jetzt nicht mehr nur bei den Topspielen prall gefüllt, sondern auch bei den gewöhnlichen Begegnungen. Hierfür gab es zwei Gründe: 1. Die neue Präsentation der Bundesliga durch Sat.1 bedeutete, daß es gewöhnliche Spiele nicht mehr länger gab. Jede Paarung wurde zum Ereignis hochgejazzt. 2. Das Interesse am FC Bayern war so riesig, daß es auf 17 Spiele verteilt werden mußte. Hierzu trug sicherlich auch die Hollywoodisierung des FCB bei. Die bundesweite Fan-Struktur des FC Bayern lieferte ein permanent abrufbares Reservoir, um das Stadion zu füllen. Außer den Bayern hatte bis dahin nur ein anderer Bundesligaklub die 50.000-Marke durchbrochen. 1977/78 mobilisierte der VfB Stuttgart im Schnitt 53.186.

Obwohl der FC Bayern in der Saison 1996/97 Deutscher Meister wurde, war bei den Zuschauern wieder ein gewisser Abwärtstrend auszumachen. Mit 57.790 sahen im Schnitt 2.000 Zuschauer weniger die Heimspiele des Klubs. Die Gründe hierfür düften das permanente Theater in der „Bayern Family", der in der Regel geringe Unterhaltungswert bei den Heimspielen sowie erste Ermüdungserscheinungen im Showbusiness Profifußball gewesen sein.

Obwohl München seit der Saison 1994/95 wieder zwei Bundesligisten beheimatet, hat dies bislang keine negativen Auswirkungen auf den Zuschauerzuspruch des FC Bayern gezeitigt. 1996/97 lag dieser um ca. 20.000 höher als der des TSV 1860. Im ersten Löwen-Jahr verbesserten sich die Bayern um fast 6.000 Zuschauer, im zweiten noch einmal um etwas mehr als 5.000. Gleichzeitig stieg auch der Schnitt der Sechziger. 1996/97 lag der Schnitt der Bayern um 20.000 über dem des TSV 1860, der allerdings mit 37.147 immerhin den 4. Platz in der Zuschauergunst der Liga belegte. Uli Hoeneß: „Die Stadt München bietet absolut die Möglichkeit für zwei Vereine. Der FC Bayern ist der Klub für alle in Deutschland, unser Potential ist unbegrenzt. 1860 kehrt das Bayerische heraus. Damit befruchten wir uns gegenseitig."

Europacup

Sofern der FC Bayern nicht gegen ausgesprochen namhafte Gegner antrat, fielen die Besuche bei Europacupspielen häufig eher mager aus. In der Saison 1966/67 sahen im Europapokal der Pokalsieger durchschnittlich 26.000 die Heimspiele des späteren Siegers FC Bayern. In der Saison 1971/72 waren dies bei der gleichen Anzahl von Spielen 31.250. Daß es nicht mehr wurden, war dem begrenzten Fassungsvermögen der Grünwalder Straße geschuldet. 1973/74, der FC Bayern gewann erstmals den Landesmeisterwettbewerb und spielte mittlerweile im Olympiastadion, besuchten im Schnitt 55.500

die vier Heimspiele des FC Bayern. Unter 50.000 kamen lediglich in der ersten Runde gegen Atvidaberg FF. In der folgenden Saison 1974/75 kamen zu den drei Heimspielen gar durchschnittlich 69.700. Selbst die Mannschaft von Ararat Eriwan wollten 65.000 sehen. 1975/76 wurden bei vier Spielen im Schnitt 51.875 Zuschauer gezählt. Die Differenz zum Vorjahr war einem höchst unattraktiven Gegner beim Auftakt geschuldet. Außerdem hatte der FCB beim luxemburgischen Vertreter Jeunesse Esch das Hinspiel bereits mit 5:0 gewonnen, weshalb zum Rückspiel nur 8.000 ins Olympiastadion kamen. Auch 1976/77 stimmte der Schnitt mit 53.300 noch. Gedrückt wurde er erneut durch den Gegner der ersten Runde, den dänischen Vertreter Köge BK.

1977/78 ging es dann mit dem Zuschauerzuspruch merklich bergab. Verantwortlich war hierfür sicherlich auch, daß der FC Bayern „nur" im UEFA-Cup spielte. Mit seinem Hattrick im Landesmeistercup hatte der FC Bayern Maßstäbe gesetzt und kultiviert, die ihn noch heute verfolgen. Im Schnitt kamen nur 11.200 zu den drei Heimspielen der Bayern. Mjöndalen IF und Marek Stanke Dimitrov waren etwas andere Namen als Real Madrid, FC Liverpool oder Benfica Lissabon. Für den Gegner dagegen war der FCB eine große Nummer, so kamen 40.000 zum Heimspiel von Stanke Dimitrov. Ein nicht viel besseres Bild auch 1979/80 im gleichen Wettbewerb. Obwohl der FC Bayern bis ins Halbfinale einzog, besuchten im Schnitt nur 20.000 die fünf Heimspiele im Olympiastadion. 1981/82 stand der FCB zwar wieder dort, wo er nach seiner Auffassung wie kein anderer deutscher Klub hingehörte, nämlich im Landesmeisterwettbewerb, aber verglichen mit dem Zuspruch, den der Klub Mitte der 70er in Europa mobilisierte, fiel die Bilanz auch hier bescheiden aus. 25.750 sahen die vier Heimspiele im Schnitt. Gegen Östers Växjö und Universitatea Craiova durfte der Klub nur jeweils 8.000 begrüßen.

Typisch für die Entwicklung des Zuschauerzuspruchs ist der Pokalsiegerwettbewerb 1984/85. Die ersten beiden Heimspiele gegen FK Moss und Trakia Plovdiv sahen addiert nur ca. 15.000. Zu den beiden folgenden Heimspielen gegen die attraktiven Namen AS Rom und FC Everton kamen indes im Schnitt 63.500.

In der Saison 1986/87 erreichte der FC Bayern bis heute zum letzten Male ein Finale im Landesmeisterwettbewerb. Im Schnitt kamen zu den vier Heimspielen 43.000. Da alle vier Gegner zu den attraktiveren Adressen zählten, darf man unterstellen, daß der FC Bayern gut zehn Jahre früher 20.000 Zuschauer mehr hätte zählen dürfen.

1994/95 erreichte der FC Bayern in der neu geschaffenen Champions League das Halbfinale. Im Schnitt kamen 41.800 zu den fünf Heimspielen. Nur im Halbfinale gegen Ajax Amsterdam konnte der FC Bayern mit 60.000 eine wirklich große Kulisse verzeichnen. 1995/96 gewann der FC Bayern erstmals den UEFA-Cup. Mit 39.500 bewegte sich der Heimspielschnitt trotzdem unter dem der Champions League-Teilnahme in der Vorsaison. Gut gefüllt war die Arena auch hier erst im Halbfinale und im Finale. Beide Spiele waren ausverkauft. Eine größere Arena hätte somit den Schnitt der Bayern etwas nach oben korrigieren können. Anders als Mitte der 70er läßt sich heute feststellen, daß der Zuspruch für die Bundesliga größer ist als für den Europapokal. Ein wesentlicher Grund hierfür sind sicherlich die Anreiseprobleme der großen auswärtigen Fan-Gemeinde bei Spielen unter der Woche. Das europagewohnte Publikum des FC Bayern ist bei europäischen Begegnungen zudem etwas wählerischer als das der Dortmunder.

Plazierungen und Zuschauerschnitte des FC Bayern seit 1945

1945/46: Oberliga Süd (1. Liga)
Platz 6 / Tore 67:48 / Punkte 34:26
Zuschauerschnitt: unbekannt

1946/47: Oberliga Süd (1. Liga)
Platz 11 / Tore 75:56 / Punkte 36:40
Zuschauerschnitt: 13.316

1947/48: Oberliga Süd (1. Liga)
Platz 4 / Tore 72:38 / Punkte 50:26
Zuschauerschnitt: 21.474

1948/49: Oberliga Süd (1. Liga)
Platz 3 / Tore 61:42 / Punkte 35:25
Zuschauerschnitt: 20.133

1949/50: Oberliga Süd (1. Liga)
Platz 13 / Tore 56:70 / Punkte 25:35
Zuschauerschnitt: 16.067

1950/51: Oberliga Süd (1. Liga)
Platz 9 / Tore 64:53 / Punkte 33:35
Zuschauerschnitt: 16.824

1951/52: Oberliga Süd (1. Liga)
Platz 8 / Tore 53:54 / Punkte 29:31
Zuschauerschnitt: 16.067

1952/53: Oberliga Süd (1. Liga)
Platz 7 / Tore 59:56 / Punkte 30:30
Zuschauerschnitt: 15.933

1953/54: Oberliga Süd (1. Liga)
Platz 9 / Tore 42:46 / Punkte 28:32
Zuschauerschnitt: 17.867

1954/55: Oberliga Süd (1. Liga)
Platz 16 / Tore 42:76 / Punkte 15:45
Zuschauerschnitt: 15.600

1955/56: 2. Liga Süd (2. Liga)
Platz 2 / Tore 89:43 / Punkte 46:22
Zuschauerschnitt: 13.000

1956/57: Oberliga Süd (1. Liga)
Platz 10 / Tore 52:62 / Punkte 26:34
Zuschauerschnitt: 20.867

1957/58: Oberliga Süd (1. Liga)
Platz 7 / Tore 66:56 / Punkte 30:30
Zuschauerschnitt: 21.000

1958/59: Oberliga Süd (1. Liga)
Platz 4 / Tore 79:49 / Punkte 39:21
Zuschauerschnitt: 22.800

1959/60: Oberliga Süd (1. Liga)
Platz 5 / Tore 81:55 / Punkte 34:26
Zuschauerschnitt: 17.800

1960/61: Oberliga Süd (1. Liga)
Platz 8 / Tore 57:54 / Punkte 30:30
Zuschauerschnitt: 14.667

1961/62: Oberliga Süd (1. Liga)
Platz 3 / Tore 67:55 / Punkte 40:20
Zuschauerschnitt: 16.400

1962/63: Oberliga Süd (1. Liga)
Platz 3 / Tore 67:52 / Punkte 40:20
Zuschauerschnitt: 19.067

1963/64: Regionalliga Süd (2. Liga)
Platz 2 / Tore 115:61 / Punkte 52:24
Zuschauerschnitt: 13.579

1964/65: Regionalliga Süd (2. Liga)
Platz 1 / Tore 146:32 / Punkte 55:17
Zuschauerschnitt: 13.000

1965/66: Bundesliga (1. Liga)
Platz 3 / Tore 71:38 / Punkte 47:21
Zuschauerschnitt: 24.843

1966/67: Bundesliga (1. Liga)
Platz 6 / Tore 62:47 / Punkte 37:31
Zuschauerschnitt: 20.122

1967/68: Bundesliga (1. Liga)
Platz 5 / Tore 68:58 / Punkte 38:30
Zuschauerschnitt: 21.942

1968/69: Bundesliga (1. Liga)
Meister / Tore 61:31 / Punkte 46:22
Zuschauerschnitt: 25.177

1969/70: Bundesliga (1. Liga)
Platz 2 / Tore 88:37 / Punkte 47:21
Zuschauerschnitt: 23.459

1970/71: Bundesliga (1. Liga)
Platz 2 / Tore 74:36 / Punkte 48:20
Zuschauerschnitt: 23.893

1971/72: Bundesliga (1. Liga)
Meister / Tore 101:38 / Punkte 55:13
Zuschauerschnitt: 27.748

1972/73: Bundesliga (1. Liga)
Meister / Tore 93:29 / Punkte 54:14
Zuschauerschnitt: 30.943

1973/74: Bundesliga (1. Liga)
Meister / Tore 95:53 / Punkte 49:19
Zuschauerschnitt: 34.308

1974/75: Bundesliga (1. Liga)
Platz 10 / Tore 57:63 / Punkte 34:34
Zuschauerschnitt: 34.230

1975/76: Bundesliga (1. Liga)
Platz 3 / Tore 72:50 / Punkte 40:28
Zuschauerschnitt: 32.142

1976/77: Bundesliga (1. Liga)
Platz 7 / Tore 74:65 / Punkte 37:31
Zuschauerschnitt: 30.937

1977/78: Bundesliga (1. Liga)
Platz 12 / Tore 62:64 / Punkte 32:36
Zuschauerschnitt: 29.534

1978/79: Bundesliga (1. Liga)
Platz 4 / Tore 69:46 / Punkte 40:28
Zuschauerschnitt: 32.112

1979/80: Bundesliga (1. Liga)
Meister / Tore 84:33 / Punkte 50:18
Zuschauerschnitt: 38.056

1980/81: Bundesliga (1. Liga)
Meister / Tore 89:41 / Punkte 53:15
Zuschauerschnitt: 36.589

1981/82: Bundesliga (1. Liga)
Platz 3 / Tore 77:56 / Punkte 43:25
Zuschauerschnitt: 32.936

1982/83: Bundesliga (1. Liga)
Platz 4 / Tore 74:33 / Punkte 44:24
Zuschauerschnitt: 30.834

1983/84: Bundesliga (1. Liga)
Platz 4 / Tore 84:41 / Punkte 47:21
Zuschauerschnitt: 29.625

1984/85: Bundesliga (1. Liga)
Meister / Tore 79:38 / Punkte 50:18
Zuschauerschnitt: 32.508

1985/86: Bundesliga (1. Liga)
Meister / Tore 82:31 / Punkte 49:19
Zuschauerschnitt: 26.562

1986/87: Bundesliga (1. Liga)
Meister / Tore 67:31 / Punkte 53:15
Zuschauerschnitt: 36.934

1987/88: Bundesliga (1. Liga)
Platz 2 / Tore 83:45 / Punkte 48:20
Zuschauerschnitt: 27.556

1988/89: Bundesliga (1. Liga)
Meister / Tore 67:26 / Punkte 50:18
Zuschauerschnitt: 28.833

1989/90: Bundesliga (1. Liga)
Meister / Tore 64:28 / Punkte 49:19
Zuschauerschnitt: 34.656

1990/91: Bundesliga (1. Liga)
Platz 2 / Tore 74:41 / Punkte 45:23
Zuschauerschnitt: 35.117

1991/92: Bundesliga (1. Liga)
Platz 10 / Tore 59:61 / Punkte 36:40
Zuschauerschnitt: 32.526

1992/93: Bundesliga (1. Liga)
Platz 2 / Tore 74:45 / Punkte 47:21
Zuschauerschnitt: 46.058

1993/94: Bundesliga (1. Liga)
Meister / Tore 68:37 / Punkte 44:24
Zuschauerschnitt: 48.588

1994/95: Bundesliga (1. Liga)
Platz 6 / Tore 55:41 / Punkte 43:25
Zuschauerschnitt: 54.176

1995/96: Bundesliga (1. Liga)
Platz 2 / Tore 66:46 / Punkte 62
Zuschauerschnitt: 59.353

1996/97: Bundesliga (1. Liga)
Meister / Tore 68:34 / Punkte 71
Zuschauerschnitt: 57.790

Der FC Bayern im DFB-Pokal

1935

FV Ulm 94 - FC Bayern   n.V.   5:4

1936

FC Bayern - SSV Ulm   3:4

1938

FC Bayern - Union Böckingen   7:0
VfR Mannheim - FC Bayern   2:1

1940

FC Bayern - Wiener Sportclub   0:1

1943

BC Augsburg - FC Bayern   3:0

1957

Spandauer SV - FC Bayern   1:4
FC Bayern - Saarbrücken   n.V.   3:1
Finale 29.12.1957:
FC Bayern - Fort. Düsseldorf   1:0
(Jobst)

1965/66

FC Bayern - Bor. Dortmund   2:0
FC Bayern - Ein. Braunschweig   1:0
FC Bayern - 1. FC Köln   2:0
Hamburger SV - FC Bayern   1:2
1. FC Nürnberg - FC Bayern n.V. 1:2
Finale 4.6.1966:
FC Bayern - Meidericher SV n.V. 4:2
(Brenninger [2], Ohlhauser, Beckenbauer)

1966/67

Hertha BSC - FC Bayern   n.V.   2:3
SpVgg Erkenschwick - FC Bayern 1:3
Schalke 04 - FC Bayern   2:3
FC Bayern - TSV 1860 Münch.   3:1
Finale 10.6.1967:
FC Bayern - Hamburger SV   4:0
(Müller [2], Ohlhauser, Brenninger)

1967/68

Jahn Regensburg - FC Bayern   1:4
FC Bayern - MSV Duisburg   3:1
FC Bayern - 1. FC Nürnberg   2:1
VfL Bochum - FC Bayern   2:1

1968/69

FC Bayern - Ki. Offenbach n.V.   0:0
Kickers Offenbach - FC Bayern   0:1
FC Bayern - Arminia Hannover   1:0
Hamburger SV - FC Bayern   0:2
FC Bayern - 1. FC Nürnberg   2:0
Finale 14.6.1969:
FC Bayern - Schalke 04   2:1
(Müller [2])

1969/70

SG Wattenscheid - FC Bayern   1:6
FC Bayern - Jahn Regensburg   4:0
1. FC Nürnberg - FC Bayern   2:1

1970/71

Hessen Kassel - FC Bayern n.V. 2:2
FC Bayern - Hessen Kassel   3:0
Kaiserslautern - FC Bayern n.V. 1:1
FC Bayern - Kaiserslautern   5:0
FC Bayern - MSV Duisburg   4:0
Fort. Düsseldorf - FC Bayern   0:1
Finale 19.6.1971:
FC Bayern - 1. FC Köln   n.V.   2:1
(Beckenbauer, Schneider)

1971/72

Fortuna Köln - FC Bayern   2:1
FC Bayern - Fortuna Köln   6:0
Ein. Braunschweig - FC Bayern   0:0
FC Bayern - E. Braunschw. n.V. 3:1
FC Bayern - 1. FC Köln   3:0
1. FC Köln - FC Bayern   5:1

1972/73

Bbk. Uhlenhorst - FC Bayern	1:4
FC Bayern - Bbk. Uhlenhorst	7:0
RW Oberhausen - FC Bayern	1:2
FC Bayern - RW Oberhausen	3:1
Kickers Offenbach - FC Bayern	2:2
FC Bayern - Kickers Offenbach	2:4

1973/74

FC Bayern - MSV Duisburg	3:1
Werder Bremen - FC Bayern	1:2
FC Bayern - Hannover 96	3:2
Eintr. Frankfurt - FC Bayern	3:2

1974/75

FC Bayern - VfB Stuttgart	3:2
FC Bayern - RW Oberhausen	2:0
FC Bayern - MSV Duisburg	2:3

1975/76

FC Bayern - Saarbrücken	3:1
Bünder SV - FC Bayern	0:3
FC Bayern - TeBe Berlin	3:0
FK Pirmasens - FC Bayern	0:2
1. FC Köln - FC Bayern	2:5
Hamburger SV - FC Bayern n.V.	2:2
FC Bayern - Hamburger SV	0:1

1976/77

Hannover Amat. - FC Bayern	0:10
FC Bayern - Hamburger SV	5:1
FC Bayern - Unterbohingen	10:1
FC Bayern - FC Bayern Amat.	5:3
Hertha BSC - FC Bayern n.V.	4:2

1977/78

Saarbrücken - FC Bayern	1:2
FC Bayern - Eintracht Trier	3:1
FC Homburg/Saar - FC Bayern	3:1

1978/79

SSV Glött - FC Bayern	0:5
FC Bayern - VfL Osnabrück	4:5

1979/80

SV Oestringen - FC Bayern	1:10
Viktoria Köln - FC Bayern	1:3
SpVgg Bayreuth - FC Bayern	1:0

1980/81

FC Bayern - Arminia Bielefeld	2:0
FC Bayern - Waldh. Mannheim	4:2
Kaiserslautern - FC Bayern	2:1

1981/82

FC Bayern - SC Jülich	8:0
FC Bayern - SC Neckargerach	5:1
FC Bayern - Bor. Dortmund	4:0
Freiburger FC - FC Bayern	0:3
Werd. Bremen - FC Bayern n.V.	1:2
VfL Bochum - FC Bayern	1:2
Finale 1.5.1982:	
FC Bayern - 1. FC Nürnberg	4:2
(Rummenigge, Kraus, Breitner, D. Hoeneß)	

1982/83

ASV Bergedorf 85 - FC Bayern	1:5
Ein. Braunschweig - FC Bayern	2:0

DFB-Supercup 1983

FC Bayern - Hamburger SV	1:1
(Rummenigge)	
nach Elfmeterschießen	4:2

1983/84

Hessen Kassel - FC Bayern	0:3
FC Augsburg - FC Bayern	0:6
B. Uerdingen - FC Bayern n.V.	0:0
FC Bayern - Bayer Uerdingen	1:0
1. FC Bocholt - FC Bayern	1:2
Schalke 04 - FC Bayern n.V.	6:6
FC Bayern - Schalke 04	3:2
Finale 31.5.1984:	
FC Bayern - Mönchengladb. n.V.	1:1
(Dremmler)	
nach Elfmeterschießen	8:7
(Lerby, Nachtweih, K.-H. + M. Rummenigge, Grobe, Martin, Dremmler)	

1984/85

Lüttringhausen - FC Bayern	0:1
Friesen Hänigsen - FC Bayern	0:8
FC Bayern - Waldh. Mannheim	1:0
Bayer Leverkusen - FC Bayern	1:3
FC Bayern - Mönchengladbach	1:0

Finale 26.5.1985:

FC Bayern - Bayer Uerdingen	1:2

(D. Hoeneß)

1985/86

Kickers Offenbach - FC Bayern		1:3
Saarbrücken - FC Bayern		1:3
VfL Bochum - FC Bayern	n.V.	1:1
FC Bayern - VfL Bochum		2:0
Kaiserslautern - FC Bayern		0:3
Waldh. Mannheim - FC Bayern		0:2

Finale 3.5.1986:

FC Bayern - VfB Stuttgart	5:2

(Wohlfarth [3], M. Rummenigge [2])

1986/87

Hertha BSC Berlin - FC Bayern	1:2
FC Homburg - FC Bayern	1:3
Fort. Düsseldorf - FC Bayern	3:0

DFB-Supercup 1987

FC Bayern - Hamburger SV	2:1

(Wegmann [2])

1987/88

RW Essen - FC Bayern		1:3
M'gladbach - FC Bayern	n.V.	2:2
FC Bayern - M'gladbach		3:2
FC Bayern - 1. FC Nürnberg		3:1
Hamburger SV - FC Bayern		2:1

1988/89

FC Bayern - BW Berlin	11:2
TuS Hoisdorf - FC Bayern	0:4
FC Bayern - Karlsruher SC	3:4

DFB-Supercup 1989

Bor. Dortmund - FC Bayern	4:3

(McInally, Grahammer, Mihajlovic)

1989/90

Eintr. Frankfurt - FC Bayern	0:1
FC Bayern - Waldh. Mannheim	2:0
VfB Stuttgart - FC Bayern	3:0

DFB-Supercup 1990

FC Bayern - Kaiserslautern	4:1

(Reuter, Kohler, Bender, Strunz)

1990/91

FC Weinheim - FC Bayern	1:0

1991/92

FC Bayern - FC Homburg	n.V.	2:4

1992/93

Bor. Neunkirchen - FC Bayern		0:6
B. Dortmund - FC Bayern	n.V.	2:2
nach Elfmeterschießen		7:6

1993/94

Wer. Bremen Amat. - FC Bayern		1:5
C. Zeiss Jena Amat. - FC Bayern		0:2
Schalke 04 - FC Bayern	n.V.	2:3
Dynamo Dresden - FC Bayern		2:1

DFB-Supercup 1994

FC Bayern - Wer. Bremen	n.V.	1:3

(Nerlinger)

1994/95

Vestenbergsgreuth - FC Bayern	1:0

1995/96

Stuttgarter Kickers - FC Bayern	0:1
Fort. Düsseldorf - FC Bayern	3:1

1996/97

Tennis Bor. Berlin - FC Bayern	0:3
Mönchengladbach - FC Bayern	1:2
FC Bayern - Werder Bremen	3:1
Karlsruher SC - FC Bayern	1:0

Der FC Bayern im Europapokal

Europacup der Meister (ab 1994 Champions League)

1969/70

FC Bayern - AS St. Etienne	2:0
(Brenninger, Roth)	
AS St. Etienne - FC Bayern	3:0

1972/73

Gal. Istanbul - FC Bayern	1:1
(Müller)	
FC Bayern - Gal. Istanbul	6:0
(Müller [2], D. Hoeneß, Schneider, Beckenbauer, Roth)	

FC Bayern - Omonia Nikosia 9:0
(Müller [5], D. Hoeneß, Roth, Schneider [2])
Omonia Nikosia - FC Bayern 0:4
(Roth, Müller [2], Hoffmann)

Ajax Amsterdam - FC Bayern 4:0
FC Bayern - Ajax Amsterdam 2:1
(Müller [2])

1973/74

FC Bayern - Atvidaberg FF 3:1
(Müller [2], Eigentor Olsson)
Atvidaberg FF - FC Bayern n.V. 3:1
(Hoeneß)
nach Elfmeterschießen 3:4

FC Bayern - Dynamo Dresden 4:3
(Hoffmann, Dürnberger, Roth, Müller)
Dynamo Dresden - FC Bayern 3:3
(U. Hoeneß [2], Müller)

FC Bayern - ZSKA Sofia 4:1
(Torstensson [2], Beckenbauer, Müller)
ZSKA Sofia - FC Bayern 2:1
(Breitner)

U. D. Budapest - FC Bayern 1:1
(Torstensson)
FC Bayern - U. D. Budapest 3:0
(Torstensson, Eigentor Horvath, Müller)

Finale 15./17.5.1974:
Atletico Madrid - FC Bayern n.V. 1:1
(Schwarzenbeck)
Atletico Madrid - FC Bayern 0:4
(U. Hoeneß [2], Müller [2])

1974/75

FC Bayern - 1. FC Magdeburg 3:2
(Müller [2], Eigentor Enge)
1. FC Magdeburg - FC Bayern 1:2
(Müller [2])

FC Bayern - Ararat Eriwan 2:0
(U. Hoeneß, Torstensson)
Ararat Eriwan - FC Bayern 1:0

AS St. Etienne - FC Bayern 0:0
FC Bayern - AS St. Etienne 2:0
(Beckenbauer, Dürnberger)

Finale 28.5.1975:
Leeds United - FC Bayern 0:2
(Roth, Müller)

Supercup Europa
FC Bayern - Dynamo Kiew 0:1
Dynamo Kiew - FC Bayern 2:0

1975/76

Jeunesse Esch - FC Bayern 0:5
(Zobel [2], Schuster, K.-H. Rummenigge [2])
FC Bayern - Jeunesse Esch 3:1
(Schuster [3])

Malmö FF - FC Bayern 1:0
FC Bayern - Malmö FF 2:0
(Dürnberger, Torstensson)

Benfica Lissabon - FC Bayern 0:0
FC Bayern - Benfica Lissabon 5:1
(Dürnberger [2], K.-H. Rummenigge,
Müller [2])

Real Madrid - FC Bayern 1:1
(Müller)
FC Bayern - Real Madrid 2:0
(Müller [2])

Finale 12.5.1976:
AS St. Etienne - FC Bayern 0:1
(Roth)

Supercup Europa
FC Bayern - RSC Anderlecht 2:1
(Müller [2])
RSC Anderlecht - FC Bayern 4:1
(Müller)

Weltpokal
FC Bayern - Belo Horizonte 2:0
(Müller, Kapellmann)
Belo Horizonte - FC Bayern 0:0

1976/77

Köge BK - FC Bayern 0:5
(Torstensson [2], Müller [2], Dürn-
berger)
FC Bayern - Köge BK 2:1
(Beckenbauer, Torstensson)

Banik Ostrau - FC Bayern 2:1
(Müller)
FC Bayern - Banik Ostrau 5:0
(Müller [2], K.-H. Rummenigge,
Kapellmann, Torstensson)

FC Bayern - Dynamo Kiew 1:0
(Künkel)
Dynamo Kiew - FC Bayern 2:0

1980/81

Olymp. Piräus - FC Bayern 2:4
(Dremmler [2], K.-H. Rummenigge,
Kraus)
FC Bayern - Olymp. Piräus 3:0
(D. Hoeneß, K.-H. Rummenigge,
Janzon)

FC Bayern - Ajax Amsterdam 5:1
(Dürnberger, K.-H. Rummenigge [2],
D. Hoeneß [2])
Ajax Amsterdam - FC Bayern 2:1
(K.-H. Rummenigge)

FC Bayern - Banik Ostrau 2:0
(Janzon, Breitner)
Banik Ostrau - FC Bayern 2:4
(D. Hoeneß, Kraus, Röber, Dürn-
berger)

FC Liverpool - FC Bayern 0:0
FC Bayern - FC Liverpool 1:1
(K.-H. Rummenigge)

1981/82

Östers Växjö - FC Bayern 0:1
(K.-H. Rummenigge)
FC Bayern - Östers Växjö 5:0
(D. Hoeneß [2], K.-H. Rummenigge
[2], Niedermayer)

Benfica Lissabon - FC Bayern 0:0
FC Bayern - Benfica Lissabon 4:1
(D. Hoeneß [3], Breitner)

Univ. Cralova - FC Bayern 0:2
(Breitner, K.-H. Rummenigge)
FC Bayern - Univ. Cralova 1:1
(D. Hoeneß)

ZSKA Sofia - FC Bayern 4:3
(Dürnberger, D. Hoeneß, Breitner)
FC Bayern - ZSKA Sofia 4:0
(Breitner [2], K.-H. Rummenigge [2])

Finale 26.5.1982:
Aston Villa - FC Bayern 1:0

1985/86

Gornik Zabrze - FC Bayern 1:2
(Wohlfarth, D. Hoeneß)
FC Bayern - Gornik Zabrze 4:1
(Winklhofer, Hartmann, Pflügler,
D. Hoeneß)

FC Bayern - Austria Wien 4:2
(Mathy [3], M. Rummenigge)
Austria Wien - FC Bayern 3:3
(Wohlfarth, Nachtweih, M. Rummenigge)

FC Bayern - RSC Anderlecht 2:1
(D. Hoeneß, Wohlfarth)
RSC Anderlecht - FC Bayern 2:0

1986/87

PSV Eindhoven - FC Bayern 0:2
(Mathy [2])
FC Bayern - PSV Eindhoven 0:0

FC Bayern - Austria Wien 2:0
(Flick, Matthäus)
Austria Wien - FC Bayern 1:1
(Wohlfarth)

FC Bayern - RSC Anderlecht 5:0
(M. Rummenigge, Pflügler, D. Hoeneß [2], Wohlfarth)
RSC Anderlecht - FC Bayern 2:2
(Wohlfarth, Matthäus)

FC Bayern - Real Madrid 4:1
(Augenthaler, Matthäus [2], Wohlfarth)
Real Madrid - FC Bayern 1:0

Finale 27.5.1987:
FC Porto - FC Bayern 2:1
(Kögl)

1987/88

FC Bayern - ZSKA Sofia 4:0
(Wegmann [2], Dorfner, Brehme)
ZSKA Sofia - FC Bayern 0:1
(Kögl)

Xamax Neuchâtel - FC Bayern 2:1
(Matthäus)
FC Bayern - Xamax Neuchâtel 2:0
(Pflügler, Wegmann)

FC Bayern - Real Madrid 3:2
(Pflügler, Eder Wohlfarth)
Real Madrid - FC Bayern 2:0

1989/90

Glasgow Rangers - FC Bayern 1:3
(Kögl, Thon, Augenthaler)
FC Bayern - Glasgow Rangers 0:0

FC Bayern - Nëntori Tirana 3:1
(Kögl, Mihajlovic [2])
Nëntori Tirana - FC Bayern 0:3
(Strunz, Grahammer, Dorfner)

FC Bayern - PSV Eindhoven 2:1
(Wohlfarth, Grahammer)
PSV Eindhoven - FC Bayern 0:1
(Augenthaler)

AC Mailand - FC Bayern 1:0
FC Bayern - AC Mailand n.V. 2:1
(Strunz, McInally)

1990/91

Apoel Nikosia - FC Bayern 2:3
(Reuter, McInally, Strunz)
FC Bayern - Apoel Nikosia 4:0
(Augenthaler, Mihajlovic [3])

FC Bayern - CSKA Sofia 4:0
(Reuter [2], Wohlfarth, Augenthaler)
CSKA Sofia - FC Bayern 0:3
(Wohlfarth, Effenberg, McInally)

FC Bayern - FC Porto 1:1
(Bender)
FC Porto - FC Bayern 0:2
(Ziege, Bender)

FC Bayern - RS Belgrad 1:2
(Wohlfarth)
RS Belgrad - FC Bayern 2:2
(Augenthaler, Bender)

1994/95 (Champions League)

Paris St. Germain - FC Bayern	2:0
FC Bayern - Dynamo Kiew (Scholl)	1:0
Spartak Moskau - FC Bayern (Babbel)	1:1
FC Bayern - Spartak Moskau (Nerlinger, Kuffour)	2:2
FC Bayern - Paris St. Germain	0:1
Dynamo Kiew - FC Bayern (Nerlinger, Papin [2], Scholl)	1:4
FC Bayern - Göteborg	0:0
Göteborg - FC Bayern (Zickler, Nerlinger)	2:2
FC Bayern - Ajax Amsterdam	0:0
Ajax Amsterdam - FC Bayern (Witeczek, Scholl)	5:2

Europacup der Pokalsieger

1966/67

Tatran Presov - FC Bayern (Roth)	1:1
FC Bayern - Tatran Presov (Brenninger, Müller [2])	3:2
Sham. Rovers - FC Bayern (Koulmann)	1:1
FC Bayern - Sham. Rovers (Brenninger, Ohlhauser, Müller)	3:2
Rapid Wien - FC Bayern	1:0
FC Bayern - Rapid Wien n.V. (Ohlhauser, Müller)	2:0
FC Bayern - Stand. Lüttich (Müller, Kupferschmidt)	2:0
Stand. Lüttich - FC Bayern (Müller)	1:3

Finale 31.5.1967:

Glasg. Rangers - FC Bayern n.V. (Roth)	0:1

1967/68

FC Bayern - Panat. Athen (Müller [2], Kupferschmidt, Beckenbauer, Jung)	5:0
Panat. Athen - FC Bayern (Müller, Koulmann)	1:2
FC Bayern - Vito. Setubal (Müller [3], Brenninger, Ohlhauser, Nafziger)	6:2
Vito. Setubal - FC Bayern (Ohlhauser)	1:1
FC Valencia - FC Bayern (Eigentor Mestre)	1:1
FC Bayern - FC Valencia (Müller)	1:0
AC Mailand - FC Bayern	2:0
FC Bayern - AC Mailand	0:0

1971/72

Skoda Pilsen - FC Bayern (Sühnholz)	0:1
FC Bayern - Skoda Pilsen (Müller [2], Krauthausen, Hoffmann [2], Roth)	6:1
FC Liverpool - FC Bayern	0:0
FC Bayern - FC Liverpool (Müller [2], U. Hoeneß)	3:1
Steaua Bukarest - FC Bayern (Müller)	1:1
FC Bayern - Steaua Bukarest	0:0
FC Bayern - Glasgow Rangers (Breitner)	1:1
Glasgow Rangers - FC Bayern	2:0

1982/83

Torpedo Moskau - FC Bayern (Breitner)	1:1
FC Bayern - Torpedo Moskau	0:0
Tottenham Hotspur - FC Bayern (Breitner)	1:1

FC Bayern - Tottenham Hotspur 4:1
(D. Hoeneß, Horsmann, Breitner)

FC Bayern - FC Aberdeen 0:0
FC Aberdeen - FC Bayern 3:2
(Augenthaler [2])

1984/85

FC Bayern - FK Moss 4:1
(Pflügler [2], Wohlfarth, Nachtweih)
FK Moss - FC Bayern 1:2
(Wohlfarth, M. Rummenigge)

FC Bayern - Trakla Plovdiv 4:1
(Eigentor Mladenov, Wohlfarth [2],
M. Rummenigge)
Trakla Plovdiv - FC Bayern 2:0

FC Bayern - AS Rom 2:0
(Augenthaler, D. Hoeneß)
AS Rom - FC Bayern 1:2
(Matthäus, Kögl)

FC Bayern - FC Everton 0:0
FC Everton - FC Bayern 3:1
(D. Hoeneß)

Messe- und UEFA-Cup

1962/63

FC Basel - FC Bayern 0:3
(Brenninger [2], Drescher)
Der FC Basel verzichtete auf die Aus-
tragung des Rückspiels.

FC Bayern - Drum. Dublin 6:0
(Ohlhauser, Kosar, Borutta, Brennin-
ger, Grosser, Giesemann)
Drum. Dublin - FC Bayern 1:0

FC Bayern - Din. Zagreb 1:4
(Brecht)
Din. Zagreb - FC Bayern 0:0

1970/71

FC Bayern - Glasgow Rangers 1:0
(Beckenbauer)
Glasgow Rangers - FC Bayern 1:1
(Müller)

FC Bayern - Coventry City 6:1
(Schneider [2], Schwarzenbeck, Müller
[2], Roth)
Coventry City - FC Bayern 2:1
(U. Hoeneß)

FC Bayern - S. Rotterdam 2:1
(Schneider, Müller)
S. Rotterdam - FC Bayern 1:3
(Müller [3])

FC Liverpool - FC Bayern 3:0
FC Bayern - FC Liverpool 1:1
(Schneider)

1977/78 (UEFA-Cup)

FC Bayern - Mjöndalen IF 8:0
(Oblak, K.-H. Rummenigge [3],
U. Hoeneß, Müller [3])
Mjöndalen IF - FC Bayern 0:4
(Rausch, Gruber, Künkel, Nieder-
mayer)

FC Bayern - S. Dimitrov 3:0
(Müller, K.-H. Rummenigge [2])
S. Dimitrov - FC Bayern 2:0

Eintr. Frankfurt - FC Bayern 4:0
FC Bayern - Eintr. Frankfurt 1:2
(K.-H. Rummenigge)

1979/80

Bohem. Prag - FC Bayern 0:2
(Kraus, K.-H. Rummenigge)
FC Bayern - Bohem. Prag 2:2
(K.-H. Rummenigge, Breitner)

FG Aarhus - FC Bayern 1:2
(K.-H. Rummenigge [2])
FC Bayern - FG Aarhus 3:1
(D. Hoeneß [2], Breitner)

FC Bayern - RS Belgrad 2:0
(K.-H. Rummenigge, Janzon)
RS Belgrad - FC Bayern 3:2
(D. Hoeneß)

Kaiserslautern - FC Bayern 1:0
FC Bayern - Kaiserslautern 4:1
(D. Hoeneß [2], Janzon, Breitner)

FC Bayern - Eintracht Frankfurt 2:0
(D. Hoeneß, Breitner)
Ein. Frankfurt - FC Bayern n.V. 5:1
(Dremmler)

1984/85

An. Larnaca - FC Bayern 0:1
(Mathy)
FC Bayern - An. Larnaca 10:0
(K.-H. Rummenigge [2], Augenthaler
[3], M. Rummenigge, Dremmler, Lerby, Del'Haye, Kraus)

PAOK Saloniki - FC Bayern 0:0
FC Bayern - PAOK Saloniki 0:0
nach Elfmeterschießen 9:8
(Nachtweih, Dürnberger, Augenthaler, Kraus, Lerby, Pflügler, M. Rummenigge, Del'Haye, Pfaff)

FC Bayern - Tottenham Hotsp. 1:0
(M. Rummenigge)
Tottenham Hotsp. - FC Bayern 2:0

1988/89

FC Bayern - L. Warschau 3:1
(Wegmann, Thon [2])
L. Warschau - FC Bayern 3:7
(Nachtweih, Ekström [2], Augenthaler, Wegmann [2], Eck)

FC Bayern - Dun. Streda 3:1
(Flick, Wegmann, Thon)
Dun. Streda - FC Bayern 0:2
(Thon [2])

FC Bayern - Inter Mailand 0:2

Inter Mailand - FC Bayern 1:3
(Wohlfarth, Augenthaler, Wegmann)

H. of Midlothian - FC Bayern 1:0
FC Bayern - H. of Midlothian 2:0
(Augenthaler, Johnsen)

SSC Neapel - FC Bayern 2:0
FC Bayern - SSC Neapel 2:2
(Wohlfarth, Reuter)

1991/92

Cork City - FC Bayern 1:1
(Effenberg)
FC Bayern - Cork City 2:0
(Labbadia, Ziege)

03 Kopenhagen - FC Bayern 6:2
(Mazinho, Münch)
FC Bayern - 03 Kopenhagen 1:0
(Mazinho)

1993/94

T. Enschede - FC Bayern 3:4
(Nerlinger, Ziege [2], Scholl)
FC Bayern - T. Enschede 3:0
(Matthäus, Eigent. Karnebeek, Ziege)

FC Bayern - Norwich City 1:2
(Nerlinger)
Norwich City - FC Bayern 1:1
(Valencia)

1995/96

FC Bayern - Lok. Moskau 0:1
Lok. Moskau - FC Bayern 0:5
(Klinsmann [2], Herzog, Scholl, Strunz)

Raith Rovers - FC Bayern 0:2
(Klinsmann [2])
FC Bayern - Raith Rovers 2:1
(Klinsmann, Babbel)

FC Bayern - Benfica Lissabon   4:1
(Klinsmann [4])
Benfica Lissabon - FC Bayern   1:3
(Klinsmann [2], Herzog)
FC Bayern - Nottingham   2:1
(Klinsmann, Scholl)
Nottingham - FC Bayern   1:5
(Ziege, Strunz, Klinsmann [2], Papin)
FC Bayern - FC Barcelona   2:2
(Witeczek, Scholl)
FC Barcelona - FC Bayern   1:2
(Babbel, Witeczek)

1. Finale 1.5.1996:
FC Bayern - Girond. Bordeaux   2:0
(Helmer, Scholl)
2. Finale 15.5.1996:
Girond. Bordeaux - FC Bayern   1:3
(Scholl, Kostadinov, Klinsmann)

1996/97

FC Valencia - FC Bayern   3:0
FC Bayern - FC Valencia   1:0
(Ziege)

Die Kader des FC Bayern seit 1946

(Jeweils geordnet nach der Zahl ihrer Nominierungen. Berücksichtigt sind nur die Spieler, die zum Einsatz kamen.)

1946/47
Fink, Seibold, Wilhelm, Seidl, Streitle, Wolf, J. Stepberger, Maier, Schweizer Bachl, J.-L. Stepberger, Moll, Simetsreiter, Wiesner, Köhle, Stielenhofer, Mertzlufft, Starhuber, Kopp, Emmerich, Hädelt, Roth, Luger, Holzmüller, Hofner

1947/48
Moll, Seibold, Streitle, Hädelt, Kopp, Bachl, Fink, Schweizer, Holzmüller, Köhle, Siedl, Starflinger, J.-L. Stepberger, Ostermeier, Metz, Emmerich, J. Stepberger, Nagler, Hofner, Mertzlufft, Ruf, Resch, Schütz, Zimmermann

1948/49
Schmalzl, Streitle, Bachl, Metz, Hädelt, Köhle, Maier, Scholz, Seibold, Resch, Mayer, Bauer, Moll, Schweizer, Holzmüller, Krauß, Kopp, J. Stepberger, Goßler

1949/50
Moll, Maier, Mayer, Bachl, Metz, Scholz, Streitle, Hädelt, Schweizer, Bayerer, Schmalzl, Bauer, Resch, Hoffmann, Schmid, Hettfleisch, Köhle, Grafwallner, Siedl, Mertzlufft, Brandmaier, J. Stepberger, Seibold, Krauß, Wölfl

1950/51
Oswald, Schweizer, Streitle, Seemann, Bauer, Siedl, Jirasek, Bachl, Witt, Resch, Moll, Hädelt, Brandmaier, Scholz, Maier, Grziwok, Mayer, Schmalzl, Köhle, Metz, Starflinger, Wölfl, Krauß, Ostermeier

1951/52
Brandmaier, Bauer, Witt, Streitle, Schweizer, Gutendorf, Bauer, Bachl, Seemann, Mayer, Metz, Resch, Hädelt, Scholz, Oswald, Ostermeier, Hoffmann, Lettl, Maier, Jirasek

1952/53
Hans Bauer, Metz, Frisch, Brandmaier, Helmut Bauer, Schweizer, Seemann, Schädlich, Gutendorf, Lettl, Velhorn, Resch, Legath, Scholz, Mayer, Hoffmann, Streitle, Witt, Faltermaier, Schaupp

1953/54
Helmut Bauer, Adam, Mayer, Velhorn, Hans Bauer, Metz, Legath, Lettl, Schädlich, Frisch, Wieland, Faltermaier, Schultz, Resch, Frank, Brandmaier, Streitle, Faltor, Hoffmann, Radlmayr, Reichlmayer

1954/55
Velhorn, Hoffmann, Legath, Lettl, Reichlmayer, Faltermeier, Hans Bauer, W. Huber, Knauer, Frisch, Mayer, Schädlich, Brandmaier, Helmut Bauer, Schultz, Resch, Landerer, Adam, Metz, Lindner, J. Huber, Frimberger, Streitle, Hahn, Scholz, Niedermaier, Berg

1955/56
Hoffmann, Knauer, Brandmaier, Hans Bauer, Landerer, W. Huber, Berg, Faltermaier, Erich Hahn, Velhorn, Mayer, Jobst, Lindner, Lettl, Helmut Bauer, Metz, Edgar Hahn, Sencar, Resch

1956/57
Brandmaier, Berg, Hahn, Mayer, Velhorn, Manthey, Lindner, Knauer, Niedermaier, Bauer, Hoffmann, Landerer, W. Huber, Jobst, Rieger, Sencar, Lettl, Nunberger, Faltermeier, E. Huber, Auer, Lechner

1957/58
Landerer, Sommerlatt, Manthey, Knauer, Bauer, Velhorn, W. Huber, Lindner, Siedl, Fazekas, Lettl, Jobst, Hoffmann, Nunberger, Hahn, Mayer, Faltermaier, Brandmaier, Eralp

1958/59
Fazekas, Mai, Sommerlatt, Grosser, Siedl, Huber, Bauer, Kuhnert, Manthey, Landerer, Knauer, Sipos, Hahn, Zsamboki, Ostner, Nunberger, Jobst, Weichselbaumer, Eralp, Lindner, Faltermeier

1959/60
Fazekas, Landerer, Giesemann, Zsamboki, Mai, Huber, Grosser, Siedl, Tietz, Tochtermann, Sieber, Knauer, Kuhnert, Wagenbauer, Lindner, Ostner, Weichselbaumer, Fröhlich, Bogeschdorfer

1960/61
Giesemann, Borutta, Olk, Grosser, Tietz, Wagenbauer, Sieber, Fazekas, Milutinovic, Fröhlich, Ostner, Bogeschdorfer, Peschen, Mai, Knauer,

Kosar, Grosser, Weichselbaumer, Rieger, Tschöp, Kupferschmidt

1961/62
Kosar, Borutta, Ostner, Giesemann, Grosser, Olk, Ohlhauser, Tietz, Thimm, Sieber, Drescher, Schneider, Kupferschmidt, Röckenwagner, Kunstwadl, Bogeschdorfer, Peschen, Weiner, Fröhlich, Weichselbaumer, Wagenbauer

1962/63
Ohlhauser, Erhardt, Grosser, Kosar, Brenninger, Giesemann, Kunstwadl, Drescher, Olk, Borutta, Ostner, Sieber, Wodarzik, Kupferschmidt, Brecht, Schneider, Röckenwagner, Maier, Arnold, Fröhlich, Tietz, Bogeschdorfer

1963/64
Kunstwadl, Erhardt, Ohlhauser, Brenninger, Drescher, Kupferschmidt, Borutta, Ipta, Maier, Wodarzik, Schneider, Olk, Koulmann, Röckenwagner, Kosar, Ostner, Mokosch, Jaworski, Robert Grosser, Arnold, Rudolf Grosser, Bogeschdorfer, Schumacher

1964/65
Maier, Nafziger, Ohlhauser, Kunstwadl, Kupferschmidt, Koulmann, Beckenbauer, Olk, Brenninger, Schneider, Müller, Drescher, Borutta, Grosser, Werner, Wodarzik, Schwalm, Mokosch

1965/66
Beckenbauer, Müller, Kupferschmidt, Nafziger, Maier, Brenninger, Ohlhauser, Olk, Drescher, Koulmann, Borutta, Rigotti, Werner, Nowak,

Kosar, Grosser, Kunstwadl, Danzberg, Kroiss, Vuckov, Windsperger

1966/67

Maier, Beckenbauer, Olk, Nafziger, Müller, Kupferschmidt, Ohlhauser, Brenninger, Koulmann, Schwarzenbeck, Roth, Rigotti, Nowak, Werner, Walleitner, Borutta, Drescher, Nasdalla, Grosser

1967/68

Maier, Müller, Kupferschmidt, Schwarzenbeck, Olk, Roth, Ohlhauser, Brenninger, Beckenbauer, Koulmann, Nafziger, Jung, Nowak, Werner, Schauß, Stöckl, Schmidt, Deuerling

1968/69

Maier, Pumm, Olk, Schwarzenbeck, Roth, Ohlhauser, Starek, Brenninger, Beckenbauer, Müller, Kupferschmidt, Schmidt, Jung

1969/70

Maier, Beckenbauer, Ohlhauser, Brenninger, Müller, Schwarzenbeck, Roth, Koppenhöfer, Pumm, Schmidt, Mrosko, Olk, Michl, Kupferschmidt, Nerlinger, Starek, Klein, Seifert

1970/71

Maier, Zobel, Beckenbauer, Müller, U. Hoeneß, Mrosko, Brenninger, Hansen, Schwarzenbeck, Koppenhöfer, Roth, Pumm, Breitner, Schneider, Maas, Seifert, Ey

1971/72

Maier, Müller, Beckenbauer, U. Hoeneß, Hansen, Schwarzenbeck, Roth, Zobel, Breitner, Krauthausen, Sühnholz, Schneider, Hoffmann, Koppenhöfer, Rybarczyk, Seifert, Gerber

1972/73

Beckenbauer, Hansen, U. Hoeneß, Maier, Schwarzenbeck, Müller, Breitner, Roth, Dürnberger, Krauthausen, Zobel, Hoffmann, Schneider, Jörg, Rohr, Rybarczyk, Zimmermann

1973/74

Maier, Beckenbauer, Müller, U. Hoeneß, Schwarzenbeck, Roth, Hansen, Dürnberger, Zobek, Breitner, Kapellmann, Torstensson, Hoffmann, Hadewicz, Gersdorff, Schneider, Jensen, Rohr, Zimmermann

1974/75

Maier, Schwarzenbeck, Kapellmann, Beckenbauer, Müller, Zobek, Dürnberger, U. Hoeneß, Wunder, Roth, Hansen, K.-H. Rummenigge, Andersson, Torstensson, J. Weiß, Hadewicz, Förster, Michelberger, G. Weiß

1975/76

Maier, Beckenbauer, Schwarzenbeck, Dürnberger, K.-H. Rummenigge, Horsmann, Kapellmann, Roth, Zobel, Müller, U. Hoeneß, Wunder, Torstensson, J. Weiß, Hansen, Schuster, Marek, Andersson, Künkel, Förster, Michelberger, Seneca

1976/77

Maier, Beckenbauer, Torstensson, Schwarzenbeck, K.-H. Rummenigge, Kapellmann, U. Hoeneß, Müller, Andersson, Horsmann, Roth, Dürnberger, Gruber, Künkel, Kirschner, Weiß, Önal, Arbinger, Schenk, Seneca, Reisinger

1977/78

Maier, Schwarzenbeck, Rausch, Müller, Niedermayer, U. Hoeneß, K.-H.

Rummenigge, Dürnberger, Horsmann, Kapellmann, Oblak, Augenthaler, Künkel, Gruber, Janzon, Roth, Önal, Weiß

1978/79
Horsmann, Maier, Niedermayer, K.-H. Rummenigge, Schwarzenbeck, Breitner, Dürnberger, Augenthaler, Kapellmann, Oblak, Müller, Janzon, Rausch, Jol, Gruber, U. Hoeneß, Reisinger

1979/80
Augenthaler, Horsmann, K.-H. Rummenigge, Weiner, Breitner, D. Hoeneß, Dürnberger, Junghans, Niedermayer, Janzon, Dremmler, Kraus, Oblak, Aas, Müller, Reisinger, Gruber, Schwarzenbeck

1980/81
Horsmann, K.-H. Rummenigge, Augenthaler, Dremmler, Dürnberger, Niedermayer, Weiner, Breitner, Kraus, D. Hoeneß, Janzon, Junghans, M. Müller, Röber, Del'Haye, Aas, Mathy, Güttler, Rautiainen

1981/82
Grobe, D. Hoeneß, K.-H. Rummenigge, Del'Haye, Horsmann, Augenthaler, Nachtweih, Pfaff, Dremmler, Dürnberger, Kraus, Breitner, Pflügler, Beierlorzer, Mathy, M. Müller, Martin, Güttler, M. Rummenigge

1982/83
Grobe, D. Hoeneß, K.-H. Rummenigge, Del'Haye, Horsmann, Augenthaler, Nachtweih, Pfaff, Dremmler, Dürnberger, Kraus, Breitner, Pflügler, Beierlorzer, Mathy, M. Müller, Martin, Güttler, M. Rummenigge

1983/84
Dürnberger, M. Rummenigge, Pfaff, Augenthaler, Lerby, Nachtweih, Pflügler, K.-H. Rummenigge, Kraus, Beierlorzer, Del'Haye, Mathy, Dremmler, Grobe, D. Hoeneß, Maurer, Martin, Meisel, M. Müller

1984/85
Eder, Matthäus, Augenthaler, Wohlfarth, Dremmler, Willmer, Lerby, Kögl, Nachtweih, Mathy, M. Rummenigge, Aumann, Dürnberger, D. Hoeneß, Pflügler, Pfaff, Beierlorzer, Martin, Grobe

1985/86
Eder, Pflügler, Augenthaler, D. Hoeneß, Lerby, M. Rummenigge, Nachtweih, Wohlfarth, Pfaff, Matthäus, Kögl, Willmer, Hartmann, Mathy, Winklhofer, Beierlorzer, Aumann, Schwabl, Flick, Dremmler

1986/87
Pfaff, Nachtweih, Eder, Pflügler, Brehme, Matthäus, M. Rummenigge, Wohlfarth, D. Hoeneß, Augenthaler, Kögl, Lunde, Flick, Dorfner, Winklhofer, Mathy, Willmer, Bayerschmidt, Hartmann

1987/88
Eder, M. Rummenigge, Nachtweih, Dorfner, Pflügler, Wohlfarth, Brehme, Flick, Wegmann, Matthäus, Pfaff, Augenthaler, Kögl, Eck, Hughes, Winklhofer, Aumann, Lunde, Bayerschmidt, Tschiskale

1988/89
Aumann, Pflügler, Wohlfarth, Kögl, Reuter, Thon, Augenthaler, Wegmann, Flick, Nachtweih, Graham-

mer, Ekström, Dorfner, Eck, Johnsen, Winklhofer

1989/90
Aumann, Pflügler, Reuter, McInally, Dorfner, Grahammer, Kohler, Kögl, Mihajlovic, Schwabl, Augenthaler, Wohlfarth, Flick, Bender, Strunz, Thon, Kastenmaier, Johnsen, Scheuer

1990/91
Wohlfarth, Bender, Laudrup, Aumann, Effenberg, Pflügler, Reuter, Kohler, Augenthaler, Strunz, Thon, Grahammer, Schwabl, Dorfner, Ziege, Mihajlovic, Sternkopf, Mc Inally, Münch, Scheuer, Aigner, Nielsen

1991/92
Kreuzer, Effenberg, Berthold, Labbadia, Schwabl, Wohlfarth, Mazinho, Sternkopf, Ziege, Bender, Thon, Grahammer, Laudrup, Hillringhaus, Wouters, Münch, Pflügler, Aumann, Strunz, Babbel, Schumacher, Reinhardt, Bernardo, Kremm, McInally, Eberl, Gospodarek, Ott

1992/93
Helmer, Jorginho, Wouters, Aumann, Labbadia, Schupp, Thon, Scholl, Kreuzer, Matthäus, Ziege, Wohlfarth, Mazinho, Cerny, Sternkopf, Münch, Reinhardt, Schwabl, Gospodarek, Grahammer

1993/94
Matthäus, Aumann, Nerlinger, Schupp, Kreuzer, Ziege, Helmer, Scholl, Witeczek, Valencia, Jorginho, Sternkopf, Labbadia, Wouters, Thon, Frey, Münch, Zickler, Hamann, Cerny, Gospodarek, Mazinho

1994/95
Nerlinger, Scholl, Hamann, Zickler, Ziege, Frey, Schupp, Babbel, Sternkopf, Kreuzer, Helmer, Kahn, Sutter, Witeczek, Matthäus, Jorginho, Scheuer, Kostadinov, Kuffour, Papin, Mazinho, Gospodarek, Grimm, Pflügler, Valencia

1995/96
Ziege, Helmer, Kahn, Klinsmann, Babbel, Scholl, Sforza, Herzog, Nerlinger, Zickler, Strunz, Hamann, Papin, Witeczek, Kreuzer, Matthäus, Kostadinov, Frey, Probst, Scheuer

1996/97
Klinsmann, Zickler, Nerlinger, Kahn, Babbel, Matthäus, Witeczek, Basler, Ziege, Rizzitelli, Helmer, Hamann, Scholl, Jancker, Kuffour, Strunz, Münch, Kreuzer, Gerster, Scheuer, Lakies

1997/98
(Kader zu Saisonbeginn)
Dreher, Kahn, Scheuer, Babbel, Grassow, Helmer, Kuffour, Matthäus, Münch, Strunz, Wiblishauser, Basler, Bugera, Fink, Gerster, Hamann, Leitl, Nerlinger, Saba, Scholl, Tarnat, Elber, Jancker, Lizarazu, Rizzitelli, Zickler

versüsse dir damit das leben!

jetzt erzählt jeden montag gute geschichten. über menschen und musik, pop und politik, sport und mode und alles, was sonst im leben wichtig ist.

Hole dir das **jetzt**tagsabo!
Für 7 Mark 50 im Monat:
jeden Montag **jetzt** frei Haus
und eine Süddeutsche
Zeitung dazu.

jetzt faxen: 089/2183 611 oder anrufen: 0180/2324 749

jetzt abschicken: Süddeutsche Zeitung, **jetzt**tagsabo, Vertrieb, 80289 München

jetzt bestellen:

○ Ich bestelle das **jetzt**tagsabo der Süddeutschen Zeitung für ein Vierteljahr. Für nur **7 Mark 50 monatlich!** Die Lieferung erfolgt immer montags. Außerhalb Deutschlands: 9 Mark 50 (Sendung erfolgt mit Normalpost).

_____ _____
Name, Vorname   Geburtstag

_____
Straße, Postleitzahl und Wohnort

jetzt bezahlen:

○ Ich zahle **monatlich 7 Mark 50** per Bankeinzug.

| | | | | | | | | | | | | | | | | |

Kontonummer   Bankleitzahl

_____   **X**_____
Kreditinstitut   Unterschrift des Kontoinhabers

○ Ich zahle **vierteljährlich 22 Mark 50** nach Erhalt der Rechnung. Auslandslieferung (nur per Rechnung möglich): 28 Mark 50.

Wenn ich einen Monat vor Ablauf des Quartals nicht kündige, bekomme ich das **jetzt**tagsabo der Süddeutschen Zeitung automatisch für ein weiteres Vierteljahr.

X_____
Datum/Unterschrift (bei Minderjährigen Unterschrift eines Erziehungsberechtigten)

jetzt unterschreiben:

WIDERRUFSRECHT: Ich habe das Recht, diesen Vertrag innerhalb einer Woche schriftlich beim Süddeutschen Verlag, 80289 München zu kündigen. Zur Wahrung der Frist genügt die rechtzeitige Absendung des Widerrufs.

X_____
Datum/Unterschrift (bei Minderjährigen Unterschrift eines Erziehungsberechtigten)

Zum goldenen Hirschen

Literaturhinweise

● FC Bayern München, 25 Jahre FC Bayern München e.v. 1900-1925, München 1925

dies., 50 Jahre FC Bayern München, München 1950

dies., 70 Jahre FC Bayern München, München 1970

dies., 90 Jahre FC Bayern München, München 1990

● Bayerischer Fußball-Verband e.v., 50 Jahre Bayerischer Fußballverband, 1996 (Vindelica-Verlag)

● Beckenbauer, Franz, Einer wie ich, München 1975

ders., Ich. Wie es wirklich war, München 1992

● Böttiger, Helmut, Kein Mann, kein Schuß, kein Tor. Das Drama des deutschen Fußballs, München 1993

ders., Günter Netzer – Manager und Rebell, Frankfurt/M. 1994

● Breitner, Paul, Ich will kein Vorbild sein, München 1980

● Eibele, Hans, Spezialisten für „ewige Rekorde", in: „Verlängerung" – Das andere Fußballmagazin, Ausgabe Nr.1 (1995)

● Eisenberg, Christiane (Hg.). Fußball, soccer, calcio. Ein englischer Sport auf seinem Weg um die Welt, Hamburg 1997

● Grüne, Hardy, Vom Kronprinzen bis zur Bundesliga. Enzyklopädie des deutschen Ligafußball, Kassel 1996

● Heini, Herbert, Sportsponsoring: Die Partnerschaft der Adam Opel AG mit dem FC Bayern München e.V., Stuttgart 1996 (Diplomarbeit)

● Hitzer, Friedrich, Lenin in München. Dokumentation und Bericht, München 1977

● Huba, Karl-Heinz (Hg.), Fußball-Weltgeschichte, München 1990

● KICKER-Sportmagazin, 30 Jahre Bundesliga, Nürnberg 1993

● Kropp, Matthias, Deutschlands große Fußballmannschaften, Teil 4: Bayern München 1900-1993, Kassel 1993

● Müller, Gerhard, Tore entscheiden, München 1967

● Preis, Kurt: München unterm Hakenkreuz, München 1989

● Schauppmeier, FC Bayern München. Die Mannschaft der Rekorde, Regensburg 1975

● Schulze, Ludger, Die Geschichte des Europapokals, München 1990

ders., Trainer – Die großen Fußballstrategen, München 1989

● Schulze-Marmeling, Dietrich, Der gezähmte Fußball. Zur Geschichte eines subversiven Sports, Göttingen 1994

● Schweer, Joachim. Das Münchener Derby: 1860 – Bayern, Kassel 1995

● Seitz, Norbert, Bananenrepublik und Gurkentruppe. Die nahtlose Übereinstimmung von Fußball und Politik 1954-1987, Frankfurt/M. 1987

● Skrenty, Werner (Hg.), Als Morlock noch den Mondschein traf. Die Geschichte der Oberliga Süd 1945-1963, Essen 1993

● Sohre, Helmut, Bundesiga intim, München 1966

● Stadtarchiv München (Hg.), München und der Fußball. Von den Anfängen 1986 bis zur Gegenwart, München 1997

● Walvin, James, The People's Game. The History Of Football Revisited, Edinburgh/London 1994

● Weyerer, Benedikt (Hg.), München zu Fuß, Hamburg 1988

OLBAS

Die Profis für Leistungs- und Freizeitsport
Gehören in jede Sporttasche und Hausapotheke.

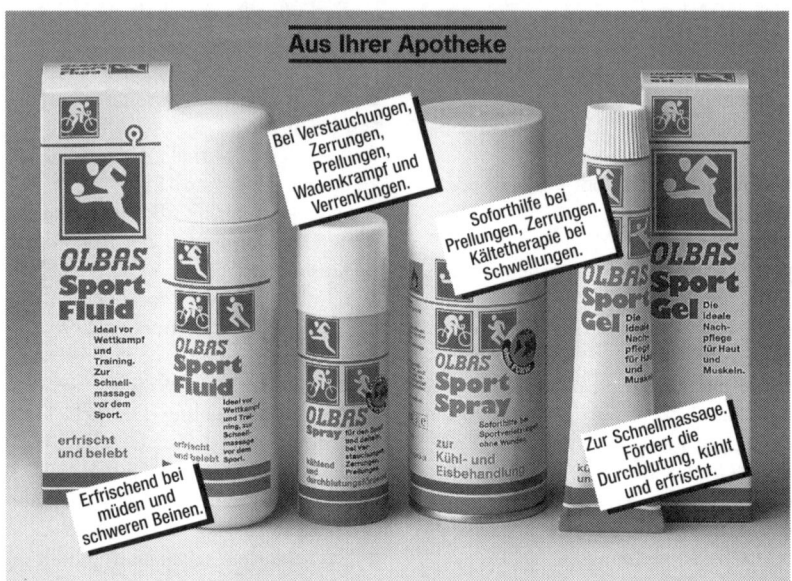

OLBAS-Sport-Fluid

Ideal vor Wettkampf und Training. Zur Schnellmassage vor dem Sport. Erfrischt und belebt.

Angenehm erfrischend bei müden und schweren Beinen. OLBAS-Sport-Fluid wird einfach eingerieben oder leicht einmassiert.

OLBAS-Sport-Spray

Soforthilfe bei Sportverletzungen ohne Wunden. Zur Kühl- und Eisbehandlung.

Anwendungsgebiete: Sportverletzungen ohne Wunden. Soforthilfe bei Prellungen, Muskelkrämpfen, Zerrungen. Kältetherapie bei Schwellungen, Muskelschmerzen, Stauchungen, Sehnenscheidenreizungen (Tennisarm), Beschwerden an Gelenkbändern.

OLBAS-Spray

für den Sport und daheim, bei Verstauchungen, Zerrungen, Prellungen.

Anwendungsgebiete: Ein rasch wirksames Mittel bei Verstauchungen, Zerrungen, Prellungen, Wadenkrampf und Verrenkungen. Kühlend, beruhigend, schmerzlindernd, durchblutungsfördernd, desinfizierend.

OLBAS-Sport-Gel

Die ideale Nachpflege für Haut und Muskeln. Kühlt und erfrischt.

Anwendungsgebiete: Zur Schnellmassage vor dem Sport. Fördert die Durchblutung, kühlt und erfrischt, erleichtert und fördert die Wirkung der Massage. Eine Wohltat für Haut und Muskeln, ideal nach Eisbehandlung.

Deutsche OLBAS-Gesellschaft mbH · D-71106 Magstadt

Zum Autor

Dietrich Schulze-Marmeling, geboren 1956 in Kamen/Westfalen, lebt und arbeitet als Autor und Lektor in Altenberge bei Münster. Zahlreiche Buch- und Zeitschriftenveröffentlichungen über Friedenspolitik und über Fußball. Unter anderem erschienen im Verlag Die Werkstatt die historische Skizze „Der gezähmte Fußball" (1992) sowie ein Buch über Borussia Dortmund: „Der Ruhm, der Traum und das Geld" (1994).

**Der Autor als Praktiker:
Jugendtrainer beim TuS Altenberge.**

Fotonachweis:

▶ Titelfoto (2), S. 7 sowie alle Fotos ab S. 97 (außer S. 111, 114, S. 355 unten, S. 379, 387, 409, 427, 433, 543): Horst Müller, Düsseldorf
▶ Titelfoto (1), S. 15: Rauchensteiner, München